一八世紀日本の文化状況と国際環境

笠谷和比古 編

思文閣出版

まえがき――一八世紀日本をめぐる研究課題とその意義――

一八世紀は豊穣の世紀である。世界のいずれの地を見ても、内容豊かにして個性に溢れ、そして歴史的にも重要な役割を果たすことになる文化状況が形成されていた。

西欧世界においては、ジェームズ・ワットによる蒸気機関の発明とそれにともなう産業革命が進み、近代資本主義システムが勃興しつつあった。政治哲学の分野では、自然法理論と啓蒙主義哲学の盛行が市民革命と近代市民社会の形成を惹起していた。音楽芸術の分野においても、教会音楽であり貴族層の娯楽的芸術でもあったバロック、ロココの古典的音楽はベートーヴェンによって集大成されるとともに、近代市民社会の音楽として確立されていった。このように一八世紀は西欧社会では近代市民社会形成の胎動期にあたっており、その文化的動向に対しては多方面から研究が行われてきた。

東アジアにおいても一八世紀は、やはり豊かな稔りに満ちた時代であった。中国では清朝の体制は安定し、康熙・雍正・乾隆の三大皇帝による安定的治世と、一連の国家的規模でなされた典籍編纂事業、地誌編纂事業をとおして文運は隆盛をきわめていた。李氏朝鮮においても朱子学が全盛時代を迎えており、ことに中国が満洲族による支配を受けていたことから、李氏朝鮮は自ら中華文明の正統な後継者をもって任じ、朱子学を基軸とする儒教文化が同国の両班官僚層たちによって最も純粋な形で展開されていた。

そして日本もまた、すでに百年を経過しつつあった持続的平和の中で、この一八世紀という時代は、社会のさまざまな場面において独自性に充ち満ちた文化的発展を見せていた。社会経済活動の分野では、大坂を中心とする全国的な経済ネットワークが形成され、全国規模での商品生産・流通が展開されるとともに、中央市場である大坂では世界に先駆ける形で、証券市場、先物取引のシステムが形成され、経済活動の飛躍的な発展をもたらしていた。

政治の分野では公共性理念をめぐる政治思想の面において顕著な進化が見られ、一方では行政的統治システムの精緻な構築、他方では「国家・人民のための君主」という国王機関説的な政治理論の普及、という世界のトップレベルを行く思想的内容を示しつつあった。学問の分野では、儒者の荻生徂徠が古文辞学を唱えて朱子学批判を行うとともに文献学的実証主義の方法論を確立することによって、それ以降の学術的諸分野における近代的・科学的な思惟の成長の基礎を形成した。

また徳川吉宗の享保改革において推進された一連の国家的プロジェクト——薬種国産化政策、全国物産総合調査、全国的人口調査、等々——は、一方では物産開発のための実用的な経済学を、他方では自然に対する観察力を精緻化する博物学の発達をうながしていたが、それらの活動はそれまでの幕府・諸藩という封建的分立割拠の状態を超えた日本列島全体を対象とする事業として展開されたが故に、それは政治形態としての統一的国民国家を志向するものとなっている。

この他にも文学・芸術の分野、文楽・歌舞伎といった舞台芸術の分野などまで含めて、日本の一八世紀は豪華絢爛たる文化的内容を誇っている。そしてそれは当然にも、次の世紀の明治維新から始まる本格的近代化にとって、それが成功裡に発展していくための基礎的諸条件を形成していたということができるであろう。

日本のこのような一八世紀の文化的状況はいかにして形成されたか、それらは東アジア世界、また西洋世界までふくめたグローバルな環境の下で、どのような影響を受けつつ、あるいはまた独自の創造性を発揮しつつ、さまざまな様相を呈していたか。そして欧米世界以外では、なぜ日本だけが一九世紀のうちに独自に近代化を達成することに成功したのか。

本書はこれらの問題意識の下、専門各分野の研究者を集め三か年にわたって運営された国際日本文化研究センター（日文研）における共同研究会の成果報告論集である。

共同研究会の概要については巻末の一覧に示したとおりであるが、いずれの報告も充実した内容を備えており、討論は白熱を帯びて止むことがなかった。そのような中にあってただ残念であったのは、この共同研究会における主要なメンバーであり、編者の長年にわたる知己であったヘルベルト・プルチョウ先生を急性の病で喪ってしまったことである。先生は一八世紀日本の新たな状況を啓蒙の概念で捉えるべきことを提唱され、また「日本人による日本の発見」がこの世紀における最も重要な文化的事象であることを指摘されていた。もとよりそれらの問題は、今回の共同研究会の核心的な課題をなしており、この共同研究会における先生の役割はこのうえなく重要であった。

このような先生を喪った悲しみは深く覆いがたいものがあるけれども致し方のないことでもある。いまはただ、共同研究会の成果である本書を先生の霊前に捧げてその御冥福をお祈りするばかりである。

二〇一一年五月一〇日

編　者

一八世紀日本の文化状況と国際環境◆目次

Ⅳ　国際交流

一八世紀日本の文化状況と国際環境

序論　一八世紀日本の「知」的革命 Intellectual Revolution

笠谷和比古

はじめに

日本の一八世紀社会は、その各種分野において豊潤な果実を生み出しつつあった。ことに学術や新しい「知」の動向に見るべきものが少なくなかった。

儒学の分野では、東アジアの主流学説であった朱子学を圧倒する勢いをもって、古典儒教への回帰を主張する古学が台頭し、山鹿素行、伊藤仁斎を経て荻生徂徠の登場をもって一世を風靡するにいたる。これら儒学の古代回帰の動向に刺激される形で、日本古代の神ながらの道を究明することを目的とした国学もまた隆盛を迎える。

このように古の聖人の道や、神々の道を探究する宗教道徳的な学問が盛んになる一方、他方では、もっと現世・現実に即した実用を旨とする学問も発達した。薬の開発を目指す本草学、より広く日本国内の有用物を探査して産業化しようとする物産学・経済学が誕生するとともに、自然をあるがままに捉え、そこに棲む動植物や魚貝類を精密に描写し記述していく自然誌《ナチュラルヒストリー》としての博物学、そしてヨーロッパの学術的成果を直接に導入する蘭学が勃興することとなる。

これら一八世紀の日本社会に継起的に登場する諸学問や「知」のあり方は、当然にも徳川時代の日本人と日本社会の文明史的な発展をもたらし、日本の近代化にとって少なからぬ役割を果たしたであろうことが推測される。実際、一八世紀の時代におけるこのような「知」の前進と広範な分野にわたる展開が見られなかったとしたら、明治期以降の日本の近代化は果たして実現しえていたかについて深い疑義を抱かざるをえないのである。

その意味において一八世紀の日本社会の中で生起し、展開していた「知」の新しい動向の意義は重要であろう。そしてそれは、「知」の革命と呼んでも決して過言ではないような意義を有していたように思われる。

それでは、これらの「知」的営為はどのようにして生起し、そしてどのような内的論理をもって相互に結びつきながら発展し、「知」の革命と呼ぶにふさわしいような豊穣な果実を生み出していったのか、その動向を跡づけてみたい。

一　儒学の新動向と実証主義的分析法の形成

一八世紀日本の新しい「知」の動向を考えようとするとき、まずもって検討されなければならないのが儒学の世界の動向であり、東アジア世界の主流学説であった朱子学に対して、日本で湧き起こった古典儒学への復帰を唱える古学派の思想内容であろう。一七世紀半ばにおける山鹿素行に始まり、伊藤仁斎によって発展せしめられ、そして荻生徂徠において完成を見る知的動向である(1)。

この古学派儒学、ことに荻生徂徠によって古文辞学として方法的に確立される徂徠学の重要性については、数多くの先学たちによって指摘されているところであるが、ここでもこの徂徠学の問題から検討をはじめることとしたい。

徂徠は朱子学者として出発したが、朱子学の観念的性格、主観的内省に問題を帰してしまう態度に疑問を覚え、儒学の本来は礼楽刑政の具体的な制度を明らかにして、経世済民の実をあげることにあるはずであるとした。もとより経世済民を標榜することは朱子学とて同様であるが、それを為政者の道徳的陶冶によっておのずから実現されていくとする朱子学の立場に対して、徂徠学のアプローチは古代の聖人が定めた礼楽刑政の理想的な制度を解明把握し、これを社会に施行することによって治国・安民を実現していくとするところにその独自性があった(2)。

後述する八代将軍の徳川吉宗も徂徠に関心を示し、しばしば召出してその意見を求めた。徂徠の政治上の献策は、彼の晩年の著述である『政談』(3)の中に集約されている。徂徠の献策の内容は多分に復古調のもので、社会の現状を受け入れつつ改革を構想する吉宗の施策には必ずしも反映されるものではなかったが、徂徠学の基本をなす制度主義的な統治構想は吉宗の考えとよく合致し、吉宗の政治のあり方に大きな影響を及ぼしている。

徂徠学の近代思想形成過程における意義を、その思想内容にではなく、思惟様式の中に求めるべきであるとしたのは、周知の丸山真男の議論である(4)。すなわち丸山は、徂徠の立論体系をもって、朱子学的な天地宇宙から個人の内面道徳までを統一的に捉えようとする「連続的思惟」を否定するものとして、また朱子学の自然の理法に基づく秩序観に対して政治行為における「作為」の論理を対置させることによって、個人道徳とは次元を異にする「政治の領域の独自性」を明確化したものとして位置づけた。

このような丸山の著名なシェーマをめぐっては、そもそも朱子学的儒学が支配的イデオロギーとして徳川社会に広く浸透していたとする丸山的前提に疑義ありとする批判論など(5)、賛否の論が長きにわたって繰り広げられてきたことも人のよく知るところであるが、ここでは徂徠学の歴史的意義について、いま少し別の観点から検討してみたい。

すなわち、徂徠が自己の学的構想の正しさと古代中国の聖人、先王の立てた礼楽刑政の道を明らかにするために導入した古文辞学という方法の意義に即して考えてみる。聖人・先王の道を正しく理解するとは、聖人・先王の行跡、言明を記した古典である六経の文章、語句文言を正しく読解することに他ならない。徂徠の古文辞学の方法は、古典の字義理解には近文をもってしてはならず、古典の記された時代の字義に即してこれを行わなければならぬとするところにある(6)（この方法が徂徠の高弟太宰春臺にいたって方法的に体系化される点については本書所収の竹村論文を参照）。

徂徠の方法は古典の字義理解には、古典と同時代に著された当該字句を含む文例を数多く集め、そこから帰納的《インダクティブ》に字義を導き出すというもので、これは今日の文献学においても用いられている実証主義的な研究方法に他ならないであろう(7)。

この徂徠の古文辞学は古典の字義解釈において、従前とは比べものにならぬ効果と威力とを発揮することとなった。こうして徂徠の学派は儒学古典の理解において、朱子学や自余の諸派に対して圧倒的な優位に立つとともに、文芸の分野においても漢唐時代の中国古体の調子・語法に則った詩文を自在に表現しえたことから、徂徠学は一世を風靡するにいたった（この問題については本書所収の宮崎論文を参照）。

徂徠の学はこうして学術的な「知」の発展において大きな意義を発揮したのであるが、反面、徂徠その人の思考は多分に保守的なものであり、中国古代の聖人・先王の行跡をひたすら尊崇していたことから、そこには聖人信仰の雰囲気すらただよっていた。徂徠学の目的は、古文辞学の手法を用いて古典である六経を精密に読み解き、そこに記されている聖人の制作にかかる礼楽刑政の制度を明らかにするところにあったが、同時に、これを導入するならば人間社会における矛盾や問題はおのずから解決されるであろうとする楽天主義が、そこには伏在していた。

はたまた当時の武家社会が直面していた財政窮乏などの問題に対しても、武士土着論といった近世創設期の社会状態への回帰を唱えるばかりであって(8)、当時の貨幣経済、商品経済の高度な発達という社会経済的状況を踏まえて、社会の近代化へ向けた途を切り拓いていくような契機をその学問に見出すことは困難であった。

ここに徂徠学の限界があった。しかしながら徂徠の古文辞学が確立した実証主義の認識方法それ自体は依然として強力であり、有効であった。徂徠学以降における日本一八世紀の「知」的動向は、いわば徂徠学の方法をもって徂徠学を乗り越えていくところにあったということができるかも知れない。

二　古方派医学の役割

徂徠学の意義は重要に違いないけれども、一八世紀日本における「知」の進展が「知」的革命 Intellectual Revolution と称しうるほどに画期的であるとするならば、徂徠的認識をより掘り下げながら、しかもこれをラディカルに突破していく契機が必要である。そしてその歴史的な役割は、医学の分野における古方派医学（古医方）が担うこととなった。

医学の分野において陰陽五行論、五運六気説などを駆使した金元代以降の思弁的な医学を否定して、漢代の古典医学に復古すべきことを最初に提唱したのは、京都の医師名古屋玄医（一六二八〜九六）であった。名古屋玄医の活動は徂徠の時代に先行していることから、彼はむしろ伊藤仁斎の古義学の影響の下に、このような復古思想を唱えるにいたったものであろう(9)。

玄医についで古医方の代表者と目されるのが後藤艮山《こんざん》（一六五九〜一七三三）である。彼は江戸に生まれ、のち京都に移り住んだが、荻生徂徠の活躍した時期に江戸にあったことから、彼の唱えた復古論は徂徠学に導かれてのものであると捉えることができる(10)。

名古屋玄医や後藤艮山らが古医方の聖典の如くに掲げたのは、漢代の張仲景（張機）が著した『傷寒論』であり、これは感染症などの疾病を中心として、その処方について事実に即して詳細に記した全一〇巻からなる医書である。艮山らが張仲景の『傷寒論』をことさらに重んじて、疾病治療法の基準としたことは、徂徠学派において六経を重んじ古代聖人が建てた礼楽刑政の制度を実現することをもって経世済民の所以としたのと軌を一にしている。このように後藤艮山の古医方とは、畢竟、徂徠学の医学版といった趣のものであった。

しかしながら、これをラディカルに突破しようとする人物が登場してくる。播州姫路の出身で京都において活動した医師香川修庵（名は修徳。一六八三～一七五五）である。[11]彼ははじめ伊藤仁斎の門下に入って儒学を修め、そこで仁の道の実践の観点から医学を身につけることの必要性を感得し、後藤艮山について古医方を考究した。彼は儒学と医学は二つにして一つという信念をもっており、みずから「一本堂」と号した。

彼の医学理論はその著『一本堂行余医言』序文[12]および『一本堂薬選』例言[13]に見ることができる。修庵は玄医や艮山と同様に、陰陽五行論などを用いて薬効を規定し治療を論ずる金元以降の後世派医学を空理空論、有害な虚妄の説として退けるのであるが、彼の重要性はそこからさらに進んで、古医方が聖典視していた張仲景『傷寒論』をも、これら空論の影響をまぬかれ得ぬものとして相対化してしまうところにあった。[14]

たしかに修庵も、張仲景の『傷寒論』については「古今医人中之翹楚、無復出其右者」（『一本堂行余医言』）と述べて、同書の傑出した意義は高く評価するのであるが、それであっても同書には古代の『素問』に由来する陰陽五行流の思弁的な議論が混入しており、これを一大遺憾と断じている（「惜乎、其論全出于素問、不免混乎陰陽者流、且有一二謬妄也、吁得非千載一大遺憾乎哉」）。

ましてや自余の書物は邪説、空論に堕したものであり、「上下古今二千年来、未嘗見一人一書可祖述憲章者」と古典の権威をことごとく否定しさってしまう。そして、それらに代わって「一本ノ宗旨」を発明するにいたったとする。

この「一本ノ宗旨」について、『一本堂行余医言』の書中には明確な形で述べられてはいないが、薬品を論じた『一本堂薬選』の例言において次のように定式化されている。

諸家本草所録、明白的実施用テ有験之要語ト、与吾門毎試テ有効相符者、随摘随記、不拘次第、題シテ曰試効

その方法の要諦は、自ら試みて実際の効験のあることが確認されたもののみを摘記するという態度である。修庵はこの認識方法を「試効」という名で記述しているが、彼の定式化した方法的態度は「親試実験」の名で呼ばれ、こののち古方派医学の認識方法の根本原理として広く人口に膾炙されることとなるのである。

しかしながら古典の権威を否定しさってしまうならば、修庵自身が古代の聖人に取って代わり、自らが後代にとっての聖人の位置に立つことを意味するではないか。現代人にとっては、当然にして何らの痛痒を感じないこの問題も、当時の人々にとってはおぞましくも空恐ろしい、人の道にもとる不遜な想念と受け止められたことであろう。修庵自身にもその危惧を感じさせる一文がある。「惟恐自我作古人、人所憚、雖然愚者ノ一得殆不可已ム、若シ因是得罪、我所不辞也」（『一本堂行余医言』序文）と。

しかし修庵は敢えてその恐れをふりはらい、医学的信念に基づいて自己の方法的見解を貫徹する。よし聖人の言を記した古典の権威をことごとく否定しさってしまうにしても——。彼にとって医学的治験の事実は絶対であり、この治験事実の確実性に基づいて新たな医学が構成されうることを確信するのであった。

ここに一八世紀日本における「知」の革命と名づくべき、精神活動の劇的な飛翔が見られた。今や聖人の言行を記した古典の章句の絶対性から精神は解き放たれて、認識者の眼前にある外界事象そのものと向き合い、そこから得られた観察的事実を通して真実解明にいたるとする新たな認識方法の途が拓かれたのである。

この香川の方法は、次代の古医方の代表者である吉益東洞（一七〇二～一七七三）によっていっそう強力かつ意識的に推し進められることとなる。[15]ただし立場的には、吉益は張仲景『傷寒論』の絶大な信奉者であり古方派の本流を標榜していて、この点において香川とは対極にあるが如くである。

しかしながら実際には、吉益は『傷寒論』の記述と現実の治験との間で大きな食い違いが生じた時には、ためらうことなく現実の治験事実の方を重視する姿勢をとっていた。医学における真実は治験の「証」に根拠づけられるものであり、「効験」の有無によって判定されるべきものであるという立場を貫いていた。

吉益はまた『傷寒論』の記述の中に陰陽五行流の議論を見出すや、香川と同じくこれを邪説・空論と指弾し、当該箇所を後代人の竄入せしめたものと決めつけて削除、否定することがしばしばであったという。[16]

さすれば吉益の方法的態度は香川となんら異なるところはなく、ただ張仲景『傷寒論』を基本経典として位置づけるか否かの違いでしかなかった。今日の観点からするならば、認識と「知」の発展のあり方として、一切の古典の権威から自由な香川修庵の認識態度の画期性は明確であり、吉益東洞の立場に見られる折衷性にはもどかしさを禁じ得ない。

しかしながら当時の社会の受け止め方は、まったくその反対であったようである。香川の説は、しかるべき根拠をもたない臆断に満ちたものとして忌避される傾向にあったかに見える。これに対して吉益の側は張仲景『傷寒論』への復古を明確に標榜しており、またその治療実績の高さもあって、吉益の医業は門前市をなす繁盛ぶりであったという。[17]

さらに吉益が研究・編集した薬の書である『薬徴』は、その考察の精密さにおいて、香川の『一本堂薬選』を凌ぐところがあったために医師の世界における信頼をも勝ち得て、吉益の古方派医学が一世を風靡するにいたったものであろう。

古方派医学でもうひとり忘れてならない人物が、同じく京都で活躍した山脇東洋（一七〇五～一七六二）である。議論の面でははるかに控え目であった山脇東洋であるけれども、彼が実際に行ったことは香川・吉益たちをも凌駕するほどにラディカルであった。すなわち、病気の原因が患者の体の中に存在しているとするならば、人体を解剖してみてその内部組織を直接に観察するにしくはないとする考えである。(18)

宝暦四（一七五四）年、山脇東洋は京都所司代の許可を得て京都六角獄舎の敷地で罪人の屍体を解剖（「腑分け」）させ、この観臓に基づいて人体解剖図を作製し、これを木版手彩色図として収めた日本初の解剖図譜である『蔵志』を同九年に刊行した。

この書は日本初の人体解剖医学書として画期的な意義を有するとともに、蘭方医の杉田玄白らが山脇の試みに触発されて西洋医学の解剖書に関心をいだき、その翻訳に乗り出していく機縁をなしたという意味においても重要な歴史的役割を果たすこととなった。(19)

香川、吉益、山脇と三者三様であり、その言説のあり方も学風も異にしていたけれど、彼らに共通するところは、病因をめぐる形而上的な空理空論を排し、古典の権威にもとらわれることなく、あくまで具体的にして現前する患者の人体そのものと向き合い、その治験に基づいて医の真実を発見していこうとする態度を持していたことである。

すなわち薬の効用は、これを患者に投与して得られた実際の治験の積み重ねの中で確定されるべきとする態度である。患者に対する治療法もまた経験主義的なものであり、陰陽五行流の思弁を排してひたすら患者の病状を観察し、腹診を施し、種々の薬を投与し、あるいはまた香川が得意としたという温泉療法などを試みることを通して、良き効験が得られたならば、それがすなわち適切な治療に他ならないという立場である。

香川たちにとっては、古典テキストとしての『傷寒論』を精密に読解することよりも、むしろ彼らの眼前に横たわる患者のボディーをいかに精密に読み解くかの方に、はるかに多くの意義が感ぜられており、そして実際にもそこに精力を傾注していた。

いわばここでは患者のボディーが認識対象としてのテキストであり、これに古典テキストを精密に読み解く方法である文献学的実証主義の方法を適用したのが古医方の「親試実験」の立場であったと捉えられるのではないだろうか。文献学的実証主義は、こうして医学実証主義へと発展していくのである。

このような過程を通して実証主義という真実探求の方法が確立されるとともに、真実観そのものも革命的な転回を引きおこすこととなっている。すなわち、この時代までの人々は日本であれ中国・朝鮮であれ、人文的現象であれ自然や天体・宇宙に関する問題であれ、すべて古代の聖人や神々の言説の中に、すなわちそれら言説を書き留めた古典文献の中に真実が存在することを当然の所与としていた。したがって、真実の把握とは聖人や神々の言行を記したとされる古典文献の章句を学ぶことであり、より高いレベルでは当該章句の正しい意義理解についての学問的考究を施すことにあった。

こうして古典原文の章句に対して注釈が施され、さらには注釈に対する注である「疏」が記される。故に、古典文献の解読の学は「注疏の学」と呼ばれることとなる。それは古典文献の解釈学であるとともに、同時に人間世界（現世・来世、形而上・形而下のすべて）の真理探究の営為に他ならなかった。

それ故に、香川・吉益・山脇たち古方派医学の面々の行ったことは、実証主義の方法一般を定立しただけでなく、東アジア社会を支配してきた伝統的な真理観そのものを解体し、まったく新しい真理探究の次元――それは近代科学の世界の地平――を切り開いたという点で画期的であったといえよう。

古典の権威ある言説の呪縛から解き放たれ、真実探求のための認識対象としての人体、テキストとしての人体という考え方が確立をされると、それはもはや人体に限局されることなく、現前するこの世の事物のすべてが、われわれにとって認識対象とすべきテキストではないかという考えに突き進んでいくことになるであろう。そしてそのような認識態度の第一段として、自然の観察という考え方が登場してくることになる。

それははからずも医学の隣接分野である本草学の分野から湧き起こってきた。本草学は薬草の学であり、中国において長い伝統と巨大な学的蓄積を有しており、その成果は明の李時珍『本草綱目』[20]において整理し集大成されていた。

同書は徳川時代のはじめに日本に伝えられ、各方面において尊重され、薬学に関する権威あるテキストとして学習されていたが、日本の一八世紀における「知」の動向は、『本草綱目』を代表とする古典本草書の字句や語義の穿鑿に終始するような書籍の中の世界をぬけ出し、日本全国の山野において植物が生育する自然の世界そのものへと認識と考究の対象を拡大していくのであった。

そしてこの重要な知的動向、自然の観察という気運を国民的規模において広め深めていったものこそ、徳川吉宗の指導の下、日本全国を対象として展開された一連の国家的プロジェクトに他ならなかった。

三　徳川吉宗の薬種国産化事業と近代的「知」の進展

享保元（一七一六）年、幕府では将軍家継が幼少で死去したことから、徳川御三家の一つ紀州徳川家の当主で紀州藩主として声望の高かった徳川吉宗が第八代将軍として迎えられた。吉宗政権の政治はいわゆる享保の改革と称せられるものであり、元禄時代以来の華美と放漫な支出によって破産状態になっていた幕府の財政を再建するところから始まり、倹約を徹底するとともに、新田開発を積極的におし進め、徴租法を改革して年貢収入の増大をはかっていったなどということは周知のとおりである。

だが吉宗の享保改革というのは、幕府財政の立て直しの問題にとどまるものではなかったのである。その政治目標は単に幕府自身の利益を追求するに終始するだけのものではなく、むしろ日本全体の利益というものにその大きな関心を向けていった[21]。

それは都市行政や治水政策の中にも認めることができたが、やはりそのうちでも最も重要な意義を有したのは、吉宗政権の下で行われた薬種の国産化政策であった。この薬種国産化とは、一つには朝鮮人参の日本国内における栽培の実現であり、今一つには日本の全国各地の山野に眠っている薬草や鉱石薬物を総合的に探査、採集して、輸入薬種に劣らぬ品質の国産薬種を開発することであった。これは吉宗政権三〇年間のほとんどを費やして行われた一大プロジェクトであり、しかも吉宗はこの国家的なプロジェクトのつねに先頭に立ってこれを指導した[22]。

（1） 幕府享保改革と薬種国産化プロジェクト

第八代将軍に就任した徳川吉宗はかねてより薬種には強い関心を抱いており、その造詣にも浅からぬものがあった。吉宗については、幕府正史の『徳川実紀』にも「御みづから医薬の事つねに沙汰し給ひ、良薬奇方どもあまた製せられ（中略）医書をも常に御覧あり、聖恵方、和剤局方、東医宝鑑、外台秘要などは常に御座右に置れて御勘考あり[23]」と記されているところである。

吉宗政権の薬種国産化政策は、政権発足より四年後の享保四（一七一九）年頃から着手されるのであるが、この政策に携わった主要な人物としては、幕府御医師で将軍吉宗の信頼も厚く、その医薬方面の顧問的存在であった林良喜、御庭方で吉宗の耳目として働き、採薬使として全国をめぐった植村政勝、江戸町奉行所からの募集に応じて薬草御用に従事することとなった丹羽正伯、野呂元丈、阿部将翁、田村藍水などといった市井の本草家、町医の人々、および薬種商桐山太右衛門ら三都の薬種商たちがあった。

またこれらの活動と併行して、国の内外から取り寄せられた薬材の吟味が行われ、特に『本草綱目』などの中国本草書に記された薬草、薬種と日本産亜種との間の同定作業がすすめられた。この問題では京都の松岡恕庵、大坂の古林見宜《けんぎ》といった本草学・医学の大家、および上方の薬種商たちが相次いで江戸に招かれ、薬種吟味の指導にあたった。

このうち古林見宜は林良喜の屋敷において医書の講義を行っていたが、それには幕府の御医師のみならず町医師たちにも聴講の機会が与えられたことから、官民の医師たちがいっせいに参集して「夥敷聴人有之」という有様であった由である。(24)じつに林良喜の屋敷に収容することができないほどの人数であり、講義場所を急遽、高倉屋敷という儒学講堂に移しての開催となったということであった。(25)

吉宗政権の薬種国産化政策はこのように、単に幕府の政策であるのみならず、民間の人々までを巻き込んだ熱気と、課題への取り組みの意欲が渦巻く中で進められようとしていたのである。それは幕府主導であるにも拘わらず、ひとつの国民的運動として展開されていたことを理解する必要があるだろう。

なお吉宗の薬種国産化政策は前述したように、相互に関連しつつも目標を異にする二系統のプロジェクトとして推進された。一つは朝鮮人参の国内栽培の実現であり、今一つは採薬使を全国に派遣して国内各地に埋もれている薬材を探査し採集して、そこから輸入薬種に劣らぬ高品質の国産薬種を開発していく試みであった。ともに重要な施策であるが、自然に対する観察的で実証主義的な「知」の進展をテーマとする本稿では全国的な薬材調査の方を取り上げ、紙幅の関係上、朝鮮人参の栽培試行の問題は割愛することを諒とされたい。(26)

①　採薬使の全国的派遣と国内薬材の調査・収集

幕府の採薬活動は享保五（一七二〇）年から始まり、この年には植村政勝、丹羽正伯、野呂元丈および薬種商の桐山太右衛門らが日光・箱根・富士・白根山、および信州・木曾方面において採薬を行っている。彼ら採薬使は、これより将軍吉宗が引退する延享二（一七四五）年までの二五年間にわたり吉宗政権の全期を通して毎年欠かす事なく全国各地に赴いて採薬活動を続けた。

このようにして、この時期の幕府の採薬使が赴いた国名、地方名をその時期の順に従ってあげるならば次の通りである。

下野　上野　相模　駿河　信濃　尾張　山城　丹波　但馬　丹後　若狭　飛騨　美濃　和泉　大和　紀伊

陸奥　出羽　常陸　伊勢　近江　武蔵　加賀　越中　越後　佐渡　甲斐　安房　上総　下総　伊豆　越前

伊賀　蝦夷　摂津　淡路　阿波　土佐　伊予　讃岐　河内　志摩　遠江

その数およそ四十数ヶ国にのぼり、中国・九州地方を除く国内各地を隈なく巡っていることを知る(27)。

さて採薬使の活動によって国内各地の薬物資源が探査・採集されたのであるが、この採薬使の活動の成果は具体的にどのようなものであったろうか。国立公文書館内閣文庫には採薬使植村左平次の名で記された『弐十七国採薬記』なる一書が伝存している(28)。

そこでは、国内の産地ないし所在が明記された薬材として、水部二品、土部二品、金銀部七品、玉石部八〇品、草部七四品、穀部一三品、果部一三品、木部二六品、獣部三品、虫魚部三品、すべて計二二三品があげられている。そしてその他に「和国ニ無之薬種」三一品が記されている。

それは実に夥しい数にのぼる国内薬物資源の所在情報の一覧であるが、採薬使たちの活動を中心として、吉宗政権の三〇年にわたる採薬政策によって把握されたものの具体的な姿が、そこには示されている。胡椒など幾つかのものを除いては薬種の基本的なものはほぼ網羅されており、朝鮮人参の国産化の成功ともあわせて、これによって薬種の国産化という政権の課題は実現の域に入ったことを知るのである。

② 全国産物調査

享保一九（一七三四）年三月二一日、次の幕令が全国の諸大名以下に対して触れられた。

此度、丹羽正伯、書物編集之儀ニ付、諸国之産物俗名并其形、其国々ェ承合申儀も可有之候間、正伯相尋候は、、中聞候様、御料は御代官、私領は其領主・地頭并寺社領は其支配頭々より可被申渡候、以上[29]

右の幕令にいう書物編集とは稲生若水が編纂した『庶物類纂』の続集の編纂を指しており、若水の門下でもあった丹羽正伯にその担当が命ぜられた。そこで、それに関連して諸国の産物の名や形について正伯の方から国々に対して尋ねることもあろうことから、その折りには回答するようにという内容のものである。

そして丹羽正伯はこの幕令に基づいて、全国の諸大名領に対して薬草・石薬はもとより魚類・昆虫にいたるまで、その領内のすべての産物を網羅的に書き上げることを指示したのである。

いわゆる享保の諸国産物改めであり、この問題については安田健らの精力的な調査によって、この時期に各大名領で作成された『諸国産物帳』および絵図の所在が全国的に解明され、本問題の研究にとって貴重な史料的な基礎が構築されている[30]。

その全貌が明らかになるや、この事業が一書物の編纂にともなう参考資料の提供などという、法令文面の些細な印象からは遙かにかけはなれた、国家規模で展開された日本全土にわたる物産の総合調査に他ならなかったということを理解するにいたるのである。

（2）　物産学と博物学の成立

吉宗政権が推進していった薬種政策は、その政権の晩期においてほぼ所期の目標を達成した。そして所期の目標を充足したとき、それは薬種問題という限定された枠組みを超えて、より拡大された自然物一般を対象とする人間の経済的な営み、あるいは博物学的な関心の問題へと発展していった。

殊に採薬プロジェクトに続けて行われた諸国産物取調べの施策は、それがすべての藩領域を対象として文字通り全国的な規模で実施されたこと、各領域内に生息する動植物・昆虫の類にいたるまでの悉皆調査という形でなされたこと、そして調査されたすべての自然物には絵図が付属せしめられていたこと、これらの事情からこの一連の事業は、日本人の間に自然の探究という問題関心を限りなく高めていくこととなった。

このような日本国内のあらゆる物産や自然物に対する関心の高まりは、一方では、いまだ各地に眠っているであろう潜在的な有用物＝富の発見とその増産を目的とする物産学を発達させることとなった。特にこの潜在的な有用物の発見を目的として、全国各地の珍品奇物や特産品を一堂に会する物産会の開催が民間主導の形で行われるようになり、実用的な学問および産業の発達に大いに貢献することとなった。次代に登場する平賀源内のような人物に、その活躍の場を提供したのである(31)。

ちなみに、平賀源内の江戸における学問の師であったのは、この吉宗のもとで薬種国産化に取り組み、朝鮮人参の栽培技法の開発に多大の貢献をなした田村元雄（号、藍水）であった。そして物産会という新たな企画も田村藍水と平賀源内との共同で始められたものであり、その意味においても源内はまさしく吉宗の政策の正統なる継承者と目すことができるであろう。

また他方では、このような日本全国の物産や自然物に対する総合調査は、実用的な産業化の関心とは別の、博物学ないし自然誌《ナチュラルヒストリー》といった分野に属する関心を人々の間にもたらした。これは純粋に学術的な「知」を形成するものであり、鳥・花・魚・貝・石などに対して分類の手法を用いつつ、それら自然物が有する多様な魅力の探究へと人々を駆り立てていった。

特に自然の事物を絵画の形で忠実に描写して、博物図譜を作製するということが広く行われるようになってくる。もとより日本の自然界の事物を絵画で表現するということは、それまでにも例えば寺島良安の著した『和漢三才図絵』（正徳二〈一七一二〉年、自序）などにおいても見られるところである。しかし同書に収載されている挿絵は、あくまで本文記述を助ける補助的な画像化であり、そもそも明の『三才図絵』に倣った構成にすぎない。

それに対して、日本の一八世紀の半ば頃から登場してくる博物図譜の画像は、文字記述の補助物としてではなく、それ自体として自然の事物の姿を徹底的に忠実に描写することを追究していた。それは写実主義の極致ともいうべく、当時の日本人が立ち向かっていった自然界の事物に対する真実探求の精神の高まりを余すところなく表現したものであった。

あまた作製された博物図譜の中でもその白眉と目されるのは、高松藩主であった松平頼恭《よりたか》が一八世紀の半ばに作製した「衆鱗図」「衆禽画譜」「衆芳画譜」の三冊からなる彩色の博物図譜である。四国高松の松平公益会に保存されているこの博物図譜は、今日もなお色あせぬ画像のもつ写実の迫真力に圧倒されるものがあり、日本の一八世紀博物学がうち建てた金字塔と呼んでよいだろう。

そして本図譜は当時からすでに高い評判を取っており、その模本が日本の各地に残存している。恐らく、頼恭に乞うて本図譜の閲覧と模写の機会を与えられていたのであろう。

博物大名として一家をなしていた松平頼恭であるが、彼がこれと見込んで手元に置いて教育を施し、また実地にも藩内外の各地に派遣して各種博物標本の蒐集を命ずるなどのことを通して鍛え上げていった人物こそ、若き日の平賀源内に他ならなかった。松平頼恭も平賀源内も、ともに博物学の世紀である日本の一八世紀を代表する人物たちであった。

日本の一八世紀における博物学熱の高揚は、近代的な精神を形成するうえで重要な意義を担っていた。それは近代社会において必須不可欠となる自然科学的な「知」の形成にとって、これを育成する肥沃な土壌をなしていたということができるであろう。

(3)『阿蘭陀本草和解』と蘭学の勃興

吉宗が薬種開発にあたって伝統的な本草学の学習を推進したことは既述のとおりであるが、彼はまたこの薬草に関する学術的知識を西洋文明の中に求めようとした。吉宗は側近の者に命じて、江戸城内の紅葉山文庫内において西洋薬草学に関する書物の有無を調べさせた[32]。

もとより西洋文字で記された書物が、薬草学に関する書物であるか否かということは誰にもわからぬことであるが、書庫の奥すみで埃をかぶって眠っていた一冊の堅牢な牛革装丁の洋書が、植物の挿絵を多数掲載しているという理由で吉宗の下にもたらされた。

その書物は一六世紀にブリュッセルで活躍した薬草学者にして、神聖ローマ帝国の皇帝カール五世の侍医を務めたベルギー人ランベルス・ドドネウス(一五一七〜八五)の著した『草木誌』であった[33]。ドドネウスは皇帝の侍医を務めたように、当時のヨーロッパにおける植物学=薬草学の第一人者であり、彼の主著である『草木誌』はリンネ植物学以前の植物学を集大成した古典的な名著であった。オランダ語(ベルギー・フラマン語)で書かれた一五〇〇頁余からなる大著であり、一六一八年にオランダのライデン大学で出版された同書第二版が、一七世紀中頃にオランダ商館から幕府に献上されたものであった。

しかしながら、かような大部の洋書(「蛮書」)に関心を抱く者とて無く、そのまま書庫の奥隅にうちやられたままに長い眠りの時を過ごしていた。それがふたたび目覚めさせられて、吉宗の閲覧に供せられたのである。

薬草の鑑識において確かな眼力を備えていた吉宗にとって、同書に収載されている植物図は、その精密なことにおいて驚嘆すべきものであった。そしてかくも正確な絵図を記すからには、本文の内容もまた有用なものに相違あるまいと判断して、野呂元丈と青木昆陽に命じてその翻訳に取り組ませることとしたのである。このいきさつについては、杉田玄白の『蘭学事始』の冒頭に印象深く記すところである。

さて吉宗の命を受けた野呂元丈は、毎年江戸に参府してくるオランダ商館長の随行者や通詞を、その江戸の旅館である長崎屋に訪問し、この大部の書を持参して彼らにその記述の内容を質した。しかしオランダ商館の人間とて、商業上の文書ならともかく、このような高度に専門的な内容の学術書は容易には理解すべくもなく、さらにはオランダ人医師も呼び寄せられたが、その読解作業は難渋をきわめた。

この事業は、寛保元（一七四一）年から始まり、毎年、同書のうちから植物二〇品目ぐらいずつを選び出し、当該箇所の説明文を拾い読みして和文解説書一編を作製し、これを吉宗に上呈するという作業を重ねつつ、一〇年を経たのち全一二編を合綴して『阿蘭陀本草和解』一二冊とした（なおこれには、イギリスの動物学者ヨンストンの著作『動物図説』を訳出した『阿蘭陀禽獣虫魚図和解』一編もふくまれている）[34]。

『阿蘭陀本草和解』は、ドドネウスの原書に基づいて、各植物の蘭名・ラテン名について、その漢名・和名を比定し、薬効などの注記を施しただけの簡単なものであり、翻訳と呼ぶにはあまりにプリミティブなものではあったけれども、欧文原書解読の試みの第一歩が記された意義は殊のほかに大きかった。それは杉田玄白・前野良沢らによる『解体新書』訳業に先立つこと二〇余年前のことであった。

（4）新しい暦法と西洋天文学の導入

吉宗の施策と自然世界に対する認識の進展との関連において、もう一つ重要な分野をなすのが、天文現象と暦にかかわる問題であった。

吉宗は将軍となると、従来の貞享暦に飽きたらぬものを覚えて改暦の計画を建てていた[35]。吉宗の数学・天文学・暦法の方面のブレーンとして建部《たけべ》賢弘《かたひろ》、西川正休らがあった。建部賢弘は幕府右筆建部直恒の三男として生まれ、長じては和算の大家関孝和に入門して数学を学び、関流和算の集大成に貢献した。彼はのち吉宗に重用されて数学を講じ、この方面における吉宗の顧問として活躍した。

西川正休は天文学者西川如見の次男で長崎に生まれる。父の如見は、享保四（一七一九）年に吉宗に召し出されて江戸に赴き、同地にとどまってその下問を受けたことがあった。正休はのち江戸に来たり天文学を講じていたが、吉宗によって御家人に取り立てられ、のち天文方に任ぜられ、神田佐久間町に司天所を設けて改暦のための天文観測を続けた。

この分野で忘れられてはならない一人が中根元圭（一六六一〜一七三三）である。名は璋、通称は条右衛門。近江国浅井郡に生まれ、長じて京都に出て、数学者の田中由真に入門し、のち建部賢弘に学んだ。数学・暦学・天文学に才能を発揮して、『古暦便覧』『七乗冪演式』『天文図解発揮』など多数の著書をもつ。正徳元（一七一一）年からは京都銀座の役人の職についていた。

中根の幕府出仕は、建部の推挙によるものであった。建部は吉宗に対して、天文研究および改暦事業に際して中根が必須の人物である所以を強く進言し、それによって中根は幕府御用に携わることとなった。中根はその後、享保一七（一七三二）年に貞享暦の誤差を調べるために伊豆下田に赴き、同地で日月高低の観測をするなど改革事業のために尽力したのであるが、翌年に七二歳の高齢をもって没した。中根の死後は西川正休がもっぱら改暦事業を担当した。

寛延三（一七五〇）年ようやく作業を完了させた改暦問題について、西川は京都に赴いて陰陽師の土御門泰邦と協議したところ、土御門は即時の改暦に難色を示し、京都の梅小路に測量所を設けてその精度を検証することとした。しかしながらその翌年に吉宗が没したために、この改暦事業は中止のやむなきにいたってしまった（中根元圭の事跡および改暦事業の詳細については本書和田論文を参照）。

(5) 古代文化の復興と国学の形成

自然の認識において、従来の陰陽五行といった枠組みを脱して、自然科学的な「知」の萌芽ともなるべき実証主義的な認識方法を確立していった吉宗の施策は、さらに文化・人文現象の世界に対してもその実証主義の手法をもって認識の歩を進めていった。

薬種の問題にも関わるが、吉宗の愛読書の一つが『延喜式』であったというのも興味深いことである[36]。一〇世紀の醍醐天皇の時代に編纂された奈良・平安時代の儀式や制度、地方の地理・産物を包括的に記録した書物で、今日、古代史の研究をするうえで欠かすことのできない重要な史料である。

吉宗は同書によって、日本の律令時代の制度を学ぶとともに、古代の染色や機織りの技法などにも関心を示し、これら古代の技法を再生復元すべく、職人たちとの協力の下に試作品を製作するなどしている。吉宗の問題関心は、自然科学的なものであれ文化的な事柄であれ、このように常に具体的で現実的なところにあった。

実証主義的な精神と認識方法が文化現象に向けられる時、それは脱イデオロギーとしての文化考証主義として現れることとなる。古代の文物、儀式、制度一般に対する考証的研究である。

そして国学の勃興を見ることとなる。新井白石や荻生徂徠ら儒者たちによる和漢の古代研究に触発される形で、一八世紀の日本に国学が登場してくる。それは、中世の公家社会に見られた、古今伝授に代表されるような秘伝化、口伝化された古典や古代史の研究ではなく、文献学や言語論を駆使した実証主義的な研究としてあった。

吉宗が手掛けた事業の中には、和漢の典籍や古文書・古文献の全国規模での所在調査や古代の染色や機織の技法の復元、朝廷の旧儀や古式の復興といった、文化事業的な性格の濃いものが少なからず見られる。そして、その最重要となるのが大嘗会の復興であった。

大嘗会は天皇の即位後に行われる一代一度の大祭であるが、その催行に要する費用が少なくないために、戦国時代の文正元（一四六六）年以降、長く途絶していた。

徳川時代に入ったのち貞享四（一六八七）年の東山天皇の即位に際して、京都朝廷側の強い要望によって復活した。これは朝廷旧儀の復興に熱意を傾けていた霊元上皇の意向にそった措置なのであったが、幕府の方では政治面、財政面の観点から難色を示しており、結句、幕府から大嘗会のための特別予算を組むことなく、朝廷の経常経費のうちで催行するならば幕府は異議を差し挟まないという黙認という形をとってのことであった[37]。それ故に、次代の中御門天皇の即位時には大嘗会はまたもや見送られてしまっていた。

それに対して享保二〇（一七三五）年の桜町天皇の即位に際しては、吉宗の幕府の側から特別予算を計上して、古代大嘗会に即した忠実な復興がなされるよう要請したのである。こうして元文三（一七三八）年、幕府の財政的援助のもと、長らく途絶えていた大嘗会は充分な古制調査を踏まえたうえで復興される運びとなった（この大嘗会復興問題については本書森田論文を参照）。

吉宗はこの大嘗会の問題に関連して、毎年、新穀を天神地祇に捧げる新嘗祭の行事も復活した。吉宗はその他にも、九州の宇佐八幡宮への奉幣使の派遣も復活している。

吉宗にとってこれら一連の朝儀復興は、尊王主義とか朱子学的な大義名分論によるものというよりも、純粋に文化財保存、無形文化財の保護と復興といった観点からの施策であった。その意味では、日本全国に存在する自然物の総合リストを作成しようとした施策と軌を一にするものであったといってよいであろう。

むすびに

一八世紀の日本社会の中で進行していた近代的な「知」の形成という問題は、以上のようなプロセスを経過しつつ現実化されていった。

これまでにも、丸山真男の議論を代表として、荻生徂徠の学問のもつ「近代性」についてその当否が論ぜられてきたところであるが、本稿で重視したのは、古文辞学という徂徠の学問方法論についてであった。古代の聖人・先王が建てた礼楽刑政の制度を明らかにすることを課題として導入された徂徠の古文辞学では、古典テキストの字義の解釈に際しては後代の語句表現（「近文」）によってはならず、古典テキストと同時代の古代文献に見られる語義・語法に基づいてなされなければならぬという文献学的実証主義の原則が明確にされる。

このような古文辞学の方法的優越性を背景としつつ、徂徠学の唱える古典回帰の動向が思想界を主導することによって、自余の学問領域においても古典回帰の傾向が著しかった。

徂徠学の主張する古典回帰の思想は医学の分野にも適用され、古医方では当時通行の金元医学系統のそれを後世派と称して否定し、漢代の古典テキストである張仲景『傷寒論』を聖典視する形で復古的思潮を形成していた。その限りで古医方は、医学界における徂徠版という趣きのものであったが、しかしながらこの動向は、古医方に属する香川修庵によって全く新たな方向性が示されることになった。すなわち彼は陰陽五行説や五運六気論などに彩られた後世派医学も攻撃するが、同時に古医方において聖典視されている『傷寒論』についても、その医学的説明において思弁的空理を免れずとして、その権威を否定しさってしまうのである。

香川修庵にあってはただ自ら患者に対して施薬、診療を試みて、その治験に基づいて薬剤の効能を確かめ、そして治療法の適否を判定していくという方法のみが医学の真実を保証してくれる根拠たりえた。

この実証主義的な医学方法論は次代の吉益東洞によって、より強力に、より一般化された形で医学分野の全般に適用されていった。そして山脇東洋によって導入された人体解剖の手法は、実証主義医学の方向性をいっそう明確にするものであった。

このような香川、吉益そして山脇らによって確立されていった医学実証主義の立場は、旧来の真理観を根本的に転換したという点において、日本の精神史上、画期的な意義を有しているといってよいであろう。

日本の古医方が到達した医学実証主義の立場は、一方では陰陽五行論のような思弁的空論と訣別するとともに、他方では真理の宝庫と見なされていた古代の古典的テキストの権威をも退け、医学の真実はただ医師の眼前にある患者の人体の中に求められ、これに医師自らが親試実験の営為を施すことによって解明されるという真理観を確立するのであった。

ここではいわば患者の人体そのものが、解読の対象となるテキストとして位置づけられている。眼前の人体に対して薬の投与や腹診その他の診察を施すことによって得られる結果を観察し、それら治験に基づいて病の性格を究明し、それに対する適切な治療法を導き出していくという態度である。実証主義の方法はいまや古典テキストを精密に解読するための方法だけではなく、医学の世界における病人の人体そのものを解読するための方法として展開されることとなった。

これは人間の認識の発達にとって大きな画期をなすものであり、人はもはや権威ある古典テキストの言説や伝統的な認識原理に束縛されることなく、自らの手で行い、自らの目で判定する親試実験の手法を駆使しつつ、獲得された確実な証拠や根拠に基づいて、自己の向き合う病人に関する所見と治療法を導出することが可能となった。

そしてさらに、それに続けて次の重要な点が現れてくる。すなわち、このようにして真実認識の革命が行われると、今やそれは患者の人体だけの問題ではなく、われわれを取り巻く外界自然のすべての事物に対する真実認識のあり方の問題であることが自覚されるようになっていく。

それが山野幽谷に生育する薬草であれ、経済的な富を生み出す有用物産であれ、人々の蒐集意欲をかき立てる珍品奇物であれ、天体の運行や暦の循環といった宇宙的な問題であれ、村々の民俗的な風習であれ、古代以来の文化財や伝統的な儀礼制度であれ、およそ人間の目にうつるすべての事象に対して、その本質解明の手だてとして実証主義の分析手法が適用されていくのである（これについて本書プルチョウ論文を参照）。

いまや人々は陰陽五行論のような思弁的空論から脱却し、他方では真理の証跡と信じられていた古典テキストの権威にもとらわれることなく、自らの目で外界に現前する事物を観察し、親試実験の働きかけを通して得られた諸々の知見を総合し、帰納することによって真実に到達するという認識態度を確立するにいたったのである。

それは真実認識をめぐる中世的観念を脱して、近代的な「知」のあり方を生成せしめる根本的な推転の謂いに他ならず、この一連の過程をもって、一八世紀日本の「知」的革命 intellectual revolution と名づける所以のものである。

(1) 相良亨他編『江戸の思想家たち』上（研究社出版、一九七九年）。
(2) 吉川幸次郎「徂徠学案」（『日本思想大系36　荻生徂徠』岩波書店、一九七三年）。
(3) 辻達也校注『政談』（岩波文庫、一九八七年）。
(4) 丸山真男『日本政治思想史研究』（東京大学出版会、一九五二年）。
(5) 尾藤正英『日本封建思想史研究――幕藩体制の原理と朱子学的思惟――』（青木書店、一九六一年）、前田勉『近世日本の儒学と兵学』（ぺりかん社、一九九六年）など。
(6) 荻生徂徠「弁名」（前掲『日本思想大系36　荻生徂徠』）。
(7) 前掲吉川論文、源了圓『徳川合理思想の系譜』（中公叢書、一九七二年）、濱田啓介「日本相対化への道」（H・プルチョウ編『日本人は日本をどのように発見したか』城西大学国際学術文化振興センター、二〇〇七年）。
(8) 前掲『政談』。
(9) 日本学士院編『明治前日本医学史』第一巻（増訂復刻版、臨川書店、一九七八年）、花輪壽彦「名古屋玄医について」（大塚敬節・矢数道明編『近世漢方医学書集成』102「名古屋玄医　一」名著出版、一九八二年）。名古屋玄医の復古説の方が、仁斎より先行しているとする見解も示されている。
(10) 前掲『明治前日本医学史』第一巻。
(11) 日本学士院編『明治前日本薬物学史』（増訂復刻版、日本古医学資料センター、一九七八年）、山田光胤「香川修庵」（前掲『近世漢方医学書集成』65「香川修庵一」所収）。

(12) 前掲『近世漢方医学書集成』65「香川修庵　一」所収。

(13) 前掲『近世漢方医学書集成』68「香川修庵　四」所収。

(14) 岡西為人「中国本草の渡来と其影響」（前掲『明治前日本薬物学史』第五篇）。

(15) 前掲『明治前日本医学史』。

(16) 大塚敬節「吉益東洞・解説」（前掲『近世漢方医学書集成』10「吉益東洞　一」所収）、富士川游・呉秀三選集校定『東洞全集』解説「吉益東洞先生」（復刻、思文閣出版、一九七〇年）。

(17) 前掲『東洞全集』。

(18) 大塚恭男「山脇東洋」（前掲『近世漢方医学書集成』13「後藤艮山・山脇東洋」所収）。

(19) 同右。

(20) 全五二巻。一五九六年刊。

(21) 拙著『徳川吉宗』（ちくま新書、一九九五年）。

(22) 吉宗政権の薬種国産化問題についての既往の研究としては、今村鞆『人参史』（朝鮮総督府、一九三六年。復刻、思文閣出版、一九七一年）、上野益三『日本博物学史』（平凡社、一九七三年。講談社学術文庫、一九八九年）、上田三平著・三浦三郎編『改訂増補日本薬園史の研究』（渡邊書店、一九七二年）、木村陽二郎『江戸期のナチュラリスト』（朝日選書、一九八八年）、川島祐次『朝鮮人参秘史』（八坂書房、一九九三年）、拙稿「新井白石と徳川吉宗――徳川時代の政治と本草――」（山田慶兒編『本草と博物学への招待』朝日新聞社、一九九四年）、拙稿「徳川吉宗の享保改革と本草」（山田慶兒編『東アジアの本草と博物学の世界』下、思文閣出版、一九九五年）、拙著『徳川吉宗』第六章（ちくま新書、一九九五年）、大石学『享保改革の地域政策』（吉川弘文館、一九九六年）、田代和生『江戸時代朝鮮薬材調査の研究』（慶應義塾大学出版会、一九九九年）、*Dodonaus in Japan : translation and the scientific mind in the Tokugawa period.* edited by W.F. Vande Walle ; co-editor Kazuhiko Kasaya. - Leuven University Press, 2001、磯野直秀『日本博物誌年表』（平凡社、二〇〇二年）。

(23) 『有徳院殿御実紀附録』巻一五。

(24) 享保六年七月一五日付、野呂元丈書状（大西源一「野呂元丈伝」資料編一〇頁、『三重県史談会々志』五一二二号）。

(25) 享保六年六月一四日付、野呂元丈書状（同前資料編四頁）。

(26) 吉宗の朝鮮人参の栽培事業については前掲今村鞆『人参史』、川島祐次『朝鮮人参秘史』、拙著『徳川吉宗』を参照。

(27) 前掲上野益三『日本博物学史』、大石学「日本近世国家の薬草政策――享保改革期を中心に――」（『歴史学研究』六三九号、一九九二年。のち前掲『享保改革の地域政策』に収録）。

（28）同書は植村ではなく、同時代の田村元雄（藍水）の著述であることが磯野直秀によって考証されている（同「日本博物学史覚書（5）」『慶應義塾大学日吉紀要　自然科学』通号二二、一九九七年）。

（29）『御触書寛保集成』二〇二五号。

（30）安田健『江戸諸国産物帳——丹羽正伯の人と仕事——』（品文社、一九八七年）、盛永俊太郎・安田健共編『享保・元文諸国産物帳集成』第一～第八巻（科学書院、一九八五～八八年）。

（31）城福勇『平賀源内の研究』（創元社、一九七六年）、芳賀徹『平賀源内』（朝日評伝選、一九八一年）。

（32）杉田玄白『蘭学事始』序文（緒方富雄校注、岩波文庫、一九五九年）。

（33）*Cruydt-boeck van Rembertus Dodonaeus*, Leyden, 1618.

（34）国立公文書館所蔵。

（35）東京科学博物館編『江戸時代の科学』（名著刊行会、一九七三年）。

（36）『有徳院殿御実紀付録』巻一五。

（37）三木正太郎「近世に於ける大嘗会」（皇學館大学神道研究所編『大嘗祭の研究』皇學館大学出版部、一九七八年）。

I

思潮

江戸中期における擬古主義の流行に関する臆見

宮崎修多

一　なぜ擬古は流行したのか

江戸中期、とくに享保以後、荻生徂徠（一六六六～一七二八）の首唱した古学の一つの学問方法としての古文辞学の影響下に、思想界はもとより、文芸が多方面にわたって前代にない展開を遂げたことは、いまさら指摘するまでもないだろう。「聖人の教は専礼楽にて風雅文采なる物に候」（『徂徠先生答問書』）という前提で、「風雅文采なる」六経の辞と事そのものに道を見出すべく、それを体得するための階梯として詩文作成を奨励したが、その方法は「只詞を似せ候が能候。後には自然と移候物に候」（同）というものであった。作詩において、漢魏の古体、盛唐およびそれらを範とした明詩風の格調詩をどこまでも模擬して己が詩とすることは、それまで木下順庵の門下で試みられるなど皆無の姿勢ではなかったが、徂徠学流行により極めて具体的な方法として徹底されたことはどうみても明らかである。

そうした擬古の姿勢が漢詩文やそれに付随した書学（いわゆる唐様）のみならず和学・和文、また和歌や俳諧・雑俳等の韻文はもとより戯作の世界にいたるまで蔓延したことは、いかにこの風潮が魅力的であったかを物語るが、この魅力の要因として古文辞学のもつエキゾティックな、時に表面的な支那趣味異国趣味の横溢からくるということだけをあげているかぎり、そこには単に時勢粧に引き寄せられる一般庶人の姿があぶりだされるに過ぎない。もちろんそれは大いに認めなくてはならない現象の一面だけれども、それにしても享保以降、擬古がなぜそこまで人々を魅了しえたのか。儒教研究の必須の階梯として設定されていた徂徠派のスクールは別として、それ以外の芸文にも波及した要因を、もう少し中身に立ち入って考えなくてはなるまい。

徳川吉宗の学問奨励策により開花した、享保期にみる科学主義や合理主義の気運は、諸事諸学において価値観の相対化を急激に促したであろうこともまた、ここに贅するまでもない。古来信じこまれてきたような事物の是非、虚実が見直され、体系的な整理が行われる。大部な井沢長秀の『広益俗説弁』（享保二～一二〈一七一七～一七二七〉年刊）など、その典型であろう。元禄までに雑多に集積された知識が、選り分けられ、軽重がつけられ、距離感が測られ、そして利用されるといった傾向が、朝野ともに目立つようになった。そうした合理精神を政治的に応用していった（むろんあくまで近世的なレベルにとどまるが）吉宗の背景に、政治を制度とみる徂徠の面影が揺曳していることも、従来よくいわれるところであった。当然ながら合理精神は客観性を重んずる。客観性は多識からはぐくまれる視点でもあろう。徂徠はゆえに門人らに多読をすすめ、視野の拡張と思考の柔軟性を詩文書画礼楽など芸文の修練にもとめた。かれらが他の学派に比べて文学への傾斜を深めたゆえんである。

ただ先に掲げたように、詩文作成のさいに採った徂徠の方法は「復古を以て自ら命」じ、「文は必ず秦漢、詩は必ず盛唐」（『明史』文苑伝・李夢陽）なる明の古文辞派のスローガンに随う徹底した擬古主義であった。作詩の場合は、詩格（構成）と韻律（音調）共にしっかり古詩のルールを遵守すべしということで、かれらの擬古詩は格調詩とも呼ばれ、「性霊」（精神）を重んじ、詩人の個性を作品に盛り込むことをよしとする、宋詩風の清新詩と対置される。いきおいかれら一門の活躍の結果、漢魏や盛唐の詩句以外の語句は使わない詩、古文辞の切り貼りともいうべき古体で難解な文が世上に簇生した。しかも全国規模で、「信ニ狂スルガ如」（那波魯堂『学問源流』）くに、である。

それにしても前代より合理精神の進んだ時期にあって、なぜかくも偏狭なまでの擬古・古典主義が流行したのか。いつの世もマニュアル主義が跋扈する時期があることを思えば、それもうなづけないではないが、広範な知識と、文学への理解と、なによりも門人各々の個性を尊重した柔軟な蘐園内の営為として見ても、同時代ですら「模擬剽窃」と批判されたほどの画一性に甘んじていたことは、従来の説明ではまだ少し疑問が残るのである。

むろん古文辞流行の結果、この擬古の方法が当代文学になにを齎したかについてはすでに日野龍夫による一連のすぐれた考察があった。詩に限っていえば、盛唐の豪華で昂揚した調べをなぞり返すことによって、人間の私的感情（とくに恋情や悲哀）を文学に解放することを保証し、あわせて都市の繁華から遊蕩の態までも歌いあげることを許容したこと、文学の受け持つ領域が事実から虚構や浪漫性へと大きく拡がったこと、「文学とは表現である」という認識をさらに発展させ「文学とは古典的表現である」という域にまで到達したこと、そしてそれが、わが身を古人に擬するという作家的擬態を定着させるにいたったというように、その影響による近世中期文学の一つの発展過程が示されたのである。(1) 古典主義が浪漫主義を内包しつつそれをはぐくんだという動きは、ヨーロッパの芸術の流れと比較すれば興味を喚起させせられる問題であろう。また、古人への擬態を誘発したこの創作意識は、やはり本来の儒者としての尚古の姿勢、古代の聖人たちへの思慕であったとすれば、儒者として完全に文学を個人の営みとして切り離せていなかったことの証なのかも知れない。換言すればかれらの言語的営為には、絶えず後ろ向きのベクトルが働いていたということもできようか。

二　服部南郭における擬古の意味

しかしその方向の質が、徂徠の門弟たちの世代となるとやや変わってくるようにも見受けられる。徂徠のもつ文学面を継承したといわれる高弟、服部南郭（一六八三～一七五九）の詩の初期から後期にかけて、わずかながら変化が見られることは一部すでに指摘しておいた。[2] ここでは結果だけを要約して述べておくに留めるが、単なる唐・明詩の徹底した模倣作だったものを、言語の表面上はそのままにしつつ、現在におけるかなり具体的な身辺の状況や、詩人の心理を暗示するようになったとおぼしいのである。

たとえば南郭の、一言一句すべて唐詩語から出来ているといってよい次のような擬古詩（連作二首の第一）はどうであろうか。文集では延享二（一七四五）年の上方旅中吟の直後に配置されるから、それと同年とすれば南郭六三歳の詠である。

夜珠元自属随侯　　夜珠　元と自から随侯に属す
臨別翻投赤水流　　別れに臨み　翻つて投ず　赤水の流れ
征旆行懸城上色　　征旆《せいはい》　行くゆく懸く　城上の色
更開明月浪華秋　　更に開く　明月　浪華の秋
（『南郭先生文集四編』巻三）

これだけでは、単に軍旅におもむく友人への送別詩と読めそうだが、前半の「随侯の珠」の故事との関係が、少しわかりにくい。ところがこの詩の場合、具体的な題詞「奉酬泉侯見寄作二首侯時有協衛浪華之行」によって、ある程度までの詩解が可能となる。「夜珠」は夜光珠。随侯が大蛇の傷を癒したお礼に貰った宝玉で、直径一寸で白く、夜陰にも光るので燭火がわりになったという（『琅邪代酔編』巻三八）。『荘子』『文選』『淮南子』などに宝玉の代表として、「和氏の璧」とともに文飾につかわれる中華の故事である。別れにのぞんでこの珠が赤水に投ぜられたというのは、そのままの意でも通じるが、南郭に親しんだ人には「赤水」が、南郭の芝森元町の自宅芙蕖館《ふきょかん》近くに流れる赤羽川（現赤羽橋の下を流れていた水路）を示すことはすぐにわかる（萩野鳩谷『東藻会彙地名箋』明和四〈一七六七〉年初板）。とすれば夜光珠を赤水に投じた随侯とは、題詞にいう大名、陸奥泉藩主であった本多越中守忠如（一万五〇〇〇石、延享三〈一七四六〉年遠州相良より転封。宝暦四〈一七五四〉年致仕。安永二〈一七七三〉年没。六二歳）を指すのであろうし、忠如が別れに先立って、南郭宅あてに留別詩を投じていったことも意味する。三句目はその忠如の威光が上方へ波及せんことを祈る、いわば社交辞令となっているが、結句で浪華の地を照らす秋の明月も、またその光彩の一つであることはいうまでもない。そしてそれが首句の夜光珠と呼応しており、二・三句の対句的な文字の置き方と相まって詩全体がシンメトリックな構成をとっているところなど、大名への奉呈詩だけあって丁寧な作りが感じられる。

題詞の割注から推して忠如の大坂城加番としての行旅で、加番の江戸発途は七月一五～一八日と決まっていたから、その前後の贈答と見てよいであろう。本多忠如は太宰春台や南郭に就いて学んだ蘐園派の文人大名で、詩集『壺山集』（安永六年刊）も残す。かく具体的な状況を暗示しているとなると、「元と自づから」と文字を連ねるところも気になるが、あえて解せば、随侯が「夜珠」を手に入れたのは大蛇の恩返しによってであったが、泉侯の才能は、私ごときがちょっとばかり教示した結果ではなく、本来的に身に着けておられるものだ、という含みか。さらに臆測すれば忠如の原詩には、こうした修辞が師南郭の学恩への謝辞として使われていたのではあるまいか。

また前稿でも示した例だが、同じく南郭最晩年の詩（宝暦七〈一七五七〉年作）。

西荘秋意六首　（其の三）

繞堂燕子故飛飛　　堂を繞りて　燕子　故《な》ほ飛飛たり

揺落悲秋坐翠微　　揺落　秋を悲しんで　翠微に坐す
為汝辞巣看欲去　　汝が巣を辞して　看るみる去らんと欲するが為に
似人臨水送将帰　　人の　水に臨んで将に帰らんとするを送るに似たり
卜居既製芙蓉帳　　居を卜して既に製す　芙蓉の帳
卒歳仍裁薜茘衣　　歳を卒《お》へんとして仍ほ裁す　薜茘《へいれい》の衣
無恨主翁難永保　　主翁の永保し難きを恨むこと無かれ
回春幸待入山扉　　春を回らさば　幸ひ　山扉に入るを待たん
（『南郭先生文集四編』巻二）

渋谷の羽沢に作ったばかりの別邸白賁墅《はくひしょ》の秋の風情を読んだもの。しかし頸聯五・六句の対句は「芙蓉の帳」にしても「薜茘の衣」にしても女性を象徴する修辞で、前者は楊貴妃の寝室の帳（白楽天「長恨歌」）、後者はいわゆる「山の神」の衣（『楚辞』「九歌」）。実はこの白賁墅には結婚間もない娘夫婦を、南郭の老妻とともに住まわせる計画があったらしく（湯浅常山『文会雑記』巻二下）、服部家の養子となった門人中西多門（服部仲英）と、南郭の四女登免子夫妻がその住人であった。仲英が入籍後白賁と号したことからも、この渋谷の別邸白賁墅は娘夫婦への贈与であることが想像される。文字の上では中華文人の、老後の生を養う平静な隠居生活を装いながら、実は上のようなきわめて私的な事情を暗示する作だったのである。文字の間にはさらに、余生いくばくもないことを予感する、自己の心境まで滲ませるような。

こうした例にみる南郭老年の詩作態度は、もう徂徠の目ざしたような古典世界への邁進、いにしえと同一化をはかろうとする意識のみではなくなっていたのではないだろうか。古典言語をあやつって自作することは、南郭にとっては古人を敬慕し演技するというような後ろ向きの韜晦的姿勢ではなく、もはや現在的な意味に変化していたといってもよい。南郭は元文元（一七三六）年頃、福岡藩儒井土魯坰《ろけい》にあて、文の作法について次のように書き送っている。

……夫れ文は言の修せるなり。修して而して後之れを簡牘に載す。終にまた典籍を舎《お》いて言を為すこと能はず。典籍多しと雖も、古へを以て至れりと為す。而して物固より至ると至らざると有り。則ち焉んぞ誣《し》ゆべけんや。若し古へに因らざれば、必ず後世に因る。韓か柳か、欧蘇諸名家か。孰れか陳言にあらざる。孰れか既に朽つるの古人にあらざる。……

（「答筑前井土生」『南郭先生文集二編』巻一〇所収。原漢文）

これは、明の古文辞派に対して模擬剽窃甚だしいという批判をあびせた、明末の袁宏道一派の論を援用する輩に対する反論として書かれたくだりであり、遠くさかのぼって中唐の韓愈らの古文復興運動においていわれた「惟だ陳言を之れ務めて去る」（型通りで陳腐な言語表現をつとめて避ける、の意。韓愈「李翊に答ふるの書」にあり）という主張への意見の一部でもある。袁ら批判者はこの韓愈の言説を盾にして古文辞派を痛罵したものであった。――言葉が修辞されて文となり、文は書かれ典籍となってはじめて残る。言語表現はこれら典籍によるの他はない。そのとき表現者は必ず自分より過去のなにかを典範に採ることになる。というより採らざるをえない。言語とはそういうものだ。そのさい、過去のテクストにも善し悪しがあること、これまたどうしようもないことであり、そうであれば古えを範とするにしくはない。そもそも秦漢の古えに典拠を借りないと主張する人々も、実はなにかを典範としているではないか。かれらの評価する韓愈・柳宗元・欧陽脩・蘇東坡などがそれだ。だから「陳言を去るべし」とは、韓愈こそ六朝時代の文飾過多の悪弊を改めるための方便として主張せざるをえなかったにせよ、それを作文一般の心得としていうのはまったくの筋違いであろう。「孰れか陳言にあらざる」。すべての言語表現はまさに「陳言」なのだから――。この逆説的な論の矛先が、明代でなく江戸中期における古文辞批判者へ向けられていることも見て取れよう。

さらに後の宝暦四（一七五四）年頃、南郭は親交あった信濃高島藩主諏訪忠林が、最近うまく詩が作れないと嘆いてきた書信に答えた漢牘にいう。

……辞、已に古人の用ふる所、意もまた古人の尽くす所、試みに吾が詩を以て、古人に並べ誦して、克肖弁じ難く、是の如くにして踏襲を為すにあらず。杼軸《ちよじく》我を成す。是れ詩の難き所以なり。昔、人有り。自ら詩格の覚えず卑きに堕つるを患《うれ》ふる者に、物子之れに教ふるに、調に依つて思を搆へ、辞を得て篇を作すことを以てす。先づ盛唐諸名家の合作の句調を闇熟して、而して後此の事に習ふのみ。必ずしも先づ意を立てず、一唯に古人に似ることを求む。此れまた一道なり、と。……

（「答鶩湖侯」『南郭先生文集四編』巻一〇所収。原漢文）

引用後半の物子（荻生徂徠）の教えに誘導するまでの、南郭の言語観が面白い。——言葉というものはもうすべて古人に使われ、かつそこに盛り込む意味ですら古人の表現に尽きている。『滄浪詩話』に「試みに已れの詩を以て之れを古人の詩中に置き、識者に与へて之れを観しめ、弁ずること能はざれば則ち真に古人なり」というけれども、このようにしてのみ詩は擬古を完遂させるのではない。「杼軸」すなわち機織りの時に横に走らせる糸巻き、車輪によって順々に糸が出てくる仕組みになっているこの糸巻きから、古人が尽くしたとされる言葉が繰り出され、縦糸とともにさまざまな文様が織り成されていく、そのときに実は「我を成す」ことになるのである。言葉はすでに古人によって使われたものばかりなのに、そこにおのずから自分というものが織りあげられるということに気がつかなければならない。しかしここが一番難しいところなのだ——。ここには、現代であろうが自己であろうが、古人の言葉によってすべては表現しうる、という南郭の自負さえ感じられる。ここにいたってかれは、擬古というテクニックをそれほど自家薬籠中のものとして完成させていたということでもあろう。

三　梁田蛻巌の詩論と文芸ジャンルの定着

さて蘐園からやや離れたところに位置する、南郭と同時期の別の詩人に目を転じてみよう。梁田蛻巌《やなだぜいがん》（一六七二～一七五七）は幕臣出身で、後半生は明石藩儒として盛名をほこった人物。古学派ならず朱学派ならず闇斎学派ならず一家をなし、禅学や陽明学の風も多分にそなえた儒者であるが、文学史的には、芸術諸道に秀でた狂激な明の文人徐文長や、袁中郎ら公安派、鍾惺・譚元春ら竟陵派など、明末の反古文辞運動の旗手たちの受容者として位置づけられる場合が多い。すなわち反古文辞学の比較的早い例としてである。もっとも、生涯のうちでたびたび宗とする詩風を変えたことでも知られ、亀毛なる号で俳諧もたしなみ、雅俗にわたって柔軟かつ批評的観点をもった詩人として、当代人からも一目おかれていたふしがあった。中国白話小説の先進的受容者だった福井藩儒、清田儋叟《せいたたんそう》（一七一九～一七八五）は、その蛻巌の反古文辞的な側面に影響された人物である。

蛻巌の詩論の変転は、それ自体一つのテーマとなりうるものではあるが、ここにその厳密な変化の様態と時期を追うことは避ける。松下忠の著書(3)では一通り考察されているものの、個々の言説の年代確定にまま疑問がなくもない。いま漢詩人今関天彭による評伝(4)にしたがって略述すれば、若年すなわち人見竹洞・林鳳岡ら林家の儒者のもとで研鑽していた時期は、林家の流儀に倣って実作では典雅な白氏風、あるいは五山以来の東坡・山谷、あるいは楊誠斎の宋詩風をたしなんでいたが、新井白石と出会ってから明詩風に開眼。七才子の古文辞に親しみ擬唐詩をさかんに作ったものの、さらにそれに飽き足らず、その対極に位置する徐文長・袁中郎に魅了された。それを極めた末、またも悪夢さめたるごとく盛唐詩に帰ってゆく。これが明石藩儒赴任後。以後晩年まで、基本を盛唐詩にすえながら初唐中唐の風を列観しつつ、老年は「字面は平たく格調はゆるやか」で「典麗高華」（今関「梁田蛻巌」）な詩境に達したというものであった。

ここで見ておきたいのは、諸詩風を身に付けながら二度も盛唐詩擬古詩に戻ってくるという点である。南郭とは恐らく対蹠的な思想や文学観をもち、しかも世に流行する擬古の風潮に対して「其人の胸中より出候詩は一首も無之候」（『蛻巌先生答問書』巻中）(5) と喝破したほどの人であるにもかかわらず、なぜここに帰趨するのか。若き日の清田儋叟にあてた書牘に、自らの文学遍歴をいささか苦い思いとともに述懐したくだりがあって、儋叟が擬古を嫌い、明の反古文辞派鍾惺・譚元春にいれあげる傾向をやんわりと制する意図で書かれた文脈でもある。儋叟が私淑するのは享保四（一七一九）年蛻巌の明石赴任以後であり、文集の刊行が延享三年だったから、その間の成稿であろう。

……足下、夫の詞藻家の王・李（明古文辞派の旗手である王世貞と李攀龍）を摹擬《もぎ》し、七才（明の古文辞派の前後七才子）の垂涎を拾つて、以て自から珍とする者を悪み、奮然として鍾・譚（鍾惺と譚元春）を藍本とし、意を創して言を放ち、一世に傲睨せんと欲す。卓識と謂つべし。然りと雖も、豹寫（褎の誤か。豹皮）鷸冠《いつかん》、信に美なり。先王の法服にあらざるを奈何ん。是れ蛮酋間の公子に在りては、則ち以て覇焔を扇ぎ客気《さかん》を王にすべきなり。君子、朝廷に立ち、宗廟に入る。黻冕《ふつべん》（礼服のひざかけと冠）を舎《す》てて将た奚《なに》をか庸ゐん。足下、盍ぞ其の本に反らざる。

僕、性、奇を好み、総角より鼠輩と肩を比するを欲せず、人薫《くん》とすれば、己れ之れを蕕《いう》とし、人鵠とすれば、己れ之れを烏とす。経藝《けいげい》、文辞と月に遷り年に変じ、詩も亦た之れに従ふ。初め宋を学び、欧・蘇（欧陽脩と蘇東坡）より下り、旁た放翁・簡斎（陸游と陳与義）に及ぶ。中ごろ唐を学び、李・杜（盛唐の李白・杜甫）を祖禰とし、縁飾するに銭・劉（中唐の銭起や劉長卿）諸名家を以てす。材識陋劣にして萬に企つべからず。退きて明を学び、王・李の銀鹿（下僕）為るに甘んじ、百年萬里紫気白雲（いずれも明詩によくある語彙）を除くの外、一も口を開く無し。何ばくも亡くして厭心生ず。生ずれば則ち悪んぞ已むべけんや。徐夜叉・袁波句（徐文長と袁中郎の毒を含んだ魅力をこう称した）、其の釁《きん》（すき・傷）に乗じて入る。蕩蕩として反《かへ》るべからざるなり。一旦、忽然として其の非たるを悟れば、則ち既に桑楡（老年）なり。

足下、英気僕に十倍し、其の奇を好むも亦た僕が下に出ず。竊かに恐る、僕と同癖、其の止まる攸《ところ》を知るべからざるを。今、書を善くする者、我能く羲（書聖王羲之）にし献（王献之）にするか、則ち偶爾として肴山・庭堅（清の湯第や宋の黄庭堅、いずれも書をよくした）を臨して我が羲・献は自若たり。是れ書法に於ける遊戯三昧と為す。詩の徐・袁・鍾・譚有るは、猶ほ書の肴山・庭堅有るがごときなり。蓋し定まらざれば臨せず。既に定まりては則ち華人も倭人を臨す。詩、諸体に放《なら》ふや、亦た然り。特に徐・袁・鍾・譚のみならず、遡つて奚囊（中唐の李賀）・西崑（晩唐の李商隠）、降つて六如（明の唐寅）・笠翁（清の李漁）。一性霊、一手腕。焉んぞ優孟（俳優）を為すべからざる者有らんや。亦た詩人の遊戯三昧なり。即《も》し技癢《ぎやう》禁ずべからずと謂て、閑を踰えて妄りに作し、自ら以て蓋天蓋地の第一義を得たりと為さば、則ち地獄に入ること箭の如し。戒めざるべけんや。……

（「答滕元琰」『蛻巌先生文集』巻六所収。原漢文）

論旨よりも、客気に富んだ青年を諌めるべく説明するそのしかたを見せようとして長々と引用してみた。まずここでは、擬古的な明詩風がいい、清新な宋詩風がいいといった単純な詩風の議論ではなく、当時かくまで詩風の違いというものを、一個の詩人に帯することの意味を考えようとしていた、きわめて客観的な姿勢を確認できる。しかしそうした側面は従来から、蛻巌の柔軟な文学性として指摘されてきた要素であり、むしろ稿者としては、そうした客観性の末に、「本」としてあえて唐詩を選ぶにいたったことに注目したいのである。上の文の大意をとれば次のようになろうか。

――擬すること、それは書道でいう臨書にあたるのだが、それを有効たらしめるには「既に定まり」たる「本」が必要である。「本」が定まっていなければ、臨書にはならない。書の場合それが王羲之・王献之にあたる。

詩も同じで、個々人の自由な性霊（精神）の働きを表現すべしとする徐・袁・鍾・譚はもちろん、中晩唐詩風の一画期を築いた李賀や李商隠、狂者の面影の濃厚な明の唐寅、小説にも腕を振るった清の李笠翁など、特に際立った個性の持ち主たちも皆、己れならではの一手腕を発揮したものであるが、それはすべて「本」が「定」まっているがゆえに、自由に特異な作風を演じてみせているのである。あたかも一人一人が名優のごとくに。考えてもみるがよい。君のいま惚れこんでいる鍾惺や譚元春のような奇抜さは、派手派手しく着飾った蛮族の公子たちの中でこそ似合うようなものであるが、君子たるもの、服装も威儀を正して朝議にのぞむのが、その本来の姿ではないか。その時は「本」に帰れずして一体どうするというのだ。奇を好むのはよい。私も昔はそうだった。けれども、擬古の風に歯がゆい思いをつのらせたすえ、のりを超えて、その一つの個性のみをもって天地を蔽う第一義だと思ってもらっては困る。そういう態度を持していては、私もそうなりかけたように、みるみる文事の泥沼へはまり込んでゆくに違いないのだ――。

近体詩の原型としての唐詩が「本」となることはいうまでもないが、そうした教育的な意味での基本と、自らの実作の目ざすところを使い分けることも、心ある教師であれば当然ありえた。『蜺巌先生答問書』にも、上述のような擬古詩批判の条と、この唐明詩をしっかり誦習すべき条が混在する。これを矛盾ととらえるべきではないし、その各々の書かれた時期が違うと決めてかかる必要もない。

……趣向を本にするとは申せ、一概にその方を専らにすれば、よく聞えて下手の楽天に成りて俗なり。詞を心がけ風流を第一と可被成候。詩の材料は卓氏藻林よし。平生も文選の中に宜しき字多く候ゆゑ、書き抜きて使ふべし。白雲流水、清風明月等の字は、朝夕の飯同然、千度出てもよし、其他はひたとかはるを以て詞とす。

（「答永原生」『蜺巌先生答問書』巻下所収）

こうした典範の意識は、たとえば門人にあてた蜺巌の次のような教唆にも通底しているようにみえる。

……朱子は詩人の名を得て、陸放翁と同じく誉ありし人也。それさへ宋朝の習気（学問臭いこと）深し。五言古は一家の作者たるべし、其余は風格宜しからず、ややもすれば、理学臭し。是を倭歌に比ぶれば、沙門隠士のよめる道歌と云ふ姿に成りて、朝廷風雅の道に非るが如し。……

……その他の題目にて（性命道徳の精微、天下国家の事務、古今学術心法の異同など以外の題目で）、古文辞を書かんとするには、必ず（性理家でなく）文章家の法によるぞ。只よみやすくして、理さへ聞ゆればよいと思ふ文字は、随分出来たにしても、四書大全の小註を見るやうにして、文といふものにあらず。其れほど読み易くて、理の聞ゆるがよくば、俗語の平仮名にてすむべし。何ぞ角ある真字を用ひ、子細らしく書くに及ばんや。……

（「答某生」『蛻巌先生答問書』巻中所収）

後者は詩でなく文を書く場合の心得。達意が主眼ならばなにも無理して漢文で書くまでもなく和文で充分だ、とするのは、元禄・宝永期の貝原益軒（一六三〇～一七一四）にも同様の教訓（『文訓』）があったことをつい想起してしまう。益軒の場合は、その意識の末に和文を採択することになるのだが、古文辞時代を透過し、漢文法研究も進んだ後の蛻巌にいたっては、「だから内容によって漢文と和文を書き分けるほうがよいのだ」という意識にまで達していた。そして道徳や学問・政治以外の漢文を構築する場合には、詩と同じく古文辞による文飾を勧めたのである。前者にいう「朝廷風雅の道」がそれに相当するのであって、このあたりに、蛻巌が「本」をたっとぶ意味がほの見えるであろう。

「答滕元琰」に戻れば、その引用の初めの方で、近代的な文学観からすれば推賞に価するような袁中郎や鍾・譚らの詩が、その装いを「蛮酋間の公子に在りては、則ち以て覇焔を扇ぎ客気を王にすべきなり」といささか揶揄的に評され、威儀ある君子の朝服と対極におかれるとともに、そうした詩風の差異が、いわばＴＰＯによって使い分けられるべきものとするかのように読めるのが、この文の微妙な点であろう。最終的に唐詩に帰ってきたとはいえ、性霊への共感は、意識の上では遂に失わなかった蜕巌の言だからである。そして、一人の詩人の中でこのような複眼的志向が芽生えだすのが、この享保期前後だったのではあるまいか。

このよう視点がはぐくまれる以前には、詩語における雅・俗の徹底した弁別がはかられていたことを思い合わせるべきであろう。この問題については早くより中村幸彦がさまざまに論じており(6)、ここに詳述はしないが、木門の祇園南海が『詩学逢原』「雅俗」や『詩訣』「詩法雅俗弁」の中で語彙や詩句の一々を雅俗により分けていったり、服部南郭が『燈下書』(享保一九年刊)で「文章はすべて中華の語に候へども、其内雅語俗語とわかれたる品心得べきなり。六経を始として雅言は皆潤色して、世俗通用の語にあらず、律令語録直解演義小説の類は俗語に候(7)」などと力説。いずれも詩語=雅たることを前提とした論で、俗の入り込む余地はない。遡れば徂徠が『訳文筌梯』「題言十則」の第九則において、「詩語」の特殊性を説いたことに端を発するであろうこれらの主張は、近世初期以来の和語和習に満ち、文章語がそのまま使われるような字句の無意識な用い方を一掃し、漢詩をあくまで中華の詩たるべき原点に帰すべく行われた、言語研究の深化に即応するものでもあった。そうした雅俗意識が、詩風の弁別となって、その甚だしく俗に近い詩風もまた詩の一体として、こんどは意識的に肯定しようとするのが、蜕巌などが端緒となった反古文辞の潮流だったのである。しかしながら見てきたように、蜕巌は古文辞の良さをも最後まで手放さなかった。というよりも、むしろ自身は俗の要素を退けつつ、次第にそれに親昵していった形跡すらあった。

……其元は此前専ら俳諧にて、其後詩学なされ候。大方、詩も諧も同然に成るものとの御料簡と察候。中々左様の心にて詩は成り不申候。……

(「答永原生」『蜕巌先生答問書』巻下所収)

俳諧を嗜んだのはこの「永原生」だけではない。かくいう蜕巌も亀毛の号でかなりこの道に入れ込んだことは知られるが、この教訓は恐らく、己が経験から得られたものでもあった。図式的にみれば、かれの詩論における性霊の重視と、俳諧のごとき闊達な俗文芸は直結する。俗文芸の身上とは趣向の奇抜さと個性の発揮であろうから（「趣向」の語は蜺巌も愛用した）、その精神は徐文長のような際立った狂者の営みや、袁・鍾・譚ら明末反古文辞派の主張と、考え方の上では一致するからである。実際、蜺巌は俳諧師松木淡々の俳文をたたえていう。

……我が東人、女字を仮り男腸を写す者、『徒然草』其の最と為して、『挙白集』之れに殿たり。皆な『源語』（源氏物語）『枕艸』（枕草子）を以て藍本と為して之れを潤色す。未だ嘗て俳諧にする者を聞かざるなり。晋（其角）と楊（淡々）とは、則ち俳諧にして文章にする者か、あらざるか。予、経を冠にして史を佩び、宣尼（孔子の語）を爺として迦文（仏典）を娘とす。廼ち文、廼ち詩、乃ち詩余、乃ち伝奇、乃ち和歌、乃ち俳諧、性霊の発する攸ろ、指を染めざる莫し。……（寛保元〈一七四一〉年『淡々文集』序。原漢文）

とくにこうした諸文学への渉猟ぶりは鍾・譚に傾斜した若き日のことであったろう。先述のようにその魅惑を断ち切るべく諭すのは、あくまで初学者むけの教訓だと限定してかかることも可能だろうが、詩における雅の重視を棄てなかった老年の蜺巌にして、この言葉は単に教育的にのみ発せられたとも思えないのである。その意味において、文学における雅俗の交錯した良さを見出したという点で、蜺巌はきわめて早期の人と評すべきだが、しかしその根底には確固たる「本」の意識が「定」まってのことなのであって、詩でいえば自覚的な詩語の意識、雅俗の弁別を前提にしなくてはこのような柔軟さも生まれえなかったはずである。元来俳諧は和歌の一形態から派生したものであるが、長い時を経て「物と人と開け、慧と詞と長じ、乃ち能く俗を雅に鋳、雅を俗に揉げ、目中象るべからざるの景無く、心曲説くべからざるの情無く、上は以て玉皇天将に告すべく、下は以て牙儈屠児に諭すべき、亦た一種の風流なり」（『淡々文集』序）としたのも、表面的にみれば単に雅俗の混交を俳諧に喜ぶ態度のようだが、むしろそれだからこそ、詩には雅の追求という正道があることに、青春時の悔恨とともに思いいたることになったのではないだろうか。

こうした弁別の意識の発達した人は、えてして多芸な人に多い。時代は下るが、蜀山人こと大田南畝（一七四九～一八二三）がまさにその典型であり、幕臣文人で漢詩文を中心にしながら、和歌・和文・狂歌・狂文・洒落本・黄表紙・噺本・随筆など手を染めなかった分野はないというほど雅俗にわたり、どれも第一級の才を発揮した。有名な「雅人の俗を弄ばかりは、かへつて雅のさたになるもあぢなものなり」（『仮名世説』）というかれの言葉からは、雅俗の交錯を喜ぶ姿が見えてきそうだが、その南畝が己が文学の中心にすえていた漢詩において、終生かわらず擬古の姿勢、格調詩風をつらぬいたことを忘れてはならない。反古文辞の運動も盛んな時期においてもずっと、であった。(8) 結局、蛻巌もそうだったように、文芸の多分野において活躍可能な人は、一個人の中でいくらもそれらを使い分けて自足できたために、各々の分野の精髄を、それが多少偏狭に見えたとしても追求できたということになる。本来雅たる詩に卑俗さを求めるくらいならば、他にいくらでもそれを披歴する手段をもつかれらにしてみれば、やらないほうがましだ、という意識である。雅俗の混交や転倒の面白さを、蛻巌は俳諧で満足させていたはずであり、詩はむしろあえて襟を正してみせる場であった。生涯擬古を通した南畝も、俗の新味とおかしみを戯作で吐き出すことで精神のバランスを保つことが可能だったのだろう。そして、享保期の蛻巌あたりからその意識が芽生えだした背景には、近世期の新しい文芸の各分野がほぼ出揃い、ちょうどこの時期に社会的にも定着して並走しはじめる、いわば文芸ジャンルの〈棲み分け〉が始まったという事情も作用していた事と思われる。

近世の新文芸の各ジャンルが、その俗の方の担い方を明確にし、各々の土壌で開花しはじめるのが享保から宝暦であること、近世文芸研究者なら各々の専門領域だけで考えても首肯できるところであろう。俗文で書かれた散文作品である仮名草子がまだ内容的に雅俗を混沌として持っていた時代が過ぎ、西鶴の風俗小説を経て、このころは八文字屋本が「風流読本」として定着し、片や「教訓の読本」として談義本が独立してゆく。また中国白話小説と風流読本・談義本からの影響下にあっていわゆる前期読本が、近世小説の新しいジャンルとしてその輪郭を明確にしてくる。雑俳も元禄以前から盛んではあるが、川柳風狂句として形式的にも定着するのがこの時期であった。徳川吉宗によって出された享保七年の出版条例が、規制よりむしろ出版を圧倒的に活性化させる要因となったたという見解は、つとに中野三敏によってさまざまな事例とともに提出されているが（『江戸文化評判記』中公新書など）、これもジャンルの定着化を強力に後押ししたことは疑えない。あるいは、芭蕉の俳諧における「高悟帰俗」に、すでに元禄から雅俗意識がみられるではないか、という反論もあるかもしれない。たしかに俳諧は貞門談林の昔から俳言の弁別が意識された分野ではあった。しかし自らの「風雅」が西行や宗祇につらなるという芭蕉の姿勢は、俗な遊戯性に富んだ談林俳諧の反措定としての擬態というよりも、まだ雅俗の混沌たる面白さこそあれ、俳諧というジャンルがそのいずれを追求すべきかが定まっていない時代の、ひとつの模索の姿だったとも思えるのである。社会が俳諧を俗文芸と認知し、俳諧側もそれを前提として活動をするのは其角（一六六一〜一七〇七）以後なのではあるまいか。

四　洒落風俳諧と擬古

蜕巌が俳諧に遊んでいたころの、江戸俳壇の実態については鈴木勝忠のすぐれた業績の数々があって、あえて贅言するまでもない[9]。ただ古文辞学を論ずるうえでこれを避けて通れぬのは、この時期の俳諧に多くその影響が見られるからである。その代表的な例としては、其角の孫弟子にあたる祇徳のつぎの言があげられよう。

誹諧も古文辞を用べし。詩・哥・連の三道もみなかくのごとし。道は貞徳にありて句は芭蕉にあり。然らば元禄の比芭蕉流の誹集をかりに古文辞とさすべし。古き集どもに熟せざれば、古雅をしらず。尤、守武・宗鑑・貞徳の書みな古文辞也。然れども時運のたがひ侍るにや、用ひがたき辞もほゞみへ侍る也。思ふに古人一事もいひ残せし事あらんや、皆古人の糟をなむるといへども此外に道なし。新をもとめ奇をたづねいまだ人のいはざる事をと句作ゆへに、おのづからいりほが《鑿》を案じ、又賤しきに落て邪路に入る也。[10]是いにしへを捨て吾を取の罪のがれがたかるべし。（祇徳編『誹諧句選』「誹学語類」享保二〇〈一七三五〉年刊）

特に「古人一事もいひ残せし事あらんや、皆古人の糟をなむるといへども此外に道なし」というところなど、前引した南郭の「辞、已に古人の用ふる所、意もまた古人の尽くす所」なる文学観に通じ、この俳諧での復古運動が、江戸派のマンネリ打破のための便法として利用されたとのみ断じることのできない、意外にも深いレベルでの受容であることがわかる。もっとも、少しあとの三宅嘯山編『俳諧古選』（宝暦一三〈一七六三〉年刊）が、古文辞派が最高にもてはやした南郭校訂になる小本『唐詩選』（享保九年初刊）を、その外形も内容も模倣したような事例[11]とは、多少水準の違いを感じさせられるけれども、いずれも俳諧における古文辞流行の露骨な後追いであった。

其角以後、機智に富んだ談林系の沾徳《せんとく》が江戸俳壇の牛耳をとり、途中不角《ふかく》の化鳥《けちょう》風などが対抗したものの、享保期になって沾洲に引き継がれた都会風の点取俳諧は、時に譬喩俳諧とよばれる謎かけ的な機転が身上であったが、それのいささか食傷気味の風潮から脱却するために、蕉風への復古が叫ばれたりしたのである。さらには本格的な俳家系譜の初発たる沾涼の『綾錦』（享保一七年刊）や、淡々の其角伝書『俳諧三部書』（宝暦九年刊）などにみるような、俳系や伝授を重んずる書も多く出版されるようになった。鈴木勝忠はその傾向について「都市点取俳諧が、俳風として均一化し、宗匠間に差異が見出せなくなるとき、毛並みの良さや俳系を誇示することによって自己主張をするしか道がないと見るのはうがち過ぎであろうか」と推測する。[12]しかしながら見方を変えれば、この江戸における俳風の均質化こそが、善くも悪しくもまさに俗文芸の一分野としての固定、定着ぶりを如実に示す証ではなかったか。幕府の表坊主からしくじって太鼓坊主に落とされた「享保の遊俳」寺町三知《さんち》（一六九五～一七八一）は、連歌から派生したとはいえ、俳諧はいまや個別のジャンルとして定着したのに、いまだに中途半端に連歌にひれ伏す俳諧師たちのあることを嘆き、つぎのようにいう。

誹諧はいかなる故有とも知らず、五七五の句をつらね覚えて其源を不尋、何ひとつ学ぶとなく、誹諧は念仏の行者と心得、六字の名号を唱へだにすれば往生の素懐を遂て極楽の浄土に至ると心得たる誹諧師は愚痴無智の婆か、といふごとく、其罪軽かるべし。亦和歌・連歌、或は口決・師伝などこと〴〵しく云罵り、夫が中にも賦物の伝、本式の義など沙汰する族あり。是は誹諧師の預る所にあらず。扨又其者連歌の道に入て執行せしかとみれば、一向に其家にも立入らず、何を以て教へ、何を以て伝ふるや、是は又罪重きかたによるべし。若此後誹諧の上にて連歌のことを説ものあらば、紛れ者といふに等しかるべし。連誹混合せざるを掟の第一義とす。今誹諧も一の業となれり。……（「連誹故実知不知論」『華葉集』宝暦七年刊）(13)

これもまた江戸派全盛期の一側面であった。我々は三知が其角流に属する俳諧師であったことを措いても、かような弁別の意識をもっていたこと自体に注視しなければなるまい。

ところで、この江戸派の譬喩俳諧を遡れば、やはり其角の洒落俳諧に行き当たる。その有名な発句。

曲終人不見

暁の反吐はとなりかほとゝきす（『五元集』）

初出の『焦尾琴』（元禄一四〈一七〇一〉年刊）では詞書が「曲終無人声の題を」となっている。これを『其角研究』では寒川鼠骨が「夜更けまで賑やかに騒いでゐたが、暁になつてひつそりして、すがすがしい声で時鳥が鳴きわたる、隣室か何かで反吐をつく者があるといふ、遊里の景色を咏つたものぢやないかと思ふ」(14)とする。岩本梓石は「隣室に眠つたらしい其角が、覚て聞けば反吐をつく声がある。扨は宵の持越だナと、悪感に脅かされた折から、いづくともなく子規の声が聞えて、ハツとばかり、隣のことは瞬間忘れた意である。故事を引くまでもなく此光景は、昔の吉原には実際あるべき事実と思はる」[15]といい、時鳥と反吐を並行した別々の事象として読んだ。両者遊里句とすることに違いはないが「ほと〻きす」が問題で、実際に時鳥が鳴いたとするのか否か。梓石ははっきり鳥の鳴き声として解したのだが、鼠骨の解釈ではどうもそれが曖昧になっている。それを鈴木勝忠ははっきりと、時鳥＝遊女の吐く音と断じており、これが正解であろう。「いままで吉原で三味線・歌と大騒ぎをしていた。ところが急に終ってしいんとしてしまった。そのしいんとしたときに、反吐をはく非常に苦しそうな声が聞えた。野郎が反吐をはいても全然句になりません。やっぱり、この反吐をはいているのは遊女ですね」[16]と解説する。すなわち、明け方に飲みすぎて吐く遊女のことを、昔から鳴いて血を吐くといわれ、またかつて宗長の狂歌に「きくたびに胸わるければほと〻ぎすへど〻ぎすとぞいふべかりける」と詠まれたという[17]、あの時鳥に見立てた句ということになる。このあたりの作風が譬喩俳諧の源流といわれるゆえんであった。

このような洒落風俳諧の特色は、いうまでもなく対象を直叙しない、言い換えれば読者をして巧妙な目くらましに逢わせるところにあった。もっともそればかりではなく、比喩めかして比喩でないといわんばかりのひねった句法もあったようで、同じ其角の遊里句でいえば「京町のねこ通ひけり揚屋町」（『焦尾琴』）。為永春水の人情本『春色恵の花』（天保七年刊）にも引用されたこの句について、江戸中期の舌耕家馬場文耕は、一見遊女を猫に見立てたように読めるが、「今其角流の俳諧にては人を畜類鳥類にくらぶるは正風にあらずとて致さず」（『近世江都著聞集』巻五）[18]として、ここは実際の猫と解し、揚屋入りのさい、遊女が禿《かぶろ》に猫を抱かせて寵愛したさまを詠んだとする。その伝でいけば先にあげた「ほと〻きす」の句も遊女とは別に、実際に時鳥が鳴き声を上げたことになろうが、いまここでそのような其角流の作法を検証する材料を持たない。かりに畜類鳥類に見立てるべからずという法度があったとしても、これらが見立ての装いを持った句として作られたことは確かであって、猫が遊女か、遊女が猫かと愉しむところに洒落俳諧の妙味があったはずである。

反吐を吐く遊女の姿が時鳥の印象で覆い隠され、揚屋町への太夫道中が猫の恋でおぼめかされてしまう。この見立てられる事物、すなわち表向き描かれる事物は俳諧の場合、「ほと、きす」と「ねこ」のごとく雅俗両様あったが、この部分を雅の雅たる中華の事物花鳥や故事に置き換えてみたらどうだろう。まさに服部南郭が晩年に行きついたような、己が身辺の些事でも、修辞によってあたかも大陸の風景であるかのように装う、あの擬古詩の手法そのものではないか。南郭は事実をそのままに描くことをよしとしなかった。詩経三百篇は「云出ること葉も婉曲にして、何となく人の心を感せしむるを専一と仕事故、自ら風雲花月に興をよせ、詞の上にあらはれさる事とも多」(『燈下書』)く、自作もこれに準じなくてはならない。

こうした婉曲表現をたっとぶ理由として、南郭が和歌から文芸をはじめたという事情を第一に考えあわすべきではなかろうか。母吟子が長嘯子門の歌人山本春正の娘であり、父元矩も北村季吟に師事したことが、つとに日野龍夫によって明らかにされていて(19)、早くよりこのような堂上家風の花鳥風詠に親しんだ事こそが、南郭の擬古の姿勢に多大な影響を与えたと考えられるが、日野はその両者を「古典的形式美の偏愛、宮廷趣味」という共通項でくくった(20)。筆者としては形式もさることながら、伝統的な和歌の婉曲表現という面から、両者を結び付けたいと思っている。しかしそれは従来いわれるように古文辞学が賀茂真淵流の国学へ投影されたという事とは逆の方向性と、別のレベルの問題になると予想されるが、その考察は別の機会を俟ちたい。ともかくも古言ですべてが表現できる、という自負をもった南郭が、覆い尽くされた古言のうちに現実をひそめる手法をとりはじめる。

その背後に、身辺にまだ蔓延していたこうした俳諧の表現感覚が作用していたのではないか、というのが私の想定する第二の要因である。南郭の生涯には俳諧との交流を示す事跡がほとんどみられないが、元禄九年一四歳で京から出府して没する宝暦九年まで、江戸は其角流ないし江戸派の全盛を誇っていたはずである。江戸俳壇の大立者沾徳は、南郭の祖父山本春正の門人でもあった。南郭が洒落風俳諧のこうした表現に理解を示したであろうことは容易に想像できるし、師徂徠の提唱した擬古なる表現手段は、その感覚をもってすれば、かれの目には最もスタイリッシュに映じたことであろう。擬古がきわめて知的な操作であることはいうまでもないが、技巧だけでなく感性の面からしても、直接表現をとって野卑に陥るのは、都会派詩人としてはたまらなく嫌だったに違いない。その感覚を、実は身近な俳諧によって知らず学んでいたというのは、臆測にすぎるであろうか。かれは決して過去のみに韜晦し、古典世界に桃源郷を求めるだけの詩人ではなかったのである。

かたや、それを俳諧内部に参入して実践していたのが亀毛こと梁田蛻巌であった。南郭は、いわば事実を覆い隠すに俗をもってする譬喩俳諧に対して、自らは徹底した雅でもって俗事を覆い尽くそうとした。蛻巌は、詩作において格調に清新に、あるいは雅に俗に時折力点を変えながらも、結局は格調という雅に進路を定め、それを補完するがごとくに俳諧の俗に身をひたした。かれの場合は詩にも、俳諧にも、真の詩として雅俗両様を認めていたとはいえ、あくまで詩は雅、俳諧は俗という前提は崩さぬまま、各々での振幅を楽しんでいたように見受けられる。いずれもこの時期に派生した文芸ジャンルが社会的に独立し、各々の役割を自認しつつ並走しはじめたことでなしうる均衡のとり方、表現者としての身の置き方ではなかったか。

五　結語

徂徠の擬古主義は、言語の模倣を通じ、時空を超越してその書かれた国や時代の特性を身体や精神の感覚として反芻・追体験できるという、思えばはなはだ楽天的な前提に立っている。この点について、俗書の中にではあるが、徂徠の当時から面白い批判があった。論者は徂徠の著述を引用しては、何度も執拗に論駁する。

……礼残《そこ》なはれ、楽亡ぶ。之れを如何ともすること無し。苟しくも聖人復生にあらずんば、孰れか能く制作せん。故に学者、唯だ能く詩書と礼とに涵濡し、優游厭飫《えんよ》久しうして之れに化し、習ひて以て性と成して、

徳慧術知、此れに由て以て出れば則ち云々（ここまで『徂徠集』「復水神童」第二書の引用。原漢文）

此文に至りて荻徂徠、不覚して自ラ却て気質変化するの義を言へり。

……故に其の始めて学ぶに方りてや、之れを剽竊摸擬と謂ふも亦た可なるのみ。久しうして之れに化す。習慣天性の如く、外より来りと雖も、我と一と為る。故に子思の曰く、内外を合するの道なりと。（ここまで『徂徠集』「答屈景山」の引用。原漢文）

此の文にも徂徠 自《みづからまた》亦気質可変化の義を言り。

……吾れ于鱗氏の教へを奉じて、古を眎て辞を修め、之れを習ひ之れを習ひ、久しうして之れと化して、辞気神志皆な肖たり云々（ここまで『学則』第二条の引用。原漢文）

此文、徂徠亦々気質の変化する義を言り。

（吉川敬徳著『本朝異学問答』享保一五年刊）

著者の吉川亀庵敬徳なる人物については知るところがないが、山崎派の朱子学の影響を受けたもののごとくである。本書全体は、仁斎も徂徠も陽明心学の要素をもっているから皆な異学だ、と切り捨てる内容になっているのだが、ここにくりかえされているのは、気質は不変化だとする徂徠の主張する擬古の理論自体に、まさに気質の可変化を露呈してしまっているのは矛盾ではないか、という批判であった。立場をかえれば、擬古の修練による人間性の変化については、宋学者側からも可能性を期待された、それほど魅力的な方法に見えていたことになるであろうか。

徂徠の門下には、こうした擬古の方法に、新たな感覚を盛り込もうとする南郭のような門人もいて、擬古は洗練された当代文芸の感覚に近いものとして再構築されようとしていた。それはひとり南郭のみではなかったことも大いに想像されるのだが、残念ながらまだ検証するいとまがない。しかしそういう姿勢で古文辞を操り、そういう感覚で古文辞を受容したものが他に多く存したとすれば、擬古の方法が全国的にあれほど歓迎された理由もまた、表現自体の魅力から見直す必要があるかと思われるのである。

（1）日野龍夫『徂徠学派』（筑摩書房、一九七五年）。

（2）宮崎修多『江戸漢詩史再考――格調詩に盛り込みうるもの――』（国文学研究資料館、二〇〇九年）。

（3）松下忠『江戸時代の詩風詩論』（明治書院、一九六九年）、五〇二～五〇八頁。

（4）今関天彭「梁田蛻巌」（『雅友』二九号、雅友社、一九五六年）。

（5）『日本藝林叢書』第二巻（六合館、一九二七年）所収本による。同書引用は以下同じ。

（6）『中村幸彦著述集第一巻近世文芸思潮論』中央公論社、一九八二年）や『同第二巻近世的表現』（同上）などの諸篇。

（7）『日本儒林叢書』第三巻（東洋図書刊行会、一九二七年）所収の翻字による。

（8）宮崎修多「大田南畝における雅と俗」（『日本の近世』一二巻、中央公論社、一九九三年）所収。

（9）享保俳諧に関する鈴木勝忠の多くの論考は『近世俳諧史の基層』（名古屋大学出版会、一九九二年）に収録。

（10）『古典俳文学大系　享保俳諧集』（集英社、一九七二年）所収の翻字による。

（11）田中道雄「『俳諧古選』の成立」（『近世文学　作家と作品』中央公論社、一九七三年）に考証がある。

（12）鈴木勝忠『俳諧史要』（明治書院、一九七三年）、九八頁。

（13）『中野三敏先生古稀記念資料集　雅俗文藻』（汲古書院、二〇〇五年）の翻字による。

（14）『其角研究　上』（アルス、一九二七年）、四二六頁。

（15）岩本梓石『五元集全解』（俳書堂、一九二九年）、一四一頁。

（16）鈴木勝忠「江戸風と其角」（『大東急記念文庫公開講座講演録　蕉門』大東急記念文庫、一九八一年）。

（17）前掲註(14)『其角研究　上』輪講における木村仙秀の指摘。

（18）『燕石十種』（中央公論社版第五巻、一九八〇年）所収翻字による。

（19）日野龍夫『服部南郭伝攷』（ぺりかん社、一九九九年）。

（20）前掲註(19)書、九二頁。

〔付記〕本稿のもととなった国際日本文化研究センターの共同研究「一八世紀日本の文化状況と国際環境」での口頭発表の内容は、その多くを別稿に発表してしまったので、ここでは材料を同じくしながら、やや違った視点で述べてみた。また春満や真淵にみる同時代の復古思想について言及しなかったのは、これがまた別の問題を含むものであり、国学の古文辞からの影響という点で、いまだ稿者の考えがまとまっていないからである。たとえば報告時にあげた幕臣国学者石野広通の『大沢随筆』（写本）で、真淵流の国学が堂上家から「理学」だと決めつけられていた事例など、直接に古文辞学から国学へという筋道が引けないような、一種のねじれ現象が起こっていたのではないかと思われるふしもあった。本稿で、堂上和歌の感覚こそが南郭の擬古の態度に近いとしてみたのも、その点を考慮してのことであり、このあたりの問題については別稿に期したい。

太宰春臺における古文の「體」「法」重視
――古文辞「習熟」論に鑑みて――

竹村英二

はじめに

太宰春臺（一六八〇～一七四七）の『文論』五に曰く、

後之修辞家。見韓氏之末弊而欲改之。於是努擇古辞。李獻吉首倡此道。汪伯玉李于鱗王元美継作。然後大行于世。夫四子者。豪傑也。于鱗之奇崛。元美之宏博。皆一世之儁也。今観四子之文。無非古辞。然其行文。獻吉伯玉尚遵古人之法。于鱗元美則用今法。獻吉時去陳言。猶退之也。元美好變用古辞。以見其巧。于鱗伯玉即用古辞。不敢裁割。于鱗又好險其語。以為古文辞當如是。嗚呼。古文固難讀。不亦有易讀者哉

（『紫芝園後稿』巻七所収）(1)

春臺は、右の明代四家の文は「古辞に非ざるは無」く、皆な「豪傑なり」と評し、とくに李于鱗は「奇崛」、王元美は「宏博」と評価する一方、この二者は「文を行う」にあたって「今法を用」いていると指摘、荻生徂徠（一六六六～一七二八）が「明の李・王二公、古文辞を倡へ、亦た法を古より取る」とするのと異なる見解を示す。(2)とりわけ李于鱗について春臺は、彼が古辞を紡ぐに「今法」を用いるのに加え、「語を險にするを好」み、その

文は「未だ全く古ならざ」るとし、直後の段にて山県周南の「于鱗の文は俳に似る」との見解も紹介して批判（『文論』五）、『讀李于鱗文』ではさらに、于鱗が「多く古人の成語を摭《あつ》めて連合成章し、是れ以て言に條理無く、語に貫串無し。これを猶ほ童子の爭闘するがごとくに譬ふ」と弾劾する（『紫芝園後稿』巻一〇所収）。この直後に「先師徂来《(ママ)》先生は、中年に古文辞を好み、最も于鱗氏を悦」び、「以て學者に示し、名づけて『文矩』と曰ふ」と述べ、もって徂徠の于鱗評価に疑義を呈している。春臺はとくに、李・王の両者が古文の法・體に対して無頓着であることを批判する。

本稿ではまず、春臺による模倣・剽窃批判について先行研究も参考にしながら整理し、それを踏まえ、春臺における古文の「體」と「法」重視について、それらの識得において枢要である諸書とその特質に関する最新研究の知見も参照し、さらには他の蘐園諸学の「體」「法」についての見解とも比較しながら考察する。

一　春臺『紫芝園稿』にみえる模倣・剽窃批判

春臺が韓・柳、李・王の四家の詩について、後者二家、即ち明代のものについては、その復古の役割について一定の評価を維持しながらも、その詩における「生色」の無さ、それと不可分である「剽窃」という技法を批判するに至ったことは、白石眞子の一連の研究に指摘され(3)、服部南郭（一六八三〜一七五九）・山県周南（一六八七〜一七五二）・春臺各々の作詩文論、彼らにおける韓・柳、李・王についてのウエイトの相違、體・法に関する見解の違いなどについてはその前段階の論考で整理されている(4)。これに依って三者それぞれの韓・柳と李・王の四家評のうち本論と関連する事項を要約すると、南郭は、李・王が韓・柳より更に古への格調を求めたと明代のこの二家を高く評価（『燈下書』、白石、一九九九年論文二四二〜五頁）するのに対し、周南は「模擬」が過ぎ「牽強」な于鱗より韓・柳を評価する（『作文初問』、白石、同前二四六頁）(5)。ちなみに徂徠「與竹春庵」第一書には「六經」「先秦西京」の文が挙げられ、続いて「明の李・王・汪（道昆）の三家」は「亦た古を師」とし、「其の文、辞を主とするもの」と評価されるのに対し、その前段にて「韓柳八家之文」は「理勝りて辞病」み、「議論長くして叙事短」く、風雅にあらずと批判される(6)。

體・法に対し周南は（古への）「文章ニ定體ナシ」、「法亦定論ナシ」（『作文初問』、白石、同前二四五頁に引用）とする。韓・柳を尊崇する点では春臺と軌を一にする周南だが、古文に定体・定法「ナシ」とする点は異なる立場を呈する。この点は本稿の主要論点に関わる故、後に検討する。本節では、一連の白石の春臺『文論』『詩論』を中心とする研究も参考にしながら、春臺における明代古文辞剽窃批判を、後述する彼の古代中国語理解における、その方法的・体系的理解を目指す姿勢の問題を念頭に置きながら考える。

『紫芝園稿』の「後稿」巻七・八は、春臺の「論」を収める。巻七所収の『文論』一〜七は、春臺の文章に関する諸説を開陳、とくに『文論』三〜六では、「古人の成語」の「剽窃」が執拗に批判される。

予観今之為古文辞者。努剽窃古人之成語。雖云擇之特舎東漢以後。而取西漢以上耳。苟語出先秦西漢者。不問所出之家。不審其所専與其與衆共。而随得混用。甚至於取詩書之文以為己語。何其妄也（『文論』三）

「古文辞を為る者」は西漢以上の語を採ることに努めるも、その語の「出づる所」には無頓着で「古人の成語を剽窃するを努《つく》」め、専語と通用語も混用する点を批判する。批判の対象は時に盗作ともいえる無手勝流のつぎはぎを思うがままに展開する者であり、特に『詩』『書』の辞の剽窃が糾弾される(7)。『文論』四でも「古文辞之患。在用古人成語」（古文辞の患は、古人の成語を用いるにあり）とし、『文論』二では古人の成語を抄するのみの詩作は「糞雑衣」と痛罵、「其の衣たるや、数十百片の布巾を断じ合せて成る」と批判する。

なぜ彼は、同志を批判し、剽窃にかわってどのような方法を提唱したのであろうか。その前に彼が「剽窃」と弾劾する行為はどのようなものか。さきに引いた『文論』三の文言の前に、以下がある。

且如為詩。自風雅而下。歴漢魏六朝以至於唐詩。各有其辞。不可相乱。相乱則失體。不成家数。然詩辞又有二焉。有獨用之辞。有通用之辞。如風雅之辞。不可以入漢魏以降詩。六朝辞。不可以入唐詩。是獨用之辞也（中略）然古人之辞。有一家所専者焉。有與衆共者焉。後之作者。唯取其與衆共者而用之可也。若古人所専者。後人取之。謂之剽窃。唯倣其體者得用之。否則不得汎用

（たとえば詩を為るは、風雅よりして下、漢・魏・六朝を歴て以て唐詩に至るまで、各々其の辞あり、相乱るべからず。相乱るは則ち體を失し、家数成らざり。然るに詩辞に、又た二あらん焉。獨用の辞あり、通用の辞あり。風雅の辞のごときは、以て漢・魏以降の詩に入れるべからざり。六朝の辞は、以て唐詩に入れるべからざるがごとくは、是れ獨用の辞なり（中略）然るに古人の辞、一家の専らにする所の者あらん焉、衆と共にする所の者あらん焉。後の作者は、唯だ其の衆と共にする者を取りてこれを用ふべきなり。若し古人の専らにする所の者は、後人これを取らば、これを剽窃と謂う。唯だ其の體に倣う者のみ、これを用ふるを得。否らざれば則ち汎用するを得ざり）

春臺はここで、まず、「剽窃」とは、種々の古への文・辞、各々に「専なる所の」辞を無手勝流に取って使う行為だと明言している。逆に通用の辞に関しては用いることを不可としないが、固有の辞の使用は各々に独自の「體を失し」、さらには「家数」即ち各々の詩に内在する独自の卓越した技法を壊すに至る故、批判する。では、これを回避するために、春臺はなにを重視したか。

為文者。要在了古法。法在字句篇章。故今之作者。立言行辞。苟取法於古人。而歩趨不失矩矱。則雖言古人所未始言可矣。（中略）古文辞之患。在用古人成語。不其然乎。李王尚以是取敗。況其他乎。大抵古文中有奇辞奇語難讀。後儒不得其解者。彼豈必有所本哉。恐亦多出其自撰耳。韓文公蓋窺此秘。故努去陳言而撰新言。豈不可哉。要在不失法耳　（『文論』四）

（文を為る者は、要は古法を了するにあり。法は字・句・篇・章にあり。故に今の作者、言を立て辞を行うに、苟くも法

を古人より取りて、而して歩を趨すに矩矱を失わざれば、則ち古人の未だ始めより言はざる所を言ふと雖も可ならん。（中略）古文辞の患は、古人の成語を用ふるにあり。其れ然らざらん乎。李・王は尚ほ是れを取るを以て敗る。況や其の他は乎。大抵、古文中に奇なる辞、奇なる語、讀み難きあり。後儒の其の解を得ざる者、彼れ豈に必ずや本ずく所あらん哉。恐らくは亦た多くは其れ自ら撰するより出ずるのみ。韓文公は蓋しこの秘を窺い、故に陳言を去るを務めて新言を撰ぶ。豈に可からざらん哉。要は法を失わざるにあるのみ）

作文・辞は四法という規矩に依って行うを「要」とするといい、この前段にては「古人の成語」を用いるは「破綻を免れざ」ることが数度繰り返され、さきの文言では「體を失」することが批判されている。春臺は、この「體」そして「法」をもっての作辞に殊更こだわる。

二　春臺における「體」「法」重視

(1)　何を批判したか

春臺『倭讀要領』の「學則」に曰く、

詩ヲ作ラントオモハヾ、先體裁ヲ辨知スベシ。體トハ、スガタナリ。裁トハ、ツクリナリ。詩ニ種種ノ體アリ（中略）其體ニ随テ、修辞ノ法各別ナリ。混用スベカラズ。サテ古詩ニテモ、近體ニテモ、辞ニ出處モ無ク、来歴モ無ク、自己ノ口ヨリ出スヲ杜撰トイフ。是詩ノ大禁ナリ。慎テ犯スコトナカレ

『文論』五に曰く、

夫文有三要。一曰體。二曰法。三曰辭。體者何也。曰體者。裁也。制也。經伝子史。體之大分也。誓誥訓命序記銘誄之等。體之細分也。然斯数隊者。文之經也。猶詩有国風雅頌也。又有二體。曰。叙事也。議論也。斯二體者。文之緯也。猶詩有賦比興也。法者何也。曰。字法也。句法也。章法也。篇法也。斯四法者。諸家

皆有。此法細也（中略）諸子各有其法。決不可混用也（中略）修辞家専務擇古辞。而不擇行辞之法。故得於辞而不得於法。行古辞以今法者有之矣。其病在好用古人成語。夫古人成語。必有所以出之。今修辞家但用古人成語。而不問其所以。故辞雖典雅。而文理不属

（夫れ文には三要あり。一を體と曰ふ。二を法と曰ふ。三を辞と曰ふ。體なる者は何ぞや。曰く、「體なる者は、裁なり。制なり」、と。經・伝・子・史は、體の大分なり。誓・誥・訓・命・序・記・銘・誄の等は、體の細分なり。然るに斯の数體なる者は、文の經なり。猶ほ詩に国風・雅頌あるがごときなり。又、二體あり。曰く、「叙事なり、議論なり」、と。斯の二體なる者は、文の緯なり。猶ほ詩に賦・比・興あるがごときなり。法なる者は何ぞや。曰く、「字法なり、句法なり、章法なり、篇法なり」、と。斯の四法なる者は、諸家皆あり。此れ法の細なり（中略）諸子、各々其の法あり。決して混用すべからざるなり（中略）修辞家は専ら古辞を擇ぶを努めて、辞を行うの法を擇ばざり。故に辞に得て法に得ざり。古辞を行うに、今法を以てする者、これあらん矣。其の病は、古人の成語を用ふるを好むに在り。夫れ古人の成語は、必ずやこれを出る所以あり。今の修辞家は、但だ古人の成語を用いて、而して其の所以なるを問はざり。故に辞、典雅なると雖も、而も文理属わらざり）

批判されるのは、「辞を擇ぶ」を専らとして、その辞を「行うの法」には全く意を用いない点、「古人の成語」の切り貼りに熱中して、「其の所以」に関して無関心であること。そして、それらに注意しないが故に、個々の古文辞に特有の「法」に不案内であり、結果的に典雅なるも文理の属わらない辞を作るとする。この論の最後には、「以て文辞を為すには、當ず先に體を辨じ、其の次に法を明らめ、其の次に言を擇ぶ」と締めくくられる。

『文論』三ではとくに、詩・書に特有の文の體への注意がいわれる。

至於詩書之辞。尤不可軽用。以其皆非平常文辞也。夫自漢魏而下。為五七言詩者。猶不敢妄用三百編之辞。況敢用諸文中乎。唯於文中作韻語者。時用之可矣。書有六體。曰。典也。謨也。訓也。誥也。誓也。命也。

六者辞各有当。故不可汎用也。古人文辞。有用詩書之辞者。皆所以徴己義也。故首称詩曰書曰。未有取詩書之成語以為己語者也。以其辞異於常故也

詩・書の辞は「平常の文辞に非ざ」る故「尤も軽用すべからず」とし、漢・魏以降の辞についても妄りに文中に用いることを不可とする。さらに『書』の典・謨・訓・誥・誓・命の六體に言及、各々異なる文の體を呈するこれらの引用における注意を促す。

このように春臺は、古文の體と法に自覚的であることを主唱するが、「法」については『倭讀要領』において、字・句・章・篇の四法について、それぞれ具体的に文章の事例を挙げながら説明を加え、「體」についての通暁も力説する。では彼は、どの文体・文法関係の書に言及し、どのような方法をもって古文の「體」「法」を識得すべしと考えていたのか。以下、寛文〜延享（一六六一〜一七四八）あたりの文範・文章論関連書籍の流入状況の把握からはじめたい。

（2）文法・文體書関連書籍の流入状況

大庭脩『江戸時代における唐船持渡書の研究』(8)、大庭・王勇編『典籍』(9)の、とくに大庭執筆「江戸時代の中国典籍交流」は、一八世紀以降の長崎交易を介しての多量の中国典籍の流入の様相を描き、藍弘岳「徳川前期における明代古文辞派の受容と荻生徂徠の『古文辞学』――李・王関係著作の招来と荻生徂徠の詩文論の展開――」(10)は、明代古文辞派の著作の出版状況とそれらの日本への到来、その状況を勘案しながらの徂徠の明代古文辞への傾倒についての考察を行う。大庭『唐船持渡書の研究』の資料編「唐船持渡書」書目をみると、宋・眞德秀撰『文章正宗』（二〇巻、続集二〇巻、享保四〈一七一九〉年九月入）、同年入の明・張自烈撰『正字通』（一二巻）、明・徐師曾『詩體明辨』（一六巻、享保二〇〈一七三五〉年一一月入）、『文體明辨』（八四巻、宝暦一三〈一七六三〉年入）、

『文章辨體式』（安永八〈一七七九〉年入）などの到来が散見される。この大庭のまとめた書目を見る限りでは、徂徠生前に舶来のものは眞徳秀撰『文章正宗』と『正字通』だけだが、たとえば『文體明辨』は、筆者が調査し得た範囲だけでも寛文六〈一六六六〉年に京都の版元より出たものが四点確認でき（現在は同志社大・関西大他蔵）、印年が寛文一三〈一六七三〉年のものが他に二点ある。(11) 寛文六年の刊本で林家旧蔵本（一点）、同昌平校旧蔵本（印年は寛文一三、三点）の同書が現在内閣文庫にもあるほか、周南『作文初問』（刊行は没後の宝暦五〈一七五五〉年）の後半部分の法に関する議論が、宋・謝枋得輯『文章軌範』（七巻）、元・陳繹曾輯『文章歐治』（一巻）、明・呉訥輯『文章辨體』（四六巻、外集五巻）から抄出した法に関する記述であるのは、既に白石の指摘がある。(12) そもそも「呉文恪公訥が纂する所の『文章辨體』を主と為してこれを損益」してなったのが『文體明辨』であると同書の「序」にあることから、これらの書がこの時期既に出回っていたことがわかる。また、上編で文の体裁を論じる梁・劉勰撰『文心雕龍』（一〇巻）、宋・李塗撰『文章精義』（一巻）がある。

さらに『内閣文庫漢籍目録』をみると、『文章軌範』に関する『正文章軌範評林註釋』（七巻、続七巻、寛文六年）、『文章辨體』、さきの『文體明辨』が確認できる。『文選』の江戸期舶来のもの、その和刻本の流通に関しては芳村弘道「和刻本の『文選』について——版本から見た江戸・明治期の『文選』受容——」に詳しい。(13) これをみると、慶長一二〈一六〇七〉年印行の『六臣註文選』（直江版、宋の明州刊本をもとに銅版活字で印行のもの、寛永二〈一六二五〉年に重刻。現内閣文庫蔵——筆者）、慶安五〈一六五二〉年の明・呉勉学本にもとづく六臣註もの（寛文二〈一六六二〉年に重刻）、貞享四〈一六八七〉年印行の『文選正文』などがある。享保一九〈一七三四〉年には『文選字引』が刊行されている。南郭の校訂、片山兼山の点が付された『正文』が一八世紀後半以降に多数出回るが、その一方で、李善註、六臣註以外にもこの書の註・評の類いが出回っていたのがわかる。舶来・倭刻の年月の不明なものが多いが、宋・陳仁子撰『文選補遺』（四〇巻）をはじめ、明代のもので『文選』にもれた作品を補う性質の張鳳翼補『文選纂註』(一二巻)、明・陸弘祚編『文選纂註評苑』(二集二六巻)、明・陳與郊撰『文選章句』(二八巻)、明・郭正域『文選批評』(前集一四巻、音釋一巻、後集一一巻)、さらに明・劉節撰『広文選』(六〇巻)などが前掲『内閣文庫漢籍目録』にも確認でき、音韻に関するものに『文選音註』『文選音義』がある。[14]

ここで蘐園諸氏による校訂、執筆の文範書、文章論の類に目をむけると、宋・陳騤撰の『文則』二巻の上巻は文法を論じ、下巻は句法・文体を論じるが、山井鼎の校訂本がある(享保一三年)。文章論では古文の助字、句の不定性を論じる南郭『文筌小言』(一巻)、前出の周南『作文初問』がある。春臺以降の蘐園門下のものでは、彼の「秘蔵の門人」松崎観海の文集の編者でもある熊阪臺州(一七三九〜一八〇三)の『文章緒論』は『文則』の四法論を批判、[15]後に徂徠学批判に転じる兼山(一七三〇〜一七八二)が南郭校訂の文選『正文』に点を付すことは既に触れた。「物子書示木公達書目」に挙げられるのは『文選』(李善註)・『文選章句』・『文章辨體』・『文體明辨』・『正字通』であり、「右吾黨學者必須備座右不可缺一種」とされる。[16]

かく、文の體・法、あるいは「軌範」に関して参考となる諸書の流入が、舶来時期の確定に限界があるものの、既に多数存在し、蘐園内でも山井校訂の『文則』、南郭・周南・熊阪臺州らの文章論があり、「物子書示木公達書目」にも五点挙げられているのがわかるが、春臺が重視したものはどの書であったか。

(3) 春臺が重視した書

『倭讀要領』「学則」に次のようにある。

文ニハ體アリ法アリ。體ナケレバ文トイハズ、法ナケレバ文ヲ成サズ。體トハ體裁ナリ。體ハ文選ニ分タルガ如シ。其文ヲ熟讀シテ、體裁ノ各別ナルコトヲ知ベシ。明ノ呉訥ガ文章辨體、徐師曾ガ文體明辨ニ是ヲ辨ズルコト甚詳ナリ。文ヲ學ブ者ハ、必是ヲ看ルベシ。法トハ、法度ナリ。何レノ體ニモ、一篇ノ内ニ、篇章

句字ノ四法アリ。又起伏、照應、抑揚、関鎖、轉換、波瀾、頓挫等ノ法アリ（『倭讀要領』下、三九丁表〜裏）

この記述には、梁の『文選』のほか、さきに挙げた明代儒者による『文章辨體』『文体明辨』が挙げられている。「文選ニ分タルガ如」くの文の體とは、賦・詩・騒・七・詔・册・令・教・策問・表・上書・啓・弾事・牋・奏記・書・移・檄・難・対（問）・設論・辞・序から碑文・墓誌・行状・弔文・祭文までの三九類である。『文選』はさらにこれらを、紀元前五世紀東周の「毛詩序」（卜子夏の撰）から紀元五世紀梁朝中期の「廣絶交論」（劉孝標の撰）まで、時代順に一三〇余名の作家の四八一篇七六二首の詩文に類集するものである。詩と賦が全巻の過半数を占め（詩四四三首、賦五六篇）、詩は圧倒的多数が五言詩であるが、時代別にみると、後漢末までの分量は賦、詩、書の順、その他の文体は極めて少なく、魏では書が比較的多く、南齊から梁までは詩が激増した一方、賦が少なくなる。(17)

中でも晉代の詩文が全収録作品の四分の一以上に当たる一二六篇二五一首にのぼり、とりわけ『文選』収録年限全体の七％に過ぎない西晉時代（五一年間〈二六五〜三一六〉）の作品が全収録作品の二二％、六〇年に満たない宋代の作品が二一％を占め、『文選』の撰者が西晉、そして宋代、次いで齊・梁の詩文を重視していたことが近年の研究で実証されたが、(18)かような現代の知見に鑑みれば、「文質」「骨力」を特徴とするとされる漢代の詩文ではなく、麗・艶麗をそれぞれ特徴とする、或は「華」「厲」が加味された（西）晉・梁代の詩（註17参照）を多数採用した『文選』を、なぜ漢代の文、さらには唐代の韓愈・柳宗元らの詩文を尊崇した春臺が、「暗記スルニ至」るまで「誦讀習熟」することを求めた（『倭讀要領』「学則」）のであろうか。この点に関して春臺は『倭讀要領』「学則」にて、『文選』には「東漢以後ノ文モ多ク入タレドモ、古文ノ竒特ナル者ヲ多ク載」る故に、「後世是ヲ以テ文學ノ模範トス」べしと述べる。さらに同「倭讀例」において全文を掲げて訓点を付し、読み方の実例を示すのは、司馬相如（長卿、前漢）の「子虚賦」「上林賦」である。春臺は、あくまで『文選』所収の作品中

「古文ノ奇特ナル者」のみを選択し、「是ヲ以テ文學ノ模範トスル」べしと考え、詩と文の限定的選択的利用を念頭においていたと考えられる。

「賦」について、春臺は上述の如く司馬相如「子虚賦」「上林賦」全文を『倭讀要領』「倭讀例」（第一四）に掲げて、訓点を付し読み方の実例を示す[19]。しかし、六一歳の時、『文論』七において、「相如が子虚・大人は飾辞淫靡、華にして實ならず」、揚雄の賦は「聱牙怪僻」、班固・張衡の二京の賦も「張卿・子雲が流にして」「淫靡無實」、「（騒）・賦は則ち滑稽の優辞」、「經術を佐くべからざ」りて「天下に用無きこと」と痛罵、さらにはその「編為ること冗長にして諷詠すべからず」と、賦の文體そのものを批判するに至る。とくに揚雄に関して、高橋章則は、「夫れ古を学ぶ者、必ず千載の子雲を竢つこと疑はず」（與竹春庵第二書）との徂徠の揚雄評、熊阪臺州の揚雄羨望、さらには周文王以降の道統が揚雄に継受されたとまでする韓愈の揚雄評の『四家雋』への採用（巻之二）などを列挙し、蘐園における揚雄の賞揚を指摘している[20]。これに対し春臺は、「子雲も晩に亦た焉に悟」って「戒を垂」れたこと、則ち賦は「童子の雕蟲篆刻」であり、「壮夫は為さず」との揚雄の言（『揚子法言』「吾子編」）を挙げ、高橋が同稿で論じる如くの揚雄評価、則ち李于鱗との関連の中での隠逸との親和性をもっての評価とは異なる像を提示する[21]（『文論』七）。他方、『經子史要覽』は「讀書の要訣」（同書「序」）であるが、その巻之下「子要覧」でも揚雄が挙げられ（註20参照）、「前漢ノ英傑」にしてその「文章駿發」と賞賛されるが、とくに「法言太玄ノ二書」が「讀ズンハアルヘカラス」とされる。『經子史要覽』への春臺のかかわりの検証は今後の課題だが、揚雄の詩・賦よりも、『太玄録』『揚子法言』を評価しての記載とも考えられ、興味深い。

賦は『文選』の首篇に置かれ、前述のごとく後漢末までのものに関しては収録数も多いが、対し春臺『紫芝園稿』所収の賦が「鎌倉賦」のみであるのは、『文論』執筆段階以前も含めた春臺の賦に対する見解を反映するとも考えられ、春臺の著述物全体の傾向（詩文が少なく、経学・歴史関係が多い）とともに、留意すべき点であろう[22]。

一方、この「鎌倉賦」、春臺の用辞と作文への意識の一端を示すものとしても注目に値する。この賦で春臺は、倹約・素朴・恭しさの表徴として洛陽を賞揚、華美・奢侈が特徴の西都長安に対置させる班固「東都賦」、張衡「東京賦」に倣い、鎌倉人を「躬恭倹而良圖」と表現、かような類型の人々を擁する本邦の「東都」鎌倉の特徴を洛陽のそれに準える。この賦にはまた、「方平氏之臨朝兮。寔牝雞之晨鳴」（平氏の臨朝するに方る兮、寔《まさ》に牝雞の晨鳴なり）との辞句がある。『尚書』「牧誓」の「古人有言、曰、牝雞無晨。牝雞之晨、惟家之索」（古人言へる有り、曰く、『牝雞は晨《あした》すること無し。牝雞の晨するは、惟れ家これ索《つ》きん』と）との言に準え、平家の臨朝＝源氏の危機を、古言の辞句に準えて表現する。短い詩語の用例では、「覧茲土（鎌倉）之芒芒」は『詩』「商頌」玄鳥の「宅殷土之芒芒」に典故を有し、『文選』所収の詩はじめ多くに引かれる語であり、この語をもって殷墟と江戸中期の鎌倉の様相を重ねる。これらも含め、古文辞のつぎはぎではない、古辞とその意を斟酌しながらの表現がみられるこの賦は、春臺の用辞と作文への意識を呈出する。井上蘭臺がこの賦は「古賦也」とし、「字ノキリヤウ全ク文選ノ體ナリ」と絶賛するのは既に指摘がある。[23]

春臺はついで、『文章辨體』『文體明辨』の二書は、『文選』について「辨ズルコト甚詳ナ」る故、「文ヲ學ブ者ハ、必是ヲ看ルベシ」とする（『倭讀要領』「學則」）。この『文體明辨』はまた、「文章の體は詩・書より起こり」、六辞とは「祠（辞）・命・誥・会（誓）・壽・誄なり」（『文體明辨』序）としている。初巻の「文章綱領」にて古今の文章、詩・賦についての議論、文体と詩格について述べられ、『文選』よりさらに細かい区分の文体に類別された上、文章例が掲載されている。

春臺は前出の『文論』五で、「文の經」としての「體」に言及、さらに「體の細分」としての「誓・誥・訓・命・序・記・銘・誄」、「文の緯」としての「叙事」「議論」を挙げ、『文論』三にては『書』の「六體」として典・謨・訓・誥・誓・命を挙げる。『六經略説』ではこの「六體」について、典は法、謨は謀、訓は教訓、誥は

「衆人ニ告ル」もの、誓は「軍旅ニ誓フ」言葉、命は「臣ニ命ジテ官人トシ、或ハ諸侯トスル命令ノ詞」と規定する。(24) しかし、これら計一〇體以外への言及はない。また、前述のように、『文選』は文の體を三九に類別、それぞれ典型とされる文を載せる。『文體明辨』に至っては『文選』がさらに細かく類別され、たとえば「詩」は四言古詩・五言古詩・七言古詩、近體律詩、和韻詩、聯句詩・集句詩など九類に分けられ、「策」も策と策問に、碑文も墓碑文が分けられ、全九〇の體に類別され、各々に関して例文が付されている。さらに「附録」として雑句詩、雑言詩、表本、宣答など二五の體が示され、それぞれ例文が付される。これに対し、『文論』『倭讀要領』いずれにおいても、春臺は上述の三書（『文選』『文章辨體』『文體明辨』）にあるごとくの細かい文體の分類にことごとく言及することはせず、また、これらの書に掲載されている文例をとり、解説することもしていない。実際問題として、これら三書はいずれも膨大な著であり、「暗記スルニ至」るまで「誦讀習熟」することは困難な書である。春臺がどのレベルでの習得を目指すべしと考えていたのか、彼自身の習熟度の検証も含め、この点の検討は今後の課題であるといえよう。

次に文の法に関する春臺の主張するところを考えよう。字・句・章・編の四法に関する用例の羅列をもっての説明が、『倭讀要領』の「倭語正誤第八」「倭讀正誤第九」において試みられている。(25)『文論』六においては司馬遷『史記』、左丘明の伝（『左伝』）に各々特有の辞、字の法について解説がほどこされ、詩・書・易に特有の字法が具体例をもって説かれる。『史記』『左伝』各々の文の特徴について言及したあと、次のように論じる。

左氏之文。簡而整齊。必添數字。然後其義纔通。司馬之文。詳而變化。不可拘以一定之法。要之百三十篇文。百三十法矣。此二家之大體也。左氏之文自一法。前無古人。司馬之文亦自一法。其紀漢興以来。乃其自撰。其紀五帝以降。至秦楚之際。則採摭經伝及諸家遺文。以為本紀世家列伝之言（中略）夫六經無眞字。尚書無也字。尚書之辞。朕台皆我也。攸。所也。若。順也。乂。治也。克。能也。肆。故也。届。至也。俞。然也。

充。信也。誕。大也。底。致也。逆。迎也。罔。無也。俾。使也。作。為也。邁。行也。紹。継也。亶。誠也。曷。何也。矧。況也。敉。撫也。畀。予也。越。於也。厥。其也。諸如此類。尚書所用。詩易亦用之。而他書所罕用也

（左氏の文は、簡にして整齋なり。必ず數字を添へ、然る後其の義纔に通す。司馬の文は、詳かにして變化す。一定の法以て拘るべからず。これ百三十篇の文に百三十法を要せん矣。此れ二家の大體なり。左氏の文は自ずから一法なりて、前に古人なし。司馬の文も亦た自ずから一法なるも、其の漢の興りて以来を紀するは、乃ち其れ自撰、其の五帝以降秦・楚の際に至るまでを紀するは、則ち經伝及び諸家の遺文を採摭して、以て本紀・世家・列伝の言を為る。（中略）夫れ六經に眞の字なし。尚書に也の字なし。尚書の辞は、朕・台は皆な我なり。攸は所なり。若は順なり。乂は治なり。克は能なり。肆は故なり。届は至なり。兪は然なり。充は信なり。誕は大なり。底は致なり。逆は迎なり。罔は無なり。俾は使なり。作は為なり。邁は行なり。紹は継なり。亶は誠なり。曷は何なり。矧は況なり。敉は撫なり。畀は予なり。越は於なり。厥は其なり。諸れ此のごとくの類は、尚書の用ふる所、詩・易も亦たこれを用ふ。而して他書の罕用する所なり）

この前段において、左氏の辞は周人の語であり、司馬遷の辞は戦国・秦・漢の人の語であって、おのずから文辞、用いる字が異なることを指摘したあと、上記のように述べる。ここでは『左伝』と『史記』の、文の法の決定的な相違について述べているが、とくに『史記』の五帝時代以降の記述における諸家の遺文の採用と、それに遵っての文の法の変化を指摘する。もっともこの行文の後段において、司馬遷はただ原文を採用することをせず、その「隱括」の仕方に一定の「家法」をもって行っており、「夫れ子長が能く一家を成して百世に高き所以」と絶賛している。

続けて『書』における特有の字法について、用字の事例の羅列をもって上に挙げたごとく論じる。しかし、たとえば春臺は「台は皆な我」とするが、「高宗肜日」の「正厥徳乃曰其如台」の「台」は「何」で「如何」、また、

「若」には「順」のほか「若し」等常套の用法もある。以下、全釋版『尚書』の語釋に依ってみただけでも、「肆」は「故」（たとえば、「大誥」の「肆、予告我友邦君……」。前文との兼ね合いによって「いま」とも読む）だけでなく、「牧誓」の「昏棄厥肆祀」（その祀る肆《ところ》を昏棄し）との用法（楊向時の指摘）のほか、鄭注ではここでの「肆」は祭名とされ、『詩』鄭箋では「陳」の意とされる。「紹」には「継」（『爾雅』釋詁）のほか、「助ける」（「王来紹上帝」〈王来《つと》めて上帝を紹《たす》く、「召誥」〉）の意があり、「矧」には「況」のほか「また」の意もある。「攸」は「所」以外に、たとえば「洪範」第一条の「彝倫攸敍」は「彝倫の敍する攸《ところ》」と読むが、直後の同句中の「攸」を『經伝釋詞』は「所以」、『集釋』は「由」、屈氏は「乃」とする。ことに『詩』『書』の用字法は注意を要し、この意味で、南郭『文筌小言』における助字、句の不定性の指摘は妥当といえよう。

三　古文辞の「習熟」／「體」「法」の「識得」

これまでみたように、春臺はまず、『文選』『文章辨體』『文體明辨』の三書を挙げ、これらに鑑みての文の體・法の識得を提唱し、華美なる文辞の継ぎはぎとそのやり方の技量を競い、「古人の成語」の、殊に「専語」の「剽竊」に終始することを非難する。古文辞を以って自らを「化する」ことのみならず、あくまで古への法、體の体系的把握、理解に基づいた「自我作古」が力説される。しかしその一方で、定体・定法をもっての文の識得、とくに春臺がもっとも上位に置いた『詩』『書』の字法における法則性の特定については限界を露呈、総じて、各々の古文に特有の「體」「法」の識得を標榜するも、文の法則性の確固たる指示には至らなかったといえよう。

「（古への）文章ニ定體ナシ」、「法亦定論ナシ」と『作文初問』で指摘する周南は、同書でさらに、明・唐順之（荊川）の「漢以前之文未嘗無法而法寓於無法之中。故其為法也。密而不可窺」との説を引きこれも否定、「古人ハ文法ノ沙汰ハナシト心得ベシ」と説く。さらには、「文法ノ沙汰ナ」きのみならず、「歐治軌範」や『文章一貫』などに「眼染バ習氣ニ等ニ落」ちると警戒、文範への過度の拘泥は「古文ヲ學ブニ害ア」るとまで批判する。春臺が一貫して「體」「法」重視の姿勢をとるのと好対照の立場を堅持しているといえよう。

また、周南は文範書の「編法章法句法」をもって「其法ヲ悟ルベシ」としながら、これらはみな「韓柳以降ノ文法ナリ」て、「秦漢以上ノ古文ニ附會シテ論ズル者ハ非ナリ」と、あくまで上代の文における法の存在を否定する。対し春臺は、『詩』『書』の「六體」を挙げ（『文論』三）、同「字法」を羅列し（『文論』六）、秦漢以前の文も含め「要は、法を失わざるにあるのみ」（『文論』三）とし、「當ず先に體を辨じ、其の次に法を明らめ、其の次に言を擇ぶ」べし（『文論』五）との立場を堅持するのは、両者の決定的な立場の違いを呈出しよう。

徂徠が、文法的に重要な働きをする助字（辞）の分析を含む言語研究から、助字の少ない古文辞に向かうに従い、「分析」より「習熟」、言語「研究」よりパッチワークを重視するに至ったのに対し、春臺は、言語「分析」をもっての（華言の）法則性の析出にこだわったとするのは、相原耕作である。相原はさらに、春臺は必ずしも華語における法則性の発見には成功せず、彼の言語分析の視点を批判的に継承、一定の成功をみせたのは、寧ろ本居宣長の倭語研究においてであったとする。[26]

春臺の言語（華語）研究が成功であったか否かは、彼が華語における「法則性」の析出まで企図していたのか、或は本稿で指摘したように、各々の古書にそれぞれ特有の文の體・法を自覚的に識得することを目指したものであったのかという点の検討も含め、別稿をもって論じたいが、春臺が古への法と體の「識得」を強く標榜する姿勢は、彼の四八歳時の作である『倭讀要領』、そして六一歳時の『文論』の双方に明白に示されている。『文論』二では、これらの識得をもってする作辞の営みが比喩的に語られる。

善属辞者。猶織工也。取法於古而機抒（杼）由己。不善属辞者。猶縫人也。以聯綴為努也。今試使縫人聯綴数百断錦。以成一匹錦。雖極其裁縫之工。何及新織下機之一匹錦哉。此何以然。無理属也。

（善く辞を属《つづ》る者は、猶ほ織工のごときなり。法を古へより取りて、機杼は己れに由ればなり。善く辞を属らざる者は、猶ほ縫人のごときなり。聯綴を以て努めと為すなり。今、試みに縫人をして数百断の錦を聯綴し、以て一匹の錦を成さしむ。其の裁縫の工、極まると雖も、何ぞ新織の機より下るの一匹の錦に及ばん哉。此れ何ぞ以てか然らんや。理属無ければなり）

古人の「法」に依った仕事を織工による織り機を使った仕事にたとえ、これを縫人の手仕事と対置、産物の質の差をいう。「其の裁縫の工、極まると雖も」、つまりどれほどの腕をもった裁縫人であっても、機械を用いての作業に及ばないとし、古へよりの規矩に準じた作辞には及ばないとする。機杼とは即ちヨコ糸、古人の「體」「法」という普遍の、依るに足るタテ糸を軸に、その規矩を十全に熟知した「織工」によってヨコ糸が組まれるがごとくの辞づくりが提唱される。明らかにこれは、古文辞パッチワーク批判であり、これによる作辞は文理が属わることも、意義が通じることもないと否定する。

しかし徂徠も、さきの「安積澹泊に復す」第三書においては、宋儒の紕繆の原因のひとつが「古への文の體・勢を識らざ」ることで、「凡そ文章を學ぶに、要は體を識ることなり」と明言している。続けて「故に左氏の文を學ぶは則ち左氏の法を用い、孟子を學ぶは則ち孟子の法を用ふ。若し混じてこれを用ふは則ち錦を緝めて以布とする者の類なり」とする。この文言の直前には、澹泊からの、『譯文筌蹄』に載る「尚」「猶」との二字の字法についての質問への徂徠の応答があり、澹泊が得た『譯筌』は、「題言十則」が巻頭に付され、二〇年あまりに渉る周到な改訂が重ねられた「現今印行」のものと比して頗る粗雑な「舊稿」の「寫本」であるとの弁解の前置きの後、それに答えている。その『譯筌』の「題言十則」の第五則には「如し他書を讀まば、但だ其の書の體・格を指授せんことを要す。『詩』に詩の體格あり。『易』に易の體格あり。一たび體格を知れば、思ひ則ち半ばに過ぐ矣」とあり、同則で字詁、句意へ注意を払うべきことも説かれる。

この澹泊への復書は、さきの模倣・剽窃重視を力説した「堀景山に答ふ」（註2）とほぼ同時期のもの（『年譜考』によると「復安積澹泊」第三書は享保一一〈一七二六〉年八月一三日、「答屈景山」はそのほぼ三週間前の七月二一日の付書）で、徂徠六一歳時の書牘である。「題言十則」が付された刊本『譯筌』は正徳元（一七一一）年、四六歳当時である。よって、徂徠においても、各々の書に固有の「體」の認識と個々に適切な「法」を用いることが、一定程度重視されていたことは間違いない。が、春臺『倭讀要領』の「讀書法」「學則」にあるような、十全とはいえないながらも具体的に参考となる諸書も挙げながら體と法の識得にむけた学習法が説かれることはなく、模倣・剽窃が学の基盤とされた。

一方、春臺も、『倭讀要領』「學則」第七則にて、「始ハ只古人ノ語ヲ剽窃シテ抄寫ス」れば、「積累ノ功ニヨリテ、イツトナク佳境ニ入」ると、後の『文論』段階での剽窃批判とは反対の、徂徠の模倣⇩「化する」と何ら異ならないようなことを述べる。また、白石眞子は、『倭讀要領』段階の春臺は、文の法を古に求めるも修辞偏重の六朝への対抗から修辞を唱えない韓・柳からは文法を、さらに李・王をもって修辞を学ぶのを初学の必須としており、[27]徂徠の古語剽窃提唱に疑義を呈さず、春臺自身の古詩理解が深まった『文論』段階（六一歳）においてはじめて、明詩の生色の無さ、人工的な様相を看取するに至り、徂徠の継承者、そして李・王の剽窃批判に転じたとする。[28]さらには『倭讀要領』「學則」では、「昌黎柳州ハ、古文ノ名家」であるも「陳言ヲ厭テ新奇ヲ好メル故ニ、其文辞古調ニ入ラザル處ア」ると、韓・柳二者に関しても批判的なことを述べる一方、逆に「李獻吉何景明（ら明儒において……筆者）ヨリ、此弊ヲ改テ」「修辞ノ學大ニ興レリ」（「學則」）と、修辞における明代儒者の優位を明言する。これらの点をどう理解すべきであろうか。

明代古文辞の模倣・剽窃批判の本格的展開は『文論』に至ってからとの白石の説には異論の余地がない。ここで問題にしたいのは、春臺の「修辞」への意識だけでなく、『倭讀要領』段階での春臺の「體」「法」への意識である。同書「學則」第九則にて、李・王も含めた八大家を挙げるも、「此八大家ノ中ニ、法度ノ森厳ナルハ韓柳二子ノ文ニ如ハナシ」とされ、「只韓柳ヲ以テ文學ノ入門トスベシ。韓柳ヲ學テ、文法ニ通達」すべしと、唐代の二家が文の法学習において別格とされる。さらには「韓柳ヲ學テ、文法ニ通達セバ、明ノ李滄溟王弇州ガ集ヲ讀テ、修辞ヲ學ブベシ」とする。この論、春臺があくまで修辞を「本」とし、入門段階として法学習を位置づけていると読む（たとえば白石、前掲二〇〇八論文）か、「法」の識得を修辞に優先させていると読むかは更なる検討が必要であり、さらには「學則」第七則の「始ハ只古人ノ語ヲ剽窃」せよとする点と、第九則の「文學ノ入門」とすべき「韓柳」の「文法ニ通達」するを先としている点、即ち学習の初期段階における優先事項についての春臺の論の整合性も問題である。だが、韓・柳の法度が「森厳」とされ、その「文法ニ通達」すべしとの論は、「似習」を先、習法を後とする南郭（前出『燈下書』第八条）、「古文ハ法無」しとする周南の主張とは異なり、文の法重視の視点に立った持論の展開といえよう。翻っては『倭讀要領』「學則」第七則には「其體ニ随テ、修辞ノ法各別ナリ。混用スベカラズ」とある。『文論』における、各々の古への辞に固有の體・法の識得を基盤に作辞をすべしとの主張に通じるものだが、春臺の主唱する学習階梯における優先事項を現し、さらには『文論』五の「夫れ文には三要あり。一に曰く、體。二に曰く、法。三に曰く、辞」との言に相応するものである。

かく、『文論』で夙に強調される古への體・法の識得は、『倭讀要領』においてもしばしば推奨されている。『文論』六では「模擬は則ち可なり。吾其の努めて古人の成語を摭ひて、之を緝するに今法を以てするを悪む」と明言される(29)。また、『倭讀要領』全体にあらわれる「言語の学」としての精密の追究の姿勢は、剽窃に関する春臺の見解の変遷とは別の、もう一つの面である言語の方法的・体系的理解と作辞法確立への彼の一貫した真摯な姿勢を呈出するものであったといえよう。

(1) 春臺『文論』は『紫芝園稿』所収本を利用。『紫芝園稿』前・後稿は『近世儒家文集集成』第六巻（小島康敬編集・解説、ぺりかん社、一九八六年）を利用。尚、春臺『文論』に訓読・註・補記を付したものに白石眞子「太宰春臺『文論』訓釋」（『漢文學　解釋與研究』〈上智大学〉第一輯、一九九八年）がある。

(2) 徂徠「答屈景山」第一書（『徂徠集』巻二七所収。徂徠『學則』附録「先生書五道」にも所収）の語。『徂徠集』については著者蔵の松本新六版刊本に、『近世儒家文集集成』第三巻（平石直昭編集・解説、ぺりかん社、一九八五年）をもって校合の上利用。尚、本稿は徂徠『學則』ならびに太宰春臺『倭讀要領』終章「學則」双方に言及するが、原則前者を『』、後者を「」で標記する。

(3) とくに白石眞子「太宰春臺の『詩論』」（『東方學』第一一四輯、二〇〇七年）、「太宰春臺の思想における詩文論の意義」（『日本中國學會報』第六〇集、二〇〇八年）。

(4) 白石「徂徠學『文論』に於ける韓愈・柳宗元」（『日本中國學會報』第五一集、一九九九年）。

(5) 『作文初問』は服部南郭《ママ》考訂、仙鶴堂蔵宝暦五（一七五五）年版（現東北大学狩野文庫所蔵）を利用。『燈下書』は藤山詩論が付された版（国立国会図書館所蔵）を利用。

(6) 『徂徠集』巻之二七所収。ちなみに「文淵」（徂徠口授、吉田有鄰編）にも、「唐文は議論」、「韓柳の倡ふる」は「古文辞」ではなく「古文」とある。「文淵」は吉川幸次郎・丸山眞男監修『荻生徂徠全集』（みすず書房、一九七三年）第一巻（島田虔次編輯）所収のものを利用。

(7) 明らかに春臺は蘐園諸学のみならず、明代古文辞派を批判するが、いうまでもなく明においてもこの運動が奇矯なものと批判されていたのは、たとえば青木正兒『支那文学思想史』（岩波書店、一九四三年）などに既に指摘がある。

(8) 関西大学東西学術研究所、一九八一年（初版は一九六七年）。

(9) 日中文化交流史叢書9（大修館書店、一九九六年）。

(10) 『日本漢文学研究』三号（二松学舎大学二十一世紀COEプログラム、二〇〇八年）。

(11) このうち筆者が検分したものは同志社大本・関西大本のみである。

(12) 白石、前掲註(4)「徂徠學『文論』に於ける韓愈・柳宗元」。

(13) 『學林』三四号（中国芸文研究会、二〇〇二年一月）所収。尚、この論文ではとくに慶長本・寛永本をはじめ江戸前半期の版における相当数の誤字が指摘され、大いに改善がみられた南郭校訂・山子点本『正文』でも未だ改訂が不十分であることが指摘されている。

(14) 狩野充徳「太宰春臺『倭讀要領』の「發音法」と『文選音決』の音註」（『中國中世文學研究』四五号〈中國中世文學會〉、二〇〇四年）は、春臺『倭讀要領』の音韻

研究が『文選音決』の水準に比肩することを論じる。

(15) 臺州『文章緒論』には「文則は唯だ字法句法を麤論するのみにして、未だ章法篇法に及ばず」とある。春臺『倭讀要領』の「倭讀正誤第九」も「四法」の重視をうたうも、讀み方の事例として挙げるのはほとんどが字法、僅かに句法の例があるのみ、『文論』は文章論で、章・編法の具体例は挙げない。『文章緒論』が暗に春臺をも批判したものかの検討は今後の課題である。尚、文章論、文範に関する諸書、江戸知識層におけるそれらの進展について、成城大学の宮崎修多教授に多大なご教示を賜った。

(16) 前掲註(6)『荻生徂徠全集』第一巻（島田編輯）所収。但し『文體明辨』は『文章辨體』の次に、一字下げて「亦好」として小文字で掲載される。

(17) 新釈漢文大系一四『文選』詩篇上（明治書院、一九六三年）「解説」。同「解説」は、詩経風の作は前漢初期のもので諷諫詩・在鄒詩などのみで、魏以降は五言詩が盛行、翻っては賦は後漢末から魏の終わりまで重んじられたとする。また、「漢・魏の詩は文質を兼ね備えて骨力があ」るのに対し、晉・宋以降は、陶淵明などを除き「一路、麗にむかい、骨力もまた失われる傾向にあり、梁・陳にいたっては、その勢いが極まり艶麗になる」とする（五頁）。

(18) 清水凱夫『新文選學——文選の新研究——』（研文出版、一九九九年）、第一章。

(19) この二賦は個別作品としては最も多く李善注に引かれる。春臺が数値的にこれを知る由は無かったであろうが、彼が「倭讀例」に採用したのはかような傾向を看取した故かもしれない。尚、これらの賦の語彙の後の作品における利用のされ方については富永一登「『文選』李善注引「子虚賦」「上林賦」「西京賦」」（『中国古典文学研究』〈広島大学中国古典文学プロジェクト研究センター〉三号、二〇〇五年一二月）に詳しい。

(20) 高橋章則「蘐園古文辞学と揚雄——熊阪台州・大田南畝を端緒として——」（『文芸研究』〈東北大学文学部日本文芸研究会〉一四一集、一九九六年）。また、『經子史要覽』（前掲註6『荻生徂徠全集』第一巻〈島田編輯〉所収）巻之下「子要覧」でも「揚子」が挙げられ、「前漢ノ英傑」にしてその「文章駿發」と賞賛される。『經子史要覽』は徂徠口授、三浦竹渓の筆記。刊本は文化元（一八〇四）年だが流布本はそれ以前に存在。口授の時期は『學則』完成以降のことと推測されている（島田「解題」）。

(21) 高橋、同右論文、九頁。

(22) 春臺の著述物全体の傾向については、たとえば前掲『近世儒家文集集成』第六巻所収の小島康敬「解説」、一三頁にも指摘あり。

(23) 湯浅常山『文會雑記』巻之二上記載の蘭臺の「鎌倉賦」評価は小島康敬「解説」（前掲註2『近世儒家文集集成』第六巻所収）に指摘済み。但しこの賦・揚雄・張衡・さらには班固「両都賦」などの叙事詩とは趣きが異なり、また字の区切りも異なる。

(24) 本稿では延享元（一七四四）年自跋のある版（国立国会図書館所蔵）を利用。尚、『經子史要覧』巻之上「尚書」にも「六體」関連の記述があるが、『六經略説』の記事はこれと大同小異である。

(25) とくに「倭讀正誤」は分量的にも六二・五丁（二〇・七%）を占め（音韻を論じる「倭音正誤」の七六・五丁〈二五・三%〉につぐ分量）、「倭語正誤」（三・八%）とあわせ文の四法を開陳、『倭讀要領』の枢要をなす。分量計算は岡田袈裟男「太宰春臺と言語の学――『倭讀要領』の記述をめぐって――」（『立正大学大学院紀要』〈立正大学大学院文学研究科〉一六号、二〇〇〇年）。

(26) 相原「古文辞学と徂徠学の政治思想――荻生徂徠『弁道』『弁名』に即して――」（『法学会雑誌』〈東京都立大学〉四六号、二〇〇六年）。また相原「助字と古文辞学――荻生徂徠政治論序説――」（『法学会雑誌』四四〜二号、二〇〇四年）。春臺との比較については、相原「〈言語の学〉・古文辞学・徂徠学――言語研究と思想――」（国士舘大学AJセンター研究会〈二〇〇九年一一月七日〉基調報告用レジュメ）参照。

(27) 白石、前掲註(4)「徂徠學『文論』に於ける韓愈・柳宗元」。

(28) 白石、前掲註(3)「太宰春臺の『詩論』」。

(29) この言、「豈に模擬剽窃、是れを為さん乎」「且つ學の道は、倣倣を本と為す」（答屈景山第一書）との徂徠の言との相違を示す。但し前述のように、春臺も学習の初期段階での模倣は推奨、これは徂徠、そして服部南郭『燈下書』第八条の「始學入時」には「其文ノ通ニ似習」すべしとの言とも軌を一にする。それでも、『燈下書』が「似習」（模倣）の後で古人の法を取り入れよとする（第八条）のに対し、春臺は『倭讀要領』『文論』双方の段階で一貫して體・法重視の姿勢をとっていたのは徂徠・南郭と大いに異なる点である。

一八世紀日本の新思潮──国学と蘭学の成立──

前田　勉

はじめに

一八世紀日本、物みな「開ける」江戸の世で、新たに開かれた学問が国学と蘭学であった[1]。国学者や蘭学者はともに、自分たちが新たな学問を創始したのだという強い自負心をもっていた。国学の大成者宣長によれば、

ちかき世、学問の道ひらけて、大かた万ッのとりまかなひ、さとくかしこくなりぬるから、とり〴〵にあらたなる説を出す人おほく、其説よろしければ、世にもてはやさるゝによりて、なべての学者、いまだよくもとゝのはぬほどより、われおとらじと、よにことなるめづらしき説を出して、人の耳をおどろかすこと、今のよのならひ也[2]、（『玉勝間』巻一）

と、「ちかき世、学問の道ひらけ」、「あらたなる説」「めづらしき説」が「人の耳をおどろか」し競いあっているなかで、「そも〳〵此大人（賀茂真淵──前田注）、古学の道をひらき給へる御いさをは、申すもさらなる」[3]（『玉勝間』巻二）とあるように、真の学問、「古学の道」を開いた「大人」こそが、賀茂真淵に他ならなかった。この創業意識は蘭学者においても同様である。杉田玄白は『解体新書』翻訳時を回想しながら次のように述べている。

今時、世間に蘭学といふこと専ら行はれ、志を立つる人は篤く学び、無識なる者は漫りにこれを誇張す。その初めを顧み思ふに、昔、翁が輩二三人、ふとこの業に志を興せしことなるが、はや五十年に近し。今頃かくまでに至るべしとはつゆ思はざりしに、不思議にも盛んになりしことなり。(4)（『蘭学事始』巻上）

蘭学の「初め」は、玄白や前野良沢らが「ふとこの業に志を興」したことに淵源し、玄白によれば、「ターヘル・アナトミア」の原書を手に入れたことも、「実にこの学開くべきの時至りけるにや、この春その書の手に入りしは、不思議とも妙ともいはんか」(5)（同右）とあるように、蘭学が「開くべきの時」だったからである。

本稿では、国学と蘭学が一八世紀日本において、新たに切り開かれた学問であるということを確認したうえで、三つの問題を検討してみたい。(6)第一は、そうした学問を創始した人々がどのような思いをもっていたのか、という担い手の意識の問題である。国学者は日本古典、蘭学者は西欧世界と、その目指す対象は異なっていたが、新たな学問を開こうとする意志において共通する。第一の課題は、この一八世紀日本の開明的な人々の精神の特徴的なあり方である。

第二は、国学と蘭学がどのような場から生まれたのか、という発生場所の問題である。この点で注目すべきは、一八世紀日本で起こった読書方法の革新ともいうべき現象である。具体的にいえば、定期的に集まり複数の人々が討論しながら一つのテキストを読む会読という読書方法が、一八世紀日本の知的世界に大きな影響を与えた荻生徂徠以後、広く行われるようになった。(7)民間に、会読する自発的な読書会が叢生したのである。結論を先取りすれば、この会読という場が国学と蘭学を生み出したのではなかったかと考えられる。この点を見ることが第二の課題である。

そして、第三は、国学者と蘭学者がともに日本人というナショナル・アイデンティティ（帰属意識）をもっていたという共通点に注目したい。国学者が「皇国」に自己同一化する強烈なナショナル・アイデンティティをもっていたことは、周知の通りだが[8]、蘭学者もまた、国学者の自国中心的な「皇国」観念とは異なる、日本人というナショナル・アイデンティティをもっていた。こうしたナショナル・アイデンティティが、士農工商の身分制社会のなかで、新たな学問の勃興のなかで生まれた理由は、どこにあったのだろうか。本稿では、この三つの課題を検討することによって、一八世紀日本の国学と蘭学という二つの思想潮流の思想史的な意義を明らかにしようと思う。

一　学者の志

近世日本の社会は、武士は武士らしく、百姓は百姓らしく、町人は町人らしく生きることを強制する身分制社会であった。武士・百姓・町人は、先祖伝来の家業・職分を勤め、きちんと子孫に伝えてゆくことが求められ、そのうえ、日々の生活は細部まで規格化され、個人の恣意の入る余地はなかった。ところが、一八世紀になると、こうした定型化された単調な人生にたいする懐疑の声が出てくる。日常生活に埋没せずに、この世の中に、己が生きた証を残したいという強烈な願望が現れるのである。そうした懐疑と願望を表現する言葉として、本稿では「草木と同じく朽ちる」という一句に注目したい。たとえば、貝原益軒の次のような一節である。

もし聖人の道をまなばずして、道をしらずんば、此世にいける時は禽獣と同じくして、人とむまれたるかひなく、死して後は草木とおなじくくちはて丶、人のほむべき佳名を残すことなく、後世にいたりてしる人なかるべし。われも人も、皆かくのごとくなれど、人とかく生れし身を、とりけだもの草木に同しくせんこと、ほいなきことならずや。これを口をしと思はゞ、あにこのうれひをまぬかるべき道なかるべきや。人の身はふたゝび得がたし、むなしく此世を過すべからず[9]。（『家道訓』巻二）

ここで、「草木とおなじくくちはて丶」しまう凡庸な生に対比されて、「人のほむべき佳名」を残すことが求められている。益軒は、「彼は草木と倶に朽ち、此れは金石と相傾く」（『後漢書』朱穆伝）を踏まえ、凡庸な生き方と個性的な生き方を対比しながら、「聖人の道」を学び、「道」を知ることが、よき名を残すことだと教える。仏教の輪廻転生を否定する儒者益軒にとって、「人の身はふたたび得がた」いものであって、この一回限りの生を無駄に「とりけだもの草木」同様に、何をなすこともなく生きることは耐え難いことであった。そうならないためにも、「聖人の道」を知り、道徳的な生き方を実践して、「ほむべき佳名」を残すことが希求されたのである。[10]

しかし、こうした道徳的な生き方は、結局のところ、「四民ともに、常に家業をつとめておこたらず、其上倹約にして、諸事つゞまやかにし、家事におろそかなるべからず」[11]（『家道訓』巻二）とあるように、決められた家業や職分に励むことに他ならない。かりに誰よりもよく家業や職分を尽くし、孝子や忠臣という「佳名」を得たとしても、凡庸な人々の指標になったとはいえるが、いわば、それは程度の差であって、質の差ではない。誰にもできない個性的な生き方、他人には代替不能なことをし遂げることが、生きた痕跡を残すことではないのか。そうした思いを抱いた人々が、一八世紀中ごろに現れてくる。結論を先取りすれば、蘭学者や国学者は、そうした凡庸な生を拒否する個性的な人々だったのである。蘭学者の思いを端的に表現しているのが、大槻玄沢の有名な『蘭学階梯』の次の一節だった。

> 鄭ノ子産、イヘルコトアリ、人心同ジカラザルコト、其面ノ如シ、ト。人々、各々志ス所アリ。余ガ好ム所ヲ以テ、誣《しい》テ人ニ施サンニハ非ズ。実ニ、吾人泰平ノ恩沢ニ沐浴シ、鼓腹欣抃《きんべん》、豊衣美食スルコトヲ得テ、草木ト同ジク朽ルハ、丈夫ノ恥ル所ナリ。茲ニ、和蘭勧学警戒ノ語アリ。曰、「メン　ムート　エーテン　ヲム　テ　レーヘン　マール　ニート　レーヘン　ヲム　テ　エーテン」（「人間は生きるために食べるのであって、食べるために生きるのではない」――前田注）ト。此ヲ訳スレバ、人ハ天地ノ間ニ生ヲ稟《う》ケ、飲食ヲ為シテ生命ヲ全フス。然レドモ、飲食ノミスル為ニ生ヲ稟クルニハアラズ、ト云フ事ニシテ、コレヲ切意スレバ、

各其職トシテ受ル所ヲ務メ、天下後世ノ裨益トナルノ一功業ヲ立ヨト教ル意ヲ含メリ。[12]（『蘭学階梯』巻上）

「和蘭勧学警戒ノ語」は、「人ハ天地ノ間ニ生ヲ稟ケ、飲食ヲ為シテ生命ヲ全フス。然レドモ、飲食ノミスル為ニ生ヲ稟クルニハアラズ」と敷衍され、「草木ト同ジク朽ル」ことを拒否して、何かこの世の中に生きた痕跡を残す思いの表現としてとらえられている。玄沢はそのような思い（切望・願望・希求などなど）に訴えて、「天下後世ノ裨益トナルノ一功業ヲ立ヨ」と述べ、蘭学を志す人々に「功業」を打ち立てよと奮起をうながしている。事実、杉田玄白によれば、「この書（『蘭学階梯』――前田注）出でし後、世の志あるもの、これを見て新たに憤悱《ふんぴ》し、志を興せしもまた少[13]」（『蘭学事始』巻下）なくなかったという。

そもそも玄白の『解体新書』の翻訳出版という「天下後世ノ裨益トナルノ一功業」は、こうした「草木ト同ジク朽」ちてしまいたくないという思いから果されたものであった。彼が、学究肌の前野良沢の躊躇にもかかわらず、出版を急いだのも、「草木と共に朽」ちてしまうのではないかという焦燥からだった。

> 同社の人々翁が性急なるを時々笑ひしゆゑ、翁答へけるは、凡そ丈夫は草木と共に朽つべきものならず、かたがたは身健かに齢は若し、翁は多病にて歳も長けたり。ゆくゆくこの道大成の時にはとても逢ひがたかるべし。人の死生は預め定めがたし。始めて発するものは人を制し、後れて発するものは人に制せらるといへり。このゆゑに翁は急ぎ申すなり。諸君大成の日は翁は地下の人となりて草葉の蔭に居て見侍るべしと答へければ、桂川君などは大いに笑ひ給ひ、のちのちは翁を渾名して草葉の蔭と呼び給へり。[14]（『蘭学事始』巻下）

ここには、蘭学の興隆という一つの事業を成し遂げた充実感のもとに、若き日の自分を回想して、自己を笑う余裕さえあるが、実際、玄白のほかにも、『解体新書』翻訳時には彼の周囲には、そうした切迫した思いを抱く個性豊かな人々がいたのである。その一人が、江戸の奇人平賀源内である。源内もまた、彼のよき理解者大田南畝にたいして、次のように語ったと伝えられている。

世人身の智計の不レ足を不レ知。智術有者を貶《おと》して山師〳〵と呼ふ。然共其輩皆所謂律儀者にして、斤々自守り謹孝と称し、鞭策すれとも不レ前。草木と同しく朽ちて泯滅無レ聞。豈大丈夫の事ならんや。夫人ハ五鼎ニ不レ食ハ、五鼎に煮られん社《こそ》本意なれ、（中略）、自レ古和漢帝王将相公侯皆山師也。成得る時ハ帝王公侯、成得ざる時ハ賊と成、叛逆人と成る。（中略）、成と不レ成とにて褒貶地を替る、豈人の遇不遇ならすや。(15)

（『鳩渓遺事』）

ここにも「草木と同しく朽」ちてしまうことを拒否し、自己の「智術」によって「帝王公侯」をも目指す「大丈夫」の強烈な功名心が吐露されている。源内からみれば、身分制社会のなかで家業に孜々《しし》として励み、貝原益軒のいう「佳名」である「斤々自守り謹孝」の「律儀者」は、自ら「帝王」になろうとする意志がないばかりか、ルサンチマンから「智術有者」を「山師〳〵」と貶す弱者に過ぎなかった。

こうした凡庸な生を峻拒し、自己の「智術」によって功業を目指そうとする源内の意志はまた、彼の弟子司馬江漢のものでもあった。源内同様、「我若き時より志を立てん事を思ひ、何ぞ一芸を以て名をなし、死後に至るまでも、名を貽《のこ》す事を欲」(16)（『春波楼筆記』）していた司馬江漢の思いは、次の一文に端的に表現されている。

欧陽公本論云、同三乎万物生死、而復二帰於無物一者、暫聚之形也、不下与二万物一供尽上、而卓然不朽者、後世之名

人死すれハ万物と共に滅し、亡ひてきへて仕舞者なり。いきて居ルうちの事ならずや。夫故に何ぞ能キ事カ、珍ツらしき事を工夫して、能き名を遺せと云事なり。徒に生キて居べからず。(17)

（『訓蒙画解集』）

江漢もまた、死後は何もなくなってしまうのだから、この短い人生に「何ぞ能キ事カ、珍ツらしき事を工夫して、能き名を遺」すことへの渇望をもつ一方で、その裏返しとして、志の低い「律儀者」の凡庸さに我慢がならなかったのである。ちなみに、「メン　ムート　エーテン　ヲム　テ　レーヘン　マール　ニート　レーヘン

ヲム　テ　エーテン」の「和蘭勧学警戒ノ語」を引照した『蘭学階梯』は、もと『和蘭鏡』と題されていて、司馬江漢らの庶民層蘭学愛好者のために執筆されたものだった。(18)

ところで、面白いことには、国学者本居宣長もこの「草木と共に朽ち」たくないという切迫した思いを抱いていた。『鈴屋文集』巻下には、「述懐といふ題にて」という文がある。少し長いが、若き日の宣長の思いを表出していると思われるので引用してみよう。

昨日はけふのむかしにて、はかなくのみすぎにすぎゆく世ノ中を、つく〴〵と思へば、あはれわが世も、いくほどぞや、手ををりてかぞふれば、はやみそぢにもあまりにけり、命長くて、七十八十いけらむにてだに、はやくなかばは過ぬるよと思へば、まだよごもれるやうなる身も、ゆくさきほどなきこゝちのして、心ぼそくぞおぼゆる、かくのみはかなく、こゝろなき木草鳥けだもののおなじつらに、なにすとしもなく、あかしくらしつゝ、いけるかぎりのよをつくして、いたづらに苔の下にくちはてなむは、いとくちをしく、いふかひなかるべきことと思ふにも、よろづにいたりすくなく、つたなき身にしあれば、何事をしいでてかは、よの人にもかずまへられ、なからむ後の世に、くちせぬ名をだにとゞめましと、いとゞ人ににぬおろかささへとりそへてぞ、かなしくこころうかりける、さりとてはた、身をえうなき物に、はふらかしはつべきにしもあらず、かくのみつたなくおろかなる心ながら、何わざにまれ、おこたりなく、わざと心にいれて、つとめたらむに、つひにはひとつゆゑづけて、なのめにしいづるふしも、などかはなからむと、あいなだのみにかゝりてなむ。(19)

「みそぢにもあまりにけり」とあるので、三〇歳代前半、松坂で医業を開き、歌学や詠歌に勤しんでいたころ、生涯の目標を『古事記』と見定めて、その述作の準備に着手した明和元（一七六四）年三五歳以前の感慨ではなかったかと思われる。「こゝろなき木草鳥けだもののおなじつらに、なにすとしもなく、あかしくらしつゝ、いけるかぎりのよをつくして、いたづらに苔の下にくちはてなむは、いとくちをしく、いふかひなかるべきこと」という宣長の思いは、平凡な日常性に没することなく、何か生きた痕跡を残したいと志している点で、蘭学者と重なっている。

「おこたりなく、わざと心にいれて、つとめ」た結果、本居宣長という「なからむ後の世に、くちせぬ名」を留めることになった畢生の大著『古事記伝』完成後に、宣長は「志」を高くもつことを初学者に求めている。

そはまづかのしな〲ある学びのすぢ〲、いづれも〱、やむことなきすぢどもにて、明らめしらではかなはざることなれば、いづれをものこさず、学ばほしきわざなれども、一人の生涯の力を以ては、こと〲くは、其奥までは究めがたきわざなれば、其中に主としてよるところを定めて、かならずその奥をきはめつくさんと、はじめより志シを高く大にたてゝ、つとめ学ぶべき也。(20)（『うひ山ふみ』）

この高く大きな「志」は、宣長の教えを継いだ人々に引き継がれていった。没後の門人、平田篤胤は宣長の『うひ山ふみ』の一節をふまえながら、次のような「立志」と題する文を書いている。

大丈夫の、かくめでたき御代に生れて、生涯かの西戎国人もいやしめたる、飯袋となりて、朽はてむは、いかに口をしきことならずや。さてしかと志をかためたらむには、まづ専《もはら》と道をまなぶべきこと、いふもさらなり。こは我翁のうひ山踏に、人として人の道は、いかなるものぞといふ事を、しらで有るべきにあらず。学問の志なきものは、論ひのかぎりに非ず。(21)（『気吹舎筆叢』上巻）

飯袋は酒嚢飯袋と熟して、無智無能でただ遊食する者を罵る言葉。篤胤もまた、生涯、ただ食うだけで、何もせずに朽ちはてることを「口をしきこと」だと述べているのである。さらに、三〇歳代の宣長が「述懐」と題していたように、篤胤も「おもふこゝろをのぶるうたども」と題した連作の歌のなかで、「生れ出し身はひくけれど学びには、千万人の上にたたなむ」「あれ出し身は下ながらこの道の、説を雲居のうへに伝へむ」(22)（『気吹歌集』）

と、並々ならぬ志を詠んでいる。

この世に己の生きた証を残したい。それは、家業や職分に汲々として一生を送り、不特定多数のなかに埋没してしまうことへの苛立ちと憤りであったろう。もとより身分制社会は規格化され、定型化された人生を送ることを求める。だからこそ、そうした無名の世界に埋没せずに、自分は生きていたのだという証を求める気持ちは、一層強まったのである。社会経済史的にいえば、こうした強烈な個人の自覚は、元禄期以降の商品経済の進展にともない、家業や職分を根幹とする身分制社会が崩れはじめ、その綻びから個人が析出されたことを示している。(23)

二　会　読

では、一八世紀日本において、「草木と同じく朽ち」はてることを拒む個人が、個性的に生き、自己の能力や才能を発揮して、「功業」を打ち立てる場は、どこにあったのだろうか。また、そうした目覚めた人々は、どのような場で結集したのだろうか。当然のことながら、強固な身分制社会のなかで極めて困難なことではあったが、そうした可能性がまったくなかったわけではない。この点で注目すべきは、学問の場であった。江戸時代、儒学を中心とする学問は、たしかに科挙制度のある中国や朝鮮のように国家体制を正統化する権威をもってはいなかったが、逆に国家体制の埒外にあったからこそ、人々の能力や才能を発揮できるツールであったともいえる。「草木と同じく朽ち」はててしまうことに苛立ちを感じた人々が、まさに自己の才能や能力を発揮すべく、一生涯を賭けたものが、新たに自ら開いた学問である国学と蘭学だったのである。

本稿では、こうした新たな学問を生み出した現場として会読という読書方法に注目したい。一般に江戸時代、儒学の経書や史書を学ぶとき、素読・講釈・会読の三つの読み方があった。このうち、会読は、複数の人々が討論しながら一つのテキストを読むという、きわめて斬新な方法であった。この会読の場では、参加者はテキストの前に対等であって、お互い討論しあいながら、共同でテキストを読んでいった。そこでは、朋友との切磋琢磨が求められ、「尊卑先後に拘わらず」[24]（『春台先生紫芝園後稿』巻一四、「紫芝園規条」）に質問することが奨励され、さらに「尋常の説話」を交えてはならないなどと、約束事が規則化されていて、日常世界とは異質な空間を作ることが意識的に図られていた。だからこそ、身分制社会から析出された個人の知識や能力を発揮できる場であったのである。そこは、お互いが読みの確かさを求めて、意見を出し合い、競争の場ともなったが、どこまでも真理を探究するためであって、地縁や血縁の共同体とは異なる一種の公共空間が存在したといえる。その意味で、この会読の場が一八世紀日本の新思潮を生み出す場になったことは、偶然ではない。

一八世紀日本の知的世界に会読が流行したのは、徂徠学が契機になったことは間違いない。会読がたんに徂徠学以降の儒学の刷新をもたらしただけではなく、国学と蘭学の成立と結びついた一つの要因は、会読の場では、あえて難しい書物を読むことが行われたという点にある。徂徠学派の会読の有様を伝えている『文会雑記』には、次のような服部南郭の言葉を記している。

南郭ノ方ニ儀礼ノ会アリ。注疏マデカケテ吟味ヲスルト也。コレハ外ノ方ニナキコトニテ、近来此会初リタル由、三礼図ハ聶存義《崇か》ガ時ハ、サイシキニシタルヲ、後ニハ器物出来タルトナリ。大テイハオシテ知レドモ、先三礼ノ図モヨキモノ也。外ニ儀礼図解ト云モノアリ。コレモ会読ノ節トリ合セテ見ルトナリ。儀礼ヲヨミクダクト云コトハ、誠ニ竜ヲ屠ル伎ナレドモ、好古ノクセニテ、コレヨリナガラヘテヲラバ、三礼皆スマスベキト思フコト也。又賈公彦疏ナド筆ノ無調法ガ、グヅ〳〵シタル所ヲ、朱子ノ経伝通解ニテカミクダキタリ。サテ〳〵朱子ノ学問丈夫千万ナルコトト思ハル、也。後世ノ理学家ノ中々及ベキ所ニ非ズト也。林考逸ガ考工記ノ解モアリ。コレモ見合ニスベシト思トナリ。又明朝ニテ挙業ノ文ヲ書クニ、皆朱注宋学ニヨレドモ、礼記バカリハ鄭玄注ヲ用ユトナリ。古注疏ナラデハ礼記ハスマズ、ト南郭ノ説ナリ。[25]（『文会雑記』巻二下）

屠竜の技とは『荘子』の語（列禦寇）、世に用のない名技を意味する。まさに『儀礼』を読み下すことは、世にも役立たない。しかし、「誠ニ竜ヲ屠ル伎ナレドモ、好古ノクセニテ」、『儀礼』注釈を試みるのだという。すでに朱子の『儀礼経伝通解』はあるものの、明代の科挙においても、『礼記』は古注を使っているなかで、あえて注釈を行うのだといっている。ここには、『儀礼』という難解なテキストだからこそ、そして、本家の中国でも蔑にされている、「外ノ方ニナキコト」に挑戦しようとする、並々ならぬ意志が認められるだろう。

面白いことには、無用な「竜ヲ屠ル伎」である会読の場で、とりあげられた難解なテキストは、儒学の経書や史書ばかりではなかった。オランダ語・万葉仮名の書物が会読の場で、討論しながら読まれていったのである。オランダ語の難しさはいうまでもないことだが、徂徠の古文辞学や契沖の万葉学の影響を受けて、古代日本語についても、古代と現代の時間的差違が意識され、外国語と同様、異質な他者の言語として理解することが求められた。これらのテキストは、まさに難しいからこそ、挑戦する対象となったのである。

まず、蘭学を見てみよう。周知のように、蘭学は杉田玄白・前野良沢の『解体新書』を出発点としている。玄白や良沢がオランダ書に立ち向かい、それを翻訳・刊行した『解体新書』は新時代を画した。玄白は、良沢の家に定期的に集まった翻訳の会を「会業」、すなわち会読と呼んでいる。この会業は、難解な書物を読む会読の理念型ともいえるものである。一人では理解の難しい書物を、額をつきあわせて共同研究するのである。『蘭学事始』に生き生きと描かれているように、そこでは、決まった師匠があるわけではなく、みなが対等な関係で、意見を出し合い、討論が行われた。

『蘭学事始』翻訳後も、玄白は「会読」を行っていた。たとえば、「其後少年輩と外科正宗を会読せしに、実験着実なることも多し」[26]（『形影夜話』）とある。また、大槻玄沢も遊学中の長崎で会読をしている。玄沢が長崎に遊学した一つの目的は、ハイステル外科書翻訳の目的達成に不可欠なオランダ語の習得にあったが、長崎では、本木良永のもとで会読を行い[27]、江戸に帰った後も、弟子たちと会読を行っていた。蘭学社中のなかでは、このように会読は常態化されていたのである。

そもそも、蘭学社中という仲間意識も、玄白らの解体新書翻訳の会読から生まれたものであった。玄白が、「この会業怠らずして勤めたりしうち、次第に同臭の人も相加はり寄りつどふことになりしが、各々志すところありて一様ならず[28]」(『蘭学事始』巻下)と自ら述べているように、それぞれ求めるものは違っていたが、会読の場に集まる人々は、いつしか「蘭学社中」という仲間意識をもつようになっていった。

そもそも江戸にてこの学を創業して、腑分といふ古《ふ》りしことを新たに解体と訳名し、且つ社中にて誰いふともなく蘭学といへる新名を主唱し、わが東方闔州《につぽんそうこくじゅう》、自然と通称となるに至れり[29]。(同右)

社中とは、地縁・血縁とは異なる、対等な個人が集う自発的結社の原初形態であったといえるだろう。そこに参加する人々は、「各々その志すところ異なり。これ実に人の通情なり[30]」(同右)と、「志」は異なることがあっても、方向性が違うだけであって、根本には、先に見たように「草木と共に朽ちる」ことに飽き足らない「志」があっただろう。そうだったからこそ、お互いの違いを認めあうこともできたのであろう。

この「蘭学社中」が一種の自発的結社だといえるのは、そこでは対等な人間関係のもとで討論が行われ、それを保障するための明確な規約が作られていた点にある。もともと、会読の規約は徂徠学派のなかでも作られていたが(先に触れた太宰春台の「紫芝園規条」はその典型である)、蘭学社中にも存在したのである。その一つの例証が、蘭学の第三世代である青地林宗の「同志会」の規約である。これは、『厚生新編』翻訳にさいしての規約である。少し長いが、興味ある史料なので引用してみよう。

近今、泰西の医書の我邦に伝はるもの、頗る浩繁と為す。若し一人の力、訳定を網羅するは、容易に成すべきの事に非ず。然れども各自得る所は、則ち偏執固我の弊を免れず。是の故に同志相約し、共に其の事を成さば、進業成務に庶幾《ちか》からん。此の会は翻訳を以て事と為す。斯の業は細心の審訂を要す。若し擬似難釈の義有らば、会上に相議し、必ず当に合すると得て、恨み無くして止む。若し杜撰妄誕ならば、則ち衆共に攻めて赦すこと勿れ。凡そ反訳する所は、其の文許多と雖も、一一に之れを備へ、其の精覈切実の師法とすべきは、衆士の評論を経て一定す。乃ち著訳者・校者の名字は、繕写して一本と為す。凡そ著述する所の薬名術語は、先輩の選ぶ所の者は、尽く之れを用ひ、其の議すべき者は、会上に之れを論じ、其の宜しき所に従ふ。其の新出する者は、一定の論を持ち通社《つうしゃ》之れを用ふ。又我輩の験試する所の方術は、実覈誤らざる者為らば、子細に記録す。亦同志を鼓舞するの事は、煩冗すること勿くして之れを黙止す。(31)

一人で訳語を確定することは容易ではない。そのため、衆知を集めることが必要だが、各自の見解は「偏執固我の弊」を免れがたい。それを回避するためにも、あらかじめ「同志」の間で規約を作っておかねばならない。「此の会は翻訳を以て事と為す」と、翻訳を目的とする機能集団であることをうたっている。そして、この会の目的は、あくまでもよりよい翻訳と訳語を作り出すところにあるのだから、自分の意見が採用されなくても恨みつらみはいってはならないし、杜撰なところがあれば、それに容赦しない。このような緊張感のある張り詰めた場であることが、はっきりと宣言され、規約化されているのである。

ところで、一八世紀日本において、国学の大成者である本居宣長もまた、蘭学社中と同様、全国に鈴屋社中を作った。(32)この社中形成には、蘭学と同様に、会読という場が存在していたことに注意しなくてはならない。

周知のように、松坂の町人に生まれた宣長は、商売の才能がなく、優雅な王朝世界を憧憬する青年であった。母かつはそうした宣長の性向を見極めて、漢方医の修行のため京都に遊学させたのだが、その遊学中、徂徠とも親しかった堀景山塾で、宣長は会読を行っていた。当時の『在京日記』を見ると、彼は『易経』から初めて五経の素読をするとともに、宝暦二(一七五二)年五月に、『史記』と『晋書』の会読にも出席している。これ以後も、宣長は堀塾では、『春秋左氏伝』や『漢書』の会読に参加するとともに、医学の師武川幸順のもとでは、『本草綱目』や『千金方』の会読をし、さらに宝暦五（一七五五）年九月からは五と一〇の日に、岩崎栄良・田中允斎・塩野元立・清水吉太郎らの友人と、自主的に『荘子』の会読をしている。京都時代の宣長は、ほぼ会読によって勉学しているのである。

同時期、江戸の賀茂真淵の県門でも、会読は行われていた。たとえば、真淵の会読に、弟子村田春海が参加していたことについて、田中康二の「錦織斎年譜稿」によれば、明和元（一七六四）年春海一九歳の条に、「縣居の会にて『古事記』会読す」とあり、天理大学附属図書館所蔵『村田春海自筆書入古事記』表紙見返に、「明和元年、縣居会集諸友、山岡俊明《ママ》・藤原美樹・日下部高豊・橘千蔭、藤原福雄。さて我父のみこと、家兄春郷と也」とあることが指摘されている(33)。さらに、地方の県門でも、弟子同士が会読を行っていた。真淵の郷国である遠江では、斎藤信幸の学舎で、県門の内山真龍と栗田土満（この二人は後に宣長の門人にもなる）が『古事記』『万葉集』の会読を行っていた(34)。

ところで宣長は会読について、ある程度学習の進んだ者同士であれば、たしかに有効な方法であるが、初学者には、必ずしも役立つものではないと説いている(35)（『玉勝間』巻八、「こうさく、くわいどく、聞書」）。これは、松坂に帰った後に初学者とともに行った会読の苦い経験がもとになっていたかもしれないが、しかし、宣長はだからといって、会読そのものを否定したわけではない。何回か試みているからである。宣長は、安永六（一七七七）年一月から寛政元（一七八九）年九月までの一三年間に、『万葉集』の会読を一六〇回にわたり行っているのである。山中芳和によれば、出席者は松坂在住の門人で、四人から六人の少人数で行われ、最も多い時でも一〇人であったという(36)。この『万葉集』会読の席では、賀茂真淵や契沖の説が参照されるばかりか、地方の鈴屋門の弟子たちの説も紹介、検討されることがあったという。そして、ここでは、師弟間の討議がなされていた。そうした宣長の会読を伝える史料もある。宣長は、「師イヘリ、師此説ヲ云テ座中ニイカガゾミナ人コトワレト云。常雄、高蔭、大平、此説ニシタカヒヌ」と、門人大平らに述べたという。[37]

こうした師弟間の対等な討論は、何も宣長だけに固有なものではなく、「古学の道」を開いた「大人」賀茂真淵門でもなされていた。真淵は『仮名書古事記』を書いていた明和五(一七六八)年に、『古事記』の会読を行っているが、その時期に、松坂にいた宣長に手紙で、自己とは違う意見を求めている。

古事記御覧御案と合事、又は御案の外に宜も見え候由。又御案と相違の事も多との事、必さ有へき也。その相違の事を委しく御示可成候。度々会読せしといへと誤る事も多く、今又見る度に改る事もあれは、其相違こそ好ましき事なれ。必書て見せ給へ。猶また思ふ事あらはいふへし。[38]

(宣長宛賀茂真淵書簡、明和五年正月二七日)

よく知られているように、宣長は、和歌や神道の秘伝伝授を否定した。この秘伝伝授の否定も、会読が契機となっているのではないかと思われる。自己と「相違」する意見を宣長に求めていた賀茂真淵は、一人の意見は間違いが多いから、遠慮なく意見を求めていたからである。

古事記下巻此度遣候。最前之上巻中巻に御案と違ひ候事有之由。其事承度候。とかくにかゝる物は、一人之見に而は誤も多ものなれば、随分御吟味の上、必御遠慮なく御示可被成候。相考候而改可申候。但近年に至、学事あがり候。今より十年前にはいまだしき事多かり。古事記も今一往改たく候へども不得暇遺恨也。幸貴兄之御了簡を御申越候はば大慶に候也。[39]

(宣長宛賀茂真淵書簡、明和五年三月一七日)

このような「学事」にたいする真淵の真摯な姿勢は、そのまま宣長の有名な「師の説になづまざる事」につながっている。

大かた古をかむかふる事、さらにひとり二人の力もて、こと〴〵くあきらめつくすべくもあらず、又よき人の説ならんからに、多くの人の中には、誤もなどかなからむ、必わろきこともまじらではえあらず、そのおのが心には、今はいにしへのこゝろのことゞく明らか也、これをおきては、あるべくもあらずと、思ひ定めたることも、おもひの外に、又人のことなるよきかむかへもいでくるわざ也、あまたの手を経るまに〳〵、さき〴〵の考のうへを、なほよく考へきはむるからに、つぎ〳〵にくはしくなりもてゆくわざなれば、師の説なりとて、かならずなづみ守るべきにもあらず、よきあしきをいはず、ひたぶるにふるきをまもるは、学問の道には、いふかひなきわざ也、(40)

（『玉勝間』巻二）

篤胤もまた、この「師の説になづまざる事」を引照しながら、「今の世の漢学の先生」が弟子の反対説を許さないことを「心きたなきわざ」だと批判し、弟子が「実に真心より師を尊みて、さて疑はしき事は、いくたびも、問ひ究め、信《うけが》ひがたき事は論ひ試みもして、勤め学ぶをこそ、誠によく学ぶ者とは、いふべけれ(41)」（『気吹舎筆叢』巻上）と説いている。

「師の説」をも批判せよという考えは、宣長研究の古典『本居宣長』の著者村岡典嗣のいう「自由討究の精神」であったといえるだろう(42)。そして、それはたんに国学の特権的な精神ではなく、会読という場から生まれた双生児ともいえる蘭学にも共通する精神だったのである。一八世紀のなかごろ、会読という民間の自主的な読書サークル、「社中」を作り、そこで共同して何かをなし遂げようとする人々が現われ、討論しながら日本古典やオランダ書を読みはじめたのである。その意味で、徂徠に端を発する読む会読は、二つの新しい潮流、すなわち蘭学と国学の揺籃の場であったといえる。

三　日　本

では、蘭学者や国学者は、どのような思想を形成していったのだろうか。ここでは、「志」ある個人同士のつながりという点に注目したい。会読、そして「社中」は学問を求める同志のつながりの場であったが、そこから生まれた思想もまた、身分制社会の前提となる地縁・血縁の共同体のつながりとは異なる人間関係を求めるものであったからである。

そうした個人と個人の新たな結びつきという点から注目すべきは、日本という言説である。一八世紀日本の思想空間のなかに、日本人というナショナル・アイデンティティ（帰属意識）が浮かび上がってきたのである。結論を先取りすれば、地縁・血縁の共同体から析出された個々人が、日本という幻想共同体のなかで、新たな結びつきを求めたといってよいだろう。国学と蘭学はそうしたナショナル・アイデンティティによる新たな結びつきを提示していたのである。ただし、同じく日本というナショナル・アイデンティティを主張しながらも、その内容において国学と蘭学は袂を分かつことになる。

まず、国学から見てみよう。本居宣長にとって「皇国」とは、個人が天皇のもとで、それぞれが「天皇の心を心とする」ことによって内面的に結びついた国家であった。万民の一人ひとりが天皇と直結することで、結びつくのである。宣長は、天皇が天照大神の御子として「天つ神の御心を大御心」[43]（『直毘霊』）とするように、上は将軍から下は万民にいたる「しもがしもまで、たゞ天皇の大御心を心として、ひたぶるに大命をかしこみゐやびまつろひ」[44]（同右）、随順すべきことを求めた。

いにしへの大御代には、しもがしもまで、たゞ天皇の大御心を心として、ひたぶるに大命をかしこみゐやびまつろひて、おほみうつくしみの御蔭にかくろひて、おのも〳〵祖神を斎祭つゝ、ほど〳〵にあるべきかぎりのわざをして、穏しく楽く世をわたらふほかなかりしかば、今はた其道といひて、別に教を受て、おこなふべきわざはありなむや、[45]（『直毘霊』）

ここで注目すべきは、家業の勤めに孜々として励む「凡人《ただひと》」の平凡な日常生活が、「天皇の大御心を心」とする神聖な営みとなっている点である。「凡人」は、先祖伝来の家業を律儀に勤めてきたにもかかわらず、報われず、真面目な者がなぜ幸福になれないのだという不条理感・憤懣を抱くこともあるだろう。そうした「世の中」の悲しみに耐えて生きる「凡人」にたいして、宣長は、今、自分に与えられた家業を勤めることが、そのまま「天皇の大御心を心」とする神聖な営みであって、そうした生き方こそ、「神代」以来の正しい、「皇国」人本来の生活であると教えていたのである。凡庸な生は、主観的には栄光ある生に転化する。もちろん、これは幻想のなかでの栄光化であるにしても、「草木と同じく朽ちる」ことない意味ある生であったことは、間違いない。

これにたいして、蘭学者にとっての「日本」とは、個々人がそれぞれの「芸」によって貢献する国家であった。個々人それぞれが「国益」を目指す国家である。こうした「業」によって、「国益」をあげようとする強い意志は、たとえば、平賀源内に認められる。

浪人の心易さは、一箪のぶつかけ一瓢の小半酒、恒の産なき代に、主人といふ贅もなく、知行といふ飯粒が足の裏にひつ付ず、行度所を駆めぐり、否な所は茶にして仕舞ふ。せめて一生我体を、自由にするがもうけなり。斯隙なるを幸に種々の工夫をめぐらして、何卒、日本の金銀を、唐阿蘭陀へ引たくられぬ、一ッの助にもならんかと、思ふもいらざる佐平次にて、せめて寸志の国恩を、報ずるといふもしやらくさし。其位にあらざれば其政を謀らず、身の程しらぬ大呆と、己も知ては居るそふなれど、蓼食ふ蟲も好々と、生まれ尽きたる不物好わる塊りにかたまつて、椽の下の力持、むだ骨だらけの其中にゐれきてるせゐりていと丶いへる人の体より火を出し、病を治する器を作り出せり。(46)

(『風来六部集』巻上、放屁論後編)

何のしがらみのない「自由」な我が、たとえ放屁のようなつまらない芸能であってとしても、自己の工夫と精進によって獲得したそれぞれの「芸」によって、「寸志の国恩」を報ずるような社会を源内は戯作のなかで夢想していた。

また開明的な経世思想家、本多利明にも、源内と同じように強烈な功名心にもとづく起業が「国家」利益に結びつくという考えがあった。彼の主著『西域物語』は、そうしたユートピアとしての西欧社会を描いたものであった。

和蘭陀の元来ホウゴドイツの国内なれば、彼国と地続きにして北方の地端也。日本にいへば今の蝦夷地の如く廃地にありしが、爰に開祖何某いまだ庶人たれ共、古今独歩の英才なれば、庸物と倶にせず。倩思ふに人間一生涯に百歳を長寿とせり。生涯無功にして塵芥の如く空く朽果んも本意にあらず。何卒して国家を起し、永く子孫を伝んこそ人間の功とも云ん。左あらば是に決断して後、密策を企んに、云々[47]（『西域物語』巻下）

「人間一生涯に百歳を長寿とせり。生涯無功にして塵芥の如く空く朽果んも本意にあらず」という述懐は、源内や江漢と等しい凡庸な生を拒否するものである。短い「生涯」に何か「功」を残しておきたい、虚しく生を送るのではなく、何か事業を起こして、自己の生を有意味なものにしたい、鬱勃たる意欲が「アムステルダンの開祖何某」に託され表明されているのである。

一八世紀日本は、「草木と同じく朽ち」てしまい、家業や職分に埋没することを拒否した個人が、新たな人間同士の結びつきを求めた時代だといえるだろう。この時代、「志」をもった個人によって新たな学問として開かれた国学と蘭学は、万民一人ひとりが「天皇の大御心を心」とする古代国家を理想化する国学と、個々人それぞれが自己の得意な「芸」によって「国益」を目指す西欧国家を理想化した蘭学という違いはあるものの、ともに日本人というナショナル・アイデンティティをもった幻想共同体のなかで、個々人のつながりを求めた産物であるという点では共通していたのである。

(1) 渡辺浩『東アジアの王権と思想』(東京大学出版会、一九九七年)、二四二頁。
(2) 『本居宣長全集』巻一(筑摩書房、一九六八年)、五四~五五頁。
(3) 同右、八七頁。
(4) 緒方富雄校注『蘭学事始』(岩波文庫、一九五九年)、七頁。
(5) 同右、二五頁。
(6) 本稿でとりあげた個々の思想家については、拙著『江戸後期の思想空間』(ぺりかん社、二〇〇九年)を参照されたい。
(7) 拙稿「近世日本の公共空間の成立――「会読」の場に着目して――」(『愛知教育大学研究報告(人文・社会科学編)』五五輯、二〇〇六年三月)、「討論によるコミュニケーションの可能性――近世社会の「会読」の場に通目して――」(東北大学日本思想史研究会『年報日本思想史』七号、二〇〇八年三月、ともに前掲註(6)拙著に所収)。
(8) 拙著『近世神道と国学』(ぺりかん社、二〇〇二年)。
(9) 『益軒全集』巻三(益軒全集刊行部、一九一一年)、七五頁。
(10) 拙稿「貝原益軒における学問と家業」(『季刊日本思想史』五一号、一九九七年)。
(11) 前掲註(9)『益軒全集』巻三、四二四頁。
(12) 『洋学 上』(日本思想大系64、岩波書店、一九七六年)、三三九~三四〇頁。
(13) 前掲註(4)『蘭学事始』、四八頁。
(14) 同右、四〇~四一頁。
(15) 城福勇『平賀源内の研究』(創文社、一九六一年)、一六五頁所引。
(16) 『司馬江漢全集』巻二(八坂書房、一九九三年)、四九頁。
(17) 同右、三一七頁。
(18) 佐藤昌介「大槻玄沢小伝」(洋学史研究会編『大槻玄沢の研究』思文閣出版、一九九一年、六~八頁)。
(19) 『本居宣長全集』巻一五(筑摩書房、一九六九年)、一二五~一二六頁。
(20) 前掲註(2)『本居宣長全集』巻一、四頁。
(21) 『新修平田篤胤全集』巻一五(名著出版、一九七八年)、四二一頁。
(22) 同右、三一二頁。
(23) 拙著『兵学と朱子学・蘭学・国学』序章(平凡社選書、二〇〇六年)。
(24) 『近世儒家文集集成』巻6(ぺりかん社、一九八六年)、二八五頁。
(25) 『日本随筆大成 第一期』巻一四(吉川弘文館、一九七五年)、二六六頁。
(26) 『洋学 上』、二六七頁。
(27) 佐藤昌介前掲註(18)論文、一二頁。
(28) 前掲註(4)『蘭学事始』、三五頁。

(29) 同右、三三五頁。
(30) 同右、三三七頁。
(31) 大槻如電『日本洋学編年史』(佐藤英七増訂、錦正社、一九六五年)、四四〇~四四一頁。
(32) 鈴木淳・岡中正行・中村一基『本居宣長と鈴屋社中』(錦正社、一九八四年)。
(33) 田中康二『村田春海の研究』(汲古書院、二〇〇〇年)、四一八頁。
(34) 前掲註(32)『本居宣長と鈴屋社中』、四〇八頁。
(35) 前掲註(2)『本居宣長全集』巻一、二四〇頁。
(36) 山中芳和『近世の国学と教育』(多賀出版、一九九八年)、三三一頁。
(37) 同右、四一頁所引。
(38) 『賀茂真淵全集』巻一二(吉川弘文館、一九三二年)、五二五頁。
(39) 同右、五二九頁。
(40) 前掲註(2)『本居宣長全集』巻一、八八頁。
(41) 前掲註(21)『新修平田篤胤全集』巻一五、四二七~四二八頁。
(42) 村岡典嗣『増補本居宣長1』(前田勉校訂、平凡社東洋文庫、二〇〇四年)、一七九~一八二頁。村岡はここで、宣長の言説を「まことにこれ、「プラトオは愛すべし。真理はさらに愛すべし」とした古哲人と、その精神を同じくしてゐる、と言へる」(一八〇頁)と指摘している。
(43) 『本居宣長全集』巻九(筑摩書房、一九六八年)、四九頁。
(44) 同右、六一頁。
(45) 同右、六一~六二頁。
(46) 『風来山人集』(日本古典文学大系55、岩波書店、一九六一年)、二四三頁。
(47) 『本多利明 海保青陵』(日本思想大系44、岩波書店、一九七〇年)、一五五頁。

蘭方医が受容した一八世紀の西洋医療——治療法の根拠と理論展開——

クレインス、フレデリック

はじめに

『解体新書』の出版で有名な杉田玄白（一七三三〜一八一七）が舶載オランダ語版解剖学書に掲載された解剖図を見て、「身体内外の事分明を得、今日療治の上の大益あるべし(1)」との理念を元に西洋医学を受容するようになったことはよく知られている。

確かに、一八世紀の西洋医学における解剖学の知識は高い水準に達していた。しかし、ほとんどの病気について、その原因や病理はまだ解明されていなかった。近代医学の成立には、各種の病原微生物の発見および科学的知見に基づいた治療方法の確立が必要不可欠であった。これらは二〇世紀半ばになってようやく達成された。一八七〇年以降に各種の細菌が発見され始め、病気とヴィールスとの関連性が発見されたのは一八九〇年以降であり、抗生物質が実用化されたのは一九四〇年以降のことである。

本稿では、病原体の存在をまだ知らない状況の下で、一八世紀の西洋医学が病気に対してどのような対処をしていたのか、また、蘭方医がそれをどのように受容したのかという二点について論究する。

一　随証治療

一八世紀の日本では、当時の漢方医学の現実離れした理論的傾向に対する反発から、『傷寒論』を中心とする中国医学の古典を研究・注解し、また、その注解作業に際して様々な薬物について臨床実験を行い、実証主義的傾向を示す動きが活発となった。このような独自の発展を遂げた日本漢方の流派は古方派と呼ばれる。『傷寒論』自体は、本来、急性熱性の感染症に対する治療の処方便覧であり、症状を徹底的に観察し、各症状に対する適応処方が記されている。つまり、「証」（病状）に対して治療・処方を行うという、いわゆる「随証治療」と称される考え方に基づいている。江戸期の古方派はこの研究をさらに徹底的に進めた。その中で香川修庵（一六八三～一七五五）は頂点ともいえる存在である。

香川修庵はその医療の趣旨を著した『一本堂行余医言』の中で、中国古医書における理論部分を排除し、観察記録部分のみを引用していることから、その実学的な精神がうかがえる。[2] また、薬学書『一本堂薬選』の凡例には、薬の選別について中国古医書で記されている寒熱気味、五運六気などは空論で、治療には無益であるとして、「試効」によって認められた効能に従って薬物を位置づけるという方針が示されている。[3] 修庵は特に天然自然の効用を重視し、「桂枝は汗を発し、芍薬は腹痛を治し、桔梗は咽痛を治し、附子《ぶし》（とりかぶと）は身体を温め、大黄は瀉す（つまり、下す）」効能があるという例を挙げている。[4] この例は古方派の医療の実状を如実に表わしている。

『一本堂薬選』本文では、桂枝をはじめ一四六種の薬物が採り上げられており、その中には食物や酒なども含まれている。また、『一本堂薬選続編』には温泉などの効能についても記されている。温泉などの民間療法を取り入れるのは香川修庵の師である後藤艮山《こんざん》（一六五九～一七三三）はじめ古方派の特徴の一つである。病原・病理が科学的に判明していない時代において「随証治療」は医者として最善の在り方であったといえよう。

古方派は病因についても考察を行った。後藤艮山は百病が一気の留滞より生ずるとする一元気説を唱え、[5] 吉益東洞（一七〇二～一七七三）は病を毒と見なし、薬も毒と位置づけた。[6] しかし、これらの説は医療の実践にはさほどの影響を与えていないようである。[7] 古方派の基本的な考え方は、ただ実証によって治療を施せばよいというものであった。ところが、病因・病原についてはは分からないので、病原を絶つ根本的な治療には至らなかった。杉田玄白は『形影夜話』において、この古方派の随証治療をあまり評価せず、「是只何となく覚し彼場数の功と同意なり」[8]と批判している。治療するには病気および薬効の原理を理解しなければならず、オランダ医学ならその原理を追求しているので、優れていると玄白は説いている。当時の西洋医学ではどのような原理を元に治療が行われ、蘭方医に受容されたのかについて、次節以降で分析する。

二　瀉血

西洋においても一八世紀に薬物の研究が盛んに行われた。その研究対象となった薬物は日本とあまり違いがなく、根・葉・皮・花などから抽出された成分であり、鎮痛剤・吐剤・下剤などとして用いられ、体を温めるのに効くとされるものもあった。この時代の西洋医学は、特に病理解剖や観察によって病原・病理を探求しようとする傾向が強かった。ただし、観察から得られたデータをそのまま受け入れるというよりも、人間の身体は機械のように働くという理論上の先入観に基づいて分析をしている場合が多い。そのため、一八世紀ヨーロッパの医学理論は一見科学的であるが、帰納推理上に根本的な誤りを犯していることが多い。その代表的な例が、一八世紀ヨーロッパで最も一般的な治療法として行われていた瀉血である。

瀉血は古代ギリシャ時代から行われていたが、一八世紀になって、その使用に理論的な根拠が添えられた。一八世紀を代表するオランダの臨床医家ブールハーフェ（一六六八〜一七三八）をはじめとする機械論者は解剖学から出発し、身体を機械に見立て、著名なハーヴェイ（一五七八〜一六五七）が実証した血液循環の仕組みが身体運動の基本であるとした。その上で機械の構造との類推から、病気は血管と血液の相互作用の故障であり、炎症は血液が血管を通りにくくなっているか、血管が完全に閉塞し、その部分に血液の圧力がかかることにより起こると考えられた。また、炎症の部分に表れる発赤・発熱・腫脹・疼痛が血液の圧力のために起こるとされた(9)。確かに、炎症の場合、免疫反応によりこれら四つの徴候が表れるが、血液循環の観察記録があっても、炎症の際に血管が閉塞していることに関しての観察記録はなく、機械論者の理論の中で実際に証明されたものと証明されていないものとの間の明確な区別が示されていない。

一八世紀において死因の最多を占めていた熱病の治療は、このような機械論的理論に基づいて行われたものであった。その一つは、食事療法や薬物によって血管の繊維の強弱や血液の濃度の調節をしようとする療法であり、もう一つの療法は瀉血であった。瀉血治療の有効性を立証するために、ブールハーフェは『大学講義』の中でヒポクラテスの観察記録を引用している。この記録によると、胸膜炎を患った場合、患者は通常三日以内に死亡していたが、同じ病気に罹った患者が多量の流血を伴う傷を負って回復したことが観察されていた。これを受けて、ブールハーフェは、瀉血によってある病気が治るという事実について自然が実験データを提供してくれたとの結論を導き出している(10)。

確かに、胸膜炎や肝炎の症状において胸膜腔に滲出液や血液などが出現・貯留することがあり、貯留が急速に進んで呼吸困難をもたらす場合には瀉血が有効である。しかし、ブールハーフェのこの推論にはいくつかの問題点がある。まず第一に、狭窄あるいは閉塞した血管に対する血液の圧力により炎症が起こるとする機械論的炎症説が、観察によって実証されたものではないにもかかわらず、瀉血の正当性を裏付けるための前提となっている点である。もう一つの問題点は、ある特定の瀉血治療成功例をもって、瀉血がすべての炎症に有効であるという一般化がなされている点である。

瀉血療法は舶載蘭書を通じて日本に紹介された。蘭学者の間で広く読まれたドイツ人の解剖学者ハイステル（一六八三～一七五八）『実践的内科書』では、ブールハーフェの説に従って、瀉血は炎症一般に「絶対に必要である」と提唱されている[11]。また、熱がある時や多血症の場合にも有効であるとされている。炎症を和らげる治療法としての瀉血は、初期の蘭学に最も大きな影響を与えたアムステルダムの開業医ブランカールト（一六五〇～一七〇二）の内科書でも触れられている。また、その他のほとんどの舶載オランダ語版内科書にも瀉血の有効性が指摘されている。

ブールハーフェの高弟ゴルテル（一六八九～一七六二）は『簡明内科書』の中で、熱・激しい脈拍・呼吸困難の症状が揃えば瀉血治療を行うことを推奨している[12]。同書は津山藩医宇田川玄随（一七五六～一七九八）によって『西説内科撰要』として翻訳され、寛政五（一七九三）年から文化七（一八一〇）年の間に出版された。日本で最初の西洋内科書の翻訳ということもあり、蘭方医の間で広く利用された。瀉血について玄随は次のような注釈を付けている[13]。

即チ宜ク刺絡法ヲ施シテ瀉血スベシ大槻玄沢ノ著ス所、八刺精要アリ。詳ニ其術ヲ載ス。一次ニテ思フ儘ニ験アラズハ、再瀉スルモ苦カラズ。

この「八刺精要」とは、ハイステルの『外科学』のオランダ語版[14]を訳した大槻玄沢（一七五七～一八二七）『瘍医新書』の中の刺絡篇を指している[15]。この刺絡篇は文政五（一八二二）年に一関藩の蘭方医佐々木中沢（一七九〇～一八四六）によって『増訳八刺精要』として別に出版されている。佐々木の「題言」によると、瀉血は佐々木が自ら数回施しており、有効であったという。佐々木は「八刺精要」のことを『西説内科撰要』で知り、それがきっかけで江戸に赴き、大槻玄沢の門に入ったという。玄沢がハイステルの外科書を訳したのはもともと杉田玄白の薦めによるものであった[16]。杉田玄白は明和五（一七六八）年に江戸の長崎屋でオランダ外科医バウエルが川原元伯の舌疽の治療として瀉血を行うのを見たことをきっかけに、ハイステルの外科書を入手した[17]。

玄白は機械論的思想を驚くほどよく理解していた。これは一関藩の藩医建部清庵（一七一二～一七八二）と交わした往復書簡『和蘭医事問答』（寛政七年、一七九五年刊）の内容から明らかである。その中で瀉血治療の背景にある理論についても以下の通りに、正確な理解を示している[18]。

> 此血其初め動脈中にて、一身を養ひ終り帰心申候血故、瀉血の術は此脈にて施申候。和蘭書に、血有余の人をブルードレーキと申候。其有余の血ありて、病を生候ものを、此脈より其血を除去り申候術の名を、アードルラーチング又ブルードラーテンとも申候。是れ血を調匀するの要法にて、人をして平和に致候術に御座候。（中略）又、和蘭脈説に、間々有余の血血脈中に充溢して、動脈の血あとより伝へ進事ならず、依之脈絶卒倒仕候症有之と申論御座候。是等は血脈を瀉し候得ば、動脈進候故蘇生仕候事に御座候。此方にも俗に申候早打肩の類、紫脈を瀉し候て、治候と同じ理に御座候。

この機械論的な病理論は古方派、とりわけ吉益南涯（一七五〇～一八一三）の病理論と相通ずるところがある。吉益南涯は病理について、気・血・水が停滞すると、毒が生じて病状が出ると提唱していた[19]。その門人伊藤大助（一七七八～一八三八）は「瘀濁《おだく》の悪血を取る」術として、当時の東洋の伝統的な刺絡治療の大家であった三輪東朔（一七四七～一八一八）から刺絡の技術を習得し、それを世に広めるために『刺絡聞見録』を文化一四（一八一七）年に出版した[20]。

その他にも山脇東洋（一七〇六～一七六二）や荻野元凱（一七三七～一八〇六）が伝統的刺絡と長崎の通詞から学んだ西洋の瀉血を折衷して、発展させた[21]。しかし、伊藤大助が『刺絡聞見録』で「然レドモ常ニ見ザルノ血ヲ見ルノ術タル故ニ病家モ好マズ、又己モ人ノ好ザル所ヲ施ニ心ナシ[22]」と記しているように初期には日本人患者の抵抗があったようである。

杉田玄白を囲む蘭方医の間で、瀉血治療がどれだけ施されたかは不明である。佐々木中沢の記述を見ると、「八刺精要」は当初、「帳の中に秘め」られていて、あまり普及しなかったようである[23]。瀉血が日本でも盛んに行われるようになったのは、瀉血を主要な治療法と唱えるドイツの生気論者フーフェランド（一七六二～一八三六）の書籍が舶載されるようになってからである。玄白の孫杉田成卿（一八一七～一八五九）はフーフェランドの医療論を『済生三方』として翻訳・出版し、その中で「刺絡ハ（中略）他ノ諸薬ノ上ニアルコト固ヨリ論ヲ待タズ[24]」と原文通り正しく訳し、刺絡は炎症の時だけでなく、あらゆる病気の予防としても活用されるべきとのフーフェランドの力説を紹介している。

この瀉血推奨説が蘭方医の間で実際にどれだけ受容されたのかを知るのには、坪井信道（一七一五～一八四八）の蘭学塾日習堂で行われた臨床教育の記録である「日習堂医按」（前田信輔著、嘉永元年〈一八四八〉成稿）が有益な史料である。坪井信道はブールハーフェとフーフェランド両者の理論を研究した蘭方医として知られている。また、坪井信道の弟子、緒方洪庵（一八一〇～一八六三）もフーフェランドの研究を進め、広めた。「日習堂医按」には、複数の患者についてその症状の経過が記載された後に、病名・原因・予後・治方・摂生が塾生の案として挙げられ、欄外にその内容に対するコメントが付け加えられている。その治療内容はもっぱらフーフェランドの『医学必携[25]』における治療に従っており、瀉血療法が頻繁に推奨されている。これらの内容から推察すると、江戸後期において蘭方医の間で瀉血治療が定着していたことが分かる。

三　水　銀

洋の東西を問わず、一八世紀に蔓延した慢性伝染病の一つは梅毒であった。特に日本ではこの病気が広く流行していた。これは日本滞在中のツュンベリー（一七四三～一八二八）の目にも留まった。[26] ツュンベリーが通詞に水銀水の使用を教えたことは有名である。[27] ツュンベリーの報告によると、通詞たちがツュンベリーの指示の下で長崎およびその付近において多くの梅毒患者に水銀治療を施した。[28] この水銀治療法はオランダ通詞吉雄耕牛（一七二四～一八〇〇）を通じて、杉田玄白をはじめ、多くの蘭方医に伝わったとされている。[29] 医学修行の心構えの教訓として著された『形影夜話』の中で、玄白は梅毒の治療における苦労について語り、四十五年間診てきた患者の七、八割が梅毒患者であったと記している。[30] 山脇悌二郎は『近世日本の医療文化』の中で、寛政六・七年から享和年代（一七九四～一八〇四年）にかけて玄白の年間収入が大いに膨らんだことを指摘して、この間梅毒の水銀治療で「せっせと稼いだ」との説を立てている。[31] しかし、玄白は『形影夜話』の中で、オランダ医方の処方をもいろいろと参照した長い研究と実験の末、梅毒に対する完全な治療法を見つけていないと述べているので、水銀治療を高くは評価していなかったようである。[32]

水銀はヨーロッパにおいてパラケルスス（一四九三～一五四一）がその有効性を推奨して以来、梅毒の治療薬として一般的に使用されていた。水銀使用の理論的根拠については再びブールハーフェが詳しい。ブールハーフェは当時、梅毒研究家としても知られ、『梅毒論』という専門書も出している。[33] その本の中で、ブールハーフェは梅毒の症状の各段階について詳細に分析を行っている。ブールハーフェは梅毒を一種の物質とみなし、その物質が感染者との接触によって身体に侵入すると、身体の脂肪の中で一種の化学変化を引き起こし、その部分を腐食・汚染し、周りの組織にも伝染すると考えていた。このような病理を背景に、その物質を身体から根絶する治療法を行わなければならないとブールハーフェは考え、病気の初期段階では感染した部分の清浄や温湿布薬・水銀硬膏の使用、利水剤の服用という温和な方法を推奨しているが、病気がかなり進行している場合は水銀に頼るしかないとしている(34)。

水銀はその分子が極めて微細であるという特徴があるため、皮膚・脂肪・血液などの身体のどの部分にも浸透し、水銀の服用によって、水銀が血液を薄めて、脂肪を流体に分解し、その脂肪が梅毒の毒物と共に唾・便・尿・汗を通じて排泄されるとブールハーフェは考えていた(35)。この理論はもちろん、観察や実験によって立証された訳ではなく、身体に害を及ぼしながらも、水銀の持つ殺菌効果のために病気の症状が治まることに対して、機械論的な解釈を与えたものである。

ブールハーフェの理論は、その高弟ヘラルツ・ファン・スウィーテン（一七〇〇～一七七二）によって受け継がれた。スウィーテンはウィーンの病院で一二八人の梅毒患者にごく少量の昇汞《しょうこう》（塩化第二水銀）を服用させ、治療に成功したという(36)。スウィーテンがこの実験を基に考案した昇汞の調合薬が西洋で梅毒治療に一般的に使われるようになり、「スウィーテンの溶剤」Liquor Swietenii と呼ばれた。この調合はスウィーテン『陣中疾病論』に掲載されており、オランダ語版医学書の翻訳に精励した宇田川玄真（一七六九～一八三四）をはじめ、京都の蘭方医新宮涼庭（一七八七～一八五四）など多くの蘭学者によって研究・翻訳されている(37)。

宇田川玄真は水銀治療についてよく研究している。玄真が著した蘭方の薬物書『遠西医方名物考』（三六巻、文政五年～八年刊）においては西洋の主要な薬物が採り上げられ、産地・調剤法・薬効・各病気に対する処方などが詳細に記載されている。その中で、水銀に関する記述は第三二巻から第三五巻にわたる四巻に及び、詳細に論じられている。玄真はその中で特に水銀の害をよく認識して、次のように警告している(38)。

誤用スレバ神経ヲ毀損シ諸筋攣縮掣引シテ肢節顫振拘強麻痺シテ痱ヲ発シ、或ハ血液ヲ溶解崩壊シテ漏汗及ビ危篤ノ下利等驚異スベキ悪症ヲ発シ、或ハ其余ノ良血液モ崩壊シテ諸液ニ駆逐セラレテ細絡ニ圧行シ漸ク壅滞シテ駆除シ難ク、終ニ諸管ノ充張力衰弊シテ復健輸セズ頑固不治ノ病ヲ発スルニ至ル。

それでも玄真は梅毒に対する水銀の効用に大きな関心を持ち、オランダ語版医学書における諸説を集めて、翻訳している。その中でブールハーフェの説について次の通りに記している。(39)

水銀ハ血液ノミナラズ凝体モ亦烊解シテ壅結潜滞セル病毒ヲ分利変化シ、延唾ト為シテ排泄スルコト恰モ製錬術ニテ諸物ヲ烊解変化シ其液ヲ分泌シ出スガ如シ。

玄真はブールハーフェの説を他の西洋諸説とともに「確実切当ニシテ適従スベキ説ナシ」と信憑性のないものとして否定し、水銀の効能について最終的に次の通りに自分なりに結論づけている。(40)

水銀剤ヲ用フレバ脈管ヲ刺激シテ其運動ヲ増進シ粘稠凝固ノ諸液ヲ溶解稀釈シテ諸穴ニ分徘ス故ニ涎唾ヲ湧起シ汁ヲ発シ大小便ヲ利ス。

玄真はその他に「水銀殺虫殊効」とし、「黴毒瘡疥類ノ根荄ヲ剿絶スル効アリ(41)」と指摘している。梅毒の治療に水銀剤を使う場合、甘汞《かんこう》(いわゆるカロメル)が最も切実で害が少ないと玄真は述べている。また、過剰投与には注意するように呼びかけ、初めは少量を用いて、患者の状態を見て、次第に投与量を増やすことを薦めている。日本では水銀が西洋ほど過剰に用いられなかったことは他の蘭方医の記述からも読み取れる。杉田玄白の子、立卿(一七八七~一八四五)は父と同様に梅毒の治療を行い、様々な水銀処方を掲載しているオーストリアの医学教授ヨーゼフ・ヤーコブ・プレンク(一七三五~一八〇七)の『性病論』のオランダ語版を和訳し、『黴瘡新書』として出版している。同書において、プレンクによって開発された生の水銀にアラビアゴムを混ぜて調合した水銀剤について書かれた項目に、処方に関する立卿による注記がある。その中でこの水銀剤をプレンクは朝夕一〇丸ずつ患者に服用させているが、立卿はこの量が日本人には多すぎると考え、自身は患者の状態に応じて朝夕五丸を服用させていると記している。[42]

四　アヘン

アヘンは西洋では古代から鎮痛剤として利用されていた。イギリスの著名な臨床家トーマス・シデナム（一六二四～一六八九）が自ら考案したアヘンチンキ剤（アヘンをアルコールで浸出して製した液剤）の処方を『急性および慢性病論』に収載してからは、この処方が一八世紀まで「シデナムのローダナム」*Sydenham's Laudanum* としてヨーロッパ各国に定着した。[43]シデナムはアヘンがあらゆる病気を治すと考えていた。シデナムの称賛者であったブールハーフェもアヘンを治療薬として重視した。ブールハーフェは動物実験を基にアヘンの効能を解明しようとした。その結果として、アヘンが胃の中に入る時に胃壁に集まる神経に働きかけ、そこから神経系全体を刺激するとの見解に至った。[44]ブールハーフェはアヘン剤を特に痙攣・咳・不整脈の症状を緩和するために使用していた。シデナムにしてもブールハーフェにしても、アヘンに対する中毒の危険性についてはまったく認識していなかったようである。

日本では一八世紀後半に中国船およびオランダ船によるアヘンの輸入が行われたが、その量は少なかった。[45]日本ではアヘンはそのままではなく、アヘンを主成分とするテリアカという鎮痛薬の投与という形で使用された。宇田川玄真は『遠西医方名物考』にシデナムのアヘンチンキ剤の他にこのテリアカの調剤や効能などについて記録している。また、テリアカは古代にすでに存在していた複合製薬であったが、一八世紀以降にアヘンがその主成分となったことについても玄真は『バタフィア薬局方』を参照して記している。[46]玄真は水銀と同時にアヘンについても熱心に研究している。「阿芙蓉《あふよう》」の項目は『遠西医方名物考』のうち三巻（第一六巻～第一八巻）に及ぶ。その中で玄真はアヘンを一種の「毒」として認識して、その過剰な服用について警告を鳴らしている。[47]

阿芙蓉ハ鎮痙、止痛、催眠、発汗、駆風等ノ奇効アリテ医家日用欠ベカラザル薬トス。然レドモ対症的当ノ病患ヲ鑑識セズ、施用宜ニ適セザレバ害ヲ為スコト浅少ナラズ、軽病ハ危険ニ進ミ、篤疾ハ死期ヲ促ス。

玄真はさらにアヘンを過剰にあるいは長期に渡って服用した結果として起こる症状や死についていくつもの症例を掲載している。その上、熱病や炎症を伴う病気などでのアヘンの使用については厳禁であるとの警告を出している。また、他の箇所でもアヘンが激痛に対して「捷効アル」としながらも、たびたび用いると、かえって病気が激しさを増して再発する危険があると付け加え、次の通りに結論づけている(48)。

但シ先ヅ其瞑眩誤治ノ諸説ニ就テ此非常ノ毒薬タルヲ敷知スルコト、即チ其効用ヲ領会スルノ一大要務タリト知ルベシ。

『遠西医方名物考』が刊行された数年後に、生気論者フーフェランドのオランダ語版医学書が日本に舶来し、その医療論は瞬く間に蘭方医の間で大いに受け入れられた。フーフェランドは瀉血や吐剤の他にアヘンを主要な薬品として推奨していた。フーフェランドはなぜアヘンを重視したのか。フーフェランドの医療思想が集約されている『医学必携』では、病理についての独自の理論が展開されている。その主旨は、病気の原因は認知できないので、それについて論じることができないというものである。フーフェランドによると、病気について唯一実証できるのは症状であるので、必然的に症状自体を病気として見なさなければならない。従って、治療は症状を治さなければならない。アヘンを服用した場合、脈が速くなり、血液が拡張し、体温が上昇し、神経系が鈍感化し、発汗が起きる(49)。これらのアヘンの効能に基づいて、フーフェランドはアヘン剤を服用すべき症状を割り出している。つまり、神経系を鈍感化させるという性質は痙攣や過敏症、痛みに効能があり、また、脈を速めるような生命の活力を増強させる性質は肉体疲労時や多くの瀉血によって体力が低下した場合に効くとしている。フーフェランドは瀉血の提唱者でもあったため、患者が多量の瀉血を受けた後にアヘン剤を服用させられるという治療の悲惨な実態が連想される。いうまでもなく、フーフェランドがアヘン剤を好んで使用した背景には「生命が刺激を必要とする」という当時の生気論がある。フーフェランドは筋の被刺激性と神経の感覚性との対比を提唱したスイスの神経学者アルブレヒト・フォン・ハラー（一七〇八～一七七七）の説をその根拠として挙げている[50]。しかし、過剰な服用や中毒に注意を促しながらも、このフーフェランドの理論の中ではアヘンが実際に身体にどのような働きをしているのかは明らかにされていない。

フーフェランドの理論は杉田成卿によって『済生三方』として和訳されている。成卿は凡例において、フーフェランドの著述について、「其薬剤方書ニ至ルマデ、議論簡明道理通暢」であるとして「其説ノ確実ナル、未此書ノ如キ者ナラズ[51]」と賛美している。また、成卿は、フーフェランドが唱える主要な治療法である瀉血・アヘン・吐剤についての知識を日本の医家が習得することが急務であると考え、フーフェランドの理論を和訳して、普及するに至ったとしている[52]。

成卿によるこのフーフェランド賛美は幕末の蘭方医の間におけるフーフェランド医療の積極的な受容を物語っている。フーフェランドの主著『医学必携』は緒方洪庵（一八一〇～一八六三）の適塾を中心に多くの蘭方医によって研究され、幕末に蘭方医療の基本書となっていた。前述した幕末の臨床記録「日習堂医按」においても、瀉血・吐剤・アヘンが『医学必携』に忠実な形で処方されている。ただし、そこでのアヘン剤の使用はフーフェランドの処方よりも控え目であった印象を受ける。

結　論

なぜ一八世紀の西洋において、瀉血・水銀・アヘン・吐剤などのような過激な治療が施され、日本でも受容されたのか。一八世紀の医学理論は一七世紀に発展した解剖学における輝かしい成果の上に樹立している。一七世紀の解剖学では、血液循環や消化過程などが物理的・化学的法則に従って働いていることが解明され始めた。こうした目覚ましい成果にとらわれ過ぎた一八世紀の医学理論は、病理および治療も身体の構造に関連づけて説明しようとした。古代から引き継がれた瀉血治療は機械論・生気論双方の理論にぴったり合うものであったため、たとえすぐに効果が表れなくても、瀉血は重視され、乱用されるほどとなった。

このような医学理論を背景として、誤った経験主義が加わった。一八世紀の西洋の医家は目に見えるものしか治療対象にしなかった。すでにレーウェンフック(一六三二～一七二三)の顕微鏡観察によって「小さな生き物」(微生物)の存在が指摘されていたにもかかわらず、身体にまだ見えない世界があることを想像できなかった。そのため、症状およびそれに対する薬物の直接の効果のみが重視された。水銀の場合は殺菌効果、アヘンの場合は鎮痛効果が鮮明であった。目に見える効果に集中するあまり、治療は過激な方向へ傾いた。

翻って、日本の場合、伝統的に温和な治療であり、はっきりした効果がすぐには期待できない漢方に対して、当時伝えられた西洋の医療は身体に害を及ぼしながらも、はっきりした効果がすぐに表れた。この差が蘭方医学の興隆につながったと思われる。実際、原因の分からない様々な恐ろしい病気の治療に苦労していた一八世紀の医家は治療に役立つものなら何でも積極的に取り入れていたことがうかがえる。

(1) 杉田玄白『蘭学事始』(『文明源流叢書』第一巻、国書刊行会、一九一三年)、一五頁。翻刻にあたって、原文の仮名遣いと用字はできる限りそのままにし、句読点を付けた。漢字は新字体に、合略仮名は一般的な仮名に改めた。以下同様。

(2) 香川修庵『一本堂行余医言』文泉堂、天明八(一七八八)。早稲田大学図書館所蔵本。

(3) 香川修庵『一本堂薬選』文泉堂、享保一六～元文三(一七三一～一七三八)序、凡例、一ウ～三ウ。国際日本文化研究センター所蔵本。

(4) 同右書、三ウ～四オ。

(5) 後藤艮山『遺教』(『近世漢方医学書集成』名著出版、

一九七九年)、一五四頁。

(6) 吉益東洞『薬徴』(『東洞全集』思文閣出版、一九七〇年)、一三九頁。

(7) もちろん、古方派の中で異質な存在であった東洞の場合、医療は毒を身体から除去するという理論を背景に、より過激な傾向があった。

(8) 杉田玄白『形影夜話』墻東居、文化七(一八一〇)、巻上、一九ウ。早稲田大学図書館所蔵本。

(9) ブールハーフェの炎症論は高弟スウィーテン(一七〇〇～一七七二)の注釈書『ブールハーフェ箴言解』オランダ語版にも掲載されている。その理論は江戸の蘭方医坪井信道(一七九五～一八四八)によって「万病治準」(文政九年成稿)で翻訳されている。Gerard van Swieten, ***Verklaaring der korte stellingen van Herman Boerhaave***. Leyden : Joh. en Herm. Verbeek, 1763-1776. 4 vols. deel 1, p. 282. 国際日本文化研究センター所蔵本。

(10) Herman Boerhaave, ***Academical lectures on the theory of physic***. London : W. Innys, 1742-1746. 6 vols. Vol. II, pp. 29-30. アムステルダム大学図書館所蔵本。

(11) Lorenz Heister, ***Practicaal geneeskundig handboek***. Amsterdam : Jan Morterre, 1762, p. 135. 国際日本文化研究センター所蔵本。

(12) Johannes de Gorter, ***Gezuiverde geneeskonst***. Amsterdam : Isaak Tirion, 1744, p. 9. 早稲田大学図書館所蔵本。

(13) 宇田川玄随『西説内科撰要』河内屋儀助、文化七(一八一〇)、一五オ。国際日本文化研究センター所蔵本。

(14) Lorenz Heister, ***Heelkundige onderwyzingen***. Amsteldam : Isaak Buyn, 1776. 国際日本文化研究センター所蔵本。

(15) 大槻玄沢『瘍医新書』須原屋伊八ほか、文政八(一八二五)。京都大学附属図書館所蔵富士川文庫本。

(16) 大槻玄沢訳、佐々木中沢増訳『増訳八刺精要』出版者未詳、文政五(一八二二)、題言、一オ～二オ。京都大学附属図書館所蔵富士川文庫本。

(17) 前掲註(1)『蘭学事始』九八頁。

(18) 杉田玄白・建部清庵『和蘭医事問答』(『文明源流叢書』第二巻、国書刊行会、一九一三年)、四〇二頁。

(19) 吉益南涯「類聚方庸」写本、宝暦一二(一七六二)成、一オ。早稲田大学図書館所蔵本。

(20) 三輪東朔説・伊藤大助筆記『刺絡聞見録』逍遥堂、文化一四(一八一七)、一オ～五オ。京都大学附属図書館所蔵富士川文庫本。

(21) 山脇東洋『東門随筆』(『杏林叢書』吐鳳堂書店、一九二二～一九二六年)、第三輯、一三頁。荻野元凱『刺絡篇』林伊兵衛、明和八(一七七一)。京都大学附属図書館所蔵富士川文庫本。

(22) 前掲註(20)『刺絡聞見録』二ウ。

(23) 前掲註(16)『増訳八刺精要』題言、二オ。

(24) 杉田成卿『済生三方』天真楼、嘉永二(一八四九)、巻上、三ウ。国際日本文化研究センター所蔵本。

(25) Christoph Wilhelm Hufeland, ***Enchiridion medicum***. Amsterdam : C. G. Sulpke, 1841. 国際日本文化研究センター所蔵本。

(26) Carl Peter Thunberg, ***Travels in Europe, Africa, and Asia, made between the years 1770 and 1779***. London : F. and C. Rivington, 1796. 4 vols. Vol. 3, p. 199 ; vol. 4, p. 79. 国際日本文化研究センター所蔵本。

(27) Aqua mercurialis. ***Ibid***., vol. 4, p. 79.

(28) ***Ibid***., vol. 4, p. 79.

(29) 水銀治療法の受容については高橋文「日本におけるファン・スウィーテン水の受容」（『日本医史学雑誌』四八巻四号、二〇〇二年）、五七五〜五九五頁が詳しい。

(30) 前掲註（8）『形影夜話』巻下、一五ウ。

(31) 山脇悌二郎『近世日本の医療文化』（平凡社、一九九五年）、三一頁。

(32) 前掲註（8）『形影夜話』巻下、一五ウ。

(33) Herman Boerhaave, ***A treatise on the venereal disease***. London : T. Cox and J. Clarke, 1729. アムステルダム大学図書館所蔵本。

(34) ***Ibid***., p. 65.

(35) ***Ibid***., p. 73.

(36) Gerard van Swieten, ***Korte beschryving en geneeswys der ziekten, welke veelzins in de heirleegers voorkomen***. Amsteldam : Hendrik Gartman, 1780, p. 101. アムステルダム大学図書館所蔵本。

(37) 宇田川玄真「遠西軍中備要方」国際日本文化研究センター所蔵写本、成稿年未詳。新宮凉庭「内科則」京都大学附属図書館所蔵富士川文庫写本、成稿年未詳。

(38) 宇田川玄真『遠西医方名物考』河内屋太助ほか、文政五（一八二二）、第三三巻、七ウ〜八オ。京都大学附属図書館所蔵本。

(39) 同右書、第三三巻、九オ。

(40) 同右書、第三三巻、一一ウ。

(41) 同右書、第三三巻、一一ウ。

(42) 杉田立卿『黴瘡新書』須原屋茂兵衛、文政四（一八二一）、第五巻、二オ。国際日本文化研究センター所蔵本。

(43) Thomas Sydenham, ***The whole works of that excellent practical physician, Dr. Thomas Sydenham : wherein not only the history and cures of acute diseases are treated of, after a new and accurate method, but also the shortest and safest way of curing most chronical diseases***. London : J. Darby, 1729, p. 115. 国際日本文化研究センター所蔵本。

(44) Herman Boerhaave, ***Academical lectures on the theory of physic***. London : W. Innys, 1742-1746. 6 vols. Vol. VI, p. 91.

(45) 前掲註（31）『近世日本の医療文化』一八一〜一八二頁。

(46) 前掲註（38）『遠西医方名物考』第一三巻、二一オ。

(47) 同右書、第一六巻、一九オウ。

(48) 同右書、第一六巻、二六オ。

(49) Hufeland, ***op. cit***., p. 23.

(50) *Ibid*., p. 31.
(51) 前掲註(24)『済生三方』巻上、一ウ。
(52) 同右書、巻上、一ウ。

〔付記〕 本稿の成るに当たって、文献資料の閲覧にご便宜を頂いた国際日本文化研究センター、京都大学附属図書館、早稲田大学図書館、アムステルダム大学図書館に厚くお礼申し上げます。共同研究会においては、笠谷和比古教授や参加者より有意義な指摘を受けました。また、妻桂子は文章の入力や原稿の校閲など、本論文の成立に全面的に協力しました。改めて厚く感謝申し上げます。

昌益とシェリング——その自然と医の思想——

松山壽一

はじめに

本稿は安藤昌益の自然と医の思想の特異性と普遍性を、時代も生国も出自も異にするシェリングの同思想と比較することによって、際立たせようとするものである。従来、昌益の自然哲学や医学、さらには社会哲学についてさまざまに論じられてきた。ここに本論を提示することに何がしかの意義があるとすれば、それはひとえにドイツの哲学者シェリングとの比較に尽きる。昌益の思想形成を追跡するための先行テクストとの比較検討や、日本思想史の流れの中での先行・後行の思想との比較検討ならばともかく、時代も生国も出自も異にする思想家との比較など、所詮、表面的な類似の羅列に終始する他ないことは火を見るよりも明らかである。にもかかわらず、本稿において筆者はこれをあえて行う(1)。理由は二つある。

その一つは理論的で、思想伝統を異にするものとの比較が従来喧伝されてきた昌益思想の特異性をより一層強調することに資するばかりでなく、昌益思想の普遍性にわれわれが止目することにも資するというものであり、とりわけ後者は昌益研究の視野を西洋思想にまで広げる役割を果たすであろう。

もう一つの理由は偶然的私的な事情にかかわっている。それは、筆者が昌益はもとより、日本思想に関してもまったくの門外漢であり、西洋近代の科学史やドイツ自然哲学を研究する者にすぎないということである。今一つ偶発事を記すとすれば、十数年前（一九九六年）ベルリンにて開催された国際シンポジウム「日本と欧州の文化における医学」（ベルリン日独センター主催）において、「江戸中期の一医師の自然哲学と医学――安藤昌益（一七〇三―一七六二）」について報告する機会があったということである。(2) 当時これはまったくの外圧でしかなく、シンポジウムの共通テーマと自身の専門領域に鑑み、その折初めて筆者は、苦肉の策として昌益の思想とシェリングの思想との比較を試みた次第である。(3) 本稿では、その折の試論を大幅に仕立て直してみた。

一

古代ギリシア語の「フュシス φύσις」という語は、動詞「フュオー φύω」（生む）に由来する語として、何よりもまず、物や人を問わず万物を「生む力」を意味し、そこから派生して、「自然の秩序や法則」さらには生み出された「自然や万有」あるいは「生き物」等を意味した。(4) 古典期のラテン語「ナートゥーラ natura」もこうした用法を継承した。すなわち、語根 na- は「反復的持続的に生む」を含意し、接尾辞 -tura には能動の未来分詞的なものを潜ませており、意味としては、まずは「持続的な生成の力」「造化の力」を指示し、ついで二義的に「天成の性質、本性」さらには結果・成果としての「万物、万有、自然」をも指示するものとなった。(5) 西洋哲学における伝統的分類に従っていえば、自然は「形相的に見られた自然 natura formaliter spectata」（第一義と第二義を含む）と「質料的に見られた自然 nature materialiter spectata」もしくは「能産的自然 natura naturans」（第一義）と「所産的自然 natura naturata」（第三義）に分けられる。

一方で東洋の伝統においては、「自然」という語は、たとえば道教では「無為自然」、仏教では「自然《じねん》」といったように、副詞的に用いられており、わが国においてもこうした伝統は長らく引き継がれ、もっぱら名詞的に「森羅万象」「造化」と呼ばれていた事象を「自然《しぜん》」と呼び、表記するようになるのは、ようやく西洋思想受容後における nature の翻訳語としてである[6]。

江戸中期に生き、独特の自然哲学を唱えた安藤昌益の「自然」概念、すなわち、「正に是れ自然とは自《ひと》り然《す》るを謂うなり」（刊本、巻一、序、全一三・八三頁）[7]と規定される「自然」概念は、これらのいずれとも異なり、動詞的、より厳密には自動詞的という特徴を有しており、あえて西洋哲学の伝統にひきつけるとすれば、前記の「形相的自然」もしくは「能産的自然」に相当する。この「自然」の形相性・能産性を、昌益は「活真《かつしん》」と言い表す。

ここでさらに、昌益自然哲学の鍵概念である「活真」をドイツ自然哲学、とりわけシェリングのそれと関連づけるとすれば、これは「根源的活動 ursprüngliche Tätigkeit」の概念に相当するものと見なしうるであろう。シェリングは第三の自然哲学的著作（イェーナ講義）『草案（自然哲学体系の第一草案）』（一七九九年）において、この概念の含意を、「根源としての存在という概念」の自然哲学からの排除だと強調している（一六六頁）[8]。こうした立場からすれば、自然は「質料的自然」もしくは「所産的自然」すなわち「存在の総括」と見なされるべきではなく、「存在」の本質は「活動」にあり、かつ「個々の存在も根源的活動の特定の形式または制限と見なされねばならない」（同頁）。シェリング自然哲学にあっては、自然所産は自然の「根源的活動」「産出性」が「制限」されることによって生ずる。当哲学にあっては、双方は、「進展」[9]とそれに対する「阻止」としても特徴づけられるばかりでなく、「阻止」の根拠も「自然そのもののうちに求められねばならないから」、自然の「根源的二元性」が自然哲学の根本前提となる（一七〇頁）。『草案』の前年（一七九八年）に刊行された第二の自然哲学的著作『宇宙霊』では、この自然の「根源的二元性」は特に「両極性 Polarität」と呼ばれていた（一〇五頁以下）。そこでその典型とされていたものは、当時の自然学的知見を反映した磁気や電気であったが、むろんその先に生物・

動物の雌雄が控えていることはいうまでもなかろう。

ここまで述べてくれば、ドイツ自然哲学を領導したシェリング自然哲学の根本概念が、それに数十年先立ち、かつ東アジア圏に属する昌益のそれに重なって見えてこよう。彼の主著の序にあるとおり、「活真、自行して転定《てんち》を為《つく》る」（刊本、序、全一・六五頁）のであり、弟子の神山仙確の要言を引くとすれば、それは次のようなものであった。

良中〔昌益〕先生自然、活真・自感・進退・互性・八気・通横逆に運回して、転定・央土にして活真の全体なるを知る。（稿本、巻二五、全一・一七八頁）

右にいわれる「自然とは活真・自感・進退・互性なり」の箇所までは、先に見たシェリング自然哲学の根本概念によっても理解可能なものであろう。すなわち、われわれが自然を理解するために前提として立てるもの、自然の根本性格を言い当てるものは、自然の根源的活動の活動性・自己運動の進展が阻止されることに起因する根源的二元性・両極性である。シェリングの場合、このような自然観は、磁気・電気・化学過程から有機体にいたる全自然事象を自然形而上学的な運動原理から捉えようとするものであった。これを端的に表明した文言は、たとえば『宇宙霊』の冒頭部に見出される。そこでは、自然界におけるすべての運動は「運動を常に新たに始め絶えず維持する」「積極」原理と「積極原理の諸効果を絶えず制限することで普遍的な運動をその源泉へと連れ戻す」「消極」原理に基づけられた（八七頁）。『宇宙霊』冒頭部では、シェリングはさらに、これら両原理を、全自然を「有機化する原理という理念」のもとに統合しているが、これは、彼の付言によれば、古代ギリシア人たちが「宇宙霊 Weltseele」[10]という語によって暗示したものに他ならなかった（同頁）。また、最初の自然哲学的著作『自然哲学考案』（一七九七年）において「エーテル」概念に注目していたシェリングは、次作『宇宙霊』末尾（一四九頁）では、「宇宙霊」をこれと同等視するのだが、「エーテル」は、古代ギリシア世界では、天空を満たす

「明澄の気」とも、あるいは生きものすべてを活かす「気息」とも見なされたものであった[11]。

ここで唐突かつ乱暴ながら、今見たシェリングの説を朱子学説に対応させてみよう。「朱子学によれば、天地万物はすべて理と気の結合より成る。理は宇宙の究極的根拠として万物に通ずる普遍的性格を有するが、気の作用によって事物に特殊性が賦与される」[12]。ここに提示されている観点に立っていえば、われわれは「宇宙霊・エーテル」を「理」に、「積極」「消極」の対立原理を「気」に当てはめることができるかもしれない。もっとも、一口に朱子学の「理」といっても、たとえば中江藤樹の場合のように、それは確かに「天理が万物に付与されたもの」ではあれ、その中身は「仁義礼智信」の五常すなわち儒教倫理の徳目にあり[13]、自然形而上学にとどまるものではなかった。

ルーツのルーツすなわち朱子に先駆した「二程子」の一人、兄の明道の説にまで遡ってみた場合、それによれば、「陰あれば陽あるごとく、善あれば悪がある」のが理の当然であるように、「天理」とは、「天地万物ノ理ハ独ナルナク、必ズ対ナリ」（『近思録』一）といった、自然の「理」と人の「理」の双方を含むものとしての対立原理「当然」の主張だったのであり[14]、あるいはもう一人、弟の井川《いせん》の説（『易経』のいわゆる「一陰一陽コレヲ道ト謂ウ」の解釈）によれば、「陰陽ヲ離レテハ、更ニ道ナシ。陰陽スル所以ノモノ、コレ道ナリ。気ハコレ形而下ナルモノ、道ハコレ形而上ナルモノ」（『遺書』一五）というように、「道」と「陰陽」（もしくは「気」）とが「形而上」と「形而下」とに峻別される[15]。「この「陰陽」ではなく「陰陽する所以」が道であるという考え方は、のちに朱子によって継承されて、朱子学を貫く基本的な論理をかたちづくるものとなる。道（「理」といってもよい）ということばには、「当然」すなわち当《まさ》に然るべきところのもの、つまり規範としての意味と、「所以然」すなわち然る所以、いいかえれば根拠、としての意味との二つの意味が、朱子に従えばある[16]」。

シェリング自然哲学における「宇宙霊・エーテル」の理念は、倫理的「規範」としての含意を欠きはするものの、井川＝朱子的な意味における「道」「理」のレベル、すなわち根拠・基底としての形而上レベルにあるものと解すべきものだが、「積極」「消極」という対立両原理の場合も、直接、単に形而下的な自然諸作用を意味するものではなく、あくまでもそれらを貫く根拠、あるいは基底としての自然形而上学的な根本原理であって、この意味で、これらも「宇宙霊・エーテル」の理念と同様に、「理」に当てはめるべきものであろう。この見方は、朱子のいわば「気」の宇宙論ともよく符合する。『朱子語類』（巻一）での弁によれば、「天地は、初めはただ陰陽の気にすぎない。この一つの気が運行し、回転をくりかえす[17]」。

実をいうと、目下刊行中のシェリング著作集の自然哲学の巻にて、『宇宙霊』の翻訳を担当した筆者は、訳稿の段階では、そこで対立原理に当てられた「積極」「消極」の原語 das Positive と das Negative に対して「陽」と「陰」という語を当てていた。しかしながら、これらを、古代中国思想を受け継ぎつつ自身の思想を紡ぎ出したわが国の思想界の伝統に置き移してみると、そこに畢竟、「天人相関」思想に由来する「上下貴賤の義」（天の地に対する優位・支配に対応した五倫の一方（たとえば君）の他方（たとえば臣）に対する優位・支配）が加わってこざるを得ず、それでは、「永遠の循環」という思想や「宇宙霊・エーテル」に基づく自然有機体論（いわゆる「近代科学」における物心二元論と対立する古代ギリシアやライプニッツの自然思想に通ずる物心一元論[18]）に立脚する「積極」「消極」概念に対して余計な含意を加えてしまうため、「陽」と「陰」という訳語の採択を断念した。

こうした経緯は、本稿の主題の一つとしてとりあげている昌益の自然概念の解釈に対してある興味深い観点を提供すると思われる。徹底したイデオロギー批判を遂行した昌益は、伝統的教説から、そのイデオロギー性を排除し、それを独自の自然概念に改鋳する。その一つが、「上下貴賤の義」を含意する「陽」と「陰」に代わる、純自然主義的な「進」と「退」の概念の導入に他ならなかった[19]。周知のとおり、中国において「天人相関」の思想が「大規模に表面化したのは秦漢時代に入って易が経典に加へられ陰陽説が儒教倫理と結合して以後」のことであり、「秦漢経学に於ける原始儒教思想と易や陰陽説との雑然たる交錯を膨大な形而上学にまで統合した」のが、かの宋学であり、これを受容したのがわが国の朱子学に他ならなかった[20]。

昌益の弟子仙確は師の思想の創建について、「良中先生生まれて童壮に至るに、師を採らず、書を読まず、自り生まれながら、自然、活真の一全体なるを知る」(稿本、巻二五、全一・一七八頁)と、その独創性を最大限強調しており、昌益思想の発見時以降しばらくは、これを孤立した独創的な思想という評価がなされ続けたが、近年では、文献学的研究が進捗し、彼が学んだと想定される書の調査が経書・医書・本草書の他に暦書はむろんのこと、果ては「太平記読み(『理尽抄』の講釈)[21]」にまで及んでいる。もとより、真空より新思想が突如舞い降りてくることは思想史上滅多にあるものではない。昌益とても先人の思想より多くを学んだに違いなく、記録に彼の名が登場し出すのは儒者(「儒儒安先生」)[22]としてであった。だが、昌益が先人の思想から多くを学んだことは、彼の打ち建てた思想の独創性を毀損するものではけっしてなく、むしろその意義を高らしめるものでさえある。本稿冒頭に記したとおり門外漢ながら、以下少々、昌益思想の形成過程を、「自己批判」というアスペクトを加えつつ、筆者なりに読み解いてみよう。

二

これまで「昌益」と称してきた呼び名は町医としてのそれであり、彼は著述家としては「確龍堂良中」と名乗っていた。弟子仙確による呼称が「良中先生」であったのも、こうした事情による。ただ「確龍堂」と号されながら、「良中」ではなく、「正信」とされる著述も遺っており、それは延享二(一七四五)年四月に「自序」が執筆された『暦大意』である。今日では、「確龍堂正信」なる著述号は、昌益が「確龍堂良中」と号する以前のものであろうと推測されているが、こうした著述号のもとに著わされた『暦大意』とは、「暦道」を説くものであったことはいうまでもない。ただ「正信」が「良中」の前身だとして、言い換えると、前者から後者への改名に思想転換という意図が籠められていたとすれば、われわれはまずそれを読み解かねばならないであろう。この観点から注目すべきは、「正信」段階（前期昌益）にあっては、なお易の陰陽五行説に従って干支が基礎づけられており、そこでは後年の四行説への転換（これによって八気説は成立する）はいまだ認められないという点である。

ただし、興味深いことには、これに反し、そこには後年に活用される「通横逆」の三気説はすでに盛り込まれていた。先に昌益の弟子仙確による昌益自然哲学の要言を引用した。そこには「自然、活真・自感・進退・互性・八気・通横逆に運回して」と記されていた。「活真・自感・進退・互性」概念に関してはすでに考察した。仙確の要言に見られる昌益自然哲学の根本概念の考察として、残るは「八気」と「通横逆」の二概念である。

昌益特有の「八気」概念も、元をただせば、伝統的な陰陽五行説に連接している。彼はこれを換骨奪胎することによって自説を立てたのであった。すなわち、木火土金水という五要素のうち、土を他の四要素の運気を司るものとして独立させ、これを自然の根本原理たる「活真」と重ねあわせるという換骨奪胎によって。たとえば『進退抄録』や『真斎漫筆』では、この点、次のようにいわれている。「夫れ土は活真の妙体にして、四行・進退・八気の列に非ず。八気の真也」と（全一四・二九三頁、全一五・四〇七頁）。周知のとおり、土を中心に据え、そのまわりに木火金水を配するという配当図式は伝統的な陰陽五行説にあっては一つの常套図式に他ならず、たとえば季節の循環もこれによって説明された。昌益自身も、主著『自然真営道』（ただし刊本）では、「転定は五行自り然る進退・退進なれば」という立場から、春夏秋冬を木火金水に割り振り、これらを「非進非退の中土」と見なす土の回りを「循回」させることによって、季節の循環を説明している（刊本巻二・全三七八〜三七九頁）。

ここで旧説と新説との相違は、新説が気の運行を「陰陽」によってではなく「進退」によって捉えている点である。新説の要諦は、易学において陰陽や五行のそれぞれに賦与されていた尊卑の差別を排して、土以外の四要素に純自然主義的な「進退」概念を賦与することによって、自然の運気を「八気」としたという点にあるが、これには後年における「互性」概念の導入が決定的な役割を果たしていた。「互性」は土を除いた木火金水それぞれの相互依存関係に他ならないからである。木火金水の進退すなわち「八気」ということである。陰陽五行説においても刊本の五行説においても他の四行を巡らす中心に据えられていた土は、自然の活動原理（われわれの比較では「根源的活動」）と見なされた「活真」に重ねあわされる。昌益後期もしくは晩期における稿本『自然真営道』の自然哲学の成立である。そこでは、「活真」はしばしば「土活真」とも呼ばれている。

昌益自然哲学の今一つの鍵概念「通横逆」も「八気」同様、運気概念に属するものであったが、「通横逆」という三気を用いる説は、人・禽獣虫魚・草木の成立をそれらの運行によって説明しようとするものであり、それによれば、生成にさいする気の受け方の相違によって三者の相違が生じるとされる。すなわち、通気によって直立する人間、横気によって地を這い水中を泳ぐ禽獣虫魚、逆気によって倒立する草木が生じるというわけである[23]。ここでなお注目すべき点は、このような三気説を、ここでは、彼が幕藩体制における身分差別の正当化のためにも活用していたことである。それによれば、「君・臣・庶」という身分差別、支配と隷従の関係は「通・横・逆」という三気の差別に依拠するものであって、自然的秩序に他ならなかった[24]。

天子・諸侯は通気也。諸臣は横気也。庶人は逆気也。天子・諸侯は二倫の臣・衆を主り、天の通気に合す。諸臣は君・庶の上下二倫を主りて、地の横気に合す、万物を載す。庶人は君・臣二尊の下に在って、農桑を業む。天下の本を為し、万物の天下の助け為るに応ず。（『暦大意』「人物之三気」）

ここに見られるとおり、正信によって、暦道は政道に直結しており、前者は後者の根元をなすものと見なされていた（「暦即国政也」「即国政根元」）。彼はこの立場から、多くの儒者たちがそうであったように、為政者に「仁政」を要請している。ただし、「吉凶は人に依りて日に依らず」という天譴論の立場から[25]。天譴論の立場は後年においても維持され強化されるが、その時期には、身分差別に対する厳しい批判が加味されるにいたる。本稿の論述は最後にこの問題に行き着くであろう。

江戸期の儒学の中心であった朱子学は、人的秩序を自然的秩序によって基礎づけていた。『暦大意』における自然哲学（自然秩序思想）に基礎づけられた政治哲学（身分秩序思想）から描き出される儒者「正信」としての思想家像は、江戸中期にすでに幕藩体制・身分制度を激烈に批判した孤高の革命的思想家という、われわれ馴染みの「昌益」像と齟齬をきたす。ここに、『暦大意』の著者「正信」から『統道真伝』『自然真営道』の著者「良中」への転換はいかにしてなされたか、という問いが生ずる。この問いに対して、筆者なりに解答を試みるとすれば、それは、理論的には、「良中」独特の食道論・食の思想の成立にあるということになろう。このような見方が妥当だとすれば、ここに、われわれは昌益における暦道＝政道の立場から食道の立場への転換およびそこに介在する「自己批判」を認めなければならなくなるだろう。だとすると、さらに「自己批判」はどこからという疑問が生じてこよう。この疑問に対しては、それを促した時代背景を考慮に入れることによって答える他なさそうである。しばしば指摘される東北農民の惨状、とりわけ飢饉に見舞われた彼らの惨状である。農民出自の町医として昌益はこれを間近に目撃したであろうと想像される(26)。

三

今日史料上確定しているところによれば、昌益は、「秋田藩領の出羽国秋田郡南比内二井田村（秋田県大舘市二井田）の元肝煎（村長）層から没落した小百姓層の家に、元禄一六年（一七〇三）二男以下として出生し、宝暦一二年（一七六二）同地で死去した(27)」。青少年時代の修学過程については直接的史料がなく不明である。記録上確定的なことのうち、本稿の考察上重要な伝記的事実は、彼が「延享元年（一七四四）から宝暦一二年（一七六二）にわたって、八戸藩領の陸奥国三戸郡八戸城下十三日町（青森県八戸市十六日町）に地所持の町人身分として居住し医者を開業していた」ということである。[28] 彼が八戸に居住し医者を開業していた延享・寛延年間（一七四四～一七五〇――彼が「確龍堂正信」と号した時期）に続く宝暦年間（一七五一～一七六四――一部「確龍堂良中」と号した時期に重なる）は、とりわけ東北地方に関しては、この地方を襲った、いわゆる「三大飢饉」の最初の時期としてわれわれの記憶にとどめられている。世界的に見ると、一八世紀中葉から一九世紀中葉にかけて、気候は「小氷河期」に入っており、中緯度地帯は寒冷化に見舞われていた。「この時期、日本ではちょうど宝暦から天保にあたっており、とくに東北地方では、宝暦・天明・天保の三大飢饉が発生した」[29]。ちなみに「日本史上未曾有の大量の餓死者を出した」天明の飢饉においては、弘前藩で八万、盛岡藩で六万、八戸藩で三万以上の餓死者が出ている[30]。八戸藩の餓死者が東北近隣藩のそれに比して少ない理由として、八戸の地域的特性をあげることができるかもしれない。八戸のそれは、一説によると、「ヤマセ・ヒエ・魚の三語であらわすことができる」ようである。「三陸沖から冷たい偏東風ヤマセが吹くと、稲作は壊滅し、たくましいヒエが生き残る。領主は商品価値の高い稲の作付面積を拡大しようとするが、農民はヒエ作に固執する。また、八戸港は日本有数の大漁港であり、ヤマセが強く吹くときは、ゆたかな魚群をいだく親潮還流が発達しているときで、沿岸漁業をにぎわせる。とくに、飢饉のとき、農民は魚にたよって生命をつなぐ」[31]。

「宝暦六年（一七五六）二井田村で安藤本家当主孫左衛門（昌益の兄と推定）が死去する。宝暦八年（一七五八）昌益は八戸を去って二井田に帰村し、安藤本家の当主を相続する。……帰村当時の二井田村は、過重な村高と宝暦三年から七年（一七五三～七）にかけての大飢饉で、疲弊していた。昌益は村寄合に提案して、各種の神事・祭礼・講などの中止を実現する」[32]。興味深いことに、昌益は当時、世直し策を講じていたが、そこでは魚食が禁止されていた。飢饉時、八戸民の命をつないだ魚食をである。彼は二〇年近くも八戸に在住し、宝暦の大飢饉時も当地にてそれに遭遇していた。彼が八戸民にとっての魚食のかけがえのなさを知らぬはずもなかろう。にもかかわらずである。なぜか。こうした独特の考え方の背景として、彼が穀倉地帯の大館盆地二井田の出であることが想定されている。当地では、魚食を忌むことわざが種々あるそうである。たとえば「魚ばりじっぱり食ば体さ当る」、「朝間から魚食ば仏の忌日忘れる」など。(33)

昌益自然哲学に顕著な論の一つは、その食道論である。『統道真伝』糺聖失巻（五八頁）にいう。

食なきときは人物すなはち死す。食をなすときは人物つねなり。故に人物の食はすなはち人物なり。故に人物は人物にあらず、食は人物なり。

「各人のひととなりは各人が何を食すかにある」という含意に立脚して、現今のわが国におけるグルメ狂騒に肘鉄を食らわせることもできそうだが、昌益の食道論・食の思想はもっと過激にして雄大であり、それは、われわれの食の中心に米穀を据えるばかりでなく、政治・宗教・学問に対する批判、果ては人類の成立史、宇宙大の形而上学に及ぶ広がりを有している。(34)

『統道真伝』同巻では、上の引用末尾の文「食は人物なり」に引き続き、「分けて人は米穀を食して人となれば、人はすべて米穀なり」（同前）とも記されていた。昌益にとって、米穀は格別なものであり、その見方によれば、米粒の形が「転定」のそれに酷似しているばかりか（同前、人倫巻、三一二〜三一三頁）、五穀・五豆から米を除いた「九穀は米穀の［穀精の］余精から生じる」（同前、三一一頁）とされた。このような穀物の、いやすべての食物の中核に据えられる米穀の「穀精」(35)のはたらきから、男女の交合はむろんのこと、人類の成立（同前、三一八〜三二〇、三四八頁）や人の生死まで説明される。(36)「米穀進んで人生じ、米穀退きて人死す。故に人の生死は米穀の進退なり」と（同前、三九〇頁）。

ここで注目すべきは、昌益のいわば「気の自然哲学」もしくは「気の形而上学」とも称しうる学説に基づく死生観である。人が死すとは、「死無するにあらず、五穀に帰在するなり」といわれるとおり、われわれの体内にあった「神魂の気」や「霊魂の気」が「中土五穀の精に帰す」というにすぎない（同前、三二四頁）。然るに、仏教徒などは経文を唱えたり修業したりするが、それは、昌益にいわせれば、死を悲しんでの迷いにすぎない。道教にとって「谷神《こくしん》」は生、「無為」は死、神道にとって「天神」は生、「地神」は死とされるが、後年の稿本『自然真営道』大序の弁を引きつついえば、「之を棄て、活真を行うべし」ということになろう（全一・一四五～一四六頁）。同じ大序（同前、一四六～一四七頁）に曰く。

妙道に訣けざる則は、幾たび生死すとも、転・人に離るること無し。生死に迷吟し、不耕貪食し、書学を為す者は、四類に落つるのみ。

周知のとおり、あらゆる為政者・宗教家・学者は、昌益によって「不耕貪食の徒」として厳しい批判に晒されるにいたったが、『統道真伝』糺聖失巻における食に関する弁舌にもすでに同等の批判がこめられていた。「上下・貴賤・聖釈・衆人といへども、食して居るのみの用にして、死すればもとの食となり、また生じて食するまでのことなり」。詮ずるところ、「世界は一食道のみ」（五八～五九頁）。

然るに聖人・釈迦、品種の書説をなして、食道の所以を説くことなし。これ己等、直耕の食道を盗み、不耕貪食して、故にこれを恥ぢ、食道を説かざる重失なり。妄りに百味飲食、八珍美味等、奢貪の妄言を謂ふとも、食道の所以を言はず、道の大本を埋むる私の妄言のみ。故に世を迷はすなり。（同前）

今引用した文言中に「直耕」という語が登場する。「不耕貪食の徒」たる為政者・宗教家・学者たちの生業・妄言を完慮なきまでに批判しさるキーワードとして。「直耕」とは「直《てずか》ら耕《たがや》す」と訓まれるように、文字通りには、農民による作物の耕作、農耕を言い表す語である。昌益はむろん、この語をこの意味においても用いるが、そればかりではなく、四季の循環はもちろんのこと、万物の生成、自然の営み、産出活動そのものにまで拡張して用いる。これぞ「活真の直耕」である。この問題の要諦を確認するために恰好のものと思われる文言は、先にその一部（冒頭部のみ）を掲げた弟子仙確による昌益自然哲学の要言である。ここにその全体を引用する。

良中〔昌益〕先生自然、活真・自感・進退・互性・八気・通横逆に運回して、転定・央土にして活真の全体なるを知る。自身の具足の八気・互性・妙道、面部を以って知り、転定と人身、一活真の一序なるを明知し、人道、転の活真とともに直耕の一道なるを知る。転真の万物生生の直耕と穀精なる男女《ひと》の直耕とは一極道なり。此の外に道と云えること絶無なることを明かし極む。故に、古書の聖・釈・老・医・巫の凡て転下の万書の言は、活真・転定・互性の妙道に非ず。而も悉く清偏精を生じ、偏惑なる説なるを知る。

（稿本、巻二五、全一・一七八頁）

見られるとおり、仙確の要言では、まず師によって唱えられた自然の根本性格（「活真」）が提示され、ついで、そこに示された根本性格がそのまま人間の根本的な営みに通ずるものであること（「天人一序」「直耕の一道」）が説かれ、最後にこれが世のいかなる教説によっても説かれていないことの確認をもって終わっている。

四

昌益における自然と医の思想の特異性と普遍性を際立たせるために、本稿に登場願っているシェリングなる人物は、一七七五年、西南ドイツ（レオンベルク）で生を享け、プロテスタントの牧師の子として牧師たるべき教育を受けながら（テュービンゲン神学院）、牧師職に就かず、二三歳以降、大学教授（イェーナ、ヴュルツブルク、エアランゲン、ミュンヘン、ベルリン）としての生涯を送り、保養先（スイス、バート・ラーガツ）で没している（一八五四年、享年七九歳）[37]。その出自と生涯との相違から、社会哲学や政治哲学、身分制批判といった点では、彼の思想（市民革命の時代に君主制を擁護[38]）は昌益のそれと著しく異なるものでありながら、彼によって初期に打ち建てられた自然哲学は昌益のそれと驚くほど酷似している。特にその理論的枠組み（形而上学と概念装置）において。時代を異にし、生国を異にし、出自を異にしながらも、両者ともに古典的な思想に棹差しつつ、自前の思想を紡ぎ上げたからであろう。まずは形而上学における両者の共通性から。

それは、「気の形而上学」としての共通性である。むろん、片や中国にルーツを有するものであり、片や古代ギリシアにルーツを有するものである。ただし、後者においては、「気」は「宇宙霊」もしくは「エーテル」と称された。いずれも全宇宙に充満する精気を意味し、万物を活かす生命原理・活性原理であり、ルネサンス以降も西洋の自然思想を養う根本原理として機能し続けた。たとえば、近代科学の大成者と見なされるニュートンの物質理論において根本原理に据えられたものも、これであった。ただし、「実証的な自然科学者」としてのニュートンではなく、「思弁的な自然哲学者」としてのニュートンの。[39]その詳細に関しては、拙著『ニュートンとカント』の第二章の論述を参照願うとして、ここでは、そこでも引用したニュートンの主著『プリンキピア』「総注」（一七一三年刊の第二版）最終パラグラフから拙訳によって引用しておこう。当の活性原理は、そこでは「極微精気 spiritus subtilissimus」という用語によって表現されている。

さて最後に、粗大物質に浸透し潜在している極微精気 spiritus subtilissimus について若干付言することが許されるであろう。この精気の力と作用によって、諸粒子が近距離で互いに引き合い、接触しているものは結合し、また帯電した物体は遠距離で作用し、隣接の粒子を引きつけたり、斥けたりする。またそれによって、光が放出、反射、屈折、回析され、諸物体が熱せられる。さらにまた、全感覚が刺激され、動物の分肢が意のままに動かされるが、それは神経繊維を通って外官から脳へ、脳から筋肉へ伝わる、この精気の振動による。

一八世紀初頭、ニュートンが自身の主著（第二版）の末尾に加えた付言から、「極微精気」として自説の根底に据えた活性原理が粒子の凝集、帯電物体間の引斥から光と熱の諸現象、さらには有機体の感覚作用にまで及ぶ自然諸現象の説明原理の役割を果たしていることをわれわれは読みとることができる。

同じ世紀の末になって、類似の発想に基づく自然説が登場する。すでにわれわれの注目した若きシェリングの『宇宙霊』（一七九八年）におけるそれである。[40] そこで彼が活性原理として根本原理に据えた「宇宙霊」もしくは「エーテル」の概念が、ルネサンス以降ヨーロッパに流布した精気説に由来し、ニュートンが活用したそれと通底するものでもあるということである。

ともあれ、『宇宙霊』におけるさらなる特徴は「宇宙霊」もしくは「エーテル」概念の他に、自然全体を説明するための概念装置として「両極性」の概念が導入されていることであった。ここに「活真」と「互性」によって自然全体を説明しようとした『自然真営道』の昌益と「宇宙霊」もしくは「エーテル」と「両極性」によって自然全体を説明しようとした『宇宙霊』のシェリングとが、文化圏・思想圏を異にしながら、類似の自然思想を打ち建てた思想家として並び立つことになる。どうしてか。それは、おそらく、すでに指摘したとおり、両者がそれぞれ属する文化圏・思想圏の古典的思想に棹差しつつ、独自の自然思想を紡ぎ上げたことによるとしか言いようがないが、もう一点、注目すべきは、東西両圏における古典的自然思想の中核をなしたものが、類似の「気」の概念であったという点であろう。[41] 各文化圏・思想圏における神話間に類似性が見られることに類する事態ということであろうか。

興味深いことに、医の思想に関しても、両者に類似性が認められる。特に死の観念。両者ともに、医の思想が単なる医術ではなく、独特の自然の思想・自然哲学に貫かれたものだからである。当時（一八〇〇年前後）のドイツでは、いまだ信頼するに足る病理学が確立しておらず、古代ギリシア（ヒポクラテース）以来の治療法にしがみつく保守派とそれを変革するために医療を学問的に基礎づけようとする進歩派に分裂し、両派が拮抗していた。[42]

シェリングの医の思想は、後者の課題をひきうけ、それに自然哲学的基礎を与えようとしたものであった[43]。シェリングは病を外からの刺激に対する受容（Rezeptivität, Sensibilität）と内からの能動的な反応（Tätigkeit, Irritabilität）とのバランスの崩れによるものと見なした[44]。この説は当時ヨーロッパで注目を浴びていたスコットランドの医師ジョン・ブラウンの説――刺激とそれに対する反応（興奮）との比率から有機体の状態を判定する――を受容しつつ、それを修正したものであった（ちなみに、「ステニー（活力過剰症状）」と「アステニー（無力症状）」という用語はブラウンのものである）。シェリングは『宇宙霊』では、ブラウン説に対して、「生命の積極原理と消極原理というわれわれの原理と一致しているように見える」（II. 505）と一定の評価を与えつつも、彼の病因論が外的刺激に偏している点に難点を見出し、ブラウン説に代えて、自説を提起したわけである。『宇宙霊』に続く『草案』では、「生命を自然概念から説明」しなければならないことが強調されている（III. 35）[45]。

シェリングにあっては、死の捉え方に対しても、彼の自然哲学的観点が活かされていた。自然全体を、したがって当然、自然の所産をも有機体として捉える有機的自然思想の立場に立てば、所産が滅亡することはありえない。「所産が有機体であるからには、それが滅亡することはありえない。それが滅亡するとすれば、それはもはや有機的ではないのである。死とは普遍的無差別への帰還である。まさしくそうなるがゆえに、有機体は絶対的で不死である」（III. 90）。シェリングにとって、死とは個体の滅亡ではなく、個体がそこから出発し、そこへと帰還するいわばゼロ点にすぎず、元来、生と死とは表裏一体である。「生命そのものが死への架け橋に他ならない」（III. 89）。

不死の思想は、西洋思想の伝統においては永遠のテーマであったが、今見たところが、このテーマに対するシェリングによる自然哲学的解答であった。だが、この解答も、昌益の死生観を知るわれわれにとって目新しいものではない。昌益は一八世紀中葉にすでに、生と死とを自身の「互性」概念によって捉えていた。稿本『自然真営道』大序（全一・一四五頁）に曰く。

生死のことは、無始無終なる活真の自行、進退・互性は生死なり。活真進めば生なり、退けば死なり。生の性は死なり。死の性は生なり。生死は互性にして無始無終なり。……故に生死は互性の名にして、活真の妙体なり。

昌益とシェリングの医の思想における類似点はこれのみならず、医学の位置づけという点においても認められる。シェリングも昌益同様、諸学問の中で医学を格別重視していた。シェリングは、当時の一医師レシュラウプ（ブラウン説をドイツで喧伝したのも彼であった）と共同して『学問としての医学雑誌』を編集刊行したが、その創刊号（一八〇五年）の序言に、「医学は全自然学の王冠であり精華である」（VII, 131）と記していた。

五

「昌益」とは、既述のとおり、医者としての呼称であったが、単なる医者としてではなく、彼は自然哲学者として医療（彼はこれを「医道」と呼ぶ）を最重視した。彼にとって「是れ医道は諸道第一の論」に他ならず、「是れを失れる則は、論ずる所悉く妄偽なり」（刊本、巻三、全一三・三八九頁）とされた。このように彼が「医道」を最重視したのは、それが他のすべての諸道の基礎をなすと考えられたからである。周知のとおり、当時のわが国においては、儒学（朱子学）があらゆる学問の中心として君臨していた。儒学的な医の体系にあっては、内科が第一の部門（「本道」）とされ、産科・婦人科や小児科などは「女子供」の科として添えもの扱いされていたが、これに対して、生殖・妊娠・誕生・生命を重視する昌益は、自身による医の体系化では、産科・婦人科（「婦人門」）を第一の位置に、小児科（「小児門」）を第二の位置に置き、さらには生殖器科（「精道門」）を独自の位置に据えている。その上、当時「本道」とされながら、単なる対症療法を事とした内科を、彼独自の自然哲学に基づいて予防医学に変えようとしたばかりか、「乱心病」を扱う精神病理学の部門（「乱心門」）をも新設した。[46] 各部門の徹底的な配置換えから新部門の新設までを含む、医の斬新な体系化において、昌益は当時のあらゆる学問的・社会的先入観と闘っていた点をわれわれは高く評価すべきであろう。彼にあっては、医学と自然哲学と社会哲学とが一体をなしており、いわば三角形を形成していたといってよかろう。[47]

医学・医術は当時なお「渡世の業」として蔑視され、医者の地位も低かった。自ら儒医として医療に携わった儒者、荻生徂徠によってさえ、医学は単なる技術にすぎないとされ、彼自身、それに携わっていることに引け目を感じていたほどだった。今日同様、過剰投与や不要投与が生ずるのも無理からぬことであったろう。こうした事態に対して、昌益は、た。今日同様、過剰投与や不要投与が生ずるのも無理からぬことであったろう。当時、医者（今日風にいえば漢方医）は患者に薬を投与することによって収入を得てい

自然哲学面からも医療倫理面からも舌鋒鋭く批判を加えている。

快気為ると見ゆる者は、工薬の功に非ず、元真必ず壮んにして病を伏して自り愈ゆる者なり。此の如き者、薬を用いざれば速やかに全ゆ。薬を用ゆる故に遅漸に治す。然うして虚弱の病者、薬の為に軽病は重病となり、重病は日にあらずして死す。（刊本、巻二、全一三・二三六頁）

薬種屋の手代は医者なり。療治を主ると云う者は売薬業なり。（刊本、巻三、全一三・四〇一頁）

周知のとおり、近世のわが国における医学界は後世派と古方派に分かれ、争っていた。前者は近世初期（一五、六世紀）に中国の金元医学を受容することによって成立した『黄帝内経《こうていないけい》』系統の思弁的守旧的な医学派であり、後者は前者を批判する新派として近世中期（一七世紀）に台頭してきた実証的革新的な医学派であり、わが国初の解剖（宝暦四年すなわち一七五四年）も、この派に属する山脇東洋らの手によってなされた。彼は吉益東洞らとともに古方派の四大家に数えられるが、前者は一七〇五年生まれ、後者は一七〇二年生まれであり、彼らは、一七〇三年生まれと推定される昌益と同時代人である。[48] ここで二人の名をあげたのは、一つには、昌益と同時代に

生き、徹底した実証を心がけた東洞が「万病一毒説」を唱え、毒をもって毒を制する、いわば「劇薬投与派」となっており、この点で、「自然治癒派」といってよい昌益の対極に位置していたという点を確認するためであり、今一つは、昌益の医論中には、東洋が先鞭をつけ、その成果を『蔵志』（宝暦九年）に盛り込んだ、解剖による新知見がまったく見られないという点を確認するためである。そのため、昌益は、気管を食道の背後にあると主張したり、脊椎の数も五行説に基づいて二五節と主張したり、横隔膜を宇宙の銀河にたとえ、人間の精神的機能を「昼の部」と「夜の部」に分ける境界と見なしたりしている。あるいは「婦人門」を重視していたにもかかわらず、彼は子宮を独立した器官と認めず、腑と腑の隙間と考えていた。(49)

昌益は後世派のもとで医学を学んだと推定されているが、ここで彼の臓俯説に眼を向けてみると、彼の説と『黄帝内経』系統の伝統的医学における説とは一部重なり、一部ずれていることが判明する。いうまでもなく、両者が重なるのは、彼が伝統に従ったためであり、両者にずれが生じているのは、彼が伝統に背を向けたからである。今日馴染みの五臓六腑説も伝統説の一つだが、伝統説には、他に五臓五俯説もあれば、六臓六俯説もある等々、諸説紛々である。昌益は、刊本『自然真営道』および『統道真伝』では、ともに五臓五俯説を採っている。彼がなお五行説を遵守していたためである。

ただし、後者では、五俯を「五象」、五臓を「五舎」と言い換えているばかりか、胃であれ、心臓であれ、個々の俯と臓すべてを別名で呼び、造字まで試みている。「転定」を運回する五行の進気に対応するのが「五象」であり、退気を宿すのが「五舎」だからであり（全一〇・一四三頁）、前者が進気に当たるゆえに、それぞれの俯の造字としては「発」の文字を旁とし、後者がその反対ゆえに、それぞれの臓の造字としては「止」の文字を旁としている。このような造字まで試みつつ言い換えを行ったのにはむろん理由があり、それは聖人の「私妄の失《あやま》り」をただし、「自然の理字」に適うためであった。(50)

伝統的な臓腑説においては、臓と腑とを陰と陽とに割り振り、かつ前者を実質的臓器として重視し、後者を中空的臓器として軽視していたし、あるいは、前者のうち特に心臓を君主になぞらえ、他を臣下になぞらえてもいた[51]。昌益は、伝統的臓腑説がこのように臓腑間およびそれぞれの臓器間に、自然的ではないどころか、露骨に国家統治的な価値序列、身分差別を持ち込むことに反撥し、これを拒否したのだった。こうした拒否は、最終的には、腑の一つとして軽んじられてきた胃を中心に据える、彼独特の臓腑説に結実する。晩年に曰く。「胃は転定の中央土にして、人身の中央土なり」（稿本、巻三五、全六・三六七頁）、「胃は自然・活真の座体なり」（『真斎漫筆』）と。また胃はこのようなものとして、他の腑臓の気を革《あらた》めたり就《つ》けたりする「革就」の機能をもつとされている[52]。

> 胃は就革を主て……諸腑臓を養ひ、諸腑臓を革めて各行をなさしむ。（全一四・二八四頁）
>
> 胃は中央土にして活真の体なる故に、能く就け能く革むることを主て、四臓府並みの列行の病に預かるものに非ず。胃は病をなさざる故に就革を主る也。（全一五・三八八頁）

事ここにいたっては、「何を根拠に」という強い疑問が生じてこよう。ここまで来れば、伝統的臓腑説における君主制メタファーなどかえって可愛げに見えるほどであろう。ただ、昌益に特異な胃中心の臓腑説の、この極端さは、かえって逆に、彼の食道論・食の思想の核心を浮き彫りにしてはいまいか。「米穀を食すべし」という、かの食道論・食の思想である。米穀は胃の腑に入ってわれわれを活かすのである。ただし、「直耕・直織」「安食・安衣」がその条件である。

> 夫れ男女は、穂穀の飯を食し麩穀の汁を飲み、菜草の類を添食して八味過不足なく、能く調匀して之れを食し、直耕・直織して他に求る欲心なく、太平の世に安食・安衣するときは、胃中に滞りなく腑臓に八味の分配速かに達し、気血正しく能く回り、腑臓速かに身安し。（『真斎漫筆』全一五・二七六頁）

然るに、「自然世」ならぬ「法世」（身分差別の世）にあっては、「不耕貪食の徒」が世に蔓延るばかりである。[53]結局のところ、「法世」では欲望に眼がくらんだ上層身分の狂気と下層身分の嫉妬という両身分の抗争が不正で不毛の気を生み出し、これが自然本来の根源的活動を秩序なきものと化してしまう。過酷な冷害や干害、飢饉や疫病等はみなここから生ずる（稿本、巻二五、全一・一一八〜一二〇頁）。

昌益がいうには、「欲心」に惑わされた世の不正な気によって、自然がまず病み、それが人間さらには動植物にまで及ぶのである。

転下一般、欲心妄盛す。欲心は横気なり。横気は汚邪の気なり。此の邪気、転定の気行を汚し、是れが転定始めて病を為す。此の不正の気、人に帰して、人、転定の病を受けて、人の病を為す。……通気の人は、外内に横気を受くるとき、病を為す。横気の四類は、通気の邪を受くるときは病を為す。逆気の草木は、通横気の邪を受くる（とき）は病を為すなり。（同前、一四三〜四四頁）

昌益の思想は、これまでさまざまな領域で、その先駆性が強調されてきた。それらはみな、その折々の思想状況や評者独特の立場を反映してきた。そのため、偏向的評価、勇み足等々の批判を浴びもした。だが、この種の批判を恐れず、あえて最後に問うておこう。江戸中期（一八世紀半ば）に記されたであろう、上の文言を、生態的危機に見舞われている今日（二一世紀初頭）、単なる「過去の妄言」「狂人の戯言」として読み過ごせる人がはたしてどれほどいるであろうか。

（1）思想形成を追跡するための先行テクストとの比較検討

や、思想史の流れの中での先行・後行の思想との比較検

討の重要性を筆者は知らぬわけではない。それどころか、

筆者は二十数年にわたり、西洋思想の領域において種々

の思想家（ニュートン、カント、シェリング、ヘルダリ

ン、ヘーゲル等）の思想形成の成立史的研究はむろんの

こと、特定の思想（一七世紀から一九世紀にかけての物

質と力に関する思想等）の概念史的研究をも行ってきた。

この種の研究法の意義とそれに関連する諸思想について拙論「ポリフォニーとしてのテクスト」に詳論しておいた（拙著『科学・芸術・神話』晃洋書房、一九九四年、増補改訂版二〇〇四年に付論として所収）。参看頂ければ幸いである。

（2）当シンポジウムの報告はすべてドイツ語でなされ、終了後、ドイツ語講演原稿の報告集が刊行され、その上、邦訳版も刊行された。Veröffentlichungen des Japnissch-Deutschen Zentrums Berlin. Bd. 33. August 1997.『ベルリン日独センター報告集』第二〇号、一九九八年八月。

（3）報告準備の折、その後押しをして下さったのが恩師の西川富雄先生であった。先生はすでに昌益の自然哲学とシェリングの自然哲学とを比較考証されていた。論考「主体としての自然――シェリングと安藤昌益――」（『比較思想研究』第一六号、一九九〇年）および「安藤昌益における自然概念」（『立命館大学人文科学研究所紀要』第五九号、一九九三年）はこの領域における先駆的研究である。

なお、本稿は恩師他界直後に執筆された。本稿は筆者にとり、亡き恩師に対するささやかな追悼文である。

（4）*Greek-English Lexicon*, ed. by Liddel and Scott, Oxford 1989. p. 876.

（5）泉井久之助『ヨーロッパの言語』（岩波書店、一九六九年）、二九～三四頁。

（6）柳父章『翻訳の思想』（平凡社、一九八〇年）。なお、「自然」という一語に関する周到な解説は次のものである。伊東俊太郎『自然』一語の辞典（三省堂、一九九〇年）。

（7）安藤昌益の著作からの引用は農山漁村文化協会刊の全集から「全」と略記し、続いて巻数と頁数を記して行うが、特に彼の主著『自然真営道』から引用する場合、書名を記さず「刊本」および「稿本」とのみ略記し、前者によって刊本『自然真営道』、後者によって稿本『自然真営道』を指示する。

（8）シェリングの自然哲学的著作からの引用は、松山編訳シェリング著作集第Ib巻『自然哲学』（燈影舎、二〇〇九年）より、頁数のみを指示して行う。未邦訳箇所や未邦訳の著作論文からの引用は息子編全集（*Sämmtliche Werke*. Hg. v. K. F. A. Schelling）からローマ数字によって巻数を、アラビア数字によって頁数を指示して行う。

なお、寺田五郎は昌益自然哲学の根本概念の一つ「活真」を「根源的物質」と解釈しているが（『安藤昌益の自然哲学と医学』農山漁村文化協会、一九九六年、二五頁）、「活真」の真義は、本文で注目しているシェリングの「根源的活動」概念の意味するところと同じく、あらゆる物質性・存在性の排除にこそ、その真義がある、言い換えると、そこでは、自然の活性そのものが強調されているのである。この意味で、「物質の活性」という言い方、発想をするとすれば、それは「活真」の真義に悖ることになろう。その場合、「活性」は単に実体の属性にすぎなくなるからである。

(9) 「進展」という語を当てた原語はEvolutionである。Evolutionという語は、ダーウィン説との関連から「進化」という訳語が当てられるのが普通である。あえて訳語を変えてあるのは、シェリングにあっては、この語は、発生学的に、ダーウィン説登場以前に前成説vs後成説をめぐってなされた論争における後者（「後生 Epigenese」）を指示するものとして用いられただけでなく、自然の活動全体を貫く根本原理としても用いられている。シェリングの「進展」概念および発生学論争について詳しくは、拙著『ドイツ自然哲学と近代科学』（北樹出版、一九九〇年）、一六一〜一六七、二〇三〜二〇九頁（増補改訂版、一九九七年、同頁）参照。

(10) 「宇宙霊」とは、宇宙全体が「生きもの *ζῷον*」と見なされた場合の、いわば自然の生命原理に他ならない。古来有名な用例はプラトン晩年の宇宙論『ティーマイオス』に見られる。シェリングは一九歳の折にすでにこれに注目し、注釈を綴っていた。その自然哲学的意義は次の拙論（一九九五年一〇月のミラノ大学講演）に強調されている。“Vereinigung des Entgegengesetzten. Zur Bedeutung Platons für Schellings Naturphilosophie”. In: *Schellingiana*, Bd. 11, Stuttgart-Bad Camstatt 2004, S. 51-76.

(11) ラテン語および近代ヨーロッパ諸語にほぼ共通するため、本文では「エーテル」と表記したが、それは古代ギリシア語の「アイテール *αἰθήρ*」を語源とするものを念頭においてのことである。ここに「アイテール」とは、語音的にも語形的にも空気「アエール *ἀήρ*」（aer, air 等の語源）と対をなすものであり、地上・地界（死すべきものの世界）ではなく、天上・天界（不死なる神々の世界）を満たすいわば「明澄の気」（精気あるいは光源や光の媒質等）を意味する。したがって、「天の気」（「天気」）という語が端的にその語義を指示していると見なすこともできる。ホメーロスやヘーシオドスの叙事詩（ギリシア最古の叙事詩）以来、古代ギリシア世界では馴染みの語、馴染みの語義である。このようなものとしての「エーテル」概念は、アリストテレース死後のいわゆる「ヘレニズム」時代に登場した一学派、ストア派によって、すべての生きものを活かす「プネウマ（息吹）*πνεῦμα*」の概念とも重ね合わされる。シェリングが「エーテル」概念を持ち出す場合も、こうした伝統に連なっている。

(12) 丸山眞男『日本政治思想史』（東京大学出版会、一九五二年）、二〇一頁。

(13) 平石直昭『（改訂版）日本政治思想史——近世を中心に——』（放送大学教育振興会、二〇〇三年）、三六頁。

(14) 島田虔次『朱子学と陽明学』（岩波書店、一九六七年）、五〇頁。

(15) 同右書、五九頁。

(16) 同右書、六〇頁。

(17) 山田慶兒『朱子の自然学』（岩波書店、一九七八年）、七一・八〇頁参照。
(18) この点詳しくは、拙論「見える精神としての自然――シェリング自然哲学の根本性格――」（松山壽一・加國尚志編『シェリング自然哲学への誘い』晃洋書房、二〇〇四年）、三～一六頁、および拙著『人間と自然――シェリング自然哲学を理解するために――』（萌書房、同年）、四～一三頁参照。
(19) 伝統的な「陰陽概念」と昌益の「進退」概念との相違については、寺田前掲註(8)書、五六～六六頁参照。ただし、「進退」概念、さらには「互性」概念の根本が、寺田によって「矛盾」と捉えられている点（前掲書五二頁）には同意できない。このような解釈は、自己運動は矛盾によって生ずるという固定観念に基づいて発想されたものと思われるとともに、「対立」と「依存」を「矛盾」と同等視するという論理的誤謬に基づいてなされたものであるように思われる。「矛盾」は対立項・二つの依存項が同一化された場合にのみ生ずる。個々には寺田自身正しく規定しているように、「進退」はあくまでも「反対の方向の対立する運動」なのであり、「互性」はあくまでも「依存関係」なのである（同頁）。本文におけるシェリング自然哲学の「両極性」および「宇宙霊」に関する考察がわれわれの理解の一助となろう。
(20) 丸山前掲註(12)書、二〇一頁。
(21) 若尾政希『安藤昌益から見える日本近世』（東京大学出版会、二〇〇四年）、一八五頁以下。
(22) これまで、種々伝記的記述がなされているが、たとえば石渡博明『安藤昌益の世界』（草思社、二〇〇七年）、四一頁のそれを参照。
(23) 若尾前掲註(21)書、一五二頁。
(24) 同右書、一六七頁。
(25) 同右書、一六〇～一六二頁。
(26) 周知のとおり、丸山眞男は、幕藩体制下での社会秩序観に関連して、「自然」（朱子学における自然的秩序）から「作為」（徂徠学における聖人による「作為」）へという秩序観の転換の流れの中に昌益を位置づけていた（前掲註12書、二四一～二六五頁）。丸山説は、昌益に関しても文献学的研究がかなり進捗しつつある今日、その成果を踏まえ修正すべき点はあるにせよ（たとえば若尾前掲註21書二八六～二九〇頁の指摘）、当の問題を考えるための基本的な枠組みをわれわれになお提供し続けているように思われる。本文に記した筆者なりの解答は、この枠組みを借りていえば、昌益自身の中で「自然」思想から「作為」思想への転換が生じたというものであり、これは、言い換えると『暦大意』における暦道＝政道の立場（初期昌益の立場）が食道の立場（中期昌益の立場）によって克服された（つまり、中期以降の立場は初期の立場に対する「自己批判」である）ということであり、その契機となったものは、おそらく、彼が目撃した東北農民の惨状であろうということである。ここにはむろん「封建社会の危機的状況」が露呈されていた。丸山説によれば、封建社会の危機を、片や徂徠は「江戸に於てしかも吉宗将軍に進言する立場」から見たのに対し、片や昌益は（一世代遅れて）「東北の僻地に居を構へ、一生録仕することなく、農民の真只中にあって」見たというものである（前掲書、二五三頁）。

(27) 三宅正彦「安藤昌益の行動と思想」（同氏編『安藤昌益の思想史的研究』岩田書院、二〇〇一年）、七頁。

(28) 同右。

(29) 長谷川成一『弘前藩』（吉川弘文館、二〇〇四年）、一二七頁。

(30) 同右書、一三九頁参照。

(31) 三宅正彦『安藤昌益と地域文化の伝統』（雄山閣、一九九六年）、一四頁。

(32) 三宅前掲註(27)書、九頁。

(33) 三宅前掲註(31)書、一五頁。

(34) 小林博行『食の思想――安藤昌益――』（以文社、一九九九年）は、昌益の素朴だが気宇雄大な食道論の諸相を中国およびわが国の古典と照合させつつ解明している。

(35) 「昌益のいう穀精には、伝統的な『気』の概念に近いところがある」（同右書、三七頁）。これは、昌益の「穀精」概念の普遍的性格を指示する示唆に富んだ指摘である。

(36) これらの点、同右書、二四頁以下の記述に詳しい。

(37) 筆者は、一九九八年から二〇〇五年にかけて、シェリングの生涯に関連づけつつ生誕地レオンベルクに始まる彼ゆかりの都市の歴史を、彼の肖像や当時の都市景観（石版画や銅版画）のグラビアとともに、晃洋書房刊の日本シェリング協会誌『シェリング年報』六号～一三号（一九九八年～二〇〇五年）に連載した。参看頂ければ幸いである。

(38) この点、H・J・ザントキューラー（松山監訳）『シェリング哲学』（昭和堂、二〇〇六年）、第10章、および拙論「シェリングのアクチュアリティ」第二節「国家と革命」（西川富雄監修『シェリング読本』法政大学出版会、一九九四年）、二二五～二二九頁参照。

(39) 拙著『ニュートンとカント』（晃洋書房、一九九七年）、六〇頁（改訂版、二〇〇六年、五七頁）。

(40) 歴史的に見れば、ニュートンとシェリングとの間にはむろんニュートン派の面々、そしてカント等が介在する。これらについては拙著『ドイツ自然哲学と近代科学』（北樹出版、一九九〇年）、『ニュートンからカントへ』（晃洋書房、二〇〇四年）他を参照。しかしながら、「エーテル」概念に関して、シェリングとニュートンの直接的関連も認められる。この点、次の拙論参照。"Spekulation und Erfahrung in der Naturphilosophie Newtons, nebst ihrem Zusammenhang mit der deutschen Naturphilosophie". In: R. Seising et al. (Hg.): *Form, Zahl, Ordnung. Studien zur Wissenschafts- und Technikgeschichte*, München 2004, S. 513-531, bes. S.

522-533.

(41) 山田慶児『気の自然像』（岩波書店、二〇〇二年）、一五二頁でも、「初期ギリシア哲学が気の理論と多くの共通性ないし類似性をもつのは否定できない」と指摘されている。

なお、同書一五〇頁に、「ここにいう一気、『天地万物を同じうするこの一つの気』は、古代ギリシアの自然哲学の用語をかりていえば、世界の始源 archē である」と記されているのは、よく見かける誤解である。ギリシア語の「始源 archē」は、ラテン世界では principium として継承されたように、「原理」を意味する語にすぎない。古代ギリシアにおいて、自然・万物の「原理」はさまざまなものと同定された。山田自身、他の箇所（一五二頁以下）では正しく「万物の原理すなわち始源」と称して概説されているとおりである。すなわち、「水」（タレース）、「無限」（アナクシマンドロス）、「空気」（アナクシメネース）等々。

(42) N. Tsouyopoulos, Schellings Konzeption der Medizin als Wissenschaft und die „Wissenschaft" der modernen Medizin. In: L. Hasler (Hg.): *Schelling. Seine Deutung für eine Philosophie der Natur und Geschichte*, Stuttgart-Bad Cannstatt 1981, S. 146-148.

(43) Vgl. ebd., S. 111.

(44) 西川富雄「シェリングの医の思想」（『立命館哲学』第一二集、二〇〇一年三月）、一二頁。当論は、ロマン派の医の思想など思弁の不毛だとする通説（たとえば川喜田愛郎『近代医学の史的基盤』上下、岩波書店、一九七七年）に対する不満を一つの動機としてなったものである。

なお、残念なことにシェリング自身の医の思想に関する記述はないものの、「ロマン主義医学」に関する史的記述を含むものとして宮本忍『医学思想史II』（勁草書房、一九七二年）があり、そこではシェリング派の病理学説が紹介されている。それらを思弁の不毛ときめつけずに、かつ病理学説紹介の前提として（西川富雄『シェリング哲学の研究』法律文化社、一九六〇年、二三八～二三九頁によりつつ）シェリング自然哲学の概要まで紹介されている点が興味深い。

(45) この点、シェリング『学問研究法に関する講義』第一三講「医学および有機的自然論一般について」に対する筆者の「解説」に詳しい。松山前掲註(8)編訳書、シェリング著作集第Ib巻、三六二～三六五頁。

(46) 寺田前掲註(8)書、第三章を要約摘録した。

(47) この点、寺田五郎『論考　安藤昌益』（農山漁村文化協会、一九九二年）、二五～三一頁参照。

(48) 寺田前掲註(8)書、四四六～四五〇頁の史的概観に従った。

(49) 同右書、三七二～三七四頁。

(50) 同右書、三五六～三五七頁。

(51) 同右書、三五三～三五四頁。

(52) 同右書、三六二〜三六三頁。

(53) 昌益による「法世」批判、封建社会批判に対して、それを単なる「観念的否認」と見なし、そこには「法世を自然世に転換すべき主体的契機」が見出されないという批判を加えたのは丸山眞男であった（前掲註12書、二六三頁）。これに対し、石渡博明は丸山の「学者的限界」を指摘している。「丸山は、昌益が送ったメッセージ［『自然真営道』という書を著して未来の読者へ送った昌益のメッセージ］を、都市に住み、学問を生業とする自身に突きつけられた挑戦と受け止めることができなかったのである。丸山の思考からは、自身が昌益の期待する『主体』であることが抜け落ちているのである」と（前掲註22書、二六五頁）。農民における自然との共生を見よ、自ら「直耕」せよ、これぞ件の「主体」なり、というわけである。

享保期における改暦の試みと西洋天文学の導入

和田光俊

一　改暦の意義

暦は、農業など生活の上で必要なだけでなく、行事日程等の設定上も必須であり、政治的な意味合いも大きい。東アジアでは、近世まで太陰太陽暦という暦が使われていたが、それは、一年を太陽の動きで、一月を太陰（月）の満ち欠けで決めるものであり、数年に一度閏月を入れて調整するものの、長年使っていると暦が実際の天象からずれてくるため、定期的な改暦は技術的にも必要であった。しかし、暦を替えることには、それ以上の意味があった。

古来より中国では、『史記』「暦書」にも、

王者が天命を受けるときは、かならず初めを慎み、暦を正し服色をかえ、天行（天の運行）の本を推して、その意を承けるのである。〔王者易姓受命、必慎始初、改正朔、易服色、推本天元、順承厥意。〕

とあるように(1)、王朝が変わるごとに暦を改めた。天文現象に現れる天帝の意思を受けてまつりごとを行い、人民に暦や時を授けるという「観象授時」の思想に基づいて、「象を観じて時を授ける」のは皇帝の義務でもあり、

権威を示すことでもあった。時を司ることは為政者の力の誇示であり、後には王朝交替期だけでなく新皇帝即位を機にその権力を内外に示すために改暦を行うなど、改暦は重要な意味をもっていた。中国では二〇〇〇年間に四〇回以上も改暦が行われている。

一方、日本での改暦の状況は次のとおりである。

暦法	始行年（西暦）	行用期間	編者
元嘉暦	持統天皇六（六九二）年	五年	何承天
儀鳳暦	文武天皇元（六九七）年	六七年	李淳風
大衍暦	天平宝字八（七六四）年	九四年	一行
五紀暦	天安二（八五八）年	四年	郭献之
宣明暦	貞観四（八六二）年	八二三年	徐昂
貞享暦	貞享二（一六八五）年	七〇年	渋川春海《はるみ》
宝暦暦	宝暦五（一七五五）年	四三年	土御門泰邦《つちみかどやすくに》ら
寛政暦	寛政一〇（一七九八）年	四六年	高橋至時《よしとき》ら
天保暦	弘化元（一八四四）年	二九年	渋川景佑《かげすけ》ら
太陽暦	明治六（一八七三）年		

日本では、六世紀後半に百済から中国の暦が伝わり、持統天皇六年の元嘉暦・儀鳳暦の施行以来、中国の暦を取り入れてきたが、貞観四年に渤海から宣明暦を導入してからは、八〇〇年以上も改暦は行われず、貞享二年に渋川春海によって初の国産暦として作られた貞享暦に改められた。日本では暦は京都の陰陽寮が行ってきたこと、戦国時代など政治的に不安定な時代が続いたこともあり、長く改暦は行われなかった。林淳は、この八二三年間

の改暦空白を、第一に「列島規模での統一国家が、長期にわたって成り立たなかった点」、第二に「日本におけるテクノロジーなり、自然科学なりの衰微」、第三に「天皇家が継続し、……易姓革命の思想は展開しなかった」ため「王朝交代がない以上、改暦は必要ではないと考えられた」こと、第四に「中国を中心とした冊封体制から、日本がはずれていた点」の四点から説明している(2)。

貞享の改暦に当たっては、保科正之や徳川光圀の改暦の意図があり、渋川春海という人を得、陰陽頭の土御門泰福《やすとみ》の協力も得て、ようやく改暦にいたった。

ところで貞享暦の後、改暦は江戸時代の三大改革と呼ばれる享保・寛政・天保の改革に合わせてほぼ行われていることに気付く。しかし、享保の改革については、享保年間には改暦が行われず、少し遅れて宝暦の改暦となっているのはなぜであろうか。

二　徳川吉宗の改暦への意欲

実際、享保の改革を行った八代将軍徳川吉宗は、西洋科学や博物学だけでなく数学や天文暦学にも興味を示し、改暦への強い意欲を持っていた。しかも、西洋の天文学を用いた最新の暦を導入しようと考えていたのである。『徳川実紀』「有徳院殿御実紀附録」巻一五にも、

天文・暦術は。民に時を授るの要務なればとて。これにも専ら御心を用ひ給ひ。和漢の暦書はさらなり。阿蘭の説までもひろく御穿鑿有ける

とあるように(3)、自ら書物を研究するほか、天文暦学に詳しい者から聞いたり、一方では、天文観測のための機器を工夫して作らせ「簡天儀」と名付けたり、改暦に向けて観測を行わせたりしている(4)。

天文暦学研究の様子については、たとえば近藤重蔵『好書故事』巻第四二に、

享保三年長崎天文生西川如見暦書献ズ

西川氏由緒書ニ西川如見長崎ニ罷在候処享保三戌年天文為二御用一江戸江被レ召著述書物差上御用相仕且銀子被レ下長崎へ罷帰候

とあるように、(5)長崎の天文学者西川如見《じよけん》が享保三（一七一八）年に暦書を献上していることや、『徳川実紀』「有徳院殿御実紀」巻一一の享保五（一七二〇）年一一月二二日条に、

寄合建部彦次郎賢弘も常に奉る事多きをもて金三十両を下さる。これ彦次郎賢弘天学数術に精しきをもて。御顧問にあづかりし事もあるゆへなるべし。

とあるように、(6)建部賢弘《かたひろ》に天文や数学の質問をしていることなどからうかがわれる。そして、この後、後述するように、建部賢弘の推挙によって中根元圭《げんけい》を、さらに後には、西川如見の子である西川正休《まさやす》を登用することになる。

ここに吉宗の自筆とされる史料がある(7)。

一、貞享暦ハ授時暦ニ少々了簡を加へ、組立候もの、様ニ、兼而承及候。右両暦ノ違目承度事。口上ニ而ワかれ難候ハ、、書付見申度事。

一、此間之書付ニ、惣而蝕之義は実測与算法与、度々逢不申もの之由、然は暦法之善悪、何を以而極申候哉。

一、授時暦之組立ハ、書物も渡り、此方ニても相知有之事ニ候哉。

一、時憲暦ハ、何の世、誰人の作ニて候哉、是ハ組立等相知レ不申候哉。

一、授時暦補術与ハ、授時暦の不足を補たる義ニ候哉。

一、阿らんたなとハ節合ニ而、暦も四通にて、くり廻〳〵ニ用候由、此節合之儀ハ、いつ迄も違申物にてハ無之、致シ安キ事。

一、惣而改暦之仕方、何ゾ書ニ出可有之候。此間書付出候通、日月廿八宿測量窺事、何之書ニ出有之哉、承度事。

一、右書物ニ出無之、自分之考ニ而、道理ヲ以押候とも、拠無之候ハで難申事ニ候。其本ハ何ニ拠り候而申候哉之事。

一、改暦ト申名目、元より法ヲ立かへ候ハ、勿論改暦ト可申事ニ候。暦古ク成ニ随ひ、蝕幷節季ニ遅速有之候ヲ、当時実測ヲ窺、補申候ヲ改暦ト申は、大ソウニ聞へ候。暦法ハ不立替、右補候事ニ付、名とじ《（ママ）》、名目有之間敷哉。

これが吉宗の自筆かどうかの確証はないが、史料の形態や伝来の経緯、そして内容面でもそれを思わせるところがある。ただ、その時期や誰に対する下問か、また、どのような回答が得られたのかは不明である。西川如見・建部賢弘・中根元圭に対するもの、あるいは暦作御用手伝の猪飼正一、または、下って西川正休という可能性もある。ただ、内容的には初期のものであるという印象を受ける。吉宗の暦に関する質問が初歩的であり、知識も十分ではない点からである。また、これ以前にあったと思われるやりとりも必ずしも的確とはいえなかったようで、日食・月食については実測と算法が合わないこともあるという答えに対して、それでは暦法の良し悪しは何で判断するのかという至極もっともな質問をされている。貞享改暦のさいに日食・月食の予想が合うか合わないかがで採用すべき暦を決めたということ、また、後に日食の予想を外したことで公儀の暦の正当性を疑われることになった事実を考えると、先の回答は暦の計算が合わないことの言い訳をしているようにしか思えない。

しかし、いずれにせよ、ここで扱われている点は、改暦を考えるうえで的確な質問といえよう。授時暦や当時中国で用いられていた時憲暦が何に書かれているのか、改暦については何を基にすべきか、という質問は、中国の書物を研究すること、観測によって改暦の必要性や暦の良否を判断しようとする態度につながっている。また、授時暦を補ったことや、暦を実測で補正するという点に関心があることがうかがわれるが、ここで聞かれている改暦か補暦かという点は、後の改暦に関する西川正休と土御門泰邦との交渉の中で問題になってくる(8)。

吉宗は西洋天文学に基づく改暦を目指していたとされる。それは吉宗の西洋の学問への関心と、中国清朝の暦＝時憲暦が西洋天文学に基づくという知識から出たことと思われるが、目指す改暦はどのようなものだったのであろうか。少なくともこの文書の段階では、時憲暦を補うことで、ちょうど渋川春海が授時暦を基に貞享暦を作ったように、新たな暦を作ろうと考えていたようにも見える。もちろん、後に述べるように、吉宗は『暦算全書』等の漢訳西洋暦算書を通して西洋天文学を用いた暦の本格的な研究も進めるのだが、最終的に延享四（一七四七）年に西川正休に命じたのは補暦であった。その間には中根元圭や建部賢弘の死などの不運もあって本格的な改暦が実現しなかったのかもしれないが、改暦と補暦という問題は、単なる言葉の問題なのか、本質的な理解の違いなのか、もう少し詳細な研究と慎重な判断が必要であると思われる。

なお、この文書中にオランダでは四通りの暦を繰り返して用いるとあるのは、太陽暦で四年ごとに余分の一日を加えた閏年があるということが誤って伝わったのであろうか。

しかし、西洋好きの吉宗も、さすがに月の朔望を無視する太陽暦の採用を検討することはなかったようである。

三　当時の天文方の状況

貞享の改暦後、幕府には渋川春海を初代として天文方が設けられ、毎年の暦はここで作成されていた。改暦についても、当然天文方で行うべきと考えられるが、当時の天文方には、その技術力がなかった。

天文方渋川家の初代助左衛門春海は実子の二代図書昔尹《ひさただ》にその技術を伝えたが、昔尹は正徳五（一七一五）年四月に三三歳の若さで春海より先に病死してしまう。同年六月、養子に迎えた春海の甥を三代右門敬尹《ひろただ》としたが、晩年病気に倒れた春海は同年一〇月に亡くなる。敬尹は、囲碁の安井家の出であり、もとより天文暦学の知識はなく、しかも病弱であった。その子六蔵（則休《のりよし》）はまだ幼かったため、春海の技術を伝えようと享保六（一七二一）年に春海の門弟遠藤盛俊の門下で仙台藩士の入間川《いるまがわ》市十郎重恒を養子とした四代図書敬也《ひろなり》も、享保一一（一七二六）年に三一歳で病死した養父敬尹の家督を継いだ翌年には病死してしまう。(9) この不審死については当時も噂されていたようであるが、青木千枝子は、他家の血が入ることに反対だった渋川家内部の者による毒殺ではないかと推測している。(10) 享保一二（一七二七）年に敬也の末期養子となった敬尹の実子、五代六蔵則休はまだ一一歳であった。このように、天文方渋川家は改暦には対応できない状況にあったのである。

また、享保元（一七一六）年渋川敬尹を補助するために暦作御用手伝として採用された猪飼豊次郎正一にもその力はなかったようである。『徳川実紀』「有徳院殿御実紀附録」巻一五には次のように書かれている。(11)

当時用らるゝ貞享の暦法は疎脱多く。誤も又少からざるにやと。天文方渋川助左衛門春海が弟子猪飼文次郎〔豊〕某に御尋有しに。文次郎〔豊〕其わざにいたりふかゝらざれば。答へ奉る事あたはず。

しかし一方で、猪飼正一は、享保二（一七一七）年には「御用向出精相勤候に付」褒美を受け、享保三（一七一八）年には五人扶持、同五（一七二〇）年に御用仕舞になったものの、同六（一七二一）年に再び御用を仰せつけられ、元文元（一七三六）年には天文方に就任している。(12) 改暦に関して猪飼の名は現れてこないが、改暦とは別に作暦の方を認められたということであろうか。

『徳川実紀』「有徳院殿御実紀附録」巻一五には、右の猪飼の部分に続けて、次のように書かれている。(13)

かさねて〔建部〕彦次郎賢弘にとはせ給ひしに。彦次郎賢弘。京の銀工中根条右衛門〔丈〕玄圭〔元〕といふを推挙せり。よりて条右衛門〔丈〕玄圭〔元〕を府に召れ御質問どもありしに。かれが申処ことごとく明白なりければ大に御旨にかなひ。

こうして猪飼に代わり白羽の矢が立ったのが、中根元圭である。

四　中根元圭の登用

中根元圭は、名は璋、通称丈右衛門、字は元圭（元珪とも）、号は律襲（聚）。寛文二（一六六二）年、近江国浅井郡に医者定秀の次男として生まれたが、幼い頃から算術を好み、[14] 京都の田中由真《よしざね》に入門して数学を学んだ。京都に出てからは白山町に住んだので白山先生とも呼ばれた。数学は建部賢弘にも学んでいるが、かなり後のことである。博学多才で、その著書は暦算・楽律・漢学など多分野にわたっており、『古暦便覧』（貞享四〈一六八七〉年刊）、『七乗冪演式』（元禄四〈一六九一〉年刊）、『律原発揮』（元禄五〈一六九二〉年刊）、『異体字弁』（元禄五年刊）、『天文図解発揮』（元禄六〈一六九三〉年序）、『三正俗解』（元禄九〈一六九六〉年刊）、『皇和通暦』（正徳四〈一七一四〉年刊）などがある。

貞享四年に出版された『古暦便覧』の「新撰古暦便覧跋」には「淡海〔近江〕後学藤省有定甫採二筆於律襲軒一」とあるが、没後の明和八（一七七二）年に再版されたときには「洛陽後学中根璋元圭採二筆於律襲軒一」と書き換えられている。なお、印記は「藤省之印」「有定季甫」で元のままである。「藤省」については不明であるが、「律襲」は元圭の号であり、「有定」は谷重遠『秦山集』に「東門跡小臣中根十次郎有定。後改二名元珪一」とあるように元圭の元の名前である。[15] これを見ると、貞享四年時点では、元圭はまだ京都に出ておらず、近江にいたようである。

元圭の没後明和六（一七六九）年に『三正俗解』が再版されたときに付された、元圭の子彦循《げんじゅん》の門人源元寛の跋によると、[16]

先生。姓平。名璋。字元圭。中根。其族称也。近江浅井郡人。長住二平安白山街一。人皆称二白山先生一。博学強記。最精二歴〔暦〕算一。著述甚富。正徳辛卯。有司挙為二銀官一。享保辛丑　明府召見。応対称レ肯。丁未。四月。教以二銀官一別賜二月俸十口一。以褒二学芸一。又諭以レ教二育生徒一、蓋特例也。戊申。夏。使レ訳二清人梅文鼎歴〔暦〕算全書一。及歴〔暦〕書幾部一。咸不レ閲二幾月而一終レ功。益称レ肯。壬子。五月。奉レ教往二伊豆下田一。測二太陽高低一。既而竣レ事。併二其術一以上。於レ是海内靡然莫レ不レ称二白山先生一。迄レ今言二歴〔暦〕算一之徒。皆以祖二術之一。以レ予観レ之。先生之於二歴〔暦〕算一。可レ謂二千古一人一。已。癸丑。九月。卒。年七十二。

とあり、経緯は不明であるが、正徳元（一七一一）年、京都銀座役人となっている。(17) その後、享保六（一七二一）年に将軍吉宗の下問に答え、享保一二（一七二七）年には褒美をもらっている。これについては、小山田与清《ともきよ》『松屋筆記』にも、

享保六年幕府召見ありしに応対御旨に叶ひ家業をもて昵近し奉り毎年黄金三百両を賜りて俸禄に宛たまへり

とあり、(18) また、『徳川実紀』では「有徳院殿御実紀」巻二四の享保一二年五月二七日条に、

京銀座の所属中根条右衛門天学に長ぜしをもて月俸十口をたまふ。此条〔丈〕右衛門は数術にもくはしく。天象にもあきらかなりしとぞ聞えし。

とある。(19) そして、後述するように、中国から入手した『暦算全書』の翻訳を行った後、享保一七（一七三二）年には伊豆下田で太陽高低の測定を行い、翌年の享保一八（一七三三）年九月に七二歳で没している。

中根元圭は、当時からかなり有名であったらしく、『蘐園雑話』には、

或時侯〔柳沢保山・吉保〕当世の名人を論じて云ふ、今日本にて学術は荻生総右衛門〔徂徠〕、伊藤源蔵〔東涯〕、暦算は中根丈右衛門、久留島喜内〔義太〕、筆道は細井次郎大〔太〕夫〔広沢〕、官位装束は壺井安左衛門〔義知〕、神道は賀茂の梨木氏、俳諧は松木次郎左衛門、下りて戯台狂言は市川団十郎なりと。

とある。(20) ほぼ同様の文章が篠崎東海の『東海談』にもある。(21)

或国君当世の名人を問答て曰儒者ハ伊藤源蔵東涯伊長胤又号慥々斎荻生惣右衛門徂来物茂卿号蘐園暦算ハ中根丈右衛門中根璋伯珪久留嶋喜内殊に丈右衛門ハ暦算のみにあらず多芸の人也筆道ハ細井次郎大〔太〕夫広沢知慎公謹官位装束ハ壺井安左衛門名義知神道ハ賀茂の梨木氏俳諧ハ松木次郎右衛門くだりて戯台狂言ハ市川団十郎号才牛

ここでは、「暦算のみにあらず多芸の人也」とされている。湯浅常山『文会雑記』巻之三下では、

叔卿〔細川頼直〕云、京師天文算術ニ精シキハ、……中根丈右衛門元珪ハ門人三千人、往古ヨリ珍シキ人ト今ニ称セリ。皇和通暦、古暦便覧、其外著述多シ。

とあり[22]、かなり誇張されているのだろうが、多くの門人を抱えた一大学派であったことがうかがえる。また、荻生徂徠とも関係があり、元圭の『皇和通暦』の序を徂徠が書いているほか、徂徠が『度量衡』を出版するさいに元圭に校合を頼むなど、交流があったようだ[23]。

暦学に関しては、谷重遠『秦山集』では、

東門跡小臣中根十次郎有定。後改二名元珪一。作二古歴〔暦〕便覧一。始学二于先生一〔渋川春海〕。後自二負其才一、不二肯来問一。近来請二安家一〔土御門家〕。以レ学二貞享一。安家不レ許。古暦便覧。交食閏月不レ合。此不レ知二貞享之法一。方便作レ之故也。門下未下曾得中推二尽十一曜一之人上矣。

とあり[24]、元圭は初め渋川春海に学んだが、貞享暦を学ぶことができず、そのため『古暦便覧』では日食・月食や閏月が合っていないとされている。他方、元圭自ら工夫して計算した暦は貞享暦と同じ結果であったとする史料もある。たとえば、川北朝鄰編『本朝数学家小伝』には、

初メ氏暦算ニ志シ、深ク貞享暦法ヲ知ラント欲セシカドモ、天文方ニ秘シテ官人ノ外之レヲ見ルヲ得ズ。氏自ラ推歩ス。後貞享暦法ヲ得テ之ヲ験スルニ、推算皆合スト云フ。

とあり[25]、同様の記述は、小沢正容編『算家譜略』にもある[26]。

貞享暦法嘗行于世。而其法蔵於日官、外人不得見之。元珪乃自思而行之。後獲其書験之。推算皆合。谷重遠は渋川春海の門人であり、『秦山集』は春海の言葉を集めたものであるが、自らの才能を恃んで出て行った元圭のことを重遠はよくは思っていなかったであろう。元圭の『皇和通暦』は春海の『日本長暦』の真似をしているともいっており、感情的な面もあるようだ。一方で、後の人々は元圭の才能を褒めるところが大きいこともあり、簡単には判断できないところである。

五　禁書の緩和と西洋天文学の導入

さて、吉宗からの暦学についての質問に対して明白な回答をした元圭であるが、『徳川実紀』「有徳院殿御実紀附録」巻一五には、その少し後に次の記述がある。[27]

其比条〔文〕右衛門玄〔元〕圭。凡暦術は唐土の法みな疎漏にして用ひがたく。明の時に西洋の暦学はじめて唐土に入し後。明らかになりし事少からず。本邦には耶蘇教を厳しく禁じ給ふにより。天主または李瑪〔利〕竇などの文字ある書は。ことごとく長崎にて焼捨るをきてなれば。暦学のたよりとする書甚だ乏し。本邦の暦学を精微にいたらしめむとの御旨ならば。まづこの厳禁をゆるべ給ふべしと建議せしといへり。

当時、中国清朝で一六四五年以来施行されていた時憲暦は、明朝末から清朝にかけてイエズス会士によってもたらされた西洋天文学を用いたものであった。その知識を学ぶにも、中国から入って来るキリスト教関係の書物は禁書となっていたので、読むことができなかったのである。暦学は中国よりも進んだ西洋天文学に基づくべきこと、そのためには、漢訳西洋天文暦学書の輸入を緩和すべきであるということ、これらの採用はこの後の天文暦学の方向性を定めるものであり、さらには後の蘭学の隆盛にもつながる大方針として、吉宗の功績の一つと考えられるが、これを吉宗に進言したのが元圭であるとすると、その意義は非常に大きいといえる。

禁書の緩和については、中国から来た『暦算全書』に元圭が訓点を施した『新写訳本暦算全書』（享保一八〈一七三三〉年）への建部賢弘の序がその様子を伝えている[28]。

国家故事。厳禁二耶蘇一。凡有二天主耶蘇号及李瑪竇〔利〕等之姓名一者。不レ問二書好否一。一切焚二諸崎陽之地一。西暦之不講。以此大哉。昭代文運日升。明々在上。以明二庶物一。遂及二暦術一深造二其妙一。廼行二崎陽一。除二焚書之令一。暦算全書因至焉。可レ謂得下言二西暦一之助上矣。

その時期については、近藤重蔵『好書故事』巻第四二に、

同〔享保〕五年庚子正月天文暦数ノコト御穿鑿ニ依テ西洋天書ノ禁ヲ弛ラル

長崎御書付留ニ五年正月長崎奉行江被二仰渡一候御書付ニ唐船持渡候書籍ノ内邪宗門ノ儀聊モ書載候書物ハ貞享二年以来一切停止之事ニ候へ共向後ハ右法儀ニ可レ用類ノ文句等ハ弥停止可レ致候噂迄ニテ不レ障文句書入候分ハ御用物ハ勿論世間へ売買為レ致候テモ不レ苦候尤吟味之節随分入念紛敷無レ之様可レ致以上

とあり[29]、享保五（一七二〇）年正月に長崎奉行宛に禁書緩和の書付が出されたことがわかる。

ところで、禁書の緩和が享保五年であるとして、元圭がそれに先立ち建議できる立場にいたのであろうか。元圭が将軍に目通りした時期については、先に述べたように享保六（一七二一）年という記録はあるが、それでは時間的に合わない。遠藤利貞『日本数学史』では享保元（一七一六）年に、

この年将軍吉宗、建部賢弘（この時寄合）を召して、親しく天文暦事を問う。賢弘謹答して且つ、高弟中根元圭を以聞せり。吉宗すなわち元圭を京師より召す。元圭、到りて江戸城に登る。これより吉宗、下問益々密なり。元圭、答うる益々詳なり。

とあり[30]、また、大槻如電『新撰洋学年表』には、

享保二年丁酉

京都銀座人中根丈右衛門召れて江戸に至り将軍の下問に対し暦道の真理を上言す

とあるが(31)、どちらも出所は不明である。近藤重蔵『好書故事』巻第四二には、

一書ニ享保初天文ノ事下問アリテ寄合建部彦次郎ソノ撰スル所ノ暦算通徹ヲ奉リ又京都銀座中根丈右衛門ヲ召テ下問アリ

とあり(32)、「享保初」としか書かれていないので、正確な年は不明である。しかし、禁書が緩和されたのが享保五年であることはほぼ間違いなく、それが元圭の進言によることも正しいとすると、元圭が将軍に拝謁したのは、享保五年より少し前ということになろう。

六　『暦算全書』の翻訳

『徳川実紀』「有徳院殿御実紀附録」巻一五には、禁書緩和の話の前に次のように書かれている(33)。

其ころ唐船に暦算全書といへる書をもたらし来りしを。条《〔文〕》右衛門玄《〔元〕》圭に訳すべしと命ぜられしに。やがて訳本一通を進らせける。しかるにこの書は別に全書ありて。其中より抄録したるものなれば。その全書をみざらんには。本意は明弁しがたしと玄《〔元〕》圭申しければ。やがて其全書をもち来るべきよし。長崎の奉行萩原伯耆守美雅もて唐商に令せらる。はたして暦算全書は西洋暦経のうちより抄録せしものなりしかば。西洋暦経の書本をもて参りぬ。

『暦算全書』は、一七二三年に中国清朝の暦算家、梅文鼎が西洋天文学に基づいて著した暦算書である。『西洋暦経』は、明朝末に作られていた『崇禎暦書』（一六三五年）を清朝初の一六四五年に湯若望（アダム・シャール）が『西洋新法暦書』と改め、時憲暦の基となったもののことかと思われる。『暦算全書』は抄録であって別に全書があるという記述と『西洋暦経』との関係には少し混乱があるようだ。元圭が『暦算全書』の翻訳に本格的に

取り組んだこと、『西洋暦経』との関わりが確認できないことを考えると、ここでいう『暦算全書』そのものが「全書」であったのではないかと思われる。その場合、右の「抄録」とは、『暦算全書』の一部で先に入って来ていたものと考えられ、小林龍彦が紹介している幕府紅葉山文庫所蔵の『暦学全書』という本がそれに当たるかもしれない(34)。

元圭による『暦算全書』の翻訳については、『徳川実紀』「有徳院殿御実紀」巻三七の享保一八（一七三三）年五月二九日条に、

　このほど割円八線表。暦算全書はじめて舶来しけるに。銀座年寄中根条〔丈〕右衛門其事に精きをもて訳せしめらる。

とある(35)。この享保一八年は、翻訳した後に訓点本を納めた年である。近藤重蔵『好書故事』巻第四二には、

　御文庫旧志ニ暦算全書長崎舶来ノ書ヲ以テ建部彦次郎某ニ命ジテ書写サシメ中根上〔丈〕右衛門某ヲシテ訓訳セシメ彦次郎ニ序ヲ作ラシメテ享保十八年五月十六日御文庫ニ収メラル

とある(36)。

『商船載来書目』によると、『暦算全書』一部四套が舶来したのは享保一一（一七二六）年である(37)。幕府紅葉山文庫の『書物方日記』には、同年一一月五日付で、長崎からの書物一三〇部の収納について書かれており、『暦算全書』については、目録のみで現物はなく、「当分建部彦次郎江拝借ニ成候」とあるが(38)、これは元圭に渡されたものと思われる。これが紅葉山文庫に返却されたのは、享保一八年五月一六日、元圭による訓点本『新写暦算全書』の納本と同時である(39)。なお、『暦算全書』に含まれるべき『割円八線之表』という三角関数表については、享保一一年には抜けており、翌一二年に入っている(40)。

元圭による『暦算全書』訓点本は、享保一八年に建部賢弘の序を付けて『新写暦算全書』として献上され、紅

葉山文庫に収納される。その後、紅葉山文庫所蔵の『暦算全書』原本と元圭訓点本は、以下のように何度か貸し出されている。[41]

元文四（一七三九）年一二月一二日〜元文五（一七四〇）年二月一三日　原本
元文六（一七四一）年一月二三日〜寛保元（一七四一）年一〇月一一日　元圭訓点本
延享元（一七四四）年八月九日〜延享三（一七四六）年九月二日　元圭訓点本
延享元年八月一二日〜延享二（一七四五）年四月一六日　原本

これらは西川正休などの改暦に関わる利用であったと思われる。

七　「白山暦」とは

『徳川実紀』「有徳院殿御実紀附録」巻一五には、

西洋暦経の書本をもて参りぬ。これをも条〔文〕右衛門玄〔元〕圭にみることをゆるされしに。これにたよりて律襲暦（一名白山暦）をつくりて奉れり。

とあるが、[42]「律襲暦」「白山暦」そのものは残されていない。しかし、白山暦は西洋天文学を用いたものではなく、授時暦を基にしたものであり、元圭が吉宗に召出されるよりもっと時期的に早いものではないかと考えられる。

白山暦が授時暦に基づくという点については、近藤重蔵の『好書故事』巻第四二に「丈右衛門律襲暦一名白山暦ヲ作ル授時暦ニ原ヅクト云」とある。[43]また、元圭の門人である幸田親盈《ちかみつ》の『白山暦解義』の別名は『授時暦正解』である。[44]さらに、幸田親盈の門弟千葉歳胤《としたね》の『天文残考』の序は「宣明授時白山之三暦……」と始まっており、白山暦は宣明暦・授時暦と並列で述べられている。ここに貞享暦の名がないことからすると、白山暦というのは、貞享暦を学べなかった元圭が自ら工夫して作り、その後、貞享暦と異なるところがなかったとされた暦のことかもしれない（第四節参照）。

時期的な点については、まず『西洋暦経』が入って来たのは、『商船載来書目』によると享保一八（一七三三）年であり[45]、紅葉山文庫に収納されたのは翌享保一九（一七三四）年であり[46]、享保一八年九月に亡くなっている元圭がそれを見られたとは思えない。

では『暦算全書』はどうかというと、『暦算全書』の訓点本を納めたのが享保一八年五月であり、元圭が九月に亡くなるまでの間に新しい暦を作ったとは考えにくい。もっとも、『暦算全書』の訓点・翻訳は享保一三（一七二八）年頃にはできていたという説もある。蜂谷定章編『円理発起』への元圭の序には、

余時来二東都一奉レ教訳二暦算全書一畢レ功且二西帰一……享保戊申〔一三年〕冬十二月壬申　平安　平璋元圭書

と書かれており[47]、享保一三年には成立していたことになる。『徳川実紀』「有徳院殿御実紀」巻二八の同年一二月九日条にある[48]、

二丸留守居建部彦次郎賢弘暦書の事にあづかりしをもて時服三たまふ。おなじことにより銀座中根丈右衛門にも銀を賜はる。

という記述についても、『暦算全書』の翻訳完了に関する褒美という意味で捉えるべきかもしれない。

しかし、『暦算全書』翻訳完了後、京都に戻った元圭は何をしていたのであろうか。当時すでに七〇歳近い高齢ではあるが、享保一七（一七三二）年には伊豆下田での太陽高低の測定を命じられて実施もしている。元圭が新暦を作る意志がなかったか、あるいは、改暦までは求められていなかったのかもしれない。いずれにせよ、改暦までを実施するだけの時間は元圭には残されていなかったのである。

八　その後の改暦の経緯

元圭が亡くなった後、建部賢弘も元文四（一七三九）年には亡くなり、吉宗は改暦を行うべき人物を失ってしまう。次に召し出されたのが、西川正休であった。『徳川実紀』「有徳院殿御実紀附録」巻一五には、次のようにある。[49]

やがて暦法をあらため給はんの御心なりしに。顧問に備ふべき建部彦次郎賢弘不幸にしてうせければ。しばらくその人を求めさせ給ひしに。其頃長崎にて天文の学を講じたる西川如見忠英が子に忠次郎正休といへるあり。よく家学をつぎて其術は精微に至りしが。家産をとろへ。たづきなかりしかば。江戸に来り天経或問を講じ。口を糊して有しを聞召及ばれ。浦上弥五左衛門直方をして御糺しありしに。其術衆にすぐれしかば。吹上の園にめされて測量せしめ給ひしに。忠次郎が申す所盛慮に暗合せしかば。やがて天文方になされ。神田佐久間町に司天の所を設けて。測量の調度どものこりなくかしこにうつさる。

正休は、暦書を献上したこともある西川如見の子であり、游子六『天経或問』の訓点本を出版するなど西洋天文学の知識を持っていた。時期としては、『徳川実紀』「有徳院殿御実紀」巻五二の元文五（一七四〇）年一一月二三日条に、

処士西川忠次郎正休天文に精しく。これまで暦術の事をもつとめしかば。月俸十口たまひ。寺社奉行に属せしめらる。

とあるので[50]、それ以前であったと思われる。そして、天文観測等の準備を経て、改暦に向かうことになる。『徳川実紀』「惇信院殿御実紀」巻五の延享四（一七四七）年正月二〇日条に、

この日処士西川忠次郎正休天象に精しきをもて。天文方を命ぜられ。俸禄二百俵たまふ。

同月二三日条に、

またこたび暦補の挙仰いだされて。その事つかさどるべきむね。天文方渋川六蔵則休。西川忠次郎正休に命ぜられ。作事方所属三人。それにしたがひ事奉るべしと命ぜらる。

とあるように、(51) 正休を天文方にした上で、「補暦」が命じられている。しかし、『徳川実紀』「有徳院殿御実紀附録」巻一五にあるように、(52)

故の天文方渋川助左衛門春海が子〔ママ〕六蔵則休（後図書）。忠次郎〔西川正休〕と共に主管して測量しけるに。改暦の事大かたと丶のひしかば。二人仰を承りて京にのぼり。土御門三位泰邦卿に改暦の事をはかりしに。泰邦卿申けるは。このこと容易ならねば。京にて再三試たるうへならでは定めがたしといふ。さらばとて梅小路に測量所を設け。その費用は年ごとに金二百両。米百俵を賜りぬ。しかるに　桜町院崩ぜられしかば。しばし改暦の事をのべられ。翌年仰出さるべしと定られしに。公〔吉宗〕また大漸にいたり給ひしかば。此事遂に盛慮のごとく行はれずしてやみぬるは。まことにをしむべくなげくべきのかぎりなりけり。

という結果になってしまうのである。

その後、正休による改暦の試みは続けられるが、吉宗という大きな後ろ盾を失い、また、正休の暦に関する知識が不十分であったことにもより、土御門泰邦に主導権を奪われてしまう。(53) そして、宝暦五（一七五五）年宝暦暦に改暦することになるが、宝暦暦は貞享暦を補正したに過ぎず、吉宗が目指した西洋天文学に基づく暦ではない。しかも、宝暦一三（一七六三）年九月に日食の予測を外すという失態を演じ、急いで天文方で修正暦を作ることになってしまう。

九　禁書の緩和、漢訳西洋天文暦学書導入の意義

享保期の吉宗による西洋天文学を用いた改暦の試みは成功しなかった。しかし、長い目で見たとき、その試みは結果的には成果をあげたといえる。宝暦の改暦では失敗したものの、次の寛政暦では高橋至時らが漢訳西洋天文暦学書である『暦象考成後篇』を用いて、ケプラー楕円軌道まで考慮に入れた暦を作り上げた。これは、吉宗が志向した西洋天文学の導入と漢訳西洋暦学書のための禁書緩和政策の結果であるといえよう。

また、寛政暦の改暦では高橋至時と間重富《はざましげとみ》を天文方に引き抜いて用いたが、彼らは大坂の麻田剛立《ごうりゅう》の門下であり、このような人材が民間で育ち、暦学書を学んだり、観測を行っていることは驚くべきことである。宝暦暦の日食予報の不備を指摘したのも民間の学者たちであった。中国では暦は皇帝の専管事項であり、民間での天文・暦学は禁止されていたのに対し、日本では民間でも暦学の研究は行われており、それが日本全体の潜在能力を高めていたといえよう。その契機になったのは、禁書緩和による漢訳西洋天文暦学書の導入である。

たとえば、游子六『天経或問』は基礎的な天文知識の本ではあるが、一般を含めて広く読まれ大きな影響を及ぼした(54)。もともとは禁書ではなくいくらか流入していたものの、一時は差し止めになり、享保一五（一七三〇）年の西川正休による訓点本刊行以来、さらに普及したものと思われる。関連する著作は確認できるだけでも二〇種以上あり、山東京伝の『天慶和句文』（天明四〈一七八四〉年刊）のように書名をもじった本まで現れるほどであった。西川正休による訓点本刊行に当たって、町奉行が出した判断は、以下のようなものであった(55)。

天経或問板行之儀申上候書付

覚

書物問屋　万屋清兵衛

此者儀、天経或問書物板行仕度旨相願申候ニ付、仲ヶ間行事共ニ吟味為仕候処、天経或問之儀は、
常憲院〔綱吉〕様　御代、御禁書ニ被　仰付候由ニ御座候、依之林大学頭方江相尋候処、別紙之通御禁書之旨申越候、
右書物之儀、重宝成書物之由及承申候、書物問屋願之通、板行可被　仰付候哉奉伺候、則右書物二冊、奉入
御覧候、以上

　　正月　　　　　大岡越前守

〔中略〕

覚

天経或問
寛文年中、別而切支丹御禁制
常憲院様御代、利瑪竇か類之作ル書をは、一切御取上ヶ不被成候、其上天文之儀は、中華とは違ヒ、当時御
仕置ニ入候之儀ニ而も無之候間、無用之書と之儀被　思召候儀ニ御座候
一此書今度一見仕候所ニ、邪説之儀は無御座候、天文之儀計書載申候、以上

　　十二月　　　　　林大学頭

つまり、天文に関することだけであれば仕置（政治）には関係なく、重宝であるので出版を許可するということである。これは、おそらく禁書緩和の影響であろうと思われるが、正式に西洋天文暦学に関する本の出版を認めることになり、この後、民間も含めて広く天文暦学の研究が行われる下地を作ったものと思われる。これだけを見ても、吉宗による禁書の緩和、西洋天文学の導入という方針には、大きな意義があったといえるだろう。

(1) 司馬遷『史記二　書・表』(筑摩書房、一九九五年)、七〇頁。
(2) 林淳『天文方と陰陽道』(山川出版社、二〇〇六年)、一〇〜一二頁。
(3)『徳川実紀』九、『新訂増補国史大系』四六(吉川弘文館、一九三四年)、二九二頁。
(4)『徳川実紀』九、同右、二九三頁。
(5)『好書故事』四二、『近藤正斎全集』三(国書刊行会、一九〇六年)、一四六頁。
(6)『徳川実紀』八、『新訂増補国史大系』四五(吉川弘文館、一九三三年)、二一二頁。
(7) 茨城県立歴史館所蔵、一橋徳川家文書「八代将軍吉宗自筆暦数質問状」L一―一一―二、L一―一一―三、辻達也編『一橋徳川家文書摘録考註百選』(続群書類従完成会、二〇〇六年)、一九〜二三頁。横塚啓之「徳川吉宗と天文暦学」(『数学史研究』一五四号、一九九七年)、一三〜一八頁にも判読文と現代語訳がある。
(8) 渡辺敏夫『近世日本天文学史』上(恒星社厚生閣、一九八六年)、九六〜一〇一頁。
(9)『天文方代々記』、『天文方関係史料』(大崎正次、一九七一年)、六〜七頁。『渋川家先祖書』同書、八二〜八三頁。
(10) 青木千枝子「『東山集』余録　渋川敬也の死をめぐって(上)」(『仙台郷土研究』復刊二〇巻二号、一九九五年)、一〜八頁。同「同(下)」(『仙台郷土研究』復刊二一巻一号、一九九六年)、二一〜二六頁。
(11)『徳川実紀』九、前掲註(3)書、二九二頁。
(12)『天文方代々記』前掲註(9)書、一八頁。
(13)『徳川実紀』九、前掲註(3)書、二九二頁。
(14)「父中根定秀碑文」、東京市役所編『東京市史稿』市街篇一九(東京市役所、一九三三年)、六九九〜七〇〇頁。
(15) 谷重遠「壬癸録」三、『秦山集』三五(谷干城、一九一〇年)、二丁オ。
(16) 源元寛「書重訂三正俗解後」、『三正俗解』(明和六〈一七六九〉年)。
(17) 小山田与清『松屋筆記』には「正徳元年大坂銅座の大戸棚役に登用せらる」とあるが、他の史料に大坂銅座の記述はなく、京都銀座を誤ったのであろうか(『松屋筆記』二、国書刊行会、一九〇八年、一七四頁)。
(18) 小山田与清『松屋筆記』二、同右、一七四頁。
(19)『徳川実紀』八、前掲註(6)書、四二九頁。
(20)『蘐園雑話』、森銑三・北川博邦編『続日本随筆大成』四(吉川弘文館、一九七九年)、八〇頁。
(21) 篠崎東海『東海談』上(元文五〈一七四〇〉年)、『南畝叢書』前集(寛政元〈一七八九〉年)、東一一丁ウ〜東一二丁オ。
(22) 湯浅常山『文会雑記』巻之三下、『日本随筆大成』第一期一四(吉川弘文館、一九七五年)、三三一頁。
(23)『蘐園雑話』、前掲註(20)書、八五頁。高橋博巳「中根元圭と荻生徂徠」(『文芸研究』一〇九号、一九八五年)、

五四~六四頁。高橋博巳『江戸のバロック』（ぺりかん社、一九九一年）、一二三~一六二頁。
(24) 谷重遠「壬癸録」三、前掲註(15)書、二丁オ。
(25) 川北朝鄰編『本朝数学家小伝』（明治二三〈一八九〇〉年）、写本『本邦数学家小伝』（東北大学附属図書館「和算資料データベース」）、一五頁。前掲註(14)『東京市史稿』、六九八~六九九頁。
(26) 小沢正容編『算家譜略』（寛政一三〈一八〇一〉年）、（澤村謄写堂、一九三三年）。前掲註(14)『東京市史稿』、七二四~七二五頁。
(27) 『徳川実紀』九、前掲註(3)書、二九二頁。
(28) 能田忠亮「新写訳本暦算全書に就て」（『東洋史研究』五巻二号、一九四〇年）、一四九頁。藤原松三郎「暦算全書及び幾何原本の渡来」（『文化』六巻一二号、一九三九年）、一二五四頁（『東洋数学史への招待』東北大学出版会、二〇〇七年、七二頁）。
(29) 『好書故事』四二、前掲註(5)『近藤正斎全集』三、一四六~一四七頁。
(30) 遠藤利貞『増修日本数学史』（恒星社厚生閣、一九六〇年）、二二九頁。
(31) 大槻如電修『新撰洋学年表』（柏林社、一九二七年）、三八頁。
(32) 『好書故事』四二、前掲註(5)『近藤正斎全集』三、一四六頁。
(33) 『徳川実紀』九、前掲註(3)書、二九二頁。
(34) 小林龍彦「紅葉山文庫に収蔵される梅文鼎の著作について」（『科学史研究』四一号、二〇〇二年）、二六~三四頁。
(35) 『徳川実紀』八、前掲註(6)書、六三二頁。
(36) 『好書故事』四二、前掲註(5)『近藤正斎全集』三、一四七頁。
(37) 『商船載来書目』、大庭脩『江戸時代における唐船持渡書の研究』（関西大学東西学術研究所、一九六七年）。
(38) 東京大学史料編纂所編『大日本近世史料　幕府書物方日記』六（東京大学出版会、一九七〇年）、一六七~一七〇頁、二〇六頁。
(39) 東京大学史料編纂所編『大日本近世史料　幕府書物方日記』一〇（東京大学出版会、一九七四年）、四四~四五頁。
(40) 前掲註(38)『幕府書物方日記』六、二六一~二六三頁。
(41) 東京大学史料編纂所編『大日本近世史料　幕府書物方日記』一五~一八（東京大学出版会、一九八〇~一九八八年）。
(42) 『徳川実紀』九、前掲註(3)書、二九二頁。
(43) 『好書故事』四二、前掲註(5)『近藤正斎全集』三、一四六頁。
(44) 『天文残考』序（宝暦八〈一七五八〉年）、山口正義『天文大先生千葉歳胤のこと』（まつやま書房、二〇〇九年）、九四頁。
(45) 『商船載来書目』、前掲註(37)書。

(46) 前掲註(39)『幕府書物方日記』一〇、一五八〜一五九頁。
(47) 蜂谷定章編『円理発起』(古典数学書院、一九三八年)、二丁オ。
(48) 『徳川実紀』八、前掲註(6)書、四八七頁。
(49) 『徳川実紀』九、前掲註(3)書、二九四頁。
(50) 『徳川実紀』八、前掲註(6)書、八六一頁。
(51) 『徳川実紀』九、前掲註(3)書、四一四頁。
(52) 『徳川実紀』九、前掲註(3)書、二九四頁。
(53) 前掲註(8)、渡辺敏夫『近世日本天文学史』上、九六〜一三七頁。
(54) 吉田忠「『天経或問』の受容」(『科学史研究』第二期二四号、一九八六年)、二一五〜二二四頁。久米裕子「日本における『天経或問』の受容(1)」(『京都産業大学日本文化研究所紀要』九号、二〇〇四年)、一〇二〜一四六頁。
(55) 『撰要類集』三(続群書類従完成会、一九七九年)、八三〜八四頁。

漢訳西洋暦算書と『天学雑録』
――楕円軌道論と物体の落下法則の受容をめぐって――

小林龍彦

一　『天学雑録』について

国立公文書館内閣文庫に収蔵される一冊に『天学雑録』と題する写本がある（請求番号一九四―七八）。この書名は、写本の表紙左上に墨書されるのみで他には書かれていない。恐らく後世の人が、二冊の天文暦学写本と一本のノートを合綴したときに命名したものであろう。書名の「雑録」にその意味が現れている。これの表紙の右上には「番外書冊」の黒印がある。また、その下には木版で刷った紙片に「天文一ノ二」と書いた付箋紙が貼られている。写本の最終丁には「昌平坂」の黒印も捺されている。この黒印は、江戸幕府の学問所であった「昌平坂学問所」のものであるから、『天学雑録』の旧蔵者は昌平坂学問所だったことになる。その昌平坂学問所は寛政九（一七九七）年に設置されているから、同所への写本の収蔵もこれ以後ということになる。先の「昌平坂」の黒印の捺される丁葉左上隅に「安政庚申」（一八六〇年）とする朱印も認められるから、この年には既に学問所の文庫に収まっていたと考えられる。

そして、紙片に「天文一ノ二」と記されることから、『天学雑録』以外にも天文暦学関係の写本があったことがうかがわれる。また、「番外書冊」が捺された諸本は「昌平坂学問所蔵書のうち、「四庫及ヒ国朝古書」以外のものの総称で、慶長以後の撰述のうち、地誌・記録以外の国書が多くこれに該当」し、しかもこれらの書籍は「編修用に備えたもので原則として学生の閲読は禁じられていた」[1]とする特別な扱いがなされたものであった。もっとも『天学雑録』に見える天文の記事が直ちに「編修」に係わる内容とは思われない。しかし、同書でとりあげられている議論の中身にイエズス会宣教師編纂の天文書が含まれおり、このことから「番外書冊」扱いになった可能性も考えられる。

本小論は、この『天学雑録』の中心議題となった楕円論・垂揺球法（振り子運動）や物体の自由落下運動について紹介し、それら議題の出典書となる漢訳西洋暦算書の『暦象考成後編』や『新製霊臺儀象志』の記事との比較を試みることで、近世日本の暦算家の楕円論や物理事象に対する関心のありようを探ろうとするものである。[2]

二　『暦象考成後編』の楕円論

『天学雑録』を紐解くと、まず冒頭で漢訳西洋暦算書の一つである『暦象考成後編』において初めて導入された楕円軌道論がとりあげられるが、その第一丁では「楕円角度与面積相求」（図1参照）と題して、（a）楕円周上を公転する太陽と楕円の一つの焦点である甲を中心とする地球までの距離、（b）太陽が丁から辛まで運行した時の中心角乙を辛の延長線と大円周が交わる交点（子）に求めること（図2参照）、（c）および動半径乙丁が楕円周上の点辛まで掃いた時に描かれる面積を求めること（図2参照）、がそれぞれ順序立てて示されている。いずれも、所謂、点竄術をもって計算され、正しく求められていることが確認できる。

ここでは、最初に登場する地球と太陽までの距離を求める計算を、原文に沿いながら紹介しておこう。

いま、図1において、地球は楕円の焦点の一つである甲にあって、太陽は丁巳を長径、戊庚を短径とする楕円周丁戊巳庚の点辛にある。乙は楕円の中心。甲乙＝丙乙は両心差。甲辛が地球から太陽までの距離（太陽距地）となる。また、弧丁辛＝角辛甲丁になる。

ここで、楕円には「丙辛甲線ハ倍半径也、太陽雖在何之度、各与倍大半径等[3]」という関係があることは明らかである。則ち、

甲辛＋丙辛＝2乙丁　（＊）

また、図1からは、角丙甲壬と角辛甲丁が等しい、ことがわかる。さて、

半径×丙壬＝2両心差×sin 甲角

∴　丙壬＝2両心差×sin 甲角／半径

となり、両心差と sin 甲角から丙壬が求まる。また、

半径×壬甲＝2両心差×cos 甲角

∴　壬甲＝2両心差×cos 甲角／半径

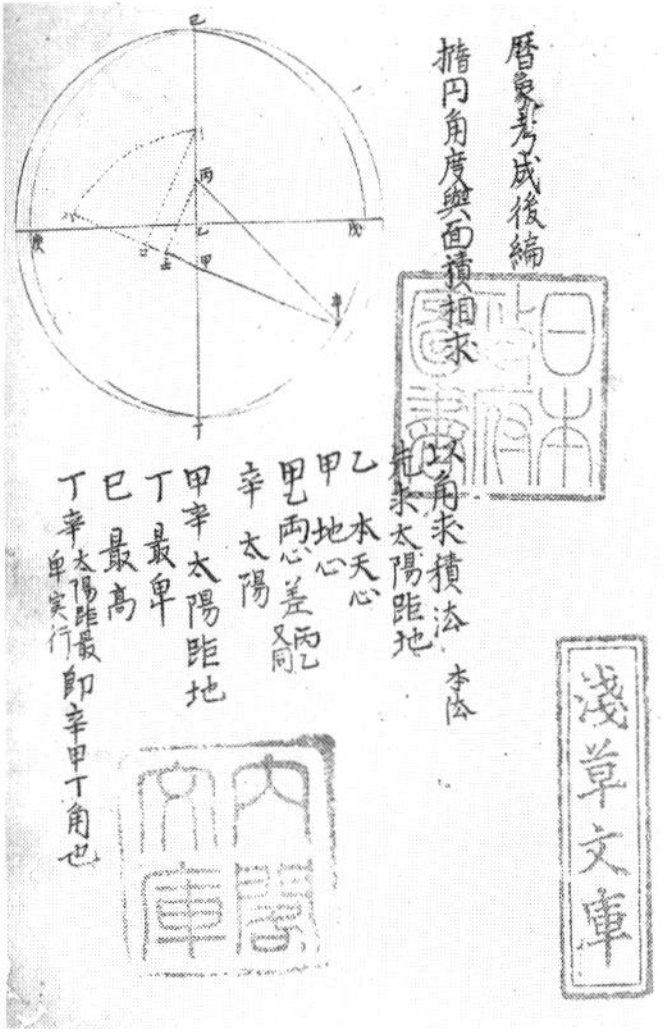

図1　『天学雑録』一丁オに見る「楕円角度与面積相求」問題（国立公文書館内閣文庫所蔵、以下同じ）

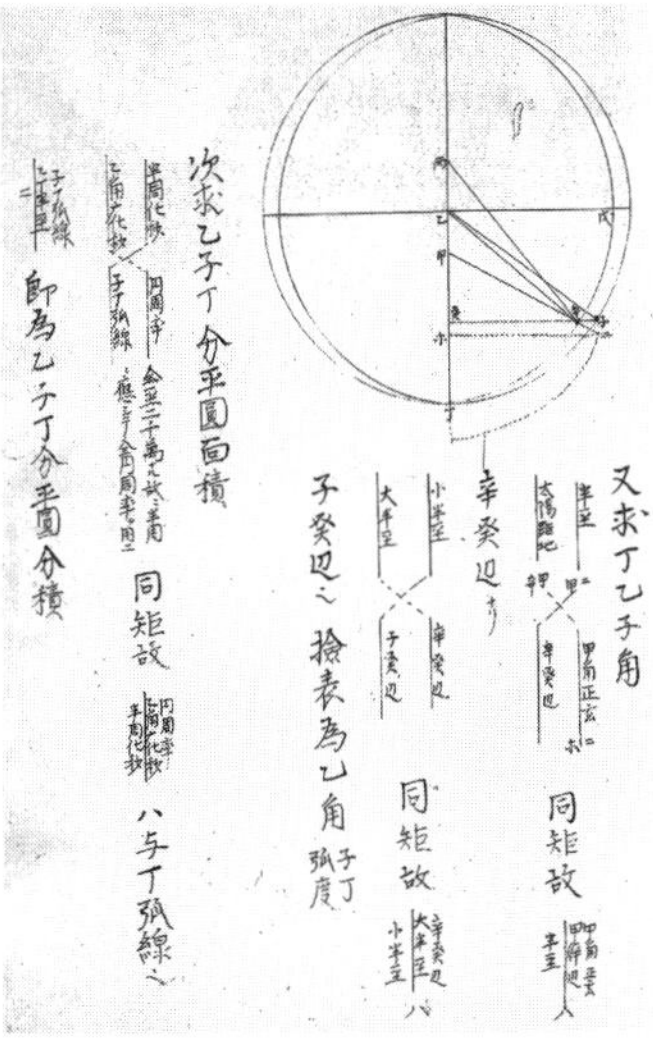

図2　『天学雑録』二丁オ

を得て、両心差とcos甲角から壬甲が求まる。ここで、（＊）式を使って、壬甲と2大半径＝丙辛＋甲辛を併せれば、すなわち、

$$壬甲+2大半径=弦+股$$

を得る。この式から、図1に見るような、壬を直角とする直角三角形丙壬辛の二辺である丙辛（弦）と壬辛（股）の和として表すことができる。また、三平方定理より、

$$\frac{勾^2}{弦+股}=弦-股$$

とする弦と股の差の式を得る。これより、弦と股の和と差をもって、

$$\frac{弦+股}{2}+\frac{弦-股}{2}=丙辛$$

丙辛を得ることができる。ここで再び、（＊）式を用いて、

$$2大半径-丙辛=甲辛$$

これにより太陽距地＝甲辛が求まることになる。

以上で、最初の問題の解説を終えることにするが、以下に続けて（b）と（c）の問題が解かれていくことになる。右の解説からも明らかなように、『天学雑録』の冒頭では、ケプラーの楕円軌道論の第一法則と第二法則が話題になっているのである。このヨハネス・ケプラー（Johannes Kepler, 1571-1630）の楕円論が東アジアに伝えられたのは、ドイツ人イエズス会宣教師戴進賢（Ignatius Kögler, 1680-1746）が編纂した『暦象考成後編』（乾隆七〈一七四二〉年刊）においてであった。

戴進賢の『暦象考成後編』が我が国に舶載された正確な年代は不明であるが、幕府書物奉行であった青木昆陽

（一六九八〜一七六九）が自著『続昆陽漫録補』（明和五〈一七六八〉年）において『暦象考成後編』に載る歳実について言及し、その情報源が『律暦淵源』（雍正元〈一七二三〉年刊）であることを認めている(4)。このとき青木昆陽が見たとする『暦象考成後編』は『律暦淵源』に収まる『暦象考成』に含まれていたものと考えられるが、その『律暦淵源』は宝暦一一（一七六一）年と宝暦一二年に伝わったことがわかっている(5)。したがって、青木昆陽は宝暦年間に伝わったいずれかの『律暦淵源』にあった『暦象考成後編』を見たのであろう。

つまり、ケプラーの楕円軌道論は、一七六一年以降、『暦象考成後編』を通じて我が国へ伝わったことになるのである。よって『天学雑録』における楕円の議論も必然的にそれ以降ということになろう。

ところで、『天学雑録』では太陽と地球までの距離計算と楕円の面積問題に関連して、次のような書き加えがある(6)。

長涯先生曰、以下編暦法之理論、楕円均輪与本輪同径為均輪大之極、此時如左図（中略）、予聞之製楕円規

とする楕円の作図器に関する「長涯先生」の見解が載せられているのである。

さて、『暦象考成後編』の楕円論をとりあげた著者が長涯先生と呼ぶこの人物は誰のことであろうか。ここで長涯先生の経歴について簡単に記しておこう。

長涯とは、一八世紀後半の大坂を中心に活動していた民間の天文者間重富（一七五六〜一八一六）のことである。重富は、宝暦六（一七五六）年三月、大坂長堀で質屋「十一屋」を営む間五郎兵衛の六男として生まれ、幼名を孫六郎、字は大業、諱を重富、号を長涯、耕雲堂主人と称した。明和八（一七七一）年、父光重没後一六歳にして家督を継ぐが、早くから暦算学に関心を抱き、初め算学を坂正永に学び、三〇歳の頃、大分杵築《きつき》の麻田剛立（一七三四〜一七九九）に師事して西洋流天文暦学を修得した。天文暦学研究にあっては、特に観測技術において才能を発揮したが、象限儀や子午線儀、垂揺球儀をはじめ多くの天文観測機器の創案・改良に貢献した。その一

方で、私財を投じて職工も養成し機器の製作にあたらせた。寛政七（一七九五）年、江戸幕府による寛政改暦の議が起きると、師の剛立に推挙され、同年四月出府し、同門の高橋至時《よしとき》（一七六四〜一八〇四、寛政七年四月出府、同年一一月天文方昇進）とともに浅草暦局において事業に携わった（六一歳没）。(7)

先に引用した「長涯先生曰」の文章の最後に「製楕円規」とする文言が見えていたが、これは間重富が寛政初年に考案したといわれる楕円を作図するためのコンパスを指すのであろう。(8) 確かに、『暦象考成後編』巻一には楕円論に基づく天文暦学の新理論の紹介と併せて、楕円の二つの焦点に輪状の糸をかけて、鉛筆でこの糸を引っ張り緩めることなく廻せば楕円が描けることも記している。(9) このような作図法は後述する『新製霊臺儀象志』（以下、『霊臺儀象志』と記す）の図説の『儀象志図』にも載っていたし、そこでは機械的な作図法も紹介されていた。(10) そうした漢訳西洋暦算書に載る新しい天文学の知識とその機械的作図法に間重富は強い関心を抱き、それの製作を試みた、と考えることは可能である。

三 『天学雑録』の振り子の運動と自由落下運動

『天学雑録』は、前節の楕円論に続けて、振り子の振幅運動と物体の落体運動との相関性についての記事が載る。その最初は「垂揺球法」であるが、問題の冒頭に「第三」とあるから、先の楕円問題第一、第二に連続する問題の位置づけになっているとも考えられるが、楕円問題の冒頭にはそのような番号はない。すると、「垂揺球法」に係わるような問題が第一、第二とあった可能性もあるが、今は、確認できない。

その第三題は長涯による「垂揺球法」の伝授として、次のような図説が載せられている(11)（図3）。

第三

○ 長涯翁解垂揺球法授余如左

この「第三」題の主題は、糸の長さとその先端に付けられた垂球の重さによって、振り子の振幅回数がどのように変化するかを数学的に確かめることにある。ここでの結論は、垂球の重さとこれに付ける糸の長さによって振幅数が定まるというもので、それらが比例関係にあることが導かれている。長涯は、図3の振り子の図に続けて、振幅数を求める式を次のように与えている。原文をそのまま引用するが(12)、便宜的に句読点は筆者が補った。

垂線ニ一寸ヲ加原垂線ヲ倍スルナリレバ、亦垂球一銭目ヲ加フ原球ヲ倍スルナリ、又原垂線一寸ヲ三倍スレバ、亦原球三倍目ノ玉ヲ付、逐テ如此各同比ナリ其法如左

設ハ三倍垂球ノ行ヲ求ム。置三個開平方三除之、得〇個五七七三三、即一寸之垂球一偏之内之往来数ナリ、又四倍垂球ノ行ヲ求ムルハ、置四個開平方四除之、得〇個五、即四倍之行也、逐而如此置其倍数開平方、得商、又以其倍数除之即得

ここで長涯こと間重富が与えた説明を現代的に書き直せば次のような式になる。いま、糸の長さをm、垂球の重さをgとすれば、振幅数Tを定める式は、

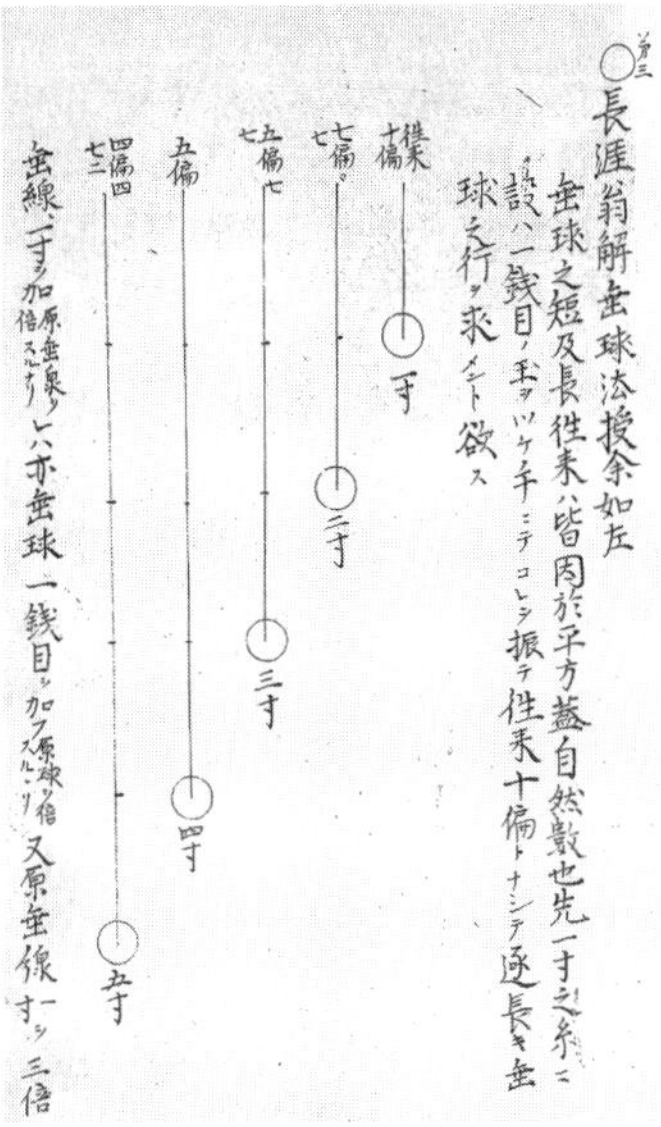

図3　垂揺球法の図（五丁オ）

$$T = \frac{\sqrt{nm}}{ng} \quad (m, g = 1)$$

で表すことができる。上記の式にあってnのとる値は、$n = 1, 2, 3, \dots, k$となるが、間重富はnを「自然数」と呼んでいる。管見の及ぶ限りでは、この時のnを「自然数」と呼んだのは、我が国では間重富が最初と思われる。また、間は糸の長さと垂球との比例関係を考慮して、先に触れた振り子時計を考案したものと思われ

る。なお、間が製作した振り子時計は「垂揺球儀」の名をもって『寛政暦』に収められており、精緻な図からおおよその構造を知ることができる[13]。

『天学雑録』は、振り子の振幅数に続いて、物体の落下運動についても言及していく。「垂揺球法」に続く、第四題がそれである[14]（図4）。句読点は前例に倣っている。

第四

○　儀象志曰、上ニ向ヒテ物ヲ投ケ、或ハ矢ヲハナツニ昇降トモニ奇数ヲ兼ヌ《ママ》、蓋シ甲ヨリ発テ、乙ニ至ル甲乙七間ノ球行時刻ヲ言ト、又乙ヨリ丙ニ至ル乙丙五間ノ球行、又丙ヨリ丁ニ至ル丙丁三間ノ球行、又丁ヨリ戊ニ至ル丁戊一間ノ球行、皆同シ、初メ甲ヨリ発ツトキ、人力強シ、故ニ行コト疾シ、次第ニ人ノイキオヒ尽キテ、極ニ至テ止、又下降ス、是又次第ニ勢ヒ強、下ニ至ル随ヒテ自然ニ疾クナル、是又奇数ナリ、直ニ昇降スルモ亦同シ

この第四は、物体あるいは弓矢を仰角θ方向に、初速度v_0で打ち出したときの物体の運動について言及したも

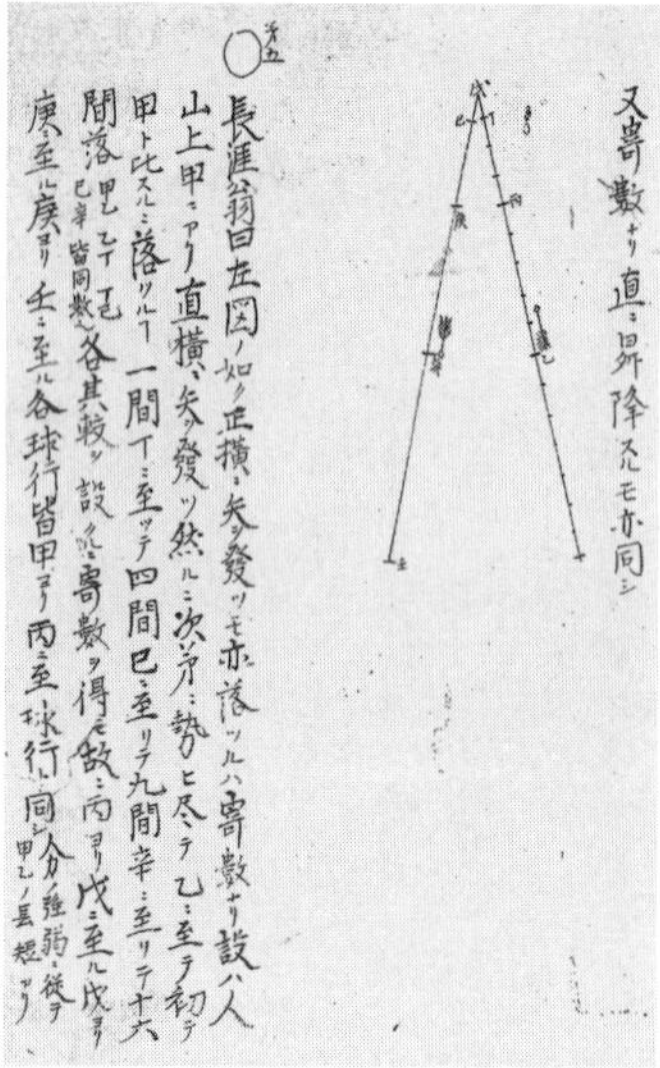

図4　弓矢の上方向への発射の図（六丁オ）

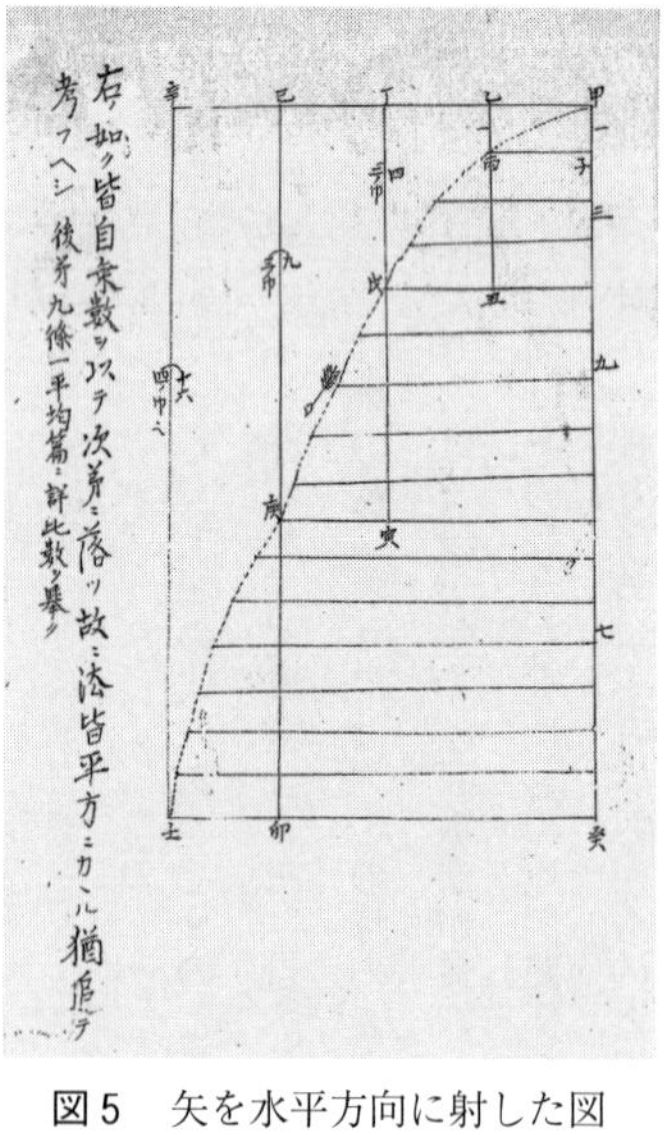

図5　矢を水平方向に射した図（六丁ウ）

のである。まさしく物理学の放物運動に相当するものである。

初め、位置甲において初速度v_0で発射された弓矢が、単位時間に到達する距離は、甲乙間七間、乙丙間五間、丙丁間三間、丁戊間一間となり、戊点において弓矢の上昇運動は「イキオヒ尽キテ、極ニ至テ止」り、これより弓矢は上昇運動と対称な曲線を描きながら下降する、といっているのである。

この第四題と併せて、弓矢が水平方向に射たれた場合についても図解される(15)（図5）。

第五

○　長涯翁曰、左図ノ如ク正横ニ矢ヲ発ツモ、亦落ツルハ奇数ナリ

第五の議論は、図5における弓矢の仰角θが0度（一八〇度）の時であることはいうまでもないが、弓矢が放たれた水平方向の線分甲辛は、甲乙、乙丁、丁巳、…、の等しい区間で区切られている。これはそれらの区間が等しい時間t_0、t_1、t_2、…、t_nを表していることに等しい。また、原点甲から垂直方向に一、三、五、九、…、の数字が書かれる。そして、原点甲（t_0）から、乙（t_1）、丁（t_2）、…、辛（t_n）の各時間における矢の位置丙、戊、庚、…、壬の各点が取られていく。すなわち、この図5は、所謂、

$$y = -gt^2$$

とする二次方程式によって描ける放物線の第三象限の図に他ならないのである。図5は、まさに弓矢が放物線を描きながら落下する様子を描いているのであるが、長涯や『天学雑録』の著者はこれが放物線であることを写本のどこにも書いていない。また、長涯が「落ツルハ奇数ナリ」と述べるところは、ある時間における弓矢の落下位置はt^2の各点にあって（時間自乗法則）、それらは、物体が垂直落下する時のある時間における位置$1, 3, 5, 7, \ldots,$（$2n-1$）の奇数列の和に等しい、といっていることになる。つまり、放たれた弓矢は、

乙時間では$t_1{}^2=1$（丙点）

丁時間には $t_2{}^2 = 1+3$（戊点）

……

辛時間では $t_n{}^2 = 1+3+, \cdots, +(2n-1)$（壬点）

の位置にあることを指摘しているのである。[16]

これら長涯の思索とそれにともなう『天学雑録』の著者による図5の放物線の図は、今日的に見て座標の概念と一致するといってよい。

さらに『天学雑録』は、物体の斜面上での落下について触れていく[17]（図6）。なお、句読点は前例に倣う。

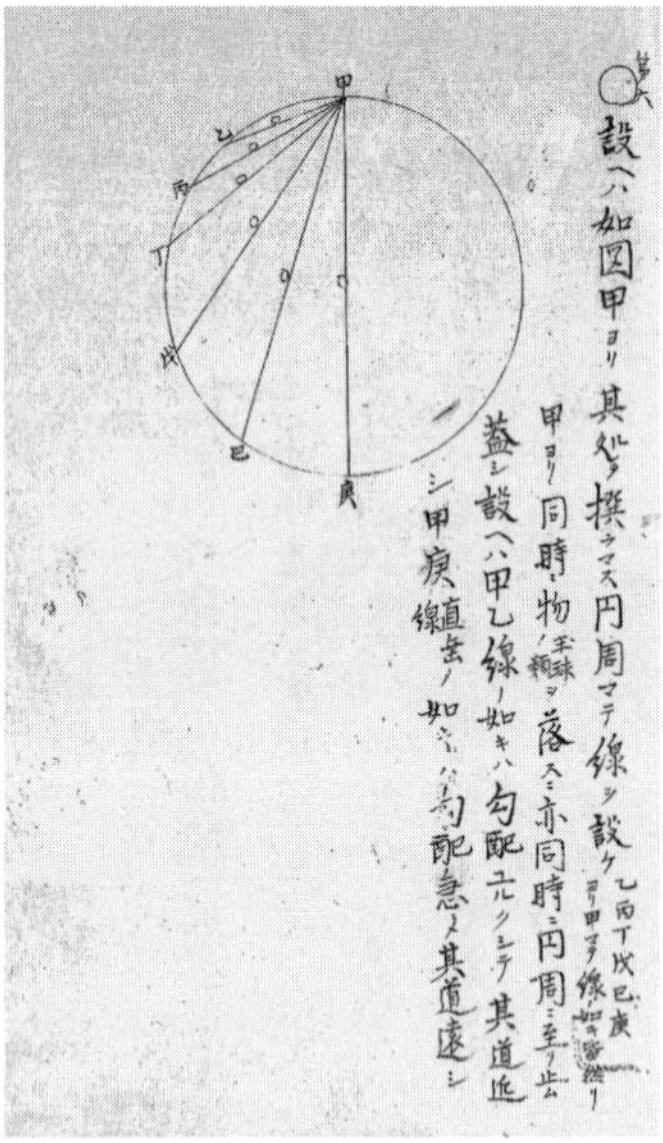

図６　傾斜面上の物体の落下図（七丁オ）

第六

○　設ヘバ如図甲ヨリ其処ヲ選ラマス《（ママ）》円周マデ線ヲ設ケ乙丙丁戊巳庚ヨリ甲マデ線ノ如キ皆然リ、甲ヨリ同時ニ物玉球ノ類ヲ落スニ、亦同時ニ円周ニ至リ止ム（後略）

この第六は、物体が円周に沿って滑るときの等時性についての議論である。

さて、ここまで見てきた『天学雑録』の「第三」の振り子の問題、「第四」「第五」および「第六」に見られるような物体の落下に関する物理問題が、その実験結果といえる数値データと共に記述されていることは、日本数学史や天文・暦学史においては極めて特異な事例といわなければならない[18]。そして、これらの実験の図や数値データの起源がガリレオ・ガリレイ（Galileo Galilei, 1564-1642）に由来することを考えると、『天学雑録』は、ヨーロッパ科学革命初期にあった振り子の振幅実験や物体の落体運動の研究が我が国に伝わった結果として、その主要な論点を端的に書き表した初めての著作、という評価ができることになる。

ところで、このような物理学の落体運動に関する研究を簡潔に記述した『天学雑録』の著者はいったい誰であろうか。この写本の最後には「文化辛未秋八月　高橋景保　謹記」と年紀と著者名が書かれている。(19) これによって、この写本の著者が間重富と麻田剛立の同門にして、幕府天文方を務めた高橋至時の息子高橋景保（一七八五〜一八二九）であることが判明する。景保は、父没後の文化元（一八〇四）年にその職を襲い天文方となり、文化一一（一八一四）年には幕府御書物奉行を兼務した。しかし、文政一一（一八二八）年のシーボルト事件に連座して、翌年に獄死した悲運の天文方幕吏であった（享年四五歳）。

また、奥付の年紀の直前には、間重富から楕円や楕円コンパス、さらには振り子運動、物体の落下について教授を受けた時期と思われる「右文化甲子十二月長涯翁　口授」とする年紀も残されている。「文化甲子」は文化元年である。父至時は同年一月五日に没しているから、それ以後、景保が父の盟友間重富から教えを受けた内容を書き綴ったものが『天学雑録』ということになろう。

なお、近世日本の数学者で『暦象考成後編』の楕円論に着目し、これと同様の問題を刊本の『算法点竄指南録』（文化一二〈一八一五〉年刊）に載せたのは坂部廣胖《こうはん》（一七五九〜一八二四）であった。(20) しかし、坂部の刊本による楕円論の普及は一定の貢献があったと認められるものの、間重富や高橋景保らの研究は、たとえそれが写本であったとしても、楕円軌道論だけでなく楕円の面積の計算にまで及んでいるところからうかがえば、坂部の研究よりも極めて先進的な内容を含んでいるといわなければならない。

四　『霊臺儀象志』の物体の落下に関する記述

ところで『天学雑録』の記述の中で、物体の運動に係わる記事の「第四」において「儀象志曰」とする書籍名が表れていた。この『儀象志』とは、中国にいたイエズス会宣教師によって翻訳された漢訳西洋暦算書の一つである『霊臺儀象志』のことを指しており、間重富は振り子の運動や物体の落下に関する物理学情報をこの書籍から学び取っていたのである。

天文・暦学研究では、精緻な計算と併せて日月と惑星運行の正確な位置観測が必須となる。そのような天体観測のための施設を古代中国では霊臺と呼び、観測用機器を広義に儀象と呼んでいた。『霊臺儀象志』全一六巻は、康熙一三（一六七四）年、ベルギー人宣教師南懐仁（Ferdinand Verbiest, 1623-1688）を主編者とし、湯若望（Johann Adam Schall von Bell, 1592-1666）らの助力のもとに出版された暦理・儀象および霊臺の造営法について解説した天文暦学・技術書であった。

全一六巻の構成は、第一巻から第四巻までが天体観測に必要な黄道経緯儀・赤道経緯儀・地平経儀・地平緯儀・紀限儀・天体儀の六つの観測機器の用途・構造・設置法・使用法、第五巻から第一四巻までは恒星出没表・黄赤二儀互相推測分度表等の数値表、第一五巻と第一六巻の二巻は霊臺造営法の図説『儀象志図』である。その一方で、『霊臺儀象志』は西洋の天文学理論や観測機器を紹介するだけでなく、滑車の原理や重心の位置とその求め方、さらには楕円の作図法やアルキメデス曲線の書き方、光の屈折など西洋科学知識のさまざまな分野について紹介している点からも、東アジアにおける西洋科学知識と技術の東漸と受容という問題を考える上で極めて重要な文献になっているといわなければならない[21]。

先の間重富たちが言及していた物体の落体問題は『霊臺儀象志』四巻に以下のように載せられている[22]。

第三題凡重物隕墜所行之丈尺、并求其所須時刻之分秒有再加之比例、其比例以不平分之数而明之、如一三五七九十一等、仮如有重物于此、自高墜下、若第一秒内下行一丈、則第二秒内行三丈、第三秒内行五丈、第五秒内行七丈、後行前行相并、如第一秒之行一丈、第二秒之行三丈、則并之為四丈、（後略）

この第三題には、『天学雑録』の「第五」に見た一定時間における物体の落下の位置は、自然数の奇数の和と

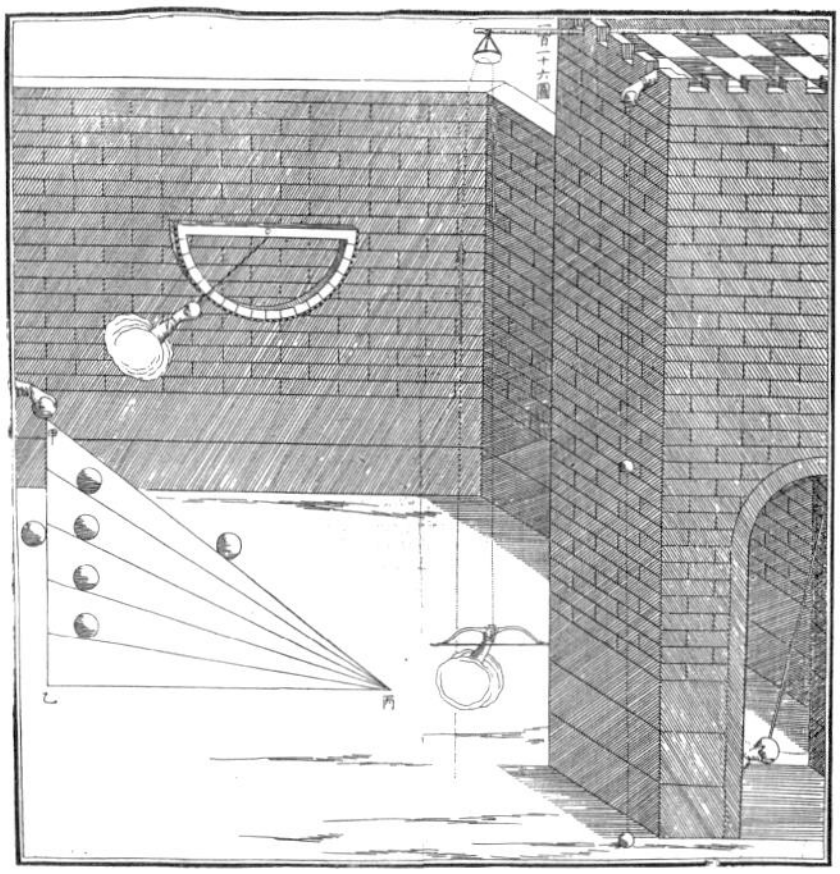

図7　『儀象志図』一百一十六図の振り子運動と物体の落下の図

その時間の自乗に等しいことが明瞭に述べられている。また、この第三題以降にも「第一題」として単位時間における振り子の振幅数、「第二題」として振り子の等時性などが天文観測に必要な技術、すなわち時刻の測定と関連づけてとりあげられている(23)。

　こうした本文の記述に合わせるように、『儀象志図』では種々の図が描かれるのである。ここでは振り子の運動と物体の落体運動に係わる図に限って紹介することにする。まず、「六十四図」では振り子とその振幅回数を計る時計の図が描かれる。加えて振り子の振幅と併せて振り子が描く曲線も問題にしているが、本文では「但初放時、其圏弧不可太過、大略在四十五度之内(24)」と述べて、振り子を手から放つ時の角度に注意している。振り子が大きな弧を描くように放たれることはまったく不可で、おおよそ四五度以内がよい、というのである。「一百一十五図」では、月の経線通過時間を測るための時計としての振り子の図が載せられる。

　また、「一百一十六図」には振り子運動と物体の落下の図が載る（図7）。ここでの振り子の運動の図は二種あって、一つは単純に振幅を繰り返す図として描かれているが、他方は振幅角が図れる目盛付きの振り子装置になっている。また、物体の落下の図では、塔の頂上から物体を自然に落下させる図、弓矢を垂直上昇方向に放し、これが自然に落下する図および斜面の角度を変えながら物体を落下させる実験の三つの図が載せられている。これらの図は、物体が落下する時間を計るために使われる時計としての振り子の図と見なすことができる。さらに、「一百一十七図」では大砲と弩弓が放射される図になっており、砲弾や弓矢は発射から着弾までの綺麗な弧線を描いて落下している。ここにも物体の発射から着地までの時間を計るためと思われる振り子の図が載せられているのである。

間重富は『霊臺儀象志』四巻とこれの解説に該当する諸図を参照して、振り子運動や物体の落下の研究に及び、その結果を高橋景保に教えたのである。しかし、『天学雑録』「第五」にともなう水平方向への物体の放射に係わる解説図は『儀象志図』に見あたらない。この事実は、間重富もしくは高橋景保が当時伝わっていた蘭書を見てこの事実を理解するにいたったとも考えられなくもない。他方として、間重富や高橋景保による創造の可能性もある。後日の課題としたい。

まとめ

『天学雑録』の冒頭に登場したケプラーの楕円軌道論は、乾隆七（一七四二）年刊の『暦象考成後編』によってわが国へ伝来した。ケプラーの法則は一六〇九年の『新天文学』（*Astronomia Nova*）において紹介されヨーロッパに広く知られるようになった。そして、これの日本への到達は、宝暦一一（一七六一）年、もしくは同一二年に舶載された『律暦淵源』に含まれる『暦象考成後編』によってであった。ケプラーの楕円軌道論の我が国への伝来は、実に、一五〇年の歳月を要したのである。

一方、『霊臺儀象志』は寛延元（一七四八）年に、「一部三套、附図二本」として伝わった(25)。国立公文書館内閣文庫に現存する『霊臺儀象志』（請求番号子五五―四）は「附図二本」として図説も備わっているから、この時の舶載本と見なすことができる。本書の中国での刊行は康熙一三（一六七四）年であった。したがって我が国への舶載は、出版から二六年後のことになる。さらに、ガリレオの『世界系対話』（*Dialogo sopra i due massimi sistemi del mondo tolemaico, e copernico*）が一六三二年二月、『新科学論議』（*Discorsi e dimostrazioni matematiche, intorno à due nuove scienze attenenti alla mecanica & i movimenti locali*）が一六三八年七月であったから、ガリレオ理論の日本への伝来は、それから一一〇年後のことであった[26]。

『天学雑録』の落体問題は、漢訳西洋暦算書の研究を通じての理解であった。その契機は、天文観測に必要な時計の製作に関連したものであった。間重富らは振り子の周期が糸の長さと垂球の重さに起因することに気がつき、また、それらが物体の落体運動と関係することにも気がついたのである。これは、近世日本における物理学研究の第一歩といえる出来事であり、まさしく、『天学雑録』はその記念碑的一冊といえるのである。そして、同時に江戸幕府天文方の高橋景保や大坂の民間暦学者間重富らはその先兵であり、舶載本『霊臺儀象志』はそれを覚醒する役割を果たしたのである。

（1）国立公文書館『改訂増補内閣文庫蔵書印譜』（一九八一年）、一四～一五頁。

（2）『天学雑録』の物理記事は上原久『高橋景保』（講談社、一九七七年）の六〇〇～六〇四頁において紹介されているが、これの情報源をも含めた著者の考察は十分とはいえない。

（3）『天学雑録』、一丁ウ。ここで、『天学雑録』の著者は、楕円を描くための二本の張力（紐）である甲辛と丙辛の長さの和と楕円の長径の長さとが常に一定（constant）であることを述べているが、この定理は『暦象考成後編』巻一「求両心差及楕円与平円之比例」（三一丁）で与えられている。

（4）『続昆陽漫録補』（『日本随筆大成』第一期二〇、吉川弘文館、一九七六年）、二四八頁。

（5）大庭脩『江戸時代における唐船持渡書の研究』（関西大学東西学術研究所、一九六七年）、六七四・七一八頁を見よ。

（6）『天学雑録』、三丁オ。

（7）三善貞司編『大阪人物辞典』（清文堂出版、二〇〇〇年）、九二五頁、宮島和彦・鹿毛敏夫著『麻田剛立』（大分県先哲叢書、大分県教育委員会、二〇〇〇年）、二四〇～二六〇頁、伊東俊太郎他編『科学史技術史事典』（弘文堂、一九八三年）、八一一頁参照。

（8）楕円を作図するためのコンパスについては、間重新（一七八六～一八三九）が文政一一（一八二八）年に著した『楕円起源』（日本学士院所蔵：請求番号二一八五）

に機械的作図法が図解とともに詳細に語られている。筆者は、間重富等による楕円の作図器の研究について、第六回漢字文化圏における数学史・数学教育国際シンポジウム（ISHME）（東京大学駒場キャンパス、二〇〇五年八月）において、"Constructing Ellipse in the Beginning of 19th Century Japan and Dutch Trader" と題して発表し、この時、間重富が描いた楕円曲線が、実は、エピサイクロイド曲線の一種であるネヒロイド（Nephroid）であったことを明らかにしている。

（9）『暦象考成後編』、巻一、二八丁ウ。

（10）本小論で参照した『儀象志図』は国立公文書館内閣文庫所蔵：請求番号子五五―四である。楕円の作図は同書一、「五十五図」に二つの焦点に針を立てて、紐の張力を利用して鉛筆で楕円を描く方法と機械による作図法の二種が見えている。また、前者の方法は「五十九図」でもとりあげられている。

（11）『天学雑録』、五丁オ。

（12）『天学雑録』、五丁オ〜ウ。

（13）『寛政暦書』（浅見恵、安田健訳編『近世歴史資料集成第Ⅲ期第Ⅸ巻日本科学技術古典籍資料・天文学篇二』、科学書院、二〇〇〇年）、三七一・四二五〜四二八頁参照。なお、四二六頁によれば「寛政之初麻田采彰（筆者注：剛立のこと）発明垂揺球儀而創製之」と記しており、振り子時計は間重富の師である麻田剛立が寛政の初めに作ったことになっている。

（14）『天学雑録』、五丁ウ。

（15）『天学雑録』、六丁オ〜ウ。

（16）これら古典力学に関する基本情報は、伊東俊太郎『ガリレオ』（人類の知的遺産31、講談社、一九八五年）によっている。特に、同書の一二九〜一六八頁に記述されるガリレオ力学の発見過程に関する丁寧な解説は、筆者にとって極めて有益であった。また、以下、本小論のガリレオに関する記述は同書によっていることをお断りしておく。

（17）『天学雑録』、七丁オ。

（18）江戸初期の和算書の中には、たとえば山田正重の『改算記』（明暦二〈一六五六〉年刊）下巻第一六問のように、鉄砲玉の飛行図と飛行距離を示す数値データが載る問題も現れているが、その趣旨は明確でない。延宝五（一六七七）年に刊行された野澤定長の『算九回』にも鉄砲と鉄砲玉の問題が登場している。

（19）『天学雑録』の後半部分には『月體轉光差或問』とする写本が合綴されている。この写本にも間重富と高橋景保との間に天文学上の応答があったことが認められ、また、物体の落体運動について景保の推考過程も記録されているが、これらのことについては稿を改めて紹介することにしたい。

（20）小林龍彦「坂部廣胖と球面三角法への数学的着想」（『科学史研究』第Ⅱ期三四巻一九三号、一九九五年）、一一一〜一一二頁。

（21）任継愈主編『中国科学技術典籍通彙』天文巻七（河南省教育出版社、一九九三年）、七一一～七一六。

（22）『霊臺儀象志』（国立公文書館内閣文庫所蔵：請求番号子五五―四）、三一丁ウ～三二丁オ。

（23）『儀象志図』、三三丁ウ～三七丁ウ。

（24）『儀象志図』、三三丁オ。

（25）前掲註（5）『江戸時代における唐船持渡書の研究』、七二八頁。なお、内閣文庫には請求番号子五五―三の函番号を持つ刊本の『霊臺儀象志』が収蔵されている。これは明らかに後刷り本といえるもので、第一巻にある目録からは『儀象志図』に相当する第一五巻と一六巻の項目は削除されている。いうまでもなく同書に、図説二冊はない。

（26）Lazarist Mission, Peking, ***Catalogue of the Pei-T'ang Library*** (Peking, Lazarist Mission Press, 1949）には、これらケプラーやガリレオの直接的な文献を見いだすことはできない。したがって戴進賢が『暦象考成後編』を、また、南懐仁が『霊臺儀象志』を著述するにあたって参考にした文献の調査は今後の課題といわなければならない。

〔付記〕本稿は、東アジア数学史研究国際会議（IPSHMEA）第一期・第五回研究会（内蒙古師範大学、二〇一〇年八月六日）において、"Western-Chinese books on Calendrical Calculations and ***Tengaku zatsuroku***" と題して発表した原稿に、大幅な加筆・修正を施したものである。

Ⅱ

経済と社会

一八世紀新興問屋商人の広域的活動とネットワーク
――津軽領・足羽次郎三郎の活躍――

長谷川成一

はじめに

元禄八（一六九五）年に奥羽地方を襲った大凶作は、後世、元禄大飢饉と称され、天明・天保の飢饉に匹敵する打撃を与えた災害として、東北の民衆に永く記憶された。一八世紀に入ってからも、天候の不順（寒冷化）と慢性的な不作現象に見舞われ、宝暦飢饉そして天明大飢饉へと続く疲弊・停滞した北奥《ほくおう》社会（津軽・南部）というイメージが、研究者の間では広くゆきわたってきたように思われる。なかでも本州北端に位置する津軽領では、それに加えて弘前藩による流通・交通の管理・取り締まり体制であった九浦《くうら》制度も、抜荷《ぬけに》の横行によって崩壊に瀕し、農業生産・流通機構だけでなく支配体制自体の危機が進行した時期として把握されてきた。

しかし、右に述べた当該の時期には、農業生産のほかに鉱業・鉱山、林業、漁業など、藩領を越える広範な全国市場・領域市場が展開し、そのような動向の中で、下北半島や蝦夷地の林業で活躍した飛驒屋久兵衛に代表される新興問屋商人たちが輩出してきた。この時期の北奥羽は、前述のように農業生産の停滞は著しいものであったが、非鉄金属である銅鉛の生産に目を向けると、長崎廻銅《かいどう》をめぐる幕府の積極的な銅増産奨励策によって全国的にも銅の生産量は増大し、津軽領でも享保から元文・寛保期にかけて最大の鉱産があって、鉱業は飛躍的に発展した。津軽領鉱産の増大と鉱業盛行のキーマンとなったのが、本稿でとりあげた新興問屋商人である足羽《あすわ》次郎三郎である。最近、今井典子によって住友家に残存した元文期津軽領の鉱山経営に関する新史料の紹介がなされており(1)、それらを参考にしつつ、次郎三郎の活躍に焦点を絞り、停滞に彩られた一八世紀北奥の社会的側面に新たな光を当てることにしたい。なお、読者の理解を助けるために、上に関係の地図を掲げた。参照されたい。

一　弘前藩政と足羽次郎三郎の登場——史料に見える評価の多様性——

足羽次郎三郎は、従来、弘前藩政史のなかで、ほとんどスポットライトを浴びてこなかった人物である。理由は、彼の経歴を記す公的な史料があまりにも少なく、不明なことが多いため、実像のわからない人物として等閑に付されてきた。さらに同藩の宝暦改革の大立て者であった乳井貢《にゅういみつぎ》の政策ブレーンとして、次郎三郎は高齢ながら改革の一翼を担った。息子の足羽長十郎は乳井の政策を積極的に推し進める改革の牽引役、いわゆるヒール（悪役）として、改革の失敗後、乳井とともに徹底的に糾弾され、父子ともに民衆の恨みを一身に引き受ける役回りを担わされた。

次郎三郎は、前述のように、生年・出身地をはじめ経歴がよくわからない。かつて筆者は、史料に見える記述の精査を通じて、彼の実像と虚像を明確化する作業をしたことがある（拙稿「足羽次郎三郎考」長谷川監修、浪川健治・河西英通編『地域ネットワークと社会変容——創造される歴史像——』岩田書院、二〇〇八年）。それに基づいて、「弘

前藩庁日記　御国日記」（弘前市立弘前図書館蔵津軽家文書、以下、「国日記」と略記）等を参照しつつ、次郎三郎の履歴・活躍を簡単に示し、考察のベースとしたい。

【出自】　足羽次郎三郎は越前今庄（現、福井県福井市）の出身で、南部領田名部（現、青森県むつ市）で活躍していたところを弘前藩にスカウトされたという。付言すると、ほぼ同時期に、飛驒屋が南部下北の大畑（現、青森県むつ市大畑）に店を構え、下北と蝦夷地で大規模な林業を営んでいた。

【弘前藩への出仕】　享保一〇（一七二五）年、尾太《おっぷ》銅鉛山が、[2] 売山《うりやま》（弘前藩では商人山ともいう）から藩による直支配である御手山《おてやま》へ移行したのにともない、上林《うえばやし》八郎左衛門の名前で大坂で活動を開始した。

【住友泉屋との接触と交渉】　同一五年頃には、大坂の住友泉屋など銅吹屋仲間との間で銅鉛の価格交渉を実施。尾太銅鉛山の経営にも参画したと推測され、同一九年には、藩の御用達商人の竹内勘六に代わって次郎三郎が尾太銅鉛山の経営を担った。尾太銅鉛山の鉱山旧記である「山機録」（日本鉱業史料集刊行委員会編『日本鉱業史料集』第1期②、白亜書房、一九八一年）によると、同年、次郎三郎は弘前藩の大坂表銅鉛売支配人であったという。しかし、泉屋の支援で鉱山経営を行うも、元文三（一七三八）年の大坂廻銅令を契機に、鉱山経営を竹内勘六へ委譲した。それをうけて泉屋は弘前藩への資金援助を打ち切り、次郎三郎の復帰を嘆願した。

【津軽領での活動】　寛保二（一七四二）年、藩の御用達商人宮崎忠兵衛から再度次郎三郎へ尾太の経営権が委譲された。その後、宝暦三（一七五三）年から開始した弘前藩の宝暦改革で、藩が次郎三郎を惣御用達に任命し、さらに尾太の経営に尽力するように下命。宝暦七年、次郎三郎は宝暦改革の失敗の責任を問われ、子の長十郎と共に失脚した。

ところで、宝暦改革を徹底的に攻撃した、高照神社の祭司後藤兵司の著「高岡霊験記」（弘前市立弘前図書館蔵）の記述は、次郎三郎に関する記述が各所に見られる。著述の目的が改革の主導者である乳井貢やその一派を糾弾することにあったので、中立的とは言い難いが、次郎三郎を考察する上でのヒントになる素材がちりばめられているのは確かである。

「高岡霊験記」の「足羽長十郎事」項によると、次郎三郎は、当初、上林と名乗り御用商人竹内勘六の手代で南部出身者だったという。算勘巧者で算盤《そろばん》の名手として身上をあげ、竹内家が衰微したのに乗じて別家を立てて独立し、上林から八幡屋へ改姓。ついには弘前藩の御用達商人となり、足羽へと改姓し、尾太銅山の経営を任されて上方町人たちとの付き合いが広かった。茶の湯などを嗜み、田舎には珍しい「飾町人」といわれたという。さらには、「足羽長十郎我儘を働く事」項によると、次郎三郎は本来は貧窮者であって御用達仲間でもない。つまり資本の持ち主でもなく、自己の才覚のみを頼りに江戸・上方で成り上がり、息子の長十郎は南部に店を構え、宝暦改革で領民からとりあげた財産を販売したとある。

まとめると、次郎三郎は計数に明るい算勘巧者で算盤の名手だが、資金力はゼロ。南部との強い繋がりをもち、鉱山経営に従事し、上方で弘前藩の銅鉛の販売を行う過程で上方町人たちとの付き合いを深め、「飾町人」と称され、一八世紀の津軽地方では、見かけることのない新しいタイプの町人として、領内では認識されていた。換言すれば、津軽領内では理解不能ないし理解を超えた活躍をする人物と見られていた。

紙幅の関係から、前掲の拙稿「足羽次郎三郎考」で明らかにした、享保期における次郎三郎の活動を簡単にまとめて紹介しておこう。享保一九（一七三四）年から始まる、次郎三郎による尾太銅山経営の三年五か月間は、取仕切役に就任したにもかかわらず、弘前藩の大坂支配人として仕入金の調達に奔走し、銅山の飯米確保、弘前藩への上納金支払いの工面など、前任の竹内が銅山を経営した時代とほぼ同様の問題を解決するのに苦闘した期間であった。次郎三郎は、本来の山師ではなく、前掲「山機録」が批判する「商人山師」であったから、鉱山自体については本質的にわからないことが多かったようだ。弟の足羽太郎次を手代として尾太に常駐させて経営に当たらせ、自らは大坂・江戸で資金調達と銅鉛価格の交渉に専念したと推測される。

しかし、次郎三郎の銅山経営にあって、竹内の時には見られなかった画期的な事柄があった。それは、次郎三郎が大坂支配人として銅鉛価格の交渉に臨んでいたさいに最も手強い相手だった、住友の泉屋吉左衛門との関係を深め、泉屋から、直接、仕入金の借用を可能にしたことである（『青森県史　資料編　近世3　津軽2』青森県、二〇〇六年、一二二号。以下、同書を『県史』と略記）。つまり、大坂での銅鉛販売価格の決定に影響力を持つ銅吹屋仲間のなかでも強力な存在感を示す住友泉屋を弘前藩の金主としたことは、同藩にとって、尾太銅鉛山の経営を別にしても財政的に有益であったと推察される。このように、弘前藩と銅吹屋仲間、泉屋との間に立って、次郎三郎は三者にとって不可欠の人材として活躍したといえよう。

二　津軽領尾太銅鉛山の経営と住友泉屋

津軽領の代表的な銅鉛山である尾太鉱山をはじめ、同領の近世鉱山については、拙稿「尾太以前——近世前期津軽領鉱山の復元と鉱山開発——」（『青森県史研究』七号、二〇〇二年）をはじめとして、筆者は津軽領の鉱山政策を含め一連の鉱山経営に関する論稿を発表してきた。詳細はそちらに譲り、本節では主に享保～元文期における尾太銅鉛山の経営について述べることにしたい。したがって、ここでは紙幅の関係と煩雑さを回避するために、そのつど出典を明記することをしなかった。また銅鉛の表記は、各史料には貫目・斤、箇・丸で示されているが、読者の便を図るため、現代の表記であるキロないしトンに計算して記した。ご了解いただきたい。

享保以前の尾太銅鉛山は、経営形態が直山《じきやま》と商人山とでめまぐるしく変わり、山師が頻繁に交代したことから、藩が期待するような充分な鉱産がなく、一時は打ち捨ての状態に置かれたこともあった（拙稿「天和～正徳期〈一六八一～一七一五〉における尾太《おっぷ》銅鉛山の経営動向」『人文社会論叢』二〇号、弘前大学人文学部、二〇〇八年）。しかし、前節でも触れたように竹内勘六と次郎三郎が経営を担ってからは、享保一六（一七三一）年の場合、銅鉛の年産は三〇〇トン前後にのぼり、鉛が六一％、銅が三九％の割合であった。

「尾太鉱山に関する銅座への応答」（『県史』二一二号）によると、享保一九年、次郎三郎が竹内勘六から尾太銅鉛山の経営を委譲されてからは、銅鉛の生産は二六六トン余から五八七トン余へと二倍以上に上昇している。元文期の銅鉛の生産が、津軽領における銅鉛生産の極大値と推定され、この時期以降は、減少に転じた。掘り進む坑道が深くなるにつれて、水敷《みずしき》つまり坑道の水没が著しくなり、排水・排煙に必要な普請が不可欠となった。他領の鉱山と同様、尾太銅鉛山も湧水との戦いを余儀なくされ、次第に鉱産が減衰した。

ところで、九か条にわたる元文三（一七三八）年四月の大坂廻銅奨励令（『御触書寛保集成』岩波書店、一九五八年、一八八〇号）は、諸国の銅山で生産した銅を強制的に大坂へ廻漕することを命じる内容であった。これは、長崎での貿易決済手段としての銅の需要と、元文の貨幣改鋳、鋳銭に莫大な銅が必要とされたからである。そのため、大坂にいわゆる元文銅座が設置され、上方への廻銅は、津軽領にも多大の影響を与えた。

同令のなかでも、左の第六条目は、奥羽地方の藩にとって見過ごすことのできないものであった。

一、東国筋より出候銅、近年東海廻シニて江戸え相廻シ候由、向後東海廻相止、前々之通大坂え相廻し、銅座え可売渡事、

右によると、幕府は太平洋海運に依拠して江戸へ廻銅していた各藩に対し、今後、すべての銅を大坂へ廻銅することを下命したのである。さらに、第八条に、

一、銅銀しほり吹并銅吹立候義、大坂表銅問屋共之外、諸国山元ニて銅銀しほり吹并銅吹立候儀停止事、

と見え、銀絞り（抜銀《ぬきぎん》）が大坂の銅吹屋仲間へ独占的に認められ、一方では山元での銀絞りが禁止された。このように、右令は、銅吹屋仲間による独占的な銅取引の認可と大坂への廻銅の徹底化、銅吹屋仲間の独占的な抜銀

の許可など、彼らに特権を集中的に付与した。これに従って、津軽領でも大坂廻銅は回避しがたい使命として捉えられた。

元文四年四月の泉屋吉左衛門覚書（『住友史料叢書　銅座方要用控一』思文閣出版、二〇〇六年、一四頁。以下、同書を『銅座方要用控一』と略記）には、「佐竹右京大夫様御領　秋田銅」をはじめとして、全国三二の銅銘柄が書き上げられている。そのなかに「津軽出羽守様御領　尾太銅」が、これらブランド銅の一つとして認知されており、尾太は当時にあって銅座から認定された銅山のリストに掲載される主要銅山の一つであった。ちなみに、前掲の廻銅令で、特に指摘された東国の銅山として、秋田銅・尾太銅のほかに、南部の尾去沢《おさりざわ》銅、羽前の永松銅・幸《さち》（生《う》）銅、伊達領の熊沢銅、下野足尾銅があった。いずれも、当時にあって国内有数の銅山であり、かつ後世においても名の知られた銅山であった。

前掲の廻銅令第五条には、大坂へ廻銅された分量などはすべて大坂町奉行所へ申告することが決められていた。『銅座方要用控一』二〇～二一頁には、元文三年四月、津軽領から大坂の泉屋へ直接廻着した銅について、そのあらましが掲載されている。それによると、四月一三日には津軽銅「拾四丸」（八四〇キロ）、一五日には「拾六丸」（九四〇キロ）合わせて一・八トンが泉屋へ廻着した。泉屋から大坂町奉行所へ申告され、さらに銅座でも公けに認められることになったと推察される。同月二〇日にも、当時泉屋が直営していた伊予別子銅山の「別子荒銅四十丸」・播磨「金堀銅十六丸」・津軽「尾太銅十八丸」が、泉屋へ廻着した（『銅座方要用控一』四五頁）。別子銅をはじめとして、このように各地から大坂の泉屋へダイレクトに廻着するシステムがほぼ成立したようで、津軽銅も例外ではなかった。ちなみに『県史』二一二号によると、津軽領から元文四年の銅鉛大坂登高（難船投棄分を含む）は三九九トン、寛保元（一七四一）年は四二二トン余であった。

ところで、銅座や泉屋がこの時期に津軽領の尾太銅鉛山について、どのように考えていたのかを知る上で興味深い記録がある。このことがその後の尾太銅に関する銅座・泉屋・弘前藩との遣り取りの発端となったと考えられるので、紹介しよう。元文三年四月二九日、銅座の用聞きを務めていた銅吹屋仲間の富屋九郎右衛門は、泉屋へ別子銅が廻着したら、早急に吹立てを実施して欲しいが、そのさい、津軽銅も別子銅と同様に直ちに吹立ての作業に入るようにと要請された。それに対して、泉屋は別子銅については色々な条件を付けて要請に応じたが、津軽銅については、次のように述べている（『銅座方要用控二』五九頁）。

就夫九郎右衛門被申候ハ、別子銅ハ弥右之通御承引ニ而候、津軽銅共ニ右之御心得ニ而御吹立被下度旨役人衆被申候、此儀も右同様ニとの事之由被申聞候故、吉左衛門致返答候ハ、津軽銅之儀ハ自分之心まかせニハ成不申候、素り彼銅山之儀は津軽様御手山と申、其上支配之山師有之候故、拙者了簡ニ及かたく候間、其通御心得御申入置可被下段申入候也、

（傍線筆者）

右によると、別子銅山と違って、津軽銅は泉屋の心任せにはならない。なぜなら津軽領の尾太銅山は弘前藩の御手山で、支配の山師もいるので泉屋の意向通りにはならず、この点を銅座役人にも了解して欲しいというものであった。銅座の思惑と泉屋のそれが色々な形で右の文言のなかには潜んでいるように思われる。泉屋にしてみれば、尾太銅鉛山が、弘前藩の鉱山であることは周知のことであり、自家で直営している別子銅山とは、根本的に相違しているのであり、銅座は自明のことを承知で無理をいっていると述べている。銅座は、泉屋に尾太銅鉛山を別子銅山と同様に扱えないかと要望しているのである。裏返せば、銅座の思惑は、尾太銅鉛山を別子銅山のように泉屋が直営することを視野に入れた目論見であったのではなかろうか。右の推測が許されるならば、このことは後に述べる一連の津軽領内鉱山接収策の伏線であったように思われる。

『銅座方要用控二』六四～七〇頁によると、元文三年五月に入って、銅座は富屋を通じて泉屋へ、津軽銅を棹銅に吹き直して御用銅、すなわち長崎御用銅として異国へ売り出す策を打診した。従来、津軽銅は御用銅ではな

く、そのため弘前藩大坂藩邸の役人に御用銅へ移行することを交渉した。これについて大坂藩邸留守居の黒石軍兵衛は、国元・江戸と相談して回答するとした。一方の泉屋は、津軽銅を試吹きして、生野・別子・立川・秋田の各銅との間で価格が釣り合うかどうかを比較検討すると回答している。

大坂における銅座と泉屋の状況は右の通りであったが、国元の津軽では、事態が急転した。元文三年八月二一日、突然、藩によって次郎三郎が尾太支配人を罷免され、竹内勘六へ経営が移譲された（「国日記」同年同日条・同年九月二三日条）。理由は、「次郎三郎儀此度御咎」「勤方不宜」とみえ（「国日記」同年一〇月二八日条）、具体的な内容は一切記録されておらず、抽象的かつ一般的な理由である。「国日記」の前後の記事をみても次郎三郎に格段の失態があったとの記録はない。ただし、藩が次郎三郎から鉱山をとりあげる二週間前、同年七月二九日、『銅座方要用控二』一六〇～一六一頁に注目すべき記事がある。泉屋と銅座との間で津軽銅の価格について協議されたことは既述の通りであるが、その価格交渉に「津軽銅直段、追付山支配人上着致候間、其上ニて申聞否可申上候」と見える。津軽銅買入の価格については山支配人が上方へ登り泉屋と交渉をする予定だというのである。山支配人とは、足羽次郎三郎であろう。支配人の次郎三郎が、大坂で泉屋と直接交渉をして、「御用銅」用の津軽銅の価格を決定する手はずであったのだ。泉屋は、自信を持って価格交渉に臨むつもりだったのである。

「国日記」元文三年一〇月二八日条に見えるように、すでにして尾太銅鉛山の仕入金つまり運転資金は、泉屋が次郎三郎を介して融通し、生産された荒銅は、大坂の泉屋へ直接廻着して抜銀されるシステムが確立していたのである(3)。泉屋の仕入金が途絶すれば、尾太銅鉛山の経営はたちどころに行き詰まる仕組みになっており、同山は泉屋の支配下に入るのと同様になった。前にも触れたように、泉屋は四月の段階で銅座の問いかけに対して、尾太銅鉛山は弘前藩の御手山なので自分の心任せにはできないと言及していたが、ここに次郎三郎を通じて津軽銅を泉屋の心任せにできる可能性が出てきたのである。実現すれば、次郎三郎はほとんど住友の手代と変わりなくなり、弘前藩が次郎三郎に不信感を抱き、危機感を持ったのは当然であった。

それを裏書きするように、泉屋は弘前藩に対して次郎三郎の処分撤回を要請し、運転資金の融通拒絶をもって藩を恫喝した。泉屋も必死であった。次郎三郎を通じて目論見が成功しつつあったからであろう。弘前藩では、それを拒絶し、元文四年三月、津軽尾太銅の取扱いを泉屋から大坂の豪商嶋屋市兵衛に交代させて、泉屋の排除を狙った(前掲『銅座方要用控二』二四三頁)。

三 「濁沢《にごりさわ》銅山一件」と足羽次郎三郎

元文三(一七三八)年、次郎三郎を尾太支配人から更迭した弘前藩では、御用達商人の竹内勘六ついで宮崎忠兵衛を支配人として尾太の経営に当たらせた。次郎三郎の消息は一時途絶えるが、元文五年九月、彼は突然、藩庁へ目屋野沢の小野沢から濁沢にいたる銅鉛山の問吹き(試験的な製錬)を願い出た(「国日記」同年九月二四日条)。二か月を経た同年一一月、次郎三郎から報告があり、小野沢から濁沢にいたる区域で掘り出した鉱石の「歩付《ぶつき》」(銅鉛の含有率)が良好であったから、当年から一〇年間の開発をしたいとの願書が藩庁に提出された。藩としては他の鉱山の例も見て七か年の稼行期間とし、種々条件をつけて次郎三郎へ許可を出した(同前、同年一一月六日条)。これが、「濁沢銅山一件」と称され、次節で述べる幕府の尾太銅鉛山接収の危機にいたる一連の事件の口火を切ることになったのである。

次郎三郎が、目屋野沢の濁沢銅山(4)(現、青森県中津軽郡西目屋村)の正式な開発許可願を藩庁へ提出する前の同年一〇月、弘前藩江戸藩邸の聞役竹内衛士は幕府勘定組頭菊池文五郎から呼び出しを受けた。直ちに登城した竹内は、江戸城の蘇鉄の間において、勘定奉行神尾若狭守春央から、長崎廻銅も少なくなった時節がら、すでに津軽領内の濁沢銅山を開発したいとの願いが提出されているから、在所の願人である足羽次郎三郎に許可を与え、当年の秋には稼行できるように国元へ伝えよと言い渡された。濁沢銅山や足羽に関する幕府の情報は詳細を極め、突然の事態に驚いた聞役の竹内は、幕府の意向を国元へ伝達することを約するだけであった（同前、同年一一月二四日条）。連絡を受けた国元では、次郎三郎を呼んで事情を聞いたところ、逆に彼から「尾太并喜多《(北)》尾太、濁沢」三か所のほかに、見立てをしたところ数か所の山色の良い鉱山があるので、それも開発したいとの提案がなされた（同前、同年一二月二一日条）。藩としては、次郎三郎へ直ちに許可を与えて稼行に入らせたようだ。

この間の事情を顧みると、次郎三郎は弘前藩へ、濁沢銅山を中心とした目屋野沢地区の見立と鉱石の問吹きを九月に願ったが、その結果を同藩へ届け出る前に、何らかのルートを使って幕府の勘定所へ伝達したと推測される。その後の展開からみて、次郎三郎が泉屋や銅吹屋仲間へ津軽領内の鉱山情報を伝え、彼らから銅座へ、そして銀座を介して幕府勘定所へ連絡されたと推察する。弘前藩はこのルートから遮断された結果、江戸城に呼び出された藩の聞役にとっては、勘定奉行からの申渡しはまさに寝耳に水であった。

しかし、事態はこれにとどまらなかった。

明けて寛保元（一七四一）年四月、銀座年寄の平野屋と勘定役尾本吉左衛門が聞役竹内へ、津軽領内の銅山見分に銀座役人を派遣し、国元での案内・引き受けと濁沢銅山の開発には次郎三郎を用いるようにとの申渡しと指示をした（同前、寛保元年四月一六日条）。六月に入ると、銀座の具体的な意向が判明してきた。濁沢銅山は、幕府に接収され銅座が直営することでほぼ決まったようなので、見分役人の派遣は受け入れるしか方法がない。藩にとって困るのは、派遣された役人たちによって濁沢以外の領内の鉱山が見分され、その結果、それらも銅座によ る接収の対象となることであった。対策として藩は、幕府の覚えも良く銅座にも顔の利く次郎三郎を最大限活用して、役人たちに領内鉱山の見分をさせないようにすることにした（同前、寛保元年六月二五日条）。

弘前藩が編み出した方法は、次のようなものであった。第一に、濁沢銅山は銅座直営でなく、幕府に覚えの良い次郎三郎が名代を使って経営をしていることにすれば、銅座も直営を言い出すのは遠慮するに違いない。銅座には直営から手を引いてもらう。次に領内の銅鉛山で出銅の可能性がある鉱山（尾太銅鉛山を除く）に、次郎三郎の名代として足羽太郎次名の四ツ留傍示（坑道の入り口にすでに足羽太郎次の稼行中であることを示す杭）を掲げて、役人を坑内に入れないようにすることであった（同前、寛保元年六月二五・二六日条）。それは直ちに実施され、領内三三の銅鉛山に及んだ。七月には、次郎三郎を尾太銅山稼人に任命し、尾太と「喜多（北）尾太」銅山を引き渡して、万全を期した（同前、同年七月一五日条）。このことは名目上、尾太をはじめ津軽領内の銅鉛山がすべて次郎三郎の支配下に入ったことを意味し、彼は領内鉱山の管理と大坂への銅鉛移出・販売に絶大な力を行使できる位置についたのである。

それでは、濁沢銅山の実態はどうであったのであろうか。次郎三郎の弟で彼の名代を務めた太郎次は、この時期に驚くべき報告をしている。次郎三郎が江戸で幕府や銀座へ報告する同銅山からの出銅四〇箇（二・四トン）は、尾太銅鉛山からの出銅と大坂への登銅《のぼせどう》の中から捻出して濁沢出銅として江戸へ運搬するつもりだと述べている（同前、同年八月一四日条）。ちなみに、同年六月一か月間の尾太銅鉛山からの生産量は、銅が一一・一トン余、鉛が二八・七トン余であった（同前、同年七月二七日条）。これらの中から濁沢出銅と偽称して江戸へ輸送しようとしたのであり、濁沢銅山は、実は稼行の実態がなく、銅の生産に関してもほとんど展望はなかったといえよう。それにもかかわらず次郎三郎は、濁沢銅山の実情を隠して幕府へ濁沢出銅と称して実は尾太銅を届け、ほころびを繕ったのである。尾太銅の借用は、後に藩内で問題となったが、その際に次郎三郎は濁沢出銅がない旨を暴露しており、濁沢銅山の実態のなさを自らも認めている（同前、同年九月三日条）。弘前藩の努力も空しく、銅座役人たちは寛保元年九月には津軽領に入って濁沢銅山を見分し、一〇月初めには帰途に就いたようだ（同前、同年九月一三日条）。

見分の役人が津軽領内に入る直前の八月末、濁沢銅山の報告のため江戸へ来ていた次郎三郎は、江戸城へ呼ばれて、勘定奉行の神尾春央と勘定組頭へお目見えがかなったという。その記事によると、次郎三郎はすでに元文元年五月一六日に、お目見えを済ませていたとのことで（同前、同年八月二五日条）、彼の幕府要路への接近は、尾太銅鉛山の経営に着手した時期には始まっていたのである。次郎三郎のネットワークの広さは、弘前藩の役人の想像を超えるものであったようだ。

濁沢銅山接収と銅座直営に関しては、幕府の意向通りにはならなかった。それは当然である。前述のように同銅山の出銅は乏しく、鉱産がほとんどないことから幕府へ届ける予定の濁沢銅も尾太銅を借用して事態を繕うような実態であったからである。派遣された銅座役人から報告を受けた銀座銅方の中村東兵衛は、濁沢山は予想よりも良い稼ぎであったとし、さらに鉱産に励むようにと弘前藩の聞役へいったが、これはおそらく外交辞令であろう（『県史』二一二号）。なぜなら、続けて話題に出たのが、尾太銅鉛山の出銅不調であって、濁沢銅山の鉱産への期待ではなかったからである。濁沢銅山接収の話は立ち消えになった一方、弘前藩にとって次に待ち構えていたのは、尾太銅鉛山の藩からの接収と銅座による直営という難題であった。

四　尾太銅鉛山接収の危機

濁沢銅山一件がようやく終息した寛保元（一七四一）年一二月、銀座銅方役人の中村は、次のように弘前藩の江戸藩邸聞役へ申渡した。津軽領内「第一之尾太山」が近年出銅を大いに減らしていることから、幕府勘定所へ進言して来年津軽領内鉱山の見分使を派遣して、弘前藩から尾太を銀座へ接収することを考慮しているというものであった（『県史』二一二号）。続けて、聞役の三上らは、銀座銅方の申し分である尾太銅鉛山の接収を考えるにいたった経過と具体的な条件を次のように報告している（同前）。

一、尾太山之儀足羽次郎三郎江支配被仰付候而、竹内勘六支配仕候内より荒山取立ニ付過分之入方故、出銅鉛代銭ヲ以借方凌兼、其内仕入方続兼、拝借等も仕候ニ付過分之上納方も相滞候ニ付、次郎三郎引請仕入方等丈夫可仕存念ニ而泉屋吉左衛門江取組趣向も仕置候内、山支配御取上罷成候ニ付、吉左衛門貸方も相止、尾太取立之趣向も相違罷成候故、従吉左衛門銅座江段々手を廻差込候故、従公儀も見分等之儀被仰付候事と奉存候間、此度稼人御取替之上出銅も余計成候者格別、左も無之候者兎角銀座より差込可申様子趣意候、出銅不足申立、御勘定所江も相訴、右之尾太を拾歩一役ニ而銀座引取相稼申度底意ニ相聞得申候、（傍線筆者）

右によると、尾太銅鉛山は、次郎三郎が経営を任される以前から赤字続きで、生産される銅鉛の売上代金を経営資金の不足を補塡する借銀の原資に充てて運営していたのであり、仕入金つまり運営資金には絶えず窮していた。次郎三郎が泉屋に働きかけて資金援助を得て成り立っていたようなものであった。弘前藩が次郎三郎を罷免したため、泉屋は資金援助を中止した。さらに泉屋は銅座へ働きかけて、それにより幕府銀座から尾太へ見分の役人派遣が命じられることになったようだ。泉屋の考えは、ほかの稼人へ交代して出銅の増加が可能なら申し分ないが、減産を打開できないのであれば、出銅不足の理由をもって幕府勘定所へ訴願して尾太を弘前藩からとりあげ、十分一役の負担をもって銀座が接収・稼行し、銅産の実をあげるというものであった。

尾太鉱山の経営構造が当初から脆弱であったことは、一連の拙稿で明らかにしたところであるが、次郎三郎は泉屋の資金援助を鉱山経営の基盤として据え、経営の安定化を図ろうとした。したがって泉屋の資金援助がなければ、尾太鉱山は成り立たない状況にあったが、泉屋も毎年多額の経営資金（一年間に六〇〇〇両ほど）を貸し込んできたことから、(5) その回収も必要であった。泉屋は右のように銀座へ働きかけて、幕府による尾太鉱山の接収策に出たのである。弘前藩にとっては、銀座が領内に入ってくることは大変迷惑なことであり、泉屋の資金援助を受け支配人も次郎三郎へと交代させることで、それを回避できるのではないか、このまま判断を延ばしていては、銀座から幕府へ出銅不足を申し立てられ、尾太の接収は現実のものになってしまうとの危機感を持つようになった（『県史』二一二号）。

寛保二年一二月の書抜（『県史』二一三号）によると、藩では尾太の稼人を次郎三郎に、仕入金の金主を嶋屋から泉屋へ代えたが、(6)今度は泉屋が仕入金の注入を拒んできた。「銀座より邪魔之手」が入ったためであり、稼人・金主共に取り替えても銅の生産が不可能なのでは「十中八・九」銀座に接収される可能性が出てきたという。さらに来年の上方への廻米高を六万石としたいが、五〇〇〇石不足の見通しである。大坂へ廻銅した尾太銅の売り上げで不足額を補う予定であったが、状況がこれではそれもかなわない。廻米高が減少した場合、上方蔵元への藩債返済に支障が生じることになり、領内に不足を生じたとしても廻米高六万石の確保は至上命題であると述べている。(7)すでにして、尾太銅の売却金は藩債返済の計画に組み込まれていたのであり、資金ショートによる尾太銅鉛山の稼行停止はついには藩財政の行き詰まりをも示唆し、銀座による尾太銅山接収の危機に加えて、弘前藩の苦悩は深かった。

この間、次郎三郎は藩庁へ、次のような情報をもたらした（『県史』二一三号）。

一、私儀当八月下旬大坂江罷登、泉屋吉左衛門方江尾太仕入之儀及熟談候処、泉屋方者兼而通達之上御座候得者弥相談可致所存ニ相聞申候得共、大坂銅座方尾本吉左衛門儀濁沢山銀座持込之訳も同人発端より之懸りニ而御座候故、此仁江熟談之上底意解候様不致候得者、泉屋方ニ而も仕入成兼候由、仍而右尾本吉左衛門江私面談仕候様取持候儀、大坂御城米払役相勤申候松安庄右衛門と申者津軽屋父子并泉屋吉左衛門手代次郎右衛門と申者三人共ニ右松安江至極懇意ニ付、右之面々より松安江厚憑入、尾本吉左衛門江段々申入候処、有増相談も究寄面談可仕様子有之候処、長崎御奉行萩原伯耆守様大坂江御出ニ付尾本吉左衛門義御国繁多之由ニ而彼是懸違面談相済不申候付、泉屋方ニ而も取組対談も難相成由申候（中略）、何れニも尾本得心無之内ハ

泉屋方より仕入金差下候儀難成由段々意味有之様子ニ相聞申候、（傍線筆者）

右の情報によると、尾太銅鉛山の経営に関わる泉屋の仕入金の支障は、大坂銅座方の尾本吉左衛門の濁沢銅山の銀座持ち込みが不調に終わったことに原因があるという（前節の「濁沢銅山一件」を想起していただきたい）。尾本と熟談して真意を探るようにしないと、泉屋も迂闊に援助ができないようだ。次郎三郎が尾本との面談をセットして、泉屋・津軽屋の手代を介し、尾本と懇意にしている御城米役松安庄右衛門を通じて尾本に事情を説明し追々理解を得るようにしたい。いずれにしても、尾本の得心がないと泉屋からの仕入金導入はかなわずという状態はいささかも変わらない、というものであった。尾本にとって、濁沢銅山接収の失敗は、不愉快千万なことであったようだ。

それはともかく、次郎三郎は泉屋はもちろん大坂銅座方や城米払役などとつながり、当時の大坂で主要な経済活動に従事していた、さまざまな思惑を持った人々との間で会談を設営したり、情報の分析を実施している。ここに見える次郎三郎の姿は、「国日記」寛保元年七月二七日条に、他国で稼いだことのない「不功者」の山師と記された、ちっぽけな存在ではなく、大坂藩邸の役人を凌ぐ交渉術を身につけた多才な人物として把握すべきであろう。

紙幅の関係もあって、この後の経過を簡単に述べたい。最終的に尾太銅鉛山は、銀座に接収されることなく、弘前藩では引き続き次郎三郎が経営に当たった様子が見える。接収を免れた理由は、各史料には明確に記録されていないが、茨木屋・長浜屋などの新たな金主との取組に成功したこと（『県史』五三号・二二一号）に加え、次郎三郎の銅座との折衝が功を奏したのか、詳しくはわからない。しかし、この騒動の翌々年、つまり元文銅座の後半、延享元（一七四四）年ころには、地売銅が勝手売買となり相場が下落し、低価格かつ銅余り現象となった。したがって、銀座や銅座が藩領の鉱山を接収してまで銅の調達に邁進する理由がなくなったことが一番の原因と考えられる。なお、元文銅座は、寛延三（一七五〇）年に廃止されて、長崎銅会所が設けられ、長崎会所から役人が出張して銅を買い集めることになった。

五　足羽次郎三郎の資本蓄積と運用

さて、右に述べてきたような活躍をした足羽次郎三郎は、いったいどのようにして新興問屋商人として資本を蓄積したのか、疑問を持たれる向きも多いことと思う。宝暦七（一七五七）年、彼は前述のように弘前藩宝暦改革の失敗の責任を問われて町預けの処罰を受け（『新編弘前市史　資料編2　近世編1』弘前市、一九九六年、六六九〜六七〇頁）、家財その他すべてを没収・破棄されたことから、足羽の資史料は一切残存していない。そのため、彼の資本の出所については不明で、現状では「国日記」にわずかに残る記載の中から推測を組み立てて行くしか方法がない。たとえば「高岡霊験記」には、上方・江戸で才覚を発揮し、算勘巧者として卓抜した技能の持ち主であり、才覚で御用達仲間の棟梁にまで出世したとあるが、具体的な史実は、これではわからない。実態は不詳だが、大坂で弘前藩の銅鉛売買人をしていたことが彼の立身の出発だったことは間違いないし、特に住友泉屋との結びつきは注目される。「国日記」元文三（一七三八）年一二月一九日条に、わずかに次郎三郎の収入源について触れた箇所が左のように見える。

一、於大坂尾太銅鉛屑出来之由、右銅鉛之屑例年足羽次郎三郎江被下候間、当年も被下度旨同人弟分之由清左衛門と申者役人江願候由（中略）、

覚

当年尾太銅鉛段々懸渡仕候所、銅鉛出来仕候、

床銅之屑　　六箇

鉛之屑　　　　十箇

右之通御座候、此屑銅鉛例年足羽次郎三郎江被下来候由ニ而同人弟之由清左衛門と申者留守居并役人江朝暮徘徊仕、当年も被下度由内々ニ而願申候由承知仕候、

（傍線筆者）

右によると、弘前藩では大坂へ廻着した尾太銅鉛の屑を次郎三郎に下付していたという。この時期に、次郎三郎は尾太支配人ではなかったので、弟分の人物を通じて銅鉛屑の下付を求めたのである。分量は、床銅の屑六箇（約三六〇キロ）、鉛の屑が一〇箇（約六〇〇キロ）ほどであった。これが足羽の全収入ということではなかろうが、次郎三郎が住友や銅吹屋仲間に依頼して銅鉛屑を精錬してもらい、絞った銀が収入となる仕組みであった。したがって、右の銅鉛の屑の分量と精錬の加減に関しては、藩から銅鉛販売の専権を与えられている次郎三郎と銅吹屋仲間との間で、いくらでも調整できる性格のものであったに違いない。彼が屑と認定した銅鉛から銅吹屋仲間を通じて抜銀をしてもらえば、藩の預かり知らぬところで多くの銀を入手することは可能であった。ここに、藩から津軽領の銅鉛販売一切を委任されていた次郎三郎と、屑銅鉛の精錬を通じた銅吹屋仲間との癒着の構造を見ることはたやすかろう。次郎三郎の資本蓄積の原資は、このようなところに潜んでいたのではなかろうか。

ところで次郎三郎は、寛保二（一七四二）年八月に飛驒屋久兵衛へ金子を用立てており（岐阜県歴史資料館蔵「坪長右衛門為替請取証文」）、飛驒屋のネットワークに入り込もうとした可能性がある(8)。前掲「山機録」に見えるように、もともと南部田名部で活躍していた次郎三郎であったが、すでに下北大畑に店を持つ飛驒屋と関わりを持っていた可能性は高い。飛驒屋は一七世紀末には、下北・蝦夷地の林業に進出した。少し遅れて一八世紀に入って、次郎三郎は弘前藩の鉱山業に従事し、上方での銅鉛売却で銅吹屋仲間、銅座との関わりを深めた。既述のように次郎三郎は、尾太鉱山の経営資金について住友泉屋へ仕入金という名目で支援を仰いだ。飛驒屋は江戸の栖原屋に資本供給と材木の販売を仰いでおり、両者には、経営・資本の点でも共通した側面が看取されよう。

飛驒屋は、甲州武川衆《むかわしゅう》を先祖に持ち、一方の足羽は源義平ないし新田義貞の一族の末裔という血筋を秘かに誇った（前掲「高岡霊験記」）。このような共通点は、当時の新興問屋商人たちに見られることであり、その点は不思議とするに値しないが、両者とも自己の資本を充分に持たず、技術と才覚、農業生産ではない鉱業・林業・商業などにスキルを発揮できる産業に従事し、資本は上方や江戸の商業・鉱業の資本家に依拠して財を成したという点で相通じた姿勢を見ることはできないであろうか。

次郎三郎が飛驒屋に資金を投資した理由が何であったのか、今となっては不明である。しかし、飛驒屋と栖原屋の流通・交易のネットワークの中に入り込もうとしたのであれば、不作現象が継続し農業生産のさらなる発展が期待できない、一八世紀北奥や元来稲作に適さない蝦夷地にあって、飛驒屋と連携して林業・鉱業など地域に固有の産業の進展に辣腕を振るおうとしたとも推察される。

おわりに

五節にわたって述べてきた足羽次郎三郎の足跡は、近世中期に活躍した新興問屋商人群のなかの一人として興味深いものであった。住友泉屋をはじめとする大坂の銅吹屋仲間との交際だけでなく、濁沢銅山ついで尾太銅鉛山の接収事件などを通じた、江戸幕府勘定奉行など政権要路者や銀座銅方役人への接近などをみれば、藩領鉱山の山師ないし銅鉛販売人というスケールは、とっくに越えていよう。むしろ新興問屋商人として、藩領の枠組みにとらわれず、当該時期の全国市場・領域市場に対処することを目論む、飛驒屋に代表される新たなタイプの人物像として把握することが可能であろう。大坂・江戸・津軽と活躍の範囲は広域であり、さらには飛驒屋のネットワークに入り込もうとする意欲も見せており、恐らく当時の津軽の民衆は、「飾町人」という認識を越えて次郎三郎を理解することはできなかったのであろう。ここに彼の人物像のおもしろさがあり、弘前藩の宝暦改革のなかで民衆の怨嗟が乳井よりもむしろ足羽親子に集中したのは、得体の知れない人物としての足羽に対する恐れであったともいえよう。

本稿では、元文期を中心に寛保年間にいたる次郎三郎の足跡を明らかにしたが、尾太銅鉛山の経営自体については、今井典子が紹介した住友側に残る新史料を消化しきれなかった部分があった。改めて右の新史料を踏まえて、この後、宝暦改革にいたるなかで、弘前藩と住友泉屋とはどのような関係を取り結び、尾太銅鉛山の経営はいかなる展開を見せたか。さらには次郎三郎の手腕は、その中でいかに発揮されたのか、一八世紀北奥の社会情勢との関わりの中で検討して行くことにしたい。

（1）今井典子①「寛政期、住友本店の古貸の処理について——銀座・対馬藩・津軽藩の例を中心に——」（『住友史料館報』四〇号、二〇〇九年）。この他、本稿で述べる近世の銅市場と統制、銅座・泉屋・大坂銅吹仲間の動向などについては、主に同②「南蛮吹と近世大坂の銅吹仲間」（『住友史料館報』三五号、二〇〇四年）、同③「近世日本の銅——銅市場と銅統制——」（『住友史料館報』三九号、二〇〇八年）に基づいて論述した。煩雑を回避するのと紙幅の関係から、そのつど、出典を記さなかった。ご了解いただきたい。

（2）尾太鉱山（現、青森県中津軽郡西目屋村）は、陸奥国津軽領最大の銅鉛の鉱山で、一七世紀後半から銀・銅・鉛の非鉄金属を大量に産出した。寛政八（一七九六）年秋、当鉱山の付近を旅行した菅江真澄は「雪の母呂太奇」に、「オッフの名はもと蝦夷いへるなるべし」と地名の由来をアイヌ語に求め、出羽国との境にそびえる山の「銅ほるところ」と、銅鉱山であると述べている（『菅江真澄全集』第三巻、未来社、一九七八年、二〇二頁）。

（3）前掲註(1)今井論文①、五一頁に紹介されている足羽次郎三郎の銀子借用証文によると、元文二年七月、「尾太銅山為仕入銀」として泉屋から「文銀」一〇〇貫余りを借用し、証文には大坂へ廻銅してその売上代銀を元利返済にあてると記している。

（4）濁沢銅山については、よくわからない。前掲「山機録」に「尾太山之内」として、「濁り沢金山　但受所之内茶碗分之沢と云」と見え、湯ノ沢川流域の尾太鉱山群の一つで銅山というよりは金山であったようだ。

（5）前掲註(1)今井論文①、五三頁に紹介されている元文二年の史料によると、元文二年だけで、泉屋は弘前藩に古金二〇〇〇両、文金一〇〇〇両、銀一八〇貫目を注入している。

(6) 元文四年四月、出銅不調や長崎廻しが停滞するようであれば、稼人の交代も辞さないようにせよとの触が盛岡藩へ出されている(前掲『御触書寛保集成』一八八六号)。幕府による稼人交代の下命は、弘前藩に限ったものではなかった。

(7) 前掲註(1)の今井論文①の五四~五五頁に紹介されている史料一〇の「米切手渡置く一札」や史料一一の「米切手預け手形」をみると、泉屋からの借銀返済にあてる銅鉛が大坂へ廻着しなかった場合、代わりに米切手を泉屋へ渡すことを約束しており、藩の大坂廻米は銅山経営にも深くリンクしていた。大坂への廻銅と廻米の順調な実施は、ともに藩財政の維持に不可欠な要素であり、両方の停滞は資金のショートを招き藩財政の破綻を招きかねない危険をはらんでいた。

(8) 山口啓二は、『鎖国と開国』(岩波書店、一九九三年、二四一~二四二頁)のなかで、近世中期に展開した、新興問屋商人に関して、次のように述べている。

「近世中期の諸生産の発達、およびそれに根ざして拡がる国民的需要によって形成された、幕藩制的全国市場・領域市場の担い手として、三都・城下町から在方にまで広範に成立した新興問屋商人が、山林伐採業・漁業・鉱山業・醸造業の担い手となるか、問屋制家内工業の編成者となるか、株仲間をつくって特権化するかは、個別商人資本にとっては利潤追求上の選択の問題です(中略)。飛騨屋久兵衛が江戸に出て、大畑に山林伐採業を起したのも、栖原角兵衛がこれを資金と販売で支えたのも、近世中期における材木の国民的需要の拡大があったればこそですが、栖原角兵衛自身が木場の材木問屋として、自分では山林伐採業を起す危険を冒さず、飛騨屋を支えるにとどまったところに、十八世紀初頭の材木市場の展開にはなお制約が大きかったことを物語っていると思います。」

なお、飛騨屋に関する本節の記述は、山口の前掲書と大石慎三郎「蝦夷地林業の創始者飛騨屋久兵衛(1)」(『徳川林制史研究所紀要』昭和六〇年度)をはじめとする一連の大石の業績に依拠していることをお断りしておく。

〔付記〕　本論文は、平成二十一~二十三年度科学研究費補助金(基盤研究C)「森林・鉱物資源の開発・活用から見た世界遺産白神山地の変容」(代表　長谷川成一)による研究成果の一部である。

東北日本における家の歴史人口学的分析
――一八・一九世紀の人口変動に着目して――

平井晶子

はじめに

二〇〇八年、幕末からほぼ一五〇年続いた人口増加に終止符が打たれた。いよいよ人口が減少に転じ、日本社会は大きな転換期を迎えている。

明治初頭の日本の人口はおよそ三三〇〇万人であったが、一〇〇年後には一億人に、さらに、その後一億三〇〇〇万人にまで膨らんだ。[1]近現代の日本にとって、人口は「増えるもの」であった。ところが、二〇世紀末から急激に出生率が低下し、いよいよ人口減少社会、しかも超高齢社会が現実のものとなると、だれもが「人口」の威力を感じざるをえなくなった。

では、人口増加が始まる前の時代はいかなる状況にあったのか。幕末から人口増加が始まったとするなら、それ以前と以後で何か大きな変化があったのか。人口は、まさにマグマのようなもの、普段は地中深くに留まり私たちの目に触れないが、いったん外に出てくると制御不能となり、猛威を振るう。本稿では、そんな人口現象に注目し、一八、一九世紀を眺めてみる。

日本の人口は、（移民の増減など）社会移動よりも、出生率と死亡率の変化による「自然増加」の影響を強く受けてきた。しかも、婚外子が少ないことから、概ね人の再生産は家族のなかで営まれる。よって、以下では、人口変動の背後にある家族（家）の変化を検討し、人口および家族の一八世紀的特徴がどこにあるのかを考えてみる。

一　日本の人口変動

人口学では、一般に、人口は〈増加期〉と〈停滞期〉を繰り返しながら、徐々に増加してきたと考える。歴史人口学者である鬼頭宏は、これまでの歴史人口学の成果を総合し、過去一万年におよぶ日本の人口を概観し、一万年の間に四回の大きな人口増加期（人口増加の「四つの波」）があったことを明らかにした(2)。第一の波は縄文早期から中期、第二の波は弥生から平安時代まで、第三の波は室町時代から江戸初期にかけて、そして幕末から現代までが第四の波である。

本稿が議論する一八世紀から一九世紀にかけては、ちょうど第三の波と第四の波のあいだの人口停滞期（安定期）にあたる。ところが、人口停滞期といえども地域差は大きく、概ね東北地方では（一八世紀後半から）人口が減り、西南地方では増えていた(3)。つまり、一九世紀中葉以降の人口増加の第四の波は、減少していた東北地方においても人口増加がはじまったことが大きく影響している。そこで、本稿では、一八世紀から一九世紀にかけて人口変動が極端であった東北地方を対象に、人口変動と家の関連を考察する。

一八世紀に先駆けて生じた第三の波、とりわけ一七世紀の急激な人口増加はいかにして成し遂げられたのか。速水融は、一六〇〇年に約一五〇〇万人だった人口が、一〇〇年後には約三〇〇〇万人に倍増した要因として、（新田開発による耕地の拡大ももちろん大きな要因であるが）面積あたりの収穫量を大幅に増やす労働集約的農業の発展（農業の経済社会化）と、それまで生涯独身で大家族に従属していた人が結婚（独立）し、自らの所帯をもつようになったこと、すなわち婚姻率が上昇した結果、出生率が上昇したことをあげている[4]。つまり、生産部門と再生産部門が車の両輪として動き出し、急激に変化したことになる。

では、幕末から始まる第四の波はいかにして動き出したのか。近代の人口増加といえば、工業化・産業化がもたらしたものと考えがちである。たしかに工業化・産業化が本格化する二〇世紀以降の人口増加は、それらによるところが大きいだろう。しかし、人口増加それ自身はその半世紀も前からはじまっていたのであり、第四の波を始動させた力は、いわゆる工業化とは切り離して考える必要がある[5]。

いち早くこの「徳川体制からの人口学的離陸」に注目し、出産との関連で議論したのは落合恵美子である[6]。落合は、徳川時代の医学書などから、出産（堕胎・間引き）へのまなざしの変化を分析し、一八世紀後半から、堕胎・間引きを良しとしない心性が登場したこと、じわじわと新しい心性が全国へ広がったことを明らかにした（「出産革命」）。そして、この出産への心性の変化が堕胎・間引きを忌避する行動に結びつき、結果として幕末の人口増加につながった可能性を示唆している。また、死亡率との関連から人口変動を検討しているのが川口洋である[7]。川口は拙速な結論を好まず慎重に資料探索を進めながら、一九世紀における乳幼児死亡率の低下の可能性を追求し、種痘をはじめとする伝染病の治療法の革新などの視点から検討を進めている。

筆者も、東北地方における農村の戸口資料の歴史人口学的分析を行い、一九世紀初頭における家とライフコースの変化が人口増加に影響を与えた可能性を検討してきた[8]。一八世紀の世帯は誕生と消滅を繰り返す不安定で脆弱な存在であるが、一九世紀中葉までに、世帯が安定し、永続性のある「家」が一般化したことを見いだした。そしてこの安定した「家」の出現は、急激な人口減少への村をあげての対策であり、その危機的状況から脱出するため、人々の強い意志によって成し遂げられた一つの生存戦略であったとの仮説を得た。ただし、この仮説は一か村の事例研究に基づくものであったため、ここで新たなデータを加え、再検討する。

二　資料と分析方法

(1)　農村における「家」の変容

具体的な分析に入る前に、近世家族を扱うにさいし、「家」との関連に触れておく。

笠谷和比古は、同編『公家と武家II――「家」の比較文明史的考察――』の序論で「家」を「日本社会における基礎的社会単位」であり、「日本文化の個性を形成してきた重要な源泉でもあった」と位置づけた[9]。具体的には、「家」は家計や居住の単位であり、家名の持続の意識のもと、一体性をもって継承されていくものであり、歴史的には公家や武家といった支配エリート層で展開したと説明する。笠谷自身、家の理論化のプロセスでは、人類学や社会学の家族論を参照し、中根千枝や有賀喜左衛門の家論からも大いに示唆を受けているものの、歴史的展開においては中根や有賀が分析対象とした農民（庶民）の家に踏み込むことはなかった。

人類学や社会学で家論が活発に議論されたことからもわかるように、農民（庶民）も家的なものと無関係であったわけではない。筆者は、これまでの家研究の蓄積を踏まえ、①永続性、②単独相続、③家産の維持、④直系家族構造という四つの指標を基軸に、それらの特質を有する世帯を「家」（カギ括弧をつけて表す）と定義し[10]、（戸口資料に現れた限りで）このような特質をもつ世帯が近世後期の農村にも一般化してきたとの事例結果を提示してきた[11]。本稿でも、上記の四つを「家」の主な構成要素とし、世帯の実証分析に入る。

(2)　奥州仁井田村の人別改帳と羽州中山口村の宗門改帳

本稿では、奥羽山脈の西と東に位置する二か村の戸口資料を利用し、歴史人口学的手法を用いて世帯分析を行う。本来、歴史人口学では、戸口資料の分析を通して出生、死亡、結婚、移動などの人口指標を算出し、過去に生きた人びとのライフコースの復元を目指すものであるが、ここでは、もっぱら世帯に焦点をあて、岡田あおいの世帯分析の方法を応用し[12]、世帯の誕生や消滅から家の特質を考察する[13]。

対象とするのは、奥羽山脈の太平洋側、奥州安達郡仁井田村（現在の福島県本宮市）の人別改帳（一七二〇年から一八七〇年まで一五一年）一四六年分と、日本海側の羽州村山郡中山口村（現在の山形県天童市）の宗門改帳（一七三三年から一八七二年までの一四〇年）九八年分である[14]。宗門改帳や人別改帳は名前や年齢、続柄が羅列されているだけで、長らく〝退屈な〟資料といわれてきたが、時間軸で繋いで、人口指標を抽出するという歴史人口学的手法が登場したことで、一気に〝魅力的な〟ものへと変身した。過去に生きた名もなき人々の人生が数千人規模で再現できる貴重な資料になったのである。

仁井田村[15]は、郡山と二本松の中間に位置する阿武隈川流域の街道沿いの農村であり、この地方のなかでは比較的肥沃な地域といわれているが、一八世紀後半は飢饉がとりわけ多く、人口が著しく低下した。この深刻な事態に対し、藩も多大な関心を寄せ、人口増加策などを導入したが、成果をあげるにはいたらなかった。

中山口村[16]は、一般に降雪量が多いといわれる村山地方に位置するが、中山口村のある現在の天童市周辺は比較的降雪量が少ない。しかも、早くから紅花など冷害に強いと思われる換金作物の栽培が盛んであり、米への依存度が比較的低い点に特徴がある[17]。

三　人口と世帯

(1)　人口の推移

速水融の「近世奥羽地方人口の史的研究序論[18]」によると、一八世紀から一九世紀の奥羽地方の人口は、概ね

〈停滞→減少→増加〉と推移する。一八世紀後半に減少をはじめ、一九世紀中葉から増加に転じる、これが東北の人口変動パターンである。では、当該村落の人口はどのように推移したのか。

仁井田村（奥州）の人口（図1）は、観察をはじめた一七二〇年に五四〇人だったが、一七七〇年以降減少しはじめ、一八二〇年には三六六人にまで落ち込む。その後徐々に増え、最終的には観察初年の水準まで回復している。つまり、一七二〇年からの一五〇年間で、〈停滞→減少→増加〉という東北的パターンを踏襲していたことになる。同期間における当該地域の合計特殊出生率は三前後（人口減少期の合計特殊出生率は低く二・六二）と人口転換以前としては極めて低い水準にあり、[19]それが人口減少の主な要因といわれている。

中山口村（羽州）の人口（図1）は、観察をはじめた一七三三年に三二五人で、その後しばらく安定しているが、一七七〇年代から一八四〇年ごろまでゆるやかに変化し、一八四〇年代以降、増加に転じる。つまり、一四〇年間で〈停滞→微増・微減→増加〉と変化してきた。木下太志による同じ村山郡山家村の歴史人口学的分析でも、[20]〈順増→停滞→増加〉と推移しており、東北的減少期（一八世紀後半からの減少）を経験しない点で共通する。木下も指摘するように、村山地方は早くから換金作物の栽培が盛んで、稲作への依存度が低く冷害の被害が他地域よりも小さかったため、人口を減少させずに済んだと考えられる。

一八世紀から幕末・維新期にかけて、仁井田村は東北的パターン、中山口村は非東北的パターンと異なる人口変動の経路をたどる。しかし、一八世紀前半が停滞期で、一九世紀中葉に人口増加期（「第四の波」の発生）を迎える点は共通している。途中、違う道筋をたどりながらも、同じように人口増加の「第四の波」を生じさせている点は逆に興味深く、本稿の課題を検討するにはふさわしい資料といえるだろう。

（2）世帯数と世帯規模

速水融は、一七世紀から幕末までの諏訪地方の世帯・人口パターンの変化を分析し、「第三の波」の人口増加の背後に、世帯規模の縮小とともに、その規模が均質化していくプロセスがあることを見いだした[21]。はたして人口増加の「第四の波」でも世帯規模の縮小や均質化は見られるのか。

仁井田村（奥州）の世帯数（図2）は、観察を始めた一七二〇年に一三二戸で、その後しばらく安定し、一七八〇年以降漸減し始め、最後（一八七〇年）には九〇戸を下回る。それに対し、平均世帯規模は一八二〇年代までほぼ四であったものが、一八三〇年以降拡大し、最終的には六を越えている（図3）。世帯規模の分布をみると（図4）、前半は単身世帯が一五%、二、三人の小規模世帯が三割と半数近くが三人以下の小規模世帯であったが、人口が増加しはじめた（平均世帯規模が拡大した）一九世紀中葉以降、単身世帯や小規模世帯（二、三人）が

図1　人口の推移

図2　世帯数の推移

図3　平均世帯規模の推移

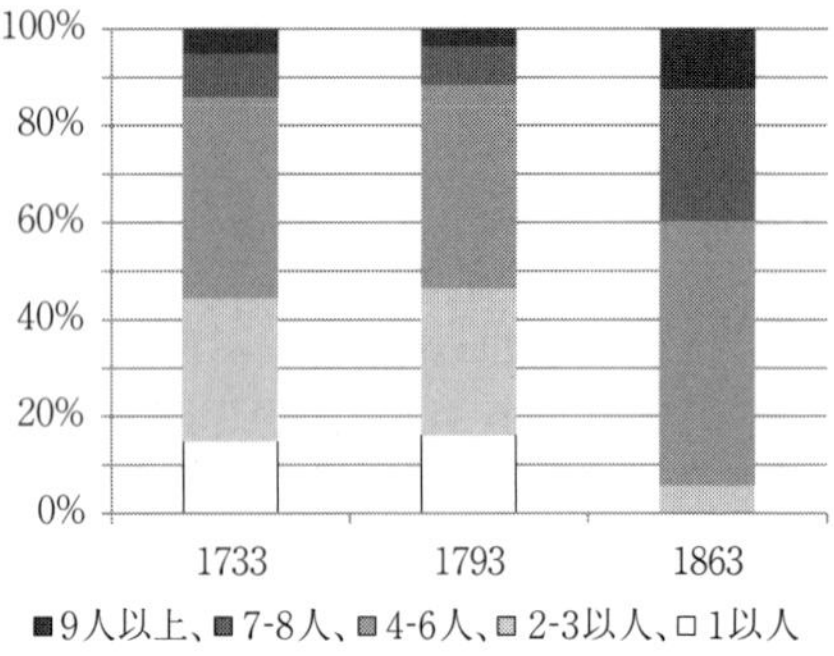

図4　仁井田村世帯規模の分布

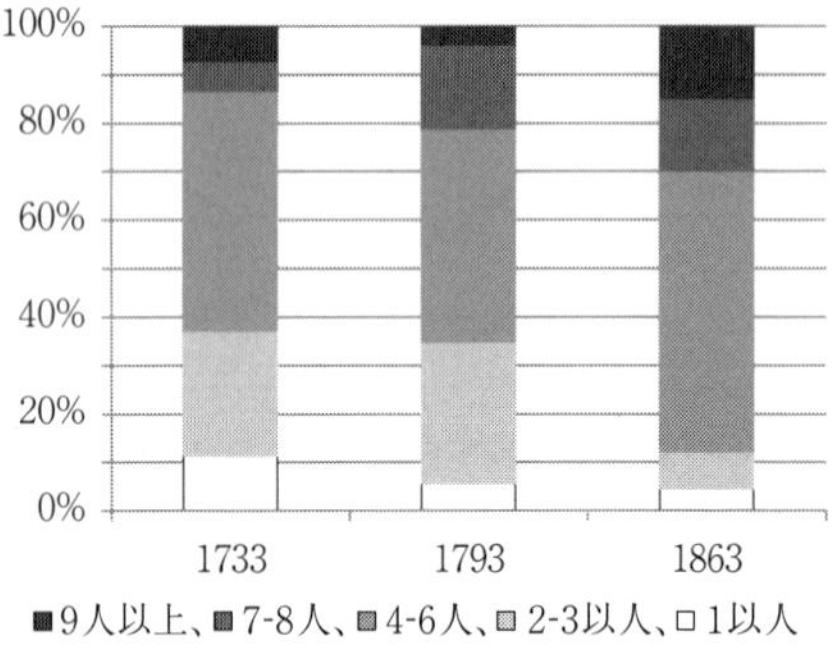

図5　中山口村世帯規模の分布

ほとんどなくなり、八割が中規模世帯（四～八人）になっている。

中山口村の世帯をみると、世帯数（図2）は、観察初年（一七三三年）に八一戸でスタートし、いくぶん増減はあるものの大きく変化することなく維新を迎えている。その分、一九世紀中葉に人口が増えると、平均世帯規模が五から六へ拡大し、それに対応している（図3）。世帯規模の分布では（図5）、（仁井田村ほど極端ではないが）やはり一九世紀中葉の人口増加期に単身世帯や小規模世帯（二、三人の世帯）が減少し、四～六人の中規模世帯や、九人以上の大規模世帯が増えている。

いずれの村も、一八世紀前半の人口停滞期は、平均世帯規模が小さく、かつ世帯規模の分散が大きかったが、一九世紀中葉の人口増加期になると、小規模世帯が極端に少なくなり、中規模世帯へと均質化していたことが確認できた。

四　家の永続性

（1）　世帯の「はじまり」と「おわり」

小規模世帯が減少したことは、世帯の特質のどのような変化の現れなのか。あらためて世帯の誕生と消滅の実態を追跡し、時代の変化を検討する。

まず、世帯の「はじまり」と「おわり」を定義しておく。観察期間が一四〇~五〇年間に限られることを考慮し、ここでは便宜的な定義を用いる。観察初年から存在する世帯については、その「はじまり」を観察初年とし、途中で登場する世帯は登場した年を「はじまり」とする。観察の最後まで存続した世帯は、観察最終年を世帯の「おわり」とし、途中で消滅する世帯は観察できた最終年を「おわり」とする。ただし、途中で世帯員が不在になったとしても、その世帯が再興されたり、不在者が戻ったりして結果として世帯が継続している場合、その中

表1　世帯の観察可能性

	仁井田村		中山口村	
	戸	%	戸	%
終始観察可能世帯 （途中で登場し、途中で消滅）	165	47.3	24	13.1
出現のみ観察可能 （途中で登場し、最後まで存続）	52	14.9	69	37.7
消滅のみ観察可能 （はじめから存在し、途中で消滅）	95	27.2	51	27.9
両方観察不可能 （はじめから最後まで存続）	37	10.6	30	16.4
合計	349	100.0	183	100.1

表2　世帯の誕生理由と消滅理由

		仁井田村		中山口村	
		戸	%	戸数	%
誕生	分家	118	54.4	88	86.3
	転入	96	44.2	0	0.0
	その他	3	1.4	14	13.7
消滅	絶家	215	84.0	34	40
	転出	41	16.0	9	10.6
	不明	0	0.0	42	49.4

註：仁井田村1720-1870、中山口村1733-1872

断期間も含めて存続期間とする（それぞれの観察可能性については表1参照）。

それでは、この定義を用いて世帯の誕生と消滅の理由を見てみる（表2）。途中で誕生する場合その多くは分家であるが、人口減少が著しい仁井田村では引越や村替えも頻繁に見られた（ただし、一八世紀に限られる）。逆に、消滅する場合、いずれの村でも絶家が最大の理由となっている。[22] 高齢の一人暮らしの方が亡くなり絶家するケースもあれば、夫婦と子供で暮らしていた世帯で戸主たる夫が亡くなり、残された妻と子供が他家に縁付き、絶家となるケースもあった。

このように、一九世紀中葉からの人口増加を考える場合、他村からの流入というよりは、村の内的な変化が重要となってくる。

（2）世帯の存続期間

「家」は、一子相続で財産を守り、先祖から子孫へと受け継がれていくものであるが、果たして前近代の農村でどの程度世帯が存続できたのか。[23]

まずは全期間を通じての世帯の存続年数を見てみる。表3に示したように、観察のはじめからおわりまで続いた世帯は少なく、仁井田村（奥州）で一〇%、中山口村（羽州）で一六%であった。五〇年をこえる世帯でさえ三割しかなく、残りの半数以上は誕生から五〇年もたたずに消滅している。仁井田村と中山口村では少し数字に開きがあるものの、いずれも世帯の存続年数は短い。

では、世帯が存続する傾向は時代により変化したのか。人口変動に合わせて、それぞれの村を三つの時代に分け（一八世紀の人口停滞期、一八世紀後半から一九世紀初頭の変動期、一九世紀中葉の人口増加期）、世帯の絶家率（観察期間内に絶家した世帯数／観察期間内に登場した家の総数×一〇〇）を求めてみた（表4）。その結果、一八世紀の人口停滞期の絶家率は、仁井田村でも中山口村でも四割を超えているが、一九世紀中葉の人口増加期になると、絶家率がそれぞれ一八%と四%というように、劇的に下がっている。
では、絶家率の変化をどのように理解すればよいのか。次に世帯の誕生から消滅までを追跡できる「生命表分析」を用いて検討する。

表3　世帯の存続期間

	仁井田村（151年）		中山口村（140年）	
期間	家数	割合(%)	家数	割合(%)
終始存続	37	10.3	30	16.4
101-150年	27	7.8	18	9.8
51-100年	73	20.9	43	23.5
1- 50年	212	60.9	92	50.3
41- 50年	14	4.0	15	8.2
31- 40年	20	5.7	25	13.7
21- 30年	39	11.2	7	3.8
11- 20年	47	13.5	27	14.8
6- 10年	30	8.6	10	5.5
1- 5年	62	17.8	8	4.4
合計	349	100.0	183	100.0

註：仁井田村1720-1870、中山口村1733-1872

表4　人口変動と絶家率

		人口	絶家率	絶家数	家総数
仁井田村	1720-1769	安定	41.6	99	238
	1770-1829	減少	57.9	140	242
	1830-1870	増加	18.2	20	110
中山口村	1733-1792	安定	44.0	55	125
	1793-1842	増減	22.7	25	110
	1843-1872	増加	3.9	4	103

註：絶家率＝絶家数／家総数(各期間に登場した家の総数)×100

（3） 世帯の「生命表分析」

本来、生命表分析は生物の生存率を求めるために使用する分析方法であり、ある時期に生まれた人を対象に、出生時点を一〇〇とした場合の生存率を経年で表すものである。ここではそれを世帯に応用し、ある年に存在した世帯を一〇〇とし、それが四〇年間でどのように減っていくのかを追跡し、経年ごとの残存率を求めてみた。たとえば、仁井田村の一七二〇年に存在した世帯を「一七二〇年存在コーホート」と称し、それらの世帯の四〇年間の生存率を調べた（図ではわかりやすいように「一七二〇年人口停滞期」と示している）。

図6にあるように、仁井田村では「一七二〇年人口停滞期」（一七二〇年存在コーホート）および「一七七〇年人口減少期」（一七七〇年存在コーホート）の生存率は、若干水準が違うもののいずれも右下がりの直線になっている。この形状から、絶家は世帯の誕生直後や特定の飢饉年などに集中するのではなく、どのタイミングでもおなじように起きていたことがわかる。言いかえると、絶家は、いつでも起きる日常的な出来事であったことになる。しかも絶家の多い時期は分家も多い[24]。容易に分家を出すが、容易に絶家も許容する、すなわち世帯が「多産多死」の状態、これが一八世紀的な家といえるだろう。人口の安定と家の安定は別ものということである。

それが一九世紀初頭に変化し、中葉までには絶家しない世帯、言いかえると永続性を有する「家」が一般化し、世帯の「少産少死」社会ができあがった。このことは、前節でみた一九世紀中葉以降の小規模世帯の減少と深く関連している。絶家リスクの高い小規模世帯を回避し、世帯の安定化を導いたと考えられるからである。そのために、生家であととりではない子どもを養子に出し、他家のあととりとするという「子どもの再配分」戦略が一九世紀に登場している[25]。このように個々の世帯ではなく村全体として家を存続させていく意図をもち、工夫を重ねた末に安定した世帯（「家」）が出現したのではないだろうか。

この傾向は中山口村でも見られる（図7）。（中山口村では、一八世紀末から一九世紀初頭にかけて人口が上下に変動するため、その期間は生命表分析をしていないが）「一七三三年人口停滞期」（一七三三年存在コーホート）では右下がりで絶家が起きているが（減少が階段状になっているのは、資料の欠年が多く、世帯の存続期間の最長値をとったところ、同じような期間で絶家するため）、「一八四三年人口増加期」（一八四三年存在コーホート）では、ほとんど絶家がなく、生存率が水平に推移している。やはり世帯の永続性を有する「家」が、一九世紀中葉までに確立していたことになる。

大藤修は、中山口村（一七世紀〜一九世紀）の村落構造が、同族・家との関係性において変化してきたことを明らかにしている。村落構造の基軸が、同族から個々の家へ変化したと。一七世紀の家には家名を襲名する慣行はなく（襲名する意義が認識されていない状態）、個々の家は同族に包摂された存在であったが、徐々に家の独立性が強くなり、一八世紀後半には「家」意識が一般化したと結論づけた。

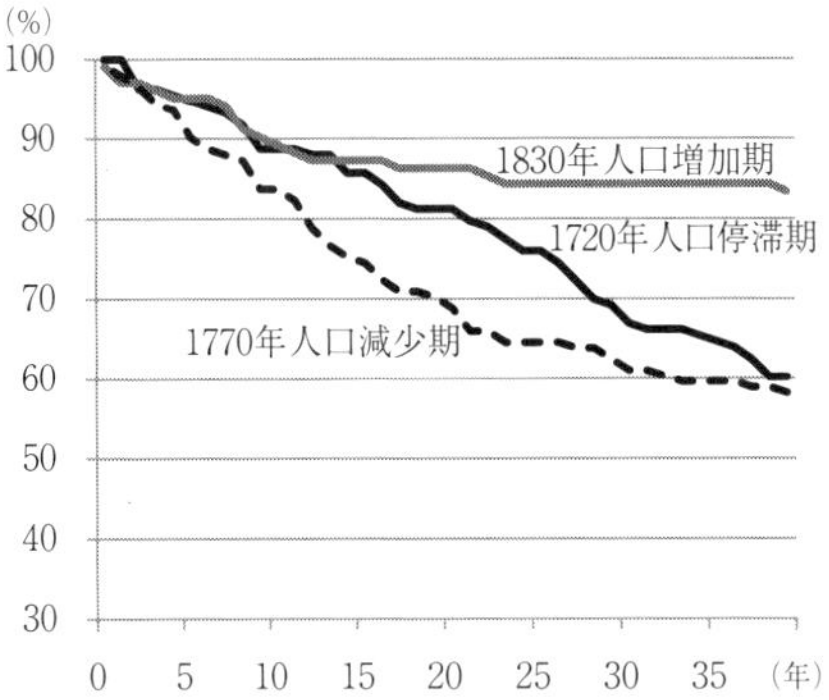

図6　仁井田村の世帯の生命表分析

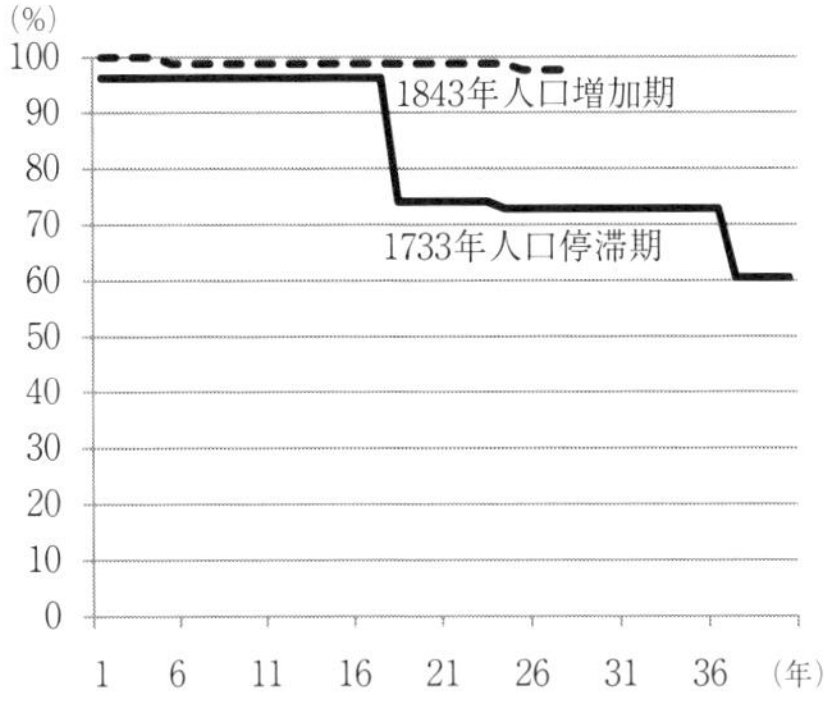

図7　中山口村の世帯の生命表分析

大藤の見解と世帯の永続性の変化を合わせて考えると、世帯の生存率が低い一八世紀は、世帯を維持する意図を持たず、世帯が「多産多死」であった。それでも、それを支える同族が安定していたために人びとが路頭に迷うことはなかった。しかし、徐々に同族の力が衰えてくると、個々の世帯で人生のリスクをひきうけなければならなくなった。そのために絶家を避ける工夫（生存戦略）が必要になった。それが、仁井田村と同様に、安定した「家」を維持するという選択だったのではないか。

五　東北農村における「徳川体制からの人口学的離陸」

東北地方における一八世紀的家とは何か、東北農村ではいかにして一九世紀中葉以降、人口増加の波が現れたのか、これが本稿の課題であった。

二か村の戸口資料の歴史人口学的分析から見えてきたのは、①一八世紀の停滞人口のなかで、不安定な家が支配的であったこと、②それが一九世紀中葉までに比較的均質で安定した「家」に変質し、人口増加期を迎えたこと、である。仁井田村と中山口村では人口変動において異なる経路をたどったが、スタート地点とゴール地点の世帯の特質は意外にも共通項が多かった。

一八世紀は人口が一定であったが、一人暮らしや小規模世帯が多く、生まれた家で生涯を過ごすというようなライフコースが確立していない時代であった。暮らしが立ちいかなくなれば、なんとかなる場所に自分が移る、という生き方が想起できよう。それが一九世紀中葉までに、世帯が安定し、永続性のある自立的な「家」が確立したため、「家を守る＝人生を守る」生活へと変化したと考えられる。

中山口村という新たなデータを加えることで、（前著の仮説のように）人口減少という危機が安定した「家」を必要としただけではなく、そのような危機がなくとも、村落構造の変容のなかで強固な「家」が必要とされるケースがあることを見てきた。今回のデータをもとに仮説を修正するなら、「家」を求める村としての動因はさまざまであるが、多様な戦略を駆使して小規模世帯を回避し、絶家リスクを減らすことにより、東北農村の家は「多産多死」の一八世紀的家から「少産少死」の一九世紀的家へと変化してきた、となるだろう。

ますます人口増加と「家」の確立の関連が有意義なものに見えてきた。まだ両者を直接的な因果関係で結ぶまでにはいたっていないが、両者が関連しながら「近代への離陸」を始めていたことは確かであろう。両者の関係へのさらなる検討が求められる。

〔謝辞〕　本稿は、文部省科学研究費創成的基礎研究「ユーラシア社会の人口・家族構造比較史研究一九九五―一九九九」（代表：国際日本文化研究センター速水融名誉教授）により作成されたデータベースを使用させていただきました。速水先生のもとでデータベースのもととなる基礎データシート（BDS）を作成された成松佐恵子氏、データベースを作成されました速水先生をはじめ、データの整理・入力を担当されました慶應義塾大学古文書室の皆様、速水プロジェクトの皆様、データベースプログラムを作成された北海道大学の小野芳彦教授に心から感謝の意を表します。合わせて、史料の利用を許可くださいました所蔵者の遠藤家のみなさま、明治博物館にお礼申し上げます。

（1）　鬼頭宏『人口で見る日本史』（PHP研究所、二〇〇七年）。これは『日本二千年の人口史』（PHP研究所、一九八三年）の改訂版である。

（2）　鬼頭前掲『人口で見る日本史』。

（3）　速水融『歴史人口学研究』（藤原書店、二〇〇九年）の第一章を参照。

（4）　速水融『近世農村の歴史人口学的研究』（東洋経済新報社、一九七三年）。

（5）　近代化が、一瞬にして起こるものではなく長いプロセスであるのと同じように、工業化も二〇世紀になりいきなり始まったわけではなく、プロト工業化との連続性を考える必要があるが、ここでは通俗的意味で「工業化」を用いている。プロト工業化との連続性については斎藤修『比較経済発展論』（岩波書店、二〇〇八年）を参照。

（6）　落合恵美子「徳川期日本における『出産革命』」（『総合文化研究所紀要』一〇巻、一九九三年）。

（7）　川口洋「牛痘種痘法導入期の武蔵野国多摩郡における疱瘡による疾病災害」（『歴史地理学』四三巻一号、二〇〇一年）。

（8）　平井晶子『日本の家族とライフコース』（ミネルヴァ書房、二〇〇八年）。

（9）　笠谷和比古編『公家と武家Ⅱ』（思文閣出版、一九九九年）。

（10）　ここでは、家（カギ括弧をつけず）と記した場合は、特定の具体的に定義できる対象を意味するのではなく、任意の社会において漠然と家と認識されているものを指す。

(11) 歴史人口学の方法論については、速水融『歴史人口学の世界』(岩波書店、一九九七年)を、歴史人口学の資料については、速水前掲『歴史人口学研究』の第四部を参照。

(12) 岡田あおい『近世村落社会の家と世帯継承』(知泉書館、二〇〇六年)。

(13) 人別改帳や宗門改帳から家や家族を分析する場合、記載単位が問題とされることがあるが、それぞれの資料について記載内容を検討した結果、①記載される世帯数は毎年変動しており形式的なものではないこと、②「現住人口」と「本籍人口」が区別でき、居住者の実態が把握できること、以上のことから、「一打ち」の単位を世帯とみなすことが妥当であると考える。

(14) 従来、人別改帳と宗門改帳では成立の経緯がちがうため、同列に扱うことは好ましくないと考えられてきた。しかし、ここでの対象がいずれも一八世紀以降であり、宗門改帳にも人別改の機能が備わっているとされる時期であること、実際の記載内容から見ても戸口資料としての機能を十分にもっていること、単年度分ではなく一四〇年または一五〇年という長い年月を継続的に観察するものであり、内容確認が十分に可能であること、これらを考慮し、同じ土俵で分析を行う。

(15) 仁井田村の概況や同村の人別改帳の詳細については、成松佐恵子『江戸時代の東北農村』(同文館出版、一九九二年)や平井前掲『日本の家族とライフコース』の第三章を参照。

(16) 中山口村は、正確には、山口村中組を指す(同村は上組・中組・下組に分かれている)。中山口村の戸口資料を用いた家の研究は、大藤修『近世農民と家・村・国家』(吉川弘文館、一九九六年)の第二部第一章で詳しく行われている。とくに一七世紀から一八世紀にかけて村落構造および同族と家の関係が大きく変化したことが実証的にとらえられている。また、佐々木潤之助は、同著『幕末社会論』(塙書房、一九六九年)の第二章において、農民層分解の具体例として山口村をあげている。筆者も仁井田村については家の変容と階層構造の分析を行っており(平井前掲書)、階層構造の分析の重要性は十分理解している。ただ、紙幅の都合もありここでは展開できないため、稿をあらためて検討することにする。

(17) 村山郡の社会経済的状況については、木下太志『近代化以前の日本の人口と家族』(ミネルヴァ書房、二〇〇二年)の第三章を参照。

(18) 速水融「近世奥羽地方人口の史的研究序論」(『三田学会雑誌』七五巻三号、一九八二年)。

(19) 津谷典子「近世日本の出生レジーム」(速水融ほか編『歴史人口学のフロンティア』東洋経済新報社、二〇〇一年)。

(20) 木下前掲『近代化以前の日本の人口と家族』。
(21) 速水前掲『近世農村の歴史人口学的研究』。
(22) 中山口村の消滅理由で五割が不明となっているが、これは一八世紀は資料に欠年が多く、欠年の間に消滅した場合、その理由がわからないからである。
(23) 近世における家の存続期間を同時代の資料から求める実証的研究はこれまでなされてこなかった。家の永続性を巡る研究史の詳細は、平井前掲『日本の家族とライフコース』の第一章を参照。
(24) 平井前掲『日本の家族とライフコース』の第四章を参照。
(25) 平井前掲『日本の家族とライフコース』の第一一章を参照。

江戸書物問屋の仲間株について——出版界の秩序化——

藤實久美子

はじめに

享保期に株仲間の公認と書籍取締令の発令があり、出版界の秩序化が目指された。出版界の秩序化は、書籍統制令が発令されて後の新刊書、ついで発令時に既刊の書籍・写本という順序で、さまざまな軋轢をともないながら、一八世紀を通じて徐々に進んでいった。

これについて筆者は「江戸書物問屋仲間の構造と板権の実効性——武鑑株を事例に——」[1]を先に公表した。そこでは、江戸の書物問屋が残した数少ない記録類を用いて[2]、一八世紀後半から一九世紀前半にかけての板株（後述。現在の出版権に類似）の実効性について考えた。結論として、（1）書籍取締令は新刊書の板株を対象としたため、享保期に既刊の書籍として、社会に定着していた武鑑の板株の所有者は書物問屋仲間の帳簿に登録されることなく、当事者間の了承のもとに売買・再板されていたが、宝暦九・一〇（一七五九・六〇）年の公事相論を経て書物問屋仲間の帳簿に記載されるようになり、武鑑はここに板株化されたこと、（2）宝暦・安永期の武鑑株の類板・重板をめぐる争いでは仲間行事に加えて「古老」「老分」が争いの解決に深くかかわったこと、（3）安永と文化・文政期の争いから、幕府の書物方に所属する御用達町人で「御書物師」を称することを許されていた出雲寺の、板株をめぐる争論での強さについて確認した。（1）は絵地図、百人一首や御成敗式目や節用集などの出版物と共通する点であり、（2）は大坂本屋仲間の構造と共通する点であり、（3）は徳川将軍の城下町・江戸の出版界の特徴とされるべきところである（3）。

引き続き本稿では、江戸の書物問屋仲間の構造について基礎的な考察を行いたいと思う。以下、株仲間の公認と書物問屋の三組（通町組・中通組・南組）の有株数の固定化、書物問屋仲間の構成員の変化、重層的に展開する人々の諸結合の順で述べていく。

一　株数の算出にあたって

享保六（一七二一）年八月、江戸の書物問屋の仲間組織は公認された。このうえにたって、享保七年一一月付で、幕府は書籍取締令を発令した。幕府は同業者組合の結成を一般に禁じていたが、享保期に商業統制の方針を株仲間の相互監視システムに転換し、書籍の作成・販売についてもこれを適用した。ただし書籍は他の商品と異なる性格を有するとの認識があり、別に統制の枠組みを幕府は示したのである。以後、天保改革による解散期をのぞいて、明治初年まで書物問屋仲間は存続した。一方、書籍取締りの枠組みの方は天保改革期もその例外とはされず、遵守されて、幕末を迎えた。

表1「江戸書物問屋仲間の構成員数の推移」には活動中の構成員の人数を示した。「活動中であること」に注意する理由は次の二点にある。

一つは、江戸時代の本屋の業態に起因する（4）。本屋が扱う主力商品は書籍である。だが、それは新刊書ばかりでなく、写本・古本を含んだ。また本屋は書画会を主催し、書画骨董品を扱った。本屋の店頭には薬品・小間物《こまもの》・

仏具などが置かれた。本屋の活動内容は多様であった。(5)したがって、新刊書の出版や売り弘めのみに本屋の活動の痕跡を求める、その分析をもってすべてを代表させてしまう方法はもはや成り立たなくなっている。(6)現在、本屋の活動の始期と終期を見定めるためには広範囲な考察が必要とされている。

このように出版以外の活動に目を向けた研究は、書物問屋仲間に加入することで得られる権利は何か。なぜ人々は資財を投じて仲間に加入したのかという、根本的な問題に立ち返るきっかけを作った。(7)これに関しては大枠を示すにとどまるが、次の権利を得るために人々は書物問屋仲間に加入したとまとめることができよう。

（1）営業権　出し箱を店先に出して客を呼び込む、また不特定多数に販売する店頭売り（店売り）をするための権利である。

（2）板　権　著作物を板本として出版できる独占的・排他的権利である。武鑑や絵地図のように定期的な部分改訂によって需要に応える実用書や、定期的な摺増しによる利益が期待できる基本書籍の板権はより重要であった。

（3）販売権　板本を売り弘めるための権利である。鈴木俊幸による蔦《つた》屋《や》重三郎の分析(8)にみるように流通に関与する問屋としての部門に営業の主体をおく本屋にとって、この権利は重要であった。

このほか、福沢諭吉の自伝等(9)によれば、書籍の作成に必要な物品を扱う諸商人や、板下書・板木師・摺り師、表紙と外題を納入する表紙屋などの諸職人の多くは集団を形成しており、何かしらの集団に属していなければ取引の糸口さえ得られず、そもそも書籍の作成ができない状況にあったとされる。出版に主軸を据えるにせよ、流通に軸足を置くにせよ、本屋として活動するためには仲間加入は必要であったことが理解されよう。

話が広がりすぎたが、話を戻して本稿で「活動」に注意する二つめの理由を記す。それは、これまで休株や継承される株筋についてあまり言及されることがなかったことがあげられる。(10)今回、作表にあたって後述の史料①

表1　江戸書物問屋仲間の構成員数の推移

	年号	西暦	構成員数			総数
			通町組	中通組	南組	
①	享保6	1721	—	—	—	47
②	享保12	1727	—	—	9	—
③	寛延3	1750	41		16	57
④	寛延3	1750	25		32	57
⑤	享和3	1803	23	12	23	58
⑥	文化元	1804	22	9	20	51
⑦	文化5	1808	23	12	23	58
⑧	文化14	1817	23	14	22	59
⑨	文政3	1820	20	10	20	50
⑩	嘉永4	1851	—	—	—	54

～⑩（表1に対応）を読み直してみると、休株、預り株、そして株筋があり、有株数は、ある程度、固定化されていたという仮説が導き出された。なお、休株・預り株・有株については次節で改めて述べる。

もっとも株筋の継承[11]にあたって、株跡を受けた者が同じ株筋に属した者から株仲間関係の書類を引き継いでいたのかは不明である。だが株筋は江戸社会を特徴づけるキーワードになると考えられるため、本稿でも注意しておきたい。

さて表1を作成するにあたって使用した史料は、いずれも周知に属するものであるが、それぞれの性格を記しておく。

①は、河村与太郎編「大坂書籍商旧記類纂」下之巻[12]所収の享保八年九月一四日付「覚」（差出は大坂本屋仲間二四名連印、宛名は川崎屋五兵衛殿ほか二名）の写しである。

②は、①と同じく「大坂書籍商旧記類纂」下之巻に所収されるものである。後述の寛延三（一七五〇）年の訴訟に関わって江戸の書物問屋仲間の行事から大坂の本屋仲間の行事宛に出された書状の写しである。

③④は、やはり「大坂書籍商旧記類纂」下之巻に含まれている、寛延三年の訴訟に関わる書状の写しである。なおこの訴訟の経過については、今田洋三の研究[13]があり、よく知られているので詳細は省く。結果だけを記せば、三組一統の判断に任せるという江戸の町奉行の判断のもとで、京都の本屋仲間二五〇名と大坂の本屋仲間一〇〇

名の応援を得て通町組・中通組が勝訴し、南組は敗訴した。

⑤は、江戸の書物問屋仲間の活動を監督する町年寄の役所に提出された書類「仲間株名前帳」の写しである。[14]

⑥は、文化元年四月一八日に大坂の本屋仲間の行事宛に江戸の書物問屋仲間の行事が送った「江戸三組惣仲ケ間名前」の写しである。[15] この史料には、たとえば「文化八未年堀野屋儀助」と記された紙が「小林長兵衛」の名前の上に貼られているという。また「文化十酉年六月西村清蔵株譲り請　柏屋半蔵」や、「須原屋与助株を以加入　大坂屋茂吉」と書かれた貼紙があるという。貼紙による株所有者の名義変更は文化一三年まで行われている。この史料からは株の継承関係が明らかになるわけである。

⑦は、「画入読本　外題作者画工書肆名目集」のなかの「江戸三組書物問屋名前」である。[16] この史料は江戸の絵入読本改掛をつとめた名主の一人・斎藤市左衛門が作成した手控えの写しであると推察されている。[17]

⑧は、江戸書物問屋の行事が作成した「江戸絵図株帳」[18]である。この史料に関して、上里春生は『江戸書籍商史』の中で「同（文化、筆者註。以下同じ）十四年正月にはこれ（文化元年の名簿）に十二人を増した六十三人になつてゐる」[19]と記している。しかし、「和泉屋金右衛門　代（和泉屋）庄次郎」といった預り株を除いていくと、構成員数は五九名、預り株は四となり、活動中の構成員数と預り株の数を合わせて有株数六三とすべきものと考えられる。

⑨は、書物問屋仲間が作成した「江戸三組仲間　改正取締規定連印帳」の写しである。[20]

⑩は、株仲間が再興されるにさいして、嘉永四年一〇月に町年寄が北町奉行所に提出した上申書の写しで、「諸問屋再興調」[21]に所収されている。なお表1の構成員数・五四は、天保一二（一八四一）年以降に加入した五名を含め、一方、株仲間再興時に新たに加わった「仮組」一七名を除いた数である。

嘉永四年時の史料はほかに、書物問屋仲間の行事が諸色掛名主に書類を提出するにあたって作成した一連の手控えの写しがある。これらは金子宏二による「翻刻『三組書物問屋諸規定』（承前）」[22]に収められている。それらによれば各数字は動き続けた。動く数字は、基準を変えれば構成員数・有株数ともに増減することを表しており、この種の検討の難しさを露呈している。以下、数字の動きを記そう。

三月一一日の行事寄合時の調べで構成員五二名または五三名、休株三一（うち預り株五）。三月一五日に町年寄の役所からの指示を受けて書き直した書上では「古組」四〇名、天保一二年以降の開業者五名、「仮組」二七名、休株一七。四月に同役所に提出した書上では「古組」五一名、天保一二年以降の開業者三二名、休株五。

その後も役所からの指示を受けて、微調整を続けたのであろう。一一月三〇日に再興・公認された株仲間の構成員数は、先に記したように「古組」五四名、「仮組」一七名、「仲間并仮組」を合わせて七一名であった。もちろん、ここに休株数の記載はない。

以上、江戸の書物問屋仲間の構成員数、休株を含めた有株数、株の継承関係を知るための史料を列挙した。それらは、大坂で編纂された記録、書物問屋が作成して町年寄に提出した文書の控えの写し、絵入読本改掛をつとめた名主の手控えの写し、町年寄から町奉行所に提出された書類の写しであった。写しや転写史料が多く、作成者や作成目的が明確な原本史料は⑩だけである。しかし史料⑩の数字は、別の史料にみられる数字と開きがあった。書物問屋仲間の構成員数・有株数を正確に把握しようとする時、史料操作の難しさが改めて痛感される。

二　有株数の固定

ここでは、前掲の表1について内容を補足しながら、明らかになる点をまとめておきたい。

（1）江戸の書物問屋仲間は三つの組に分かれて、運営されていた。この三つの組のうち、まず通町組と中通組が公認された。通町組は江戸十軒店から通町周辺、中通組は万町・青物町周辺の本屋であった。結成当初、地縁的な結合がみられた。通町組と中通組の構成員は、江戸への販路を求めた上方出店が多くを占めたともいう。だが、表1に示したように、公認時については総人数のみが知られる。各組の構成員の名前は『享保以後江戸出版書目』(23)や現存本を手がかりに考察していかなければならない。

南組は享保一二年に中通組から分かれた本屋九名で構成された。その後、寛延三年の訴訟を機会に決定的となった意見対立により、通町組・中通組から南組へ七名が移った。ここに南組は構成員数において優位にたった。これを前提にして、今田洋三は南組の牽引者であった須原屋茂兵衛の発展と上方出店の勢力の後退という構図を描いている(24)。

だが表1からは、遅くとも享和三年には再び、通町組・中通組の構成員数の合計は南組の数を越えたこと、この状態はその後も続いたことが明らかになる。通町組・中通組と南組との対立は、筆者の知るところでは、宝暦九・一〇年と安永七・八(一七七九・八〇)年の武鑑の出版・再板、武鑑の板株をめぐる争いのなかでも先鋭化し、南組の須原屋茂兵衛は敗訴している。町奉行は三組で意見を統一し、それを総意として上げるように指示したため、曲折はあったものの、通町組と中通組の結束は強く、通町組の出雲寺に勝訴をもたらしたのである(25)。南組の優勢、そこから導き出された仲間の構造変化という、今田洋三以来、新興勢力の直線的な伸展をイメージさせる通説は、慎重に再考されなければならない。

(2) 表1は、書物問屋仲間の構成員数は四七から五九の間を推移したことを示している。繰り返せば、書物問屋の構成員数、さらには有株数も、制限なく増加していたわけではなかったと仮説を立てておきたい。

ところで上里春生は、株仲間には有株数を一定に保ってその増減を認めない、〆株仲間(前者)と、有株数の増減を認めている仲間(後者)とがあったとし、このうち「書物屋のそれは、必ずしも人員を限るを要せぬ」(26)、つまり後者に属するものとした。これは正確な表現である。しかし、その後の研究の中で表現は変化してゆき、

「本屋株の場合は株数に制限はなく、したがって本屋仲間の加入者数は、時代によってかなり変動がある」[27]とされるようになった。これに加えて、三都の構造の違いに注意が払われない状態のまま、また構成員数と有株数を峻別しようという視角を欠いたまま、〝爆発的な本屋の増加〟という漠とした表現も時にみられる。[28]

大坂の本屋仲間の人数は享保九年に三二一名、文化一〇年に最多を数えて三四三名、慶応三（一八六七）年に二一七名と大きな変化をみせる。[29]だが、大坂の本屋仲間は周縁業者を配下に置く、大きな組織であった。一方、江戸では書物問屋のみで仲間組織を構成した。再三、強調するところであるが、江戸の出版界の輪郭をつかむにあたって、大坂の出版界の様相を安易に援用してはならない。

江戸の書物問屋仲間で有株数の増加を避けようとしていたことは、中通組の和泉屋庄次郎（一七六九生、一八二二年没）が著した「慶元堂書記」中にある、次の二つの記事が参考になろう。史料中、とくに関連する箇所に傍線を付した。

【史料1】

（前略）御官板御願摺仕候ハ恐れながら重き御儀ト奉存候間、仲ケ間外の者へ仰付られ候例は之なく候、既ニ先年も松平越中（定信）様ニテ『通雅』並ニ『山谷題跋』御蔵板ニ出来仕候砌ハ、格別思召を以て御出入紙商売ニて寺本彦五郎へ仰付られ候、此の砌も同人ハ仲ケ間外の事故、書物問屋株買調へ書物問屋行事共まで願出、私共仲ケ間え加入候上ニて摺立製本抔仰付られ候（中略）私共仲ケ間行事迄願出、書物問屋有株譲受け加入仕り候上ニて仰付られ置かれ候様御願上候、以上[30]

【史料2】

以書付申上候

一、年来私方ニ相勤申候庄助と申者、先達て別宅仕池之端仲町ニて書物事柄商売仕居候処、身元慥成者ニ御座候間、先年私方預り候和泉屋幸右衛門問屋株、此度右庄助え相譲り新規加入仕らせ度、昨春懸り御行事中へ御願申し上候所、首尾能願の通仰付られ難有仕合奉存候（後略）[31]

史料1の作成年次は不詳とされるが、一八世紀末から一九世紀初頭の状況を表しているとしてよいであろう。この史料には、昌平坂学問所の官板の印刷と販売について、和泉屋庄次郎ら書物問屋の考えが記されている。ここからは、奥州白河藩主で幕府老中を務めた松平定信と懇意であった紙屋・寺本彦五郎は、以前、定信の蔵板書籍を印刷・販売するにあたって、その製作に関わったことがあること、しかし今回は官板の印刷と販売という重要な仕事であり、寺本には書物問屋仲間に加入してもらわねばならないと考えていること、仲間加入のさい、書物問屋株としてすでに株立てされている株（有株）を、寺本に購入（史料中に「買調へ」とある）させる予定であることがわかる。

ところで行論中、すでに使用してきた休株・預り株については以下のように理解しておく。休株とは、「当時家業相休罷居[32]」る者、すなわち、現在、家業を休んでいる者で、冥加金の分担額は支払っている者[33]、預り株とは自身は家業を休んでおり、ほかの問屋に株を預けている者で、冥加金の分担額の支払いは株を預かっている問屋が肩代わりしていることをいう。

史料2は、文政一〇年五月に書物問屋の行事に宛てて作成された、仲間加入願書の写しである。ここには、和泉屋庄次郎では和泉屋幸右衛門の株を預かっていること、和泉屋庄次郎は池之端仲町ですでに本屋商売をさせている別家・庄助の仲間加入を希望していること、庄助の仲間加入にあたっては和泉屋幸右衛門の株を継承させたいと考えていることが記されている。

史料1・2からは、仮説として提示してきた、既存の株（有株）の継承がその前提にあって、新しい構成員の加入が行われていたことが確認できたのではないだろうか。別家を立てるにあたっての増株は、須原屋一統の例からみて、比較的に容易であったとも思われるが、別家を立てさせるにあたっても預り株を継承させることがあり、全体としてみれば増株の困難さ、有株数のある程度の固定化を指摘することが可能である。さらに、有株数の固定化によって、出版界の秩序化が目指されていたと推察できるのではなかろうか。これを本論文の一つめの結論としたい。

三　各組の構成員の変化

表2「文化五年　江戸書物問屋仲間三組名前一覧【通町組】」・表3「文化五年　江戸書物問屋仲間三組名前一覧【中通組】」・表4「文化五年　江戸書物問屋仲間三組名前一覧【南組】」は、文化五年を中心に、前述の史料⑤〜⑩を利用して作成した表である。表中の書物問屋名は上から下へ、創業時期が古いものから新しいものへ、つまり営業年数の長い老舗から新加入者になるように配列した。「休株」欄には次の三つの記号を記入した。それぞれの記号の意味は次のとおりである。

×印　文化五年以降に他へ株を売り渡した者・家業を休んだ者
○印　仲間から外れてのち再び仲間に加入した者
△印　店売りを休んでいるが、板株は所持し、仲間の構成員とされている者

また「備考」欄には、文化五年以降の株の継承関係と休株・預り株、幼少の当主の後見人に関する追加情報を記した。

表2〜4からは「休株」欄が空欄である者、すなわち文化五年から嘉永四年にかけての四三年間、書物問屋の経営を継続していた者が、思いのほか少ないことがわかる。

この点を補足するために、具体的な数字を示しておこう。この四三年間、経営を継続していた者は、通町組で

表2　文化五年 江戸書物問屋仲間三組名前一覧【通町組】

No.	堂号	書物問屋名	店の場所	休株	備考
1	松栢堂	出雲寺要人	浅草平右衛門町		
2	栄邑堂	村田次郎兵衛	通油町五郎兵衛店	×	嘉永４年時、休株
3	僊鶴堂	鶴屋喜右衛門	通油町八左衛門店	△	嘉永４年時、店売休
4	山金堂	山崎金兵衛	通３丁目藤四郎店	×	文化14年時、休株
5	文刻堂	西村源六	本石町十軒店	×	文政３年時、休株
6	永寿堂	西村与八	馬喰町２丁目忠兵衛店	△	天保11年閉店、名義のみ残るヵ（佐藤論文）
7	―	丹波屋甚四郎	本石町３丁目	×	文政３年時、後見宗兵衛。嘉永４年時、休株
8	星運堂	花屋久次郎	下谷町２丁目勘六店	×	嘉永４年時、休株
9	大観堂	伏見屋善六	池之端元黒門町家主		蔦屋重三郎株を継承
10	文会堂	長谷川新兵衛	池之端仲町助右衛門店	×	文化８年に越後屋長三郎が株を継承（裁配帳２番貼紙位置から）
11	山城屋	西村佐兵衛	通２丁目		
12	好文堂	野田七兵衛	通２丁目藤右衛門店	×	嘉永４年時、休株
13	静好堂	駿河屋十五郎	新両替町４丁目家持		
14	逍遥堂	若林清兵衛	馬喰町３丁目仁兵衛店		文政３年時、後見久兵衛
15	青山堂	雁金屋清吉	小石川白壁町与左衛門店		
16	―	久田次右衛門	日本橋四日市蔵屋敷地守	×	嘉永４年時、休株
17	層山堂	西村宗七	本石町十軒店喜八店		
18	―	近江屋新八	神田佐久間町４丁目代地家持	×	文政３年時に伊藤屋与兵衛が株を継承（裁配帳２番）
19	文会堂	山田佐助	両国吉川町文蔵店		
20	弘文閣	小嶋長四郎	神田鍛冶町２丁目清助店	△	文政３年時、死去ニ付代源蔵。嘉永４年時、店売休
21	―	寺本彦五郎	本材木町２丁目四郎右衛門店	×	嘉永４年時、後見持
22	―	山崎善右衛門	浅草高原屋敷地守		
23	―	奥田弥三郎	通石町	×	文化５年11月加入

表3　文化五年 江戸書物問屋仲間三組名前一覧【中通組】

No.	堂号	書物問屋名	店の場所	休株	備考
1	—	長谷川庄左衛門	日本橋西河岸町家主	×	文化14年時に伊東万助が株を継承（裁配帳2番の貼紙位置から）
2	泰山堂	竹川藤兵衛	元大工町久右衛門店	×	嘉永4年時、休株
3	白水堂ヵ	和泉屋幸右衛門	小伝馬町3丁目善六店	×	文化14年時、株預り和泉屋庄次郎
4	慶寿堂	松本平助	檜物町仁兵衛店	△	嘉永4年時、店売休
5	万笈堂	和泉屋平吉	神田鍋町喜兵衛店	×	文化14年時に英平吉が株を継承
6	盛章堂	富谷徳右衛門	金六町重兵衛店	×	文化14年時、休株
7	蘭香堂	万屋太次右衛門	山下町		
8	慶元堂	和泉屋庄次郎	浅草十軒寺町半兵衛店		
9	耕書堂	蔦屋重三郎	通油町武右衛門店	×	嘉永4年時、休株
10	北林堂	西宮弥兵衛	青物町吉兵衛店	×	嘉永4年時、休株
11	衆星閣	角丸屋甚助	麹町平河町2丁目家主		
12	—	大和屋久兵衛	山下町家主	×	文化9年8月に岩戸屋喜三郎が株を継承（裁配帳2番）

表4　文化五年 江戸書物問屋仲間三組名前一覧【南組】

No.	堂号	書物問屋名	店の場所	休株	備考
1	千鍾堂	須原屋茂兵衛	通1丁目久兵衛店		
2	嵩山房	小林新兵衛	通3丁目忠蔵店	○	文政3年12月仲間衆外（金子論文）、文政4年10月28日仲間再加入、後見小兵衛
3	端玉堂	大和田安兵衛	大伝馬町2丁目安右衛門店	×	嘉永4年時、休株
4	小西堂	和泉屋新八	芝神明前町清兵衛店		
5	花説堂	須原屋平助	通3丁目武兵衛店		
6	泉栄堂	和泉屋吉兵衛	芝三島町平八店		
7	文園堂	浅倉久兵衛	浅草東仲町家主		
8	衡山堂	雁金屋伊兵衛	小石川白壁町嘉兵衛店	×	文政3年時、株預り雁金屋清吉
9	青黎堂	須原屋伊八	池之端仲町守助店		文化14年時、幼年ニ付須原屋善五郎方同居
10	崇文堂	前川六左衛門	南鞘町伝兵衛店	×	嘉永4年時、休株

11	申椒堂	須原屋市兵衛	本石町4丁目		文政3年時、本家須原屋茂兵衛支配人佐助後見
12	青裳堂	高橋与惣次	池之端仲町治右衛門店	×	文政3年時、株預り山城屋佐兵衛
13	尚古堂	岡田屋嘉七	芝神明前町源四郎店	○	文政3年12月衆外、再加入（金子論文）
14	言商堂	須原屋善五郎	本銀町2丁目治兵衛店	△	嘉永4年時、店売休
15	—	経師治兵衛	通2丁目弥七店	×	享和3年時は京住宅ニ付仲間用之儀は須原屋茂兵衛同居代儀左衛門。文政3年時、株預り経師佐市
16	金華堂	近江屋与兵衛	通4丁目長右衛門店		享和3年時は幼年ニ付後見与三郎。文政3年時、後見与三郎代鴨伊兵衛
17	衡山堂	小林長兵衛	芝宇田川町	×	文化8年6月に堀野屋儀助が株を継承（裁配帳2番の貼紙位置から）
18	柏葉堂	鴨　伊兵衛	通4丁目半兵衛店	×	嘉永4年時、休株
19	瑯環堂	葛飾屋理吉	室町2丁目	×	嘉永4年時、休株
20	—	須原屋与助		×	文化5年時、幼年ニ付須原屋善五郎方に同居。文化14年時、株預り須原屋善五郎。文政3年時に大坂屋茂吉が株を継承（裁配帳2番）
21	盛文堂	前川弥兵衛	本銀町3丁目義兵衛店	×	嘉永4年時、休株
22	—	須原屋孫七	本町2丁目		享和3年時は幼年ニ付後見須原屋伊八。孫七病死後、文化9年3月子須原屋栄吉継承。引き続き後見須原屋伊八
23	—	須原屋文五郎	湯島切通下甚兵衛店		文化5年閏6月加入、後見須原屋平吉

は二三名中八名（三四・八％）、中通組では一二名中三名（二五％）、南組では二三名中一〇名（四三・五％）である。

もっともこの間に、通町組の出雲寺は書物問屋仲間を一時抜けているが[34]、それは⑤〜⑩の史料では明らかにされない。このような史料的限界は承知しておかなければならない。

また、表2〜4の「備考」欄を子細にみて、「嘉永4年時、休株」という記事が多いことから、天保改革による株仲間の解散は書物問屋の存続に大きな影響を与えたとするべきだとする見解もあろう。そこでとりあえず、(1)享和三年から文化五年までの五年間、(2)享和三年から文政三年までの一七年間の、構成員の存続率を、さらに参考として掲げたい。

（1）の時期に経営を続けた書物問屋は、通町組では二二名中一八名（八一・八%）、中通組では一二名中一一名（九一・七%）、南組は二〇名全員（一〇〇%）。

（2）の時期に経営を続けた書物問屋は、通町組では二二名中一八名（八一・八%）、中通組では一二名中五名（四一・七%）、南組では二〇名中一五名（七五%）。

では右のデータから今度は存続ではなく、入れ替わりに注意してみよう。享和三年以降という限定付きであるが、次のことが指摘できる。以下は本論文の二つめ以降の結論である。

三組のなかでは中通組の書物問屋の入れ替わり率が高い。これは貸本屋から書物問屋に転身した者がほぼ中通組に属したという読本研究の成果[35]と一致する。一方、通町組の入れ替わりは文政三年までは少ないが、天保改革期を経てみると入れ替わりが進んでいたということになる。南組の入れ替わりも通町組と同じ傾向を見せるが、天保改革期を経ても入れ替わりは約半数で、南組は株仲間解散という事態を比較的上手く乗り越えたものといえる。

なお、五年間の間に一〇%弱、二〇年弱の間に三〇%弱、四〇年余の間に六三%強の入れ替わり率に、流動の激しさを読み取るかどうかは、他業種との比較に判断を委ねなければならない。

流動性の高低とは別に、右の数字からは、仲間構成員の二極分化を指摘できる。各組には、一方に老舗の書物問屋がおり、他方に有株の中から株を継承して、または別家として、新たに加入した者がいた。このような構造は、自然、老舗や「老分」「老衆」の発言内容・経験知に重きが置かれるといった雰囲気[36]を生じさせたことであろう。

廃業の原因は、世の常としての病死、相続人の不在（文化一一年六月「長谷川新兵衛殿此所不如意ニ付、跡式等も之なく絶業ニ候間」「長谷川新兵衛は病死以来家業相休居候」[37]があった。また和泉屋庄次郎は七度の類焼に遭い、出水による被害もうけたとある[38]。現代社会では想像できないほどの高頻度で、火災・出水は人々を襲った。書物問屋の店や土蔵、店から離れた場所にある板木蔵に罹災の例外はなく、火炎や水はそれらを飲み込み、人命は素より、経営に大きな打撃を与えたとしなければならない[39]。

ところで構成員の入れ替わりに鑑みて、際立ってくるのは、その株が名義を変えずに転売され続けた出雲寺[40]の特異性である。出雲寺については次のことが明らかになっている。元文四（一七三九）年、江戸の出雲寺の書物問屋株と幕府の御用達町人・書物師としての身分は、両替商中井新右衛門に売却された。天明五（一七八五）年、この二つのモノ（書物問屋株と株化した御用達町人の身分）は江戸の地本問屋の遠州屋弥七に転売された。その後も出雲寺の書物問屋株と御用達町人の株化した身分は転々とし、彫物師でのち地本問屋となった森屋治兵衛の縁者が取得した。屋号「出雲寺」のブランド化である。これは後述する出雲寺にみられる擬似的イエの結合の在り方とも関係する。

また表2～4は次のことを示している。株仲間が幕府に公認された時、構成員の店の場所にちなんで通町組・中通組と呼ばれたが、文化五年の段階では地縁的な繋がりはすでに薄くなっている。もちろん、店の場所は日本橋界隈を中心とする。しかしながら、池之端・浅草といった東叡山寛永寺を中核とする寺院社会と書物問屋との繋がりも大きくなっている[41]。

ではなぜ、地縁的結合が稀薄になっても、争いの場面では通町組・中通組、これと対立する南組という構図は変わらなかったのか（前述）。構成員の頻繁な入れ替わりがあってなお、通町組・中通組の結合が保たれた理由を考えていかなければならない。その考察のための糸口をまずイエ的な結合に求めたい（次節）。

四　仲間内部の重層する関係――おわりに代えて――

京都の江戸出店の中には、書物問屋の仲間株を売却し、江戸から消えたものがある。たとえば、京都の伏見屋藤右衛門の出店藤三郎、茨城多左衛門の出店小川彦九郎・前川権兵衛の出店などである。これらは明和・天明期に相次いで江戸での活動を停止した。この動きは江戸における上方勢力の後退を示しているとされてきた[42]。

しかしながら、文化年間に作成された京都・出雲寺家所蔵の史料「別家并准別家[43]」によると、中通組の松本平助と南組の和泉屋吉兵衛は京都・出雲寺の別家[44]、さらに南組の松本新六と松本善兵衛は江戸通町組・出雲寺の別家であった。また和泉屋庄次郎著の「堂前隠宅記[45]」によれば、松本平助と松本善兵衛は本家・別家の関係にあったことが知られる。

さて、出雲寺のイエ的な結合の位置づけであるが、これは他と比べてみるとわかりやすい。屋号「須原屋」や屋号「和泉屋」を冠するイエ的な結合は見えやすい。一方、京都と江戸の出雲寺が形成した、書物問屋三組を横断して展開したイエ的な結合は見えづらい。右に記したように、文化期、屋号「出雲寺」は江戸店にのみ使用が許され、他の別家・准別家はほかの屋号を使用しているからである。屋号「出雲寺」の限られた使用、つまり格別な本家と江戸別家、それよりも格下の別家・准別家という疑似的なイエの関係は、幾重にも重なり俄かには把握しがたいほどに、複雑に展開されていた。

屋号のブランド化の手法は違っても、書物問屋間の結びつきの複雑さは、株を手放し・継承する関係、休株を預け・預かる関係に示され、表2〜4の「備考」欄の幼少の当主を後見する関係にも表されている。このほか本屋と本屋、職人と本屋との血縁・弟子筋という関係[46]についてすでに指摘がある。書物問屋仲間の周縁については日本文学の成果に多くを学ばなければならないであろう。

最後に、一八世紀における株仲間公認の影響について、書物問屋仲間の構成員数と有株数の固定化という仮説を立てての考察、そこから出版界の秩序化の様相を描くといえば、整然とした世界を描く作業と感じられるかもしれない。しかし本稿は、構成員の入れ替わりという人々の動きと、京都・江戸および江戸の書物問屋三組を横断する本家・別家・准別家という密接な人々の繋がりを捉えるところにいき着いた。この点を確認して本稿を閉じる。

（1）『江戸文学』四二号（ぺりかん社、二〇一〇年）。このほか拙著『武鑑出版と近世社会』（東洋書林、一九九九年）・『近世書籍文化論――史料論的アプローチ――』（吉川弘文館、二〇〇六年）・『江戸の武家名鑑――武鑑と出版競争――』（吉川弘文館、二〇〇八年）を参照のこと。

（2）大坂の本屋仲間の史料は江戸に比べて豊富に残されている。これを使用した蒔田稲城『京阪書籍商史』（臨川書店、一九八二年修復復刻）は古典的な研究として知られており、重要な文献であるが、江戸の書物問屋仲間について論じる時に、これを安易に援用してきたように思われる。このような研究状況を乗り越える必要があると筆者は考えている。

（3）社会的権力と本屋の活動の関係を明らかにしていく必要がある。この視点に立った近年の研究に、真宗勢力と本屋の活動を扱った引野亨輔「真宗談義本の出版と近世的宗教意識」（『近世宗教世界における普遍と特殊――真宗信仰を素材として――』法蔵館、二〇〇七年）、万波寿子「西本願寺御蔵版の小本化」（『書物・出版と社会変容』七号、二〇〇九年）ほかがある。また三都の支配体制・法令の個別性について山本秀樹『岡山大学文学部研究叢書二九　江戸時代三都出版法大概』（二〇一〇年）がある。

（4）本稿で「本屋」という場合は、地域を江戸に限定せず、また株仲間に所属していない者を含むこととする。

（5）拙稿「畏三堂須原鉄二と『北信濃の文人』山田家」（人間文化研究機構国文学研究資料館編『近世・近代の地主経営と社会文化環境』名著出版、二〇〇八年）。

（6）絶版・品切れで入手困難になっていた今田洋三『江戸の禁書』が吉川弘文館の歴史文化セレクションの中の一冊として二〇〇七年に、『江戸の本屋さん』が平凡社ライブラリーの中の一冊として二〇〇九年に復刊され、これらを契機に一九七〇年代の研究が捉え直されようとしている。本稿では、研究史の軽視や歪曲という状況に対する自戒の念も込めて、意識的に先行研究の捉え直しを行っている。

（7）佐藤悟「地本論――江戸読本はなぜ書物なのか――」（『読本研究新集』第一集、翰林書房、一九九八年）、同「村田屋治郎兵衛――「地本論」補遺一――」『実践国文学』六三号、二〇〇三年）。

（8）『蔦屋重三郎』（若草書房、一九九八年）、一七八・一八二頁。

（9）福沢諭吉著・富田正文校訂『新訂福翁自伝』（岩波書店、一九八九年）、二七三頁。

（10）その中、須原屋市兵衛の休株・預り株について、松田泰代「『重訂解体新書』の出版に関する一つの考察」（『書物・出版と社会受容』三号、二〇〇七年）がある。

（11）株筋への注目は政治史の分野で進んでおり、小沢文子「寺社奉行考」（児玉幸多先生古稀記念会編『幕府制度史の研究』吉川弘文館、一九八三年）が早い。

（12）大阪府立中之島図書館所蔵。

（13）「江戸の出版資本」（西山松之助編『江戸町人の研究』第三巻、吉川弘文館、一九七四年）。

（14）金子宏二「翻刻『三組書物問屋諸規定』」（『早稲田大学図書館紀要』一八号、一九七七年）。原本は明治三九（一九〇六）年に琳楼閣より早稲田大学が購入したものであるという。なお解題に「通町組二三名、中通組一二名、南組二六名、計六一名」とあるが、貼紙に注意して享和三年九月時の構成員数を算出してみると、表1のようになる。

（15）「裁配帳二番」（『大坂本屋仲間記録』第九巻、大阪府立中之島図書館発行、一九八二年、二三〇・二三一頁）。

（16）翻刻・解題は松本隆信（『国文学論叢第一輯　西鶴研究と資料』至文堂、一九五七年）。原本は幸田成友旧蔵、慶応義塾図書館現蔵。

（17）佐藤悟「名主改の創始――ロシア船侵攻の文学に与えた影響について――」（『読本研究新集』第三集、翰林書房、二〇〇一年）。

（18）朝倉治彦・大和博幸編『享保以後江戸出版書目　新訂版』（臨川書店、一九九三年）。

（19）名著刊行会、一九七六年、一一六頁。

（20）金子宏二、前掲註(14)論文。

（21）『大日本近世史料　諸問屋再興調　二』（東京大学出版会、一九五九年）、四〇一～四〇五頁。

（22）『早稲田大学図書館紀要』一九号、一九七八年。

（23）註(18)に同じ。

（24）「江戸の出版資本」。

（25）註(1)に同じ。

（26）『江戸書籍商史』一一一頁。

（27）諏訪春雄『出版事始』（毎日新聞社、一九七八年）、六七頁。

（28）本文引用は中野三敏「和本教室九　本屋（一）」（『図書』七二〇号、岩波書店、二〇〇九年）中の表現である。もっとも社会構造を明らかにする歴史学と、日本文学とではアプローチ方法が違う点や、掲載された雑誌媒体の性格を十分に考慮しておかなければならない。

(29) 山口佳代子「近世大坂における出版業界の展開」(『歴史評論』五四七号、一九九五年)。

(30) 弥吉光長校『日本書誌学大系二五　松澤老泉資料集』(青裳堂書店、一九八二年)、四〇頁。

(31) 同右書、四五頁。

(32) 金子宏二、前掲註(22)論文。

(33) 株仲間の共同負担である冥加金の支払い慣習については、宮本又次『日本近世問屋制の研究』(刀江書院、一九五一年)、三六二〜三六六頁を参照した。

(34) 寛政期の当主出雲寺要人、文化期の当主出雲寺源七郎は、御用達町人の身分を利用するために町方人別、これに連動して書物問屋仲間から抜けている(前掲註1拙著『江戸の武家名鑑』ほかを参照のこと)。

(35) 高木元『江戸読本の研究――十九世紀小説様式攷――』(ぺりかん社、一九九五年)ほか。

(36) 書物問屋の構造と「老分」「老衆」の役割を考える中で、岩淵令治「問屋仲間の機能・構造と文書作成・管理――江戸一番組雛問屋を事例に――」(『歴史評論』五六一号、一九九七年)の、株仲間「年行事は均等に交代で勤められ」「一番組内においては平等性が保たれ」ていたという指摘に対して、その評価でよいかどうか、再考の必要を感じている。

(37) 「慶元堂書記」(弥吉光長校、前掲註30書、一四頁)。

(38) 弥吉光長「松沢老泉とその後裔の伝記と出版」(同右書)。

(39) 天災・人災の本屋経営への影響についても、松田泰代は注意を払っている(前掲註10を参照のこと)。

(40) 前掲註(1)拙著『江戸の武家名鑑』。名義については前掲註(7)佐藤「地本論」で西村(屋)与八への言及がある。

(41) 「慶元堂書記」(弥吉光長校、前掲註30書、九七頁)。

(42) 前掲註(6)今田『江戸の本屋さん』一一六〜一一九頁。

(43) 京都市歴史資料館所蔵。

(44) 拙稿「京都の書肆出雲寺家の別家衆」(『大阪商業大学商業史博物館紀要』六号、二〇〇五年)。

(45) 文政元年一〇月一四日条に「松本百《(平カ)》助より本家松善(松本善兵衛)再興ニ付相生屋ニ而振舞」とある(弥吉光長校、前掲註30書、一五六頁)。

(46) 棚橋正博『式亭三馬――江戸の戯作者――』(ぺりかん社、一九九四年)、中野三敏・市古夏生・鈴木俊幸・高木元「座談会　江戸の出版　下」(『江戸文学』一六号、一九九六年)ほか。

〔付記〕　本稿は平成二一年度科学研究費補助金基盤研究(C)「黒川家旧蔵資料を通して見た江戸期知識層の形成と知識流通に関する研究」(研究代表者：廣嶋進)の研究成果の一部である。

江戸時代の日本人は日本をどう発見したか

プルチョウ、ヘルベルト

はじめに

江戸時代をめぐる研究において、外国人の日本発見や、日本人による外国の発見などという問題についてはたくさんの研究があるけれども、しかし、日本人が自分の国である日本をどういうふうに発見したか、どういうふうに意識し始めたか、などの問題については、ほとんど研究はないように思われる。一九七〇年、八〇年代に日本人論が非常に盛んであったときでさえ、この問題がとりあげられなかったというのは不思議なことでもある。

自分の居場所を「国」として意識するには多くの場合、教育や外国との戦争がきっかけとなる。私はスイス生まれ、スイス育ちであるが、子供のときにある田舎の村に行ったときのこと、その村の人々は、隣の村は全部悪人だと言った。私が泊まった村は、もちろん全部が善人ということなのだろう。インサイダー、アウトサイダーという関係が、まだ私の子供のときですら、ヨーロッパの真ん中にある国、スイスでも非常に強く根付いていたということである。

江戸時代も定めし同様のことであったのだろうと思う。自分の村が自分の世界であった。その村の周りに、たとえば江戸時代でいうと藩がある。しかしその藩より大きい国があるということは、それほど強く意識されていなかったのではないだろうか。江戸時代の日本は、鎖国だったから外国へ行くこともなかったのであるけれども、もし行ったとすれば、日本をもっと強く意識したことであろう。

日本全国をある程度意識したのは、たぶん将軍とか天皇とか限られた人々だったはずだ。やっと明治時代に日本人は、ああ、日本人だということを意識し始めた。ヨーロッパでそういう国の意識というのが、もう少し早く生まれた一つの理由は戦争である。自分の国を意識するために戦争が必要だという、皮肉な話ではあるけれども。江戸時代にはそういう外敵がなかった。たとえば中国に対する日本というものは、インテリの間で強く意識されたかもしれないけれども、平民の間ではあまりそういう認識も必要ではなかっただろう。しかし、江戸時代には、だんだん日本人が日本を意識するようになってくる。

その一つの理由というか、一つのきっかけをなしたのは旅である。しかも旅だけでなく旅の出版物、それから江戸時代にはやっていた貸本屋の存在がある。

貸本屋が一番貸出したのは旅日記であったという。旅人文学が非常に人気だったということである。多くの日本人が他人の経験を通して、日本をだんだん知りたくなった。江戸時代の特徴をなすのは、情報に対する希求であり、旺盛な好奇心であった。

本論

私はさきに『江戸の旅日記――「徳川啓蒙期」の博物学者たち――』という題で本を出したので、その本に沿って話を進めたいと思う。

この本にとりあげた旅人たち、紀行作者たちをここにあげると、貝原益軒、高山彦九郎、本居宣長、古川古松軒、菅江真澄、橘南谿、司馬江漢、大名であった松浦静山。それから小野景山、富本繁太夫のような下層階級の旅芸人。それから渡辺崋山、松浦武四郎などである。

これらの旅人たちのいくつかの特徴を掲げるならば、まず個性の話となるのであるが、江戸時代、もうすでに貝原益軒に顕著に見られるような、自己中心、アイ・センタードという個性が強い個人主義が垣間みえる。西洋人から見ると、日本人はよくグループの人間といわれるが、それと違って江戸時代には猛烈的な個人主義の持ち主が現れていた。

西洋にもなかなか見つからないような、司馬江漢のような個性の強い旅人インテリが目立つ。江漢に限らずここにとりあげている旅人たちはみんな、個性の強い人たちであり、この人たちが江戸時代の新しい物の見方を代表していると思う。

私は、個性と新しい物の見方との関係は、写実的な、リアリスティック・オブザベーションとの関連について考えてきた結果、こういうことを指摘したい。もし個性がしっかりできていないと、現実を見つめることもできないということである。これはまた非常に批判を浴びせられる意見かもしれないが、こういうふうに思う。

宣長ももちろん非常に個性の強い人だったに違いないが、古川古松軒は特にそうではなかったかと思う。古松軒は、菅江真澄に批判された。どういうところで批判されたか。これは日本思想史から見てもとても面白い批判なのであるが、菅江真澄は古松軒に対して、彼の紀行には自分を入れ過ぎたということを批判している。というのは、菅江真澄というのは、公と私の区別をはっきり分けるべきだと強調しており、パブリックとプライベートの境目をはっきり守りたかったのだと思う。

本を世に出す者、いわゆる公のために書く者は、個人的な見方や意見を避けるべきであり、それは許されないのだと。真澄の目で見ると、それは許されないとされるのである。

しかし、古松軒は幕府の巡見使と一緒に、公の役人として旅をしたわけであるから、自分の目で見た旅の世界しか書かなかった。それが彼のスポンサーであった松平定信に高く評価されたと思う。だから、このあたりで日本文化史においても、一つの変換期というか、プライベートな世界でも公に出す十分な価値があるとされるようになる、そういう変換期がそこにあったのではないだろうか。

司馬江漢もまた個性の強い人だった。自分の目で旅の経験をして、それから旅の世界を描く。一つの思想にこだわっていない。古松軒も同様である。拙著でとりあげた旅人たちは、みんなどこかで、思想的にエクレクティックな人ばかりであった。宣長はもちろん少し例外かもしれないが、その他の旅人は、日本語でいうと折衷派であった。

徳川時代にはいろいろな思想の流れがあって、朱子学とか、国学、蘭学といった区分で論ぜられている。しかし、徳川の思想史においては、いろいろな思想を混ぜている人間はあまり重くとりあげられていないという感を免れない。

しかし、ここにとりあげた人たちは、ほとんどみんな折衷派のような、さまざまな思想を身に付けた人たちであった。画家たちもそうである。渡辺崋山、司馬江漢も一つの流派ではなくて、いろいろな思想や技法を身に付けて、それで自分の絵を育てようとした。たとえば谷文兆も狩野派にずっと忠実であったのではなくて、折衷派でありエクレクティックな画家であった。

思想史の上で、折衷派と博物学とがどう関係するかということは、私の専門外であるのであまり公言する権利がないと思うけれども、とにかく両者をつなぐ一つの特徴というのは個性、それからエクレクティシズム、折衷派ではないかと考える。

さらにもう一つの特徴をとりあげるならば、それは徳川時代に驚く程あったサロンネットワークである。サロンというのはフランス語で、フランスの貴族や知識人、女性を含めて人が集まって、特有の集いをこしらえたものをいう。マダム・ドスタエル、あるいはマダム・ラファイエットなどフランスの婦人は、そのサロンでいろいろな論議をしたところを本にするなどし、そこからサロンという言葉が生まれた。

それを江戸時代に当てはめると、サロンというのはたとえば村ごとに、特にお医者さんとか庄屋のところに、村人の間の知識人、あるいは和歌に興味があるとか、あるいは神道や絵に興味がある人が集まる。司馬江漢の日記を見ると、絵に興味を持っている人たちが地方にいて、絵師の旅人が来るときに、みんなそこに集まるというようなことが知られる。そのような集いは、日本の地方、どんな辺鄙なところにも行き渡っていたような気がする。

菅江真澄が、どれほど偉い宮廷文化の持ち主であったかは別として、とにかく和歌を教える身分を持っていたには違いない。東北の村ごとに、彼はあたたかく歓迎された。一晩泊めるというどころではなくて、何週間も泊める。しかもただでである。現地の子供に教えたりして滞在している。そして彼がまた旅に出たいという気持ちになると、みんな集まって、お金を集めて彼に渡している。

だから、菅江真澄がどうして二〇年間も東北を旅することができたかというと、村ごとの知識人の援助を受けていたからであり、それが彼の旅を可能にしていたのだと思う。

菅江真澄の日記を見ると、時々何カ月も一カ所にいた。しかしその滞在費用は自分の金ではなかったようである。二〇年間分の旅の金は持っていなかったはずである。持っていたとすればそれを運ぶには重すぎたに違いない。だから、そういうサロンネットワーク、村ごとの知識人ネットワークを利用して旅ができたのだろう。

それはほかの旅人にもいえる。渡辺崋山も旅する詩人として、江戸から厚木まで、その当時としては結構な旅ができたようである。多くの旅人は、そういうふうにして旅ができた。

もう一つの例は、小野景山である。あまり知られていない俳句の詩人で、明治維新の少し前に旅の途中で亡くなっている。彼は中山道を巡りながら、江戸から関西方面に行こうとした。目的地は吉野のようであったが、善光寺にまで足をのばして、そこで突然日記が閉じられて、あとの部分は紛失して現存していない。短い部分しか残っていないのであるが、一九世紀の前半、一八三三年に行われた江戸から善光寺への旅の日記を読むと、サロンネットワークというものがよくわかる。

彼が善光寺に着くと、江戸の偉い先生に教わった弟子が地方にたくさんいるわけである。だから、江戸の先生の紹介状を持って旅すると、村ごとに歓迎される。小野景山が、どのぐらいよい詩人であったかはわからないが、しかし、その日記、『斗藪雑記』というが、これは非常にいい材料を与えてくれる。江戸と地方の詩人をつなぐサロン的なものは、江戸時代の近代化の一つの要素を教えてくれるであろう。

サロンには、もう一つの役割が見られる。それは情報の伝達である。江戸期の情報は驚くほどのスピードで辺鄙な所まで届いていた。たとえば、長崎に地震があって、その地震の情報がどのぐらいの早さで東北に行くかとか、あるいは大黒屋光太夫を返すためのロシアの使節、ラックスマンが根室に着いた時、その情報がどのぐらいの早さで東北だけでなくて、江戸にまで運ばれたかは、驚くべきほどであった。本当に田舎の村まで、そういう情報が結構な早さで伝達されてサロンの話題になっていた。

そのような情報のネットワークというのは、江戸時代に驚くべき範囲で行きわたっていた。もちろん旅がニュース伝達の一つの重要な要素になったわけである。だから、旅人が、なぜそんなに歓迎されたかというと、情報を持ってきてくれるからである。江戸についての情報とか、あるいは日本のよその場所の情報、それが村人たちにとって、一つの必要不可欠な、情報の収集を可能にした。そういうことも紀行を読むと、よくわかる。だから、都会と田舎との関係についても、江戸時代には、都会の情報も早く地方に持っていかれた。そういうことも旅がもたらした一つの文化というか、文化圏の形成であった。

もう一つ、注目すべきことは、旅人たちが見た日本である。旅人たちのうちに、蝦夷へ行った菅江真澄や古川古松軒、そして松浦武四郎、異国人を見た司馬江漢、また琉球人にも非常に興味を示した古川古松軒。その人たちの異文化の描写を見ると、驚かされることに、そこには何一つ偏見が見られない。明治時代に見られるような、日本列島の中の少数民族に対する差別偏見が一切見られないのである。古川古松軒、菅江真澄もみな、アイヌに対して非常に尊敬と愛情を込めて、その異なる文化を描いている。琉球人に対してもそうである。明治時代偏見というものがない、異文化を見下すとか、私にはそういうものが目に付いたことがいっさいない。明治時代と見比べると、大きな違いを感じる。

それから日本の中、日本の地方をどう見たかというと、また同じことがいえる。地方の独特な文化がいま以上にあったわけであるが、それを見下すということはまずない。非常に貧困したところがとりあげられているものの、それは文化より経済の問題としてあつかわれる。古松軒は、現在の大分県とか熊本県で大変な貧困を目にし、東北でもそうである。巡見使と一緒に蝦夷に行く途中、東北では大変な貧困を目にして驚いた。そこで風習が「悪しく」と書くのであるが、「悪し」というのは悪いというより、むしろ古松軒の紀行の中になにか一つの政治的な意図があったのではないかと思う。だから、松平定信が古松軒の紀行を愛読するわけでもあった。

その貧困をとりあげることによって現地の文化状態を批判する、つまり大名の政治を批判するのである。これはもちろん間接的なやり方ではあるけれども。たとえば、津軽は一七八一年から八三年の天明大飢饉が特にひどく、その対策の遅れに対して非常に批判的であった。

紀行著作の政治的な意図という話になると、高山彦九郎をどうしてもとりあげなければならないだろう。高山彦九郎は初期の尊皇派ともいわれる。京都三条大橋で御所に向かっておじぎしたことは、日記の中で二、三カ所に出てくる。彼は京都に着くごとに、御所に向けておじぎをしていた。

彼は『北国紀行』という、現秋田県、青森県、岩手県を旅したときの旅日記をも残した。その『北国紀行』の中で、天明大飢饉をとりあげている。非常に細かい人口統計も入れている。どこかの村に着いて、この村に昔五〇軒の家があって、今は二〇軒しか残っていない。この村には昔一〇軒の家があったが、今は一軒も残っていない。そういった箇所がたくさんある。

彼の日記を読むと、天明大飢饉のひどさがよくわかる。泊っていた庄屋とか、旅館で話を聞いたと思うのであるが、大飢饉のときの惨状、飢えている人たちが人肉を食べたり、馬の肉を食べたり、犬を殺して食べたりとか、それから社会不安定の中の強盗の話とか、そのような悲惨な話を頻繁にとりあげている。直接的に政治を批判するということはしていないのであるが、中国文化圏の中にある日本のことを思えば、天災をとりあげることによって、政府を批判するという手法は通例であったといえよう。昔の鴨長明の『方丈記』にしても、そういう解釈が多分可能だと思う。

というのは、ヨーロッパもフランス革命までそうであったが、王を批判するということは考えられなかったのである。王は天上なる神からオーソリティーをもらったのだから、王を批判することは、神を批判するものとしてタブーとされたのである。それは無理な話であった。

だから違う方法で、政治、悪政を批判するわけである。中国で生まれた文化だと思うが、天災、災いをとりあげることによって、結局天がこの政府に満足していないかのような書き方をするわけである。

高山彦九郎もある程度政治を批判したのではないだろうか。もちろん古松軒も、前述したように、村ごとの貧困をとりあげながら、どこかで大名の政策を批判していると思う。とにかく、松平定信がそういうふうに受け取ったということは知られている。

それと違って菅江真澄は、あまりそういう政治的な意図で物を書いていない。古松軒と違って地方の貧困を大きくはとりあげていない。菅江真澄の文学の特徴というのは、また違うところにある。

国学から民俗学へ移行していくという問題が指摘されているが、真澄はその典型的な例であろう。菅江真澄の民俗学はどういうふうに発生したかという問題は、研究者の間でもいろいろな見解があるけれども、一番納得のいく意見というのは、真澄が国学において賀茂真淵の孫弟子に当たるので、『万葉集』の世界を求めて、日本列島の中に残っている辺鄙なところ、東北とか蝦夷、そこにまだ『万葉集』の世界が残っていると思って旅に出たというものである。彼は実際には書いていないのであるが、そういう意見も聞いたことがある。

私は西洋人であるから、菅江真澄を西洋人の目で見ると、日本の中から見た菅江真澄と違って、一つ二ついえることがある。真澄が残した東北についての描写、村ごとの衣食住、風習、文化などは限りがなく、きわめて豊かである。それと同じようなことを同時期のヨーロッパで探してみたが、見い出せない。真澄が東北について、二〇年間の旅を通して残した紀行の中の記述、あるいはその民俗学は、同じレベルでは西洋には見当たらない。たとえば私はアルプスの生まれ育ちであるけれども、アルプスには、さまざまな文化がある。スイスの山の奥へ行くと、いろんな村があって、またそれぞれ違う文化がある。キリスト教以前の風習、昔話が多少残っている。だから、アルプスの奥にある山村の文化とか生活ぶりとか、真澄のように山の民族を詳しく調べた地理学者とか、民俗学者が、真澄より半世紀以上後には出てくるけれども、その前にはないのである。

菅江真澄の紀行の中にいろいろな村の伝説とか昔話が書かれている。それとグリム兄弟の昔話の収集のしかたとを比べると、どちらのほうが学問的であろうか。対比して調べてみると興味深いだろう。グリム兄弟は、どこかの町のアパートにいて、そこにいろいろなドイツの昔話をよく知っている人たちを呼んで来させて、話をさせる。そしてそのうえで、文学的な意図を込めて昔話を書いていったのである。

これは、現代の民俗学の水準でいうと許せないことであろう。それに対して菅江真澄の場合は、実際その村に行って、そこで聞いた話を文章にして残していった。真澄はもちろん民俗学の学問を習ったわけではないのだけれども、しかし彼が自ら形成していった民俗学というのは、文字通り地に着いたものであったと主張したい。

私が選んだ紀行作者の中に、二人の対照的な人物がいる。比べると、また江戸時代の思想史に少しだけ光明を与えることができるかも知れない。その対照は本居宣長と古川古松軒である。この人たちは両方とも知識人であるが、もちろん宣長のほうがだいぶ有名であり、古松軒は徳川時代の思想史であまり重くとりあげられる人ではない。宣長と比べて忘れられている人物ともいえよう。

しかし、彼らを見比べると、目に付くことが一つある。古松軒と宣長はあくまでも実証学者である。それは両方にいえる。宣長の『菅笠日記』にもすでに、非常に強く出ているわけではないのであるが、少し垣間見ることができる一つの傾向は、宣長はテキスト、昔書かれたものに絶対的な信頼を込めているということである。たとえば、『古事記』はもちろん『延喜式』、そういう昔の書物に書いてある情報に対しては、絶対的な信頼感を持っているわけである。だから、昔の書物にはまず間違いがないと考えるのである。

今の西洋でいう、原理主義者、ファンダメンタリストである。たとえば、聖書には間違いはまずありえないと思うキリスト教の信者がいる。イスラムもそうであるけれども。

これに対して、古松軒は徹底的な合理主義者であった。宣長のまったく正反対である。古松軒がよく書いたところであるが、百聞は一見に如かずという姿勢である。結局、書かれているものは自分の目で実際に見て確認しなくては、真実として受け取ってはいけない、そういうことをいっているわけである。非常に近代的な思考ではないだろうか。

テキストはそれぞれのイデオロギー、一つの文化とか個人的立場によって書かれているものであり、絶対的な真実や価値を与えてくれるテキストというものはあり得ないだろう。だから最後までテキストに拘泥した宣長と比べて、古松軒は非常に近代的な人物ではないだろうか。

もう一つは、宣長と正反対に、古松軒はすべての宗教を否定する。ヨーロッパの歴史を見てみよう。その当時、古松軒のような人物を、ヨーロッパに見つけることができるだろうか。もちろんカトリック教会を批判する啓蒙思想家はたくさんいたけれども、神そのものを否定するまでにはいかない。しかし古松軒はそういう神や仏を否定した思想家であった。

『東道雑記』の中で、各地の神社とか仏閣から生まれる伝説などを全部否定する。これらに対しては、「らちもない」という言葉をよく使う。「らちもない、らちもない」とばかりいっていたが、まさに徹底的な合理主義者であった。そういう人物も徳川時代にはいたわけである。

思うに、日本の思想史にはっきりと現れないかもしれないが、古松軒と同じような思想を持っていた人間が、当時の日本の中には結構たくさんいたのではないだろうか。しかし、そのような合理的思想がこの段階で、どういうふうに受け入れられたかという問題はまだよくわからないところが多いと思う。

古川古松軒みたいな合理主義は、たぶん江戸の旗本の間にも結構普及していたのではないだろうか。『東遊雑記』の場合は、古松軒が幕府の旗本と一緒に蝦夷まで旅をした時のものである。旗本の間にも、古松軒と同じような考え方を持っていた人がいたようである。だから、古松軒一人だけではなく、それは一つの階級の思想のように私には見える。

古川古松軒と本居宣長のような対照的な旅人もいるわけである。しかし、イデオロギーが見えるところは、私たち現代人としては受け入れられない。歴史的な現象として、もちろん理解するほかないのであるが、それに対して、古川古松軒のような人は、超近代的な考え方の持ち主だったに違いない。思想系統から見て古川古松軒は、もともと水戸の長久保赤水などの地理学者の影響を強く受けていたように見える。

むすびに

本論において述べてきたところを、重要な点に即してもう一回とりあげるならば以下のとおりである。先ず、江戸時代に生み出された紀行の中には、一つの個性が表れるということである。そういうしっかりした個性がなければ、写実的なオブザベーションもできないと、そのように私は理解している。

それから、旅人たちには一つの思想、宣長はちょっと例外かもしれないけれども、折衷派のような思想の持ち主が多かったように思われる。そしてそれはたぶんに博物学者のような色彩を帯びていたように感ぜられる。もう一つは、日本の地方文化、あるいは日本列島の中の異文化に対する偏見が一切見られないという特徴を指摘したい。そしてこれに関連して、最後に、松浦武四郎をとりあげておきたい。彼は雅号を北海道人と言い、北海道という名前を決めた蝦夷探検家である。幕末に活躍したのであるけれども、武四郎は明治政府の北海道開拓政策についていけなくて引退している。

私が彼を最後にとりあげた理由は、徳川時代に広く見られた新たな思想動向を「徳川啓蒙」と私は言いたいのだけれども、それは徳川時代で終わってしまったということである。

今度は明治政府が、日本を狭いイデオロギーに落とすことになる。そういうことはヨーロッパにもある程度見られることである。一八世紀ヨーロッパのフランス、イギリス、ドイツでは、啓蒙、エンライトメントの時代の次に浪漫主義が始まって、その浪漫主義から今度は国家主義が生まれるわけである。日本にも、そういうコースが見られるのではないかと思う。この点を指摘して議論を終えたい。

（初出：H・プルチョウ編『日本人は日本をどのように発見したか』城西大学国際学術文化振興センター、二〇〇七年）

Ⅲ

文化の諸相

熊沢蕃山の楽思想と一八世紀への影響

武内恵美子

はじめに

熊沢蕃山（一六一九～一六九一）は江戸時代中期に活躍した儒学者である。蕃山の思想は存命当時も、また後年にも多大な影響を与えたことで知られており、宮崎道生による『熊沢蕃山の研究』(1)や『熊沢蕃山――人物・事績・思想――』(2)をはじめ、吉田俊純の『熊沢蕃山――その生涯と思想――』(3)、大橋健二の『反近代の精神　熊沢蕃山』(4)等の研究書や評論等の他、James McMullen の"Courtier and Confucian in Seventeenth-Century Japan: A Dialogue on the Tale of Genji between Nakanoin Michishige and Kumazawa Banzan"(5)等各種論文まで多数の研究がなされている。蕃山研究は、一般的には同時代の山鹿素行（一六二二～一六八五）や後世の荻生徂徠（一六六六～一七二八）、新井白石（一六五七～一七二五）等と比較されつつ、経世論を中心に、農兵制や治山治水、宗教政策、教育論等をとりあげることが多い。

蕃山は礼楽を重視しており、それに関する論述も著作物の多くに見受けられる。蕃山の礼楽思想論は、一七世紀のものではあるが、後世、特に一八世紀の礼楽思想に与えた影響は甚大であると考えられる。したがって蕃山が礼楽思想において、何を想定しどのような論を展開したのかを正しく認識することは、一八世紀の礼楽思想研究にも必要不可欠である。しかし、蕃山研究の中ではこの分野に関する研究は主流ではなく、あまり活発には行われていない。特に、「楽」の思想に関しては、宮崎道生の「音楽論と諸楽器演奏」[6]他の論考が、ほぼ唯一蕃山の音楽論を正面からとりあげたものであり、それ以外では井上正が「音楽教育における道徳的精神と詩的精神――蕃山・宣長・孔子の所説を通して――」[7]において教育的視点から蕃山の雅楽論を若干とりあげているように、別の分野に関する論考の途中で少々触れられている程度である。また、宮崎・井上両氏の研究も、蕃山の「楽」思想の独自性や特徴、その影響については捉え切れていない感がある。

　本論は、蕃山の「楽」の思想論として中心的な論考であると考えられる『雅楽解』と、その他の代表的な著作において蕃山が著述した「楽」の内容を考察し、彼の論考の特徴とその意義を読み解くことで、一八世紀への影響に関する解明を試みるものである。

一　礼楽思想

　蕃山の礼楽思想を考察する前に、中国古典における礼楽思想と、日本での蕃山までの受容を簡単に述べておく。礼楽思想は、礼と楽からなる思想である。「礼」は儒学の基本的な考え方である五常、すなわち仁・義・礼・智・信の「礼」にあたるものであり、「仁」の実践として示された考え方である。「礼」をもって国を治め、それを実践するための手段として「楽」を用いるとされている。「礼」が単なる道徳思想ではなく、政治思想的側面を持つことは、孔子（BC五五一～BC四七九）の『論語』八佾《はちいつ》編に、「君使レ臣以レ礼、臣事レ君以レ忠。」[8]（君は臣を使うに礼を以てし、臣は君に事うるに忠を以てす。）とあることからもわかる。礼を用いる理由については、同じく『論語』の為政編に「子曰、導レ之以レ政、斉レ之以レ刑、民免而無レ恥。導レ之以レ徳、斉レ之以レ礼、有レ恥且格。」[9]（子曰く、之を導くに政を以てし、之を斉《ととの》うるに刑を以てすれば、民免れて恥づる無し。之を導くに徳を以てし、之を斉うるに礼を以てすれば、恥づる有りて且《か》つ格《いた》る。）、つまり法のみでなく「礼」による徳育によって社会的秩序が保たれると述べられている。

一方、この「礼」の実践とされる「楽」については、『楽記』に「楽者、天地之和也、礼者、天地之序也。和故百物皆化、序故群物皆別。楽由レ天作、礼以レ地制。(10)」（楽は天地の和なり、礼は天地の序なり。和なるが故に百物皆化し、序なるが故に群物皆別あり。楽は天に由りて作り、礼は地を以て制す。）とあり、さらに「明二於天地一、然後能興二礼楽一也。(11)」（天地に明らかにして然る後に能く礼楽を興すなり。）とまとめられるなど、「礼」と対にして用いられる言説が多くみられる。この「楽」が具体的にどのような音楽であったかについては、『論語』の八佾編に「孔子謂二季氏一、八佾舞二於庭一。是可レ忍也、孰不レ可レ忍也。三家者、以雍徹。子曰、相維辟公。天子穆穆。奚取二於三家之堂一。(12)」とあり、孔子の祖国・魯《ろ》の臣下である三桓氏《さんかんし》が、天子の祖廟祭の際に用いられる《雍《よう》》を自家の祖廟祭で使用したこと、さらに季氏が天子の舞である《八佾》を庭で舞わせたことに憤った逸話から、それらが天子の重要な「楽」であることがわかる。この事態に孔子は「人而不仁、如レ礼何、人而不仁、如レ楽何(13)」（人にして不仁ならば礼を如何せん。人にして不仁ならば楽を如何せん。）と述べ、仁の根本的原理として礼と楽を表現する。さらに、斉国で《韶《しょう》》の楽に触れ、そのすばらしさに肉を食べても味がわからないほど感嘆し（『論語』述而第七(14)）、また「子謂レ韶、尽レ美矣。又尽レ善也。謂レ武、尽レ美矣。未レ尽レ善也。(15)」（子韶を謂う、美を尽せり。又善を尽せり。武を謂う、美を尽せり。未だ善を尽さざるなり。）とあるように、「楽」が「美」を尽すだけでなく「善」をも尽すものであるとした（武の音楽には「美」は尽しているが「善」は尽していないとも述べている）。つまり孔子のいう「楽」とは、礼と並んで仁の根本を成すものであり、具体的には祖廟祭や儀式などで用いられる天子の音楽、すなわち《雍》や《八佾》や、すでにその時代に古楽になっていた斉の国の音楽《韶》であったことがわかる。そしてその政治的特徴から「礼楽不レ可ニ斯須去一レ身」（礼楽は斯須《しばらく》も身を去るべからず）（『楽記』一九）[16]として、君子が常に修め心得ておくべき重要なものとして扱われたのである。

　このように、中国の古典を見る限り、一般的に礼楽思想とは「礼」と「楽」の思想であり、対にされるものの、それぞれ別の事象であることがわかる。本論ではその「楽」を中心に考察することから、以下「楽」を扱うときは楽思想、「礼」と「楽」の両方を対象とする場合には礼楽思想と表記を使い分けることにする。また「楽」の語は、思想だけでなくさまざまな意味を含有しており、どのような意味で用いられるのかは前後の文脈で読み取らなければならず、一文字だけで表記されるとわかりにくいことから、楽思想を表記する場合には楽思想と傍点を振り、思想全体の呼称としてではなく、内容的に楽について述べる場合は「楽」と表記することにする。

　礼楽思想は、奈良時代にはすでに日本に伝えられたとされ、奈良時代の孝謙天皇が皇太子であった天平一五（七四三）年五月五日に、礼楽思想の体現として五節舞を舞った記録があり、その舞を元正太上天皇に奉献した聖武天皇の宣命に、「上下乎斉倍和気弖无動久静加尓令有尓波、礼等楽等二都並弖志平久長久可有等随神母所思坐弖、此乃舞乎始賜（後略）[17]」（上下《かみしも》を斉《ととの》へ和《やはら》げて動《うごき》なく静かに有らしむるには、礼と楽と二つ並べて平《たひら》けく長く有べしと神ながらも思し坐《ま》して、此の舞を始め賜ひき）とある。ここから、聖武天皇は、天武天皇が天下統治に礼楽が必要であると考え創始した五節の舞を継承すると宣言したことで、礼楽を政治思想としてとり入れたことがわかる。また天平宝字元（七五七）年には「安レ上治レ民、莫レ善ニ於礼一。移レ風易レ俗、莫レ善ニ於楽一。礼楽所レ興、惟在ニ二寮一。（後略）」（上《かみ》を安《やすみ》し民を治むるは、礼《らい》より善《よ》きは莫《な》し。風《ふう》を移し俗を易《か》ふるは楽《がく》より善きは莫し。礼楽興るは、惟《ひと》り二寮に在り）[18]という孝謙天皇の詔が出され、礼楽思想が表明されている。しかし、それ以降は江戸時代まで、公に儀式に使用されることも言及されることもなかった。

　平安時代の貴族は、礼楽思想の内容を学問としては当然知っていたものの、それを自らが行っている雅楽と重ね合わせることはなく、またその思想に直接基づいた行動等もなかったことは、すでに笠原潔[19]や馬淵卯三郎[20]らの先行研究で明らかにされている。鎌倉時代以降、儒学は禅寺で研究をされるようになるが、やはりそこでも「楽」の内容を検討・再現されることはなかったのである。

江戸時代に入ると儒学が禅から独立して儒学者へと担い手が変わることにより、礼楽思想も世の中に広く知られるようになっていく。しかし江戸初期の儒学では、「礼」は扱っても「楽」そのもののみを扱うことはほとんどなかった。儒学の中で最初に「楽」を論述したのは、熊沢蕃山であるとされている。つまり熊沢蕃山は、日本の楽思想の中興の祖であり、江戸期の楽思想の祖であるともいえる存在なのである。そして蕃山の楽思想以後、儒学では「楽」は「雅楽」であるという認識が一般化する。それはなぜなのか、蕃山はどのように楽思想を展開したのか、それによって蕃山の後には楽思想がどのように変化したのかについて、次節以降で考察していくことにする。

二　熊沢蕃山の生涯

熊沢蕃山は、諱は伯継、字は了介である。通称は次郎八、後に助右衛門と改めた。隠居後に遁世した地である蕃山村の名称を取って、京都移住後に蕃山了介と名乗り、また息遊軒とも号した。

元和五（一六一九）年に父野尻一利、母熊沢亀の間に長男として誕生した。父方の祖父は織田氏、さらにその配下である佐久間正勝に仕え、父は加藤嘉明・山崎家治・山口重政に仕えた後、牢人となった。蕃山が誕生した時点で父はすでに牢人であり、一家の生活は困窮を極め、蕃山は寛永三（一六二六）年、水戸の徳川頼房に仕えていた母方の祖父熊沢守久の養子となる。

寛永一一（一六三四）年に池田光政に仕官した後、蕃山は武士としての武芸の鍛錬に心血を注いだ。しかし、池田光政が寛永一四（一六三七）年一〇月に勃発した島原の乱の鎮定を命じられた際、蕃山は元服していなかったために従軍を許可されなかった。蕃山はこれを機に致仕、以後再仕するまで家族が住む近江桐原で生活することで極貧生活を体験、後の農政に関する独特な思想を持つに至る。この時期に武芸のみならず学問を志し、独学で朱子学を学んだ後、寛永一八（一六四一）年秋に中江藤樹（一六〇八～一六四八）に入門、陽明学を学ぶ。

正保二（一六四五）年に池田光政に再仕、慶安二（一六四九）年には池田光政の参勤に従って江戸に登り、紀州藩主徳川頼宣、老中松平信綱、京都所司代板倉重宗、浅野長治等、多くの大名・旗本と交流を深めた。さらに三代将軍徳川家光が蕃山を登用しようとする動きを見せたが、家光の死によって頓挫した。

慶安三（一六五〇）年五月には三〇〇〇石の番頭に着任、岡山藩の藩政改革に乗り出したが、同僚の賛同が得られず失敗に終わる。またその思想を危険視されたために幕府からも弾圧されるようになり、明暦二（一六五六）年一二月、主君光政の三男八之丞（政倫）を養子として家督を譲り隠居、致仕する。

隠居当時は領地であった蕃山村に住んだが、寛文元（一六六一）年頃に京都に移住した。しかし寛文七（一六六七）年春に京都追放となり、寛文八（一六六八）年には明石城主松平信之にお預けとなる。延宝七（一六七九）年七月に松平信之が大和郡山へ転封となったことで、蕃山も大和郡山へ移住。

延宝八（一六八〇）年五月に将軍家綱が逝去、綱吉が将軍になると、天和三（一六八三）年一〇月に大老堀田正俊の命で江戸へ下向、二度の面談の後に軟禁を解除されたことで、貞享二（一六八五）年六月に松平信之が下総古河へ転封となっても大和郡山に留まった。

しかし貞享年間に、蕃山は幕府に『大学或問』を献上、その内容が問題視されたことにより、貞享四（一六八七）年八月に古河への軟禁が言い渡された。その四年後の元禄四（一六九一）年八月、蟄居先の古河において、七三歳で死去した。

蕃山の思想を考える上で、生涯に起因する重要な点は多いが、中でも見逃しがちでありながら重要な点は、その出自である。幼少期また青年期には、生活は困窮を極めてはいたが、本来野尻家・熊沢家はともに由緒正しい家系であったとされる[21]。また池田光政に再仕官の後は藩政を預かるほど重用され、大名や幕府の要人や公家との交流を持つような上士であったことに留意しておく必要がある。波乱の人生とともにその身分的視点もまた彼の思想、特に礼楽思想に深く根ざしている点を忘れてはならない。

三　熊沢蕃山の思想

熊沢蕃山は、前述のように身分的には上士であったが、三九歳で隠居した後は執筆活動に専念した。彼の著述の多くは隠居後に執筆されたものである。

彼は、一時期中江藤樹に師事したことから、一般的には藤樹とともに陽明学者に連なると解釈されることが多いが、その内容は朱子学と陽明学の折衷のような形態であるともいわれる。藤樹と異なる点はさまざまあるが、大きな相違点は、藤樹があくまで自己の精神性を追求したのに対し、蕃山は政治的な活動に主眼をおいたことである。それは蕃山が池田光政に仕え、藩政改革を行っていったことによるものであろう。したがって、蕃山の思想的展開は実学的で、「修身斉家治国平天下」をうたい、空論を廃したことで知られている。また一流一派に属することを好まず、中江藤樹の門下でありながら彼の思想を痛烈に批判し、また他者から一派のように称されることも好まなかった[22]。彼の思想は、経世(政治論)・水土論・農兵制・経済論等、政治に直結するものが多いが、宗教論・礼楽思想・教育論・文芸論等、内容が多岐に渡ったことでも知られている。

慶安四(一六五一)年七月に、由井正雪による謀反(慶安の変)が発覚、翌承応元(一六五二)年九月には、牢人別木庄左衛門による老中襲撃未遂事件(承応の変)が露顕した。これらの事件により、在野の思想家に対する警戒が強化され、著名な儒学者は謹慎を命じられることが相次いだ。蕃山に対する処分は重く、死に至るまで軟禁状態にあった。それは江戸や京において大名や公家等多くの要人と交流する境遇にあったこと、幕藩体制のあり方を直接強く批判する姿勢を示したことが要因であるとされる。そのように彼の思想は彼の在命当時から広く知られていただけでなく、死後においてもその影響力は多大であり、一八世紀以降の儒者の論考に蕃山の片鱗が見られる場合も少なくない。

蕃山の著作の中で代表的であり、最も重要な著作として知られているのは、寛文一二（一六七二）年九月に版行された『集義和書』である。内訳は書簡が五巻、心法図解が一巻、始物解が一巻、義論が九巻の計一六巻からなり、問答形式の和文調で書かれ、その内容は政治・経済・軍事・学問・教育・宗教など多様である。『集義和書』と対をなす『集義外書』は、延宝七（一六七九）年頃成立したものであると推定されている。『集義和書』から省かれたものの他、新たに書き進めた論考を合わせて一六巻の著作となっている。出版は蕃山没後で、宝永六（一七〇九）年の奥付のものが元版とされる。

それらにならぶ著作として知られているのが『大学或問』である。これは貞享三（一六八六）年八月から同四年八月にかけて執筆され、幕府大目付となった門弟の田中孫十郎友明を介して幕府に提出された。その内容故に古河に蟄居させられる要因となった書物である。『大学或問』は、古典である『大学』の純粋な解説ではなく、その精神に則った論考であり、形式的には『集義和書』とほぼ同様に問答形式をとる。内容は農業政策・経済政策・林政・農兵制・教育論・宗教等、やはり多岐にわたるが、幕府の政治に関しても痛烈に批判しているため、蕃山死去後は門弟の間で秘書として伝承された。没後一〇〇年近く経った天明八（一七八八）年に刊行されている。

その他源氏物語を儒学の立場から解釈した『源氏外伝』（寛文一一年頃成立）をはじめとして、『三輪物語』（貞享二年成立）、『論語上巻小解』『中庸小解』（ともに延宝七年成立）、『論語下巻小解』（貞享四年版行）、『孝経外伝』

『夜会記』（元禄三年成立）、『易経小解』（元禄四年）等、多くの著述を残しているが、礼楽思想はその多くの中で展開されている。

蕃山の礼楽思想は彼の思想の根幹をなすが如く、政治・風土・教育・文芸等さまざまな場面に現れる。礼楽思想は多数の儒者が展開するが、蕃山のそれは、特に「楽」の比重が高いことが特徴である。以下、代表的著述に見られる蕃山の礼楽思想を考察する。

四　熊沢蕃山の思想における楽の展開

蕃山の楽思想に関する論考の筆頭にあげられる著作は、『集義外書』所収の『雅楽解』であるが、楽思想自体はそれ以外にも多くの著作で触れられている。蕃山の著作の中で最も知られ、かつ最も重要であるとされている『集義和書』では、巻第一「書簡之二」冒頭において「知仁勇は文武の徳、礼楽弓馬書数は文武の芸なり」(23)と述べられている。この文言から「楽」は礼や弓馬・書・数学と同等のものであり、儒学の基本的かつ重要な事項であると考えていたことがわかる。そしてこの記述から、蕃山が「楽」の思想を単に礼楽思想のみに終わらせず、自身の他の思想と融合させようとする意志があることがわかる。では、蕃山が「楽」の思想をどのように表現し、また、他の思想と融合させ、それがいかなる効果をあげるのかについて、先にもあげた代表的な著作である『集義和書』と『大学或問』、文芸の方面として『源氏外伝』から考察する。

『集義和書』巻第一三、「議論之六」中に次のように記述される。

> 問。今管弦の楽《がく》といふものを見侍るに、楽によりて、正心・修身・斉家・治国・平天下の事、成就せんとも思はれ侍らず。古の、楽に成《なり》し者は、いかむ。（中略）
>
> 大勇力の人ありて志《こころざし》篤実也といへども、楽を不知《しらざる》時は、安ずる所にをいて心を用ることあたはず。或は

怠惰《たいだ》、或は厳厲《げんれい》なるもの也。これ正しき事にあそぶ道をしらざれば也。正楽《せいがく》をもてあそびて後、心の安ずる所、遊びたのしむ事正して、徳に入こと易し。夫楽に五声・十二律有。或は歌舞し或は糸竹をしらべ、人の性情を養て邪穢を蕩湫し、和順にして道徳を得ものなり。故に、風を移し俗を易ること楽よりよきはなし。道学の、楽に成就することはりは、問学し正楽を習て後、初て知るべし。文学して道理を知といへども、楽を不㆑知者は、其風情に通ぜず。楽を学ても、文学せざれば、其道理に通ぜず。文学・楽道かね用ひても心術をしらざれば、これを心に得て楽しむことあたはず。この故に楽に成者すくなし。(24)

これは、「楽」によって理想とする正心・修身・斉家・治国・平天下が成就するとは思えないがどうなのかという、まさに、なぜ「楽」が必要なのか、その存在意義ならびに効果を問うものであり、楽思想の根幹に迫る問である。これに対し、「人は文武を学ぶが、文を学ぶことで道理をわきまえ、武を学ぶことでその業をよくしようとするのであり、それによって心が完成するのであるが、安ずる所においても正しい人は稀である。「楽」は安ずる所でも心を保つことが出来るための手段である」と答えている。そして道学が楽によって成就すること、文学・楽・心術のすべてを兼ね備えなければならないこと、したがって楽に成就する者が少ないと述べている。これは先の「書簡之一」に記載されていた「礼楽弓馬書数は文武の芸なり」を発展させたものであるといえる。つまり蕃山にとって「楽」は決して付録ではなく、彼の思想の根幹に関わるが、他のものに比べて内容もその必要性もわかりにくいので、それに通じるのが難しいことを示しているのである。また、この議論の中で「正楽」についても述べられている。すなわち、「正楽」は、人の性情を養い、邪穢を払拭し、道徳を得るための役割を果たすのである。このいわゆる「正楽」とその対義語になる「淫楽」については、巻一四、「義論之七」には次のようにある。

楽をしらざる人の耳には、楽も能拍子もつくし琴も、同じことにおもへり。其中、能はやし・つくしごとなどはおもしろし。楽は何のおもしろげもなし。少し学びてこそ、ことなるもの、ねも聞へ侍れ。（中略）至理の寓する物にてあはき声なれば、俗とをきもの也。つくしごと・さみせん・能拍子などのおもしろきをすて、、思ひつかれぬ楽を好む人は、百千人に一二人也。異なる志ある人ならでは好まず(25)。

「楽」を知らない人は他と区別がつかないが、「楽」は何のおもしろみもないが正楽であり、筑紫琴や三味線・能囃子は面白いが、俗楽であると述べている。また、ここでいう「楽」には雅楽が想定されていることがわかる。

さらに「楽」の種別について、次のように述べられる。

淫声は、しらざれども、聞ておもしろし。正楽は、しらざる人、聞ておもしろからず、学び得て後面白き所あり。学びて理を照す事明かなれば、自然に理にしたがふ事をたのしむもの也。音律耳に入ば自然に雅楽を好むがごとし。凡人は、欲にしたがふを楽《たのみ》とおもひて、理にしたがふをつとめと思へり。道をしらざるが故也。君子より見れば、欲にしたがふは皆苦なり。しかるを、たのしみと思ふはまどへるなり。雅楽の神気を養てあかぬ所あるをしらずして、淫声の神気を害するものを好がごとし(26)。

ここでは先の巻一四、「義論之七」とほぼ同様に、淫楽は聞いていて面白いものであるが正楽は聞いて面白いものではなく、学ぶことで理解できるものであり、また正楽は欲に従うものではなく神気を養うものであるが、淫楽はそれを害するものであるという。そして、ここの最後で正楽が雅楽であると明言される。

『集義和書』で述べられる楽思想は、以上のように、いわゆる道徳教育としての礼楽思想の範囲内で、雅楽を絡めながら展開していることがわかる。

一方、『集義和書』とともに蕃山の双璧の書として知られる『大学或問』では、教育内容の箇所で次のように述べている。

又日をかへて音楽をおしへ、八九歳十二歳の子には笛・篳篥・笙の譜を唱へしむべし。音律よき師に付て、十人も二十人も一度に習ふなり。十二三よりは三管をわかちをしへ、絃は箏よりをしふ。八九歳の子おのづから耳に入て、後年の益になるものなり。(27)(後略)

このように音楽教育の内容を雅楽に設定し、その教授方法を具体的に述べている。また別の項では次のように提案している。

諸国に師を多くせんには、京の学校に天子より諸公家の子、生まれながら官位の沙汰なく、たゞ人と同じく皆学校に入れ、文学・音楽を習はしめ、楽人の子・社家の子は王子・公家の陪膳・給仕の為に入て、公儀より入用をあたへ、講習の時は同坐して共に学び、音楽を学ぶべし。其中に仁徳おはします王子を位に即奉り、諸公家の才智あるものを、其家を嗣しめ、文学・音楽に達せるを、国々へ遣はすべし。(28)(後略)

この箇所も教育論であるが、楽人や公家の活用方法が述べられている。特に音楽を学ばせ、公家の中でも才智あるものを全国に派遣して武家に教授させるという、蕃山独自の人材活用法を提案している。

このように、『集義和書』で述べられた「知仁勇は文武の徳、礼楽弓馬書数は文武の芸なり」という精神に則り、「楽」を重視しその教育方法にまで言及していたことがわかる。

文芸の方面では『源氏外伝』『三輪物語』等に楽思想が展開されている。『源氏外伝』は、『源氏物語』を儒学的に注釈したものであるが、礼楽思想に関する言及が多く見られる。特に序文では、次のように『源氏物語』と礼楽思想との関係を強固に主張する。

さて、この物語を見んには、好色淫乱の事を心とせず、作者の奥意に心を付けて、書中のよき事を知るべし。是を知らずして好み見る人は、損多くして益少なし。それ、日本王道の長久なる事は、礼楽・文章を失はずして、俗に落ちざるを以てなり。(中略)

古への礼楽・文章を見るべきものは、この物語にのみ残れり。故にこの物語において第一に心を付くべきには、上代の美風なり。礼の正しくしてゆるやかに、楽の和して優なる体、男女ともに上臈らしく、常に雅楽を翫びて、いやしからぬ心用ゐなり。（中略）

すべてこの物語は、風化を本として書けり。中にも音楽の道を詳しく記せり。糸竹の遊びは君子のわざなり。故に、管弦の遊びを知らざれば、上臈の風俗絶えて凡情に流るるものなり。いかにとなれば、人の心は生き物なれば、動かずと云ふ事なし。楽は遊びの正しき美なる物なり。故に、この正しき道のこもれる遊びによる時は、おのづから人柄上臈らしく、風俗たかくうるはしく成るものなり。然れども、楽の道に疎き人は面白からず。少しその心を得れば、またなく淡く面白きものなり。（後略）[29]

このように、『源氏外伝』の序文では、『源氏物語』が単なる好色淫乱の話ではなく、日本古来の礼楽・文章を学ぶ唯一の書であることを述べ、『集義和書』でも述べられていた「正楽」を学ぶことが正しい道を学ぶことに通じるという論調のもと、礼楽思想、特に楽思想を中心に展開するかのように記述されている。したがって、『源氏外伝』では、『源氏物語』の本文中に記載される雅楽の曲目や舞楽を注釈するというよりは、それらの行為が楽思想から解釈すればどのように評価できるのか等を説明するような論調になっている。

この序文からもわかる通り、蕃山は儒学者としては珍しく『源氏物語』を肯定的に捉えている。つまりこの論考は『源氏物語』の正当性を主張しているのである。しかし一方では、礼楽思想を用いることで政治論・経世論等の色が濃く見える箇所もあるように、この論考は単なる文学作品の注釈にとどまらず、儒学思想論として評価できる。それは序文の終盤の「音楽の道もこの物語に書き留めずは、今の世と成りては知る人なかるべし[30]」や序文最後の「その至宝たる処は、すべて礼楽の道に達せざる中人以下の人は、その深意をば知るべからず[31]」等の文言からもわかるように、礼楽思想を用いて展開することが多い。しかし、『集義和書』や『大学或問』のように、直接礼楽思想の内容を扱うものではないため、それらとは一線を画した礼楽思想論と解釈することができよう。

蕃山は、このように、いわゆる古典的な礼楽思想論から教育論・文芸論・宗教論などの方面において、幅広く自説の楽思想を主張していた。いわば、彼の思想の根幹をなすといっても過言ではないほどさまざまな形で楽思想が表出しているのである。しかし、ここであげた論考はどれも楽思想を展開はするが、それを主題として論じたものではない。次にその形に近い論考であると考えられる『雅楽解』について考察する。

五　『雅楽解』の内容

『集義外書』に所収されている『雅楽解』は、題名からすると雅楽を解説する論考のようであるが、実際には楽思想を展開する著作である。蕃山は先述の通り楽思想の具体的な音楽を雅楽であると設定し、多くの著作でそれを展開しているが、『雅楽解』はそれを一つの論考にまとめ詳述したものといえる。したがって蕃山の楽思想および蕃山以後の楽思想の儒学的展開を検討する上で外せない著述であると考えられる。しかし『雅楽解』をとりあげた先行研究は、わずかに宮崎道生の論考のみであった。ただし、宮崎の論考は、文芸や教育論の一環で蕃山が音楽にも精通していたことを述べたものであり、その内容の正当性や音楽論としての考察ではない。本論では、『雅楽解』で蕃山が論じている中で、音楽論としての「楽」の論調がどのように展開されるのか、そこにどのような意図があるのかを検討する。

『雅楽解』の本文は、『集義和書』等と同様に、基本的には問答形式で記述されており、表1の通り一七項目からなっている。しかし、同一項目中に問が複数ある場合や、項目は立てられているが問答形式ではないものなどが混在している上、各項目の長さも一定ではなく、項目形態の規則性は一見認められないように感じられる。ただし、その内容を追っていくと、緩やかな規則があるようにみえる。問を立てない項目は、楽思想以外を中心とした内容であり、かつ短いという点である（ただし楽思想以外を中心とした項目でも、多少は楽思想を展開する）。以下、もう少し詳しく内容を検討することによって『雅楽解』の目指す方向性を解釈してみることにする。

この論考は「今の楽ハ聖賢の楽にあらす、上古の楽ハ詩をうたひてそれに絃管を合たるものなり、今の楽の様に楽器はかりにてハなきとの事也」[32]という設問から始まる。これに対して《五常楽》は舜の楽、《太平楽》は武の楽であり、その他にも聖賢の楽が残っているが詩が失われてしまったこと、中国でも孔子の時代でさえ三皇五帝三王の楽の詩には失われたものもあったこと、聖人はその声（音）を聞いてその心を理解すること、後世の人はその心を知らないが糸竹（楽器）によって精神を養い、心思を和することが説明され、さらに五音が五行五臓に通じるという陰陽五行的側面を指摘した後、

雅楽の音ハ天地神明に通す、故に和漢ともに、むかしハ楽を用て、雨をいのり晴をいのりしなり、旱にハ雨ふり、長雨にハはるゝ事あるハ、五行の五声天地神明をたすくれはなり、旱水のきハまり過るハ五行の気偏なる時なり、故に旱にハ盤渉の楽を用て、水気の不足を助て雨をふらしめ、長雨にハ黄鐘の楽を用て、火気を助てはれしむるものなり、天地鬼神をたに助く、いはんや人を養ハさらんや、言葉なきの声を用て、益大なる事うたかふへからす、雅楽を面白からんと思ひて聞へからす、たのしひなるものなり、楽する人・聞人ハ共に自然と尭舜三代のときにあふかことくなる心地あり、楽のはやたちて静ならぬハ、楽の気象をしられはなり、（後略）[33]

と述べられる。引用部分冒頭の「雅楽の音は」と述べられた後は、「五声」「盤渉」「黄鐘」など雅楽を想定させるような語句を並べるが、内容は雅楽の説明ではなく、雅楽の用語を用いて楽思想を展開している。右記の後「雅楽を面白からんと思ひて聞へからす」と、再度「雅楽」の文字を用いて続けられるが、結局は雅楽のことは直接的には説明されない。

雅楽に関して説明する項目は第三〜第一四項目にかけてであるように見えるが、実際は第三〜第五、第七〜第

項目	問	内　容	備考
12	①	平調・黄鐘調・盤渉調を律といい、壱越・双調を呂というのはなぜか	
	②	日本の音律には変徴変宮がない、これについての説明が道理にかなわないのはなぜか	
	③	羽より宮へ、角より徴にいくのはいつも変宮変徴であるべきか	
	④	嬰羽・嬰商はどうか	
13		十二調のことについて	説明
	①	黄鐘から十二律を取ると仲呂になり元の黄鐘に戻らないのはなぜか	
	②	九寸も九寸ではないのではないか	
	③	音に寸分の格法がないのに何によって中律とし上下とするのか	
	④	伏犠氏のときすでに五十絃の瑟があったというが、十二律五声がなくてどうやって演奏するのか	
	⑤	黄帝以前は宮室なく、黄帝が初めて作ったというが、これも律呂にとれるのか	
14	①	雅楽は宮で始まり宮で終わるというが、正楽にはそうではないものがあるのはなぜか	
15	①	声音の道は天地神明に通じ政と相応するというが、肅であれば時に雨従うのはなぜか	
	②	乂であれば時に暘に従うのはなぜか	
	③	哲であれば時に燠に従うのはなぜか	
	④	謀であれば時に寒に従うのはなぜか	
	⑤	聖であれば時に風に従うのはなぜか	
	⑥	肅、乂、哲、謀、聖のうち四つは学べるが聖は学では及び難くはないか	
	⑦	狂なれば恒に雨従うという、狂は肅の反対だがなぜか	
	⑧	僭は乂の反対だがなぜ恒に暘従うのか	
	⑨	豫であれば恒に燠に従うのはなぜか	
	⑩	昔日本は南によっていたという、道理がないがなぜそのようにいわれるのか	
	⑪	11月、12月になると時に寒いことがあるのはなぜか	
	⑫	そのようであればこの世は程なく尽きるはずだが何事もなく続いているのはなぜか	
	⑬	暖かいときは人が多く生まれ、寒いときには少ないが、少ないときは善人があり多い時には稀だというのはなぜか	
	⑭	急であれば恒に寒に従うのはなぜか	
	⑮	蒙であれば恒に風に従うのはなぜか	
	⑯	堯の代に9年の洪水があり湯の代に7年の旱魃があったのはなぜか	
16		近江国河合村の瞽者のことについて	説明
17		聖人が天地を助ける道は礼楽を基本とすることについて	説明
	①	必要な時は聖人ではなくても造化を助けるべきか	
	②	それほど諸国に金銀があるのか	

表1　『雅楽解』の項目立てと内容一覧

項目	問	内　容	備考
1	①	今の楽は聖賢の楽ではないというがいかがか	
	②	五常楽は新楽、太平楽は隋唐の音楽ということだが	
	③	今の楽は大方秦の代の楽といわれるがどうか	
	④	隋唐以降の楽は皆淫楽で、古楽は皆廃れたということだがどうか	
	⑤	上古の楽は調子が低いというが	
	⑥	唐の音楽が本国では絶えて日本に残っているのはなぜか	
	⑦	琵琶は胡国の楽器というがいかがか	
	⑧	正しい伝統もなく詞の言葉もないのに今の楽を正楽というのはなぜか	
	⑨	小歌三味線に至るまでどの音楽にも五声はあるのか	
	⑩	宮があっても和がないというのはなぜか	
	⑪	和があっても宮がないのはなぜか	
	⑫	平家謡も淫声ならば慰みでも用いてはいけないのか	
	⑬	世間に流行る小歌は謡よりも五声の乱れが甚だしいのか	
	⑭	小歌の羽がめるのは風俗にかなうとはどういうことか	
	⑮	筑紫琴の小歌は少し良いように思うがどうか	
2		日本の律の調は角が一律高いことについて	説明
	①	謡もあけの所は宮がすわるのはどうか	
	②	日本の声は角が一律高いという証拠はあるか	
	③	催馬楽歌に呂律があり歌われないということはあるべきではないがどうか	
	④	祝言・平家の節に宮があっても淫声なのはなぜか	
	⑤	何をもって戦国の声といえるのか	
	⑥	戦国には君がなくとも宮がない節はないが、いかがか	
	⑦	世間には大かしらというものを幸若の弟子が始めたというがいかがか	
3		管は商一律高いことが多いことについて	説明
4		笛は大方羽一律高いことについて	説明
5		三管・琵琶・箏はあわない箇所があるが合奏すると和することについて	説明
6		箏の呂の調べは上古風なことについて	説明
	①	宮よりも徴羽が大なのはなぜか	
	②	呂の調は宮・商・角みな律の調と異なるのはなぜか	
7		平調は我朝の神代・人皇の時のごとくあることについて	説明
8		盤渉調は冬の調子であることについて	説明
9		黄鐘調は夏の調子であることについて	説明
10		楽は楽なり	説明
11		笙は大臣の象、笛篳篥は諸官のごとくあることについて	説明

九、第一一項目が雅楽と直接関係する項目であり、第六、第一二〜第一四項目については一見雅楽の解説のようだが、実際には直接的な雅楽の説明とはいえない。具体的な内容については、楽器の格について述べている第一一項目を除いて、他のどの項目も基本的に音律のことを述べている。また、音律や和音、旋律を述べる上で楽器を話題にすることはあるものの、楽器の構造や曲の由来・種類についてはほとんど触れられない。そして音律等の説明も楽思想に沿う形になっている。さらにそれらの中間にあたる第一〇項目において、「楽は楽なり、心のたのしひハ一なり、其をもむき異なり、道をたのしむハ雅楽なり、欲をたのしむハ淫楽なり[34]」と、楽思想を挿入することで雅楽と「楽」の関係を再認識させている。つまり、雅楽について述べているように見受けられる項目でも、雅楽そのものの説明というより「楽」を導くための話題提供を行っている感があるのである。そして第一五項目ではまったく雅楽と関係ない内容になるが、問三で「文武・礼楽の道盛なり、仁政行ハれて春風和気のことし[35]」、問五では「故に先王楽を作て邪穢を消し、真気を養ハしむ[36]」と、楽思想を展開し、これ以後は天候と「楽」の関係性の話題が続く。これは、この項目の最後の文言、「聖人の天地の交をつゝしむことハ礼楽より大なるハなしといへり[37]」につなげるためである。さらに第一六項目では俗箏および当道による伝承を否定し、最後の第一七項目で次のように述べる。

聖人の天地をたすくる道は礼楽を大なりとす、天尊く地卑して乾坤定るハ礼也、聖人これに則とりて礼を制し式を作る、天地の間に万物生とす、和気の流行にあらすといふことなきハ楽なり、聖人これを助て、楽は人心を和するより先なるハなし、人心和するときハ声和す、声和するときハ天地の和気応す、天気時にくたり、地気時にのほり、陰陽和合して、万物を煦嫗・覆育す、時ハ礼なり、和ハ楽なり、（中略）万物の生とハ天地の和化をもつてなり、聖人の和化をたすくるハ楽なり、（中略）其本ハ物の人を感すること窮なくして、人物に化し天理を滅して、人欲をきハむれハなり、これ礼楽の教えなきによれり（中略）

楽記に云、治世の音ハ安してたのしめり、其政和すれはなり、故に四時順にして、風雨節あり、五穀豊熟し、人生疾疫なし、亡国の音ハ哀て思ふ、其民くるしめハなり、故に五行の気みたれて風雨節あらす、五穀豊熟せす人疾病多し、夫衆ありて礼なき時ハ護ることを不レ知、終に相争うつたへて凶人多し、礼なけれハ節なし、節なけれハ或ハ乏く或ハ餘あり、有餘の者ハ奢て淫し、不足のものハ困窮しかなしむ、哀情・淫気天地に感して不正の気生す、たとひ礼ありて治といへとも、楽なけれハ和せす、礼いたつかハしきときハ人心たのします、たのしまさるときハかへりて淫を好む、貧賤のものに至までミな淫乱の行ある事ハ、楽の道行ハされハなり、(後略)(38)

このように『楽記』を引いて、『集義和書』にもみられる経世論を展開する。そして最後の問である「さほと諸国に金銀ハ有ましきか」に対し、「後世の借銀の高の十分一も天下の金ハあるまし、しかれとも損益の勢如レ此、貴賤共に富足て後礼楽行ハるへし(39)」と締めくくる。

以上のように、『雅楽解』の内容は、そのほとんどが楽思想であり、雅楽に関しては楽思想を説明するための補助的な役割として用いられているに過ぎない。したがって、雅楽を説明するような内容であれば、必ずといって良いほど触れられるべき楽曲や楽器については、ほとんど触れられないという偏った内容になっているのである。蕃山がこの論考で主張したことは、最後に述べられる内容、すなわち蕃山の思想中、最も知られる経世論・農政論で楽思想を用いることであった。つまり、礼楽思想を尊重する最大の目的とその理由を説明するための論考であり、究極的には、『集義和書』や『大学或問』で礼楽思想を述べることにも、また彼の政治思想の中に礼楽思想を取り込むことにも矛盾はないということを説明するための論考として『雅楽解』が作成されたと捉えることができる。

以上、『雅楽解』の内容を考察した上で、執筆年代を考えてみると興味深いことがわかる。蕃山の楽思想は彼の多くの論考の中で述べられたことは前述の通りであるが、それらの代表的論考の成立年代を再度整理すると次の通りであることがわかる。『源氏外伝』の成立が寛文一一（一六七一）年、『集義和書』の版行が同一二（一六七二）年九月、『集義外書』はおおよそ延宝七（一六七九）年頃成立である。『集義外書』は、『集義和書』に掲載できなかった論考にその後執筆された論を合わせて、蕃山の没後に弟子たちによって刊行された書物であるため刊行年代は遅いが、内容的には『集義和書』の直後あたりのものが多く含まれていることになる。また『三輪物語』『大学和解』は貞享二（一六八五）年完成とされている。つまり、『雅楽解』は、『集義外書』に所収された論考だが、同三（一六八六）年以前に成立したとされている。一方『雅楽解』のはっきりした執筆年代は割り出されていないが、おおよそ楽思想を展開する他の論考が書かれた後に改めて楽思想のみをまとめたものであると解釈できるのである。つまり、『雅楽解』は蕃山の楽思想の集大成である可能性が高く、そのことからも彼の思想における礼楽思想の位置づけを明示する役割を担っていると考えられるのである。

六　『雅楽解』の意義

この論考の目的はその論の進め方からおおよそ推測できたが、ではこの論考が『雅楽解』と名付けられた理由ならびに意図は何なのだろうか。

現在「雅楽」と称されている音楽は、従来「雅楽」と呼称される習慣がほとんどなかったことが、萩美津夫や馬淵卯三郎らによって検証されている[40]。また『論語』や『楽記』等、中国古典における「楽」の記述では、おおよそ八世紀中頃まで「雅楽」の用語が使用されるが、それは「普通名詞的に、そして文章の綾として正に雅語として用いられていたのではないだろうか[41]」と馬淵が結論づけるように、中国の古典としても特定の音楽を指すのではなく、明確な用法が見られない語である。

一方、いわゆる音楽ジャンルとしての日本の雅楽は古来「楽」と称されていた。先述の通り、奈良時代にはすでに礼楽思想は伝来していたが、その頃共に伝来したいわゆる「雅楽」のことを、当時の人々は「雅楽」とは呼ばなかったのである。なぜなら、「雅楽」とは「雅正の楽」の意味であり、正当な楽、すなわち「正楽」であると認識されたからである。日本に伝来し定着したいわゆる「雅楽」が、中国の正楽である音楽でも宮廷音楽でもなく、讌楽《えんがく》という宴会や余興のための大衆音楽であり、中国古典でいう「正楽」ではないことを知っていたからに他ならない。この、中国の古典でいう「楽」、特に「正楽」としての楽思想と、渡来音楽であり、日本に定着した「雅楽」を結びつけた人物が、熊沢蕃山なのである。しかも、蕃山は意図的に「楽」と「雅楽」を結びつけたと考えられる。そのように想定する理由は以下の通りである。

第一に、『雅楽解』では、前述の通り、雅楽の解説をするように見せながら、途中から「楽」の解説に移ったり、意図的に途中に楽思想を挿入して、「楽」を意識させるという構成になっていた。たとえば第四項目では、「笛ハ大かた羽一律かるなり、物ハ大になり易し、物大なれは民困窮す、これまた用心なるべし（後略）」[43]と述べられるような状態である。雅楽と覚しき内容はわずか最初の一文であり、「物ハ〜」以下はすでに楽思想的展開である。このように、雅楽のことを述べているように見えても楽思想へ展開し、用語の使用方法とともに煙に巻かれるのである。

第二に、この論考の雅楽に関する内容の偏りにもまた、意図を読み取ることができる。先述の通り、雅楽の説明的内容は呂律・五音五声・十二律・調子等音楽理論のことが大半であり、楽曲の説明も楽器の詳細な説明もほとんどない。楽器は音律の関係で少々述べられるものの、楽器の位を述べる程度にすぎず、その詳細な構成や、たとえば固有の音律等については述べられない。また、催馬楽《さいばら》はかろうじて用語が出てくるのみで、神楽や東遊等のいわゆる国風歌舞《くにぶりのうたまい》については皆無である。[44] つまり、雅楽の解説をするための論考ではないことは明らかで

表2　『雅楽解』中の『雅楽』の記載(45)

	該当文言	該当箇所
1	雅楽の音ハ天地神明に通す	第1項冒頭
2	雅楽を面白からんと思ひて聞へからす	第1項冒頭
3	雅楽ハ五声正しくして、律呂備れり	第1項問8
4	器用なる人生れたりといふとも、何によりてか雅楽をおこす事を得んや	第1項問8
5	道をたのしむハ雅楽なり、欲をたのしむハ淫楽なり	第10項
6	雅楽ハ宮に初て宮に終といへり、しかるに正楽といへる中にしからさるものあるは何そや	第14項

あるのに、『雅楽解』と名付けられているのである。

第三に、この論考は『雅楽解』と題しながら、「雅楽」の表記も、表2の通り、わずか六回しか出現しない。冒頭に二回、第一項目の八番目の問で二回、第一〇項目で一回、第一四項目で一回である。そしてそれらは非常に巧妙に置かれている。第一項目で配置された四件の「雅楽」の表記は、近接した文章の中で二件ずつ対のように使用されている。また第一〇項目が雅楽の説明項目の途中で意図的に配置されていることは先述の通りである。この六件の「雅楽」の表記は、どれもいわゆる音楽ジャンルとしての「雅楽」を想定した言葉でありながら、楽思想を彷彿とさせる。特に冒頭と第一〇項目については、どちらとも取れるような言い回しである。しかしこの六件以外で、いわゆるジャンルとしての「雅楽」のことが述べられていないわけではなく、その際には「楽」の表記が使用されているのである。

第四に、『雅楽解』では、この同音異義語的な「楽」の表記方法が独特なのである。蕃山は、音楽ジャンル・思想・いわゆる「音楽」・楽曲等複数の意味を、非常に曖昧に、言い方を変えれば巧妙に「楽」という文字で表している。たとえば先にも示したが、冒頭部分の「今の楽ハ聖賢の楽にあらす、上古の楽ハ詩をうたひてそれに絃管を合たるものなり（中略）五常楽ハ舜の楽なり、太平楽ハ武王の楽也」を例に取ってみる。これを素直に読めば、どの「楽」も「音楽」と読めるだろうが、「今の楽」という表現に読者は当然ながら「雅楽」を重ねる。もちろん、蕃山もこの箇所は「雅楽」を想定しているはずである。しかし二番目の「聖賢の楽」は「聖賢の雅楽」ではないだろう。そこは読者も単に「聖賢の音楽」と解釈しているはずである。一方「上古の楽」とは何だろうか。「雅楽」なのか「楽」なのか、中国の音楽なのか日本の音楽なのかも不明である。また「五常楽は舜の楽なり」は、「五常楽は舜の時代の音楽である」または「五常楽は舜の時代の楽曲である」という解釈になる。つまり、この冒頭だけでも、「楽」の語には「雅楽」「音楽」「楽曲」の要素が混在しており、かつそれが具体的に何を指しているのか非常に曖昧なのである。楽思想はもちろんのこと、「雅楽」に精通していない読者は、この時点で最後まで「楽」の言葉に翻弄されることが容易に想像できる。本来、用語に類似性があり非常にわかりにくい、あるいは混同しそうな状況が想定されるのであれば、それぞれ適切な語彙で使い分けるのが当然である。しかし蕃山は表記を分けなかったために、論考全体にこのような曖昧さが漂っている。これが意図していない結果だとしたら論考として失敗であるし、それでは読む人を納得させられないだろう。蕃山ほどの人物が、気付かずにその状況に陥るとは考えにくいのではないだろうか。

以上のことを勘案すれば、蕃山は意図的に、しかも効果的に「楽」という用語を使用したと考えられるのである。

この『雅楽解』を一読して内容を理解できる人間は、当時としてはそう多くなかっただろう。なぜなら、量的には少ないとはいえ雅楽の専門的知識を交えながら、蕃山の思想のさまざまな要素を語っているからである。蕃山の楽思想以外の論考、すなわち経世論や教育論、治山治水や農兵制などの農政改革論等に興味を持ちかつ理解できる人物が、当時一般的に流布している三味線や俗箏・琵琶等の音楽ではなく、また武士の式楽とされた能楽や幸若舞でもなく、雅楽に興味を持ち、さらにそれに精通していることはほぼありえないといって良いほど稀であったことは容易に推測できる。逆もまたしかりである。それをふまえた上でこの論考を見れば、蕃山の意図が見えてくるのである。

蕃山は決していわゆる雅楽を知らなかったわけではない。京都に居住していた数年間に、一條右府教輔、久我右府廣道、中院大納言通茂父子、野々宮中納言定縁、野々宮中将定基、清水大納言実業、押小路三位公起、久世中納言定清、油小路大納言隆貞、中御門大納言資照、伏原三位宣幸等、多くの公家と交流していたことが『慕賢録』に記されている。また蕃山は公家文化に傾倒し、小倉大納言実起から琵琶を、藪大納言嗣孝からは箏を習い、また小倉実起や伶人とともに僧元政の称心庵を訪ねて雅楽の演奏を行ったり、笛の演奏を当時雅楽の名手として名高かった『楽家録』の著者である安倍飛驒守(46)に認められるなど、雅楽に精通していたことも知られている。

また、いわゆる「雅楽」が「楽」ではないことは、当然ながら認識していたこともその論から読み取ることができる。それは、『雅楽解』の冒頭で、「今の楽ハ聖賢の楽にあらす、上古の楽ハ詩をうたひてそれに絃管を合たるものなり」と述べているところですでに露呈しているのである。

さらに、当然ながら、楽思想の内容を知らなかったわけではない。むしろ、いろいろな論考に礼楽思想を組み込むほどその思想には精通し、自身の論に展開していたことは、これまで述べてきた通りである。

このように『雅楽解』の内容と蕃山の雅楽に関する技術や知識との乖離を考えれば、蕃山が「雅楽」を「楽」であると本当に信じていたとはとうてい考えられない。反対に、『雅楽解』の冒頭で、あえてその困難な説明に挑み、彼の楽思想論を提示したのだと解釈するのが自然であると考えられる。しかし、それではなぜ蕃山は「楽」を「雅楽」としたのだろうか。その理由は、蕃山の著作や音楽に対する態度から次のように推測することができる。

第一に、中国古典における礼楽思想を十分に理解していた蕃山が、それを自身の儒学論に適用しようとしたことは、これまでの彼の論考中における礼楽論からも理解できる。蕃山には、楽思想が中国古典の正当な思想であるという認識があり、それを根幹に据えようとしたのではないだろうか。しかし、蕃山は先にも示したように空論を嫌っていた。経世論の根幹をなす礼楽思想を、机上の空論ではなく正当化し説得力あるものにするために、実体のある音楽を据えたかったのではないだろうか。

第二に、蕃山にも不得意な分野があったことである。宮崎が『熊沢蕃山の研究』のなかで「蕃山は日本のみならず外国の歴史の認識が極めて薄弱であり、この点は蕃山の著作全体を通じて感じられる[47]」と述べているように、史学的見地が脆弱であった。そもそも「正楽」とは、『論語』であげられている《雍》や《韶》や《八佾》のような、孔子の時代でもすでに内容のわからない伝説的な音楽であるとされていた。したがって、『雅楽解』の冒頭で、雅楽の楽曲として伝承されている《五常楽》や《太平楽》を持ち出した時点で、歴史的には致命的な失錯になっているのである。おそらく古代日本の歴史および音楽認識もまた脆弱だったであろうことを、同様の箇所からうかがうことができる。

第三に、蕃山が京都移住の際、公家文化に親しみ、雅楽の演奏技術も身に付けていたことである。蕃山の京都における公家との交流は、たとえば備前や江戸での武家との交流と異なり、単なる師と弟子の関係にとどまらず、蕃山自身に宮廷を中心とする礼楽文芸の伝統を尊崇する気持ちがあったことがうかがえる。宮崎も、蕃山自身が京都出身であり、その出自を皇胤であると認識し公家社会に親近感を抱いていたことが京都移住の理由の一つであると推測しているように[48]、公家が継承する文化への憧憬が雅楽愛好にも現れている。それを正当な「楽」へ押し上げたかったのではないだろうか。ちなみに、蕃山が親しみ、演奏した音楽は、雅楽だけではない。筑紫琴もまた、蕃山作の曲名が伝わるほど愛好していたことが知られている。しかし、筑紫琴に関してははっきりと淫楽であると述べていることからも、雅楽への傾倒を見ることができるのである。

第四に、『雅楽解』という表題が付けられた理由があげられる。『雅楽解』の内容は「楽」が中心であり、雅楽については、それほど述べられていないことは先述の通りである。もし蕃山の楽思想を広く知らしめるのが目的であったならば、それに見合った表題があったはずである。そこに蕃山の意図があると考えられるのである。雅楽に明るくない人であれば、この論考を読み終わる頃には、「楽」の境界線が曖昧になり、雅楽を「楽」として捉えてしまうだろう。まさに『雅「楽」解』であることを非常に巧妙に、無意識に刷り込んでいくのである。それこそが、この論考の意図であり目的であると解釈できるのではないだろうか。

七　蕃山の楽思想と一八世紀への影響

『雅楽解』の内容と蕃山の意図を以上のように捉えた上で他の著述を見ると、先にあげた『集義和書』等、『雅楽解』以外の論考での「楽」と「雅楽」の表現の仕方や、『源氏外伝』での楽思想への傾倒が、まさに同じ方向性であることに気付かされる。つまり彼の楽思想のあり方には一貫性が見られるということになる。さらに後世への影響、特に一八世紀の楽思想の展開の状態もまた非常によく理解できる。

この蕃山の一連の「楽」の思想展開は、蕃山の独自性の結果であり、他の儒者ではそうなり得なかった。同時代の山鹿素行はもちろんのこと、蕃山の師にあたる中江藤樹や、京都に居住し活動していた伊藤仁斎とその一派等は、公家との交流がありながらも雅楽ならびに楽思想を重視した形跡がない。そのことからも、蕃山の特異性が見て取れるのである。

以上のことから、『雅楽解』の論述の方向性、すなわち「楽」のあり方は、蕃山の出自や人生が大きく関係し、蕃山だからこそなし得た業績であったことは疑う余地のないことがわかる。したがって蕃山がもし単に雅楽を愛好で終わらせ、楽思想を自身の思想に深く展開しようとしなかったら、一八世紀における「楽」の展開はまったく違うものになっていたはずである。

荻生徂徠に代表されるように、蕃山以後の儒者の多く、特に礼楽思想に関心のあった者は、楽思想を展開するだけでなく、自ら雅楽を習得しようとしたことが一般に知られている。その教習の習慣や雅楽演奏の愛好でさえ、『大学或問』で蕃山が示した方向性の遵守であり、蕃山の影響であると考えられる。荻生徂徠の蕃山への傾倒はすでに知られているところであり[49]、徂徠の弟子はもちろんのこと、その影響を受けた多くの儒者が同じ傾向を示したからである。一方、それら後世の儒学者による『雅楽解』の解釈が具体的にどのようなものであったかを解明することは今後の課題であるが、蕃山の後の楽思想の展開をみれば、多大な影響があったことがうかがえるのである。その最大の証拠は、雅楽を「楽」とする考え方であろう。あえて明確にはせず、非常に曖昧に論を展開した蕃山の楽思想に、気付かなかったのか、あるいはあえてそれに迎合したのかは検討の余地があるが、それでも蕃山以後、楽思想は「雅楽」という実在する音楽を得て、日本独自の新たな展開を辿ることになるのである。そのように考えた場合、蕃山の楽思想の影響は計り知れないものがある。『雅楽解』は、まさに近世における楽思想の出発点だったと考えられるのである。

おわりに

『雅楽解』を通して考察したことで、蕃山の楽思想が、一八世紀の楽思想の土台になっていることは明らかであることが非常に明確に理解できる結果となった。「儒学者達の礼楽論は、春台の淫声排斥のケースに端的に窺えるように、治国平天下の方向によりは、修身斉家の個人一新の道徳論に強く傾斜している。皮肉なことに、彼らが音楽の実技にはいって行けば行くほど、政治思想としての礼楽思想から遠ざかってしまうのである[50]」と馬淵は述べているが、その傾向は蕃山にはなく、彼は礼楽思想展開をあくまでも自身の政治論・経世論に照合させる形で展開した。しかし、確かに皮肉なことに、蕃山の教えに従い雅楽教習を行うことにより、礼楽思想は政治思想から乖離していったのであろう。蕃山に巧妙に惑わされた「楽」は、その後田安宗武（一七一五～一七七一）・松平定信（一七五九～一八二九）父子によって渡来音楽としての雅楽であることが否定されるまで、儒学のなかで積極的に展開されていくことになるのである。

蕃山の楽思想は、以上の意味で、一八世紀の楽思想に多大な影響力を保持していたと考えられるのである。

（1）宮崎道生『熊沢蕃山の研究』（思文閣出版、京都、一九九〇年）。

（2）宮崎道生『熊沢蕃山――人物・事績・思想――』（新人物往来社、東京、一九九五年）。

（3）吉田俊純『熊沢蕃山――その生涯と思想――』（吉川弘文館、東京、二〇〇五年）。

（4）大橋健二『反近代の精神――熊沢蕃山――』（勉誠出版、東京、二〇〇二年）。

（5）James McMullen, "Courtier and Confucian in Seventeenth-Century Japan: A Dialogue on the Tale of Genji between Nakanoin Michishige and Kumazawa Banzan". *Japan Review*, 2009, 21: pp.3-31.

（6）宮崎道生、前掲註(2)著書、一二四～一三四頁。

（7）井上正「音楽教育における道徳的精神と詩的精神――蕃山・宣長・孔子の所説を通して――」（『音楽教育史研究』二号、一九九九年）、一三～二四頁。

（8）『論語』八佾第三の一九、吉田賢抗『新釈漢文大系』第一巻、『論語』（明治書院、一九六〇年）、七八頁。

（9）『論語』為政、第二の三、同右三九頁。

（10）『楽記』竹内照夫『新釈漢文大系』第二八巻、『礼記』中（明治書院、一九七七年）、五六六頁。

（11）『楽記』同右、五六六頁。

（12）『論語』八佾第三の一～二、前掲註(8)書、六一～六二頁。

（13）『論語』八佾第三の三、前掲註(8)書、六三頁。

（14）「子在レ斉、聞レ韶、三月。不レ知二肉味一、曰、不レ図為レ楽之至二於斯一也」（子、斉に在りて、韶を聞くこと三月。肉の味を知らず。曰く、図《はか》らざりき、楽を為《つく》ることの斯《ここ》に至らんとは。）三月はこのように読む場合と、下につけて読む場合がある。『論語』述而第七の一三、前掲註(8)書、一六〇頁。

（15）『論語』八佾第三の二五、前掲註(8)書、八五頁。

（16）『楽記』前掲註(10)書、五九八頁。

（17）『続日本紀』巻一五、聖武天皇天平一五年五月、青木和夫他校注『新日本古典文学大系』第一三巻、『続日本紀　二』（岩波書店、一九九〇年）、四一八～四一九頁。

(18) 『続日本紀』巻第二〇、孝謙天皇天平宝字元年八月、青木和夫他校注『新日本古典文学大系』第一四巻、『続日本紀　三』(岩波書店、一九九二年)、二二六～二二七頁。

(19) 笠原潔「日本の楽書と礼楽思想」(福島和夫編『中世音楽史論叢』(和泉書院、二〇〇一年)、一一五～一三九頁)。

(20) 馬淵卯三郎「一七世紀後半における礼楽思想と音楽の様式(第一報)」(『大阪教育大学紀要』第Ⅰ部門、第三八巻第二号、一九八九年)。

(21) 母方であり後に彼自身が養子に入った熊沢家は南朝の熊沢天皇の流れを汲む由緒ある家柄であり、父の野尻氏もその庶流とされる。

(22) 「拙者をも世間には心学者と申と承候。初学の時心得そこなひて、みづからまねきたる事に候へども、心学の名目しかるべからず存候。道ならば道、学ならば学にてこそ有べく候へ。いづれと名を付かたよるはよからず候。」(『集義和書』後藤陽一・友枝龍太郎校注『熊沢蕃山』『日本思想大系』第三〇巻(岩波書店、一九七一年)巻第一書簡之一、一四頁)。

(23) 同右、一二頁。

(24) 同右、二六四～二六五頁。

(25) 同右、二七六～二七七頁。

(26) 同右、三〇二頁。

(27) 同右、四五三頁。

(28) 同右、四五七～四五八頁。

(29) 牛尾弘孝「略注『源氏外伝』(その一)――序・桐壺――」(『大分大学教育学部研究紀要』一二巻一号、一九九〇年)、六九～七一頁。

(30) 同右、六九頁。

(31) 同右、六八頁。

(32) 『雅楽解』神道大系編纂会編『神道大系』論説編二一能沢蕃山、(神道大系編纂会、一九九二年)、四〇一頁。

(33) 同右、四〇一～四〇二頁。

(34) 同右、四一一頁。

(35) 同右、四一八頁。

(36) 同右、四一八頁。

(37) 同右、四二一頁。

(38) 同右、四二一～四二二頁。

(39) 同右、四二三頁。

(40) 萩美津夫『日本古代音楽史論』(吉川弘文館、東京、一九七七年)、一一六～一二〇頁。馬淵卯三郎、前掲註(20)論文。

(41) 馬淵卯三郎、前掲註(20)論文、一九八～一九九頁。

(42) 現在日本に伝統音楽として存在している雅楽には、日本古来の音楽や平安時代に展開した歌謡等も含まれるが、ここでは文脈上、雅楽の主要素である渡来音楽に焦点をあてている。

(43) 『雅楽解』前掲註(32)書、四〇九頁。

(44) 『三輪物語』では内侍所の御神楽について触れている

ので、知らなかったわけではなく、それが雅楽ではないという認識でもなかったはずである。

(45) 表記は前掲註(32)書に準じる。

(46) 阿倍飛彈守。阿倍季尚のこと。『楽家録』の著者であり、京都方阿倍家の当主。

(47) 宮崎道生、前掲註(1)著書、三五三頁。

(48) 同右、三四〇頁。

(49) 同右、四八三～五三三頁。

(50) 馬淵卯三郎、前掲註(20)論文、一九二頁。

〔付記〕 本稿は科学研究費補助金基盤研究（C）「『楽家録』の書誌と礼楽思想との関係性に関する総合的研究」の成果の一部である。

一八世紀のいけ花――「たて花」「立花」「抛入」の相関を通して――

小林善帆

はじめに

いけ花にとって一八世紀は最も注目すべき時期といえる。なぜなら一九世紀初期に確立した、花材を三つの役枝で構成するという「生花《せいか》」(1)様式は、今日のいけ花様式の根幹をなすものであり、その成立過程である一八世紀について検討することは、いけ花の本質を考える上で極めて重要である。またそれは当該期社会の知的動向を明らかにすることでもある。

一八世紀のいけ花に関する研究史としては、論文形式のものに波戸祥晃(2)、水江蓮子(3)の論考がある。波戸は、一五世紀中期～一八世紀前半の花の伝書の考察から、「立花《りっか》」の確立・発展・停滞とともに「茶花《ちゃばな》」「抛入《なげいれ》」の存在があったこと、「伝事」を柱に利潤を追求する組織としての家元制度が成立したこと、儒教道徳の潤色までを述べ、水江は、一七世紀後期に出版された『抛入花伝書』(4)（表1№19）の一八世紀の花の伝書への影響を通し、「抛入」と「生花」様式の系譜を資料的に体系化することを試み、その実態を解こうとした結果、「生花様式の変遷をどういう視角で追えばよいのか、花道史の方法とその構想があきらかでない傾向」にあるとし、問題の核心に迫ることの難しさを指摘した。

管見の限り今日、両者にその後の論文を見ることはなく、追随者の論文も見られず、『図説いけばな大系』(5)『いけばな美術全集』(6)をはじめとして、両者を含め研究者や家元などによる一般向け啓蒙書が出版されたものの、各々の見解に整合性を見出すことは極めて困難である。その結果、ともすれば論証が不十分な通説がそのまま信奉されており、研究の停滞は否めない。特に、一八世紀における「立花」様式から「生花」様式への変遷は、ただ「立花」の過度の華美さや大型化ゆえと説明されてきたが、それでは説明が不十分であると考える。

このように一八世紀のいけ花研究が渾沌としたなかにある理由として、様式を持つ「たて花」「立花」という立てる花と様式を持たない「抛入」という生ける花の、一面において捉えどころのない相関があり、それは一五世紀中期、いけ花の最初の様式である「たて花」生成当初からの事象でもある。

ここでいけ花の様式を確認しておくと、いけ花は、一五世紀中期以降「しん・下草」からなる「たて花」様式(図1)が生みだされたことに始まる。以後同様式は、一五世紀後期に「前・後・枝下」などの構成要素が加えられ、一六世紀後期に「真・副・副請・真隠・見越・前置・流枝」として整えられ大型化することにより「立《りっ》花《か》」として発展し、「たて花」様式は今に残らない。しかしこの「しん・下草」という主たる花材とそれに添える花材という簡素な構成は、仏前・神前供花として踏襲され、また茶花など特に様式を持たない花である「抛入」として発展し今日に続く。

一七世紀初期、「立花《りっか》」様式(図2)が確立し、以後流行を極めたが、その大型化や華美さにより座敷の花としての普及に限界を見、一方、様式を持たない「抛入」(図3)も広まりを見せるものの座敷の花にはなり得ず、一八世紀を経て一九世紀初期、「生花《せいか》」様式(図4)が確立した。以後今日まで「立花」様式、「生花」様式は存続する。

図1　たて花
『花伝書ぬきがき条々』天文21(1552)年／大東急記念文庫所蔵

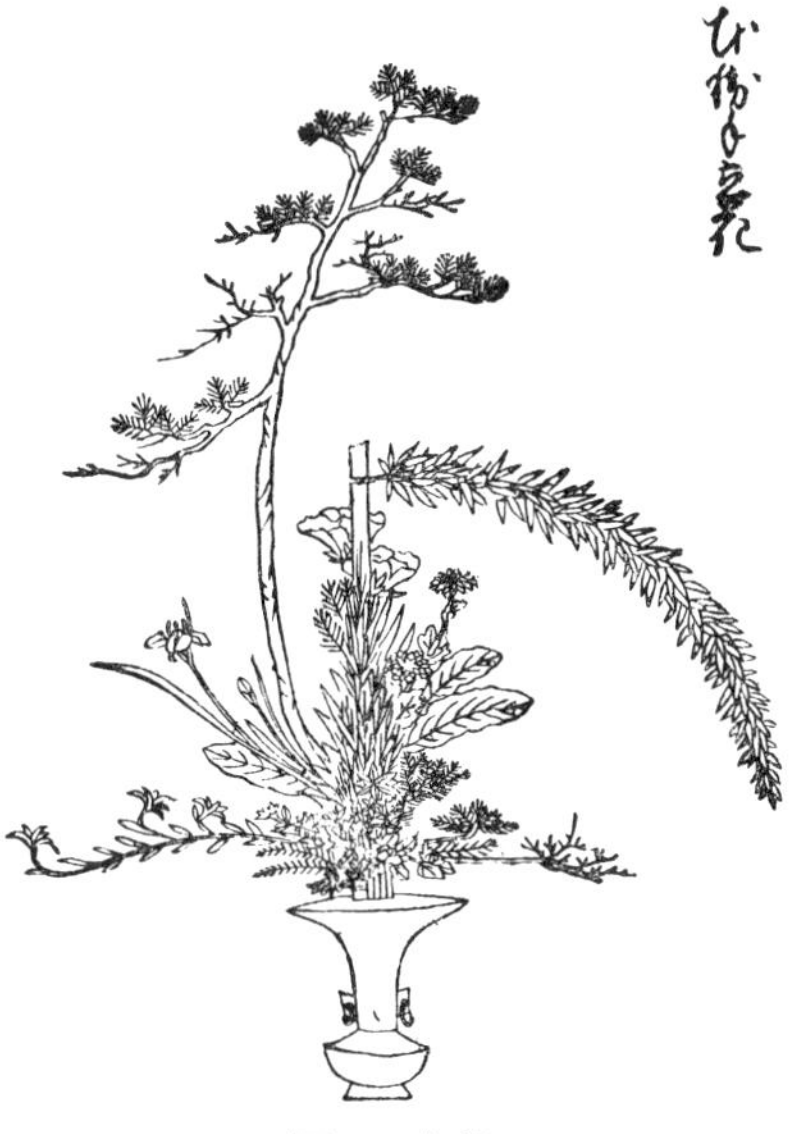

図2　立花
『古今立花大全』天和3(1683)年／『花道古書集成』第1巻、思文閣出版

図3　抛入
『抛入花伝書』貞享元(1684)年／『花道古書集成』第1巻

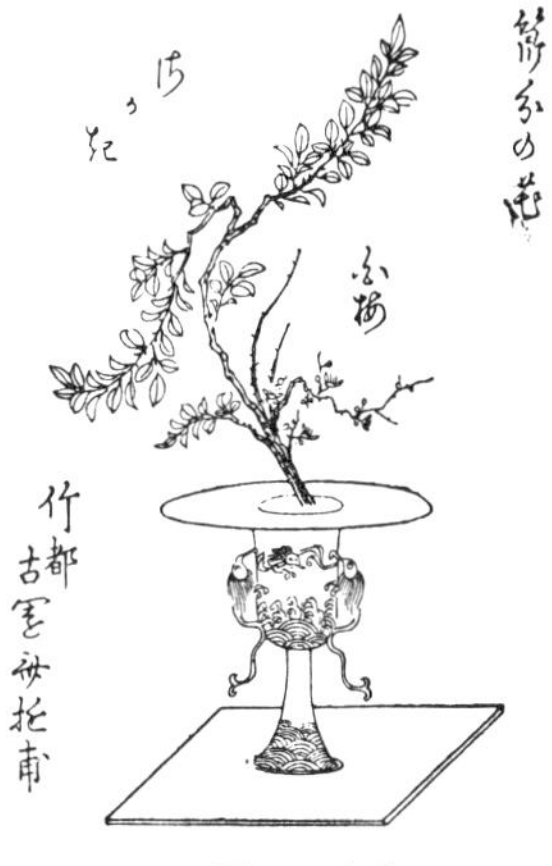

図4　生花
『四方の薫り』文化15(1818)年未生流／『続花道古書集成』第4巻、思文閣出版

以上のことから本稿は、最初にいけ花の生成から一八世紀にいたるまでの事象を確認し、その上で一八世紀のいけ花の様態を考察し、その本質を問う端緒を開くものとする。

一　一五世紀中期から一七世紀末のいけ花

(1) 花の伝書

本節では、いけ花の生成から一七世紀末までの花の伝書、社会的様相を見ておく。

①一五世紀中期～一六世紀

この時期の主な伝書に1『仙伝抄《せんでんしょう》』[7]、2『花王以来の花伝書《かおういらいのかでんしょ》』[8]、3『文阿弥花伝書《もんあみかでんしょ》』[9]、4『池坊専応口伝《いけのぼうせんのうくでん》』[10]の四点がある。これらの花の伝書（以下、伝書）は、内容としては主に禁忌や花材について記すものである。ここでは各伝書の特徴と特に「立てる」「生ける」という観点から見ておく。

1『仙伝抄』

文安二（一四四五）年の奥書を持つが、現存する最古のものは慶長・元和古活字本であり一六世紀末～一七世紀初期のものである。以後版本として流布している。「本文」「谷川流」「奥輝之別紙」の三部分からなり、条文が数多く集められたもので序文・結語はない。記述の大部分が「しん・下草」からなる花についてであり、「たて花」を念頭に置いたものであることがわかる。

留意したいのは、『仙伝抄』「本文」の多くの条文のなかでわずか二条ではあるが[11]、

「さしきのすみに花をいくる事　すこし風をもたせ、木すゐに草葉をさしきの中へなひかせ、すみよりすみへむかふ心に立へし。」

「つりくわひんの事（中略）はなはいけ花ともいふ。」　（以下、傍線は筆者の加筆）

とあること。

『仙伝抄』「谷川流」には「立てる」という語のみが使われている。「はしら花瓶」についての条文はあるが、「けはしき所に生たる草木のことし。」とあるのみで「立てる」「生ける」という表現のいずれも使用していない。『仙伝抄』「奥輝之別紙」は、同「本文」のほぼ半分の量で座敷飾りの絵図付きである。そのなかにわずか二条であるが、

「なけ入はなといふは、船なとにいけたるはなの事なり。」

「はなをいる、といふは、さゐろうのやうなる物にはなをいけたるを云。」

とある。また「下草」のほか「そへ草」という言葉も頻出する。両者はともに「立てる」とあるが、「そへ草」に対しては「挿す」も使っている。「挿す」は、ほかにも「面へさすえた」(おもてへ挿す枝)と使われている。

これらのことから、「立てる」だけでなく、菜籠(竹で編んだ花籠)や釣り舟に「生ける」花、さらにそれを「いけ花」「なげ入」ということがあったこと、また「立てる」という手法だけでなく、「入れる」「挿す」という手法もあったこと、さらに「生ける」事を「立てる」ともいっていることがわかる。

2『花王以来の花伝書』

文明一八(一四八六)年の奥書があり、そこから池坊に相伝されたものであることがわかる。序文・結語はない。「たて花」を用途別に絵図により、和歌を交え説明している。その彩色された絵図から、「たて花」の花材ならびに花器が実際にどのようなものであったかをうかがい知ることができる。「立てる」という表現が多用され、「床の柱花」(籠花)には「挿す」「立てる」、「ツリ花」には「生ける」「挿す」を使っている。

つまり「立てる」のほか籠花や釣り花に「挿す」「生ける」が使われ、また「挿す」を「立てる」ということがあったことがわかり、『仙伝抄』と同様の様相を見いだせる。

3『文阿弥花伝書』

異本が多く、天文九（一五四〇）年の奥書があるものが最も古い。内容は、『仙伝抄』「奥輝之別紙」・相阿弥筆『義政公御成式目』一巻とおよそ同じである。両者との相違は序文・結語を備え、伝書としての体裁を整えていることである。西教寺本には「弐拾五ノ徳」があげられている。

本書の序文は、「仏神三宝に六種の供物有之。其中に取分花供尤勝たり。」「花を翫事ハ（中略）尤庄厳第一の利益也。」と記し、道俗男女・在家出家・貴賤上下が共に花をたしなむよう説き、いけ花を仏教的教理により意味づけ、結語は稽古の徳を説いている。

4『池坊専応口伝』

天文一一（一五四二）年の奥書がある。版本として流布。序文・結語を持つ。序文は、仏教的教理によりいけ花を意義づけるだけでなく、一瓶のうちに大自然の景観を象徴化するという理論を取り入れた最初の伝書として名高い。結語は深く稽古すべきことを説き、伝書としての体裁も整えられている。役枝として「真・副・真隠・みこし・流の枝・前置」「体・用」が見出され、「たて花」の構成がかなり「立花《りっか》」に近づいていたことがわかる。用語としては「立てる」を使用しているが、序文冒頭「瓶に花をさす事いにしへよりあるとはき丶侍れど」とありさらに「先祖さし初めしより一道世にひろまりて」とあるように、「挿す」が使われている。また同書は「釣り花」について、巻末に付けられた座敷飾り絵図には見いだせるが記述のなかにはなく、「生ける」も使用されていない。

以上四つの伝書から、一六世紀にいたる「いけ花」が、「立てる」ものであるとともに「挿す」ものであり、籠花・釣り花を「生ける」「なげ入」と表現したことがわかる。留意しておきたいのは、「立てる」「挿す」「生ける」の使い方に曖昧さが見られることである。ここから「立てる花」と「生ける花」の両方が存在し、そこには曖昧さがあったこともわかる。このほかにも一六世紀天文年間（一五三二〜一五五五）前後に多く伝書が残されていることから、当時のその隆盛ぶりがうかがえる。

②一七世紀

一七世紀の主な伝書に1『替花伝秘書《かわしばなでんひしょ》』（表1No.9）、2『立花大全《りっかたいぜん》』（同No.17）、3『抛入花伝書《なげいればなでんしょ》』（同No.19）、4『立花《りっか》時勢粧《いまようすがた》』（同No.20）がある。

1『替花伝秘書』

寛文元（一六六一）年版行。いけ花を、一六世紀の伝書と同様に仏教的教理で説明するとともに、

仁と云は水を清め心ちを涼しくする事なり。義といへるは、千草万木を手折、葉より十文字、こずゑさがり、ひがき花瓶落をきらひ、また花つきもあしきをたてず、花咲ても実のならぬをきらふ也。（後略）

というように、五常という儒教道徳により説明した最初の伝書。「たて花」の伝書を踏襲したもので、「しん・下草」の間に「そへ物」という位置づけが見出される。すでに約一〇〇年前に、池坊系の池坊専応や池坊専栄の伝書では七つの役枝が定められていることに対し、『文阿弥花伝書』西教寺本に見られる「弐拾五ノ徳」への言及や「しん・下草」のほかに役枝はなく「そへ物」（『仙伝抄』「奥輝之別紙」・『文阿弥花伝書』西教寺本などに見られる「そへ草」に類似するものと思われる）のみであることから、文阿弥系の伝書と考えられる。一七世紀中・後期においてもなお、池坊系以外の教えがあったことが確認される。

2『立花大全』

天和三（一六八三）年版行、全五巻、著者は十一屋太右ヱ門（池坊二代専好の弟子）[12]。二代専好により大成された「立花」を模範とし、真行草の花型、用いる花材、花材それぞれについての役枝の扱い方、礼儀作法などいわば「立花」に関するありとあらゆる内容に言及し詳細に解説、「立花」について集大成している。

表1　一七世紀　花の伝書一覧（出版年順）

No.	書名	出版年	和暦	流派	様式	編・著者／備考	出典
1	花瓶之画図	一六〇三	慶長八	池坊	立花	初代池坊専好自筆相伝書	続五
2	仙伝抄	（一六一五）	元和頃		たて花	不詳	続四
3	花伝集		江戸初期		たて花	阿弥系写本	続三
4	立花図巻		江戸初期か		立花	淇園主人　画	続四
5	真揃之口伝		江戸初期	池坊	立花	初代池坊専好自筆相伝書	続五
6	唯可順生花物語	（一六四〇）	寛永頃か		茶花	不詳（千宗旦が杉木普斎に相伝した巻物の写しほか）	続一
7	仙伝抄	一六四三	寛永二〇		たて花	不詳	一
8	梅翁流花道秘記	一六五〇	慶安三		茶花	梅翁　福川氏遠州の産	続三
9	替花伝秘書	一六六一	寛文元		立花	不詳	一
10	生花伝	一六六五	寛文五		茶花	茶の湯遠州流　桜山一有（正徳五（一七一五）年の可能性あり）	続二
11	六角堂池坊並門弟立花砂之物図	一六七三	寛文一三	池坊	立花	猪飼三枝	一
12	立花初心抄	一六七五	延宝三		立花	不詳（立花の古い形ヵ）	一
13	立花聞書集	一六七七	延宝五	池坊	立花	池坊総会頭　毛利作右衛門・池坊専養朱註	続二
14	立花草木集	一六七七	延宝五	池坊	立花	池坊総会頭　毛利作右衛門・池坊専養朱註	続二
15	大住院立華砂之物図	一六七八	延宝六	池坊	立花	大住院以信	一
16	仏花抄	一六七八	延宝六		たて花	不詳	続四
17	立花大全	一六八三	天和三	池坊	立花	十一屋太右衛門	一
18	立華正道集	一六八四	天和四	池坊	立花	尋旧子	一
19	抛入花伝書	一六八四	貞享元		抛入	不詳（十一屋太右衛門ヵ）	一
20	立華時勢粧	一六八八	貞享五	池坊	立花	富春軒仙渓	二

21	頭書立花指南	一六八八	貞享五		立花	淡路がた津名の住人	一
22	小笠原花伝書	（一六九〇）	江戸中期頃		たて花	不詳（武家礼式に関する）	続二
23	華伝書（猪飼三枝自筆本）	一六九一	元禄四	池坊	立花	洛陽六角堂池坊会頭　猪飼入道三枝	続一
24	花伝大成集	一六九二	元禄五	池坊	立花	藤掛似水	続三
25	古今茶道全書（内花書之部）	一六九三	元禄六		茶花	永昌坊	二
26	華伝書（藤掛似水自筆本）	一六九三	元禄六	池坊	立花	池坊総会頭　藤掛似水	続一
27	当流茶之湯流伝集（内花書之部）	一六九四	元禄七		茶花	広長軒元閑	二
28	立花便覧	一六九五	元禄八		立花・抛入	松領山	二
29	花の巻（『茶之湯三伝集』巻之一）	一六九五	元禄八		茶花	茶の湯遠州流　遠藤元閑	続二
30	立華訓蒙図彙	一六九六	元禄九		立花・抛入	不詳（五・六巻は『古今増補立花大全』と同内容）	二
31	増補正風体立花大全	一六九六	元禄九	池坊	立花	本文は『古今増補立花大全』と同じ	二
32	古今増補立花大全	一六九六	元禄九	池坊	立花	『古今立花大全』『頭書立花指南』巻末に同じ	二
33	諸花抛入百瓶図	一六九六	元禄九		抛入	下野国壬生之産　友貞	続二
34	当流茶之湯評林大成（内花書之部）	一六九七	元禄一〇		茶花	広長軒元閑	二
35	立華極秘口伝抄	一六九七	元禄一〇		立花	浜那ト止ヵ	続四
36	瓶花図彙	一六九八	元禄一一	池坊	立花	山中忠左衛門（池坊専養ほかの作品集）	二
37	立花図絵	（一六九九）	元禄末期	池坊	立花	立花師千葉弘勝ほかの立花図	続二
38	新撰五十瓶図	（一六八八～一七〇四）	元禄年間	池坊	立花	猪飼三左衛門（猪飼三枝の子）	続三

註1　『花道古書集成』全五巻、『続花道古書集成』全五巻により作成。「出典」の数字は各々の巻数をさす。
2　便宜上「抛入」も様式として扱った。

また、「立花」を「たてはな」でなく「りっか」と呼んだ最初の伝書とされる。仏教的教理のみで儒教道徳に関する言及はない。稽古の大切さを説いている。

3『抛入花伝書』

貞享元（一六八四）年版行、著者不詳。本書により特に様式を持たない「抛入《なげいれ》」の存在が明確にされた。「抛入」を置く場・時間・花器（花入）の種類・花材の数量・各種花入への花の入れ方・水揚げ法などに言及している。特に水揚げ法についておよそ一七〇種類の花材に言及していることなどから、「抛入」が花材を重視するものであったことがうかがえる。

仏教的教理・儒教道徳ともに言及がなく、「抛入」について「もと立花を略したる物也」（巻上）、「たゞ風情のよきを本意とす」（同上）とあることが注目される。

4『立花時勢粧』

貞享五（一六八八）年版行、著者は富春軒仙渓、別名『立花秘伝抄』。八巻八冊。様式を確立し類型化した立花への批判とともに、新しい立花の方向性を考えた伝書。2『立花大全』と異なり、多くの立花図、道具の図、「砂の物」の制作図（地取《じどり》）ほか、挿絵・「立花八戒」・「立花十徳」にも言及している。また、

「花道を鍛練して。法をさだめ給ふ」（『立花秘伝抄之二』）

「伝授と云は。道の尊敬。芸の奥義なり。」（『立花秘伝抄之四』）

とあるように、「立花」を「花道」とした最初の伝書でもある。

さらに、仏教的教理を理論に結びつけるとともに、

「一瓶の内。高く真なるを心と名くることは。儒家の中心。仏者の花心と云より出たり。」（『立花秘伝抄之五』）

「心は君のごとく。六の枝は臣のごとし。心は位有て。幽玄成を可用。六の枝は勢つよく。働有を専とす。是

君臣合体の意なり」(『立花秘伝抄之五』)

というように、立花の七つの役枝を通して封建的主従道徳を説いている。

以上のことからまず、2〜4の伝書がいずれも元禄期直前の一六八〇年代に出されており、元禄期以降さらに「立花」「抛入」は広まりを見せたといえよう。

一六世紀に流布した『仙伝抄』(表1№2・7)『池坊専応口伝』[13]は、一七世紀以降版行され読み継がれた。それは「しん・下草」という主たる花材と添える花材からなる、最も基本的な形態をもって花を規定しているとともに、『池坊専応口伝』序文や両書に記された多くの禁忌と座敷飾りの絵図、稽古の必要性は、いけ花の美学としてその根本を言い表すものであるためと考える。さらに一七世紀以降の伝書に両書の引用が見出される。

ここで表1を概観すると、一七世紀の伝書が、様式として確立した「立花」を扱うものが主流ではあるものの、「茶花」「抛入」「たて花」の伝書も随時出されていたこと、以後一六九〇年代、「抛入」(№33)・「茶花」(№34)の伝書が出されてはいるものの、『立花大全』増補版(№31・32)をはじめとして「立花」の伝書が、多くあったことがわかる。「茶花」は、主に茶の湯の伝書のなかで伝えられ、その内容は花の伝書の「抛入」を踏襲したものであることが見受けられる。

注目すべきは一七世紀末期、『立花便覧』(№28)・『立華訓蒙図彙』(№30)は、一つの伝書のなかに明確に「立花」と「抛入」の両方を扱うことである。とくに後者は「立華」と表題にありながら、記述の半分は「抛入」についてであり、その傾向は一八世紀前半へ続く(表1・表2の様式欄「立花・抛入」参照)。

これらのことから、一七世紀後期、「立花」は一六世紀に確立したいけ花美学・仏教的教理に儒教道徳を加え、その様式を展開・発展させた。また『抛入花伝書』の出現は、一五世紀中期〜一六世紀には曖昧な存在であった「抛入」の存在を明確に示した。そして一七世紀末期になると、「立花」「抛入」が一つの伝書のなかで扱われはじめるようになったといえる。しかしそれらは理論というよりも、技術や禁忌の修得に視線が注がれるものであった。

(2) 社会的様相

①一五世紀中期〜一六世紀[14]

一五世紀中・後期、「たて花」の生成・成立を最も詳細に記す古記録に、公家山科家の日記『言国卿記』[15]『山科家礼記』[16]がある。当主山科言国(以下、言国)や同家雑掌大沢久守(以下、久守)らの文化的な活動の一つとして、いけ花に関する記事が数多くみられる。しかし両者には相違が見られる。言国の「たて花」は「抛入」的なものであり公家の手遊《すさ》びであった。それに対し久守は、造形的な「たて花」を得意とした。また「たて花」を立てるのは雑掌の職務でもあった。久守は近江坂本で寺家の者たちに「たて花」を教え、文明九(一四七七)年八月一七日条では、彼らを弟子にするほどであったというが、すでにこの時期言国と久守は別行動をしており「たて花」を共に行うことはなかった。言国が久守に「たて花」を習ったようにいわれることがあるが、それはありえないであろう。言国と久守の「たて花」は性質が異なる上に、雑掌に習ってまで公家当主が花を立てる必然性がない。

将軍家においても、立阿弥の花は「抛入」的であったと考えられることに対し、連歌会に立てられる葉阿弥[17]の花は大ぶりの造形的な「たて花」であったと考えられる。

留意しておきたいのは、「たて花」が形を整えつつあったことは『山科家礼記』をはじめとする古記録からわかるが、禁裏連歌会をはじめ座敷飾りや仏前・天神供花としてのいけ花のありようは多様であり、一五世紀末になるにしたがい「たて花」に注目が集まることはあったものの、「抛入」的な(造形的でなく手遊みの・形式にこだわらない）「たて花」の場合もあったことである。また当該期、花材の贈答・調達において山科家のみが特別な存在であったわけではない。

さらに花の伝書について、『山科家礼記』長享二（一四八八）年二月一七日条によると、久守は谷川という人物から花一巻をもらっている。この前後、谷川という花の上手と久守は花に関する交流を持っていることから、この谷川が『仙伝抄』「谷川流」の谷川入道であることは考え得ることであり、ここに伝書の存在が知られる。また同記長享三年六月二四日条には、斯波家の花会に『文阿弥花伝書』に関すると思われる文阿弥の存在も見える。同年斯波家で開かれた花会の記述はこれらの伝書の内容を彷彿させる。同記長享二年一〇月一三日条では、久守は斯波義敏から芙蓉の枝とともに「花葉抄」というものを借りている。

注意しておきたいのは、当該期の花の伝書は主に禁忌が記されるもので、近世以降の伝書にあるように花材の扱い方（技術）が記されているものではない点である。芙蓉の枝とともに借りたものではあるが、同書もその花材の扱いを知るための伝書ではなかろう。また「花葉抄」が花の伝書であったとは言い切れず、当時親しまれていた和歌・連歌などの文芸書である可能性も捨てきれない(18)。山科家雑掌が和歌・連歌に親しんでいたことは、同記文明三（一四七一）年一一月などの記事に見出せる。

池坊に関しては(19)『山科家礼記』文明一三（一四八一）年二月二二日条で、久守が四条道場へ行った後、池坊の花を見たとあるが、池坊の具体的な活動は一六世紀初期以降に見出される。以後、池坊専応・同専栄・同初代専好と、池坊の躍進が始まる。

②一七世紀

一七世紀中期、『隔蓂記《かくめいき》』(20)から、立花会が数多く催されたことや「立花」の町人層への広がり、下草屋（花屋）の登場、また『槐記《かいき》』(21)から、後水尾院の「立花」愛好や池坊二代専好とその弟子たちの活躍、二代専好が「立花」だけでなく「茶花」にも秀でていたことなどがわかる。「立花」の流行はとどまるところを知らず、という状況が目に浮かぶ。

元禄七（一六九四）年刊行、井原西鶴『西鶴織留』[22]においても、「立花」に関する描写がいくつも見出せる。たとえば「立花は池の坊に相生迄習ひ」とあるほか、

立花は、宮御門跡がたの御手業なり。野辺遠き四季の草花、品〲を見給はぬ人のために、深山木の松・柏、しば人の手にかゝるを集めてあそばされしに、近年いづれも奢る心より用捨せず、継木の椿をもぎ取、砵植の梅もどきを引切、灵地《れいち》の荷葉を折せ、神山の梠をとりよせ、我まゝのふるまひ。草木心なきにしもあらず、花のうらみも深かるべし。是只一日の詠め、世の費なり。

とあることから、花材集めの大変さとともに、「立花」にふける町人への批判さえ見出せる。「立花」は流行を極めていたが、技巧や華美に走るあまりあるべき姿が見失われることもあった。

二　一八世紀のいけ花

一八世紀の伝書について表2を概観すると、一八世紀初・中期は「立花」「茶花」「抛入」各々の伝書が出されているとともに、一七世紀末から引き続き一冊のなかに「立花」「抛入」の両方を扱う伝書が出されている。それが一八世紀中期になると表題に「生花」を持つ伝書が出現し、同後期には「生花」が主流となり、さらに流派が登場する。最初に源氏流、以後、千家新流・東山流・古田流・宏道流・松月堂古流・池坊・美笑流・真古流・千家流・青山御流・庸軒流・八代流が見出せる。そのほか中国瓶花の影響、わずかながら引き続き「立花」として池坊・桑原専慶流、「茶花」として石州流の伝書も見出され、「立花」様式と「茶花」（抛入）がそれぞれ独立していたこともわかる。

表2　一八世紀　花の伝書一覧（出版年順）

No.	書名	出版年	和暦	流派	様式	編・著者／備考	出典
1	宗徧茶花	一七〇三	元禄一六		茶花	不審庵宗篇	続四
2	当世茶之湯独漕（内花書之部）	一七〇四	宝永元		茶花	井上茶全軒	二
3	華道全書	一七一七	享保二		立花・抛入	不詳	二
4	生花之次第	一七一七	享保二		抛入	有馬次郎左衛門	続一
5	立華道知辺大成	一七二〇	享保五		立花・抛入	不詳	二
6	新編立華百瓶図彙　上・下	一七二五	享保一〇	池坊	立花	洛陽六角堂池坊門人隠士柳心坊　蘭谿選	二
7	桐覆花談	一七二九	享保一四		生花	寧楽府一吸庵渚光（桐覆軒門弟）	続三
8	立花全集	一七二九	享保一四		立花	不詳	続一
9	深秘口伝書	一七三〇	享保一五	池坊	立花・抛入	不詳	続五
10	極秘絵図	一七三一	享保一六		立花（図）	郡山住　竹友軒可祐　相伝	続一
11	立花伝	一七三四	享保一九	池坊	立花	不詳（池坊専養・専好の伝ヵ）	続四
12	遠萩原流浮草記聴書	一七三六	享保二一		茶花	不詳	続五
13	池坊家伝百ケ条聞書	一七一六～	享保ころ	池坊	立花	不詳	続五
14	立花折本（立花図）	一七一六～	享保ころ		立花	不詳	続三
15	秘事生花宗耳一伝ノ生形書	一七一六～	享保元文～明和		生花	不詳	続四
16	抛入岸之波　上・下	一七四〇	元文五		生花（中国の瓶花）	浪華隠士　釣雪野叟編輯	三
17	生花之書	一七四〇	天文五		生花・抛入	不詳（池坊系ヵ）	続四
18	花書	一七四二	寛保二		生花	一時庵存里道	続一
19	生花正意四季之友　上・中・下	一七五一	寛延四		生花	浪花　落帽堂暁山	三
20	立花秘伝正法眼蔵　攅花雑録　全部四冊	一七五七	宝暦七		立花・抛入	摂陽大阪住華名向陽軒梅橋	二

21	源氏活花記　上・下	一七六五	明和二	源氏流	生花	松翁斎法橋　千葉龍卜	三
22	当世垣のぞき	一七六六	明和三		生花	石浜主人	三
23	抛入華之園	一七六六	明和三		生花・茶花	浪花　禿帚居士	三
24	活花百瓶図　乾坤	一七六七	明和四	源氏流	生花	松翁斎法橋　千葉龍卜	三
25	挿花千筋の麓	一七六七	明和四	千家新流	生花・茶花	東都　入江玉蟾	三
26	抛入花薄	一七六七	明和四	東山流	生花	筑前福岡　千葉一流	三
27	生花百競　千家新流挿花直枝芽	一七六九	明和六	千家新流	生花	入江玉蟾	三
28	瓶花群載（瓶花百々枝折　前巻に同じ）	一七六九	明和六	源氏流ほか各流	生花	南陽山人　菊池慎	三
29	抛入狂花園（風俗書）	一七七〇	明和七		（生花）	蓬莱山人	三
30	古田流生花独稽古　後編	一七七〇	明和七	古田流	生花	古来庵佐々木松堂	三
31	瓶史述要	一七七〇	明和七	宏道流	瓶花	梨雲斎門人　三巴原渓崖、新甫山和井	四
32	生花枝折抄	一七七三	安永二	源氏流	生花	松翁斎法橋　千葉龍卜	四
33	百器図解	一七七三	安永二	源氏流	生花	千葉龍卜	四
34	甲陽生花百瓶図	一七七四	安永三	松月堂古流	生花	是心軒一露	四
35	砂鉢生花伝	一七七五	安永四		生花	淡海国伊吹山人成古	四
36	挿花稽古百首	一七七五	安永四	千家新流	生花	用捨庵河邨珉雪	四
37	瓶花百々枝折　後巻	一七七五	安永四		生花	百花園主人	四
38	瓶花全書	一七七五	安永四		中国の瓶花	横山潤	続二
39	石州流生花伝書	一七七六	安永五	石州流	茶花	蘭渓主人	続五
40	挿花てことの清水	一七七七	安永六		生花	柳北隠士　朋誠　述	続一
41	東錦	一七七八	安永七	池坊	生花	艸々舎弄英	五
42	美笑流活花四季百瓶図	一七八〇	安永九	美笑流	生花	分慎斎一卜ほか	四

43	陳眉公重訂瓶史	一七八一	天明元	(袁中郎流)	中国の瓶花	望月義想　刻	続一
44	瓶史	一七八一	天明元	(袁中郎流)	中国の瓶花	梨雲斎望月義想　校訂	続一
45	当世穴さがし(戯作)	一七八二	天明二ころ	(源氏流)	生花	通笑ヵ(当時のいけ花の様子)	三
46	草木出生伝	一七八五	天明五	松月堂古流	生花	五大坊卜友	四
47	千流花之秘書	一七八五	天明五	千家の茶花	茶花	速見宗達(一燈宗室弟子)	続四
48	源氏挿花碑銘抄	一七八六	天明六	源氏流	生花	千葉龍卜門人龍子	四
49	生花真古流萩濃霜	一七八六	天明六	真古流	生花	木村都山	続三
50	千家流生花口伝	一七八六	天明六	千家流	生花	(池田七兵衛)	続四
51	小篠二葉伝	一七八七	天明七	松月堂古流	生花	五大坊卜友	四
52	古流生花四季百瓶図	一七八八	天明八	松月堂古流	生花	是心軒一露	四
53	挿花故実化	一七八八	天明八		生花	渾沌子(俳名)	四
54	生花極秘	一七八八	天明八	(梅流)	生花	明鏡堂中村繁義(遠州流ヵ)	続二
55	活花図大成	一七八九	寛政元	青山御流	生花	桂月園泰雅	五
56	生花独稽古(古流挿花湖月抄・生花出生伝)	一七九〇	寛政二	松月堂古流	生花	五大坊卜友	四
57	生花出生伝図式	一七九一	寛政三	松月堂古流	生花	五大坊卜友	五
58	挿花四季の枝折	一七九三	寛政五	庸軒流	生花	知化堂(富田)呼牛	五
59	挿花故実集	一七九四	寛政六	松月堂古流	生花	亀齢軒莎来	五
60	抛入花薄精微	一七九五	寛政七	東山流	生花	得実斎(千葉)萬水	五
61	小伝書首言	一七九五	寛政七	東山流	生花	二世得実斎	続二
62	和楽旦帳	一七九五	寛政七	八代流	生花	流祖橘湖斎白龍	続三
63	立華錦木	一七九六	寛政八	桑原専慶流	立花	阿波鳴門脇江雲亭亀翅	続二
64	新刻瓶花容導集	一七九七	寛政九	池坊	立花(図)	四十世　池坊専定　選	五
65	生花前巻口伝書	一七九八	寛政一〇		立花・生花	春古洞斎玉窓	続一

註『花道古書集成』全五巻、『続花道古書集成』全五巻により作成。「出典」の数字は各々の巻数をさす。

これらのことを踏まえ、花の伝書、社会的様相から当該期のいけ花を検討する。

(1) 花の伝書

①一八世紀初期

この時期のいけ花を網羅したという享保二(一七一七)年刊行の『華道全書』全五巻(表2No.3)は、一七世紀末期の伝書と同様に一冊のなかに「立花」と「抛入」を扱っている。表題には「華道」を使用しているが、本文中では総称として「生花」を使用し、これを「いけばな」とよんだ。なお、同書は「華道」を表題にした最初の伝書とされる。同書は、「生花《いけばな》」はいにしえよりあったが、法式を立てたのは足利義政の時からで[23]、その後六角堂池坊が「立花」の宗匠としてあり、その伝授によってみな花を立て、そのなか「抛入」は茶の湯の花(「茶花」)に用いられたとあり、「立花」は真、「砂の物」は行、「抛入」は草と位置づけている。

つまり一八世紀初期、総称として「生花《いけばな》」があり、それを「華道」ともいった。これには「立花」「砂の物」と「抛入」があり、「抛入」は「茶花」として用いられるものであったといえよう。以下に記す「生花」は「いけばな」とよばれた。

②一八世紀中期

同期の主な伝書に1『桐覆花談《とうふくかだん》』(表2No.7)、2『抛入岸之波《なげいれきしのなみ》』(同No.16)、3『生花正意四季之友《いけばなしょういしきのとも》』(同No.19)の三点がある。ここでは各伝書の概要と「生花」の捉え方を中心に見ていく。

1『桐覆花談』

享保一四(一七二九)年版行、奈良元興寺坊の隠士であった井上友貞団支・号は桐覆軒の遺書と諸家の伝書を交えて、門弟たちにより作られた。その伝書とは、『仙伝書(抄)』『池坊専応口伝』『文立伝』『流伝集』『抛入花

五景花《いけはな》之格　川柳水仙椿

立枝　添枝　押枝　流葉　留

図5　五景花

『桐覆花談』享保14（1729）年／『続花道古書集成』第3巻

伝書』『立花訓蒙図彙』『池坊花伝書』『池坊中将花伝書』『花（華）道全書』『立花家伝』『花伝提要書』『大成集』であり、本稿の表1・表2に見出せる伝書も多く、先行する伝書をよく学んでいたことがわかる。

「生花」については、その役枝を立枝・押枝・添枝・流葉・留の五格とし、「五景花」（図5）と書いて「いけばな」とよみ、植物としての本来の姿である「出生」に言及している。この「五格」は、「立花」の格を省略し兼ねることにより生まれたとし、「生花」を「立花」に代わる床飾りとして格式化した。「抛入」は流葉・留の二格であり、それ故に用いる花は二、三種にすぎないとし、行の「生花」と位置づけた。

2 『抛入岸之波』

元文五（一七四〇）年版行、浪華隠士釣雪野叟編輯、別名『本朝瓶史』と言い、中国の『瓶史』[24]『瓶花譜』[25]を引用した最初の書である。『瓶史』の引用から「抛入」を「生花」（書院・座敷の花）・「なげ入」（茶室・小座敷の花）・「いけごみ」（多くの草花を無造作にいけたもの）の三種に分類している。

「生花」については、「立花も此抛入より出たるものなり」（巻上）とし、すでに「足利将軍の比《ころ》」から「生花」があったとしている。それは「さながら山野に生出たるありさまに。生なす物から（後略）」（同上）とあるように、いわば「出生」「風情」を重んじるものであった。

また「花に主令補佐の類あり」（同上）としていることは、三つの役枝で構成するという様式化への先駆的な

図6　生花真行草乃図　水仙
『生花正意四季之友』寛延4(1751)年／『花道古書集成』第3巻

表現として注目される。しかし1『桐覆花談』にみるように役枝の具体的な位置を定めていない。

3『生花正意四季之友』（図6）

寛延四（一七五一）年版行、落帽堂の主人曉山律師の著。冒頭、「花を賞する事都て五常の道に率をもて用意とすべし」（序）とあり、儒教道徳を踏まえている。

「生花」については、まず「世に生花をなげいれということは甚無礼なる言葉也生花は賓客饗応の第一なればいかにも丁寧に生へき也しかるを投入などいうは俗にいうやりはなしの所作也」（巻上）、「草木ともに出生をもつはらとして清きはなをいけたもつこそ生花の正意とはいふべき也」（同上）、とし、さらに「惣じて立花も生花もともに其本一致にして更に別物にあらず」（同上）というように、「生花」を「抛入」と区別するいっぽうで、「立花」と同様の賓客饗応の「床飾りの花」と定めている。

「出生」を重んじ、すべて五常の道に従うこと。前の二つの伝書のような役枝に関する言及はなく、禁忌に関する記述が中心である。

以上のことから、当該期の「生花」とは、「立花」に対しそれ以前からあったとする「いけばな」本来の姿を問うものであり、花材の「出生」（各花材の植物としての本来の姿）や「風情」を重んずるものであった。また「生花」を「立花」に代わる床飾りの花の様式（座敷の花）と考えていたことがわかる。これは「立花」の技巧化・大型化への反動でもあったといえ、また華美に走る戒めとも捉えられよう。

留意しておきたいことは、当該期から「生花」のキーワードとして「出生」というものがいわれ始めたこと、検討した三つの伝書それぞれに論拠が異なることである。1『桐覆花談』は多くの先行伝書を大きなより所とし、2『拋入岸之波』は中国明代の瓶花の書物をより所にしている。また3『生花正意四季之友』は儒教道徳を踏まえ、いわば礼節を重じている。

③一八世紀後期

当該期に伝書を多く残している流派をその版行の古い順にあげると、1源氏流（表2No.21・24・32・33・48）、2千家新流（同No.25・27・36）、3松月堂古流（同No.34・46・51・52・56・57・59）となる。ここではこれらの伝書から、その概要と理論づけを中心に見ていく。

1源氏流

流祖千葉龍卜は生没年不詳、赤穂の人、号は松翁斎。流の創始は宝暦七（一七五七）年二月九日、千葉龍卜自身の法橋勅許の日に洛東銀閣慈照寺に詣で「生花」を供えたことに始まるとする。大坂で活動後、宝暦一二（一七六二）年江戸に進出した。明和元（一七六四）年に版行された『源氏活花記』上（表2No.21）「自叙」によれば、「源氏」という名称は源氏物語になぞらえ「五十四瓶の活け方貴人へ奉る花」であることによるという。

さらに「室町将軍源義政公」が康正年中（一四五五〜五七）、源氏（活花）の花論を極め、それが東山殿における「会席の花」となったとし、自らの活動を二百余年廃れていた「源氏活花」の「中興」と位置づけている。しかし今日、当時の記録に「源氏活花」の記事は見出せないことなど存在の有無は特定しがたく、この点における

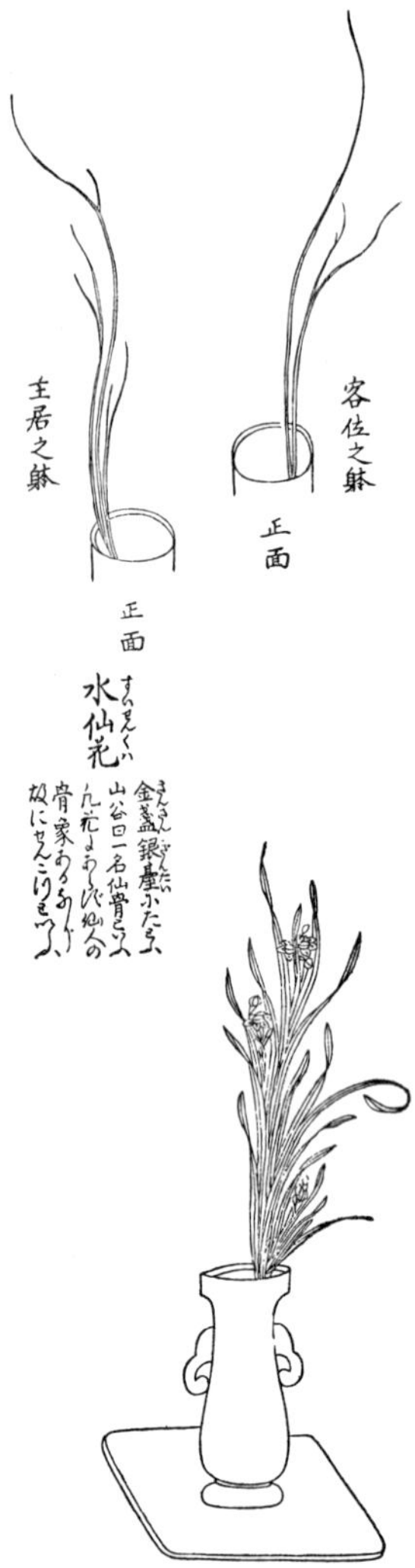

図7 「主居之躰」「客位之躰」
「水仙花」の図
『源氏活花記』明和元(1764)年
／『花道古書集成』第3巻より

「自叙」の信憑性に疑問が持たれる。

「生花」を「活花《いけばな》」と書き、「立花」より古いものであり、作法・法式も持つとし、

書院は五常の礼を尽したる席なれば、活花と唱へて花を賞し、四花四葉見切見隠し縁の切たるなどいふを去り、花の見やうにも真行草の礼あり。花器にも真行草の品あり、客位主位の花形をたゞし花器清く花清く清き水に移してこそ饗応とも成べし。(自叙)　(句読点は筆者)

というように儒教道徳に言及し、作法・法式を持つものであることを強調している。

理論づけについては、

万木千草の出生の理は一つなり。童蒙も知る天地人の三才大極を立、陰陽五行に配当して逃所をこしらへ、理学とて理屈に落て必業にうときものなり。(上)　(句読点は筆者)

として、「出生」を「天地人三才」「陰陽五行」「理学」をもって説明しようとしている。しかし絵図や簡単な図(図7)を記すのみで、花型をこれらの言葉で具体的に説明するにはいたっていない。

2 千家新流

流祖入江《いりえ》玉蟾《ぎょくせん》は生没年不詳、下総葛飾の人、号は酔花斎。医学を志しながら千家茶道、花道を学ぶ。『挿花千筋の麓』(No.25)の版行が明和四(一七六七)年であることから、このころには流派活動を確立させていたことがわかる。

千家茶道の「茶花」を学び、茶家は茶をもって饗応し後に花を抛入れるものであるが、当流は花を主になすから花を吟味し、風情おもしろく出生をたがえず、と茶室小座敷に「折入《おりい》れ花《ばな》」(図8)、書院座敷に「生入生花《いけいれいけばな》」を創り、これらを「生花」であるとしている。それは「茶花」(「抛入」)の影響を受けて花留めや花配りを使わず、枝や茎を折って留めるものであった。

また安永四(一七七五)年『挿花稽古百首』(No.36)は、和歌や問答形式をもって心得・挿し方・禁忌・花材の取り扱いなどを教えている。

留意したいのは、これまで「生花」は主に「立花」との関係で語られてきたが、ここでは「茶花」(「抛入」)から「生花」へと導かれていることである。「主・令・補佐」という役枝に言及はあるものの、花型の理論づけはなく、技法の巧みさよりも生ける心を大切にしている。

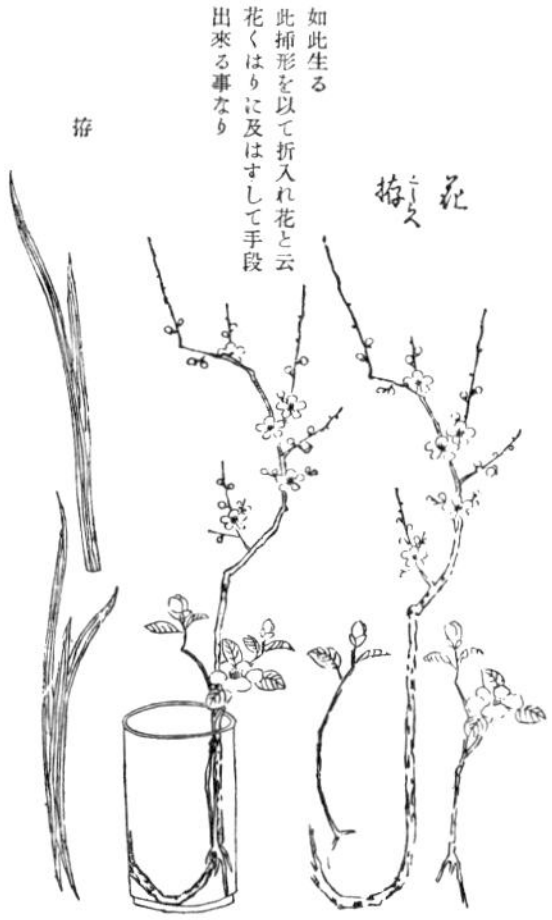

図8　折入れ花
『挿花千筋の麓』明和4(1767)年/『花道古書集成』第3巻

3 松月堂古流

流祖は是心軒一露《ぜしんけんいちろ》、生没年は享保一九～安永九年(一七三四～八〇)、下総葛飾の人。主な門人に京の五大坊卜友、大坂の亀齢軒莎来《きれいけんしょうらい》(ともに生没年不詳)がある。

是心軒一露は、「正花・令・通用・体・留」の五格の役枝を定め、それをうけ五大坊卜友は天明五(一七八五)年『草木出生伝』(No.46)において、「正花・令・通用・

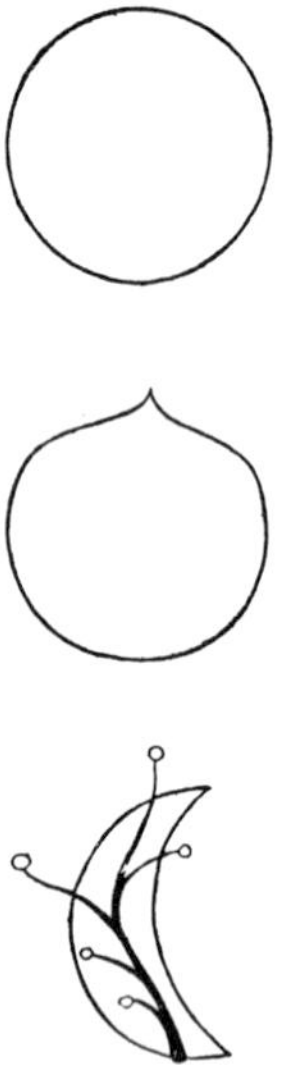

図9　花論図
『草木出生伝』天明5（1785）年／『花道古書集成』第4巻

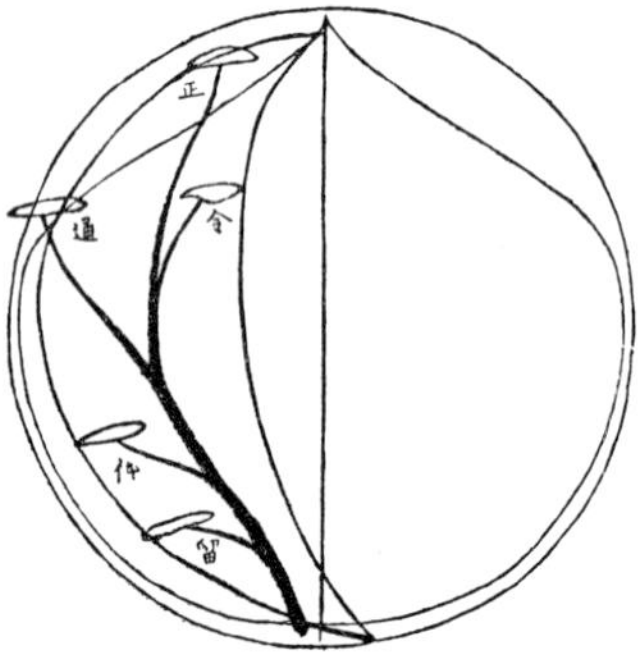

図10　花論図
『生花出生伝図式』寛政3（1791）年／『花道古書集成』第5巻

体・留」の五格で構成された半月体花型を主張し、

○花体を半月に象りて片体也。片体にして五大を象り、陰陽五行具成する也。花体の半月は陰也。半月の花体は陽也。花体則陰陽不二也。かくのごとく花体の深意を以て一花の体用を働かす事、重々口伝。

○如意宝珠は財宝にして福也。円相は智也。是福智円満にしてみな具足する也。この二種は世の第一の財宝なり。五大を片体に象り、横に五行を配当する等悉く口伝。

（句読点は筆者）

とし（図9、図10）、安永七（一七七八）年版行の『古流生花四季百瓶図』（№52）「附言」で、是心軒一露は「生花は陰陽に五行の相を枝葉花にて象り千変万化と働て彼此和合して草木の出生に応じ五行具はる様に生なせば手練未熟の人共に善悪は見分つもの也」としている。

さらに亀齢軒莎来は、寛政六（一七九四）年『挿花故実集』（№59）において「陰陽五行と三体に生る事は生花の定式なり」（上）と述べ、「生花」を陰陽五行による三角形式によるものと理論づけた。同伝書は『瓶史』『瓶花譜』の引用や陰陽についての言及もあるが、理論づけに走りすぎ観念化の嫌いもみられる。

留意したいのは、松月堂古流の各伝書に儒教道徳への言及がないことである。また是心軒一露は京・大坂・江戸だけでなく、尾張・伊勢・甲州へ旅をすることにより自流を普及させた。

(2) 社会的様相

享保二(一七一七)年、大阪道頓堀竹本座で上演された近松門左衛門『聖徳太子絵伝記』[26]には、

弓削勝海「ム、見ごと蘆の心、柳の副へ、前置きに寒菊、正真の鶏頭に少し色を持たせてしやれ木の取り合はせ、さつても挿いたり〳〵是れは弓削の広海南天の心、正真の紫苑、竜胆のあしらひ、胴に伊吹のうつりのよさ、左の端は東直駒、ハァ、さいたわ松の心、正真の燕子花、枇杷の葉を使うたり。控への柏梅擬の受け、出来たさうな。」(傍線は筆者の加筆、立花用語・役枝名)

というように、立花用語や立花が立てられた様子などが何か所も見られるほか、「六花六葉四花四葉、是れ定まりの花の法度」と伝書の禁忌も入れられるなど、前述の『西鶴織留』にみられるような批判もあるものの、一八世紀初期、「立花」が町人の教養として浸透していたことがわかる。鈴木春信(一七二五?～一七七〇)などの浮世絵には、「立花」をながめたり「抛入」をする女性の姿が描かれており[27]、「立花」「抛入」の流行の様子がわかる。

また享保四(一七一九)年、西川如見『町人嚢』[28]から、町人が諸芸のにない手となったことが見いだせ、享保七(一七二二)年(一説に享保一二年)、荻生徂徠『政談』[29]から、町人や百姓にも床の間や書院のある生活をする者があったことがうかがえる。

一方、寛延四(一七五一)年版行『生花正意四季之友』(前出)に、「近年生花の宗匠とて此彼に数多徘徊し伝なきを伝有とてもてはやす」(巻上)とあることから、一八世紀半ばころ「生花」の宗匠を名乗るものが多くあっ

たことがわかる。明和三（一七六六）年版行『当世垣のぞき』（表2No.22）によれば、「流儀」は茶道にかかわるものとして千家古流・遠州流・庸軒流・入江流但千流（千家新流）・源氏流・正風流・千家我流・唯ノ古流などがあり、六角堂（池坊）は「立花より崩したる生花あり」とある。また「抛入」について、茶道からでたもので寂を旨としたものであるはずであるがそうではないとして、その花材や花器の華美さを嘆いている。明和二（一七六五）年版行『源氏活花記』（前出）からは、「茶花抛入」に千家流・石州流・遠州流があること、天明二（一七八二）年頃版行『当世穴さがし』（表2No.45）からは、源氏流の活花会の開催が知られるほか、「生花」の流行とともに、「目録」「免許」が「あられもない事を書きちらかして」いること、「銀の花いけ」「堆朱のしきいた」など「花いけ」の華美さ、花材の「出生」とは程遠い作為などを嘆いていることも見出される。

また、佐賀藩の一八世紀後半の文化様相が記された『雨中の伽』[30]から、当時、池坊に「立花」と「生花」の両方があったこと、「生花」のみとして藪内家流生花・相阿弥流・源氏活花（源氏流）・去風流・一統流・石州流・宏道流・千家古流・古新流・古流があったことがわかる。

同書によれば、佐賀藩に池坊の立花を伝えたのは、京都の門徒僧ほか、茶道藪内家三代目の息（四代目の弟にあたる）を同藩が抱え、三代目の孫の壷中庵宗也が五代藩主宗茂の御代（在位一七三〇～三八）に上京、藪内茶道を習う折りに池坊に入門、帰郷して子や門人に教えたことに始まる。七代藩主重茂の御代（在位一七六〇～七〇）には、寺で茶の弟子などにより立花会が開かれたが、いつしか途絶えたという。一方の生花は、月六回の順会、毎年四月八日の花会が催された。それは毛氈などを敷き、花器を選び、いけ、ならべることで、「出会」と呼んだ。

八代藩主治茂の御代（在位一七七〇～一八〇五）、藪内守徳斎了知（壷中庵宗也の孫）は、京都への茶道稽古の折りに池坊の弟子となった。このとき知恩院御堂に大立花を立てている。また池坊の入門の礼金は一〇〇疋だったという。一〇〇疋は一〇〇〇文、当時割長屋一か月の家賃が八〇〇～一〇〇〇文、茶屋の茶代が五～一〇文だったということから、現在の金額にして七万円位であろうか。

これらのことから一八世紀初期、町人の教養として「立花」が浸透し、同後期に「立花」から「生花」へ様式の主流が代わった。しかし知恩院の仏前荘厳に池坊の立花が使われるなど、「立花」も作り続けられていたこと、「生花」の花材や花器の華美さに夢中になる者などがあったことがわかる。また千家古流・千家新流・藪内家流生花・遠州流・庸軒流・石州流など、茶道の「茶花」から「生花」へと発展した流派が多く見出せる。

おわりに

一八世紀のいけ花は、「立花」様式は大型化や華美さにより座敷の花としての普及に限界を見、いっぽう様式を持たない「抛入」も広まりを見せるものの座敷の花にはなり得ないという状況にあった。進展の選択肢として一六、一七世紀初期の簡素な「たて花」「立花」の姿に帰る方法もあったはずであるが、結果として一九世紀初期に「立花」様式とは異質な「生花」様式を確立させた。

すなわち一八世紀のいけ花として、「立花」が技巧を求めるあまり、禁忌を知り礼儀作法をわきまえ技術と精神を鍛えるため稽古を積む、という一六世紀に確立したいけ花美学の範疇を越えてしまったことに対し、「立花」以前からあったとする「生花《いけばな》」としての本来の意味を問い、新しい様式を模索することが選ばれたのであり、そのキーワードが、花材に植物としての本来の姿を問う「出生」であった。そこでは儒教道徳が踏まえられ、先行する花の伝書や中国瓶花に関する書物もよく読まれている。

このようにして一八世紀中期、「生花」と書いて「いけばな」と読み「出生」を重んずる、「立花」に代わる座敷の花がうみだされ、同後期、その「出生」を儒教道徳とともに「天地人三才」「陰陽五行」「理学」をもって説明しようという動きが出始め、さらに是心軒一露・五大坊卜友・亀齢軒莎来により陰陽五行・三角形式による理論づけが行われ、地方へと広められた。またそのいっぽうで茶道の「茶花」系の流派も「出生」を重んずる、「立花」に代わる座敷の花としての「生花《いけばな》」へと「茶花」（「抛入」）を発展させた。その場合、理論や技法よりも生ける心を大切にしている。

　留意したいのは、花の伝書においていかに美しく生けるかとは心得を持つことであり、技術も必要とはいえ禁忌・作法を学ぶということである。それは「たて花」成立期から同様である。また社会的様相から、華美を戒める内容の世評が多く「立花」そのものの美しさを賛美することがないことは、いけ花に携わる事において礼節という美意識が求められ、作品そのものの美しさはそれに付随するものと考えられていたことが思われる。

　また本稿では、様式の変遷の考察にともないこれまで曖昧にしてきた総称について考えた。一五世紀中期以来「生花《いけばな》」というものがあり、「花道」は一七世紀後期『立花時勢粧』に始まり、それは「立花」が儒教道徳と結びつき「道」と捉えられるようになったことを契機としたと思われる。また「華道」は、一八世紀初期『華道全書』に始まり、「花道」である「立花」に「抛入」を加えた内容であるため「華道」としたと考えられる。

　つまり、「華道」は様式を持つ「花道」（「立花」）と様式を持たない「抛入」の両方を兼ね備えた存在を言い、また「道」としたのは当該期の儒教道徳に起因したものであろう。その「華道」を『華道全書』ではすべて「生花《いけばな》」といっていることから、総称としての「生花《いけばな》」があったと考えられる。「華道」と「生花《いけばな》」は同様のものを指すが、「華道」とすると、「生花《いけばな》」よりも「道」を意識した存在となろう。さらに「いけばな」を漢字で「生花」とすれば「せいか」とも読めて、一九世紀初期に確立した「生花《せいか》」様式と混同する。このことから総称は、「いけ花《ばな》」あるいは「華道」が適当といえるであろう。

　今後はさらに一八世紀の知的動向、園芸文化や産物との関わりからいけ花を考え、その本質を明らかにしていきたい。

(1) 三つの役枝で不等辺三角形を構成し、それを水際で一本にまとめた形式。
(2) 波戸祥晃「花道における伝書の成立――その性格を中心に――」(『藝能史研究』一六号、一九六七年)。
(3) 水江蓮子「近世生花の源流――『抛入花伝書』の周辺――」(『藝能史研究』四〇号、一九七三年)。
(4) 『近世芸道論』日本思想大系61(岩波書店、一九七二年)。
(5) 『図説いけばな大系』全六巻(角川書店、一九七〇~七二年)。
(6) 『いけばな美術全集』全一〇巻(集英社、一九八二年)。
(7) 『仙伝抄』慶長・元和古活字本は、『いけばな美術全集』第二巻(集英社、一九八二年)に掲載分による。ほかに『仙伝抄』上・下(華道家元池坊総務所編、日本華道社、一九八〇年)を参考にした。
(8) 前掲註(6)書第二巻に掲載分による。
(9) 前掲註(6)書第二巻に掲載分のほか、西教寺本については『大和文華』四八号(一九六八年)。『義政公御成式目』は、『花道古書集成』第一巻(思文閣出版、昭和五年。復刻版、思文閣出版、一九六九年)による。
(10) 前掲註(9)書第一巻。
(11) ほかに『仙伝抄』「本文」に「生花《いけ》の事。春ハ夏の花、冬ハ春の花を立なり」とあるが、この場合の「生花」は、次の条の「死花の事。春ハ冬の花、冬ハ秋の花をいふなり」に対するものであるため該当しない。
(12) 池坊専好は生没年不詳、安土桃山時代~江戸初期に活躍した。その活動期が長いため初代と二代にわけられている。両者は立花の完成期に指導的役割をになった。
(13) 前掲註(6)書第二巻。『池坊専応口伝』(一七世紀初)(大東急記念文庫所蔵)は、慶長・元和古活字本である。
(14) 以下、拙著『「花」の成立と展開』(和泉書院、二〇〇七年)第一部第三章、拙稿「中世後期文化の一様相――山科家の日記にみる「花」――」(『女性歴史文化研究所紀要』六号、一九九八年)に詳しく述べた。
(15) 『史料纂集』。
(16) 『史料纂集』。
(17) 『殿中規式』宮内庁書陵部所蔵、前掲註(14)拙著、五頁。
(18) 「葉」とは言の葉ともとれる。当該期は和歌だけでなく連歌が非常に好まれた時期であり、山科家や斯波家においても、連歌は盛んに行われていた。当時の連歌界の中心に位置した宗祇は「花の下」の称号を許され、『萱草』『下草』『老葉』(以上、連歌句集)ほか『弄花抄』(古典講義)なども残している。「花」はともかく、表

1・表2を見ても、「葉」がいけ花の伝書の表題に使用されるのは一八世紀後期一例のみ（表2№51）である。

(19) 前掲註(14)拙著、第一部に詳しく述べた。

(20) 『隔蓂記』第一～六巻（復刻版、思文閣出版、一九九七年）。

(21) 『槐記』一～八（一九〇〇年、東坊城徳長校訂）、『槐記註釋』上・中・下（立命館出版部、一九三七年）。

(22) 『西鶴集　下』日本古典文学大系48（岩波書店、一九六〇年）。

(23) 『抛入花伝書』に「法式を立て、もてあそぶ事は、東山殿の御時よりとかや」とあることの引用が考えられる。

(24) 中国における瓶花の代表的書物。袁宏道中郎著、万暦二八（一六〇〇）年刊行。元禄九（一六九六）年、日本で出版された。

(25) 中国における瓶花の書物。張謙徳著、万暦二三（一五九五）年刊行、『瓶史』とともに日本のいけ花に影響を与えた。

(26) 『近代日本文学大系』第七巻（国民図書株式会社、一九二八年）。

(27) 『絵本青楼美人合』（『近世日本風俗絵本集成』5、臨川書店、一九八一年）。

(28) 『近世町人思想』日本思想大系59（岩波書店、一九七五年）。

(29) 『荻生徂徠』日本思想大系36（岩波書店、一九七三年）。

(30) 『随筆百花苑』第一五巻（中央公論社、一九八〇年）。

大嘗会再興と庶民の意識

森田登代子

はじめに――庶民の文化受容のありかた――

一八世紀の日本の文化を庶民の生活や文化風俗を通して眺めようとするとき、その基幹となるべき精神的支柱や心性はどこから継承したのだろうか。

戦乱から解放されてはや百有余年を経た一八世紀は、庶民階層でもその平和な時世を謳歌するためのさまざまの仕掛けが試行・実践された時期であった(1)。たとえば最近の研究成果である子ども絵本を考えてみよう。『近世子どもの絵本集』(江戸編・上方編、岩波書店、一九八五年)は、それまで見向きもされず散逸していた近世の子どもの絵本を集大成したものである。その一例『桃太郎』をみると、それは従来の桃太郎の説話とは違った鬼退治になっている(2)。一八世紀はそのような毛色の変わった絵本も含め、子ども絵本が数多く版本になった時期でもあった。中世には存在しなかった子どもへの視座、子どもの躾にもしっかり目が向きはじめた時代――現在へと繋がる子ども観が発見できるのが一八世紀であった。ちなみに一九世には子ども絵本は衰退し、安価なおもちゃ絵へと変遷した(3)。子供観は変らねど、世情が世知辛くなって懐深い文化が許されなくなってきたのである。一八

表1　天皇即位式実施日と大嘗会

代	天皇		年齢	即位式挙行月日	西暦	大嘗会	大嘗会挙行年月日	備考
108	後水尾	A	16	慶長16年4月12日	1611	×		
109	明正	A	8	寛永7年9月12日	1630	×		女性天皇
110	後光明	A	11	寛永20年10月21日	1643	×		
111	後西	B	20	明暦2年正月23日	1655	×		
112	霊元	A	10	寛文3年4月27日	1663	×		
113	東山	A	13	貞享4年4月28日	1687	○	貞享4年11月16日	
114	中御門	A/B	10	宝永7年11月11日	1710	×		
115	桜町	A	16	享保20年11月3日	1735	○	元文3年11月19日	吉宗の尽力
116	桃園	A/B	7	延享4年9月21日	1747	○	延享5年11月17日(寛延元年)	
117	後桜町	B	24	宝暦13年11月27日	1763	○	明和元年11月8日	女性天皇
118	後桃園	A	14	明和8年4月28日	1771	○	明和8年11月19日	
119	光格	B	10	安永9年12月4日	1780	○	天明7年11月27日	
120	仁孝	A	18	文化14年9月21日	1817	○	文政元年11月21日	
121	孝明	B	17	弘化4年9月23日	1847	○	嘉永元年11月21日	

出典：『天皇皇族実録』より。

註：皇位継承手続きを明確にするため、①受禅と践祚(A＝受禅、B＝践祚)、②即位時の年齢をいれた。中御門天皇と桃園天皇即位には受禅後前天皇崩御という偶発的な事故が発生した。「A/B」となっているのはそれを意味する。

世紀とは子ども社会にとっても、情報が豊かに流れた世紀であった。

ところでそのような一八世紀は、天皇即位式を巡る朝儀において特記すべき世紀でもあった。天皇即位式は登極のたびに挙行されていたが、即位につづいて挙行される大嘗会は二百有余年中断されていた。ひとまず貞享四（一六八七）年、東山天皇のとき一度大嘗会が再興されるのだが、明確に復活に致ったのは元文三（一七三八）年の桜町天皇の大嘗会からであった。一八世紀で注目されるのは、その大嘗会挙行回数の多さと、うち一回は女帝だったことに収斂されるだろう。

徳川時代の各天皇の即位式と再興なった大嘗会の執行年月日、天皇の年齢を記した表1を見てほしい(4)。徳川時代の天皇即位式は一七世紀には六回、一八世紀も六回と同じ回数であった。一九世紀は二回である。一方、大嘗会はというと、一七世紀は一回だけだったのに対し、一八世紀は実に五回の実施を見る。ちなみに一九世紀は二回。そして明和元（一七六四）

年の大嘗会は女性の後桜町天皇であった。

大嘗会は一八世紀に再興されたのだからその回数が多いのはいうまでもないが、それでも五回の実施は多かろう。とすれば大嘗会は秘儀であって観覧禁止であるとはいえ、物見高い庶民がまったくの無関心でいられたかどうか。「近世の大嘗祭は、幕府の統制下にあった朝廷の内部に限られた儀式で、社会への影響力がほとんどないものであった」(5)と考えるのが一般的だが、果たして社会への影響力がほとんどなかったと言いきれるのだろうか。三〇〇人が拝観可能だった天皇即位式とちがい、見学禁止の朝儀であっても関心の眼は注がれていたに違いない。その影響は現代の眼から判断するほどには小さくはなかったのではないだろうか。

そのように思う理由のひとつに庶民の公家社会への憧憬がある。

平和な時代には社会の混乱や下剋上の考えは忌避され、安寧や秩序が社会の基本的な基準となる。民衆の間でもその秩序や規範に基づいた日常生活が構築されていく。では彼らは、そのような根本となる理念をどの分野から知り得たのだろうか。一番考えられるのが上層階層、つまり公家や武家の秩序や仕組みを模範とすることではなかったろうか。たとえば庶民生活の重要な部分である祝儀・不祝儀に関する細かい取り決めには、公家のさまざまな儀式や行事が情報源となった。また細部では、庶民が利用する百科事典に相当する節用集や大雑書には、公家や武家の必携書やマニュアルから引用したと付記するものが少なくない(6)。また『女重宝記』のような女性の躾・行儀作法関係書物の見返しには必ずといっていいほど、公家生活の一コマが挿絵となって挿入された。公家の生活文化は平安時代からも脈々と続く高貴で上品な文化であり見習うべき手本であったから、これらの書物と身近に接することで、公家社会の生活が庶民へ潜在的に、かつ無意識に刷り込まれていった。そこには庶民の公家(貴族)ブランドへの憧憬がみてとれるだろう。

このようなささやかな例ばかりでなくもっと身近で公家社会を拝見できる機会、それが天皇即位式見学であった。(7) 庶民は、天皇や公家社会の精緻な仕組みや制度を理解することは到底叶わぬとも、たとえ表層的であっても触れたい、知りたいという気持ちを持ったのではないか。現代にも繋がる京都への憧れとともに、少しでも目に触れる機会が巡ってこようものなら垣間見ようとしたのではないか。拝観禁止の大嘗会も庶民の話題にのぼり、少なからず影響を与えたのではなかろうか。本稿はそのような視点にたって一八世紀の大嘗会をとりあげてみたい。まず大嘗会の特徴にふれ即位式との相違を述べ、つづいて大嘗会関係の出版物をとりあげ庶民の関心度を探る。また大嘗会式次第を手がかりに、公家たちの職能や職掌から天皇との親疎に基づく機能の関係性を探る。次に大嘗会出版物の内容比較とその広がりを考える。最後に大嘗会再興という機会に遭遇し、庶民がその話題性に着目し婉曲的に受容していった一例として、歌舞伎衣装への受容をとりあげたい。再興された大嘗会から発せられた情報について、庶民も蚊帳の外ではなかったことを論証したいと思う。

一　大嘗会再興と一八世紀にみられた大嘗会の特異性

大嘗会再興について論じる前に、大嘗会の沿革と変遷を見ておきたい。寧楽文庫『大嘗会記』（表題については後述、大阪府立図書館所蔵）は次のように文を興す。

大嘗会ハ天皇御即位ノ後必行ル処ノ大祀也、シカルニ度々ノ兵革打続シ故止ナキ、公事トモ多頽廃侍ルナリテ、凡四百年ニ及ヌ。茲ニ人皇百十四東山天皇御即位貞享四年御再興アリテ、八月二十二日国郡卜定。十一月十六日大嘗会行レ侍ル。誠ニ四海泰平ノ基大礼再興ノ聖帝タリ。百十五代中御門院御宇ニハ沙汰ナカリシカ、百十六代大日本根子昭仁尊元文三年被行侍シ。

承久三（一二二一）年、仲恭天皇の践祚後、承久の乱が勃発し、即位式と大嘗会がともに実施できなかった。室町時代では文正元（一四六六）年、後土御門天皇大嘗会ののち応仁の乱が勃発し、これ以降行われなかった。

悲惨な例では後土御門天皇崩御後、後柏原天皇へ践祚（明応九年）はあったものの二一年後（大永元年）にやっと即位式が実施されたことがある。その後二二〇年間、受禅・践祚・即位は宣べても大嘗会は実施されなかった。大嘗会が復活したのは前述のように貞享四（一六八七）年、一一三代東山天皇即位のときで、一一四代中御門天皇のときは行われず、正式に復活となったのは元文三（一七三八）年、一一五代桜町天皇からであった。

鎌倉時代や室町時代の即位式や大嘗会では式次第が形式化・虚礼化されていた。復活なった大嘗会に限っても二百有余年間中断していたから、再興当初は消滅したり不明となった行事もあったようである。それでも実施のたびごとに少しずつ復活されていった。桜井秀は桃園天皇では卯日神楽歌、辰巳両日の風俗及和歌舞が再興され、後桜町天皇では大歌奉奏、後桃園天皇では造酒制度、仁孝天皇のときには久米舞《くめまい》が復活したという(8)。吉志舞《きしまい》も文政元年冬の大嘗会に、滅びた古譜を再興したようである(9)。本稿末の表2は、大嘗会までの行事日程とその儀式内容を書き出したものであるが、大嘗会が実施されるたびに、中止されていた儀式が復興され徐々に増えていく様子がわかるであろう。装束などの特記すべき内容についても加えた。

忘れ去られていたものが徐々に復元され整備された過程は、古代から脈々と続く天皇制の存続を再認識していく過程と重なる。実見できない儒学者や国学者たちにとって弥《いや》が上にも大嘗会にたいする謎や憶測が膨らみ、そのものが聖域と映ったと思われる(10)。そしてその延長上に有職故実研究も盛んになったと考えられよう。

二　即位式と大嘗会について

近世までの皇位継承には、受禅《じゆぜん》と践祚《せんそ》の二つの方法が存在した。しかし桜井秀は『即位大嘗典礼史要』のなかで古代には両者の区別は明確ではなかったと指摘し、「受禅と践祚を区別する者あり。則ち一は先帝の譲位ありしとき、他は先皇崩御の際に称すといふ。然れども本文に引ける天応（桓武天皇即位のとき——筆者注）の例に徴するも、受禅は即ち即位践祚なること明なれば、両者の別ありとなすは採らず」と記し、『古事類苑』帝王部五践祚に、「登極ニ二途アリ。一ハ先帝の崩後ヲ承ケ、一ハ前帝ノ禅譲ヲ受ケ並ニ之ヲ践祚ト云フ」と、登極（天皇が即位すること）はすべて「践祚」だと明記していることをあげている。(11) とはいえ平安朝中期以後には明白に区別して称せられるようになり、中世からは受禅と践祚は明確に区別された。そこで本稿では受禅と践祚を明確に区別して論をすすめたい。

両者を区別する場合、前天皇が生前に譲位した場合を受禅と言い、前天皇は上皇となって新天皇を補佐するかたちをとる。これに対し前天皇が崩御し、新天皇へ皇位継承されるのを践祚という。天皇を象徴する神器を委譲する剱璽渡御の儀式が執り行われ、若干の時日をおいて皇位継承を天下に告知する儀式が執り行われる。これが天皇即位式である。受禅や践祚の受諾された日が即位の日に相当するが、実際の天皇即位式はそれよりは数日遅れて実施された。また践祚では、今上天皇は亡き先帝の喪に服す（諒闇《りょうあん》）。その間忌《い》みのために倚廬《いろ》に籠り、(12) 忌《き》明け後に天皇即位式が執り行われる。

特異な例では受禅後、先帝が崩御し、即位式が延期になったことがある。中御門天皇と桃園天皇がそうで（表1）、とくに桃園天皇は元服前であったため、幼帝（童帝）のまま天皇即位式に臨んだ。同じように幼帝のまま即位式に臨んだ天皇として光格天皇がいるが、前帝である後桃園天皇崩御後であり、彼の場合は践祚であった。

即位式は「律令法律上の元首である皇帝になられるための儀式」(13) であり、式前の即位灌頂や式終了を示す焼香などの仏教的な側面を含む。また式そのものは禁裏内で日中、庶民を含む見物衆の面前で執行される。さしずめ天皇の権威をおおやけに告知するのが天皇即位式の重要な目的のひとつと考えられよう。

このような天皇即位式に対し大嘗会は少し異なる。天皇家の祖霊を迎え一緒に食事を摂ることが重要な儀式となる。古代には「大嘗会は東または東南の伊勢の方角に向かって天照大神をお迎えし、神膳供進と共食儀礼」(14) することが行事の中心であった。新天皇と天皇家の祖先との交感という霊的で情緒的な側面が強調された祭祀儀礼の後、服属する臣下へのねぎらいの行事をも加えて構築された祭祀が大嘗会であった。岡田精司は「食物供献を服属儀礼として行うのは、単なる征服者に対する敗者の饗応では決してなく」、むしろ「国見儀礼に伴う聖なる食物を摂る権能を委譲するための、呪術的行為」と説明する[15]。

岡田精司は共食の元の意味は、宴遊ではなく春の農事開始以前に高所に祖霊を迎え、その年の豊作の予祝や年占を行うことにあり、予祝の食物を来臨する祖霊と共食する行為だったと考え、諸国の国魂の象徴ともいうべき聖なる御酒・御饌が供進され、服属の証しとしての寿歌も同時に奏される儀礼であったとし、それが服属儀礼として宮廷儀礼化したのだという。

このように天皇家の祖霊崇拝の儀礼と服属する臣下に対する共食儀礼を中心に催行されるのが大嘗会であり新嘗祭である。新嘗祭は毎年実施され、一方、大嘗会は登極があった時だけ、つまり天皇の一世一代の祭祀として機能した。その祭祀では穢れを避ける神事や神祭りのいわゆる神道的側面が強調された。実施されるのも深夜の禁裏内であった。「みてはいけない」祭祀なのだが、それでも興味津々の庶民は夜間覗いたようで、見物禁止の町触が何回か布告されている[16]。

天皇即位式は古くから実施されていたようである（『即位大嘗典礼史要』によれば初見は『続日本紀』巻三六、桓武天皇即位）。一方、大嘗会挙行が史料にあらわれるのは平安中期の延喜式からである（『古事記』や『日本書紀』にも一応記載が見られる）。三浦周行は天皇制が整備された中世以降、天皇即位式と大嘗会が車の両輪のごとく機能するようになったと考えた[17]。明らかに別個の儀式として機能したとするのは前述の桜井秀である。彼によると大嘗会と天皇即位式が混用されたのは皇室典範が発布された明治四二（一九〇九）年登極令以降だという[18]。

徳川時代、天皇は実権や権力の中枢を占有してはいなかったが権威は保持しており、公家社会独自の有職故実を再認識しながら同時に洗練化することに注意が注がれる時期であった。また、前節でふれたように過去に不明となった儀礼の復活が試みられ、平安時代から連綿と続いてきた儀礼の根幹が見直され整備化された時期ともいえるのである。

ところで明治四二年の登極令発布後、天皇即位式と大嘗会が同時に実施されるようになり、「大嘗祭」の名称に統一された。しかし徳川時代では大嘗祭と大嘗会の表記は明確ではない。公的な記録ばかりでなく公家日記の中でも混用されている。『天皇皇族実録』から関係の記事を拾ってみると、『永貞卿記』・『元文大嘗会の心おぼへうつし』・『憲台記』・『日野西資興日記』・『日次醜満』・『御湯殿上日記』・『知音卿記』では「大嘗会」を用い、『憲台記』・『頼言卿記』(作者衣装担当山科家)・『柳原紀光日記』・『定晴卿(野宮定晴)』は「大嘗祭」の表記であった。また『八槐記(武家伝奏廣橋兼胤)』・『稙房記(万里小路稙房)』・『禁裏執次詰所日記』・『山科忠言卿記』それと各院天皇宸記には両方の表記がみられた。公家たちは表記についてはさほど注意を払っていない印象を受ける。本書では原則として「大嘗会」の表記を用いる。

三　元文の大嘗会再興について

徳川時代、後水尾天皇をはじめ霊元天皇らが江戸幕府へ再々大嘗会の再興要請を行った。前述の如く、まず貞享の東山天皇のときに復活し、正式に大嘗会再興となったのは吉宗の時代、桜町天皇からである。『徳川実紀』ではその経過を次のように記している。

禁廷の公事をも。御心を加へ給へし事数多有しが。貞享以来絶し大嘗会をふたたび興し給ひ。大内の大礼をいにしへに復せられけることこそ。たぐひなき御事なれ。これより先当時有識の公卿をはじめ。古礼に練せしものどもにも。あまねくとひはからせ給ひ。御みづからも御勘考を加へられ。所司代始め。京職の人々にも懇に御さたありて後。元文三年十一月十九日大礼遂に行はれしかば。これにつぎ五年新嘗祭をも行はる。大嘗会の時は。府よりも羽倉藤之進在満田安小十人組。住吉内記広守を遣はされ。其礼をうかゞひ帰り。ありし様をくはしく聞えあげしめ。重ねて広守に仰ありて。そのかたをゑがゝせ。八巻となして。永く考証に備へらる(19)。

大嘗会の実況見聞報告を国学者荷田在満《かだのありまろ》に依頼し、絵図担当は住吉具慶の孫で幕府御用絵師の住吉広守を指名した。「画工住吉広守京に赴くをもて金三枚給ふ。こたび大嘗会御再興ありしをもて。其さま拝覧して絵き奉るべきむね。仰蒙るによれりとぞ聞こえし(20)」とある。かねがね朝廷側の公事政務や有職故事に敬意を払っていた吉宗が大嘗会再興を強力に推進し、大嘗会の記録に熱意を持ってのぞんだことが確かめられる。

荷田在満は元文三（一七三八）年の桜町天皇の大嘗会を見聞し、『大嘗会儀式具釈』全九巻（八冊分）と『大嘗会図式』にまとめた。図版や挿絵が多く、献上された吉宗はその出来栄えに多いに満足したという。家門の誉れとして在満の実家羽倉家は面目躍如、おおいに喜んだ(21)。それらを一般用に簡潔に編集しなおしたものが『大嘗《だいじょう》会《え》便蒙《べんもう》』上下二巻である。しかし第七節で詳述するように『大嘗会便蒙』はのちに絶板となる。

四　『大嘗会便蒙』関係の写本について

大嘗会関係書は刊行禁止となり、残存するのは手筆本か写本のみである。では『大嘗会便蒙』をはじめとして大嘗会関係書物は一体どれくらい現存数が確かめられるのだろうか。誰が写し所有していたのだろうか。それらの点が明らかになれば、大嘗会に関心を持った人々の人となりがわかるのではないか。すなわちそれらの奥付か刊記部分を調べれば写本の背景がわかるのではないか。とはいえ、『国書総目録』をみる限り、総数は膨大で全部の検証は不可能である。そこでまず大阪府立中之島図書館所蔵分に限定し、『大嘗会便蒙』とその関係書物の刊記部分を調べた。以下がその一覧である（西暦は筆者記）。

①『大嘗会次第』南真蔵書板

②『大嘗会便蒙』朝日新聞寄贈分……「元文四（一七三八）年季己未十二月吉日　江都書林　小川彦九郎梓行」

③同、高林寺旧蔵本……「明和八（一七七一）年辛卯臘月迷路廬子書、天明七（一七八七）年丁未十一月大嘗会被行之、信亮録」

④同、石崎文庫版……元文四（一七三九）年の写本「天保五（一八三四）年甲午五月亀六堂主人書」

⑤同、寧楽文庫版……「元文四龍集己未孟冬中旬於洛陽城中写焉　茨木氏利雄　延享二（一七四五）年乙丑十二月」

⑥「文政元年自五月至十一月　大嘗会」

⑦『大嘗会儀式具釈』……元文戊午十一月大嘗会、寛保紀元（一七四一）辛酉八月以大江朝臣秋成之書写之了谷川士清《たにがわことすが》

⑧『大嘗会田歌』……「安永八（一七七九）年己亥四月七日以大和守積輿本書写之、寛政五（一七九三）年七月書写之、甲斐権守賀茂季鷹」

大阪府立中之島図書館では、このほか同じ内容を扱いながら書名が異なるものに、『大嘗会次第』が二種類あり、『大嘗会次第記』『大嘗会記』『大嘗祭式』『大嘗会神撰之具寸法』はおのおの一種類の手写本（抄本）が存在する。じつに一二種類の大嘗会関係書物を蔵することになる。

『大嘗会便蒙』は後述するように発禁になったのだから、もし入手したいとか読みたいと思えば公然とではなく、秘かに写したと考えるのが普通だろう。しかし大阪府立中之島図書館の蔵書数や、このほかに古書市場で現在なお出回っている事情を考え合わせると、かつてはもっと多くの手写本が存在していたという憶測も十分成り

立つはずである。板木没収となった書に多くの写本数を確認するのは、大嘗会に対する近世の庶民の関心や好奇心の反映と推理するのもあながち間違いではなかろう。

また『大嘗会便蒙』の写本時期をみると、たとえば同図書館所蔵分だけをみても、②④⑦は元文四年の桜町天皇の大嘗会に呼応するし、⑤も原本にあたる写本は元文版である。これらは元文の『大嘗会便蒙』を原版として手写されていったものと推測される。

③は明和八年の後桃園天皇の大嘗会、⑧は安永八年の光格天皇即位式と関係があるかもしれない。写本時期が大嘗会や即位式の時期と重なるのは偶然とはいえない。現存するすべての『大嘗会便蒙』の刊記から写本時期を探れば、大嘗会や天皇即位の時期との関係が明らかになるかも知れない、もっとも図書館所蔵分だけで敷衍することには異論もあろうが、即位式や大嘗会が実施される時期に臨み、関心のある人々が有職故実や大嘗会について知識を得ようと写本製造に精を出したことは十分推測されるのではないか。

五　『大嘗会儀式具釈』の大嘗会式次第

本節では荷田在満が吉宗に提出した『大嘗会儀式具釈』の式次第に焦点をあて、その特色を考えたい。『大嘗会儀式具釈』では、大嘗会が九世紀半ばの貞観儀式（貞観格式《きやくしき》）や延喜式や平安末期の有職故実家大江匡房《まさふさ》が著した『江次第（江家次第）』などを参考にして築き上げられていったことを紹介し、中世と近世との大嘗会は少し違っていること、貞享の東山天皇の大嘗会と今回の元文の桜町天皇との相違などを詳説する。まず『大嘗会儀式具釈』の構成であるが、「巻第一　国郡卜定次第、巻第二　荒見河祓次第、巻第三　御禊次第、巻第四　供忌火御飯次第、巻第五　由奉幣次第、同神祇官代儀、巻第六　卯日次第、巻第七　辰日悠紀節会次第、同日主基殿節会次第、巻第八　巳日悠紀節会次第、同日主基節会次第附清暑堂御神楽、巻第九　豊明節会次第」の九巻となっている。
巻第一の前文には、「大嘗会ト云ハ其年ノ新穀ヲ天子ミツカラ天神地祇ヘ供シ、天子モ亦キコシメタマフ儀ナリ。大ハ大小ノ義ニハ非ス尊称ナリ。大嘗ト云ハ御嘗ノ義ナリ。訓シテハオホニヘト云、又新穀ヲ供スルカ故ニ新嘗トモ云」とあり、その年にできた新穀を天神《てんじん》地祇《ちぎ》（天つ神と国つ神）に供し、天子みずから召し上がる儀式が大嘗または新嘗と称される。毎年行われるのが新嘗で、御一世に一度の事大（ママ）が大嘗とみなし、新天皇の最初の御世の新穀を贄《にえ》として奉るのが大嘗会であると、古代での経緯を詳述する。[22]

つづいて「巻第一　国郡卜定次第」では、「是ハ悠紀主基ノ国郡ヲ何ノ国何ノ郡トト定ムル儀ナリ。悠紀トハ、日本紀私記ニイハヒキヨマハルノ辞ト云ヘリ」からはじまり、悠紀主基《ゆきすき》両国に指名された地域が飯・白黒の酒を供出することや、大嘗会に出仕する上卿・神祇官・外記などの諸官の着座方法、つまり白縁の膝突（宮中で祭祀などの公事にさいし、地にひざまずく時に敷いた布、または薦《こも》の敷物＝『広辞苑』より）の説明や、国郡を定めるために亀甲の卜占を行って、指定された四つの場所から引き当てる手順を記し、大嘗会に出仕する検校・悠紀行事・主基行事などの人選について詳述する。

「巻第二　荒見河祓《あらみがわのはらえ》次第」では、「是ハ大嘗会ニ奉仕スル行事ノ弁史等、是マテ思ハスモ、汚穢ニ触テ自知サル事モアルヘケレハ、其ヲ祓棄テ、是ヨリ清浄ニスル義ナリ」とあり、散斎の日程一一月朔日より前の九月晦日に河祓を水辺で行う荒見河祓の行事を説明する。祓えに用いる人形（陶器製）・散米・解縄などの贖物《あがもの》や悠紀方、主基方の荒見河行事の注意事項を含む（図1）。

「巻第三　御禊次第」は「禊ノハラヘト訓シテ祓ト同義ナレトモ、皇帝三后東宮斎王ナトニハ禊ト云ヒ、常ノ人ニハ祓ト云フ。是モ荒見河祓ト同意ニテ、皇帝是ヨリ清浄ニシタマハンカ為ニ、是マテノ汚穢ヲ祓除シタメハシトテ御禊ヲ為シタメフナリ」と、禊《みそ》ぎと祓えの違いを解説する。中世には荒見河祓のために鹵簿《ろぼ》行列が盛大に続いたそうだが後世では略せられた。禊ぎでは菊燈台を酉の刻限、清涼殿に立て、神祇官が調進した木と藁で作った二本の贖物を土の高杯に供し、中臣の女が供献し、天子が一撫一吻して終わる。次の忌火御飯と同じく大嘗会執行に臨む新天皇の身上潔斎のための数々の儀式が祓禊《ふつけい》の行事である。

「巻第四　供忌火御飯次第」は「忌火ハ斎火ニテ、是ハ十一月朔今日ヨリ大嘗会ノ散斎ナルカ故ニ、朔日マテノ火ノ弁《（ママ）》テ改メテ清キ火ニ御飯ヲ供ス」るもので、斎《い》み清めた火で煮炊きをする五位蔵人や関白ほか陪膳《ばいぜん》（膳部の給仕担当）たちが、馬頭盤や土器に四種（酒・酢・塩・醤〈豆油でヒシオではない〉）や四器の御菜《ごさい》（薄鮑・干鯛《ひだい》・鰯・鯵）を盛りつけ（三碁盤という）、鮑羹《あわびのあつもの》、和布汁《わかめじる》（四碁盤という）を用意する手順を儀式化した。これは鎌倉期の有職故実書『禁秘抄《きんぴしょう》』に即しているという。

「巻第五　由奉幣次第」は、「由トハ大嘗会ヲ行ハルヘキ、奉幣トハ幣ヲ神ニ奉ラセタマフ義ニテ、是ハ今年今

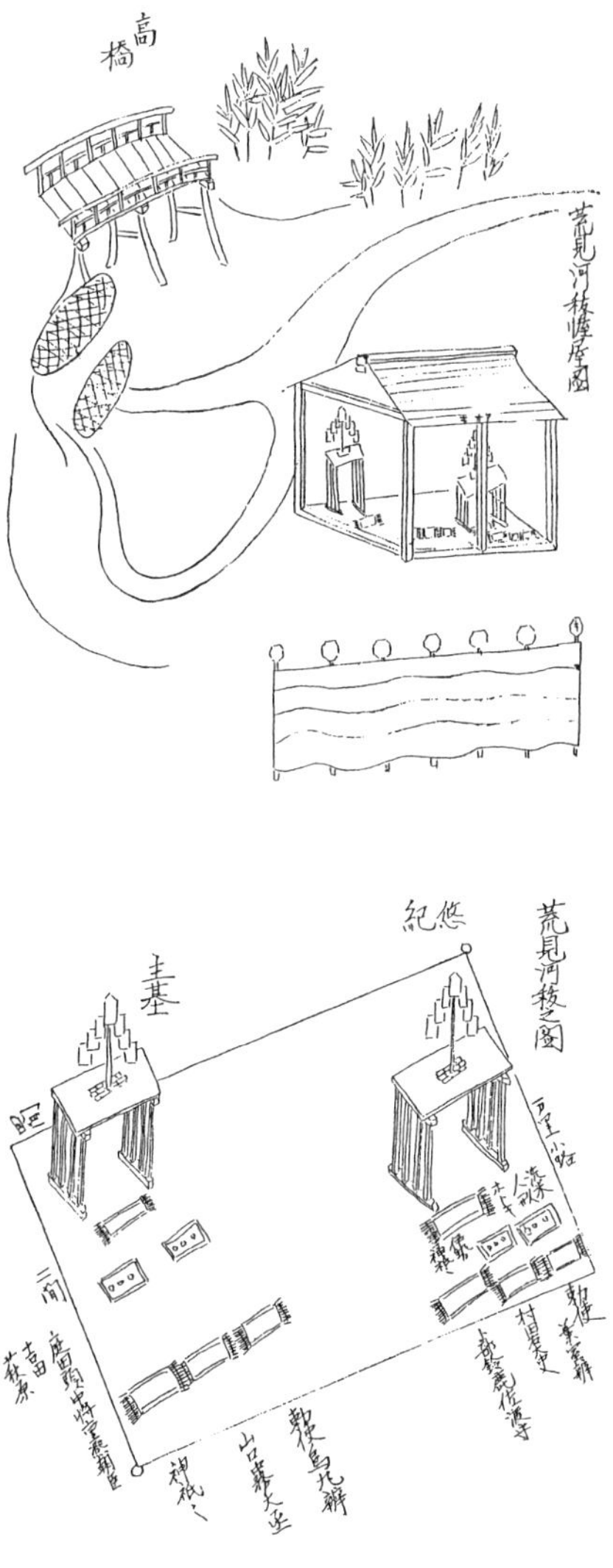

図1　荒見河祓（『大嘗会便蒙』⑤より）
以下、図7まで大阪府立中之島図書館所蔵。丸付数字は336頁に対応する。

月下卯月ニ大嘗会ヲ行ハルヘキ由ヲ、伊勢石清水賀茂ノ三社へ勅使ヲ以告ラル、ナリ」とあり、大嘗会が支障なく終えられるよう祈願するため元文三年一一月三日に伊勢両社・石清水八幡・賀茂社に勅使を派遣する。この勅使が奉幣使《ほうへいし》である。発遣の状況は公家日記などでは簡単な記述に終わるが、『大嘗会儀式具釈』では官人や参議が膝突で着座、勘文を披見し、定文結甲、そのあと上卿が詞を仰ぎ、順々に使節を定める、ということが繰り返し記述されている。そして神祇官が請奏し、上卿が披見、各奉幣使が諸々の神社・神宮へと発遣され還着する。上卿が退出するまでに終日かかる様子を丁寧に説明する。ここまでが大嘗会の下準備である。

いよいよ本番の大嘗会に進む。「巻第六　卯日次第」である。広い意味では大嘗会は半年前の国郡卜定から午日節会までの儀式全体をさすが、狭い意味での大嘗会は同巻の「大嘗ノ儀ト云ハ卯辰巳ノ三日ニシテ、其中ニモ卯日ヲ最要トス」という説明が的確である。時代によっては卯の日のみだったりもするが（『令義解』）、貞観儀式から卯辰巳の三日間になった。大嘗会の終了を告げるのは午の日の豊明節会《とよあかりのせちえ》である。終了日も加えると大嘗会（狭義）の正式な日程は四日間である。

大嘗会の日程は「卯日ハ専神祇へ供シタマフ祭ニシテ、辰巳両日ハ天子聞食タマヒ、諸臣ニモ膳ヲ給フ会ナリ。其跡ニテ午日ニモ亦節会アリ。是ハ竟（ママ）宴ナリ。貞観ヨリ後ノ諸次第抄、諸家記録等、近世ノ三箇重事抄、公事根源コトキニ至ルマテ皆之同シ。但シ貞享四年ノ儀ニ至リテハ卯日ニ神祇ヲ祭ラレ、翌辰日ニ豊明節会行ハレタルノミニテ、巳日以後ニハ儀式ナシ」とあり、これは平安後期からの事例に随った。初日は天皇家先祖と天皇の共食ないしは饗宴、二日目は天皇と臣下との共食ないしは饗宴となり、三日目は大嘗会が終了したことを寿ぐ。ただし復活第一回目の貞享大嘗会は二日間で終了し、かなり短縮した形であった。

大嘗会までに、修理職《しゆりしき》の役人が禁裏内の庭に大嘗宮（図2）と鳥居と門を設営する（図3）。つづいて兵庫寮が神楯鉾を南門東西に立てる。当日は伴氏と佐伯氏が南門（あるいは承明門）左右の胡座《こざ》に座し、式部大忌[23]が[24]版を並べ、大臣が大嘗宮内に近江表を敷き、打払筥をしつらえ、参議が板枕[25]を持参し、侍従・内舎人・大舎人らが神座などを整備する。刻限は中世から酉の刻と決まっている。

その後大嘗宮内の廻立殿《かいりゅうでん》・悠紀殿・主基殿に天皇が着する装束一式を揃える[26]。天子は祭服を着用するが、これは、繒服《にぎたえ》・麁服《あらたえ》・神服《しんぷく》とも称する。柔らかい地合で織目が精緻なのが繒服、織目の粗い粗末なのが麁服である。繒服は河内国の神服を織ったもの、麁服は河内国の忌部が織ったものをいう。絹布は現物租税の調であり、その衣料の種類すべてを天皇が身につける。それは新天皇が、民衆の身につける衣服すべてを掌握した統治者になっ

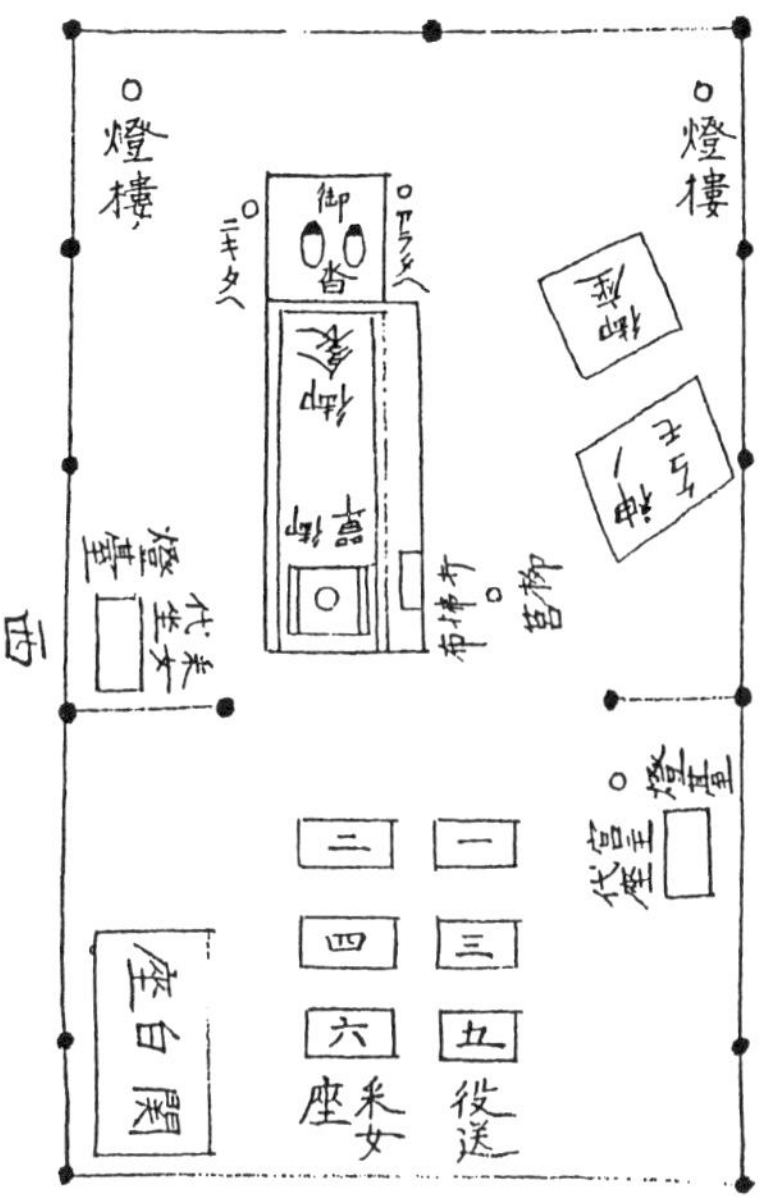

図2　大嘗宮(『大嘗会便蒙』②より)

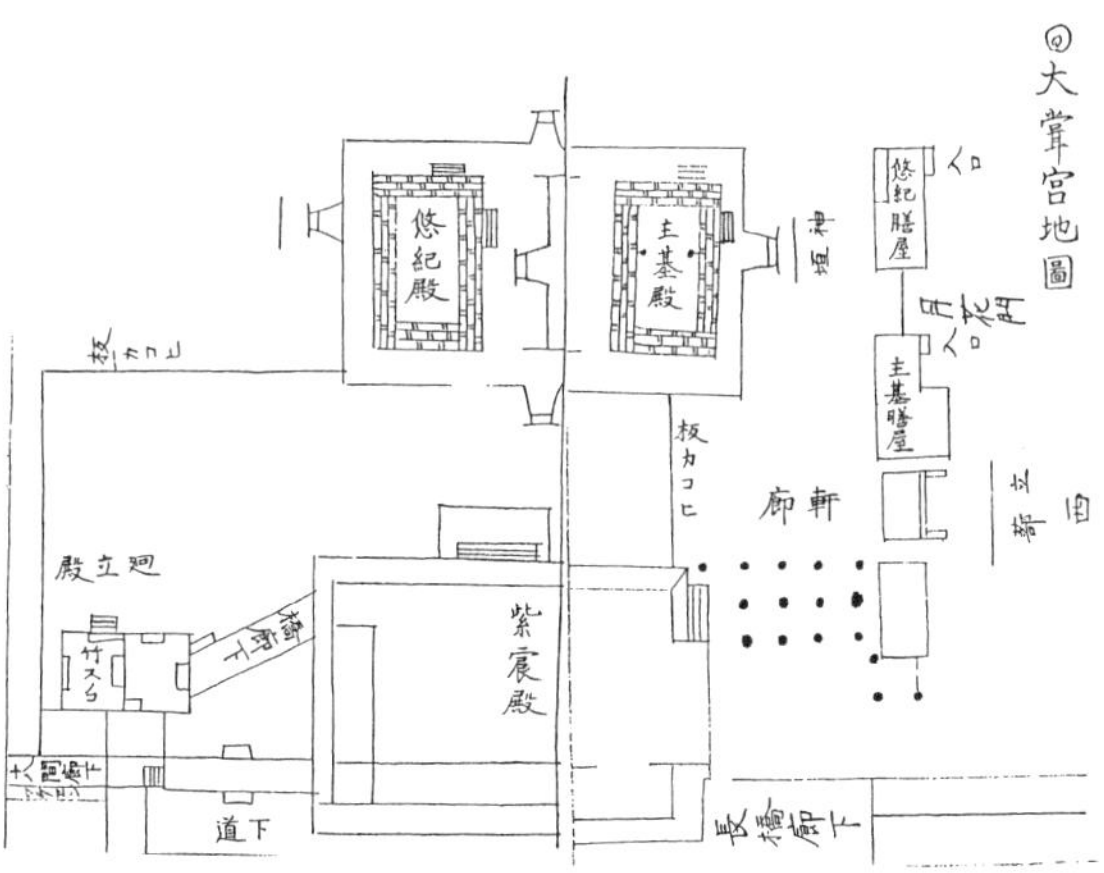

図3　大嘗宮間取図(『大嘗会便蒙』②より)

たことを象徴する。神饌についても同様で、それは天皇祖先への供えものとして恭順をあらわすだけではなく、天子自らも口にし、そののち家臣との共食にも使われる。新天皇が今、あらゆる事象の統率者であることが実体をともなって顕示されるわけである。神祇官が内膳(27)となって、悠紀膳屋で生火《いけび》官人《かんじん》が火を熾《おこ》し料理した神饌を奉膳する。それらは飯米・粥・栗粥・和布・鮑羹・干物四種などで、竹棚に飾られる（図4）。

ここまでが準備段階で、いよいよ黒木の燈籠（燈）・白木の燈台（燎《かがりび》）が用意され、伴・佐伯氏が開門する。戌の刻、天子は帛御衣《はくぎょい》(28)を着し、警蹕《けいひつ》(29)に守られながら廻立殿に渡御する。湯を召し（小忌御湯の儀）、装束を祭服（斎服。祭服一襲）・幞頭《ぼくとう》に改める。亥の刻、手水を済ませ、粥を食し、出御。いよいよ廻立殿より大嘗宮へと進む。大蔵官人が脂燭《ししょく》をかざし、膝行《しっこう》しながら敷いた葉薦の上を、天子は歩いて鳥居を過ぎる。天皇が地面に直接触れて歩くことは決してない。関白を横に随え、巫女である猿女《さるめ》(30)（図5）も後ろから随う。天子の両側には近衛将が剱璽（宝剣・神璽）を携帯し随う。供奉するものたちはすべて徒跣《とせん》（はだし）である。内陣の悠紀殿では天子は前

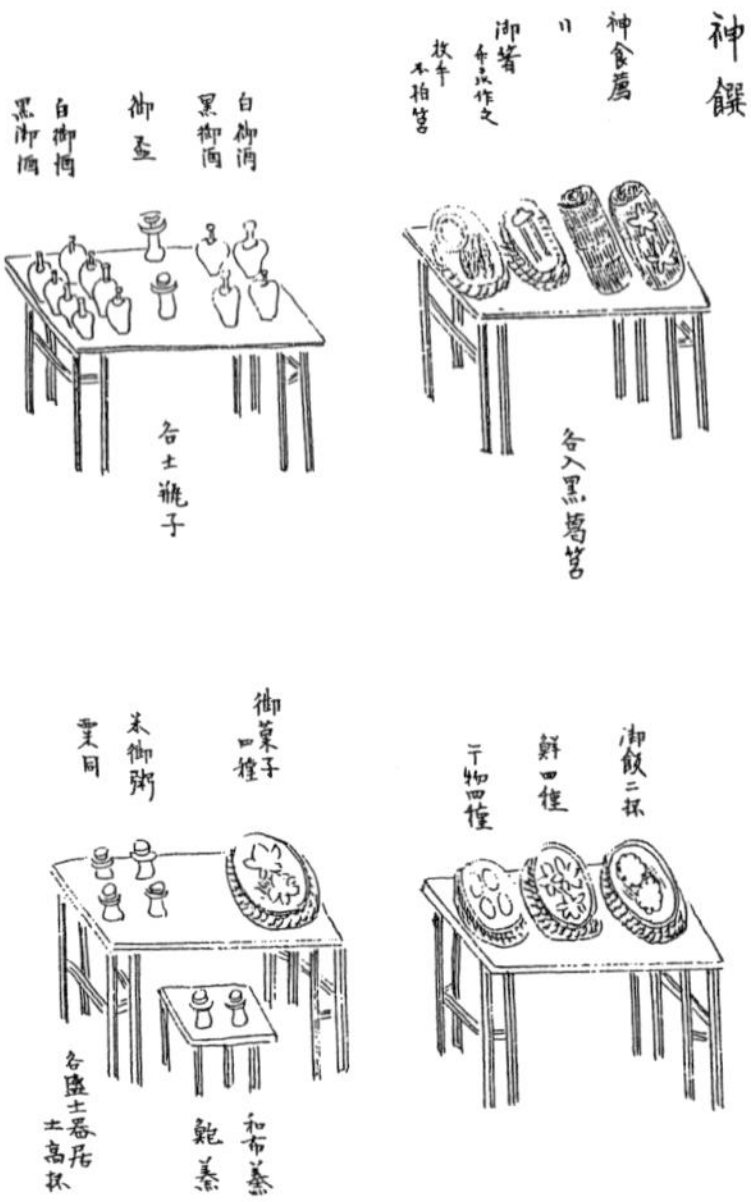

図4　神饌物の図（『大嘗会次第』①より）

図5　猿女（『大嘗会次第』①より）

述の食べ物の入った御膳を召し上がる。

つづいて主基殿に移り、同様の所作があり、最後に廻立殿で装束を戻し、還御《かんぎょ》。翌日の寅の刻に卯日節会《うのひのせちえ》は終わる。途中、吉野国栖《くず》の古風、悠紀国の歌人の国風《くにぶり》、主基の早歌《はやうた》などが奏せられ、語部が古詞を奏し、隼人が歌舞する。

辰日以降の節会では「皇帝新穀ヲ聞シ召シ、群臣ニモ新穀ヲ以饌ヲ賜フ」、つまり新穀を天皇家の祖霊たちと共に味わった後は、今度は臣下の者たちにそれらを下賜し、共に味わう。群臣たちとの共饗が主目的である。そのまえに大嘗宮を壊却する。

「豊明トハ宴会ヲ云フ。古クハ宴会豊楽等ノ字ヲ直ニトヨノアカリト訓ス。大嘗新嘗ノ後ニ限ラス。惣シテ諸ノ宴会ヲハ皆トヨノアカリト云」と、豊明とは皆が集い宴を催すことと説明する（『大嘗会儀式具釈第九』）。つまり正月の豊楽《ぶらく》と同様である。なお『大嘗会儀式具釈』では、辰巳節会などの後半日程も出仕した公卿たちの所作の説明に終始する（巻第九）。

六　『大嘗会儀式具釈』の意義

『大嘗会儀式具釈』では、平安時代からつづく大嘗会の考証の典拠を提示し、千年という時間の経過によって消滅したもの、変遷したものについても怠りなく記述する。前節の大嘗会式次第からも知れるように、それらを踏まえ、元文の大嘗会の進行順序を詳しく書きとめたものである。神祇官をはじめとする官人・公卿などの出仕者の名前も残らず列挙する。実にこれが『大嘗会儀式具釈』の使命であった。

大嘗会が天皇家を巡る神事であることはいうまでもないが、卯日節会の後半部分から辰日節会以降は、新天皇と公卿たちが共に会食し宴を張る行事が中心となっている。有り体にいうと、新天皇を巡る朝廷内の集団間の結束を再認識する儀式と意味づけられるのではないか。岡田精司が指摘した服属儀礼といえるだろう。

大嘗会壊却は辰日節会の重要な神事である。天皇の祖先と新天皇の時空を越えた霊的な交信と確認を核とし、それを秘儀として大嘗宮内で行い、終われば宮を壊す。それも大嘗会ごとに造営、破却を繰り返す。伊勢神宮の式年遷宮のように次世代へと引き継がれる遠大な時間を彷彿とさせることも確かである。

しかし、霊的で峻厳なのは卯日節会までで、壊却以後は人間臭い営みへと移行することが『大嘗会儀式具釈』から知られる。というのも大嘗会は神事と人事の二構成で進行しており、壊却後は風俗歌などを楽しむ饗宴へと続くのであって、構成員である公卿たちにとって、この饗宴には重大な意味があったからである。後日の節会は朝廷に属する各構成員の忠誠心を確認する儀式として機能しており、天皇との親疎にもとづく職能と職掌といった人間関係を如実に示していたからである。時代は遡るが、一例を示そう。

後桜町天皇から光格天皇の時代、柳原紀光が著した『続史愚抄』には、後醍醐天皇の大嘗会の記述がある。大嘗会前日にあたる文保二（一三一八）年一一月二一日に「大嘗会叙位、殿上淵酔ヲ行ハル」とあって、天皇臨席のもと、清涼殿で殿上人の酒宴があり、歌舞歓楽が催された。辰日節会でも清暑堂で神楽神事があった。[31]『御遊抄』では「拍子　参議冬定、兼日綾小路前宰相有時御被催之処、今夜待賢門内被殺害之間故、宰相有頼卿殿殿、可有御参之由、雖被仰下、依御悲嘆不令産給、依如此兼日可弾琴之由被催之了[32]」と記す。ゆゆしき事態が発生したのである。拍子争いから、紙屋川顕香が武士を使って綾小路有時を殺害したのである（『増鏡』にも同記事）。当日は参議の冬定治部卿が拍子を勤めた。

大嘗会や五節会などの饗宴で拍子・笙・笛・篳篥《ひちりき》・琵琶・箏《そう》・和琴《わごん》・呂《りょ》・律、そのどれを担当するかは公卿の名誉に関わることであった。公卿の嗜みである音曲や舞楽に秀でていることは昇進にも関わることであり、饗宴には重大な意味があったのである。『源氏物語』「紅葉賀」の巻で源氏が「青海波」を舞ったことが想起されよう。

この世のものとは思われない源氏の舞の素晴らしさが慶事を招くとされ、周囲の人々は感動のあまり涙した。そのかいあって彼は従四位から正三位へと破格の昇進をした。この話を虚構と無視はできない。殿上人の嗜みはかれらの職業意識に等しいのだから。大嘗会の最後を飾る豊明節会での饗宴は参仕する公卿たちにとっても重要な意味があった。『大嘗会儀式具釈』にくどいほど記された官人たちの議事次第はその様相を如実に物語っている。『大嘗会儀式具釈』は古代の大嘗会を解説した書というばかりでなく、元文期、桜町天皇大嘗会に参仕した公卿たちの行動の一部始終を具体的に羅列した書であった。有職故実を正確に把握したい現実主義者の吉宗の意図に合致しており、それゆえ彼は多いに喜んだのである。

七　『大嘗会便蒙』の絶板理由

これに対し、『大嘗会便蒙』の印象は聊か異なる。『大嘗会儀式具釈』と『大嘗会図式』を簡潔にまとめたものが『大嘗会便蒙』と述べたが、公刊の意図はだいぶ違う。『大嘗会儀式具釈』は客観的な視点で元文大嘗会を見聞した報告書と位置づけられ、荷田在満自身の考えを挟んでいない。これに対し『大嘗会便蒙』は国学者荷田在満の意思を裏付けて刊行されたものであって、大嘗会が復活したという事実、再興による有職故実の見直しやその研究、それにともなう国学や皇国史観への関心が通底する。大嘗会復活という社会的な事件との相乗効果に『大嘗会便蒙』公刊が位置づけられており、ナショナリズムの一萌芽と見なすことも可能かもしれない。『大嘗会便蒙』出版とそれに続く発禁という経緯から、そのような政治的な背景を読みとることもあるいはできるのではないか。

荷田在満は『大嘗会便蒙』の自序で次のように述べる。

朝賀之礼。即位之礼。雖其大　不出乎大嘗之左。而概李唐制為之模。非中国《ワカクニ》従来之式。大嘗則否

新年を言祝《ことほ》ぐ儀式である朝賀や天皇即位式にしてもみな唐の真似だが、大嘗会は純粋に我が国古来の祭祀である。だから、さまざまな朝儀のなかで大嘗会ほど重要な祭祀はない。そのような彼の考えは、本文中の「中国」に「ワカクニ」とのルビが振ってあり、我が国を世界の中心に据えていることからも知られる。大嘗会が天皇継承を表象する最高かつ我が国固有の儀式であるといって憚らない理由は、「山藍之摺。可以目華人之古。寿詞之奏。不可得播蕃客之耳。実是中国礼儀純粋」という文言からも首肯される。ふつう大嘗会には山藍で摺って染めた日本古来の粗末な衣装で式に臨む。自国を寿《ことほ》ぐ詩歌なども奏でられ、風俗舞も舞う。それらすべてが「中国礼儀純粋」、つまり日本固有の衣装であり、日本独自の儀式と主張し、日本の優位性を指し示しているのである。

それでは、大嘗会は中国から渡来し受容した儀式ではなく、日本で創案された固有の文化だと荷田在満が主張する根拠は何なのだろう。確かに、指摘通り大嘗会には、前述の荒見河祓の行事や悠紀殿・主基殿・廻立殿などの大嘗宮の設営と翌日の壊却といった、即位式とはまったく異なったかたちの節会行事が組まれている。両者の儀式を綿密に比較すれば相違点が多いのはあきらかである。それでもなお大嘗会のあらゆる事象が日本独自とは言いがたい。その理由のひとつとして出仕者の装束をとりあげてみよう。

即位式では天皇は唐の制度の影響を受けた大袖である袞衣《こんえ》や冕服《べんふく》を着る。他方、大嘗会では、束帯《そくたい》の上に小忌《おみ》を重ねる。小忌は山藍から採った草汁を絞って鳥や蕨などの植物文様など日本の代表的な文様を型押ししたものである。ただし波を何重にも連ねる青海波文様は日本古来の独自の文様と思われがちだが、ペルシャから伝播した文様で日本独自ではない。また儀式で着用される装束の「束帯」という言葉自体、中国で用いられた正装を意味する呼称が伝来したものである(33)。

それに荷田在満の考えと違って、天皇即位式と大嘗会の式進行には共に相似たしぐさや行動が散見する。桜井秀も、「儀式の内容よりして、即位礼は外風を模擬せるもの多く、大嘗礼は然らずといふ所説は、均しく世人の口にするところなり。されど詳しく考ふるに、必ずしも然らず、大嘗礼にも大陸文化所産の風趣が加はれること殆ど動すべからざるべし[34]」と主張し、大嘗会にも唐風の装束や飾り物や唐楽の使用があったことを指摘している。

即位式―中国服、大嘗会―日本古来の衣装という服飾観は現代でも通説として根強く残っている。しかし装束ひとつをとらえても日本特有のものであると速断することはできない。大嘗会こそ古《いにしえ》から連綿と継承された日本独自で純粋な天皇即位式なのだと断言し、その優位性を決めることは難しいのである。

『大嘗会儀式具釈』の説明からもわかるように、大嘗会の実施にむけては半年以上前からさまざまな準備段階の儀式が重ねられ、大事業並みの労力が必要であった。桜井秀は大嘗会の開催に六〇〇名近くが従事したという。政治的・経済的にも強力な援助者がなければ実施が無理なことは、長年大嘗会が中断されていたことからも理解できよう。その大嘗会が再興されたということだけでも話題性があり、有職故実研究が多いに喚起された。そのような事情を加味すれば、大嘗会が天皇即位式より重要な祭祀だと考えられ、荷田在満が『大嘗会便蒙』で「日本らしさ」を強調し、わが国の儀礼が優秀なのだと主張するのも無理からぬことであった。

荷田在満は門人たちの援助もあり、『大嘗会便蒙』を一〇〇部刷り、三〇部を公刊した。当初はなんら波紋もなかったが、そのうち上方から非難の声が聞こえてきた。大嘗会は一連の皇位継承式のなかでも天皇家の聖なる秘儀とみなされている。大嘗会の記録は指示したが、公刊を認めたわけではない、というのが幕府による処分の表向きの理由である。だがほかにも理由がありそうである。

荷田在満は閉門理由を、幕府側と荷田在満双方に些細な感情的もつれがあり、その結果『大嘗会便蒙』の版木没収、閉門になったと『大嘗会便蒙御咎顚末』で説明している[35]。ことの真相は、どうも当時の書籍出版事情を踏まえた手続きを踏んでいなかったことにもあるようである。

『徳川実紀』寛保元年の条では、「去年京におゐて行はれし大嘗会の儀上梓せしを絶板命ぜられき。今より後

（闕字）朝廷礼典を記せし書。古く板布せし外。新に刻梓する事停禁たるべしとなり[36]」となっており、板木没収の明快な理由は伏せられている。いずれにしても『大嘗会便蒙』は絶板となり、今後朝廷儀式関係の出版も法度となった。

他の大嘗会関係書物と比較すると、『大嘗会便蒙』は『大嘗会図式』から受け継いだ図版や挿絵を多く含んでいることに気づかされる[37]。大嘗会用に設えられた建造物である大嘗宮や内部の見取り図から調度品・神饌・小忌を着た公卿姿などの図版や挿絵が多くはさまれ、大嘗会の様子がわかり易い。ただ解説は『大嘗会儀式具釈』ほど詳しくはない。読者側からすれば寝所まで描くのはなにやら謎めくし、想像をたくましくして穿った見方をする危険性も孕むだろう。秘儀祭祀であるべきはずの大嘗会を分かり易く、簡潔に表示し公刊したことが、朝廷ばかりでなく幕府にも不快感を与える結果となったことは察しがつくであろう。いずれにしても有職故実研究家荷田在満の国学的な考え方も織り込まれた『大嘗会便蒙』の内容はさまざまな憶測を生むわけで、それがたかだか三〇部の公刊で、絶板と一〇〇日の閉門が科せられてしまった理由なのではなかろうか。

九　出版禁止の波紋——歌舞伎から見た「天皇」——

しかし強調しておかなければならないのは、幕府側に天皇を取り巻く状況を庶民側に知らせたくない、触れさせたくないという意図があったわけではないということである。有り体にいうと、天皇にかかわる内容ならばどんな些細なことも危険思想とみなし禁止するという考えはなかったのである。

時代はくだる。寛政八（一七九六）年、桐座で「銀積《ぎんせかい》松《まつに》行平《ゆきひら》」という歌舞伎の興業があった。惟喬親王が即位式に暴れ込み、公家を蹴ちらし儀式の旗を引き裂き、階《きざはし》に片足をかけて百司百官をにらみ数多の無礼な行為を行って王位を奪おうとする筋である。これは大評判になり大当たりを取った[38]。天皇の皇位継承を題材にしている歌舞伎狂言だが何の咎もなかった。

他方、大坂で文政七（一八二四）年「傾城飛馬始《けいせいひめはじめ》」の歌舞伎狂言が禁止になったことがある。前年、紀州田辺で百姓一揆があったが、よく似た筋書きで謀反を想起させる内容であった。主人公の名は尼子四郎といい、その名から天草四郎を連想させることも手伝って上演が禁止された（その後再開）。

幕府が歌舞伎衣裳にもたびたび贅沢禁止令を布告したのは周知のことであるが、そのうえ歌舞伎狂言の内容自体が当時の政治的・社会的事件に触れることには神経を尖らしていた。それなのに天皇転覆を題材にした歌舞伎演目には何の反応も示さなかったのである。換言すると幕府は天皇制や天皇観に対する批判や侮辱に対してそれほど神経質ではなかったことになるだろう。とすれば荷田在満に対する処置では、天皇に関する政治的事情やその背景についてはそれほど問題にはならず、荷田在満自身の国学的な執筆態度や出版での手続き上の問題、細かいところをいえば大嘗宮内部の挿絵を描き入れたことなどが心理的な嫌悪感を呼んで板木没収となったと考えたほうが妥当なのではないか。

九　小忌《おみ》と小忌衣《おみごろも》――大嘗会装束と歌舞伎衣装との共通点――

『大嘗会便蒙』を公刊したことで荷田在満は閉門となった。ではそのような罪科をうけるほど『大嘗会便蒙』は社会に大きく影響を与えたのだろうか。わずか三〇部公刊で板木没収となったから、それ以上刊本が世間に拡がることはなかった。出回るとすれば、大阪府立図書館所蔵の諸本とおなじく手写本だろう。

『大嘗会便蒙』には大嘗会で使用される建物・供物類・食物類・参列した公家の姿など挿絵が多いことを先に述べた。そのなかから装束に目を向けてみよう。

大嘗会着用衣装には、私小忌（私物の小忌衣）、諸司小忌（官給の小忌衣）、出納小忌（諸司の略式になった小忌衣）、如形小忌（最も簡単な形の衣装）の四種類がある（図6）。小忌は束帯の上に着用する袖のない白布の単衣のことで、千早《ちはや》とも言い、衽《おくみ》がなく粗末な衣装である。小忌には山藍などの植物染料で水草や鳥や植物の文様が摺《す》られる。

近世にはこの小忌と似た名称の衣装が歌舞伎衣装に存在する。小忌衣《おみごろも》と言い、おもに武将役や貴人役の部屋着に使用される。長羽織のような形で、首のまわりには襟襞が縫いつけられる。材質は錦繍、前身頃を華鬘紐《けまんひも》で結ぶ。華鬘とは仏教用語で仏前を荘厳する装飾仏具で、この華鬘の結び目を文様に用いたのが華鬘紐である。

小忌と小忌衣の材質や形状を比較すると、似て非なるものであることは明らかである。そうではあるが、小忌から少しずつ小忌衣へと形状が変化していく跡が見られる。私小忌や諸司小忌では、生絹《すずし》（白生《すずし》）の祭服を着て冠をつける。冠には巾子《こじ》の角に日陰蔓《ひかげのかずら》（日陰鬘）をぶらさげる（図7）。天鈿女命《あめのうずめのみこと》が天の岩戸に隠れた天照大神の

図6　小忌衣をつけた公卿（『大嘗会便蒙』②より）

図7　日陰蔓（『大嘗会便蒙』⑤より）

前で神憑《かみがか》り状態で踊るが、たすきにして掛けていたのがこの日陰蔓である。公達《きんだち》はその垂れ下がった日陰蔓の真ん中に銀製か造花の心葉《こころば》を飾り、左右から青糸・白糸を垂らす。また袖と身頃は赤い紐で結ぶ。小忌の頭部から首周りにかけての日陰蔓や肩からの美しい結び目は歌舞伎衣装の小忌衣にも取り入れられ、身頃と袖をつなぐ紐へと変化したことが見てとれる。

小忌は元来、朝儀のとき、公家や女官が一番上に羽織る素朴な装束であった。鳥や植物文様の意匠が摺りこまれた小忌が大嘗会で重要な衣装として用いられた。そのうち襟や袖にさまざまな工夫がなされ変形され、一見すると異様な衣装へと変貌し、それが「小忌衣」と命名され歌舞伎衣装と認知されていったことが推測される。

役者絵に表されたこの小忌衣の初見は初代尾上松助（尾上三朝）が「妹背山婦女庭訓」で大伴連諸門役を演じたときである。長袴を穿き、襟襞のついた着物に蜷《にな》結びを飾り紐にして垂らす。(39) これが小忌衣の装束で、享和三（一八〇三）年のことである。役者絵としては残されていないが、歌舞伎狂言としては寛政七（一七九五）年一一月「福牡丹吾妻内裡」(大)に同じく松助が逆髪の王子に扮し、小忌衣を着ている。(40)

歌舞伎の初見例の時期から考えて、それが強く意識づけられたのは大嘗会再興という社会的事件があったからではなかろうか。大嘗会再興に呼応して、公家たちが着用した小忌のもつ貴族性・高貴性という属性を歌舞伎に取りこみ、高貴な人物の着用衣装＝小忌衣へと転化していったのではないか。歌舞伎衣装の中でもとりわけ装飾華美で絢爛豪華な小忌衣の濫觴をただせば、大嘗会で斎戒を行う清楚な植物染料で摺られた粗衣の小忌だったのではあるまいか。

おわりに――小さくなかった大嘗会の関心度――

『大嘗会便蒙』刊行のその後に照準をあてたい。

いくら板木を没収されたところで、手書き写本は私的な行為であるから別に咎められることはない。読みたいと思えば借りて手写しすれば良いわけで、写本という流通手段により、話題に富んだ書物が次々と写本され伝来していったことは想像に難くない。『大嘗会便蒙』やそのバリエーションも同じような経路をたどったことは大阪府立中之島図書館所蔵の大嘗会関係書物の刊記で看取された。

興味深いのは写本段階での写し間違いだろう。『大嘗会便蒙』ばかりでなく他の古文書類でもよく経験することだが、写し間違いがそのまま転写され、最後には原本と相違する文字や図像に変貌してしまうことがある。伝言ゲームのような誤謬が手写本にも生じ、それが繰り返されればされるほど原本とは違った意味の挿絵や語彙となってしまう危険性が生じる。そのような事例が『大嘗会便蒙』の写本でも起こっている。たとえばそれは小忌を着た人物の挿絵で、手写しが繰り返される筆写過程で頭に垂れ下がる日陰蔓の心葉が消え、小忌の文様が消え、表情が違ってくる写本が残されている。

既述のように『大嘗会便蒙』は三〇部の公刊で出版が禁止されたのだから、いきおい写本でしか市中には出回らないだろう。その写本がまた底本となってそれをよりどころにして次々と利用されていけば、ますます原著からはなれた人物像が描かれていったことは想像に難くない。大阪府立中之島図書館所蔵『大嘗会便蒙』のいろいろな表情の小忌衣の図像たちがこれを証明している。しかしこのようなミスは裏を返せば『大嘗会便蒙』の抄本が多く残されたことを物語っているわけで、大嘗会に関する知識や情報を求め手写しに精を出した人々の存在も想像できるし、復活なった大嘗会に対する関心度をうかがうことができるのではないか。

そのうえ『大嘗会便蒙』が発禁になれば、それはそれで人々の関心を引くことになったのではないか。世情に明るい歌舞伎当事者たちがこのような話題性を見逃すはずがない。それが新しい歌舞伎衣装作りへと展開された。公卿が朝儀で着る衣装の意匠や特徴を取りこめば、庶民の関心を喚起するものができあがる。すなわち小忌の本

来の意味や属性を深化させ、様式化させ、それが小忌衣という装飾過剰な歌舞伎衣装の作製とつながったのである。(41)

大嘗会に用いられる衣装が世俗化し斬新な歌舞伎衣装をうみだす契機となったことは、公家文化に対する庶民の関心の発露ではないか。大嘗会という本来秘儀であるべき朝儀も、庶民側からみれば別の受容の仕方があったと考えられる。

大嘗会再興とその後の展開が庶民に関心を持って受け入れられたことは、時代が下って天明八(一七八八)年、松平定信が京に上ぼり、時の関白鷹司輔平との内談で世間では大嘗会が評判だったと話し合っていることからもうなずける。(42)これは光格天皇の大嘗会のことである。大嘗会は即位後一年以内に実施するように延喜式で定められている。ところが光格天皇即位式は七年前の安永八(一七七九)年のことであった。新嘗祭は当然毎年実施されていたが、即位の七年後に実行された大嘗会実施はそれだけでも過去の先例にしたがう朝廷としては尋常ではなかった。このような事情も畿内《かみがた》の庶民には話題になったかもしれない。

ところで、大嘗会で使用された材木が下賜された形跡がある。大嘗会翌日の辰日節会に大嘗宮が壊却されることはすでに述べたが、その解体された材木が下賜された。これは『解体新書』を著した杉田玄白の随筆「玉味噌」(文化一二〈一八一五〉年)に、「翁か一男伯元といへるもの上京して大嘗会行る丶時に逢ひ奉り、其宮柱の残り木なりとて土産になしたるあり」(43)と、いささか驚く内容が語られている。光格天皇の兄君安楽心院の脈を取った功績により白銀の謝礼があったこと、その後玄白の息子が上京し、大嘗宮の材木が下賜され、その材木で医の祖神の少名彦命の尊像を彫ってもらったという。大嘗会関係の事物が下賜されたのは、それ相応の特別待遇に処せられていたからだろう。現代風にいえば神木の下取り、もしくは再利用というかたちで、大嘗会で使用された材木が下賜されたということであるが、あり得ることなのだろうか。功績のあった人物たちに限ったとしても、

図8　「文政丙戌暮春新嘗祭之図」（筆者蔵）

それはどのような基準でどのような人々に下賜されたのか。あるいはその返礼に金品などの授受があったかどうか。右の一例しか発見できず、はっきりしたことはわからない。

以上のような諸事例を考えてみても、再興された大嘗会が少なくとも畿内の庶民階層の話題にのぼらないことなどありえないだろう。大嘗会そのものに関する政治的な思惑や歴史的経過にそれほど関心がなくとも、それが再興されたこと、『大嘗会便蒙』が禁書になり荷田在満が閉門になった社会的なスキャンダルを等閑視できようはずがないだろう。『大嘗会便蒙』写本の変化の過程、大嘗会見学禁止の町触、祭服である小忌を歌舞伎衣裳の小忌衣へと取り込んでいく経緯などから勘案して、大嘗会が庶民に格好の話題を提供したことは間違いないだろう。

最後に――「譲位図式」のなかの新嘗祭――

上に示した「文政丙戌暮春新嘗祭之図」（図8）[44]は、文政九（一八二六）年の仁孝天皇御代の新嘗祭の様子と思われる。初冬の夜中、御所内南庭に設えられた主基殿・悠紀殿の手前を行進する官人や取り囲む公家たちと、檜扇を持ちあるいは顔に翳《かざ》して並び、今まさに南門から入門しようとしている女官たちの姿が描かれている。とくに彼女たちは運動会の入退場門で子供たちが整列するのと同じような構図で、朗らかな表情が看取される。新嘗祭の挿絵だが、大嘗会もほとんど変わらない。同じような雰囲気であろうかと思う。

（1）中村真一郎は『木村蒹葭堂のサロン』（新潮社、二〇〇〇年）のなかで、大槻玄沢『蘭学階梯』を引用し、「巻上」の「総説」の冒頭に、いきなり「昌平日久シク、民、干戈ヲ見ザルコト殆ンド弐百年」の句に出会い、江戸時代が平安時代に次ぐ、戦争も内乱もなしの三世紀近くの時を持った、世界史上の奇跡的な時期であることに思い及び」、「世粛（木村蒹葭堂の字《あざな》）たちの生きていた社会は「浮世絵」や「浮世草子」を生んだ、現実肯定と快楽追求との時代」であったと回想する（四二〇頁）。

（2）「桃太郎」（中野三敏・肥田皓三編『近世子どもの絵本集』上方編、岩波書店、一九九三年）、一三一～一三六頁。柊と鰯の精が桃太郎のお供をして鬼退治。当時の大坂で有名な高麗橋の虎屋饅頭も出てくる。

（3）肥田皓三先生のご教示による。

（4）即位式では元服も重要な基準となる。桃園天皇と光格天皇は元服前に即位式を迎えた。即位式では天皇は大袖・小袖の皇帝装束着用である。両天皇はこの唐風の装束を着たが、冠は幼帝用であった。即位後、元服の儀式があった。式に臨んで桃園天皇と光格天皇は黄櫨染《こうろぜん》の束帯を着したが、それは肩のあいた闕腋袍《けってきほう》であった。元服式後、縫腋袍《ほうてきほう》の黄櫨染に着替えた。儀式上での装束は寒暑や官位ばかりでなく、成人儀礼をすませたかどうかでも異なる。

（5）高埜利彦「近世における即位儀礼」（『「即位の礼」と大嘗祭』青木書店、一九九〇年）、五八頁。

（6）拙稿「大雑書研究序説――『永代大雑書萬暦大成』の内容分析から――」（国際日本文化研究センター紀要『日本研究』二九集、二〇〇四年）。

（7）拙稿「近世民衆、天皇即位式拝見」（国際日本文化研究センター紀要『日本研究』三二集、二〇〇六年）。

（8）桜井秀『即位大嘗典礼史要』（博育堂、一九一五年）、三二三頁。

（9）同右書、一九八～二〇二頁。

（10）最近まで折口信夫の説が非常に魅力的に思えたのも、秘儀という理由でその神秘性にますます磨きがかかったからという穿った見方もできるだろう。岡田莊司『大嘗の祭り』（学生社、一九九〇年）は、この折口説に反論を加える。古代の天皇が大嘗会の初夜に巫女と同衾した事実があったとしても、天皇祖霊神との共食が大嘗会の中心となろう。しかし天皇のみが入場を許される大嘗宮の内部図を提示されれば、秘儀ゆえいろいろ想像をかき立てられるのも事実かもしれない。

(11) 前掲註(8)桜井書、六頁。

(12) 倚廬とは天皇がかれの父母が亡くなったときに服喪期間に籠る仮屋のことで、後には建物の意味ばかりでなく、喪服（素服）の白の意味にもなった。「いろ」は西鶴『日本永代蔵』にも「かし色」が登場。貸色屋《いろや》・色屋《いろや》という漢字をあてはめ、喪服を貸す職業の意味も兼ねるようになった。なお天皇または天皇に準じる立場の人物が倚廬に籠るときは錫紵《しゃくじょ》（凶服《きょうふく》）を着る。

(13) 瀧川政次郎『律令と大嘗祭――御代始め諸儀式――』（国書刊行会、一九八八年）、三一頁。

(14) 前掲註(10)岡田書、一一六頁。

(15) 岡田精司『古代王権の祭祀と神話』（塙書房、一九八八年）、一二七頁。

(16) 京都町触研究会編『京都町触集成』（岩波書店、一九八四年）、第三巻一七三頁。第四巻三三〇頁。

(17) 三浦周行『即位礼と大嘗祭』（京都府教育委員会、一九一四年）、一九～三三頁。

(18) 前掲註(8)桜井書、「大嘗祭或いは大嘗会といふ。が即位と共に毎世一度の盛典なることは、新嘗との別を生じてより、今日に至るまでかはるところなし。然れどもこれを登極礼の一部とは見るべからずして全く独立せる儀式なりと知るべし。故に水戸家に於て朝家儀式の沿革史料を収集し、礼儀類典を編するや、また明にこれを別巻となせり」（一六四頁）。

(19) 『有徳院殿御実紀』附録巻三、「羽倉在満住吉廣守受吉宗命拝大嘗会御儀」の条（一五二頁）。

(20) 『有徳院殿御実紀』巻四八、八〇八頁。

(21) 『荷田全集』第七巻（吉川弘文館、一九三一年）、「凡例」、三頁。

(22) 荷田在満奉教撰『大嘗会儀式具釈《（ママ）》』第一巻の続きは以下のとおり。「聊大嘗ノ字ハ、古事記ニ天照太御神聞看大嘗トアル。是初ナリ。即是ヲ日本紀ニハ新嘗ト記セリサレト。コレハミツカラキコシメスノミニテ、祭ニハ非ス。其後日本紀ニ天稚彦カ新嘗トアルモ、亦同シ。人代ニ至リテハ、日本紀ニ仁徳天皇四十年ニ嘗新嘗之月、以宴会日賜酒ト見エ、古事記履中天皇ノ条ニ、大嘗而為豊明之時於、大御酒宇羅宣而大御寝也ナトトモ見タレトモ、何様ニ行ハレタルヤ知可カラス。日本紀清寧天皇二年十一月ニ至テ、依大嘗供奉之料遣、於播磨国司山部連先祖伊豫来目部小楯ト見エタル。其播磨国ハ則斎国ナルト見エタハ、翌元文元年丙辰ニ行ハルヘキ例ナレトモ、行ハレ難キ事アリテ、延ラレタル。内二年丁巳ハ諒闇タルシニ、三年戊午貞享ヨリ中間、五十一年ニテ復再興セラル。聊貞観延喜ノ比ニ行ハレタル大嘗会ハ、其儀宏大ニシテ、今ノ世模ス可ラス。江次第ナトニ載セタル所ト貞享ニ行ハレシト今度ノ儀式トハ大略同シ。但シ今度ノ儀ハ江次第ヨリハ略ニシテ貞享ヨリハ少シキ厳ナリ」と、再興された貞享と今回の元文の大嘗会の違いについても述べる。

(23) 斎戒する諸司を小斎と言い小忌とも書く。また大斎を大忌ともいう。衣服の身幅によって名が違うというのは誤り（『大嘗会儀式具釈』に、それは貞観儀式・延喜式に典拠するとある）。
(24) 札に位を記す。野球のホームベースのようなもの。
(25) 大嘗宮神座の九尺の八重畳の下に敷く枕。貞観儀式では白羅草木鳥獣の刺繍を縁取りするという。
(26) 大嘗宮の八重畳に敷く絹布。天子着用の祭服・下襲を悠紀殿・主基殿へ。幞頭と白絹布は廻立殿へ。神事なので無紋。
(27) 「内膳ハ御服ヲ掌ル官ナル故ニ神饌ヲモ料理ス」（『大嘗会儀式具釈』）。神饌は神膳とおなじように供神の物である。
(28) 白練の御袍。天子が神事で着用。
(29) 貴人・天子が通行するときや春日大社の神事のように神が進む場合、先払いが「オー、オー」とか「シッシ、シッシ」と声をかけて周りに静粛にするよう警告を発する声。大嘗会では「オー、オー」「サキヲフ」と喚ぶ。
(30) 天照大神が天の岩戸に籠った時、天鈿女命が神憑りして天照大神を出した故事により、神事の前行《ぜんこう》役。中世以来絶ていたが、元文度より復活。
(31) 清暑堂は平安京大内裏のコンサートホール豊楽院《ぶらくいん》内の殿舎。
(32) 『後醍醐天皇実録』第一巻（『天皇皇族実録』七三、ゆまに書房、二〇〇九年）、三三三頁。
(33) 佐多芳彦「「朝服」と「束帯」」（『複製と儀式の有職故実』吉川弘文館、二〇〇八年）。
(34) 前掲註(8)桜井書、一六五～一六六頁。
(35) 『大嘗会便蒙御咎顛末』（『荷田全集』第七巻、名著普及会、一九九〇年）、一七六～一九九頁。
(36) 『有徳院殿御実紀』巻五二、三三頁。
(37) 『歴代残闕日記』（第三四冊、臨川書店、一九九〇年）には元文三年の桜町天皇の大嘗会の『大嘗会次第』と『大嘗会次第假《(ママ)》字記』の記載を見るが、同じ桜町天皇の大嘗会の模様を記した荷田在満『大嘗会便蒙』とは大いに異なる。『大嘗会次第』は御所内南庭に施設された主基殿や悠紀殿を含む間取り図（三二七頁）が、『大嘗会次第假字記』では手水の道具に使われるらしい蝦鰭舟《えびのはたふね》と多志良加《たしらか》の絵（四〇二頁）が載るだけで、すべては文字史料から大嘗会を知ることになる。他方、『大嘗会便蒙』では建物や調度品の詳しい絵柄から各小忌の衣装まで載せる。
(38) 立川談州楼焉馬『花江都歌舞伎年代記』（鳳出版、一九七六年）、五二八頁。
(39) 早稲田演劇博物館浮世絵閲覧システム番号〇一三―一一五四。
(40) 『劇場訓蒙図彙』（享和三年初版本『歌舞伎の文献・三』国立劇場調査養成部芸能調査室、二〇〇一年）、一四二頁。
(41) 拙稿「歌舞伎衣裳にみられる歴史的・社会的事象の受容――「馬簾つき四天」「小忌衣」「蝦夷錦」「厚司」を事例として――」（国際日本文化研究センター紀要『日

本研究』四〇集、二〇〇九年)。

(42) 藤田覚「国政に対する朝廷の存在」(『日本の近世』第二巻、中央公論社、一九九一年)、三三九頁。

(43) 芳賀徹校注、杉田玄白「玉味噌」(『日本の名著二二』中央公論社、一九七一年)、一六七頁。

(44) 「文政丙戌暮春新嘗祭之図」は「御譲位図式」と書かれた畳紙に包まれた中に、「御譲位（劒璽渡御）」「即位式」の絵図と共に入っていた。半紙を横に五枚貼り、縦三九センチ×横一三八センチの一枚仕立て。洞口虎頭館蔵の表記あり。岸駒の諱《いみな》は虎頭《こず》、岸国章は虎頭館や岸岱《がんたい》と名乗る。おそらくこの父子が下絵の絵師と推測される。筆者蔵。

表２　大嘗会までの行事日程と装束

天皇	年月日	事項	典拠
		大嘗会御服貞享度被調進候品 帛御服　①冠纓・御袍・下襲・袙・表袴・下袴・石帯・檜扇・襪・草鞋　②斎服・袍・下襲・袴　③明衣・草履各二	頼言卿記
東山天皇 （神祇伯 白川雅光王）	貞享４.８.23	大嘗会卜定	永貞卿記、季連宿禰記
	貞享４.９.11	伊勢例幣使ノ儀	季連宿禰記
	貞享４.９.30	荒見河祓	公卿補任
	貞享４.10.28	大嘗会禊（清涼殿）	永貞卿記
	貞享４.11.６	大嘗会由幣使ヲ伊勢・石清水・賀茂三社発遣	永貞卿記
	貞享４.11.６	大嘗会　神服・麁服	永貞卿記
	貞享４.11.17	人夫壊却　辰日豊明節会	大嘗会次第
	貞享４.12.７	束帯	永貞卿記
桜町天皇 （白川雅富王）	元文３.８.16	大嘗会ニ依リ吉田、多賀等ノ諸社ニ御祈禱ヲ仰セ付ケラル、次デイデ典侍所ニ御祈禱ノ事仰セ出セラル	元文大嘗会の心おぼへうつし
	元文３.８.28	大嘗会卜定、近江国滋賀郡ヲ以テ悠紀ト為シ、丹波国桑田郡ヲ以テ、主基ト為ス、検校行事等ヲ定メラル	元文大嘗会の心おぼへうつし
	元文３.９.11	伊勢例幣ヲ行ハル、南殿ニ於テ御拝アラセラル	八槐記、植房卿記、頼言卿記
	元文３.９.22	大嘗会伝送ヲ前ノ権大納言三条西公福ニ仰セラル	頼言卿記、八槐記、公卿補任
	元文３.９.30	荒見河祓（於洛西紙屋川）	植房卿記、八槐記、日次醜満
	元文３.10.29	大嘗会御禊ヲ行ハル、清涼殿昼御座ニ出御アラセラル（夜）	八槐記、頼言卿記

	元文3.11.1	忌火御飯、悠紀、主基ノ和歌ヲ奉聞ス、巳刻、大嘗宮造立始メ	八槐記、御湯殿上日記、憲台記
	元文3.11.3	大嘗会由奉幣使ヲ伊勢神宮并ニ石清水、賀茂両社ニ発遣	御湯殿上日記、八槐記、憲台記、稙房卿記、頼言卿記、知音卿記
	元文3.11.19	大嘗会ヲ行ハル、戌刻、廻立殿ニ行幸アラセラル。御湯殿ノ事アリ、祭服ヲ著御、悠紀殿ニ入御、神饌ヲ供進セラル、更ニ主基殿ニ遷御、其儀悠紀殿ニ於ケルガ如シ、竟ツテ廻立殿エオ経テ本殿ニ還御アラセラル、是日、悠紀、主基風俗等ノ和歌ヲ再興セラル	元文大嘗会の心おぼへうつし など
	元文3.11.19丁卯	(前略)右之外参役公卿雲客地下輩雖有之不出故、今晩之儀不見故、委付記之、尤予今度検校、今晩無諸役ニ付、不及出仕之由、兼日蒙殿下命、不能出仕、近者貞享四年被行大嘗会、其節祖父故一品公為検校、上卿又者小忌上卿故、卯日御出仕、其時残検校二人、卯日被出仕候哉儀、祖父公大嘗会之御留、去宝永大火之節、文庫入火、悉彼公之日記	稙房卿記
	元文3.11.19丁卯	今夜践祚大嘗祭也、不能出仕、是国風奉歌断絶、又不儲標山等諸事、依省略不可及出仕、内々所有沙汰也、検校公卿亦依無行事所不出仕云々、今夜終夜不眠、期店名敬神之至也、謹慎之外無他、伝聞天曙之還御本殿云々、終夜天明誠神感之至、可畏々々、可貴々々、	八槐記
	元文3.11.20戊辰	悠紀節会ヲ行ハル、出御アラセラル	元文大嘗会の心おぼへうつし
	元文3.11.20戊辰	解斎御手水御粥、鎮祭(公卿其儀不見)、壊却嘗殿及廻立殿(中略)不立本文御屏風、今度省略云々、密聞兼仰菅儒、申絶其伝之由云々、頗無念之至歟(中略)箸鳴らす記述有り、巳日節会、豊明節会	八槐記
桃園天皇 (白川雅富王)	寛延元.9.27	大嘗会伝奏ヲ権中納言姉小路公文ニ仰セ附ケラル	頼言卿記
	寛延元.9.29	荒見河祓	八槐記、日次醜満
	寛延元.⑩.16	大嘗会卯日神楽歌、辰巳日風俗舞、午日倭舞等再興セラル	憲台記、八槐記
	寛延元.⑩.28	大嘗会禊(清涼殿)	八槐記、憲台記、日次醜満
	寛延元.11.1	忌火御飯、大嘗宮造立、風俗和歌奏ス(檀紙に書く)	御湯殿上日記、八槐記、憲台記

	寛延元.11.3	大嘗会由奉幣使ヲ伊勢・石清水・賀茂両社ナド発遣	御湯殿上日記、八槐記、憲台記
	寛延元.11.7	大嘗会習礼	頼言卿記、八槐記
	寛延元.11.17丁卯	今夜践祚大嘗祭也	八槐記、憲台記、稙房卿記、日次醜満、頼言卿記など
	寛延元.11.18戊辰	辰日節会(悠紀節会)　鎮祭壊却	八槐記
	寛延元.11.19	巳日節会　風俗歌舞	八槐記、憲台記、日次醜満
	寛延元.11.20	豊明節会	八槐記、憲台記
後桜町天皇 (白川資顕王)	明和元.8.1	大嘗会十一月八日上卯ノ日ヲ以テ行ルベキ旨、御治定アリ（内侍所で御百度)	御湯殿上日記
	明和元.8.1	宝暦十二年九月四日癸亥、晴、未斜当震天雷有二声、参内、謁申摂政殿、内々語給云、来年8月即位、十一月大嘗祭可被行者、女帝被行大祀例、持統、元明、元正、孝謙重祚、又被行之、明正院者中絶之間也、今度可被申行之由也、予申云、大祀之礼此例皆上古之儀、雖在国史不注巨細、於今世者、服御物行幸儀等事々可有難渋、特若有御月障之時如何、可計給哉、深可有御思惟事也、登極之礼者不可□、煙祀(インシ)之礼者雖不被行不可有巨難歟、既有中絶、能々可思給由再三述所存、公有諾気、雖似支申□被行之、若有障之時者、恐神慮之間演素意了	八槐記
	宝暦14.8.1庚辰	晴、当年十一月八日可被行大嘗会、摂政殿被仰諸臣、女帝被行大嘗祭之事、持統、元明、元正、孝謙、称徳有煙祀之礼、近代明正院不被行、是依為大祀中絶之間也、有予議、摂政、左大臣、右大臣、前関白、内大臣等各不可闕此礼被行被奉、又被問大樹依無子細被仰定、卯有三ケ日之時用中卯、有二日ケ日之時用後卯、雖定儀今度先被行初卯八日、是若有月水御障之時可被行後卯二十日之為也	八槐記
	明和元.8.朔日	来十一月大嘗会ニ依り、内司所ニ御百度、又伊勢両宮、多賀社ニ七日間ノ御祈禱ヲ仰ラル(このほか愛宕社、松尾、平野、稲荷諸社、賀茂社、熱田社、春日社、鞍馬寺、伊勢両宮、水無瀬、吉田両社)	御湯殿上日記
	明和元.8.24	大嘗会国郡卜定	後桜町院天皇宸記

明和元.9.2	大嘗会行事所始	頼言卿記、柳原紀光日記、御湯殿上日記
明和元.9.9	伊勢例幣ヲ行ハル	後桜町院天皇宸記
明和元.9.15	大嘗会抜穂使発遣	八槐記
明和元.9.17	大嘗宮造立始	後桜町院天皇宸記
明和元.9.28	荒見河祓	後桜町院天皇宸記、八槐記、柳原紀光日記、頼言卿記
明和元.10.22	大嘗会風俗御屏風等ノ和歌ヲ奏聞ス	八槐記、続史愚抄
明和元.10.24	大嘗会ニ依リ、伊勢神宮并ニ多賀社ニ祈禱	御湯殿上日記
明和元.10.26	小忌卜定アリ	頼言卿記・定晴卿記
明和元.10.29	清涼殿昼御座ニ於テ大嘗会御禊ヲ行ハル(出御　ひとえぎぬ、はかま、贖物でる) 晴、初夜時分に御けい出御、御ぎやう水有、こくげん出る、清涼殿へ出御成、御ひとへ御はかまなり	御湯殿上日記
宝暦14.10.29丁未	晴、入夜時々雨灑、参内、今夜酉時大嘗会御禊也、出御于昼御座、中臣女蔵人上野中臣庸子供御贖 物、摂政殿前蔵人少弁光祖居之、宮主神祇権大副兼彦修祓献麻、自今朝依御神事、止寺々仏事之鐘鉦、用言、元文寛延例也、不協旧例雖有儀近世之例難改之前行大臣小忌国司等、自今日入神事、検校行事者自入定文之日神斎也	八槐記
宝暦14.10.29丁未	(前略)予神祇官人居御贖物於案上置庭中、次神祇官人和泉守紀春昌取御贖物授御巫、々々授中臣女、々々々供之、先散米、次人形解縄、次官主神祇権少副兼彦、授大麻於祭主、季忠朝臣、祭主取之授中臣女、々々々献之、一撫一吻後返賜、中臣女取之授祭主、々々授宮主(後略)	頼言卿記
宝暦14.10.29丁未	天晴、依番参内、今日御禊也、酉刻云々、宿衛依所労不参、戌時少雨下、後聞、御禊之儀晴云々、(中略)従今夜到来月晦日神斎云々(中略)二夜三日神斎決定云々、珍重〳〵、但雖二夜三日斎猶厳重歟、従今夜省中御神事、従今日僧尼服者不浄之輩不免入墩内、是先例也、又禁中障子等絵有僧形者以紙隠之	定晴卿記

明和元.11.1	忌火御飯ヲ供ス、出御アラセラレズ	御湯殿上日記など
明和元.11.1 戊申	今朝忌火御飯、無出御、内侍鳴扇云々(後略)	八槐記
明和元.11.2	一　今日摂政より大嘗会神せんの事、申入られ候に付、小ざしきかまへられ、おもてよりまわる、寛延の度御でんじゆの時は御みすかゝらず候ゆへ、その通に候所、此度けんきにいたし申入られ度とのよしにて也	後桜町院天皇宸記
明和元.11.2	大嘗会由奉幣於三社、伊勢・石清水・加茂発遣日也	頼言卿記、八槐記
明和元.11.2 己酉	摂政殿辰日節会之笏紙令書給賜之、当日於続内弁者不写改可用笏紙之由有命、普通賜門流之人非御書体自親令勤給之時有所用書形之由別有命畏申、又壽詞奉訖拍八開手、此事近代人々聞神家説不必然以御説有御伝授、口授也、畏申、源大納言輔忠卿、宰相中将公縄卿同承御説、 　左右ノ小指ヲ合セ占テ動カサズ、残リノ八指ニテ拍ツ、左ノ四指、右ノ四指、共ニ指ト指トノ間ヲ透シテ拍合ス、 　是ヲ八開手(ヤヒラテ)ト云也、四段一段之間三噫気許、段別ニ八度拍合ス、 　其数合テ三二度也、指ノサキヲ拍合スナリ	八槐記
明和元.11.4 辛亥	表御座所ニ於テ大嘗会ノ御習礼ヲ行ハル、是前権中納言山科頼言卿、帛御服并ニ御祭服ヲ調進ス、又、春日社摂社榎本社ノ木作始アリ	御湯殿上日記、頼言卿記など
明和元.11.4 辛亥	宝暦十四年十一月四日辛亥、晴、巳刻参内、御服帛、御祭服、調進了、内蔵頭持参了 帛御服　御釵子土高坏一基、銀不入螺鈿無幘、櫛以黄楊造之 　御五衣　平絹入妻綿、表着　平絹、御唐衣　同、御単　同 　御裳　生平絹　腰紐掛緒等平絹　御袴　薄紅平絹 　御檜扇　蜷糸白以胡粉画蝶鳥 　御襪　平絹　草鞋 御斎服(各二通　辛櫃に納める) 御斎服　生平絹(以下同じ材質)、御襲、御袴、御入帷、御草鞋、御明衣(アカハ) ほかに女房湯摺衣上三領、釆女絵衣単、袴　六通	頼言卿記
明和元.11.5 壬午	大嘗宮等ノ内見アリ	頼言卿記、定晴卿記
明和元.11.8	大嘗会行ハル（長文につき後桜町天皇の着替えを時系列に並べる） 廻立殿→掛かり湯　髪あげ　袴–清涼殿、御服五衣–廻立殿、湯殿–斎服を着る	御湯殿上日記・後桜町院天皇宸記(宸記は大嘗祭

		手水−悠紀殿−廻立殿→斎服を脱ぐ−内々小御所−亥刻悠紀殿入御子刻 あかつきのかかり湯−斎服を着る→主基殿−廻立殿斎服を脱ぎ五衣を着る→清涼殿→明け六ツ 前行一人、小忌公卿五人、弁二人、少納言一人、次将左右二人ずつ、ほかに剱璽持ち典侍二人、采女六人など	と表記）
	宝暦14.11.6癸丑	晴、参内、入夜伴新中納言資枝参近衛殿、令伝練歩作法於新中納言、遅練、予祗候、此度小忌上新大納言隆前、不参時為白昼之儀者参列之時歩依為大極殿儀可為笏引被命笏練可教示有命、即示之、靴ノ鼻ヲアグル時笏ヲサキヘ出ス、踵ヲアグル時笏ヲ胸ヘツクル、一歩ノアイダ三噫気練ハ鼻高也、自今夜入神事、明後日可賜別勅小忌也（七日略）	八槐記 （ほかに頼言卿記など）
	宝暦14.11.8乙卯	天晴、風静如春日、入夜月清明、未剋許参内、着紅単、供小忌御灯之後依別勅着小忌身四幅布青摺文水蕨無赤紐、付日陰草於冠巾子根、今夜大嘗祭也、入夜供小忌御灯、先是供神座、左大臣取打払筥、新宰相在家、伊光主基時光予朝臣取之、両弁着小忌袍、（中略）亥時許出御於清涼殿西面、著御帛御衣、御唐衣表着御五衣御単御裳薄紅袴裁縫如尋常以綾易生銀御釵子有鳳形白糸飾御扇、大典侍、定子、新宰相典侍胤子、奉仕之、帥中納言頼言卿去六日伝之、渡御廻立殿摂政令参御後給、伊光取裾、掌侍二人擎剱璽、侍臣栄長朝臣、尚資朝臣、兼矩朝臣、順仲、実富、広雅、大江俊興脂燭、次著御祭服、如男帝無差異也、不改御釵子無御幞頭、大典侍新宰相奉仕之（後略）	八槐記 （ほかに頼言卿記など）
	宝暦14.11.9丁辰	悠紀節会ヲ行ハル、出御アラセラレズ 女房以扇告無出御之由、壊却大嘗宮及廻立殿	頼言卿記など
	宝暦14.11.10戊巳	主基節会ヲ行ハル、出御アラセラレズ、清暑堂御神楽ヲ行ハル、亦、出御アラセラレズ 豊明節会ヲ行ハル、出御アラセラレズ、内々、御覧アリ（小袖・被衣で）、是日、舞台ヲ南庭ニ設ケ、大歌アリ、蓋シ中絶セル大歌所ヲ再興ハセラルル所ナリ	後桜町院天皇宸記
	明和元.11.16癸亥	向権師亭、今度御祭服帛御服等各一具拝領云々、珍重事也、文正已後絶而無之、今度所調進之、御服則拝受尤面目之由被称、可然事也、所被調進於御祭服者全与男帝無相違、女帝御祭服先規一向不勘得、但案之、即位之時礼服与男帝強無差別歟、仍今度男帝之通調進之、全不案得之儀後来定蒙恥辱歟、雖然不得止之上如此、此後於得所見者速可改之、仍態今度者不加今案之由所被談也	定晴卿記
光格天皇	天明7.9.5乙丑	帛御服、御祭服已下ノ色目ヲ治定セラル	

（白川資延王）	天明 7.9.18壬午	祓穂使、悠紀、主基両国ニ出発ス、今度、再興セラルル所ナリ、二十九日、行事所ニ帰著ス	山科忠言卿記
	天明 7.10.9 癸卯	来月九日、後桃園天皇ノ聖忌日ナルモ、大嘗会御神事ニ依リ、日次ヲ引上ゲ、是日、般舟三昧院ニ於テ御経供養ヲ行ハル	禁裏執次詰所日記
	天明 7.11.13丁丑	大嘗会御行事御伝授トシテ、後桜町上皇、禁裏ニ御幸アラセラル	禁裏執次詰所日記
	天明 7.11.23丁亥	大嘗会御行事ノ御習礼アリ	禁裏執次詰所日記
	天明 7.11.27辛卯	大嘗祭ヲ行ハル、廻立殿ニ行幸、御浴アラセラレ、祭服ヲ著御、悠紀殿ニ出御、神饌供進アラセラル、次ニ主基殿ノ儀ニ同ジ、竟リテ廻立殿ヨリ本殿ニ還幸アラセラル（白雪頻飛）	禁裏執次詰所日記、今出川前内大臣殿抜萃など
	天明 7.11.28壬辰	執次惣詰熨斗目着用 解斎御粥ヲ供ス、辰日節会ヲ行ハル、出御アラセラレ、悠記帳ノ儀竟リテ入御アラセラル、次ニ主基帳ノ儀アリ、出御アラセラレズ	禁裏執次詰所日記、今出川前内大臣殿抜萃
	天明 7.11.29癸巳	巳日節会ヲ行ハル、出御アラセラレ、悠紀帳ノ儀竟リテ入御、次ニ主基帳ノ儀アリ、出御アラセラル、次ニ清暑堂御神楽ヲ行ハル、出御アワセラル	禁裏執次詰所日記、今出川前内大臣殿抜萃、山科忠言卿記
	天明 7.12.1 甲午	豊明節会ヲ行ハル、出御アラセラル	禁裏執次詰所日記、山科忠言卿記
	天明 7.12.7 庚子	大嘗会御調度ヲ御覧アラセラル（片付けのこと――筆者）	禁裏執次詰所日記、山科忠言卿記

註１：年月日の□は閏月。後桃園天皇は紙幅の関係上省略。重要な日程以外記事の重複は避けた。

２：伊勢・石清水・加茂は三社、あるいは両社・二社という記述になっていたが、そのまま転記した。

３：神祇伯は天皇の祭祀のみを掌る職。

一八世紀における武術文化の再編成——社会的背景とその影響——

魚住孝至

はじめに

本稿は、一八世紀における武術文化の展開を、社会的な背景とその影響にも目を向けながら考えてみたい。

これまで武道史では、一八世紀は天下泰平の中で武術が華法化し、停滞していたとして、あまり注目されてこなかった。けれどもよく調べてみると、一八世紀初期には将軍吉宗が、末期には老中松平定信が武術を奨励し、新流派が数多く出て来ており、剣術では防具を着け竹刀で打ち合う撃剣が工夫され、柔術でも互いに投げ合う乱取りが生まれている。いずれも今日の武道の原型となるものである。特に一八世紀後期から展開した撃剣の新流派は、一九世紀中期から一大勢力となり、幕末には江戸で大道場を構えて競い合い、そこで学んだ下級武士たちの多くが明治維新の担い手となっていく。この点でも、一八世紀の武術文化の再編成が持つ意味は大きかったというのが、本稿が明らかにしようとするところである。

なお、一八世紀の国際環境は、鎖国体制が保たれていた間は、武術に関してはほとんど影響を与えることはなく、だからこそ、後に「武道」と呼ばれる日本独自の武術文化が熟成していったといえる(1)。ただ世紀末に起きたロシア船の蝦夷地来航が、武術への関心をかき立て、とりわけ砲術の改良を促したということはあった。

一　近世の武術文化の性格と一七世紀末の状況

(1) 武士の嗜みとしての武術鍛錬

武術は、江戸社会では特別な意味を持っていた。武術の鍛錬は、士農工商の身分制社会で、支配階級である武士の嗜みとされていた。江戸初頭から、「弓・馬・剣・槍」が伝統的な「武士の表芸」として重視されていたが、これらに加え、上級武士は合戦での千人、万人の軍勢の戦い方を扱う「兵法（軍法）」と砲術も学んでいた。また徒格《かち》や足軽格の下級武士は馬術を学べず、足軽部隊で使う砲術や槍術、そして捕縛術の柔術などの訓練をしていた。刀が武士の象徴とされ、武士は常時腰に二刀を帯びていたのに対して、農民や町人（工商）が二尺以上の刀を差すことは禁止されていた。元和以降、合戦がなくなり、幕府の監視体制が強まる中で、命懸けとなる特別な場合以外、武士が人前で刀を抜く事は憚られた。しかも武士たる限り、常に戦いに備える心掛けが強調され、武術の鍛錬が嗜みとされたのであり、逆に武士以外の者が、武術を鍛錬することは不届きとされていた。

武術を鍛錬するのに、武士はそれぞれ各種武術の流派の道場に通っていた。各流派には、それぞれ独自の技と教習法があったが、さらに新たな工夫を加えて新流派を建てることもあった。一七世紀前期までには、幕府でも各藩でも兵法師範として遇される流派はほぼ定着し、上級・中級・下級など武士の階層により流派も異なるので、幾つもの流派が並立して代々受け継がれていた。他流試合が禁じられていたことと、幕藩体制の下では諸藩が政治・経済・軍事的に独立していたのに応じて、一藩だけに広まる小流派が数多くあった。

武術の中心であり流派が最も多かったのは剣術であったが、一八世紀後期以前は、木刀を使って二人で流派独自の「形《かた》」（組太刀、勢法）を稽古していた（新陰流では、木刀ではなく、竹の先を割って革の袋を被せた袋しないを用いていた)。打太刀が打ち込んでくるのに対して、仕太刀がいかにかわし、どう勝つのか、攻防が決まっている形を稽古する中で、身体の動き方を覚え、精神を集中させ、相手との間合、拍子などを覚えていく。師匠格の打太刀が速さや間合を徐々に高度なものに変えて稽古する中で、相手の太刀の下へ踏み込んで打つ覚悟を養う。「表、中伝、奥伝、極意」などと段階づけられた数本一組の形を学び、各段階を修了するごとに免許が授けられるというのが一般的であった。武士は生まれながらの身分であり、武術の鍛錬は出仕の条件ではなく勤務評定にも基本的に関わらなかったが、武術の技を鍛錬するのが、武士としての覚悟を養う嗜みとされていたのである。

(2) 一七世紀末の武術状況

一七世紀後半は、幕府も文治政策をとり、諸藩が各領地に定着して制度も安定した中で、新田開発も進んで、経済成長が目覚しい時代であったが、その分、武術は停滞した。五代将軍・綱吉の時代には、「武家諸法度」の第一条がそれまでの「文武弓馬之道、専ら相嗜むべき事」(慶長・寛永令)から、「文武忠孝を励し、礼儀を正すべき事」(天和三〔一六八三〕年)に置き換えられ、さらに「生類憐み令」(貞享四〔一六八七〕年)が公布され、擬似演習でもあった巻狩りや鷹狩りなどは厳禁された。一七世紀後期には、剣術においても技術より、禅や儒教の教えを取り入れて心法を強調する流派が多く出現する。天下泰平の中で、実際に戦いが生じる可能性はなく、刀を人前で抜くこともほぼなかった時代に、武術が華法化するのは当然のなりゆきであった。たとえば一八世紀直前、尾張藩の中級武士は、跡目相続の前に、槍・弓・柔・砲・剣・軍法と次々に入門しているが、最初の免許をもらうとすぐにやめてしまっている(2)。

こうして迎えた一八世紀の初頭に起きたのが赤穂事件であった。江戸城中で刃傷に及んで御家断絶となった赤穂の元藩士四七人が主君の遺恨を晴らすべく吉良邸を襲い、応戦した一六人を斬って遂に上野介を討ち取った事件は、泰平の世に改めて武士の忠誠についての問題提起をすることになり、いざという時のための武術の鍛錬も思い起こさせるものであった。

二　一八世紀初期の武術の奨励

将軍綱吉の没後、新井白石を中心とする正徳の治が続いたが、享保元（一七一六）年、紀伊藩主であった吉宗が八代将軍に就任した。吉宗は享保の改革を行うが、士風刷新のために武術を奨励した。また武術書も出版されるようになった。以後二、三〇年の間に、武術の新流派が多く現れるようになる。

（1）『本朝武芸小伝』の刊行

この享保元年に、武術全般を総合的に著した最初の書である日夏繁高著『本朝武芸小伝』一〇巻が刊行されている（序と跋はその二年前）[3]。日夏は、刀術・薙刀の天道流を受け継ぎ、亀岡藩の兵法師範であったが、武芸者の事績を長年にわたって集め、武術を九部門に分け、各流派の武芸者一五二人の伝記をまとめたのである。部門ごとの人数を挙げると、兵法　六、諸礼　一一、射術（弓術）三〇、馬術　一一、刀術（剣術）五七、槍術　二一、砲術　九、小具足　四、柔術　三となっている。

この内、「諸礼」は、小笠原流などの武家の礼法であり、以後は弓術に一括され、「小具足」も「柔術」と一括される。したがって、武術の全体は、兵法と弓・馬・剣・槍・砲・柔と捉えるのが、当時の武士の常識であり、後の藩校でも武術科目とされる内容となる。各部門の人数から、それぞれの武術の比重がほぼ推測できる。職業として特殊な者が行う相撲や忍術などは武士の武術には含まれていない。

『本朝武芸小伝』は、一七世紀半ばまでの主要な流派の名のある武芸者をほぼ網羅している。著名な者に関しては、軍記などを広く渉猟して関連する記事を抜き書きし、また「或人曰」として種々の逸話や説を書き、「愚曰」としてその真偽について自身の考察を書く。一巻にわたる剣術が中心で、塚原卜伝・御子神典善《みこがみてんぜん》（小野忠明）・宮本武蔵などについては逸話もいろいろ載せており、後に実録や講談などの種となることになる。

幕府も諸藩も武術に関する書籍を作ることはなかったが、各流派の中で秘伝で伝わっていたことが民間で集成され、刊行されたことは、武術が歴史的な教養文化としても確立したことを示している。この書の記事が、流派の伝統を記す際、材料にされることもあった。この書の記録が一番古いという場合が多いので、今日でも武芸者の伝記や小説の材料とされることも多く、この書の影響は今でも大きいのである。

またこの書を踏まえて、各流派をまとめる書籍が時々に作られたので、それらの書を合わせると、一八世紀の武術流派の推移の概略を知ることができるのである（第三節参照）。

（2）将軍・吉宗による武術復興とその影響

享保の改革は多方面での改革を図ったが、武士の心得を強調して武術を奨励していた。一芸一能がある者を広く挙用したので、地方から出て来る者も少なくなかったという。また幕臣の武芸の奨励を象徴するのが、綱吉以来、四〇年近く中絶していた巻狩りの復活である。巻狩りは、采配を揮い、武技を試みる機会であり、士風の高揚を狙った軍事演習であった。享保一〇（一七二五）年に行われた下総国小金原での巻狩りは、周辺一四五か村から動員された人足五〇〇〇、列卒三〇〇〇、総員数三万余、五〇〇匹近くの猪・鹿が仕留められたという。吉宗は生涯三三八回もの遊猟を行ったという(4)。

また吉宗は、二〇〇年余り中絶していた弓場始めを復興させることを目指して、親藩・諸侯・故実家・弓術師範にそれぞれ所有の秘書を供出させて調べ、自ら近臣とともに試して、射礼を再構成させ、これを小笠原持広に命じて旗本御家人に教授させた。また絶えて久しい流鏑馬《やぶさめ》を、小笠原常春に命じて調べさせて復興させている。ただ古式そのままではないので、当初「騎馬挟物《はさみもの》」と呼ばせていたが、これが今日演武されている流鏑馬である。

吉宗は、弓馬に関心が深く、朝鮮馬術やオランダ人の洋馬術も見ている。さらに砲術を重視し、湘南海岸に砲術調練場を開き、小筒のほか、大筒（大砲）の遠距離の試し撃ちをさせ、大筒の強化を図ったという。

吉宗が剣術を台覧したのは一度だけだが、新陰流の柳生俊方と一刀流の小野忠一の剣技を見て、家業に堪能であるとして時服を授けている。吉宗は、次男・田安宗武に、日置《へき》流弓術・大坪流馬術・新陰流剣術・大島流槍術の師範を付けて稽古させている（後に孫の松平定信にもこれらの流派の師範が付く）。

将軍自ら意欲的に盛んに行動したことが、人々に大きな影響を与えることになる。いろいろな場において武術が奨励され、後に見るように多くの武術新流派が現れることになる。

（3）武術に対する関心の高まり

①武士道―武術書の出版

吉宗が将軍に就任した享保元年に先述の『本朝武芸小伝』が刊行されていた。翌二年には、井沢長秀著『武士訓』（再刊）や片島武矩著『武備和訓』など、武士の心得書が出版され、武術に励むべきことが強調されている。

『武士訓』は、「士たらん者は、分限相応の人馬を持ち、武具を蓄え、軍学を究め、武術を習ふべし。弓、馬、剣術、抜刀、槍、鳥銃（砲術――筆者注）、柔術等なり」（巻三）という。武士たる者は、これら武術を少し覚えねば、かえって目に角を立て、血気に冒されて忠孝の道を忘れる。武術を嗜んで、「裏に勇猛を含みて、表に和敬を顕すべし」（巻三）というのである。(5)

また『武備和訓』は、「武道は常に励み務めて、用いる事なきを以て、達徳の賢武士とせり」。「武は内に蔵めて外に陽はさず、則ち刀剣の鞘にありて、その威の厳なるがごとし」「常に心を刀剣に置きて、危き事を恐れ、威武を心に備ふるを、剣術の本意とせり」（巻一）という。(6) 武士たる者は、諸武術を鍛錬しても、外に表さずに、内に静かな強みを蓄えるべきこと、刀を内面化して自らを強く律して磨き上げるべしと強調していたのである。

また享保一二（一七二七）年には荘子の寓言を借りて四民の教化を語る、丹羽佚斎《にわいっさい》著『田舎荘子』が刊行されて評判を取ったが、その下巻にある「猫の妙術」の章は、鼠を退治する猫の寓話の形をとって、剣術では技が早いことより、気を練って勝つこと、さらに「無心にして自然に応じること」を上とし、ついには敵もなく我もなく物来るに随い応じる「無為」を至極だという。「それ剣術は、専ら人に勝つ事を務めるにあらず、大変に臨みて、生死を明きらかにする術也。士たる者、常に此心を養ひ、其術を修せずんばあるべからず」とする。(7) この書は、後に山岡鉄舟が愛蔵し、剣道の極意としたことでも有名である。丹羽は『天狗芸術論』（一七二九刊）でも、技を鍛錬してこそ、「芸に習熟して心に徹し、気活かし神定つて無碍自在」にいたるという。(8) また「気」の修し方として、呼吸を平らかにし指先まで気が通るようにし、滞ることなく全身に気が充ちるよう、歩き方から心がけよという。丹羽は、剣術の武術としての実戦性にふれることなく、「気」を修し「無心」「無為」を至極とすることを強調するのである。

②武芸者の物語

またこの頃から武芸者の伝説化が始まり、歌舞伎でも演じられ、講談でも武芸談や勝負の話が語られるようになる。

一八世紀初頭の赤穂浪士の討ち入り事件（一七〇二）は、近松門左衛門の『碁盤太平記』（一七〇六）など芝居にも何度か取り上げられていたが、それらを集大成する形で、竹田出雲らの合作『仮名手本忠臣蔵』（一七四八）が生まれて、武士たるものの姿を一般庶民にも印象づけることになる。また、『勢州亀山敵討《かたきうち》』（一七二八）、『敵討襤褸錦《つづれのにしき》』（一七三六）など、敵討ち物が多く芝居にかかるようになる。さらに武蔵の勝負を敵討ち仕立てにした歌舞伎『敵討巌流島』（一七三七）が、江戸・大坂・京都の三都で繰り返し上演されている。講談では神田派の祖とされる神田白龍子は、『天狗芸術論』に序文を書くほど兵学・武術に造詣が深かったので、おそらく講談でも武芸談を多くとりあげていたと思われる。

現実には、武士が刀を抜くことはほぼあり得なくなっていたが、こうした物語や芝居・講談の中では武芸者が華々しく活躍する。それらはフィクションではあったが、庶民の武術への関心をかき立て、剣術が強くてこそ武士というイメージを広げたと思われる。

三　一八世紀中葉の剣術新流派と撃剣の始まり

一八世紀中葉、剣術において多くの新流派が現れ、術技も大きく革新されるようになる。もっとも新流派は誕生してから定着するまでには、さまざまな経緯を辿り、時間がかかる。当時はもっと多くの新流派が現れたと思われるが、今日知られるのは、伝書や記録を残したものと後に隆盛したものだけである。

この時代に生じた剣術の新流派の概要を知る手掛かりとなるのは、『撃剣叢談』である。岡山藩士・三上元龍が寛政二（一七九〇）年に、それまでの二十余年の間に見聞した剣術流派をまとめて書いたものである[9]。全部で一一四流派があるが、その内『本朝武芸小伝』（一七一六刊）およびそれに基づいて書かれた『武術系譜略』（一七六七成立）[10]にある流派は五三なので、六一流派が新出ということになる。西日本の小流派もあるが、江戸に道場があるとするのは三〇流派で、主な流派について解説している。寛政前までの概要はこの書によって知ることができる。その後の展開は、天保一四（一八四三）年刊行の『新撰武術流祖録』[11]からうかがえる。この書は武術全般を扱っているので、剣術（刀術）は六六流派だけだが、『撃剣叢談』以後に現れた八流が見られる。

これらによると、一八世紀の中期から後期にかけて、以前に倍する多くの新流派が現れ、末期から一九世紀初期にかけて有力な新流派が生まれたことがわかる。

(1) 新流派の成立と展開

主な新流派を、成立の時期と展開の仕方によって、四つにまとめて紹介する。(12)

第一は、前世紀末までに流祖がいくつかの流派を修めてから新流を建て、一八世紀初期に世に出た流派である。無眼流は、三浦政為が一刀流・東軍流・武蔵流など一八流派を修めた後、自ら悟って天和三(一六八三)年に建てた。三代目大東良興は『剣術論』を書く。また心形刀流《しんぎょうとう》は、伊庭《いば》秀明が柳生新陰流・武蔵流、さらに回国修行して一刀流・本心刀流の奥義を極めて天和二年に江戸に戻って道場を開いたところから始まる。三代目秀直が幕臣となり、以後幕末まで続く。

第二は、一八世紀中期から後期にかけて、流祖よりも二代目が竹刀打ち稽古を取り入れてから大きく発展した流派である。直心影流《じきしんかげ》は、山田光徳が、三男で藩を辞した長沼国郷とともに宝永七(一七一〇)年に江戸に出て建てたが、国郷が正徳年間(一七一一〜一六)に竹刀による試合稽古の撃剣を始めてから有名となり、中期には「東都にて第一と称せられ」た(『撃剣叢談』)。また、神道無念流は、下野国・藤葉村生まれの福井嘉平が諸国修行の後、元文四(一七三九)年に江戸に出て建てたが、武蔵国・清久村の豪農出身の戸賀崎暉芳《てるよし》が、印可を得てから関東から九州まで七年間武者修行した後、安永七(一七七八)年に江戸に道場を構え、門人の仇討ちを成功させて評判をとり、竹刀打ち込み稽古を採用して、「当時江戸にて第一と称せらる」(『撃剣叢談』)までになった。また鏡新明智流《きょうしんめいち》は、桃井直由が浪人して諸国を廻り、一刀流や柳生流など四流を修めて、安永二(一七七三)年に江戸に出て道場を開いたが、二代目の春蔵直一の頃、竹刀の打ち合いを取り入れてから道場は繁盛したという。

第三は、関東の農村の郷士が家伝の武術を再興して地元を中心に展開した流派である。早くは馬庭念流《まにわねん》で、上野国・馬庭村の郷士・樋口将定が、慶長期に念流七世から受け継いで以来という家伝を中興し、享保の武術奨励の時流によって世に現れた。また甲源一刀流は、武蔵国・秩父の郷士・逸見《へんみ》義年が、甲斐源氏の系譜を引く逸見家伝来の刀法に、浪人から伝を受けた一刀流溝口派を合わせて、安永年間(一七七二〜八一)に編み出したものである。特に天明三(一七八三)年から六年にかけての大凶作で秩父にも暴徒・強盗が横行した時に、門弟たちとこれを鎮圧したので、官からも褒賞を受け、剣術の師範となることを許されたという(墓碑)。また神道一心流は、上野国・後閑村の郷士・櫛淵宣根が、家伝の神道流に微塵流・直心影流など四流を修めて天明五年に建てたものである。これらの流派は、それぞれの地元の上層農民を中心に広がっていった。

第四は、一八世紀末期に江戸から関東近郊の豪農層へ広がっていった流派である。天然理心流の近藤長裕は、寛政初年(一七八九)江戸に道場を開いたが、なかなか門人がつかなかったので、近郊農村の豪農や在郷商人らの子弟を対象とする巡回出張教授をし、武蔵国の多摩方面で熱心な支持者を得ることができた。養子となって四代目を継いだのが近藤勇であるが、彼もこの地の豪農出身である。柳剛《りゅうごう》流は、武蔵国・物新田生まれの岡田奇良が心形刀流を学んだ後、関東各地を廻って諸流を修め、相手の臑《すね》を斬る実戦的剣法を編み出し、やがて一橋家の師範となって江戸に道場を開いて多く門弟を養う中で、免許を得た門人たちが関東各地に広げていった。

また他に、講武実用流の平山行蔵は「奇人」とされる特異な個性で後代に影響を及ぼすことになる。平山は、伊賀組同心で「常在戦場」を信条として武術十八般に通じたが、兵学と剣術に力を注ぎ、昌平坂学問所に任用されるも四年で辞し、寛政九(一七九七)年以後、江戸の自宅の「兵原草廬」で剣術・兵学・儒学を講じた。ロシア船来航を聞くや自ら蝦夷地防衛の先兵たらんと幕府に訴えた。内弟子に入った男谷精一郎は、文政期に直心影流を継いで幕末には幕府の講武所の頭取となることになる。勝小吉も弟子で、その国防意識は子の海舟にまで伝わるのである。

(2) 新流派の流祖と受容層

新流派の流祖には浪人が多い。一八世紀初期から幕府は軍役軽減措置をとり、諸藩も財政窮乏から家臣団を削減したので、足軽などの軽輩を中心に「軽き浪人」層が増えていた。一八世紀半ばには浪人改めがなくなったこともあって、藩士の職を辞し、剣術で身を立てんと江戸に出て来た者もいた。中級以上の武士なら弓・馬・剣・槍などを学ぶが、浪人の彼らは剣に絞って回国修行で多くの流派を兼修してから、新基軸を打ち出している。

また関東の農村部の郷士や豪農も多い。特に家伝の刀法に工夫を加えたという者は、戦国時代には武士だったが、武田氏や北条氏など主家が敗れて土豪となった者たちの末裔である。元来武士としての誇りが高く、この時代になって経済力を持つようになり、特に後期からは地方で一揆が頻発する不穏な情勢の中で、剣術を公にやり出したのであろう。

寛政二(一七九〇)年の『撃剣叢談』も、「富民」「豪民」「神官」「虚無僧」などが剣術をしており、「武者修行と称し諸国に遍歴せし者」もいたと記している。地方では、すでに一八世紀後半から豪農層の間にも剣術は広がっていたのである。

江戸の新流派の道場に集まった門人たちは、江戸勤番の下級武士や御家人・浪人、それに地方から出て来た郷士・豪農出身者などであったと考えられる。特に次男以下の男子は、家督を継げる長男と違って、何らかの仕事を見つけるか他家の養子になるしかない。剣術の実力を磨いて身を立てる手掛かりにしようと考えた者も多かったはずである。

地方でも、家伝を伝える郷士や庄屋などの家には道場が設けられ、近郷の郷士・豪農の若者が通ってくるようになり、その範囲も次第に広がっていった。馬庭念流の門人帳には宝暦五（一七五五）年からの一一年間だけでも、上野・信濃・武蔵にわたり九五三人の名が記されている。(13)

城下町に住む士格・徒格だけであれば、人口の三％に満たないが、それが足軽格・浪人・武家奉公人、さらに豪農層・町人層にまで広がれば、武術の受容人口はかなりのものになる。一八世紀にはまだ抑えられていたが、それでも幕府が文化二（一八〇五）年に農民・町人の武術稽古の禁止令を出し、以後もたびたび布告していることをみれば、現実にはかなり広がってしまっていたのである。本格化するのは一九世紀であるが、一八世紀後半から社会が流動化する中で、境界身分の者たちが武術を行う大きな流れが生まれていたのである。

(3) 新流の教え方――撃剣の展開――

町道場の主は、藩士を指導する藩の師範とは道場の経営の仕方が当然ながら異なる。幕府や藩の正式な兵法師範なら家禄は保証されており、ほぼ同じ格の者たちが通う道場では、伝来の形を少人数で稽古する中で武士としての教育を施すことができる。ところが町道場は弟子の入門時の束修や道場維持費、免許授与の謝礼などの収入によって成り立っているので、多くの門人を惹きつけるように工夫しなければならない。防具を着け、竹刀で実際に打ち合う撃剣なら、安全であり実力の向上が目に見える。競争によって興味を惹くこともできる。

撃剣は、一八世紀初頭の正徳年間（一七一〇年代前半）に直心影流二代の長沼国郷が「面・小手・胴」を改良し、竹刀も改良して三尺四寸とし「吟味」する「試合打」をしたのが、始まりとされている。実は父の山田光徳には、一八歳の時木刀で仕合をして怪我をしたが、三二歳の時に直心正統流が面・手袋をして稽古するのを見て感銘を受け、その門に入って四六歳で的伝を得たという経緯があったので、父子ともども防具と竹刀を工夫して、試合打ちを始めたのであろう。

撃剣の展開にもう一段階を画するのは、宝暦年間（一七五一～六四）に中西派一刀流の二代目中西忠蔵が面に面ぶとんを付け、籠手も手首まで覆い、竹胴の防具も工夫するとともに、竹を割った袋しないでは撓《しな》うので竹を四枚削って合わせた竹刀を作って、竹刀打込み稽古を始めたことである。中西派は父忠太が一刀流宗家の小野家五代から寛延元（一七四八）年に指南免許を受けて江戸・下谷練塀小路に町道場を開いたのが始まりだが、その道場の場所からして中西は御徒組で軽輩だったと推測される。この竹刀打ちは、たちまち人気を集め、入門者が相次いだ。これに対して、小野家六代・忠喜が、竹刀稽古は、児戯に等しきもので、一刀流伝来の刀法を崩すと批判したが、中西忠蔵は「刃引・木刀ばかりにては、強く打ち相試み難く、業弱く、気相の論或は禅言を用、剣術の物語に沈むもの也」、「しないは面具足にて打相い、微弱なる者又は業に未熟の人も、身を捨て相打ち懸る心になり」と反論している。ただ勝負がわかりかねる場合が多いので、「打太刀少し中りても負けと心得、強く勝つ様に心得、木刀・刃引の如く修行致すべき事」(14)を心得としているとした。

こうした中西派でも、一刀流である以上流派の形（組太刀）を稽古し、伝書も理念も従来のものを標榜していた。竹刀打込み稽古は、元来は形稽古の検証のために行うとされていたが、やがて「志有る者には、組太刀を教え、しなへを好む者にはしなへを遣はせ稽古」するようになり、次第に竹刀打ち込み稽古に重点が移っていった。

伝統があり、江戸で有力だった中西派一刀流が、竹刀打ち込み稽古を採用したことは、他の新流派が竹刀打ち込み稽古を導入する大きなきっかけとなった。間もなく神道無念流・甲源一刀流・心形刀流・鏡新明智流などが盛んに行うようになったが、それでもなお竹刀稽古をする流派は一八世紀末までは江戸ではまだ少数派だったという。

木刀による形稽古では、刀で切り合うことを前提に太刀筋を吟味していたが、竹刀打ち込み稽古になると、防具の面・籠手を打つこと中心へと変化し、武術性はうすれ、競技的に再編成されて他流と安全に試合することが可能となってくる。[15]

寛政一〇(一七九八)年から翌年にかけ、神道無念流の大原伝七郎は、武蔵・甲斐から伊勢・中国・九州の各地を廻って他流とも立ち合っている。他流試合が禁じられていた当時、城下町の家中の臣と立ち合うことは江戸を遠く離れた九州以外では難しく、主に農村部を廻っている。関東では甲源一刀流、中国では神道流、九州では新陰流・武蔵流などの者と、六九か所三〇〇人弱と立合い、稽古したようである。[16]

こうした回国武者修行が本格的に盛んになってくるのは、他流試合が解禁される一九世紀中葉の文政期以降である。

(4) 形稽古の見直し――心法論の流れと「守・破・離」――

撃剣の展開は、形稽古の意味を改めて考えさせることになった。寺田宗有は、江戸在勤の高崎藩士で、最初中西派一刀流に学んだが、竹刀打ち込み稽古をする道場の方針に疑問を抱き、心法を重んじる平常無敵流に転じて修行すること一二年、三〇歳で奥義の谷神《こくしん》伝を授与された。また無住心剣などの心法を強調した伝書を研究するとともに、四二歳で白隠の弟子の東嶺に参禅し、練丹《れんたん》の修法を自得し、天真翁の道号を授けられた。寛政八(一七九六)年、一刀流に執心する主君の命により五二歳で再び中西道場に戻ったが、一刀流の形の研究に専念し、四年後免許皆伝となった。寺田は形稽古だけをしていたが、ある時、竹刀打ちの者と防具を着けず木刀で立ち合ったところ、全く相手にしなかったという。[17]

形稽古により心法、練丹を強調する寺田の天真伝一刀流は、後に白井亨に受け継がれ、剣術の心法論の流れを作ることになる。呼吸法を重視し、気の流れと練丹を強調することは一八世紀中期の『天狗芸術論』にもあったが、これ以降は白隠禅の影響が強くなる。

寺田はまだ若かった中西派四代目の後見を務めたので、中西道場でも形を稽古するようにした。このため後にこの道場に入門した千葉周作も一刀流の形をきちんと学んでいる。

一九世紀中葉の話になるが、千葉は形稽古の大事さを、一八世紀半ばに千家の茶道を江戸に定着させた川上不白の「守・破・離」の教えを用いて説明している。まず「その流派の趣意を守る」、その上で「その趣意になずまず、一段破り」、さらに「右、守・破の意味も離れ、無念無相の場にて、この上のなき処に至る」[18]（傍点――筆者）と説く。「守・破・離」は、今日の剣道でもよくいわれるが、その理論の基は一八世紀後期の江戸千家の理論によるものであった。

四　一八世紀後期における柔術と伝統流派の再編成

この時期、柔術においても、剣術と似た現象が見られ、近代の柔道へとつながる重要な再編成が行われていた。柔術は、もともとは合戦の術から発展したものであり、素手で刀を持った相手に対する技であり、急所を突く当身《あてみ》や相手の関節の逆を取って動けないようにする極《き》めがある。鎧・小具足を着けた相手を制し、さらに捕縛する術もあった。江戸時代になると、平服で座っている時、あるいは立っている時に小刀を持って襲ってくる敵に対処する居捕りや立合の技が工夫された。武器で襲ってくるのを素手で制するために、当身や極めの技を使う。襲ってくる敵の攻撃をいかに捌いて勝つか、取りと受けの「形」により教授されていた。

柔術でも、一七世紀前期までには、竹内流・楊心流・関口流・制剛流・新心流など、主な流派が諸藩に兵法師範として定着していた。

（1）起倒流と「柔道」と乱取

起倒《きとう》流は、江戸初期の茨木又左衛門の起倒流乱《みだれ》を基としている。茨木は柳生宗矩の門に入り、また沢庵から『理気差別論』を与えられ、「専ら形を離れ気を扱う」として心を練ることに重点を置いたという。しかし、茨木の起倒流乱の技は伝わってはおらず、今日起倒流の形となっているのは、茨木の孫弟子にあたる寺田正重が「無拍子」の理を基に制定したという「表十四本、裏七本」である。寺田の弟子の吉永扶寿が、寛文一一（一六七一）年頃に起倒流の伝書五巻と形を整備したようである。吉永は津山藩士で、この頃はまだローカルな流派だったが、一八世紀に入ってから三都に広まっていくのである。

吉永の弟子・堀田頼庸は赤穂藩士であったが、赤穂事件で浪人となってから、大坂に道場を構えて多くの弟子を教えた。その内、寺田正浄は京都に広め、『登假集』（一七二七）、『燈火問答』（一七六五）を著した。また滝野貞高（遊軒）は、禁中の警備の士だったが職を辞して後、延享元（一七四四）年に江戸に出て、下谷に道場を構えて教え、その門人は五七〇〇余人にも上ったという。養子の貞固、幕臣の中川新五兵衛や鈴木清兵衛邦教、神戸有麟斎（灌心流祖）、犬上永保（扱心流祖）、竹中元之進（竹中派）などが有名である。門人たちは下級武士が中心だったであろうが、禁止されている剣の鍛錬とは違うので、町人・農民なども多く学ぶことができたのであろう。

滝野門の鈴木は幕臣で、起倒流を教えたが、別伝として「神人一体・天人合一」の境地に至る「神武の道」を説いた。鈴木の門弟は三〇〇〇人、大名も三、四〇人を数えたという。その中には、旗本で後に大坂町奉行になり、起倒流の理論書『柔道雨中問答』（一八〇六）を著した水野忠通がおり、さらに白河藩主で、後に老中となり、寛政の改革を主導する松平定信もいた。また竹中派からは、後に嘉納治五郎が出ることになる。

起倒流の展開にも、剣術の新流派と似た現象が見られる。起源は江戸初期にあるが、実質的には中期に再編成され、浪人によって大坂・京都・江戸に伝えられ、大きく展開したのである。江戸の一派は、幕閣にまで及び、さらに後には近代柔道の基盤となるのである。

こうした展開をもたらしたのも、技がまったく新しいものだったことが大きいと考えられる。起倒流の形「表十四本、裏七本」は、他の柔術流派とは違い、相手も武器を持たず、技に急所を突く当身や関節を逆に取る極めがない。居捕りではなく、立合いのみで、形は投げの原理を示すものとなっている。「裏七本」は続けて連続的に技を出す。当てや極めがないので、危険ではなく、痛い思いをすることもなく、運動的性格が強いものとなっている。この起倒流の形は、講道館柔道においては「古式の形」として、今日でも演武されているものである。

このように武術性が薄くなると、柔術についての新たな意味づけが必要となる。起倒流は、天・地・人を貫く「気」の理論を展開し、「術」というより生き方の「道」だと強調する。「柔道」を最初に称したのは一八世紀初期の寺田正重を祖とする出雲の直信流だが、中期には起倒流でも「柔道」を称している。嘉納治五郎は、講道館で教える技の体系を、江戸時代の柔術とは違うことを示すために「柔道」と称するのだと強調したが、彼が学んだ起倒流がすでに術と道を区別し「柔道」と称していたのである[19]。

また起倒流において、養生論の意味づけも出てくる。松平定信は幼少から病弱だったが、二〇歳の頃吹出物に苦しみ、九鬼長門守らに勧められて起倒流を学び始めたが、いつの間にか病気が治り、健康になったことに気がついて、その効用大なることを知ったという(『修行録』)。しかも「五臓の安置と呼吸の事」も得て、自然に欲から離れることもできたという[20]。儒学などの知識によるのではなく、身体で実際に体験した故、「道」への通路だと信じることができたのであろう。

さらに当身や極めを除いて、投げ技を追求していったことから、乱取りへの展開も開かれる。一四本の形の稽古では、実際に技が利かぬ時には受けは投げられず残って、取りと受けが「同気になりて、ともに己を磨く」

（『燈下問答』）ことがある。そうなると「残り合い」となり、そこからさらに実際に投げ合う乱取りへと発展したようである。「鈴木邦教が乱取りと見られるべき方法で松平定信を導いた様子が『御行状起料』に見られる」といわれる。(21)

(2) 真之神道流の「極の形」

他方の当身や極めの形による稽古も、別の形で合理的な整理が進んでいた。一八世紀前期、大坂城の同心であった山本英早は楊心流を学んで極意を得たが、さらに工夫して、楊心流三百三手を整理して八十七手とし、初段・中段・上段の級格を定めて、宝暦元（一七五一）年頃、真之神道流を建てた。その孫弟子本間正遠が江戸に出て、この流を広げた。一九世紀初期、本間に楊心流と真之神道流を学んだ磯正足は、武者修行する中で大勢と戦った時に当身の重要性を認識して、両流を基に一二四本の技を定めて天神真楊流を建てる。嘉納治五郎は、この天神真楊流を最初に学び、後に起倒流を学んで、両流を基に講道館柔道を創ることになる。嘉納は、天神真楊流系の形を、「極《きめ》の形」として残している。

このように柔術においても、一八世紀には起倒流や真之神道流によって技が再編成され、近代の柔道へとつながるものが準備されていたのである。

(3) 伝統武術の流派の再編成

これまで剣術については新流派を見てきたが、上級・中級武士は一八世紀を通じて幕末まで藩の兵法師範の伝統的な流派の道場に通っており、「撃剣は百姓がするもの」として蔑視して、形稽古を行っていたようである。

こうした伝統ある流派においても内部の変化はあり、代替わりで宗家を養子が継いだり、実子でも当主が年少であれば高弟が教えることもあった。術技の伝承の記録がある場合には記録から術技を確かめることもあった。

一刀流の小野家では一八世紀初頭に、三代忠於で血統は途切れたが、その教えを受けた養子の四代忠一は、四つの伝書の詳しい解説や技についての心得を書いている。六代忠喜は天明七（一七八七）年に「しない打之義達《たつし》書《しょ》」で、門下に竹刀打ちに走らず、流祖一刀斎以来の組太刀をしっかりと稽古すべきことを申し渡していた。

新陰流でも、将軍家兵法師範の江戸の柳生家は、一八世紀初期に五代俊方で宗矩の血統は絶えて養子が継いでいる。尾張徳川家兵法師範の尾張の柳生家では、安永二（一七七三）年に八代厳春が、厳封されていた三代連也の秘書を開封し、古伝を見直す作業を開始している。この作業を弟子の長岡房成が継いで、一九世紀に入ってから宗厳以来連也までの伝書を注釈するとともに、古伝の形を「本伝」とし、その他に「外伝」として実戦的に学ぶ稽古太刀の「試合勢法」を工夫して加え、教習課程を整備して今日に至っている。

熊本の二天一流では、一八世紀初期で直弟子の寺尾家による伝承が切れて四系統に分かれ、さらに安永年間には野田一渓が武蔵関係の文献を調査し、技を探求して新たに野田派を生むことになる。同じ安永年間には豊田景英が祖父の覚書を踏まえつつ創作を交えた伝記『二天記』を書くが、この武蔵像が以降に大きな影響を及ぼすことになる。

柔術においても再編の動きが見られる。起倒流は上述のように再編されたが、渋川流では四代の渋川時英が、宝暦四（一七五四）年に流祖以来の粋を集めて体系化した『柔術大成録』全五巻をまとめている。また紀州の関口流の分家の四代関口万平は、天明から寛政年間に『関口流柔極意書』をまとめて「本伝の活術を再興」（『新心流柔書』）した。

弓術・馬術では、吉宗の時に再構成された射礼や流鏑馬が今日でも行われている。槍術でも防具を着けて技を仕掛けることが始まるのは、この時代からである。砲術については、一八世紀後期に外国船が来航する頃になって新流派が生まれるようになり、一九世紀中期になって大きく革新されることになる。

　以上、武術の各分野において江戸初期までに成立していた流派でも、今日までつながる技や伝書には、一八世紀後期に再編成され、整備されたものが多いのである。

五　一八世紀末期の寛政の改革と藩校における武術教育

（1）寛政の改革による武術奨励

　天明七（一七八七）年七月、吉宗の孫である松平定信は、将軍補佐役並びに老中になり、寛政の改革を始めた。定信も人材登用に熱心で、朱子学の教養に優れた者を「学問吟味」によって、学問や武術に秀でた者を「芸術見分」によって発掘しようとしたため、世に文武が奨励され、教育ブームとなった。定信は、江戸市中の文武師家たちに書上を命じ、内容のいかがわしいもの、技術の未熟なものには指南の禁止を命じた。また旗本諸士の武術上覧を復活し、有名武芸者も招いて上覧に供させたので、馬庭念流の九二歳の樋口定嵩や神道無念流の戸賀崎暉芳・平山行蔵らは褒詞を受けたという。また下総小金原での将軍鹿狩りの催しも復活させた。

　この改革が武術復興にもたらした影響は大きかった。ただ一般には「世の中に蚊ほどうるさきものはなしブンブ《文武》ブンブといひて夜も眠れず」（大田南畝）と揶揄され、思想統制や出版物の検閲が強化されたこともあって、改革への不満は高まっていた。寛政五（一七九三）年七月に定信は将軍補佐役および老中を解任されているが、その施策は実際には、共に寛政の改革を進めた老中・松平信明らによってほぼ文化末年（一八一八）まで継続展開されている。

　この時期には鎖国体制を揺るがす事件が現れ始めた。安永八（一七七九）年にロシア船が蝦夷地厚岸に来航し、通商を求め、寛政四（一七九二）年にはラクスマンが根室に来るなど、対外的危機が差し迫っていたので、より実効ある海防施策が求められていた。定信は老中引退後、文化七（一八一〇）年から幕命により房総半島の海防に当たっている。定信はすでに四つの砲術流派の長所を採った新流派を作っていたが、この時には大砲の台場も設け江戸の防衛を固めている。この頃から、砲術流派の多くも再編成に取り組んでいた。

こうした寛政の改革の影響で、一八世紀末期には再び武術書の刊行が多くなっている。平瀬光雄著の『射学要録』（一七八八）および『射学新書』（一七九九）、山崎利秀著『剣術義論』（一七九一）、『天狗芸術論』の再刊である『武用芸術論』（一七九四）、蒨園著『剣術秘伝独稽古』（一八〇〇）、鵜殿長快著『四芸説』（一八〇〇）等、多数の著作が出版されている。

（2） 藩校における武術教育

この時期、各藩も藩政改革を進め、藩校において藩士教育の充実を図っていた。藩校はそれまでにも設けられていたが、一八世紀半ばからは急速にその数が増え、さらには武術が藩校の科目に取り入れられるようになり、武術稽古所が設けられるようになった。また武術流派の免許を取ることを俸禄に連動させるようにした藩もあった。[22] 武術鍛錬は、嗜みではなく実利的なものに変わり、熱心に打ち込むことが奨励された。

山田次朗吉著『日本剣道史』年表によれば、武術稽古所が設置された校数は、宝暦・明和期（一七五一〜七二年）五、安永・天明（六年まで）期（一七七三〜八六年）一〇、寛政の改革以降（一七八七〜一八〇〇年）一二となっている。[23] 藩校には諸武術の教授方が置かれたが、今村嘉雄によれば、各武術の教員の比率は、一八世紀から一九世紀後期の明治維新まで、特に幕末期に砲術が重視される以外は、ほぼ一貫した傾向が見られ、平均では兵学七・二%、弓術九・一%、馬術一四・六%、剣術二八・七%、槍術一二・一%、砲術一五・九%、柔術九・六%であり、剣術が圧倒的に多かった。[24]

藩校においては、武術の流派は統一されずに数流が併存し、教える内容も各流派に任せられていた。統一がなされたのは、藩主松平定信が主導した白河藩の甲乙流くらいで、まだ流派の独立性は強かった。藩校の武術の教授方に採用されたのは、藩の兵法師範であったが、次第に江戸で展開した新流派で学んだ者が進出していくようになり、一九世紀には境界身分の者や下級武士が出世していく登竜門の一つとなることになる。

おわりに――一八世紀の武術の再編成と一九世紀への影響――

振り返れば一七世紀には武術は武士が独占していた。ところが一八世紀初期の享保の改革によって、武術が奨励されたこと、出版物や芝居などを通じて庶民層にも武術に対する関心が高まった中で、下級武士や浪人、農村出身の郷士・農民層の一部が新流派を行い始めた。

封建社会では新規のことを始めることや藩を越える交流は警戒されていたが、武術に関しては回国武者修行も比較的大目に見られていたし、独自に工夫して流派を建てることが許されており、能力主義も当然と見なされていた。城下町に住む中級以上の家臣は、基本的には組織の身分格式を重視する保守的な層で従来からの流派を行っていたが、下級武士および浪人層は、武術奨励の流れに乗って、何とか上昇せんとしていた。さらに在村の郷士・豪農層は、農村社会の変動や治安維持に敏感に対応せざるを得ない層であった。剣術は、まだ農民や町人が行うことには規制もあったが、起倒流柔術が一八世紀後期に三都で何千人という門人を持ったことを見れば、いかに潜在的な受容層が大きかったかがわかる。

しかも新流派の受容層が下級武士や他の階級との境界身分の者であれば、彼らはマージナルなだけに生まれながらの武士よりも一層武士らしく振舞おうと努めた。竹刀であっても、あくまで刀と観念された。刀は現実には抜けないが、いつでも命を懸けて戦う用意を心掛けていなければならない。マージナルであるだけに、武士としての覚悟を学ぶためにも、熱心に剣術を学ぼうとしたはずである。

撃剣になると、実際には刀の操法とは異なっており、競技化していくことになるが、〝芸者となるな〟と技巧を追求することは戒められた。技を脱し、無心となることが究極であるとして、技術論より心法論が展開していった。剣の奥義に達しようと、禅の修行に打ち込む者もあった。また「文武両道」の理念、「修身・斉家・治国・平天下」という観念もあって、武士として人格識見優れた人物になろうとしたのである。

剣術では、一七世紀後半に「安《あ》倍《べ》立《りゅう》剣道」が「剣道」を言い出したが、地方的な小流派で広がらなかった。けれども心法論を強調する流派では、一七世紀末から「術」ではなく「道」を主張していた。柔術でも、刀に対抗するという武術性が薄れると、「気の扱い」を強調し、一八世紀半ばから「柔術」でなく「柔道」と称するようになる。近代武道で盛んにいわれる「術」から「道」へという考え方は、一八世紀にすでにあったのである。

一八世紀末期の寛政の改革や藩校での武術教育が進展する中で、下級武士や境界身分の者であっても剣術や柔術に優れた者が登用されるようになっていく。撃剣になると、他流試合が可能になる。一八世紀末年には神道無念流の者が諸国武者修行をして、他流と立ち合っていたが、一九世紀に入った文化・文政期には、新流派の幾人もの者たちが回国武者修行をし、さまざまな地方で他流試合を行い、やがて諸藩でも他流試合が解禁されるようになる。竹刀剣術が一層盛んになり、新流派から藩校の兵法師範に登用される者も相次ぐようになる。

さらに天保の改革の時には、直心影流の男谷精一郎、心形刀流の伊庭軍兵衛、北辰一刀流の千葉周作、神道無念流の斎藤弥九郎、鏡新明智流の桃井春蔵らが将軍の上覧に供している。一九世紀に中西派一刀流から独立した北辰一刀流以外はいずれも一八世紀に成立した新流派であった。上記五人の出身を見ると、男谷は株を購入して御家人となった町人の子、千葉は郷士、斎藤は農民の出で、伊庭と桃井は武士の次男で門人から宗家の養子となった者である。彼らはマージナル故、一層武士らしくあろうと努めた。平山の内弟子だった男谷は、兵学・

弓・馬・槍も鍛錬し、剣術で立とうとした勝海舟には蘭学を勧めている。千葉は、儒学の師・東条一堂と親交を持ち、その塾の隣りに道場を作り、その門下に儒学も合わせて学ばせていたという。また斎藤は、同じ神道無念流門下の江川太郎左衛門や渡辺崋山らと交流し、門下に新たな軍事技術を知るために洋学を学ぶ必要性を説いていた。

他方、在野の江戸の町道場も盛んとなり、地方から遊学してくる者も多くなって、藩の枠を越えた広範囲のネットワークが出来ることになる。(25)剣術の新流派を学んでから、国事に活躍するようになった著名な人物をあげれば、直心影流の勝海舟、心形刀流の伊庭八郎、北辰一刀流の山岡鉄舟・坂本龍馬、神道無念流の高杉晋作・桂小五郎、鏡新明智流の武市半平太などがいる。山岡と高杉を除いて、いずれも下級武士の出であるが、剣術を学んだことが彼らの自信となっていた。(26)農民出身の渋沢栄一が一橋慶喜に知遇を得たのは北辰一刀流剣術によってである。幕末の動乱期に幕府は浪士組を組織したが、そこから生まれた新選組の主力は天然理心流の近藤勇ら豪農層であった。対する草莽の志士も脱藩浪士と豪農・町人出身者であった。国家の独立に危機感がもたれる中で、下級武士や境界身分の者が、剣術によって武士たる思いを強く持つほどに、「天下・国家」を担う意識も持つようになり、国事に奔走する志士となったともいえる。

幕末には、幕府は武術を緊急に振興させるために講武所を設け、流派を越えて武術の優れた教授方を採用した。当初は兵学・弓術・馬術・槍術・柔術などもあったが、すぐに廃され、剣術と砲術が中心となる。剣術では、男谷が頭取となったが、流派を越えて竹刀剣術の試合稽古をし、竹刀の長さも三尺八寸と決めて、近代剣道の基礎を築くことになる。

一八世紀に、武術において下級武士や境界身分層が個人の才覚を発揮するようになったことが、身分を越えた交流を生み、新たな人脈が生まれ、さらには藩を越えた広範囲な交流も出来て、やがて明治維新へ向かう大きな流れを生む一つの力となっていったといえる。

剣術・柔術の新流派の出現は、一八世紀の段階で社会の底流で起こっていた変動を先行的に示していたのであり、また一九世紀に生じる社会の変革の基盤を生み出していったのである。

また武術として見ると、一八世紀に剣術と柔術は、武術性から競技性への移行を準備しており、旧来の武士固有の武術ではなく、より広がりを持つ〝武道〟となっていたが故に、武士階級の消滅とともに、他の武術が近代になって再編された弓術を除けばほとんどなくなってしまったのに対して、明治以後の近代武道につながっていくことになるのである。

（1）一八世紀は、中国・朝鮮・日本とも平穏な国際関係の中でそれぞれに独自の武術文化を展開していた時期であった。拙稿「東アジアにおける武術の交流と展開覚書」（『武道・スポーツ科学研究所年報』第一一号、国際武道大学、二〇〇九年）、三二六～三三三頁参照。

（2）尾張藩・御城代同心で百石取りの朝日文左衛門は、元禄四（一六九一）年一八歳から九年の間に、貫流槍術・竹林派弓術・居合・柔術・軍学・砲術・円明流剣術などに入門している（『鸚鵡籠中記』、神坂次郎『元禄御畳奉行の日記』中公新書、一九八四年、八～一三頁）。

（3）『武術叢書』（一九一五年原版、一九七八年復刻版、名著刊行会、一～八六頁所収）。

（4）今村嘉雄『修訂　十九世紀に於ける日本体育の研究』（第一書房、一九八九年）、三〇六～三一二頁参照。

（5）『武士訓』（『武士道叢書』博文館、一九〇五年、上巻四六八頁）。

（6）『武備和訓』（渡邉一郎校注『武道の伝書』、日本武道館『武道』昭和五四年五月号、六二頁）。

（7）『叢書江戸文庫13　佚斎樗山集』（国書刊行会、一九八八年）、三六～四二頁所収。

（8）『日本哲学思想全書15　武術・兵法論篇』（平凡社、一九五七年）、二一二頁。

（9）前掲註（3）『武術叢書』一六〇～二〇九頁。『撃剣叢談』は、この本文では「天保十四年、源徳修編」となっているが、写本五本の研究より、「寛政二年　三上元龍編」が元であることが判明した。長尾進「十八世紀における剣術の変質過程に関する研究――『撃剣叢談』の分析を中心に――」（『明治大学人文科学研究所紀要』第四

五冊、一九九九年）、一二一〜一三三頁参照。
(10)『日本中興武術系譜略』は、前掲註(3)『武術叢書』八七〜一二三頁。
(11)『新撰武術流祖録』は、前掲註(3)『武術叢書』一二四〜一五九頁。
(12) 以下の剣術の新流派に関しては、富永堅吾『剣道五百年史』（百泉書房、一九七二年）、渡邉一郎著『幕末関東剣術英名録の研究』（渡辺書店、一九六七年）、『大日本百科全書』（小学館、一九九五年）の各流派の記述（渡邉一郎執筆）、綿谷雪・山田忠史編『増補大改訂　武芸流派大事典』（東京コピイ出版部、一九八八年）などを参照。
(13) 全日本剣道連盟『剣道の歴史』（二〇〇三年）、四五二〜三頁。
(14) 笹森順造『一刀流極意』（体育とスポーツ社、一九八六年）、六三八頁。
(15) 竹刀討ち込み稽古で、胴を打つ技や突き技を用いるのは一九世紀中葉からである。
(16) 前掲註(13)『剣道の歴史』五〇〇〜五〇二頁。
(17)「剣術名人の位」（『千葉周作遺稿』桜華社出版部、一九四二年）、三七〜三八頁。
(18) 同右書、四一頁。
(19) 原丈二・魚住孝至「起倒流が唱える「柔道」の意味」（『国際武道大学研究紀要』第一八号、二〇〇二年）、二一一〜二二四頁。
(20) 松平定信『宇下人言・修行録』（岩波文庫、一九四四年）、一八二〜一八四頁。
(21) 藤堂良明『柔道の歴史と文化』（不昧堂出版、二〇〇七年）、四八頁。
(22) たとえば佐倉藩では「一術免許制」として、武術流派の免許を得られない者は家禄を削減した（免許を得た時点で復する）。
(23) 山田次朗吉『日本剣道史』（一橋剣友会、一九二五年原版、一九七六年、四四〇〜四七二頁）。
(24) 前掲註(4)『十九世紀に於ける日本体育の研究』四六六頁。
(25) 薩摩藩は、郷中教育という独自な閉鎖的なシステムを持ち、その中でひたすら打ち込む実戦的な示現流を学んでいた。そのため諸国武者修行でも薩摩までは行かず、また薩摩から江戸の道場に遊学することもなかった。
(26) 勝海舟は晩年に次のように語っている。「剣術でも技には限りがあるから、その上は心法だ。至誠を明らかにせねばならぬ。……事に当った時、役に立ったよ。こうやっていて斬りつけられることなどは、度々あったが、いつでもこちらは（刀を）抜いたことはない。始終手捕りにしたよ」（『新訂海舟座談』岩波文庫、一九八三年、九〇〜九一頁）。

享保期の異国船対策と長州藩における大砲技術の継承
――江戸中期の大砲技術の展開――

郡司　健

はじめに

江戸初期、大坂の陣さらには島原の乱の頃までは鉄砲だけでなく大砲も比較的良く使用された。しかし、その後、大きな戦乱は起こらず、泰平の世が続き、国内的には大砲のような大型火器の使用は稀有のこととなった。

それにもかかわらず、江戸中期とくに将軍吉宗の時代には、異国船（唐船）の度重なる漂来にともない、これに対する打払いが対外政策の一環として西国諸藩に命じられた。また、幕府では、荻生徂徠を中心として、大砲（大筒）とこれを搭載する砲架ならびにこれを中心におく銃陣を形成するという、新たな戦陣の改革が目指された。このようななか、長州藩（萩藩）では、江戸初期から二つの鋳造所において大砲の鋳造を継承させるとともに、鉄砲中心の砲術家だけでなく大砲中心の大筒打をも登用していった。

江戸後期には、欧米列強の異国船が日本の各地に出没し、海防のために多くの大砲が造られ各地の砲台に配備されたのは周知の事実である。とくに天保・弘化以降になって、欧米列強の艦船・艦隊に対する海防（国防）の議論がようやく起こると、幕府・諸藩は、ともに西洋の法式を採用して砲台を改築増設し、あるいは大砲の製作を西洋式に一変させ、銃陣・調練の方法を大きく改革した。

右のように江戸初期から幕末までを通観するとき、吉宗と徂徠らの兵制（戦陣）改革の試みは、幕末における幕府・西国諸藩の戦陣改革と西洋銃陣の受容とを容易ならしめる礎となったといって過言ではないであろう。

一　大砲技術の発展と江戸初期・中期の海防活動

わが国に大砲が伝来したのは、鉄砲（鳥銃・種子島）伝来より少し遅れたとしても、ほぼ同時期とみられる。その当時の大砲は、一五世紀頃からポルトガル等で製造され、東南アジアを経由してわが国に伝わったもので、仏郎機《ふらんき》（佛狼機）とか波羅漢とよばれ、（弾丸・火薬を装填した）カセット式の子砲を大砲（母砲）に装着して使用する後装式の大砲が中心であった。それゆえ、子母砲とも呼ばれ、大型のものは国崩しともよばれた。このような子母砲は、威力を増すために火薬を増やすと暴発することが多く、かえって味方を殺傷することとなり、その後、一体型の大筒（和式大砲）に移行していったとみられる。いずれにせよ、鉄砲のように抱えて撃つことのできない大筒は、石火矢ともよばれた(1)。

関ヶ原の合戦から大坂の陣にかけて、鉄砲とともに大砲もよく造られ、使用された。関ヶ原の合戦では、関ヶ原にいたる各地の戦闘に大砲が用いられただけでなく、関ヶ原でも大砲が使用された(2)。大坂の陣では、大坂城の攻撃に大砲が使用され、井上外記正継と中村若狭守隆安とが共同で考案した、照準に便利な自由機動砲架「旋風台」の活躍が注目された(3)。

寛永一四（一六三七）年の島原の乱においても大砲が使用されたが、その後、大がかりな戦争は幕末期にいたるまで起こらず、国内（内戦）において大砲を使用することは稀有となった。太平の世にあって、大砲はいわば無用の長物となり、幕府・諸藩においてはおもに弓馬・鉄砲を中心とする陣立てが一般に採用され、砲術もまた、武術の一環として、鉄砲・大鉄砲（抱え大筒）を中心にその技が競われた(4)。

徳川幕府は、島原の乱の頃から中国船とオランダ船とに限って長崎での貿易を許可し、他方でポルトガル人を国外追放し、来航を禁じた。しかし、「唐船《とうせん》」とも呼ばれる中国・東南アジアの船はその後も日本の各地に漂来し、しばしば交易・交流していた。幕府にとっては、交易を制限したにもかかわらず、たびたび破られることになり、重大な問題となった。しかも、当時、海外に渡航した日本人の帰国が禁止されていたにもかかわらず、これらの漂着船（唐船）には彼らが時々乗っていた。

正保四（一六四七）年には、ポルトガル船（ジャカルタ船）が長崎に来泊したが、幕府は肥前鍋島氏・筑前黒田氏および長州毛利氏に出陣の準備を求めた(5)。その後も、中国や東南アジアの船が長崎以外にも漂着した。

八代将軍吉宗が享保改革に着手したとき、幕府にとって、鎖国を維持するために漂着異国船の排除は対外政策の一つの大きな問題であった。そこで幕府は、漂着異国船が多く到来する小倉藩・福岡藩・長州藩等に、その打払いを命じた。

将軍吉宗の信任の厚かった荻生徂徠は、これまでの甲越二氏すなわち武田信玄・上杉謙信以来の陣法ではたとえば明国などとの対外的な戦争には不十分であると考え、大砲を含む銃陣の形成に大きな関心を抱いた。そのような大砲を中心に置く陣制のためには、当然、大砲の鋳造とともに、その大砲の運用を巡って機動的な砲架（砲台車）の開発が重要な関心事となる。

二　萩藩隆安流大筒打

享保三（一七一八）年以降、唐船打払いのために幾人かの大筒打が萩藩によって召し抱えられた。そのなかに隆安流の郡司讃岐信久の子孫も含まれていた。隆安流（隆安函三流）は、井上外記正継とともに活躍した中村若狭守隆安が開いた砲術流派であるが、長州藩と肥後熊本藩さらには秋田の佐藤家（信淵の高祖父歡菴）におもに継承された。長州藩では、隆安の娘婿郡司讃岐信久とその子孫に受け継がれた。讃岐信久の父塚本五郎左衛門信胤は、参内鋳物師であり、太閤時代に大筒（仏郎機）六門を鋳造して藩主毛利輝元に献上した。讃岐信久は、父からその技を伝授され、大坂の陣では一七歳にして仏郎機二門を鋳造し、藩主に献上した。その後、彼は寛永年間に防府・三田尻から萩に召し出された。その頃、高禄での仕官を求めて萩にやってきた砲術家と技を競いこれを破り、褒賞されるとともに、子孫にいたるまで他藩への出仕を禁じられた（藩外不出：「子供末々ニ至迄他江出シ不申様ニ」）[6]。讃岐信久は、萩城下東郊の松本と南郊の青海にそれぞれ鋳造所を開設した。この二つの鋳造所の主宰者は、防長二州の鋳物師連名の総代も務めた[7]。

讃岐信久の三男で松本の鋳造所を継承した喜兵衛信安はその砲術・砲架の技が卓越していた。彼はまた、寛文六（一六六六）年には出雲大社銅鳥居（現存）を継ぎ目のないように鋳続ける方法により建立した[8]。彼はこれらの功により無給通（藩士、のちに遠近付）となり、鋳造所の方は彼の二男権助信正に継がせた。他方、青海の鋳造所を継承した讃岐信久の七男長左衛門信久は、元禄一五（一七〇二）年に二貫目玉大筒を鋳造し公儀に召し上げられている。

萩藩の砲術諸流派のうち、他の流派が鉄砲を中心としていたのに対し、隆安流（郡司）は、独自に鋳造所をもち、仏郎機・石火矢等と呼ばれる一貫目玉以上の大筒を主に用いた。青海の鋳造所は、細工人（準士）として代々世襲が認められていた。これに対し、松本の方は一代細工人であるが、その功績に従って藩士へ登用されるときは家業の方は免ぜられ、一族のなかから跡を継がせるようになっていた。萩藩では、細工人制度によって技術集団の存続と技術の維持・発展・継承を可能とし、その中から技量・功績に応じて大組・遠近付・無給通等の藩士として取り立てる、いわば技術・工兵将校を育成するシステムが早くから作られていたとみられる[9]。

三　唐船漂来と打払い

北九州の玄界灘と響灘の海域は、小倉藩・福岡藩・長州藩（萩藩・長府藩）各藩の領地（豊前領・筑前領・長州領）が入り組んでいた。小倉藩は藍島と馬島を結ぶ海域、長州藩は蓋井島・六連島・津ノ島・二追島・南風泊と彦島を含む海域、福岡藩は大嶋・地島・若松沖・白島・志賀島を含む海域、というように、三藩（四藩）の領域が交錯し、異国船が密貿易（抜け荷）を行うのに絶好の海域であった[10]。

（1）唐船漂来と三藩（福岡・小倉・長州藩）の対応――元禄一三年～正徳六年――

元禄期（一六八八～一七〇四）にも（唐船と呼ばれる）異国船が西海（玄界灘・響灘）に出没・漂流していたが[11]、当初、とくに問題とはならなかった。正徳四（一七一四）年には、唐船による抜け荷が徐々に広がり、漂流船も七艘・八艘から一〇艘規模へと集団化し、番船を出して追払っても他藩の海域・島に逃走し、なかなか捕捉が困難であった。

翌正徳五年、新井白石により、貿易制限の目的で長崎貿易新令（海舶互市新令）が布告された。これによって一時小康をみたものの、白石の失脚後は再び唐船が多く出没し、その行動も次第に大胆となり、各藩はその対応に追われるようになった[12]。

（2）幕府の唐船対策と各藩の対応――享保元・二年――

享保元（一七一六）年には、唐船の三領沖漂流が頻繁となり、唐物が町中へ出回るようになった。この取締りのために各藩は唐船の見張りと追払いに多数の藩士を派遣した。

享保二年正月あたりから唐船の漂来が三艘〜五艘になり、二月一一艘・三月下旬一五艘と増加し、唐船乗員も追船に馴れ、恐れる気配すらなくなった。これに対し、小倉藩は、石火矢（一貫目以上の大筒）をも配備して、少しも遠慮なく追払うことを決意した。四月上旬には一四艘が三領沖を漂流していた。四月下旬には長府・筑前両藩申し合わせて追船数艘を差し出し追払った。五月上旬には一二艘が九艘に減り藍島あたりを漂流する有様であった。これより先の四月二一日、幕府は久世大和守を通じて三藩に書状（老中連名）を渡し、三藩共同して唐船を打払うよう、大要、次のような指示を出した。

一　小倉・筑前・長門三領が常々申し合わせて番船だけでなく関船・大船を交えた船を多数出し、唐船を滞留できないようにする事

一　三領の者一同申し合わせ、警固の船を出し、追払う事

一　鉄砲・大筒を用意させ、これを唐船よりもはっきり目立つように取り計らうべき事

一　万一、唐人どもより手向かう時は、大筒にて船を打潰しても苦しからず、追い散らして追払いの船を留めるには及ばない事

この書状は長崎へも通達された[13]。

この指示に従い、五月には三藩合同で唐船追払いを行った。小倉藩は一〇〇艘近い船（関船一九、鯨舟九ほか）を準備し、福岡藩は二〇〇〇人強を出兵させ、大筒二、三十目筒〜百目筒を使用した。一二月、幕府は唐船打払い見分のため長崎目付渡辺外記永倫の派遣を決定した[14]。

（3）長崎目付渡辺外記永倫の活躍と各藩の行動——享保三年——

享保三（一七一八）年には長崎目付渡辺外記の指揮のもとに三藩唐船打払いを実行し、大筒・石火矢も使用す

るようになる。四月に渡辺外記は、以後唐船打払いから打潰し・打殺しへと対策を強化させた。大筒も従来の二十～三十目筒のほかに百目筒を用いて唐船八艘に七〇〇発余りを打ちかけ、大銃三十目玉・五十目玉、棒火矢・焙烙《ほうろく》玉等も使用するなど、唐船打払いが活発に行われるようになった(15)。

一方、萩藩では、この春より、唐船打払いのために大筒打が雇われた。喜兵衛信安の二男で松本鋳造所を継承していた権助信正（細工人、後に遠近付）は、赤間関に唐船が漂来したさいに大筒役御雇いとなり、打払いに従事した。その技が幕府目付渡辺外記に認められるところとなった。権助の弟権兵衛信勝（のちに遠近付）、同じく一族の貞八信時（のちに遠近付）、四郎左衛門信房（のちに細工人となり青海の鋳造所継承）等もまた大筒役御雇いとなり赤間関や六連島に派遣された(16)。

(4) 幕府唐船対策の続行と各藩の対応・萩藩大筒打の活動——享保四年～享保一七年——

享保四（一七一九）年二月に渡辺外記は筧新太郎（長崎監司）と交代したが、唐船打払いは継続となった。八月長崎奉行より各藩聞役に対し、暫時打払いを中止し、油断させて姦商の抜け荷を監視するよう通達があった。一〇月には長崎奉行から今後は大筒の玉目を増し、唐船を痛めるよう通達があった(17)。萩藩では、権助信正を大筒打として渡辺外記に御相対し、江戸表に付出しとなった。権兵衛信勝・貞八信時は、竹子島大筒台場の用意にかかり、両名も大公儀へ大筒打役として付出された。

享保五年、幕府は三藩唐船御用懸りを召し寄せ、唐船打払いにつき厳しく申し付けた。六月、唐船に対して厳しく大筒を打つよう命令し、打ち沈めても苦しからずとの通達があった(18)。

萩藩では、権助信正は、大筒の試し打ち（試射）につき頭取に仰せつけられ藩主見分のもとにこれを奉遂した。四郎左衛門信房は、春・夏に赤間関大筒役を勤め、青海鋳造所の当主長左衛門の病没につき跡を継いだ。

翌享保六年七月には、喜兵衛信安の嫡男源太夫信之が御手回組となる。権助信正は赤間関勤め切りにつき、細工人から遠近付となり、松本の鋳造所は七兵衛（喜兵衛信英）が御雇いとなった。権兵衛・貞八は遠近付支配御雇となり、赤間関・大津郡肥中浦へも両度在番した。

享保九年四月には、源太夫信之は遠近付となる。荻生徂徠は、源太夫信之の砲術・砲架の技について讃（「郡司火技序」）を叙した。

享保一一（一七二六）年八月七日には萩沖（須佐浦沖）に唐船一艘が漂流し、海岸まで一里のところまで接近した。萩藩筒役船が出撃し、鉄砲で銃撃した。唐船も反撃したのでこれを撃沈した。[19]八月一〇日、須佐浦に唐船漂来につき、源太夫父子が出役し、権助・権兵衛・貞八も須佐浦に打潰し仰せられ、翌一一日奉遂した。[20]

享保一二年八月二三日、長崎奉行渡辺出雲守（外記：享保一二年〜享保一四年奉行職）は福岡藩主黒田継高と打払いについて会談した。聞役は、漂流唐船打払い宰判役名簿を提出。[21]一方、萩藩では、源太夫が一月に大組大筒打となり、ここに遠近付大筒打等七家（藩士）・鋳造所二家（準士）が確立された。

享保一五年にも幕府・長崎奉行は、三藩に、唐船打払いについて督励している。[22]萩藩では、権助信正が五月に大津（現在の長門市仙崎）への唐船漂来にさいし打払いを奉遂した。

享保一七年にも当初、漂着船の追払いは続けられたが、大飢饉により、三藩合同による異国船打払いは中断された。[23]

四　吉宗の対外政策と江戸中期の萩藩大砲技術の確立・承継

（1）長州藩隆安流大筒打の生成

享保二年以降の唐船打払いは、その実をあげるために、徐々に鉄砲だけでなく大筒・大砲を用いるようになった。このことが契機となって、讃岐信久の子孫が大筒打として登用され、長崎目付渡辺外記（後、長崎奉行）の推挽も加わったことで、遠近付・遠近付支配として召し抱えられ、あるいは細工人として鋳造所の継承を認められるにいたった。

（2）吉宗・徂徠の対外政策と長州藩の大砲技術の継承（大砲鋳造の承認）

享保九（一七二四）年には、荻生徂徠によって源太夫信之の砲術・砲架について賛（「郡司火技序」）が贈られた。徂徠にとって、甲越二氏（信玄・謙信）以来の陣法から脱却して明国の銃陣に対抗しうる銃陣の構築が一大関心事であった。このような徂徠の関心が、源太夫の砲術の評価につながった。これは、『徂徠集　巻之九』に「郡司火技叙」として収められている。(24)

郡司火技叙

海内言兵法者　亡慮数十家　要之不出於甲越二氏所為法　它皆小有所縁飾　易其名以求售者巳　何足道哉夫兵之毒　莫火若　而火之技　有異端焉　二氏所為陳　前火輿弧　而後其戈矛　衷以制旌旗　舎馬而徒　彼我皆然　海内至于今宗之　未有外乎此以為陳者也　然當二氏之世　廑廑乎有鳥銃耳　鳥銃百歩而止　火之毒未弘　故其為陳若其整矣哉　至于豊王時　則有発熕諸大礟属出焉　其遠可及十里　火力所至　叚使二氏復出豈能為其陳於前邪　然其物重　不可以移　其毒暴、不可以近　人之力　莫之能執　発輒後郤　莫之能制　人物為虀　是不可以置于陳　故世之為陳　至于今猶故耳　数十年来　人迺稍稍嫺之熟、或至有一人之力能発百両者　然亦千百人一人矣　豈足以為陳哉　予嘗読戚元敬書　則佛狼機虎蹲諸礟　車而列之　進退利便　環則象城　儵忽変化　歩騎翼之　毒是以神　以此為陳　而後二氏之法可廢矣　祇山東人鮮有能識焉者　及因縣孝孺以見長人郡司君者　迺始得輿聞其説　於是乎撫掌大言　天下亡敵也　蓋佛狼機諸礟　其邦固有之　君復以

其意造礮牀　初備人有旋風尠用諸牀　皆能畜弗郤　然過十両則敗　君之牀雖百両弗復敗　牀凡三曾　下設機転之　其輴如毛　左右前後　唯意所郷　蓋礮之為力　有畜輒激　激斯郤　故人莫如之何巳　君迺以弗畜畜之而後畜斯弗郤　洵天下之至巧也　君又曰　火之毒在硝　硝之巧在数　丸有軽重　箭有短長　剤二者而制之度短究于三寸九分　遠究十里　肥人所傳　其数在三極輿大衍焉　是謂衍極　復施諸火箭　彼圓此兌　是以其取数不斉　而会于一　我所剏也　朝鮮諸術　先世所伝也　併録以遺後人　子盍叙、夫人之為技　皆以見其勇也君迺制其器　定其数　用之陳　而使人各為勇　君之為技　可謂進於技也巳　予既巳廢二氏之法　而有取於君之技者以之　君名信之　其先世有為郡司君　故以郡司氏　見為長馬監云　享保九年甲辰春正月

この賛を徂徠の高弟山県周南（藩校明倫館二代学頭）が注釈・加筆している。ここで、周南の注釈・加筆文をもとにその内容を要約すれば、おおよそ次のようである[25]。

海内に兵法家は数十家あるが、つまるところ甲越二氏（信玄・謙信）の兵法の域を出るものではなく、これを装飾するにとどまり、あえてとりあげる程のものではない。

兵の破壊力で大砲に及ぶものはないが、その技には種々の流儀がある。甲越二氏の陣法は、銃手と弓手を前にして刀槍を後備とする。本隊は中央にあって下馬している。これはどこも同様であり、今でもなおこれが基本となっている。未だこれ以外の陣法をなす者はない。しかし、二氏の時代は僅かに鳥銃があるのみで、その射程は一〇〇歩しか届かない。火器の効果もそう大きくなく、故に陣構えもそれに合わせていた。

豊臣公の時にいたって大砲の類が用いられるようになり、その射程は一〇里（今の一里）に及ぶ。その威力の達するところでは、たとえ甲越二氏がまた出たとしても、その陣構えは従前のようにはいかないであろう。しかし、大砲は重すぎて移動が困難である。また破裂すると被害甚大であり、うかつに近づくことができず、人力ではどうすることもできない。砲撃するときは、反動で後ろに返るので、これを制御することは

難しく、破裂すれば人も物も破壊され、なます（韲《めりくつ》）のようになる。したがって、これを陣中に置く訳にいかず、それ故、陣形は今も甲越二氏の昔と変化はない。

数十年来、人はようやくこれに習熟し、人によってはよく一貫目筒を発射する者も出てきた。しかし、それは千百人に一人位で極めて稀である。これでは決して陣形に組み込むことはできない。かつて明朝の名将戚元敬《せきげんけい》の書を読んだことがある。それによれば仏狼機・虎蹲(26)を諸砲車に搭載してこれを列ね、進退利便にして廻らせば城の形となる。自在に変化し、歩兵騎兵がこれを扶翼する。その攻撃は神力がある。このような陣をなせれば、爾後は二氏の陣法は廃止すべきである。ただ関東の人でこれを識る者は少ない。

縣孝孺（山県周南）によって長州人郡司君と会い、はじめてその説を聞くことができた。ここに及んで天下敵無しと断言できる。仏狼機諸砲は本邦にすでに存在している。君はまた、意欲をもって砲床（砲架）を造る。初め備前の人による旋風妙用の砲台車が、よく力を吸収して後退しなかった。しかし、重さが一貫目玉筒を過ぎたときには破れてしまう。君の砲台車は一〇貫目玉筒でも破れない。その砲床は三層から成り、下に器械を設けてこれを回転させる、その軽さは毛髪のようであり、左右前後ただ意のままである。

思うに砲の力は、これを留めると、激しくなり、後退する。これは如何ともし難い。しかるに、君は、砲力を制御し、力を吸収して後退しないよう工夫している。実に天下の至巧である。君が言うには、砲撃の強さ（影響）は塩硝にあり、その巧みさは数にある。丸（弾丸）に軽重あり、筒には長短がある。二つのもの（軽重・長短）を調整してその度（角度）を制御する。射程が短い時は三寸九分（一一センチ）の至近距離のときもあれば、遠い時は一里先まで及ぶ。肥後人が伝えるところでは、その数は三極と大衍とにある。これを衍極という。また、これを火箭に適用することができる。大筒は丸い（円である）が火箭は尖っている。これは数的には等しくならないが、これを一に会わせる（一丸となる）ようにする。これは私が創始したところである。
朝鮮の諸術は先祖より伝わるところである。これを併せて記録して、後人に遺す。子はどうして叙べないのか。それは人の技であり、皆が以てその勇を発揮するのみである。君はすなわち、その火器（大砲）を制御し、その数（射程等）を定め、これを陣に用い、人々に勇を為させる。君の技である、その技に邁進するというべきのみである。私はすでに二氏の陣法を廃し、これをもって君の技を採用するものである。君の名は信之。現に長州藩の馬監（馬回りにして大組）たりという。

このように、源太夫信之の考案する砲台車は頑丈かつ軽妙利便・機動的であった。これまで大砲は暴発の危険性から陣中に配置されなかった。それ故、甲越二氏の陣法とその亜流にとどまっていたわが国の陣法に対し、大砲を中心とする陣法という新機軸をもたらすものとして大いに称賛された。この賛のなかには、旋風台を想わせる記述（「初備人有旋風妙用諸牀」）や肥後隆安流との関わりをうかがわせる記述（「肥人所傳……」）もみられる。(27)

また、戚元敬とは、戚継光（字元敬、号南塘）のことである。徂徠はこの戚継光著『紀效新書』（一五六〇年）に大きな影響を受けている。しかも吉宗は、『紀效新書』に記載された仏郎機の製作を考案するよう荻生徂徠に命じ、火器についていろいろ沙汰した。その後稀世の神器（銃砲）がかずかず造られたといわれる。(28)

幕府や長州藩における唐船漂流船対策と鋳砲・砲術の活発化とは密接な関係にあることがうかがえる。この間、たんに大砲を製作することから、徂徠の述べるように、大砲を搭載してなおかつ機動的に操作可能な砲台車等の開発とこれを用いた新たな陣構えないし陣法の考案へと関心が移行してきている。唐船漂着船の打払いに対する大筒の実際的使用が現実の問題として存在し、加えて、当時の徂徠ひいては幕府・吉宗の大砲・砲架および銃陣に対する関心の高まりが、長州藩における大砲技術（鋳砲・砲術）の継承と発展をもたらしたと見てよいであろう。

源太夫信之は、この書の著された享保九（一七二四）年に手回組から遠近付となった。(29)

五　唐船打払い沈静後の萩藩大筒打・鋳造所の活動――享保一一年以降――

享保一一（一七二六）年八月には源太夫信之を筆頭に、一族の大筒打（砲術家）総出によって萩沖の唐船打潰しを完遂した。その功とそれ以前の徂徠の讃辞もあいまって、源太夫は享保一二年に大組に昇進し、ここに隆安流大筒打としての砲術七家・鋳造二家が確立された。

享保一七年には三藩合同による唐船打払いの大掛かりな実施はなくなるが、長州藩ではその後も遠近付大筒打等を赤間関や六連島に常駐させ、異国船の監視と打払いを継続している。

享保一八年以降（文化五年まで）の長州藩の唐船打払・大砲鋳造のおもな経過について記せば次のとおりである。

享保一八（一七三三）　源太夫家（大組大筒打）源七信光家督相続
元文元（一七三六）　権兵衛信勝・貞八信時秋より赤間関唐船打払役並遠見兼体、六連島在番
元文四（一七三九）　喜兵衛信英・四郎左衛門信房共同で五貫目玉・一貫目玉大筒を鋳造
寛保元（一七四一）　権助信正享保六（一七二一）年より赤間関在番、御恩二人扶持お切米五石
延享元（一七四四）　権兵衛死去により、一二月友之進家督相続（明和三（一七六六）年まで二二か年精勤）
延享二（一七四五）　三月友之進赤間関で唐船打払役並びに遠見兼体、六連島在番
寛延二（一七四九）　四郎左衛門信房、毛利家菩提寺大照院洪鐘再鋳（明暦二（一六五六）年讃岐初鋳、後焼失）
寛延三（一七五〇）　喜兵衛信英百目玉御筒二挺武具方上納
宝暦四（一七五四）　喜兵衛信英三百目玉大筒一挺倅稽古ため造り武具方ご見聞
宝暦一三（一七六三）　喜兵衛信英百目玉御筒二挺、五十目玉御筒一挺、十貫目玉御筒一挺、一貫目玉御筒一挺計五挺武具方ご見聞

安永元（一七七二）　七兵衛信尚一貫目玉大筒二挺
安永五（一七七六）　貞八信時遠近付
天明八（一七八八）　七兵衛信尚宮島の厳島神社燈籠鋳造
寛政三（一七九一）　喜兵衛信定唐船漂来につき赤間関出張
寛政四（一七九二）　喜兵衛信定赤間関出張・松本鋳造所一貫目玉大筒二挺、青海鋳造所（四郎左衛門信承）一貫目玉大筒一挺鋳造
文化五（一八〇八）　喜兵衛信定唐金一貫六百目玉大筒・六百目玉御筒仰付

これからも明らかなように、萩の二つの鋳造所では、百目玉から六百目玉等の各種大筒や一貫目玉青銅砲だけでなく、当時としては最大級の五貫目玉・十貫目玉の青銅砲も鋳造し、藩に納めている。それと併行して、各地の洪鐘・燈籠・仏具（銅像）・神具（銅牛・狛犬）や鋤鍬鍋竈といった日常用品まで造っていた。このようにして、萩藩においては、享保後寛政・文化時代にも大砲が鋳造され、唐船打払いも続行され、大砲（運用・鋳造）技術が大組・遠近付大筒打等の砲術家と各鋳造所とにおいて継承されていったとみられる。

六　江戸後期における長州藩隆安流（郡司流）と西洋式大砲技術への移行

(1)　天山流と郡司流

高遠藩の荻野流砲術師範阪本（坂本）孫八俊豈は、明和五（一七六八）年に大坂に出て荻野流砲術を三代目宗家に学んだが、荻野流ではもはや満足できなかった。さらに、江戸へ登り荻生徂徠の高弟大内熊耳について儒学・徂徠学を修めた。その後、安永七（一七七八）年ころ「周発台」という当時としては極めて機動的な砲架（五百目玉筒位上限）を考案した。彼はその後、天山と号し、自己の砲術を「荻野流増補新術」と称したが、一般には天

山流と呼ばれた[30]。

阪本天山は、寛政一二（一八〇〇）年末から防長を訪れた。そのころ長州では、（水軍・船手組にとって）「今迄も郡司流と中嶋流を学び一向海上の用に立ち申さず、はなはだ歎息して居たる時節の由」であった。そこで三田尻を経て、まず萩に滞在した後、三田尻に戻って御船手組頭の村上蔵人・飯田孫七郎等に易学および天山流砲術を指導した[31]。天山は三度（寛政一二年末・享和元（一八〇一）年三月・一〇月）、防長を訪れている。その間、長崎・平戸藩・大村藩はじめ西国諸藩における周発台を中心とする銃陣の形成を指導し、享和三（一八〇三）年に長崎で没した。

天山の直弟子で平戸藩砲術師範となった豊島権平は、嘉永二（一八四九）年九月に三田尻と萩を訪れ、砲術視察と教授を行い、翌三年三月二七日に再び萩を訪れた。「天山流砲術師坂本天山来藩一件」では、彼は当時萩に来ていた高島浅五郎（秋帆子息）および「郡司流の砲術家郡司源之允等と会談、四月九日萩を辞し、帰藩す。郡司・道家も元は天山流なり」とある[32]。源之允の代には、隆安流を修めた後、高島流（元は天山流）から西洋流へ転換している。このように長州藩の隆安流は、藩内では一般に郡司流と呼ばれていたことがうかがえる[33]。

（2）江戸後期における大砲技術の転換

兵陣の変革をもたらす本格的な動きは、ロシア・イギリス等の軍艦出没とこれに対する幕府・諸藩の海防準備に待たなければならない。一八世紀末にはロシア船が蝦夷地沿岸に出没し、文化元（一八〇四）年にはロシア使節が長崎に来航し、西国諸藩も対応に追われた（長崎手当）。文化五（一八〇八）年にはイギリス軍艦フェートン号がオランダ商船を追って長崎に侵入した。文政八（一八二五）年には幕府により異国船打払令（「無二念打払令」）が出されている[34]。

このようななか、長州藩（萩藩）では文化一四（一八一七）年から藩の重臣村田清風等を中心に考案された銃陣を中心とする大掛かりな操練を行うようになり、これを「神器陣」と名付けた。神器陣の編成は、台車（砲車）に搭載した大筒（最大五〇〇目玉クラス）四～五門を中心とし、左右両翼に一〇匁筒（鉄砲）三〇～四〇挺を備え、刀槍の数隊をその後に配置するものである。そこには、おもに天山流・荻野流・森重流（合武三島流）に基づいて周発台等の砲架が改良工夫して取り入れられた。この神器陣は、安政六（一八五九）年に西洋銃陣へ移行するまで、毎年操練が行われた(35)。

隆安流（郡司流）はおもに一貫目玉以上の大砲を中心として台場砲（要塞砲）の運用にかかわっていたが、二つの鋳造所ではさまざまな流派の大筒や砲架を注文に応じて製作していたとみられる。天保一二（一八四一）年、大組大筒打で砲術師範の源之允等は、藩命により、徳丸原操練の帰途にあった砲術家高島秋帆に願い出て入門を認められ、西洋式砲術の研究に着手した(36)。この頃から欧米列強の異国船対策の関係もあって、藩の砲術演習も五百目玉クラスの大筒から一貫目玉筒以上の大砲（要塞砲）へシフトして行き、源太左衛門・源之允の隆安流（郡司流）が藩内で重視されるようになる(37)。大砲鋳造にあたっても、和式大砲とともに、西洋式大砲の鋳造技術の開発・工夫が重要視されるようになった。

七　長州藩の鋳造所の活動――鋳造技術――

長州藩（萩藩）では、財政的理由もあり、反射炉の建造を断念し、和式大砲鋳造技術によって西洋式大砲を鋳造する方法を選ばざるをえなかった。ペリー来航の翌年、嘉永七（一八五四）年に郡司右平次（喜平治）が江戸葛飾砂村の長州藩別邸で佐久間象山の指導のもと西洋式大砲の鋳造を指揮したが、これを受けて『防長回天史』は次のように述べている(38)。

是より毛利氏亦盛に加農砲を鋳造す而して臼砲忽砲の製造當時已に長藩に行はる長藩既に三種の火砲を製出す而もその資料に至りては皆銅に非ざるはなし其製法は鞴爐を以て礦物を鎔融し模型に注入して之れを作る砲腔は或は鐵棹に依り或は粘土の模型に依る（後には水車機鑿開法を用いたり）夫れ鞴爐の製法たる蹈鞴の為めに工人を要する最も多く鎔融亦極めて緩漫なり其鎔液も模型の下部より注ぐに非ずして直ちに竈の一側より注下す故に銅滓気泡贅頭に浮出せず砲身往々疵痕を留む然れども当時に在りて能く八十封度の巨砲を造る侮るべからざるなり毛利氏の火砲其数多からずとせず……

幕末とくに嘉永六（一八五三）年のペリー来航により、同年一〇月幕府は洋式砲術奨励を各藩に命じた。それ以来、藩は松本の鋳造所を藩営とし、さらに萩藩内だけでなく江戸の藩別邸などに銃砲鋳造所を開設していった。その場合にも、当初は、西洋式大砲を鋳造するにあたり、円筒鋳型により鉄幹や粘土模型による中子《なかご》を用いて砲腔を空けた砲身を鋳造する中子方式（核鋳法）が採用された[39]。この時期、各砲台配備のために八〇ポンド砲を主力とすることが考えられていたようである[40]。異国船打払対策としてはその程度の大きさの大砲を配備することでそう問題は生じなかったであろう。

しかし、文久三（一八六三）年および元治元（一八六四）年の下関攘夷戦争のような欧米列強の連合艦隊に対する防備としては、当然不十分であった。旧来の設備による西洋式大砲の鋳造も、改良を重ね、文久三年六月には砲術師範郡司千左衛門等の指導のもと、山口福田等で水車穿孔方式（実鋳法）による鋳造へ移行していった[41]。だが、それも元治元年八月の四国連合艦隊攘夷戦における英国東洋艦隊をはじめとする圧倒的な兵力と最新鋭アームストロング砲等の威力の前には非力であった[42]。敗戦の結果、一〇〇門余りの大砲が各国によって没収され、ほとんどが鋳潰された。英米仏蘭の各地にわずかの大砲が残存するのみである[43]。

むすびにかえて

長州藩（萩藩）における大砲鋳造所としては、江戸初期に郡司讃岐信久が萩城下東郊の松本と南郊の青海に開設したものが幕末まで存続し、現在でもこの二つの鋳造所跡は確認できる。江戸初期から中期にかけて、これ以外の所でも大砲（大筒）が鋳造されたであろうが、その数はそう多くはなかったであろう。[44] この時期、二つの鋳造所で大砲の鋳造が可能であったのは、享保三年に幕府が外国船（唐船）打払いの命を長州藩（萩藩・長府藩）等の特定の藩に対して下したことが大きく影響しているとみられる。さらに吉宗や荻生徂徠の兵制（銃陣）改革の企図が、享保期から江戸後期における長州藩（萩藩）の大砲技術の継承と発展、そして西洋式大砲技術への転用（受容）を可能ならしめたといって過言ではないであろう。

(1) 永禄三（一五六〇）年、大友宗麟は、将軍足利義輝に太刀・馬・種子島筒とともに石火矢を贈っている。さらに、天正四（一五七六）年には、ポルトガルの商船が豊後に入港し、大友宗麟に大砲二門が贈られた。宗麟は、この大砲の威力の大きさからこれを「国崩し」と名付けて大事に所蔵した。この国崩しは、天正一四（一五八六）年島津との戦いに使用され、敵方に多大の被害を与えた。洞富雄『鉄砲——伝来とその影響——』（思文閣出版、一九九一年）、二二九～二三三頁。荘司武夫『火砲の発達』（愛之事業社、一九四三年）、三二～三三頁。

(2) 笠谷和比古『関ヶ原合戦——家康の戦略と幕藩体制——』（講談社、二〇〇八年）、一〇七・一六八頁。洞前掲註(1)書、二四二頁。

(3) 荘司前掲註(1)書、四一頁。川越重昌『兵學者 佐藤信淵——佐藤信淵の神髄——』（鶴書房、一九四三年）、四二頁。司馬遼太郎『おお、大砲』（中央公論社、一九六一年）、一八八～一九二頁。

(4) これに関しては、次著に詳しい。宇田川武久『江戸の炮術——継承される武芸——』（東洋書林、二〇〇〇年）。

(5) 『防長回天史』によれば、ジャカルタ（咬口留吧《カウルパ》）船が来泊し、長州藩も長崎への出兵を準備したが、出発前に終結した。この長崎警固のための出兵・準備は、長崎手当と呼ばれた。末松謙澄『修訂防長回天史 上』（柏書房、一九六七年）、三六頁。

(6) 郡司讃岐信久「郡司讃岐申遺状」寛文二（一六六二）年（郡司信興氏蔵萩博物館寄託）。萩博物館『幕末長州藩の科学技術——大砲づくりに挑んだ男たち——』（萩市、二〇〇六年）、二〇・七四〜七六頁。山本勉彌・河野通毅『防長ニ於ケル郡司一族ノ業績』（藤川書店、一九三五年）、一五〜一九頁。また、慶長七（一六〇二）年に造られた大砲五門は三田尻御船手に備え付けてあったとされる（同書、三頁）。この大砲は、後述するように、阪本天山が寛政一二（一八〇〇）年にはじめて三田尻を訪れたときにも残っていたようである。毛利家文庫「天山流砲術師坂本天山来藩一件」（年代不詳）（山口県文書館所蔵）参照。

(7) 山本・河野前掲註(6)書、二〇〜二一・三三・五八頁。

(8) 青銅鳥居の多くは、柱の途中あるいは一定間隔ごとに継ぎ目のある形（鋳継ぎ法）で造られている。鳥居の柱に継ぎ目がないように鋳造する方法は、鋳続け法と呼ぶことができるであろう。出雲大社の銅鳥居は、二代藩主毛利綱広公の命令によるものである（柱の長さ一丈九尺五寸＝約五・九メートル）。父讃岐信久はこれを辞退し、喜兵衛信安が苦心の末ついに完成させたという。山本・河野前掲註(6)書、二六〜二八頁参照。

(9) 萩藩藩士卒の主要階級の概略は次のとおり。【藩士】一門—永代家老—寄組—(手回組)—大組(馬廻通)—遠近付—無給通、【準士】供徒士・地徒士—三十人通—細工人、【卒】足軽等。このほかに、船手組、鷹匠／鵜匠／膳夫、大・中船頭（以上【藩士】）、陣僧、小船頭、士雇、大坂船頭（以上【準士】）等も設けられていた。末松前掲註(5)書、一一〜一四頁等参照。

(10) 以下の内容に関しては、おもに次の文献等によった。

(一)『豊長筑三領唐船漂流之記』石井研堂コレクション（東京海洋大学附属図書館所蔵）および東京海洋大学附属図書館解説文（http://lib.s.kaiyodai.ac.jp/library/bunkan/tb-gaku/hyoryu/HOCHO/hocho-index.html）。［一］「廈門《あもい》唐船長州六連島《むつれじま》へ漂着之記」宝永二（一七〇五）年七月。［二］「福州船長州六連島へ漂着之記」正徳五・六（一七一五・一六）年。［三］「三領沖唐船漂流の記」享保元・二（一七一六・一七）年。

(二) 能美安男「響灘における正徳・享保期の異国船打払いについて」（『地方史ふくおか』二八巻四号、一九九六年）、一〜三頁。能美安男氏調査（①＝古事類苑二六、②＝御触書寛保集成、③＝黒田家譜二巻、④＝黒田家譜三巻、⑤＝黒田家譜四巻、⑥＝福岡県史資料第六輯、⑦＝福岡県史資料第七輯、⑧＝福岡県史「御当家始末下」、⑨＝伊丹文書「唐船漂流之記　一」、⑩＝伊丹文書「唐船漂流之記　二」、⑪＝伊丹文書「唐船漂流之記　三」、⑫＝徳川禁令考　前集第六）

(三) 萩藩郡司家譜録：源七信光（大組）『譜録　略系并伝書　御奉書写』寛保元（一七四一）年。権助信正（遠近付）『譜録　略系并伝書　御奉書写』寛保元年。四郎左衛門信房（細工人、青海鋳造所）『譜録　略系并伝書御判物御証拠物写』寛保二（一七四二）年。貞八信時『譜録　略系并伝書　御奉書写』（遠近付）明和二（一七六五）年。権兵衛信栄（遠近付）『譜録　略系并伝書　御奉書写』明和三（一七六六）年。弥八郎喜之（供徒士）『譜録　略系并伝書　御奉書写』明和二年。喜兵衛信英（細工人、松本鋳造所）『譜録　略系并伝書　御奉書写』明和二年。いずれも山口県文書館所蔵。

(11)『豊長筑三領唐船漂流之記』［一］「廈門唐船長州六連島へ漂着之記」参照。

(12)『豊長筑三領唐船漂流之記』東京海洋大学附属図書館解説文。能美前掲註(10)論文、一～三頁。

(13)『豊長筑三領唐船漂流之記』［三］「三領沖唐船漂流の記」。

(14)能美前掲註(10)論文、一～三頁（⑤）。『豊長筑三領唐船漂流之記』［三］によれば、この時期小倉藩は、五月一三日には六〇五人派遣し、七月の報告では五二挺船（一）・四二挺船（七）・大欄干船（一三）・石火矢船（二）・兵糧船（八）・余船（一〇）・足軽船（三五）・浦船（三一）計一〇七艘を出している。

(15)能美前掲註(10)論文、三頁（⑤⑩⑪）。

(16)これに関しては郡司各家譜録参照、以下各譜録に関する注記は省略する。

(17)能美前掲註(10)論文、三頁（⑤⑪）。

(18)同右論文、三頁（⑨⑤）。

(19)同右論文、三頁（⑤）。

(20)能美前掲註(10)論文では⑤に依拠して、八月七日とあるが、郡司家各譜録ではいずれも八月一〇日～一一日となっており、同一の出来事かどうかは不明である。

(21)能美前掲註(10)論文、三頁（⑤）。

(22)同右論文、三頁（⑤）。

(23)同右論文、二頁。

(24)物茂卿（荻生徂徠）「郡司火技叙」『徂徠集　巻之九』（七～八頁）。山本・河野前掲註(6)書、二二～二三頁。その原本（「郡司火技序」）は、源太夫家当主郡司信興氏から萩博物館に寄託されている。萩博物館前掲註(6)書、二一・七六頁。

(25)周南注釈文の原本等も、信興氏から萩博物館へ寄託されている。萩博物館前掲註(6)書、二一・七六～七七頁。山本・河野前掲註(6)書、二三～二四頁参照。

(26)虎踆は虎蹲ともいわれ、大砲の一種である。この大砲を備えた形が虎がうずくまって（蹲・踆）いるようにみえることに由来する。山本・河野前掲註(6)書、二四頁。有坂鉊蔵著『兵器考　砲熕編一般部』（雄山閣、一九三六年）、一八九頁。所荘吉『新版図解古銃事典』（雄山閣、二〇〇六年）、六一～六二頁。

(27)井上外記は江州甲賀の出とも播州英賀城主の孫ともいわれる。播州英賀がその当時備前に含まれるのであれば、備（前）人とは井上外記であり、その旋風台を暗示するものとみられるが不詳である。肥後藩隆安流とその砲術書（「隆安函三流鉄砲書」「抱傳心之巻・軍場密傳之巻等」）ならびに萩藩隆安流（「大銃目録」等）とに関しては、拙稿「わが国大砲技術の生成・発展――江戸初期までの大砲技術の発展――」（『大阪学院大学通信』四〇巻一〇号、二〇一〇年）、二五～三七頁参照。

(28) 元文三（一七三八）年には、幕府大筒役が創設され、佐々木勘三郎が紀州藩から召されて任じられている。彼は丁火矢のような火術だけでなく、車仕掛大筒のような砲車にも長けていた（「有徳院殿御実紀附録」巻一二）。桑原功一「享保改革期における幕府大筒役の創設」（『日本歴史』七四一号、二〇一〇年）。なお、辻達也によれば、徂徠が将軍吉宗と接触の機会を得たのは享保六（一七二一）年『六諭衍義』に訓点を付けるよう命ぜられて後のことであり、隠密御用につき幕府要人（側衆有馬氏倫）に意見具申するようになった。そして、彼が吉宗に拝謁したのは、享保一二（一七二七）年四月一日六二歳の時であった（翌年逝去）。『政談』はその謁見に近い頃に献上されたものと推測されている。辻達也解説・荻生徂徠『政談』（岩波文庫、一九八七年）、三七五～三七六頁。

(29) 源七信光『譜録』参照。他方、喜兵衛信安嫡男源太夫信之に代わって松本の鋳造所を継いだ二男権助信正は、享保六（一七二一）年には遠近付（藩士）となり、鋳造所（細工人）の方は同じ一族の喜兵衛信英に継がせている。権助信正『譜録』参照。

(30) 中貞夫『国防の先覚　阪本天山』（東亜書院、一九四三年）、七六～一一〇頁。角憲和『阪本天山』（岳風書房、二〇〇〇年）、三七～五一頁。天山流は、萩藩の銃陣・神器陣（文化一四（一八一七）年～安政六（一八五九）年）にも大きな影響を与えている。末松前掲註(5)書、三九～四一頁。萩市史編纂委員会編『萩市史　第一巻』（萩市、一九八三年）、八三五～八三六頁。

(31) 毛利家文庫前掲註(6)書。天山が、長州を訪れたとき、三田尻について直ちに萩に向かったのは、徂徠学派が主流であった藩校明倫館を訪れるためであったと推測されている。角前掲註(30)書、一二〇～一二一頁。天山は江戸遊学中に徂徠学を修め、易学・古文辞学等にも造詣が深いことは確かである。しかし、それだけではなく、同時に、徂徠の兵学的側面に対しても強く影響を受けたのではなかろうか。彼が周発台を独創し、これを中心とする銃陣について研究（『周発図説』『銃陣詳説』）したとき、徂徠の兵学に関する影響がまったくなかったとはいえないのではなかろうか。そうであれば、まず萩へ出かけたのは、明倫館でたんに易学・古文辞学のような学問的関心だけでなく徂徠が高く評価した信之の砲架やその基礎にあると思われる旋風台等について予め視察することも目的であったかもしれない。ある意味において、徂徠の戦術（銃陣）思想は、阪本天山によってはじめて具体化されるにいたったとみることもできるであろう。

(32) 毛利家文庫前掲註(6)書。

(33) 秋田の佐藤信淵によれば、高祖父歡菴は萩滞在中に讃岐信久から隆安流を伝授され、佐藤家に継承された。信淵は、寛政年間（一七八九～一八〇一）の中頃、中国九州地方を巡歴の途中、隆安流の極秘とする「旋風台」と信之考案の砲架を捜して、萩と三田尻を訪れた。萩でいろいろ探したが、隆安流の秘法を知る者はなかった。そこで、三田尻に郡司流の流派を継ぐ砲術家（熊谷丹次郎）がおり、逢って宗伝の秘法を悉く伝授されたとしている。佐藤信淵「三銃用法論」（上　行軍炮篇）、文化五（一八〇八）年。川越前掲註(3)書、四二～四六・五〇三～五〇四頁。ここでも郡司流と呼ばれていたことがうかがえる。

(34)　大石学『江戸の外交戦略』（角川選書、二〇〇九年）、二一一～二一二・二一四～二一五頁。長崎手当（長崎不時出兵の準備）については、末松前掲註(5)書、三六頁参照。

(35)　末松前掲註(5)書、三九～四一頁。萩市史編纂委員会編前掲註(30)書、八四五～八四七頁。

(36)　毛利家文庫「長崎大年寄高島四郎大夫江郡司源之丞其外砲術入門として長崎被差越候一件」天保一二（一八四一）年丑八月（山口県文書館所蔵）。

(37)　天保一〇（一八三九）年から萩藩各砲術家により砲術演習がなされるようになった。天保一二（一八四一）年には野砲だけでなく陣地砲の練習が加わり、天保一四（一八四三）年には源太左衛門と源之允親子の指導のもと新造大砲（一貫六百目玉）の試射がなされる等、陣地砲の演習・研修が中心となり、爾後、多くの藩士が陣地砲の射手として砲家に入門するようになった。萩市史編纂委員会編前掲註(30)書、八四五～八四七頁。

(38)　末松前掲註(5)書、二二一頁。なお、引用文中における、加農砲はカノン（砲）とも呼ばれ、砲身が長く遠距離射程の大砲である。臼《きゅう》砲はモルチールとも呼ばれ、口径が大きく砲身が短い臼型の大砲である。忽《こつ》砲はホーイッスルとも呼ばれ、臼砲より砲身は長いが比較的小型の大砲である。

(39)　幕府や諸藩の大砲鋳造絵図では、円筒模型よりも半分ずつの枡形の箱を重ね合わせて砲身鋳型を作る方法（半割形枡法）が多くみられる。長州藩の鋳造法は、洪鐘や仏像の鋳造と同様の鋳造法によるものと思われる。拙稿「和式大砲鋳造法について――和流大砲鋳造法の西洋式大砲鋳造への転用――」（『伝統技術研究』創刊号、二〇〇九年）、二三～二四頁。

(40)　これは嘉永六（一八五三）年八月郡司覚之進（千左衛門）の建議を契機とするが、吉田松陰も同様の考えであった。末松前掲註(5)書、二二一頁。広瀬豊編『吉田松陰書簡集』（岩波書店、一九三七年）、八一～八三頁参照。

(41)　末松前掲註(5)書、二二二・四八六～四八七頁。これ以前に、万延元（一八六〇）年一一月に藩は千左衛門を大砲鋳造主任に任命し、西洋式大砲の鋳造を講究せしめている（同書、五一一頁）。ここでも同様に円筒鋳型が用いられたと推測される。

(42) とはいえ、アーネスト・サトウ(Ernest M. Satow)が認めるように、長州側は頑強に戦った(坂田精一訳『アーネスト・サトウ 一外交官の見た明治維新(上)』岩波文庫、一九六〇年、一三〇頁)。長州側戦死者一八人・負傷者二九人に対し、連合軍側戦死者一二人・負傷者五〇人であった(古川薫『幕末長州藩の攘夷戦争――欧米連合艦隊の来襲――』中公新書、一九九六年、一〇八頁)。

(43) ロンドン王立大砲博物館には、松本と青海の鋳造所の両当主喜平治信安と富蔵信成の天保一五(一八四四)年製一貫目玉青銅砲が各一門、パリのアンバリッド(軍事博物館)には嘉永七(一八五四)年に右平次(喜平治)が佐久間象山指導のもと鋳造指揮した一八ポンド西洋式大砲が二門、長府博物館にはフランス政府から長期貸与された喜平治作の天保一五年製一貫目玉青銅砲一門、さらにオランダのデン・ヘルダー海軍博物館に野戦砲一門、アムステルダム国立博物館には長府藩の大砲の一部(銀象嵌部分)、アメリカのネイビーヤードには西洋式大砲が一門、確認されている。これらに関しては、たとえば次著等参照。古川薫『わが長州砲流離譚』(毎日新聞社、二〇〇六年)。拙著『海を渡った長州砲――ロンドンの大砲、萩に帰る――』(シリーズ萩ものがたり19、萩市、二〇〇八年)。

(44) 幕末には、江戸葛飾の藩別邸や萩の姥倉・沖原から、さらには山口・小郡、下関長府・小月、三田尻などの鋳造所で大砲の増産が試みられた。前掲註(39)拙稿、一八〜二〇頁。

Ⅳ

国際交流

歌舞伎と琉球・中国

武井協三

はじめに

歌舞伎は一七世紀の初頭に誕生した。一七世紀末から一八世紀のはじめにかけて、初代市川団十郎、坂田藤十郎、近松門左衛門を輩出する元禄歌舞伎の盛期があった。一八世紀になってからは、二代目以後の団十郎による市川家の興隆や「仮名手本忠臣蔵」等の浄瑠璃名作の流入などがあり、歌舞伎は一種の安定した展開期に入ることになる。

この時代、歌舞伎が隣国の琉球や中国の芸能となんらかの交流があったかどうかは、近世演劇史上の大きな問題であるにもかかわらず、具体性をともなった資料が見つからないために、研究は、極論してしまうと「想像の域を出ない妄説」のみしか存在しなかった。

筆者はかつて「若衆歌舞伎・野郎歌舞伎と沖縄の組踊」という論文を発表し(1)、沖縄の組踊は一七世紀後半の歌舞伎（若衆歌舞伎・野郎歌舞伎）の影響のもとに成ったのではないかとする新しい説を提起したことがある。従来、組踊はヤマト（本土）の能楽からの影響が、ほとんど確たる証拠のないまま提唱され、現代でも通説として存在し続けている。能楽の影響を皆無とするには及ばないが、むしろ初期の歌舞伎が組踊に影響した痕跡の方が色濃く、その証拠といえるものが存在するのである。

本稿では、まずこの点を再説し、次に日本と中国への琉球使節の動向から、日本・琉球・中国の演劇交流の可能性を望見する。さらに近年板谷徹が発掘した『琉球劇文和解《りゆうきゆうげきぶんわげ》』という本を、この問題を考えるための画期的な資料として紹介し、考察を加えたい。

一　初期歌舞伎と組踊の題名の類似

三代将軍家光と四代将軍家綱の時代、一六三〇年代から七〇年代の歌舞伎は「若衆歌舞伎」「野郎歌舞伎」と呼ばれている。本稿では、野郎歌舞伎の時代を中心として、一七世紀後半の歌舞伎を「初期歌舞伎」と呼ぶことにする。

組踊と初期歌舞伎の関係を、最も端的に示すのは、その題名の共通性である。

組踊には「……の縁」という特徴的な題名がある。現在上演されているのは「手水の縁」「花売りの縁」の二本のみだが、石垣市の伊舎堂用八所蔵本『組踊集』には「未生《みしよう》の縁」という台本が収められており、現在上演されていない演目にも、この種の題名があったことが知られる。また組踊の祖といわれる玉城朝薫《たまぐすくちようくん》の「銘苅子《めかるしい》」は、恩河本小禄御殿本『組踊集』に「川松の縁」という題で収録されている。

現在題名を知ることの出来る組踊の数は、台本のみが残るものをふくめて五〇曲に満たないと思われるが、その約一割が「……の縁」という題名を持っていることは、注目に値するだろう。

この「……の縁」という表題は、日本の古典文芸の中にはほとんど見かけない特徴的なものといってよい。ところが、初期歌舞伎には、演目名として、これが頻出するのである。「小袖の縁」「尽《つき》せぬ縁」「尺八の縁」「落し文の縁」「時雨の縁」「千年《ちとせ》の縁」「野宿の縁」「的場の縁」「雛の縁」などと枚挙にいとまなく、現在筆者が藩政日記などの資料によって確認しているこのたぐいの表題は、万治四（一六六一）年から元禄一三（一七〇〇）年まででで、三十四例にのぼっている。

国文学研究資料館の「日本古典籍総合目録データベース」の有する前方一致、後方一致、中間一致などの機能によって、「縁」「えん」「ゑん」などの語を検索してみても、これらの語をふくむ類似の古典籍名はほとんど出てこない。

日本の文芸の他のジャンルには見られない珍しい外題が、組踊と一七世紀後半の初期歌舞伎にのみ共通して見られるということは、両者の間の密接な関係を示唆して余りあるといわねばならない。

二　組踊「二童敵討」の構成

玉城朝薫は組踊の祖とされる琉球の踊り奉行であるが、彼が作ったといわれる最も古い組踊の一つに、「二童《にどう》敵討《てきうち》」がある。明和三（一七六六）年の刊本『中山伝信録』に、享保四（一七一九）年の冠船《かんしん》にさいしての上演が記され、沖縄では今もしばしば上演されている演目である。

その構成を見てみると、これは次のような三つの場面からなりたっている。

Ⅰ　冒頭、悪役の按司《あじ》（大名）「阿麻和利《あまおへ》」が登場して名乗りをあげ、天下掌握の野望を述べた後、今から野遊びに行くと言う。

Ⅱ　阿麻和利に滅ぼされた按司の遺児、鶴松《ちりまつ》亀千代《かみじゅう》の兄弟は、母に仇討ちの許可を願い出、許されて父の形見の短刀を与えられる。幼い兄弟と母は涙の別れをする。

Ⅲ　阿麻和利が供の者と野遊びをしていると、近くで美しい兄弟が野遊びをしている。阿麻和利は二人を呼び寄せ、上機嫌になって酩酊し、腰の剣などを与えてしまう。踊りにこと寄せ阿麻和利に近づいた兄弟は、首尾よく敵を討ち果たす。

この構成を、劇の筋からのみ素直に見てみると、ⅠとⅢに阿麻和利の登場が分離していて、少し不自然な感じがするのではないだろうか。Ⅰの「阿麻和利の名乗り」「野遊びの予告」は、Ⅲの「野遊びの場」の冒頭につけた方が、整った構成になるのではないか。同じ組踊の仇討ちものでも、後の作である「萬歳敵討《まんざいてきうち》」では、最初に兄弟を出し、後半になってはじめて敵役を登場させており、構成に無理が感じられない。

Ⅱの鶴松亀千代と母の別れの場を冒頭に置き、Ⅰの阿麻和利の登場はⅢのはじめに入れ込んでしまった方が、劇としては自然な流れになるのである。それにもかかわらず、なぜ「二童敵討」では、阿麻和利の登場を劇の冒頭に突出させ、野遊びの予告をさせねばならないのだろうか。

初期歌舞伎に複雑な筋は存在せず、花見や野遊び、浜遊び、あるいは茶屋での遊びといった場面のみで成りたっているものが多い。酒盛りの席に呼ばれて展開される、美しい女や若衆たちの芸尽しが、この当時の歌舞伎の見どころであった。そういった演目では、まず最初に大名が登場して、名乗りの後、花見や野遊びに出かけることを表明するのが通例である。能楽では冒頭に登場する諸国一見の僧が劇への導入を果たすが、初期歌舞伎ではこの役を、花見や茶屋遊びに出かける大名がつとめるのである。ヤマトの大名と琉球の按司は、一城の主である領主という点からみて、いずれも同じ身分の者といえる。

構成の不自然さを無視して、「二童敵討」が最初の場で按司の阿麻和利を登場させ、野遊びの予告をさせねばならなかったのは、初期歌舞伎の主要演目「酒盛りのある狂言」の構成に影響されたからではないだろうか。少し時代が下がって成立したといわれる組踊「手水の縁」も、主人公の名乗りと野遊びからはじまり、この形式が、組踊の骨法となって入り込んでいることを窺わせるのである。

三　組踊「銘苅子」の登場人物

「銘苅子《めかるしい》」は能楽の「羽衣」との類似が指摘されてきた演目である。両者の内容は酷似しているが、相違するところもある。

能の「羽衣」は、天女が奪われた羽衣を取り返し、喜びの舞を舞って昇天するところで終わり、登場人物は、漁師白龍と天女の二人のみである。ところが組踊の「銘苅子」には、その後半があり、むしろこちらの方が一曲の中心というおもむきである。

ともに暮らすようになった銘苅子と天女は、姉と弟の二人の子を成すが、ある日天女は子供たちに悲しい別れを告げて、天に帰って行く。幼い兄弟は、母を訪ねて野をさまよう。この噂が首里王府に聞こえ、銘苅子親子はとりたてられて出世する。これが「銘苅子」の後半で、銘苅子、天女のほかに、九歳の姉「思鶴《うみちる》」と五歳の弟「亀千代《かみじゆう》」が登場している。

初期歌舞伎は多くの能や狂言の演目を取り入れている。「羽衣」という能の曲も歌舞伎に取り入れられ、上演されていた。とくに若衆歌舞伎から野郎歌舞伎にかけての一七世紀の中葉には、右近源左衛門という女方によって、頻繁に上演されていたことが記録に見えている。

右近源左衛門の演じた「羽衣」の内容を詳記する資料は、残念ながら存在しないが、登場人物が四人で、うち一人が子役であったことは、当時の記録から判明する。

松平大和守の記した『大和守日記』には、芸能を観賞したときの記録がよく残されている。万治二（一六五九）年七月二三日、大和守は叔父の松平出羽守の邸宅で、屋敷に呼ばれた座敷芝居を観賞する。その演目の一つに「羽衣」があった。演者として記されているのは、シテの天女役「右近源左衛門」、他に「三左衛門」「長左衛門」という役者、そして「源左衛門おい」と注記された「竹松」である。

登場人物は四人であり、当時三八歳であった源左衛門の甥の「竹松」は、明らかに子役である。彼は漁師と天女の間に生まれた子供の役を演じたに相違ない。それならば、この歌舞伎には、組踊「銘苅子」のごとく、母と子が別れる場面や、子が母をたずねさまよう場の存在が想定される。

組踊の「銘苅子」は、少なくとも登場人物から見るかぎりは、能楽の「羽衣」より、歌舞伎の「羽衣」に親近性を示しているのである。

四　玉城朝薫の江戸立

組踊の題名、構成、登場人物から初期歌舞伎との共通性を提示したが、もし組踊が歌舞伎を参照して出来たのだとすれば、琉球人たちは、いったい何時どこで歌舞伎に接したのだろう。

組踊を創始したのは玉城《たまぐすく》朝薫《ちょうくん》だといわれている。これは『向姓家譜《しょうせいかふ》』や『球陽《きゅうよう》』といった資料によるものであるが、実は両書は玉城朝薫をして組踊の創始者であると記しているわけではない。朝薫の功績を、前書は「本国往古の故事をつづりとり」、後書は「はじめて本国の故事をもって戯を作す」と記すのみで、朝薫は組踊に琉球本国の故事を取り入れた人として記されているに過ぎない。本稿では組踊創始者説にこれ以上の深入りは避けるが、玉城朝薫を組踊の「創始者」とするのには理由がないのである。

玉城朝薫の作った組踊としては「二童敵討《にどうてきうち》」「銘苅子《めかるしい》」「女物狂《おんなものぐるい》」「執心鐘入《しゅうしんかねいり》」「孝行の巻」の五曲が知られている。組踊に、これら五曲以前の成立を証することのできる戯曲はないと思われ、朝薫が組踊に残した大きな足跡は否定できない。玉城朝薫は組踊の「創始者」ではないと述べたが、今も頻繁に上演される組踊の主要曲を作り、組踊の礎石を固めた人物として、いわば「中興の祖」として彼を位置づけることはできる。

朝薫は琉球使節の一員として、何度かヤマト（本土）を訪れている。薩摩に五回、宝永七（一七一〇）年と正徳四（一七一四）年には、薩摩を経て江戸にまで上っている。「二童敵討」や「銘苅子」に残る色濃い歌舞伎の影を見ると、これらの機会に朝薫は歌舞伎を観劇し、その影響のもとに何本かの組踊を作ったのではないかと思われてくるのである。

宝永七年の江戸立（江戸上り）の記録には、使節団が歌舞伎を見た記録が残っている。『夏姓家譜《かせいかふ》』によれば、大坂に到着した一行は、宝永七年一〇月一八日に「竹田近江の幻戯および狂言」を見物している。「竹田近江《おうみ》」というのは、当時カラクリ人形の興行師として著名であった人物である。「幻戯」は、文字を書く人形や弓で的を射る人形、あるいはもっと大がかりなカラクリや奇術の見世物であった。

それとともに上演された「狂言」は、もちろん能の狂言ではない。江戸時代にしばしば禁令を受けた歌舞伎は、自らを「狂言」あるいは「狂言尽し」と称することがあり、多くの文献資料が歌舞伎を「狂言」と記している。カラクリ人形と能の狂言が共演することはありえず、ここに記された「狂言」は歌舞伎のことを指しているのである。

江戸に到着してからも、宝永七年の使節団は、逗留する田町の薩摩藩江戸屋敷で歌舞伎や人形浄瑠璃を観劇している。使節団の行動を記した資料『阿姓家譜《あせいかふ》』宝永七年一二月一四日・一七日の条を、朝薫が歌舞伎を見たことを明記する決定的な資料として掲出しておきたい(2)。

十四日　於田町御屋敷、賜御料理、且狩野養卜父子之絵拝見、于時躍狂言見物。

十七日　有命、土佐太夫操見物。

ここに記されている「躍狂言《おどりきようげん》」も歌舞伎のことであるのは間違いない。薩摩屋敷に歌舞伎や人形浄瑠璃の一座が招かれ、朝薫ら使節団の一行は観劇にあずかっているのである。

五　座敷芝居の観劇

少なくとも宝永七（一七一〇）年には、玉城朝薫はヤマトで歌舞伎を見ていることが明らかになった。当時の江戸や上方で興行されていた歌舞伎は、絵入狂言本や番付、役者評判記といった資料を見ると、かなり大がかりなものになってきていることが判る。大道具が華やかに飾られ、「三番続」「五番続」といった多幕劇が上演され、一つの劇の上演時間も長くなり、筋にも一定の複雑さが見られるようになっている。登場人物は三〇名を優に超え、扮する役者もそれに応じて多人数である。

大名が登場して名乗り、花見の席で若衆たちの芸尽しを見るといった、初期歌舞伎時代の素朴な構成とは、大きくかけ離れてきているのである。もし朝薫が江戸の町に芝居見物に出向いていれば、朝薫作の組踊の内容は大きく異なっていたに違いない。

従来の組踊研究が歌舞伎の影響をほとんど無視してきたのは、組踊の「創始者」朝薫がヤマトの芸能に接したのは一八世紀に入ってからであり、そのころ江戸の中村座・市村座などで上演されていた歌舞伎は、組踊とは似ても似つかないものと考えたからである。

一七世紀後半の初期歌舞伎であれば、先述したとおり、組踊と歌舞伎は、題名にも構成にも登場人物にも、類似点を指摘できる。しかし朝薫がヤマトで歌舞伎を見たのは一八世紀に入ってからのことなのである。

歌舞伎の研究者の中には、組踊を観て一七世紀後半の初期歌舞伎との強い関連を感じ取った人が、筆者の知るだけでも三人はいる。しかし、一八世紀に入ってからの享保四（一七一九）年、中国冊封使の宴席に備える芸能として組踊は創始されたという通説を知って、約半世紀の時間的ギャップを埋めることが出来ず、研究者は組踊と歌舞伎の関係の追求をあきらめざるを得なかった。

筆者は座敷芝居という上演形態に注目することによって、このギャップに橋を渡すことができるのではないかと考えている
江戸での観劇の場は、芝居町の劇場に限らない。実は「もう一つの劇場」とも呼ぶべき場があった。それは六百軒を超す諸大名の江戸屋敷、藩邸であった。(3)
芸能は貴人の邸宅や巷間で行われるのが本来の姿であった。常設の劇場という芸能上演専用の場が現れるのは、近世初頭になってからである。「かぶきおどり」が文献上最初に記されるのは慶長八（一六〇三）年の女院御所《にょいんのごしょ》という宮廷の一角である。(4)その後も高貴の身分の者が自邸へ芸能を呼んで観賞することは衰えず、芸能の場として近世以降登場する芝居小屋は、芸能史全般から見ると、むしろ特殊な空間といえよう。
江戸の藩邸記録は、近年になって鈴木博子などの演劇研究者による発掘が続き、三十を超える藩邸での芸能上演が知られるようになった。この結果、江戸のほとんどの大名が、年に三、四回は自邸に歌舞伎や人形浄瑠璃を呼んで、書院や御廊下で上演させていることが明らかになってきた。呼ばれる芸能人は、劇場に専属する者もいたが、多くの場合は屋敷廻りを専業とする劇壇の者たちである。こういった歌舞伎・人形浄瑠璃の上演形態を、筆者は「座敷芝居」と名付けている。(5)

六　流行遅れの座敷芝居

先掲の『阿姓家譜』には「田町御屋敷において」と明記されている。玉城朝薫が見たのは、江戸市中の芝居小屋で上演されている歌舞伎ではなく、琉球使節が逗留していた、田町の薩摩藩江戸屋敷に招請された座敷芝居だったのである。

市中の流行は、大名屋敷の奥向きには遅れて入ってくるのが常であったようだ。元禄一五（一七〇二）年刊行

の『役者二挺三味線《にちょうじゃみせん》』江戸の部には「当地で十年以前に流行つた小歌を、奥筋の片わきでは、今ごろ珍しがつて、さても替わつた小歌と賞翫する」と記されている。(6)

座敷芝居でも市中の芝居小屋の流行に遅れをとることがあった。玉城朝薫が江戸立（江戸上り）した頃の座敷芝居の記録を検してみたい。

『弘前藩庁日記』宝永五（一七〇八）年三月六日の条には、弘前藩江戸屋敷で上演された座敷芝居の詳細な記録が載っている。十三の演目が一日がかりで上演されており、プログラムの芯に据えられているのは「忠心のはら帯　三番続」「星合十二段　二番続」という二つの続き狂言である。それとともに「早乙女之祝儀」「風流老松」「妹背万歳」「手つま道成寺」「よしすのまかき」「らんきくの花」「高砂丹前」「恋の笠舩」「妹背の髪すき」「かすみくれ」「あわち丹波」といった、「放《はな》れ狂言」と呼ばれる三〇分くらいの小品の一幕劇が並んでいることが注目される。

「続き狂言」「放れ狂言」の概念は、この当時は客席と舞台を区切る幕がまだ存在しなかったため、とらえ方に難しいところがある。ここでは一応、続き狂言は複数の場面から成る長時間の多幕劇、放れ狂言は単一の場面のみで成立する短時間の一幕劇ということにしておきたい。

林公子は「屋敷方における歌舞伎上演をめぐって」という論文で、(7)「江戸においては、貞享年間（一六八四〜八七）に三番続きの狂言を中心に据えた番組が上演されており、その後四番乃至五番続きの狂言が中心となっていくのだが、屋敷方では依然として放れ狂言が主流であり」と、芝居小屋での上演形態に座敷芝居が遅れをとることを指摘している。

大名邸における座敷芝居では、プログラムの最後に「御所望」とか「お好み」と呼ばれる番組が、よく上演されている。予定のプログラムが終わってから、殿様が上演をリクエストする、いわば「アンコール」に位置づけられる番組である。これは、その場でのリクエストであるから、複雑な番組の上演要求には応え難かっただろう。

座敷芝居というと、簡便な略式の芝居というイメージがあるが、座敷の畳をあげて敷舞台をしくことが多く、ときには大工が呼ばれて邸内に舞台をしつらえることもあった。観客も一〇〇名を超えることがあり、芝居町の劇場ほどではないが、座敷芝居も一定の規模をもって上演されているのである。衣裳や小道具も準備され、大道具が飾られることもあった。

殿様のその場の要求である御所望の番組は、特別な衣裳や道具の用意が不要のものでなければならない。殿が所望できるのは、単純な放れ狂言のような番組に限られるのである。記録を見ても、御所望番組には、放れ狂言や踊りが並ぶ場合がほとんどである。

座敷芝居には「御所望」という上演形態が存在したため、ここに放れ狂言がいつまでも生き残ったのではないだろうか。また幕府からは、多人数の役者による大がかりで経費のかかる座敷芝居が禁止されることもあった。これも座敷芝居を古い形にとどめ置いた一因であろう。

市中の芝居小屋での歌舞伎が流行の先端をきっていたのに対し、座敷での芝居はこの流れから遅れてしまうという実態があった。つまり宝永七（一七一〇）年に玉城朝薫が薩摩藩邸で見た歌舞伎は、流行遅れの一七世紀後半の歌舞伎であった可能性があるのだ。二年前の弘前藩邸で十一本もの、すでに最先端ではなくなっていたと思われる放れ狂言が上演されていることは、このことの証しにほかならない。

玉城朝薫は劇場ではすでに流行遅れになっている一時代前の歌舞伎を、薩摩藩邸で観劇し、それを参照して「二童敵討」「銘苅子」などの五曲を創作したのではないか。もしそうだとすれば、初期歌舞伎研究の先学たちの前に立ちふさがった時間的ギャップは解消され、沖縄の組踊はヤマト（本土）の歌舞伎の影響を受けて成立したという見解を、導き出しても差し支えないことになる。

七　歌舞伎と中国演劇

近世の琉球は、日本と中国に両属しており、江戸へとともに中国にも使節団を送っていた。組踊が、琉球使節を通じてヤマトの芸能、歌舞伎の影響を受けたとすれば、中国への使節団を通して、組踊は中国芸能の影響も受けているのではないかというテーマが浮上してくる。さらには、組踊を介して中国演劇が歌舞伎に影響を及ぼしたという可能性は考えられないか、ということも考慮したくなるのである。

歌舞伎に中国演劇の影響はないのかという問題は、「隈取《くまどり》」の淵源が中国演劇のメイキャップ「臉譜《れんぷ》」にあるのではないかなどという説をはじめとして、昔から論じられることがあった。しかし「隈取、臉譜起源説」は、単に両者が似ているという域を出ていない。中国演劇をいつ、誰が、どのようにして江戸時代の日本に持ち込み、そしてまた、いつ、誰が、どのようにして歌舞伎にもちこんだのか。せめてそのルートが解明されなければ、影響云々の説は説得力を持たないだろう。

『老のたのしみ抄』という二代目市川団十郎の日記の、寛保二（一七四二）年四月一五日の条には「晴天。大入り。この日千鯨丈、唐人の狂言本持参。」という一文が見えている。「千鯨」については調べがついていない。「丈」と呼ばれているので、当時の歌舞伎役者の一人で「千鯨」は俳名なのかもしれない。「狂言本」というのは、芝居の台本や筋書きのことである。

千鯨が団十郎のもとに中国演劇の本を持ち込んだという、この記事は、中国演劇と歌舞伎の関係を記す、歌舞伎の側に在るほとんど唯一の証拠資料だと思われる。ただ「唐人の狂言本」は、唐人を主人公にした台本とも取れ、またこれがどのようなルートで千鯨という人にもたらされたのかも不明で、この貴重な一文の考察は、残念ながらこれ以上おし進めることができない。

八 『琉客談記』

国際日本文化研究センターの共同研究会「一八世紀日本の文化状況と国際環境」において、真栄平房昭氏は「琉球の朝貢貿易と舶載品について」という発表をされ、氏に「琉球使節の異国体験―中国大陸三千キロの旅―」という御論考があることを知った。(8) この中で氏は『琉客談記』という資料を紹介しておられる。『琉客談記』は中国使節を経験した琉球人から、薩摩藩主が聞いた話しを書きとどめた、真栄平氏の言葉によると「いわば中国事情のインタービュー記事」である。序文には「寛政丁巳春正月」とあり、寛政九（一七九七）年成立の資料ということになる。

内閣文庫の「弘胤緘集《こういんかんしゅう》」に収められた『琉客談記』の記事を拾いつつ、琉球の中国使節団が芸能に触れることがあったかどうかを見ていこう。

琉球の進貢船は両艘にして、その第一の船に百二十人、第二の船は七十人ばかり乗る。接貢船は一艘にして百人ばかり乗る。

訪中する琉球使者は「進貢船」「接貢船」あわせて、約三〇〇名という多人数である。この中に、芸能や音楽に強い興味を持つ者がいたとしてもおかしくはない。

進貢使、春三月ころ福州に着き、琉館へ止まる事、七、八ヶ月ばかりにて、秋冬の候、九月末十月初ころ、正使副使以下の官員廿人ばかり北京に趣く《ママ》。その余は皆琉館に残りて、明年貢使の帰るを待つ。

使者たちは「柔遠駅」という福州城外にある琉球専用宿舎に半年ほど滞在する。七、八か月して福州に着いた者の中から二〇人ほどが、正使・副使などとして北京へ赴くことになる。北京往還の旅が約半年とすると、二七〇名の残留組は一年間ほどは福州で過ごすことになる。これは江戸への使節団よりよほど長期の現地滞在である。

この間、残留組がなにをしていたのか。福州の町に芝居小屋はなかったのか。中国の芸能を習得する者はいなかったのか。気になるところではあるが、この資料にそういった情報は記されていない。

北京へ行った使節団の動向はどうだろうか。

毎省楽を奏して、貢使を迎送す。水路の時は、正使の舩に伶官のりて、楽を奏す。

旅の途上で中国の音楽に接することがあったことがわかる。また長旅を終えて北京に着いたときには「下馬宴」が、北京を出立するときは「上馬宴」が催されたという。ここで芸能があったという記録はないが、こういった送迎の宴で、芸能が上演されたことは十分に想像される。

使節団が北京市内に外出できるのは、定められた一定期間のうちだけという制限を受けていたという。しかし「九門の外は外国人遊観する事、自由なり」とあって、北京の外城地区に出ることは自由で、ここで象や虎の見せ物を見物している。

一象は安南国より出づ。元旦には、象を種々の装飾をし、その背に大なる香炉を負わせて、七門の内、午門の前に繋ぎおく。

一大犬の甚だ猛なるあり。虎を持て□す。

一虎の子を鉄の網に入て見せものとす。

使節団の北京での芸能体験は、見せ物のみが記されていて、観劇の記録を見ることは出来ない。そのほか一行は南京にも立ち寄ったようで、南京は「天下第一の繁花にて、北京の比にはあらず」と記されているから、ここで芝居を観賞した可能性は考えられる。

残念ながら芝居を見たという、直接的な証拠は『琉客談記』からは得られない。ただ、福州・北京・南京に長期間滞在した彼らが、だれ一人として中国の演劇に触れなかったというのは、かえって不自然というべきだろう。

もちろん琉球使節の何人かが、中国の芝居を見ていたとしても、その経験が琉球の芸能にどれだけ影響したかは、また別の問題である。そしてもし仮に、琉球の中国使節が、中国の演劇からなんらかの要素を持ち帰り、それが琉球芸能に採り入れられることがあったとしても、今度はこの琉球芸能からヤマトの芸能、歌舞伎が影響を受けるという可能性があるかどうかという問題もある。

九　唐躍りと『琉球劇文和解』

日本・琉球・中国の演劇交流についての考察は、まだまだ入り口にとどめざるを得ない。

しかし、最近になってこれを大きく進展させる成果が、板谷徹によって発表された。『交錯する琉球と江戸の文化』(9)という本で紹介された唐躍《とうおどり》の台本『琉球劇文和解《りゆうきゆうげきぶんわげ》』という資料と、それについての板谷の論考「唐躍について」「唐躍を見る江戸の観客―『琉球劇文和解』をめぐって―」である。

以下しばらくは、この資料と二編の板谷論文の紹介である。

一六世紀の後半には、中国からの冊封使《さつぼうし》によって、琉球に中国演劇がもたらされ、久米村の閩《びん》人が教授を受けた。久米村は一四、五世紀に来琉したと思われる中国からの渡来人が集住する村である。久米村の人々が伝承したのが「唐躍り」という中国の演劇であった。

『家譜』などの沖縄資料は中国演劇を「漢戯」「漢躍」「唐躍」と表記しているが、板谷は「唐躍り」を採用するのが最適とする。誤解されやすい語であるが、これは舞踊ではなく劇なのである。

唐躍りは久米村から首里の士族に、中国語のまま伝授され、江戸への使節はこの唐躍りを帯同し、薩摩藩江戸屋敷で上演した。中国語の演劇が江戸時代の薩摩藩邸で上演されていたという驚愕すべき事実を、板谷の論考は明らかにしているのである。

この唐躍りの一種の台本ともいうべきものが、『琉球劇文和解』である。同書の成立は寛政八（一七九六）年の可能性が高いという。また、徳川美術館蔵の『琉球歌舞図巻』に描かれているのが、この唐躍り上演の様子であるともいう。

収められている中国演劇は「餞夫」「送茶」「奪傘」「跌包」「望先楼」の五曲で、本文は中央に漢文で記され、各行の右に中国語の発音、左に逐語の和訳を、ともにカタカナで記している。後半には、歌舞伎調ともいえる和訳台本が収められ、これには詳しいト書きも付されている。

その内容を少し紹介する。「送茶」という演目の主人公は、独居の慰めとして「看書」（読書）にふける。「看書」には「看レ書ヲ」と、返り点と送り仮名が付されている。右には「カンシユイ」との中国語読みがふられ、左には「シヨモツニテモヨミ申サン」との和訳があり、後半に収められた和訳では、これはもっとくだけ「ドリヤ見ぬ世の人を友として、つれづれを慰もうか／ト卓にかかり本をひらきよむ」と歌舞伎の台本風になっている。

このような本が作られた理由はなお判然とせず、作者もまだ確定されていないが、[10] 板谷論文には、中国使節団には久米村の者が加わっていたという重要な指摘がある。

久米村の梁淵なる者は、「中華歌楽雑戯」を習うため、進貢、接貢に関わって渡唐した記録があるという。また『魏《ぎ》姓《せい》家《か》譜《ふ》』の天保一〇（一八三九）年の項に「唐躍り学習の為」の者が「接貢船」に乗船し「福建省に到り」、先に記した福州の琉球館「柔遠駅」で「師に就き歌舞を学習」したとあることを指摘している。これらは、使者の中に中国の演劇である「唐躍り」の学習を目的とする者が混じっていたことを証する、注目すべき資料といえよう。こういった事態が近世全般にわたってあったとすることは、強引な敷衍ではないだろう。

おわりに

中国から久米村、久米村から琉球の江戸立使節、使節団による薩摩藩江戸屋敷での中国演劇の上演という経路が、板谷徹によって明らかにされた。

それでは、これが歌舞伎に入り込んでいくルートがあるのだろうか。つまり薩摩藩邸での琉球使節の芸能上演の場に、歌舞伎役者が観客として参加し、琉球芸能を見物学習したということは考えられないのだろうか。板谷論文には、薩摩藩邸での観客たちにも言及がある。(11) 薩摩藩の家臣のほかに観客として指摘されているのは、幕府奥絵師狩野探信、儒学者佐藤一斎、連歌師阪昌成といった文化人たちである。

残念ながら薩摩藩江戸屋敷の藩邸日記は発見されておらず、どういった観客が藩主のそばで観劇していたのか、そのすべてを明らかにすることはできない。ただ、他の藩邸ならば、座敷芸能の場に歌舞伎の役者たちが見物として参加している例がある。鈴木博子によって紹介された岡山藩池田家『日次記』宝永七（一七一〇）年一二月一二日の条である。(12)

一　御出入之町人五人、御能拝見被仰付

海老屋忠兵衛　但馬屋清七

伊部屋丹三郎　錦屋忠二郎

金沢平六

「町人」とは記されているが、この五人は、同時代の他の藩邸記録にも、しばしば登場する者たちで、大名屋敷に出入りする、座敷芝居専門の歌舞伎の芸人であることが明らかである。鈴木によれば、これらの者と岡山藩主綱政との関係は緊密で、国もと岡山にまで出張し、藩主の前で歌舞伎を上演するなど、熱い愛顧を受けていたという。

その歌舞伎役者たちが「御出入之町人」として、お屋敷で「御能」を拝見している。それならば、薩摩藩邸においても琉球使節が芸能を上演したときも、殿様の招請をうけて、琉球人の芸能の見物のお相伴にあずかる歌舞伎の芸人が存在していたという可能性は、全く考えられないことではない。

こういった者たちによって、歌舞伎に中国の演劇が入ってきたとは考えられないだろうか。しかしこれは、あくまでも憶測である。最初に述べた「想像の域を出ない妄説」に、小稿もおちいってしまったのかもしれない。

（1）拙著『若衆歌舞伎・野郎歌舞伎の研究』（八木書店、二〇〇〇年）に所収。
（2）『家譜』は板谷徹「家譜に見られる芸能資料2」（『ムーサ』九号、二〇〇八年三月）より引用。
（3）拙稿「江戸の演劇空間―もう一つの劇場―」（『武蔵野美術』一一七号、二〇〇〇年）。
（4）舟橋秀賢『慶長日件録』慶長八年五月六日に「女院において、かぶき踊りあり」とある。
（5）拙稿「座敷芝居の盛行」『若衆歌舞伎・野郎歌舞伎の研究』（八木書店、二〇〇〇年）に所収。
（6）『歌舞伎評判記集成』第一期三巻（岩波書店、一九七三年）、二四五頁。
（7）日本文学研究大成『歌舞伎・浄瑠璃』（国書刊行会、一九九三年）に所収。
（8）永積洋子編『鎖国を見直す』（山川出版社、一九九九年）に所収。真栄平房昭には、ほかに「清国を訪れた琉球使節の見聞録―『琉客談記』を中心に―」（『第八回琉球・中国交渉史に関するシンポジウム論文集』沖縄県教育委員会、二〇〇七年）もある。
（9）板谷徹『交錯する琉球と江戸の文化―唐躍台本『琉球劇文和解』影印と解題―』（榕樹書林、二〇一〇年）。
（10）古屋明弘は「一八世紀『琉球劇文和解』の中国語音について」（『水門』二二号、二〇一〇年四月）で、薩摩藩の唐通事石塚崔高を『琉球劇文和解』の作者の可能性がある者としている。
（11）板谷徹「琉球使節の芸能を描く絵師―熊本藩御用絵師杉谷行直の場合―」（『沖縄県立芸術大学紀要』一八号、二〇一〇年三月）。
（12）鈴木博子「屋敷方における御出入り役者の動向―岡山藩池田家操・歌舞伎上演記事を中心に―」（『歌舞伎　研

究と批評』三一号、二〇〇三年八月）。

〔付記〕　本稿を成すきっかけは、国際日本文化研究センター共同研究会「一八世紀日本の文化状況と国際環境」における真栄平房昭氏の御発表「琉球の朝貢貿易と舶載品について」を聞いたことにある。種々御教示をいただいた真栄平氏と共同研究会の諸氏に御礼申し上げる。また本稿を成すにあたっては板谷徹氏から多大な御教示と御助言をいただいた。銘記して深甚の謝意を表したい。

本稿は科学研究費補助金基盤研究（C）「在外絵画資料による野郎歌舞伎の演技・演出研究」（課題番号21520228）の成果を一部取り入れたものである。

琉球の中国貿易と輸入品——海を越えた唐紙——

真栄平　房昭

はじめに

印刷・羅針盤・火薬とともに「製紙技術」は、世界の四大発明の一つに数えられる。古代中国で始まった紙づくりは、国境を越えて東アジア諸国に伝わり、さまざまな文化を生み出す契機となった。人類の経験や知識は「紙」に文字で記録され、それらの情報を大量に保存する手段として「書物」が誕生した。それを可能にした「紙」の歴史的意義についてはいうまでもないが、社会的役割はそれにとどまらず、例えば「文書」類の発給と命令伝達・紙幣の流通・教育の普及など、国家行政のあらゆる面で大量の「紙」が必要不可欠となる。さらに、人びとの相互通信・コミュニケーションの発達も「手紙」の普及によって可能となったのである。

本稿では、東アジアの国境を越えた「紙」の技術伝播の歴史への関心をふまえて、近世琉球における中国との交流に焦点をあてる。そして中国との交流の中でどのような「唐紙」が琉球に輸入されたかを具体的に明らかにし、さらに製紙技術の伝播や受容についても検討してみたい。

一　中国で生産された紙の種類

東アジアの製紙技術史・文化史については、中国の潘吉星[1]をはじめ多くのすぐれた研究成果がある。[2]王詩文著『中国伝統手工紙事典』[3]によると、明・清代に生産された代表的な唐紙には、次のような種類がある。

①磁青紙　明の宣徳年間（一四二六～一四三五）に北京で生産された著名な加工紙で、藍色で染めた青花磁器に似た色である。書写および善本の書紙に利用される。

②羊脳箋　明の宣徳年間に北京で生産された著名な加工紙である。羊脳を用いて加工したもので、磁青紙より高貴なものだった。なお、宣徳年間に生産された加工紙は「宣徳紙」と総称される。

③開化紙　浙江省開化県で生産され、桑皮を原料とする。清代の順治～乾隆期（一六四四～一七九五）に主として図書を印刷するのに利用され、生産量は多く品質も高かった。

④毛辺紙　江西・福建省で竹を用いて生産される。淡黄色で美しく安価なため、書法・帳簿・古書の印刷などに利用される。

⑤連史紙　江西・福建省で竹を用いて生産され、書写・戸籍の印刷や書画の表装などに利用する。

⑥対方紙　四川省で竹を用いて生産が行われ、書写に利用される。

⑦漂貢紙　湖南省で竹を用いて生産が行われ、漂白粉で漂白している。

和紙の原料は主に楮《こうぞ》であるが、中国では竹をはじめ多様な素材が用いられた。中国の「竹紙」では江西・福建地方で生産された「連史紙」や「毛辺紙」が最も一般的で、各種の書籍を印刷するのに用いられた。[4]「毛辺紙」については第三節で詳しく述べるので、ここでは「連史紙」について若干の解説を加えることにする。

「連史紙」の生産は古く一二世紀頃にさかのぼり、一四世紀以降の明清時代には需用が広がった。福建省北部の邵武県に産する「嫩竹」を原料に用い、紙質は薄く均質で白いのが特徴である。紙の特質から、高級手工芸品の印刷などに使われた。名称の由来については、『紙譜』に「およそ紙にはみな連二、連三、連四牋がある」と記されており、この「連四」が後に転じて「連史」と称されるようになった。

ところで、紙の表面に飾り文様をほどこした「装飾紙」が古くからある。北京の故宮博物院には明清時代のものが所蔵されており、これは紙面に金や銀の箔片をまき散らした工芸品で美術品としての価値も高い。こうした装飾紙については、明代読書人の生活ぶりを伝える『長物志』(5)に、次のような記述が見られる。

古人は青竹に加工してものを書いたが、のちになると紙を使った。北紙は横簾を使って造り、その漉き目が横じまで、紙質が密でなく厚い。それを側理という。南紙は竪簾を使い、二王の真跡は、多くこの紙だ。唐の人は硬黄紙を造り出した。黄蘗《きはだ》で染めるのは、紙魚《しみ》防ぎのためだ。蜀の妓女薛濤は紙を作り、十色小箋と名づけた、またの名は蜀箋。宋には澄心堂紙がある。黄経箋・白経箋があり、（二枚に）はがして使える。碧雲春樹・竜鳳・団花・金花等の箋がある。長さ三丈から五丈の匹紙がある。彩色粉箋および藤白・鵠白・蚕繭等の紙がある。元には彩色粉箋・蠟箋・黄箋・花箋・羅紋箋があり、すべて紹興に産する。白籙・観音・清江等の紙があり、すべて江西に産する。山斎にいずれも十分貯めて置いて使用に備えるべきだ。国朝の連七・観音・奏本・榜紙は、いずれもよくない。ただ大内で使う細密灑金五色粉箋は、板のように堅く厚く、紙面はみがかれ白玉のように光り、また印金花五色箋、また段素のような磁青紙、いずれも貴重すべきだ。近ごろの呉中（蘇州）の灑金紙、松江の譚箋は、いずれも長持ちしない。涇県の連四は最も佳。高麗には別に一種があり、綿繭で製造し、色は綾のように白く、帛のように強靱、これで以て書写すると、墨の色がつややかで好ましい。これは中国になく、やはり奇品である。

このように中国の文化や工芸の発達につれて製紙技術も高度なレベルに達し、多様な種類の「装飾紙」が生産されていたことがわかる。各種の色地に金粉や金泥で紋様を描いた「金花五色箋」は、宮廷の御用紙であった。中国皇帝が琉球国王に与えた勅書なども、こうした最高級の装飾紙を用いたのである。

二　明清期の紙の生産と流通

一般に中国では「紙の産地」としては、古くから有名な安徽省・福建省を筆頭に雲南・四川・江西・湖南・浙江・河北・陝西の各省があげられる。なかでも安徽省と福建省の紙は民間に広く流通した。ちなみに日本では安徽産の紙を「本画仙」、福建産を「福建宣紙」と称して区別した。安徽産の紙は、涇《けい》県の宣城を中心に生産されたことから「宣紙」と呼ばれた。稲藁を主な原料に檀皮・三椏・療草などをブレンドしたもので、紙の王様とも呼ばれるほど上質で、多くの人びとに愛好されている。福建産の紙は主原料が竹で稲藁・療草が交ぜられているため紙質は硬く、厚手である。

竹紙の生産地は中国南部が中心であった。明末の技術百科全書として有名な宋應星の『天工開物』（一六三七年刊）にも「竹紙をつくることは、南方が始まりで、福建省が特に盛んである」(6)と記されている。『天工開物』は、竹紙の生産工程について図入りで詳しく解説を加えている。その要点を以下に整理しておく。

①枝葉が生えかけた竹が材料としてよい。夏前に山に登って竹を切り、五～七尺の長さに切断する。溜池を掘り、中に水を満たして切断した竹を漬ける。一〇〇日以上漬けてから、手を加える。
②直径四尺の下鍋で竹を煮る。鍋の上部に泥と石灰でふちをつくる。
③紙を漉く槽は四角い枡型で、その大きさは用いる簾によりきまる。
④紙を漉く簾は、竹をみがき非常に細い糸状にして編む。紙を漉く時は両手で簾をもち、水に入れてすき起こす。厚薄は手加減次第で変わる。簾を浮かせた時、水が四隅から槽の中に落ちる。その後、簾を返し、紙を

板上に落とす。

⑤紙を乾燥させる方法の一つとしてあぶる。そのためには煉瓦を積んで狭い二重の壁をつくり、煉瓦でその間の部分を覆う必要がある。

以上が、竹紙の生産工程である。次に、范金民の研究(7)を参考にしながら明清時代における「紙の流通」について述べる。

明の文人・張応兪の『杜編新書』第六類「牙行編」は福建の紙商人について、「家の資財が殷富なれば、必ず紙を製造し客に売る。一日に、自ら千余簍（籠）を積み、その価値は八百余両であり、蘇州に行って売り、（中略）家中からまた紙八百簍を蘇州に送り、（中略）翌年、また紙を積んで蘇州に行く」と記されている。福建の紙商にとって蘇州は有力な販売市場であった。蘇州や杭州とともに、福建は出版業の盛んな地域として知られ、こうした紙の生産・流通が「書物」の出版文化を支える基盤となっていたのである。

三　清代の檔案史料にみる紙

次に江戸時代に発達した「和紙」について述べると、その技術が薩摩から琉球に導入されたことに注目したい。琉球王府の史書『球陽』尚貞王二七（一六九五）年条(8)に、次のような史料が見える。

（尚貞王）二十七年、関忠勇、始めて球紙を造る。康熙丙寅（一六八六・康熙二五年）、関忠勇（大見武筑登之親雲上憑武）薩州に往き、乃ち草野氏に従ひて造紙の法を学び、悉く其の法を尽くして帰り来る。後、杉原・百田紙等を造りて、以て聖覧に備ふ。（中略）我が国の造紙、此れよりして始る。

琉球王府の役人「関忠勇」が、薩摩で「草野氏」から製紙法を学び、琉球に技術移転したことが明らかである。一六〇九（慶長一四）年の薩摩侵攻以前から、薩摩と琉球間での公文書のやり取りには「和紙」が使用されていた。琉球国の発給文書について富田正弘は、「辞令書の料紙」の分析結果から、尚寧王以前は楮紙が使用され、尚豊王以後には「竹紙」が使用されたという意外な事実を明らかにした。さらに起請文・書状などの検証もあわせて、琉球王府と薩摩および中国との外交交渉に用いられた「料紙」の変遷や、その歴史的意味を読み解いた。その結果、文書料紙としての竹紙は、まず島津家に出した国王書状に、中国風な要素の演出として使用されていたが、尚豊王のころより徐々に竹紙の使用をやめたとみられる。また、これとは逆に、尚豊王代から国内向けに発給された辞令書では、「中国風な形様に仕上げるために竹紙を使用しはじめる」[9]という興味深い指摘がある。すなわち、琉球王府の「中国化」指向に対応して辞令書の料紙も「中国風」に変化したものと考えられる。

次に、視点を変えて中国産の紙がどのようにして琉球にもたらされたかについて検討したい。丁春梅[10]によると、清代の朝貢貿易を通じて中国産の紙が大量に琉球へ輸入されたことは、中国側にとって福建の製紙業を繁栄させるメリットがあり、また琉球側にとっても朝貢国の免税品というかたちで双方に利益をもたらすものであった。また、楮紙の生産量が少ない中国では琉球からの輸入によって補足し、森林資源が乏しい琉球では、必要となる多量の紙を中国から輸入するというようにお互いに補い合うことになった。さらに、紙貿易によって技術交換がなされ、文化の発展にもつながった。

一方、江戸時代の長崎貿易において「唐紙」が輸入されていたことは、積荷品目・数量などを記録した『唐蛮貨物帳』によっても確認できる。例えば、一七一〇（宝永七）年の合計数値として三二九束と記録されている。

『清代中琉関係檔案選編』のデータをもとに「紙類の輸入状況」について分析した表1を見ると、以下のような特徴的事実を指摘することができる。まず紙類の輸入品として合計一七品目が確認できる。これらのなかで、紙そのものの輸入は一〇品目（No.1～10）、また紙の加工品は七品目（No.11～17）である。その数量単位は、枚数をあらわす「張」、あるいは重量をあらわす「斤」が一般的である。例外として扇類は「把」で表示されている。

ちなみに、長崎貿易で日本に輸入された中国産紙の数量単位は、「包」「箱」「束」「冊」と不統一でさまざまな単位が使用された。一八世紀半ば以降は「連」「斤」「枚」「籠」などが多いが、全体的には「連」が最も多い。このように琉球貿易における紙類の数量単位は「張」であったのに対し、長崎貿易では「連」が一般的であったことに注意したい。

多種多様な紙の中でも有名な「毛辺紙」は、継続的に琉球に輸入されていた。また、先述した「連史紙」も輸入されていたが、記録に残るのは一七六七年に限られている。貿易全体を通観してみると、一八世紀には多様な品種が福州から輸入されたことがわかる。一八〇〇年代以降は「毛辺紙」「油紙」「甲紙」の三種類が主流を占めるようになる。そこで次に、毛辺紙・油紙・甲紙に焦点をあて、それぞれの輸入動向を分析してみよう。

(1) 毛辺紙

毛辺紙は前述のように江西省または福建省に産し、原料は竹である。数万巻の書を蔵したという明代の毛晋(一五九九～一六五九)が、印刷用としてつくらせたのが始まりだという。黄色の紙で、厚手のものを毛辺紙、薄いものを毛太紙という。紙質はあまりよくないが、墨ののり具合、吸水性ともによく、二番唐紙といって書法の練習用などに使われた。王宗沐(一五二三～一五九一)が編纂した『江西大志』には、当時江西省で漉いていた約二〇種の紙が列挙されているが、この中に「毛辺紙」も含まれている(11)。

一六八三(康熙二二)年に来琉した冊封使汪楫の『使琉球雑録』によれば、「必購中朝毛辺紙以求名唐紙」(必ず中朝[中国]の毛辺紙を購い、以て求む。名づけて唐紙という)とある。中国から購入した毛辺紙を、琉球では「唐紙」と称したことがわかる。先述のように、毛辺紙とは厚手の「竹紙」で、一般に広く使用されていた。

それでは毛辺紙の輸入動向について、図1を見てみよう。輸入量のピークは一八世紀後半、とくに一七七六

表1　紙関係輸入数量一覧

（No. 1）

No.	品　目	単位	1767年 乾隆32.10.24 明和 4	1774年 乾隆39. 1 . 8 安永 3	1775年 乾隆40. 2 . 9 安永 4	1776年 乾隆41. 1 .20 安永 5	1777年 乾隆42. 2 . 6 安永 6	1778年 乾隆43. 2 .13 安永 7	1803年 嘉慶8. 6 . 1 文化元	1821年 嘉慶26. 8 .29 文政 4
1	毛辺紙	張	33, 120	114, 200	84, 610	210, 060	84, 000	209, 400	20, 000	118, 000
2	油紙	張	3, 000	4, 000	1, 800	2, 100	1, 800	2, 990		1, 800
3	甲紙	斤	19, 040	32, 623	23, 460	43, 516		43, 216	11, 400	28, 400
4	川連紙	斤	266							
5	連史紙	張	7, 720							
6	色紙	張	3, 600							
7	紅紙	張		2, 000	3, 000	200	700			
8	面袋紙	斤		5, 020						
9	竹傘紙	斤			3, 900					
10	粗紙	斤					16, 355			
11	油紙扇	把		2, 800	500	1, 800	7, 750			5, 000
12	土油紙扇	把				9, 810				2, 700
13	粗油紙扇	把		7, 150				7, 240		
14	白紙扇	把	950	3, 900	1, 500	3, 800		9, 200		
15	粗紙扇	把			3, 800					
16	紙画	張			20	29	20	26		
17	紙裱字画	張	12							

（No. 2）

No.	品　目	単位	1822年 道光2.5.19 文政5	1824年 道光4.5.28 文政7	1825年 道光5.5.28 文政8	1826年 道光6.6.4 文政9	1830年 道光10.6.26 天保元	1831年 道光11.6.12 天保2	1832年 道光12.7.12 天保3	1836年 道光16.8.28 天保7
1	毛辺紙	張	42,000	76,200	73,650	75,400	55,400	72,000	76,100	41,000
2	油紙	張	500	5,900	2,950	5,620	2,680	2,700	3,950	2,400
3	甲紙	斤		20,825	25,000	18,600	5,600	30,350	26,850	16,300
4	川連紙	斤	4,560							
5	連史紙	張								
6	色紙	張								
7	紅紙	張								
8	面袋紙	斤								
9	竹傘紙	斤								
10	粗紙	斤								
11	油紙扇	把		13,400	2,400	12,500	11,000	18,000	11,000	9,500
12	土油紙扇	把	3,100	9,000	2,600	11,800			8,500	
13	粗油紙扇	把								
14	白紙扇	把	1,580							
15	粗紙扇	把								
16	紙画	張								
17	紙裱字画	張								

(No. 3)

No.	品　目	単位	1837年 道光17. 8 .28 天保 8	1838年 道光18. 8 .28 天保 9	1839年 道光19. 9 . 4 天保10	1840年 道光20. 9 . 6 天保11	1842年 道光22. 5 .20 天保13	1843年 道光23. 9 . 5 天保14	1844年 道光24. 7 . 5 弘化元	1849年 道光29. 9 .17 嘉永 2
1	毛辺紙	張	116, 800	53, 000	151, 500	81, 800	57, 600	78, 000	59, 000	78, 000
2	油紙	張	3, 400	3, 300	3, 300	5, 000	2, 500	2, 600	700	1, 400
3	甲紙	斤	26, 500	13, 000	25, 450	13, 350	16, 900	23, 400	8, 890	17, 400
4	川連紙	斤								
5	連史紙	張								
6	色紙	張								
7	紅紙	張								
8	面袋紙	斤								
9	竹傘紙	斤								
10	粗紙	斤								
11	油紙扇	把	22, 500	9, 500	20, 700	36, 500	12, 750	20, 000	10, 000	19, 000
12	土油紙扇	把								
13	粗油紙扇	把								
14	白紙扇	把								
15	粗紙扇	把								
16	紙画	張								
17	紙裱字画	張								

（No. 4）

No.	品　目	単位	1850年 道光30.10.22 嘉永３	1853年 咸豊３.７.17 嘉永６	1854年 咸豊４.８.24 安政元	1855年 咸豊５.９.19 安政２	1856年 咸豊６.９.21 安政３	1858年 咸豊８.９.12 安政５	1860年 咸豊10.10.24 万延元	1875年 光緒元.９.16 明治８
1	毛辺紙	張	56,500	128,000	101,000	164,000	61,000	72,000	84,000	108,000
2	油紙	張	1,100	2,000	1,200	2,000		2,000	2,000	10,000
3	甲紙	斤	6,000	11,000	14,100	17,707	8,900	7,500	9,000	24,000
4	川連紙	斤								
5	連史紙	張								
6	色紙	張								
7	紅紙	張								
8	面袋紙	斤								
9	竹傘紙	斤								
10	粗紙	斤								
11	油紙扇	把	8,750	12,000	8,000	12,000	3,000		1,500	3,000
12	土油紙扇	把								
13	粗油紙扇	把								
14	白紙扇	把								
15	粗紙扇	把								
16	紙畫	張								
17	紙裱字畫	張								

出典：『清代中琉関係檔案選編』「清単」より作成。
註１：油紙は1767年と1775年は「小油紙」、それ以外の年次は「大油紙」と記載されているが、表では「油紙」にまとめた。
　２：1774年と1778年は頭号船・弐号船に分かれて数量が記載されているが、表では一括にまとめた。

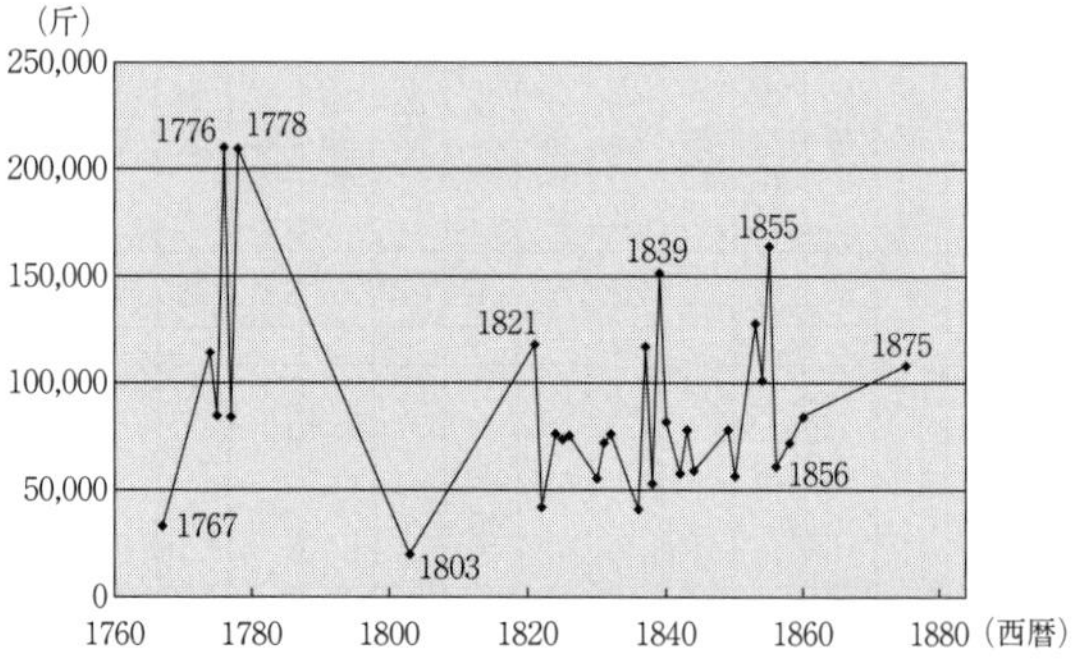

図1　毛辺紙

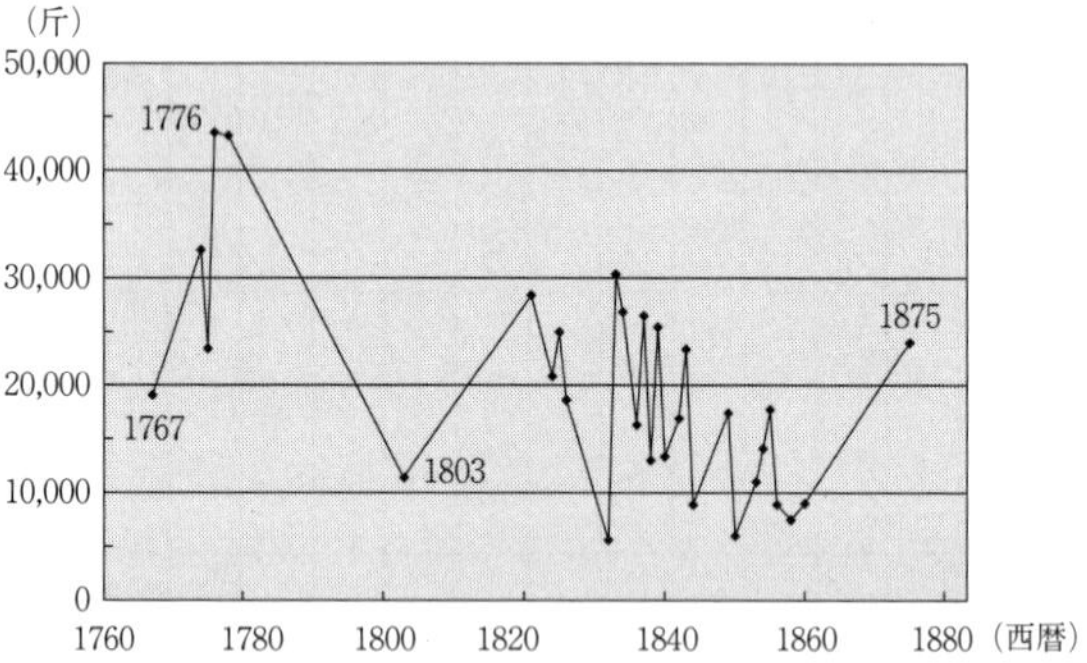

図2　甲紙

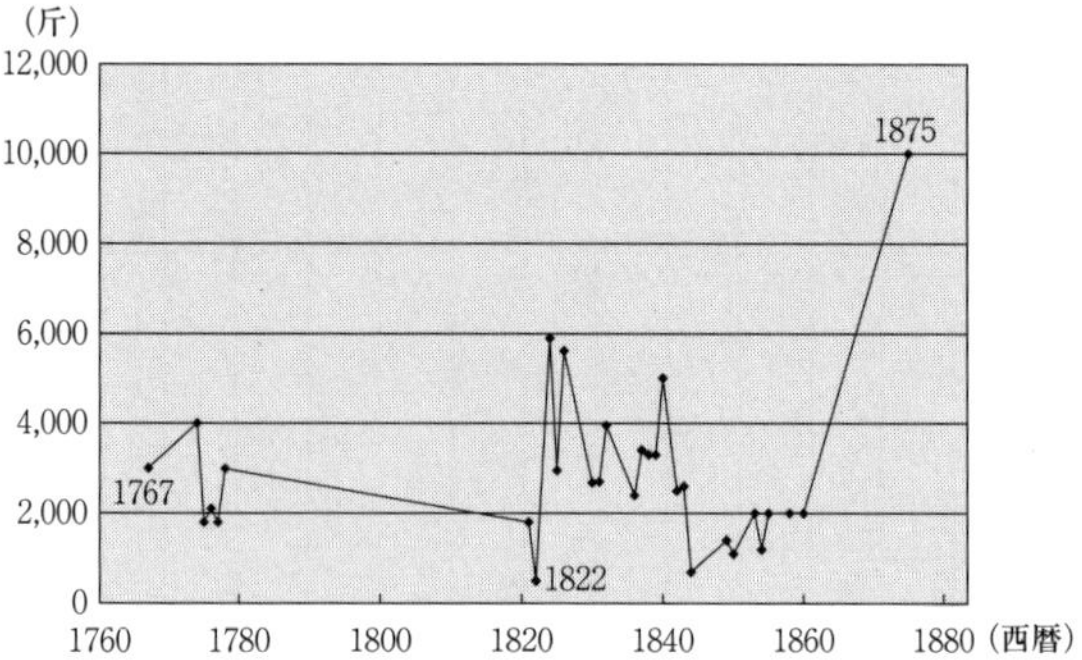

図3　油紙

（乾隆四一）年が二一〇、〇六〇斤と最も多い。この時期、琉球では社会経済の繁栄期にあたり、紙の需用も高かったものと考えられる。国内需要に応じて進貢貿易による輸入も増えたのである。なお輸入量の最も少ないのが、一八〇三（嘉慶八）年の二〇、〇〇〇斤である。

(2) 甲紙

次に甲紙の輸入動向について、図2を見てみよう。最も多いのが一七七六年の四三、五一六斤で、最も少ないのが一八三〇（道光一〇・天保元）年の五六〇〇斤である。その翌年には三〇、三五〇斤と増加したものの、次第に減少傾向にあったことがうかがえる。

ところで、表1から明らかなように、毛辺紙にせよ甲紙にせよアヘン戦争直前の一八三九～一八四〇年にかけて輸入が減少し、さらに一八五五年～一八五六年の間は数値が大幅に低落している。これは一八五三（咸豊三）～一八五四年にかけて中国社会を揺るがした太平天国の乱が、福建の製紙業にも深刻な影響を及ぼした結果であり、その内乱がピークを過ぎた一八五六年頃から再び増加傾向を示す。すなわち、中国社会の戦乱によって紙の生産状況も影響を蒙り、結果として琉球の輸入量が落ち込んだことが考えられる。

(3) 油紙

油紙の輸入動向について、図3を見てみよう。油紙は防水加工され、「唐傘」の素材などにも重宝された。その輸入量が最も多いのは一八七五（光緒元）年の一〇、〇〇〇斤で、逆に少ないのが一八二二（道光二）年の五〇〇斤である。全般的に輸入が低迷している背景には、やはり内乱等による紙の生産地への影響が深刻化していたことがあるのであろう。

四　海を越えた製紙技術とヒト——琉球人・新垣筑登之の世界——

琉球における紙づくりの歴史で注目されるのが、慶良間《けらま》島渡嘉敷村生まれの「新垣」という人物である。彼はもともと進貢船の水夫として福州に渡り、現地で唐紙の製法を修得した。帰国後、薩摩藩の求めに応じて鹿児島に移住し、その唐紙製法の技術移転に貢献した。ここでは、糸数兼治らの研究[12]を参照しつつ、その経緯について述べていこう。まず、『球陽』附巻に収録された次の記事[13]を見てみよう。

薩州移文して云ふ、慶良間島渡嘉敷村の新垣仁也は、上届申年、内之浦直庫弥右衛門の雇ふ所と為り、其の水手と為りて本州に到る。其の中華に在りて、製紙の法を肄習するに因り、戌年以来、其の伝ふ所の法を試さしむ。果して諸品の紙を製して、尽く公用を達す。因りて其れをして永く本州を居らしむと。(後略)

この史料から、「申年」すなわち一七七六(乾隆四一)年の時点で、新垣仁也は薩摩藩領の大隅半島にある「内之浦」の船頭(直庫)弥右衛門に「水手」として雇われた事実がまず確認できる。その後、新垣は進貢船で渡唐し、福州で唐紙の製法を伝習し、これを薩摩に伝えたのである。その後、「新垣筑登之」と称するようになった彼は、再び薩摩の命を受けて、仲元筑登之親雲上とともに福州へ派遣された。[14]

上届午年、薩州の令を奉じ、本州の応用物件、閩に到りて其の製法を肄ふ、遵ひて、仲元筑登之親雲上・新垣筑登之をして、前みて閩省に到り、粉朱を製し及び五色を鍍するの法を学肄せしむ。其の外、又各色の詩箋を製造し、鴨雛の卵を蒸生し、陶器を鋯鈎する等の法を肄ひて回り来る。去年夏、薩州に到り、已に查試するを経て、肄得都べて好く、国用に備ふに足る。因りて之れを薩州の人に伝授せしむ。

その目的は、各色の「詩箋」の製法を学ぶためであった。詩箋とは、詩を書くための料紙のことであるが、福州で産する連史紙に淡い色で山水花樹などの模様を刷り込んだ高価な紙である。[15] これに関して、一七七七(安永六)年に出版された『紙譜』の記事が参考になる。本書は京都・大坂市場を中心に流通した紙の産地の状況について木村青竹の遺稿をもとに詳細に記した書物であるが、この中で詩箋について、「俗に書簡紙ト云、唐渡のもの至って見事なり、詩の贈答或は尺牘に用ゆ」と紹介されている。[16] すなわち、中国伝来の美しい詩箋は、日本でも贈答用や書簡などに用いられたことがわかる。

一八世紀後半になると、薩摩藩では唐紙が生産されるようになった。日本各地を旅した橘南谿の紀行文『西遊記』によれば、「唐紙も近年薩摩にて製す。甚だ見事にて渡り来たるものより遙かに勝れり。(中略)孟宗竹の筍《たけのこ》を水に漬けて腐らしめ造るという」[17]と記されている。竹を材料に造ることから、竹紙の製法技術がこの時点で薩摩に伝播していたことが明らかである。橘南谿が薩摩に旅したのが一七八二（天明二）年であるから、同時期に琉球人の新垣筑登之が薩摩に伝えた製紙技術とみられる。

さらに寛政年間（一七八九～一八〇一）に刊行された『梅翁随筆』巻之一にも、薩摩で唐紙が製造されたことを明示する史料がある。すなわち、「唐紙は薩摩にて製する。是は甚見事なり。将来（引用者注、輸入品）よりはるか勝れたり。しかれども価高直にしてうりかひ《売り買い》に勝手よろしからずとて多く作らず」[18]という。

中国の福州ですぐれた製紙技術を修得した新垣筑登之は、薩摩藩の命により琉球から鹿児島に転籍させられ、製紙技術の伝習に貢献した。一七八六（乾隆五一）年一〇月、彼は琉球から除籍され、藩の納戸与力格の位を与えられ、「新垣筑兵衛」と改名した[19]。その長男新垣仁屋も渡嘉敷島から鹿児島に移籍し、やがて一緒に暮らすようになった。『石室秘稿』（「琉球国要書抜粋」）によると、新垣仁屋は「新垣仁右衛門」と改名し、和風の着物・髪型を命じられ、琉球から除籍された[20]。こうして新垣家は、代々薩摩藩に仕えるようになったのである。この事例は、薩摩と琉球の境界を越えた「技術移転」として興味深い。

薩摩藩がこのように新垣筑登之を重用したのはなぜであろうか。次の史料[21]を見てみよう。

於唐白唐紙漉様稽古可相成哉之旨、被仰渡候付、相成不申段聞役在番親方より被申上趣。

一　白唐紙之儀、福州にては漉調不申、二三十里程も有之所より漉出申由候事。

一　右之所へ琉人差越稽古は不罷成候事。

一　右ニ付福州にも右漉様存候者罷在、口伝迄にて稽古可相調哉、決《ママ》ての儀追申上由申出候事。

この史料は断片的ながら、「唐紙」の製法技術の習得に関して、琉球人を福州へ派遣する動きがあったことを示す。薩摩藩は国産紙の製造と流通に意欲的であり、琉球人の協力を得て製造された薩摩の紙は、幕藩制市場で流通した。その流通において重要な役割を担ったと思われる大坂商人が、一八二八（文政一一）年から一八三八（天保九）年の間に都合六回も薩摩に滞在した大坂天満の高木善助であった[22]。古河藩の御用達をつとめた高木は、薩摩藩の天保改革に関わった大坂商人、平野屋五兵衛の分家筋にあたる。高木は薩摩の国産紙を「浪花に登すべく」、藩命をおびて薩摩と大坂を往来したようだが、詳しい事情については不明である。

おわりに

以上、東アジアの国境を越えた「唐紙」の輸入および「技術移転」という問題関心をふまえ、「文字文化」の基盤を支える物的条件の一つである「製紙技術」の歴史に焦点をあて、近世の琉球・日本・中国の交流をめぐる事例について検討した。従来の研究では言及されてこなかった問題として、清代における琉球の進貢貿易においてどのような「唐紙」が輸入されたのかを、清朝の公文書である檔案史料のデータをもとに解析し、輸入品の種類や数量などを具体的に明らかにした。さらに琉球から薩摩への製紙技術の伝播についても検討を加えた。最後に、琉球の製紙の歴史的流れについてまとめた年表を参考までに掲げておく。

（1）潘吉星『中国製紙技術史』（平凡社、一九八〇年）。

（2）池田温「前近代東亜における紙の国際流通」（『東方学会創立四十周年記念　東方学論集』、一九八七年。同『東アジアの文化交流史』吉川弘文館、二〇〇二年再録）、斯波義信「宋代の製紙業」（『熊本大学　法文論叢』二〇号、一九六六年）、銭存訓『中国の紙と印刷の文化史』（久米康生訳、法政大学出版局、二〇〇七年）。

（3）王詩文著、久米康生訳『中国伝統手工紙事典』（和紙文化研究会、二〇〇四年）。他に日本側の研究として、久米康生『和紙文化誌』（毎日コミュニケーションズ、一九九〇年）、同『彩飾和紙譜』（平凡社、一九九四年）等を参照。

（4）潘吉星『中国製紙技術史』（平凡社、一九八〇年）、二〇〇頁。

（5）文震亨『長物志――明代文人の生活と意見――』第二巻（荒井健他訳注、平凡社東洋文庫、二〇〇〇年）、二八五頁。
(6) 宋應星『天工開物』(藪内清訳注、平凡社東洋文庫、一九六九年)、二四六頁。
(7) 范金民『明清江南商業的発展』(南京大学出版社、一九九八年)、八九〜九一頁。范金民「明清地域商人と江南都市文化」(『都市文化研究』三号、二〇〇四年)、二二一頁参照。
(8) 『球陽』附巻、尚貞王二七年条、(角川書店、読み下し編)、七〇六頁。
(9) 富田正弘「琉球国発給文書と竹紙」(『東京大学史料編纂所研究紀要』一七号、二〇〇七年)。
(10) 丁春梅「中琉両国紙張貿易初探」(『海交史研究』二〇〇六年第一期)。
(11) 潘吉星『中国製紙技術史』(平凡社、一九八〇年)、二〇二頁。
(12) 糸数兼治「琉球の抄造紙」(『沖縄文化研究』三号、法政大学沖縄文化研究所、一九七六年)、上江洲敏夫「琉球紙の歴史」(『琉球の紙』沖縄タイムス社、一九八二年)、粟国恭子監修『沖縄の工芸　紙』(沖縄文化・工芸研究所、二〇〇四年)等を参照。
(13) 『球陽』附巻、尚穆王三一年条、読み下し編、七一八〜七一九頁。
(14) 『球陽』附巻、尚穆王三七年条、読み下し編、七二〇頁。
(15) 糸数氏によると、詩箋のサイズは、縦約二三×横一三センチメートルであった。
(16) 『江戸科学古典叢書五　紙譜』(恒和出版、一九七六年)、一四一頁。
(17) 橘南谿『東西遊記2』(平凡社東洋文庫、一九七四年)、四八頁。
(18) 「梅翁随筆」巻之一(『日本随筆大成』第二期第一一巻、吉川弘文館、一九七四年)、一四頁。
(19) 『球陽』附巻、尚穆王三五年条、読み下し編、六〇九頁。
(20) 『渡嘉敷村史　通史編』(仲地哲夫執筆、渡嘉敷村教育委員会、一九九〇年)、七六頁。
(21) 小野武夫編『近世地方経済史料』第十巻(吉川弘文館、一九五八年)、四一三頁。
(22) 高木善助「薩陽往返記事」(『日本庶民生活史料集成』第二巻、三一書房、一九六九年)、六〇九〜六一〇頁。

琉球の紙づくり年表

1602(万暦30・慶長7)	土白紙一佰束進献とある(『歴代宝案』)
1670(康熙9・寛文10)	土産の査紙、弐万張進上とある(『歴代宝案』)
1686(康熙18・貞享3)	関忠勇、杉原・百田紙をすく
1712(康熙51・正徳2)	尚能哲、久米島等に綿・楮紙の製法を教える
1717(康熙56・享保2)	欽兆鳳等、芭蕉紙をつくる。紙の行政需要が増える。芭蕉紙の製法を宮古・八重山・大島に伝える。山川村に紙漉場を設ける。王府、銀二百両を下賜して造紙の器具を備えさせる
1724(雍正2・享保9)	房弘徳、色半紙・広紙をつくる
1726(雍正4・享保11)	房弘徳、奉書紙・高檀紙・百田紙をすく。呉師虔、朱印色を製する
1741(乾隆6・寛保元)	房弘徳、藁紙をすく
1766(乾隆31・明和3)	楊顕烈、唐紙・印金紙・緞子紙を製造する
1776(乾隆41・安永5)	渡嘉敷村新垣仁也、清の福州に三度も渡り、苦心の末国外秘密の唐紙の製造法を習得して帰る。
1782(乾隆47・天明2)	新垣筑登之、薩州で唐紙をすく。琉球王府、新垣の功労を褒賞す。京都の医師・橘南谿が薩摩に旅行し、唐紙について知識を得る(『西遊記』)
1786(乾隆51・天明6)	渡嘉敷村新垣筑登之を琉球の戸籍から除去する。薩摩籍となる。新垣筑登之、閩に到り詩箋の製法を学ぶ
1808(嘉慶13・文化5)	新垣筑兵衛没す
1840(道光20・天保11)	比嘉筑登之、百田紙をすく。紙漉場を首里宝口に移す。楮木の栽植はじまる。紙座設置される
1846(道光26・弘化3)	金城筑登之、紙座において上紙・下紙・百田紙・美濃紙・宇田紙・杉原等の紙をすく
1847(道光27・弘化4)	国製の紙を用いるを許す
1848(道光28・嘉永元)	製紙の屋を添え造る
1858(咸豊8・安政5)	梅帯華(田名宗経)、百田紙にて太上感応篇和解を板行
1866(同治5・慶応2)	宝口の製紙地区を公有化

参考：註(12)論文。

一八世紀朝鮮国の儒学界とそれがみた日本の儒学

平木　實

はじめに

豊臣秀吉の侵攻（壬辰・丁酉の倭乱）と清国の侵攻（丙子の胡乱）を経ていらい、朝鮮国の国民は、日本にたいして強い猜疑心と警戒心とを抱いてその動向に注目していた。その後約一〇〇年を経過した一八世紀の朝鮮国と日本の儒学界は、壬辰の倭乱以前の李滉や山崎闇斎などとの思想交流とは異なる段階に入っていた。これには、交易などによる交流のほかに、一七世紀以降、両国の間に通信使節による文化交流が行われて、双方に新しい情報が提供されるようになったことも大きく作用したと考えられる。

使節として日本に往来した儒者官僚たちの多くは、日本紀行文を著述しており、その数は、『海行摠載』に収録されているものだけで三五編にも達する。いっぽうで、国家を再建するために新たに朝鮮国内に生まれた、いわゆる実学派儒者たちが実学という経学研究を深化させ、また陽明学が伝播されるなかで、反朱子学的な学風が生まれるとともに、歴史学をはじめ自然界の地理学、天文学、医学、動・植物学、政治・行政・制度、経済体制、身分制のあり方なども含めて、社会のあらゆる事物や現象を考察し、究明しようとする視野を広めた学問姿勢が確立されていったからでもあろう。

当時の儒者といえば、官僚として政治・行政の実務に携わった儒者官僚と、官職につかず学問に専念したいわゆる実学派儒者および野にあって学問に専念し、その評判が政府に聞こえて官職を授与され、政治・行政に関与した「山林」に大別されて論じられるが、儒者の多くは、使節として往来した人物から、直接、あるいは文物や紀行文から日本に対する知識を得ていたと思われる。

本稿では、そうした一八世紀前後の朝鮮国の儒学界の推移について考察するとともに、伊藤維楨（仁斎）が、『童子問』[1]のなかで、かつて朝鮮を代表する儒学者として尊敬され、日本の朱子学にも影響を及ぼした李滉を論評する状況にもあった日本の儒学界を朝鮮国の儒者たちがどのように理解していたか[2]について考察してみる。

一　一八世紀朝鮮国の儒学界の推移

（1）反朱子学的学風の動き

朝鮮時代後期の儒学は、朱子学的な権威主義、中央集権的な身分制社会を固めていった朝鮮前期のそれとは、異質なものになっていた[3]。

一五二一年以前にはすでに伝播していたとされる陽明学は、南彦経（一五二八～一五九四）などを経て、一七世紀中葉から一八世紀にはいると、李睟光（一五六三～一六二九）・張維（一五八七～一六三七）・崔鳴吉（一五八三～一六四七）・鄭斉斗（一六四九～一七三六）をはじめとする儒者たちによって、いわゆる江華学派が形成された。しかし、朱子学を正学とする退渓李滉が陽明学を批判し、その学統を引く南人系の学者、つまり、実学派学者の星湖李瀷・順菴安鼎福・茶山丁若鏞なども批判したために、活発に展開されなかった印象を与えるが[4]、高橋亨は師友の鄭万朝の言として、朱子学は当然学ぶが、小論派の党派である全州李氏の一門をはじめとして、表面では朱子学を正統としながら、裏面では陽明学を信奉する「陽朱陰王」の形で朝鮮時代末期まで、その学風は継続したとしている。[5] ここでは、これまであまり言及されていない李睟光の陽明学にたいする見解について紹介する。

王世貞曰く、王守仁の致良知之説を為せるを謂いて、直ちに本心を指し、最も簡易にして痛切たり。乃ち尽く学問思辨の功を廃せんと欲するに至らしむ。又曰く、守仁、門人に語りて云う、善無く悪無きは、心の体にして、善有り悪有るは、心の用なり。善を知り悪を知るは、良知なり。善を為して悪を去るは、格物なり。此れを以て一切宗旨となすと云う。「余按ずるに、守仁は象山を推尊して、力めて朱子を詆れり。其の致良知説は、乃ち仏家の即心見性なり。其の簡易なるを以て、故に一時、学者の多くこれに趨る。然れども聖学に罪を得るは、此れを以てす。学者は、詳辨せざるべからず[6]」。（『芝峯類説』巻五）

王世貞は、王守仁が陸象山を尊重して、朱子を譏っていることを紹介し、その致良知説は仏教の即心見性と同様であり、簡潔に理解できるので、多くの学者がこれに追随したが、これは、聖学に罪を得るものであると述べている。ついで、

王陽明曰く、「君子が目を正しくしてこれを視れば、他は見えるなきなり、耳を傾けてこれを聴けば、他は聞こえるなきなり。猫が鼠を捕らえるが如く、鶏が卵を覆う如く、精神と心思を凝聚して融結せしめれば、ふたたびその他があることを知らず。然る後この志常に立ちて神気清明なり。ひとたび私欲有れば、ただちに知覚せしめて、自然に容住は得ず」と。余は謂う、陽明のこの言、極めて厳切たり。ただ些か禅味を帯びると。学者は、知らざる可からず[7]。（同前）

と述べて、王陽明の言が非常に厳しくも切実であることを認めていて、学者は、このことを知っていなければならないとする。また、

王陽明曰く、「この心の廓然たること太虚と同体にして、太虚の中に、何の物有らざらんか。一物の能く太

虚の障礙と為るなし。凡そ富貴貧賤得喪愛憎の相値るは、すなわち飄風浮靄《ふあい》の往来し、太虚に於いて変化して、太虚の体は、固より常に廓然として礙《さまた》げるなきなり」と。余は言う、この言固より善し。但し仏語の中より来たれり。(8)（同前）

と述べて、王陽明の説に賛同している。かといって、王世貞の見解のすべてに賛同していたわけでもない。たとえば、王世貞の「父子は、欲より生ぜしものなり。君臣は、利より生ぜしものなり」という言に対し、李晬光は、「この言には、弊がある。父子が欲情によって生じたというのは、もと仏説から出たものであり、利より生じたものであるというのは、これは公の独断的な見解である。もしも父子が欲より生じたならば、情にしたがい、欲をほしいままにして、その流は、必ず親をなしとするに至る。君臣が利より生じたのであれば、恩を忘れ、義に背き、その弊は、将に君なきに至らんとす。よろしくこれを改めて、「父子は、理より生ぜしものなり、君臣は、義より生ぜしものなり」と改めるべきであると述べて、王世貞の論にたいし、訂正すべき内容を提示している。(9)

また、王陽明が、

なにを以て謗るを止めんか。曰く、辨じるなしと。その事なくしてこれを弁じれば、これは、自ら謗ることなり。是れ、己の悪を増益して、甚だ人怒るなり。（同前）

といったのにたいし、

余、この説是なり。しかれども反己・自脩の意なければ、未だ尽くさざるに似たり。魏王昶は言う、「謗りを止めるに自脩に如くなき者なり」とは、善きなり。(10)（同前）

と述べて、王陽明の主張に賛同している。このように、朱子学を前提としながらも、新たに伝播してきた思想にも柔軟に対応する反朱子学的な学問の傾向が現れ始めていた。また同時代の張維（一五八七～一六三八）も朱子学よりも陽明学を信奉していたようで、鄭弘溟（一五九二～一六五〇）も、中庸首章に、「道を修める事を教と謂う」にたいする訓詁に、教は、礼楽刑政教化の属是なり、谿谷（張維）以て未だ安からずと為す説を著すに至る。吾言う、凡そ聖賢の言語文字、将に尊信し、以て依据すべし。もしも吾が心に安からざる者有れば、また當に十分研究し、その旨義を得るを期して後已むべし。何ぞ草草に己意を以て断定すべきか、況や朱子の四書集注、その精密を極め、後学の軽々しく議するべき所に非ず、谿谷終に首肯せず。(11)

（『崎翁漫筆』）

と述べて、張維が頑強に朱子学にたいして異を唱える状況を提供してくれる。

ついで、朱子を批判し、自己の見解を主張した学者として、白湖尹鑴（一六一七～一六八〇）と西渓朴世堂（一六二九～一七〇三）の二人がいるが、それについては、すでに李丙燾によって論究されている。(12)それによれば、白湖尹鑴は、『大学』の「格物致知」について、朱子は「事物の理を窮究して到達させる理（窮至事物之理）」と解釈し、それは「格」の古訓が「来」に由来し、「来」は「至」ということができるので、「窮至」と解釈したのにたいし、王陽明は「格」を「正」と解し、「物」は「意の用」（意之用）と解釈して、「格物」は「意の不正を正して、正にかえさせるもの」と主張した。尹鑴は、「格」を「至」と解釈するならば、「感通」と解釈するほうが無難である。『易経』と『書経』の用例にみられるように、天賦の精気、すなわち事物の理を「誠敬をもって感通」して、知を成し遂げることができるという意味であると主張した。つまり天人合一の観念をも強調している。(13)西渓朴世堂は、「格物致知」について、「格」を「至」「窮至」、「物」を「事物」の意味に解釈した程朱の学説に反対し、「格」の字に「則也」「正也」の意味があり、「物」があれば法則があり、「物を格す」というのは、すなわちその法則を求めて物の正相を得るように努力すること」であると主張した。(14)この格物説は、格を正、物を事と解釈して「格物致知」を「その事為の不正を「致良知」に正す意味である」と解釈した王陽明の学説にも近似している。このように、実学を深めるなかから、従来の程朱一辺倒の学風から新たな解釈を試みる反朱子学的学風が、現れ始めていた。

尹鑴は、『中庸』の編名について、「中」を「不偏」、「庸」を「有常」と解釈した。これは、「中」を「不偏」と解釈した程子と、「庸」を「平常」と解釈した朱子の解釈を折衷したものとも理解されている。(15)

いっぽう西渓朴世堂は、程子が「不偏の中を謂い、不易の庸を謂う、中は天下の正道、庸は天下の定理」と解釈し、朱子が「中を不偏不倚、庸は平常なり、是れ怪異と為さず」と解釈して、庸にたいする程子と朱子の解釈が異なることに疑念を抱き、「今按ずるに、庸は恒なり、中庸は既に事に其の中を得んと欲して、尤も此れを恒持して暫時も或いは失う無きを欲するなり」と述べて、「庸」には「恒」の意味があるとした。朴世堂の「庸」にたいする解釈、「恒」の意味は、程子の「不易」と通じるようであるが、「中」と「庸」を連結させて、「中」を「恒持」の意味に解釈している。(16)

また実学派の儒者でありながら、天文学に精通して「地動説」を称えたり、渾天儀を製作したことで有名な洪大容も陽明学に深い関心を抱いていた。

陽明の朱子に背くは、大要は格物致知に在り、朱子は謂う、人の心の霊、知有らざる無く、天下の物、理有らざるなし、人をして物に即して理を窮め、以てその知を致せしむ。陽明則ちおもえらく、理は吾が心に在りて、外に索する可らず、惟良知を致すを以て主と為すと。それ良知は、孟子の説なり。苟もその知を致せば、大人の心、乃ち赤子の心なり。それ誰が不可といわんか。（後略）(17)　（『湛軒書』外集巻一）

この一例からも、洪大容が陽明学を深く考究していたことがわかる。さらに、実学派の李圭景も、その著『五洲衍文長箋散稿』のなかに、王陽明良知弁証説を設けて、陽明学にたいする研究を深めていた。(18)

(2) 実学派儒者の台頭

朱子学の理念を国是として、理想国家の実現を目指したにもかかわらず、他国の侵略を受けて荒廃してしまったという現実を打開するために、壬辰の倭乱以前の前期朝鮮時代に比して、朝鮮時代後期の儒学は、経世致用を重点に置く方向に向かい、それを一般に実学派の台頭と呼んでいるが、この「実学」の解釈自体が変化していったと考える。「壬辰の倭乱」によって国土が荒廃し、疲弊していった社会のなかで、しだいに、科挙に合格することだけを目標にした詞章を主とする一般の士類の学風や、形式的な理論だけに片寄って空理空談に陥ってしまった性理学、党派の争いの道具と化して煩瑣を極めた礼論などで競い合う状況を打開するために、一部の儒者官僚たちのあいだに、実用に効果のある学風を尊重し、程朱学本来の精神を求めて「実学」が首唱されるようになり、また経世致用を重視する「務実」の学風が強調されるようになった(19)。その論拠は、朱子が称えた「格物致知」にたいする解釈が広汎になったことによるものとも思われる。「格物」は、単に読書だけにとどまらず、事物の観察・研究にまで及ぶという解釈がしだいに強くなり、一七世紀以降の朝鮮国では、百科全書的な博物学が展開されはじめた(20)。また『論語』にみえる「多聞・多見」の解釈を発展させたところにもその要因があると思われる(21)。

政権から離脱した在野の学者たちにとって、国家の再建は、一段と重要な問題であった。そうしたなかで、「実学」の概念は、単に「修徳正心」にとどまらず、「兵勇民足」して礼楽が興る治国の道であって、ひいては天下を平定する、いわゆる修身・斉家・治国・平天下の原理の学としての経世致用の学をさすものであるという理解に発展していった。

韓沽劤によって、朝鮮時代前期の実学は、詩章中心に流れてしまっていた傾向があると指摘されたが、次のような史料からもそれは証明できる。

科を設けて、士を取るのは、国の重要な事で、謹まなくてはいけない、かつて、卞季良は、久しく文衡を典《つかさ》どり、深く科場の弊を見て、毎に講経が非とされるのをみて、献議を切切と行った。一に、製述で、士を取るのであるが、近年以来、応挙の士は、全て文詞を尚んで、実学に努めず、国家はこれを患いて、復び講経せしめたのは、これ亦、権時に宜しく、やむを得ないことである。もしもやむを得ずこれを為すのであれば、禁防の法を厳しくしなくてはいけない(22)。

（『世宗実録』巻一二三）

科挙の試験では、製述の優劣で合格者を決定した結果、文詞を重視しても講経を軽視する風潮があったので、再び講経を実施することにしている。さらに次のようにいう。

科挙の別試といえども、常に講経を実施していたから、学問をする者はすべて実学を尊んだ。今は講経を廃止してから久しいので、経学に精通した者は一人もいない。国家を統治する国王の道理は、この経学から出るものであるから、一段と崇尚し、重視しなければならない(23)。

（『中宗実録』巻四四）

そうした実学観をふまえつつ、朱子学を正学とする学風の中から、いわゆる実学派の儒者が登場し始めた。その鼻祖として、百科全書的な著述方法で『芝峯類説』を著述した李晬光がいる。ついで、柳馨遠（一六二二～一六七三）、李瀷（一六八一～一七六三）、あるいは科学思想に重点を置いた洪大容（一七四二～一七八三）・朴趾源（一七三七～一八〇五）・丁若鏞（一七六二～一八三六）などの学問内容が重視された。これらの人士に共通する思想的基盤は、実学としての朱子学であり、共通する社会的基盤は、政権から疎外された士大夫（両班）であった。その学問は、治者（官僚）の立場から離脱した杜門不出の境遇のなかで行われた。かれらは、該博な経学に関する知識を基礎にして、直面しているさまざまな問題点を直視・批判し、「実学」に加えて、自分たちが理想と考える政治の道および地方制度・経済体制・科挙制・学制・兵制・官制などの多様な分野にまたがる諸問題について具体的な方策を提示した。

したがって、その学風は、「経世の実学」であった。当時の一般の儒士たちの頽廃した学風については、今、読書談道する儒士たちは、字句をめぐって騒がしく争い、微細な点を弁析する場合も程朱を尊慕しないところはなく、その間に変化して少々の差誤が生じても決して異端の迷惑とはみなさない。そうして公卿に登用されはするが、百姓は蘇生せず、国家も治まらない。道の明・不明とどのような関連があろうか。(24)

（『星湖僿説類選』巻一〇）

農工商を興すにも、儒者たちの実学が、その根底に敷かれていなければならない。……漢代に学規を安定させ、農田水利の過程を施したのは、ほかでもない実学を尊く考えたからである。(25)

（『課農小抄』）

といった主張もみられるようになり、朝鮮時代後期には、実学には、農工商業まで興さなければならない意味があるにもかかわらず、その役割をはたしていないことを慨嘆している例もみられる。

磻溪柳馨遠・星湖李瀷などの後を受けて、政界から離脱した在野の学者とともに詞章中心の学風を排撃し、性理学や礼論だけに執着する朱子一辺倒の趨向から脱皮して、学問は、「経世致用」の実効をあげうる実用的なものでなければならないと強調した茶山丁若鏞などの学派を「経世致用学派」と呼び、「実学」を標榜しながらも、とくに生産技術を重視し、農工商などの実業の振興を支援するものでなければならないとする学派を、「利用厚生学派」と呼んでいる。粛宗代（一六七五〜一七二〇）にはいっても実学自体にたいする概念は変わっていない。

国王にあっては、実学に努めて士林の趨勢を正し、善悪を公正にして党論を平定すること。(26)

（『粛宗実録』補闕正誤）

右のように、国王には、実学に努める必要があること、それに加えて新たに国王に課せられた義務に、「士林（儒者）たちの動向を正し、士林たちの党派の争いを平定すること」が求められている。朝鮮王朝中期以前には、判然と存在していなかった支配階層の両班たちが党派に分かれて争う士林たちの動きに注目していたことがわか

る。ついで正祖代（一七七七〜一八〇〇）にはいると、左議政李福源が正祖を評価して、

……言葉には、決して戯弄がなく、視ることにもいつわりがない。政教は、すべて至誠より推し、文章も亦実学にもとづいて誠実に教えている。(27)

（『正祖実録』巻一七）

とあり、また同年三月、校理李顕靖が上訴して陳戒した内容に、

一、懲討を厳しくすること、二、実学に懋《つと》めること、三、修省に勤めること、四、救活を急ぐこと、五、賢才を用いること、六、倹約を崇ぶこと。(28)

（同前）

とあるように、「実学」の概念の解釈に変化はみられない。そして阮堂金正喜（一七八六〜一八五六）は、清朝の考証学の影響を受けた儒者とされるが、「実事求是」について、

漢書の河間献王伝に実事求是とあるが、この言は、まさに学問のもっとも緊要な道である。もしも実を主にせず、ただ空疎な術数を方便とし、是を求めず、ただ先人の言を主にするのであれば、聖賢の道に背馳しないものはない。……およそ聖賢の道は、躬行にあり、空論を崇尚しなかった。……ただ心を平安に保ち、元気を静めて、広く学び、篤実におこない、ことごとく実事求是の一語だけを実行すればよい。(29)

（『阮堂全集』巻一）

と述べているように、一八世紀後半には、宋代の性理学を空理の学問とみなす風潮が強くなり、「実事求是」の学風が定着した時代になっていた。

（3）山林儒者評価の変化

山林という語彙は、朝鮮国で用いられた独自の名称で、この思想の根源は、宋代に仏教の影響を受けた心学にあるとされる。つまり、堯・舜は、徳が高いところから皇帝についたのに対し、孔子の弟子の顔回は、貧乏な暮

らしのなかで、孔子について学び、孔子に近い人間に到達したので、人間の価値としては、堯・舜と顔回と共に同じ価値であるとされている。山林は、この思想からきたもので、人間は官職に就かなくても学問を成就した境地に達すれば、その人は高官についたのと同格に評価されるという思想である。長く野に隠居して学問に専念していた名望の高い山林と呼ばれる儒者たちにたいして、政治・行政機関の認識が大きく変化し始めたのもこの時期からであると考える。一般的には、儒者たちの党派に分かれた紛争が過激になるにつれ、山林も増加したとされているが、仁祖の反正以後、国王が儒者として名望のある者を清顕官である言官・経筵官などに礼遇するようになった。こうした山林の嚆矢は、退渓李滉であるとするのが高橋亨の見解である(30)。高橋が紹介した代表的な山林は、尹鑴・許穆・宋時烈（一六〇七～一六八九）・洪直弼（一七七六～一八五二）・李恒老（一七九二～一八六八）・奇蘆（一七九八～一八七六）・宋来熙（一七九一～一八六七）・趙秉悳・任憲晦・宋秉濬・崔益鉉・田愚・郭鍾錫などである。

今を目するに、山林の間に、名儒・宿徳・磊落、相望む、苟も邸下（国王のこと）大志を克励して、益々実学に勉め、政令、道術は、粹然として堯・舜と三代を以て法となし、当世賢士の心を服せしむること有らば、彼の一時の群彦は、孰ぞ敢えて洋洋として気を動かし、以て休こんで命を承わらざらんか。臣等の如きは、ただ是れ有無に足らざるのみ(31)。（『英祖実録』巻八七）

山林には名儒・宿徳者が多数存在するので、国王は実学に努め、政令・道術は堯・舜と三代を模範として当世の賢士の心を納得させれば、群彦は皆国王の命に従うであろうとしている。

領議政李裕元曰く、帝王が治を求める要は、惟実学に在り、如しも実学を求めんとするならば、必ず山林宿徳を資とすべし(32)。（『高宗実録』巻一二）

朝鮮時代末期の一八七四年においても実学の概念は変化していないが、国王が真に実学に基づく政治を行おうとするならば、必ず徳望のある山林の補佐を受けなければならないという状況にあり、真の実学者は山林に埋もれている儒者に多いという認識を為政者たちは持っていた。在野で儒学の学問に専念する学者たちを高く評価する時代に入っていたわけである。続けて、領議政李裕元はいう。

……顧みるに、真心と恭敬の方法、修身と齊家の方法について御前で陳述する人物はいない。臣のような学識のない者が席を占めて、殿下の心が奮発するように引導することもできず、また、殿下の勉強が引き続き輝くように資することもできないでいる。ところで、今講論を毎日開く時に当たり、今こそ学問の深い士林を山林から得て、聖明の政治を助けさせ、互いに切磋する美しさに至るようにしなければならない。

すでに選抜した人物は、一段と招致し、隠居している才能のある士林たちを今一度探し出して、礼儀を以て迎え入れ、経筵に出入りさせて、殿下のために良い意見を上啓できる責任を任せるのがよいと思われる。(33)（同前）

それに対し、国王は、

学問を講論する基盤は、実に徳望のある士林たちを呼び入れるかどうかにかかっている。卿は、すでに朝夕すばらしい意見を上啓しているので、自分は頼りにしている。(34)（同前）

と答えて、山林の儒者たちを、政治・行政の政策の提言者として高く評価し、実際に官職についていない者を特別に礼遇して官職を与え、国家の運営を担当させることにしている。さらに領議政李裕元は、

故経筵官の趙秉悳は、先朝において礼遇した山林である。実学と文章において、士林の推重するところであったが、まだ恩恵を受けておらず、はなはだこれは礼儀を欠くので、品階を超えて追贈し、諱号を与えてはいかがか。(35)（同前）

と述べているところからしても、当時の在野の儒者たちは、政府から呼び出されて礼遇され、国王を補佐する重

要な役割を果たす存在として、評価されるようになっていた。

二　日本の儒学界にたいする認識

（1）一般的理解

上記してきた一八世紀朝鮮国の儒者たちが、当時の日本の儒学をどのように見ていたかについては、『青荘館全書』の「蜻蛉国志一[36]」において、人物を中心に詳細に記述されており、それについては韓国の河宇鳳がすでに紹介しているので、重複するところは省略し、簡略に紹介する。

同書には、一七四八年に日本に往来した通信使節が、日本の儒者藤知冬から、「古い昔の事はさておき、近い百年以来をあげていえば、徳行では、藤原惺窩・中江藤樹・木下順庵・山崎闇斎。正意であれば佐藤直方・浅見絅斎・藤省菴・大町正淳・小阿茂七・伊藤梅事・三宅丹治・三輪希賢。傑出者は、文学では新井白石・木下菊潭・高天漪・三宅観瀾・桂義樹・伊藤蘭隅・雨森伯陽・祇園紹卿・築田景鸞・服子遷・平子和・星野小平太（中略）。博学では林道春・林春斎・那波道円・北村可昌・陰山源質・貝原篤信・太宰純・堀正蔵。それ以上に賢人と称する者は、伊藤仁斎（維楨）・伊藤東涯・荻生徂徠・室鳩巣である[37]」と日本の学者について聞いたと記述されている。伊藤仁斎・伊藤東涯・荻生徂徠・室鳩巣の四人を特別な賢人であるとしているところから、朝鮮国の儒者たちは、日本でこれらの四人が特別な存在であるという見解を持つようになったものと思われる。そして「伊藤仁斎は、程朱を排斥して、自ら一家をなし、物（荻生）徂徠は、仁斎と同じではないが、李于鱗・王元美を推尊して先学と称した。服元喬は、物氏の門人で、またこの論を主とした」と述べているので、朝鮮国側の官僚は、そうした認識を持つようになったと考えられる[38]。

そのさいに、朝鮮国の儒者官僚が、山崎闇斎・浅見絅斎・木下順庵・貝原信篤の学問の高下について訊ねたところ、泉州の諸人が、「山崎、浅見の二先生は、質的に文章に優れ、木下先生は、実行と文章に勝れて、一世を冠し、貝原先生は、ただ博識で有るのみ」と答えたという[39]。

……けだし、日本の学には二枝あり。山崎嘉の流は、朱子を学ぶもので、伊藤氏の流は、朱子に反対する者である。ただ荻生徂徠は、王鳳洲・李滄溟の学問を宗主となし、真に風症を患った人である。王・李の文章は、なお人を服させていないようであるが、どうしていわゆる学問とみるのであろうか。かつて徂徠の文章を見たが、はたして王・李に依帰して、学者であると称するのみ。およそ二〇〇年の間に、蛮俗が化して聖学をなすのは、固より嘉尚することを知る。武力競わず、委靡して文弱まるは、日本に在りては未だ福となさず[40]。

（『青荘館全書』巻之五八）

一七一九年に、洪致中を正使とする通信使節の製述官として日本に往来した申維翰（一六八一～一七五二）は、帰国後に、『海遊録』を著述して、日本の文物について詳細に記述しているが、そのなかの日本の儒学に関する記述をみると、

日本で、余と対坐し、酬唱した者は、おおむね粗疏（軽薄）遁塞で、語るに倫次がなかった[41]。

と述べて、申維翰と酬唱した者は、軽薄で言い逃れをし、その話には倫次がなかったと日本の学者たちの文章力の低さを批判している。そして、

林信篤は、日本で第一の老齢の碩学であり、その門徒たちが余と筆談をした時、皆が学問の純粋さと道義の深さにおいては、整宇先生一人のみであるといっていた。その国の人々が、宗として推賞することかくの如し。然るに自分がその容貌をみるに、慎みの厚さには余りあるが、その詩文には、ひとつもみるべきものはなかった。

と厳しい評価をくだしている[42]。この記述は、通信使節として派遣された儒者官僚たちが、明らかに日本の儒学者

たちの水準を自分たちよりも低いとみていたことを明確に示している。

そして日本の学問について、源雅之・山崎闇斎・木下順庵・雨森東・伊藤維楨などの人士が存在することをあげ、なかでもその学問の純粋さと道義の淵深さから、林信篤が最高の学者であると林信篤の門弟が推しはしても、その詩文にはみるべきものは何もないと批評している。この内容は、上記した李徳懋著『青荘館全書』の「蜻蛉国志一」人物条の記述内容とほぼ同様であるところからすると、李徳懋は、趙曮（一七一九〜一七七七）の著述した『海行摠載』所収の『海槎日記』の記述を参考にした形跡が濃厚である。

（2）伊藤維楨（仁斎）・荻生徂徠にたいする認識

①　儒者官僚（通信使節）のばあい

伊藤維楨（一六二七〜一七〇五）および荻生徂徠（一六六六〜一七二八）が、通信使の儒者官僚たちと日本の儒者との対話のなかで特に話題になっていたことについては、上記した内容から理解できたが、日本の儒者たちが朝鮮通信使節の官員たちと対話を交わしたのは、朱子学を国是として信奉する朝鮮国の儒者たちに伊藤維楨と荻生徂徠をどのように評価するかについて、質そうとしたからではないかと思われる。

申維翰(43)は、伊藤維楨の主張する経義解釈について、次のようにとりあげている。

性理存養の説を以て無益なものとし、ただ日用に道を行う実を以てつとめと為すべきであり、書を著して訓を垂れるところは、常にいうのは、凡そ人の孝弟忠信は、常に日用に切に己が工夫することである。学ぶ者は、性理がどのようなものであるかについて、問うべきではない。中庸の首章の率性の訓（天命之謂性、率性之謂道：天の命ずる之を性といい、性にしたがう之を道と謂う）は、すなわち性理に従うなかから出来てくる道をなすことであるということであり、道を行う者が性理を以て工夫することを言うのではない。その他の立論もその多くは先儒と異なるものである。[44]

性理存養の説を無益なものと批判し、日用に道を行う実が重要であるという主張を紹介している。また、その他の立論も、その多くは先儒とは異なるものがあると述べている。

京都の士類に、それを崇信するものもおり、或いはその頑なさを識る者もいたことを聞いた。自分は、まだその文集を見ていないが、諸文士と対話する際に、常に伊藤家の説を持ち出しては、その可否について質す者がいたので、それに対し、伊藤維楨の説は、荀卿の性悪説と同罪である。その言に従う者は、禽獣草木の性に人道を求めんと欲するものであると言ったところ、諸生は、あるいは然りとなした。[45]（同前）

結局、「伊藤維楨の説は、荀卿の性悪説と同罪である。その言に従う者は、禽獣草木の性に人道を求めようとするものである」と痛烈に批判する。しかし、まだその文集を見ていないとも述べているので、日本の儒者たちとの対話のなかで聞いた話によって、荀子の性悪説と同罪であるという見解を述べたのかも知れないが、儒者官僚として、朝鮮国内部における朱子学信奉の姿勢を否定することは許されなかったからそう主張したのではないかとも思われる。

これとまったく同文の記述が申維翰著の『青泉先生続集』[46]にも掲載されている。

また、一七四八年に副房書記の柳逅が三宅紹華と交わした筆談で、紹華が柳逅に、「貴国の人は、皆朱文公の家礼を用いているか」と質問したのに対し、次のように述べている。

柳逅曰く、「いかにも。さもなければ、君子がこれを斥けるのである。今君を見るに、文学の士であることがわかる。治を専らにする書はなにか」と。紹華曰わく、「四書六経である」と。柳逅曰わく、「しからば、君が学問をしているのは、一に程朱を基準にしているのか」。紹華曰わく、「固より巨擘であることを知っているが、力を尽くせないでいる」と。柳逅曰わく、「巨擘の字を程朱に用いるのは、不当である」と。（中略）

柳逅曰わく、「伊藤の学問は、いかがか。『維楨改註論語』は、妄りに学問を自任しているのであろう」と。
紹華曰わく、「我が国の豪傑の士であり、学が、吾が徒とは異なるので、それを詳らかにしたくない」と。
柳逅曰わく、「これ（伊藤維楨）は、程朱の罪人である。尊んでよくこれを斥けているのは、賀すべきである」と(47)。

（『海行摠載』「奉使日本時聞見録」）

このように、柳逅も申維翰と同様に、朱子学に反対する者は罪人であるときめつけて、容認出来ないという見解を表明している。

また、藤原明遠は、製述（朴敬行）・書記（柳逅）に書翰を送っている。

「中庸は子思の作ではない」と大げさにいっているが、条理にあわないので、はじめてこの人（藤原明遠）が伊藤維楨という怪しげな輩の仲間であることを知った。この日、明遠が製述官・書記官に会いに来たので、かれ（明遠）が聖人を誣罔したことを責め、おのおの説諭した(48)。

（同前）

この時点で、伊藤仁斎は、『中庸』の著者が子思ではないと主張していて、藤原明遠もそれと同じ見解であることを知り、朱子学を正統とする朝鮮国側の使節がそれは過ちであると戒めている。

明遠は、自ら『中庸』が子思の書でないとするのは、千年後にも、惟明遠一人のみと思っているという。この輩は、稍自ら異ならんことを欲して、必ず乖悖《かいはい》（食い違う）の論を主とすることの多いことかくの如くである。亦深く責めるに足らず。明遠が、我が国の風俗について問うたので、書記の柳逅が一詩を詠んでそれを示していった。我が国の事を知ろうと思えば、何も説明し聞くことは難しくない。人は、皆古礼に従い、家では自ら遺経を誦している。衣は殷代の白を尊び、山は岱畝《たいほ》に連なり青く、文明は尽くこれにある。天下が名誉を譲っている。明遠の輩は相顧みて、色を失ったという(49)。（後略）

（同前）

右のように述べて、通信使として日本を訪れた製述書記は、聖人を誣罔することを責めてたしなめ、朝鮮国では古礼に従い、家では経書を誦していることを伝えて、朝鮮国は朱子の学を正統としていることを強調している。それを聞いて明遠の輩が色を失ったと記述している。そのいっぽうで、新井白石・伊藤維楨などの文章・詩律は、特にすぐれているとつぎのように述べているので、文章と思想内容とは区別して評価している。

富士山は国中の核となる名山である。気の育つところには、必ず奇傑者が生まれるのであるが、文学・詩律で、そのなかでも翹楚（特にすぐれる）なのは、新井白石・伊藤維楨の輩など若干である。それ以外に某々と称する者もいるが、みな記すに足る者はいない。ただ舜首坐と号する者、姓は藤原、名は粛、または惺窩と号する者、播磨細川の人であるが、聡明にして文を好む。性理の学を明らかにせん」と唱える。性は厳しく強く、人を許すことは無かった。また倭国の『三才図絵』を見ると、「朝鮮の員外郎姜沆が赤松広道の家に寓居した時に、惺窩をみて非常に喜び、朝鮮国三〇〇年いらい、いまだにこれほどの人物がいたという話は聞いたことがないといった(50)。（同前）

新井白石と伊藤維楨は、文学・詩律の分野で特別に勝れていると称賛している。また藤原惺窩についても、姜沆の印象をもとに、非常に評価すべき人物としてあげている。

また一七六四年に使節として往来した趙曮もやはり、日本の学問は、だいたい皆異端に近い。伊藤・荻生の二人が、程朱を譏ったり、『朱子集注』を偽注としている点について、両人の思想は、人々の心に深く認識されているとしながらも、清の毛奇齢が朱子を攻撃・排斥して、自ら『六経原辞』を著したのと同様であるとして、日本の儒学界に陽明の術が氾濫しているとみた。それで朱子の学は、独り朝鮮でのみ行われることになると考えていたことがわかる。

② 実学派儒者のばあい

実学派の学者たちのなかで、国家の行政に直接関与しなかった儒者たちが、日本の儒学をどのように認識していたかについて考察してみる。

（i）安鼎福《アンジョンボク》（一七一二〜一七九一）

安鼎福は、倭人の『童子問』、つまり伊藤維楨の詩をみたとして、次のように記している。

自分はかつて倭人の童子問の詩をみたことがあるが、

天高く海広闊にして小さき藁屋　天空海濶小茅堂
四時悠久にして春の気配和み　四序悠悠春意長
可笑しきかな陶淵明この境地を識らざるを　却笑淵明無卓識
北の窓辺に臥して羲皇（伏羲の尊称）をほしいままにす　北窓高臥傲羲皇

という詩があった。その後、著者不明の『蟬谷雑記』をみると、「日本人の洛陽の伊藤維楨原佐が、『童子問』を著述し、一八〇余の条目、三冊からなっているとある。号は古学先生である。（『童子問』は）長男の長允が上梓して、門人の林景苑文進が跋を述べている。維楨がいうには、儒者の学は、最も暗昧を忌む。道を論じ経典を解釈するにあたっては、須く是れ明白端的なるべし。白日に十字の街頭に在って事をなすが如くにして、一毫も人を瞞しえざれば、方に可なるべし。切に附会すべからず、（「牽合すべからず」が脱落している——筆者）、仮借すべからず、遷就（迎合）すべからず、尤も回護して以て其の短を掩うことを嫌う。また粧点（飾り立てる）して媚悦を取ることを戒む従前の儒者たちは、ややもするとこれらの諸病を犯してきたので、道を論じ経典を解読するにあたって、害となったばかりでなく、かえって人の心の持ち方を大きく破壊した。知っておかなければならない」という。この言は、甚だよい。このほかにも格言が甚だ多い。海島のなかの蛮夷の邦に、このような学問のある人がいるとは考えてもいなかったといっている。自分がその三冊の所論をみるに、大体『孟子』を推尊し、時には程伊川を譏っている。英宗戊辰（一七四八）の通信使で行ったさいに、書記の柳逅というものが、号を蘭陵という和泉の人に逢った。学問が有り、伊藤氏の学について訊ねた。答えて曰わく、「伊藤は固より弊邦の豪傑の士であるが、自分の道ではないので、詳しく言うことは欲しない」。蓋し、伊藤の学は、程朱の学問を排斥するからである。そして藤明遠という者は、伊藤維楨の学派であるが、製述官と書記に書翰を送り、「『中庸』は、子思の著でない」と、くどくどと主張した。言辞が論理に合わず文理が通じなかったという。これによっていえば、その学問の水準を知ることができる(51)。

（『順菴先生文集』巻之一三）

この記述をみると、安鼎福は、伊藤維楨の著書三冊を読んで、特に、「偽り」について記述している章句をとりあげ、偽りは、背反を生むものでありうるところから、忌み嫌ったという点に注目し、この見解は素晴らしく、したがって、それ以外にも評価すべき格言が多いとも述べて、海島の蛮夷のなかにこれほど学問のある人がいるとは考えたことがなかったと驚きを表明している。

（ii）　成海応《ソンヘウン》（一七六〇～一八三九）

成海応は、太宰純・荻生徂徠・伊藤維楨の三人にたいして関心を抱き、言及している。

太宰純についてては、「日本に世伝する海外の書物について考察した『七経孟子考文』があり、西条掌書記の山井鼎が編輯した。また東部講官物観の補遺中に、『古文孝経』一巻があり、『古文孔伝』ともいっている。中国には、存在せず、独りその国にのみ存するものであるが、その真偽について論じることはできない(52)」。

（『研経斎全集』外集巻二〇）

右のように、日本には、中国に伝存しない『孟子』が存在していて、それについて考察した太宰純に注目し、そしてそれを用いて、荻生徂徠が論じているのではないかと考えたものと思われる。つまり、荻生徂徠の研究は、一八世紀朝鮮の儒者たちにたいし、古典にたいする書誌学的研究の重要性を認識させる重要なきっかけを提供した一面があるようにみえる。

成海応は、太宰純が荻生徂徠の門人で、同学であることを述べた後、特に荻生徂徠についても言及している。いわゆる東都講官物観とは、物茂卿のことである。荻生徂徠の学術は詖僻で、孟子以下にたいして侵悔を加え、自ら王弇州・李滄溟によって、道を悟ったと言っている。さらに文辞も王・李を尊んで宗師となしているが、その見識の卑しいことは、そういう具合である。また伊藤維楨は、『論語註』を著作したが、荻生徂徠は、『論語徴』を著述して、伊藤維楨を駁し、それは朱子にまで及んでいるが、その書は、竄竊を極めたものである。

ときめつけて、問題のある字句の例を次のようにあげている。

1．「父母生之続莫大焉。故親生之膝下」（父母之を生み次ぐこと焉《これ》より大いなるはなし。故に親之を膝下に生む）（『孝経』聖治章　第九）とあるのを、諸家の説があり、古文の読みかたが、異なるにもかかわらず、結局「続大焉」を、「為績莫大焉（その功績はこれより大なるものはない）」に改めている。

2．「故親生之膝下」を、「故親生毓之（故に親之を生毓《せいいく》し）」に改めている。

3．その他として、「中心蔵之」（中心之を蔵《おさ》む）を、「忠心臧之（忠心之を臧《よみ》す）」に改めている（『孝経』事君章第二一に、「忠心臧之」とある）。

以上のような字句を示して、これらは、陸徳明の経典の釈文に合わせようとしているのだろうかと思えると述べている。また、

4．「天之時、因地之利注（この字句は『孝経』三才章　第八に、「則天之明、因地之利」とあるのを記述したのではないか）」を引用している（『孝経』庶人章　第六に、「因天之時、就地之利」（天がまず時を生じ、地の利を生かすようになる）とあり、『孝経正義』に、「又注用天之道。分地之利」とある）。

5.「略脱衣就功。暴其肌体。朝暮従事。露髪塗足。少而習之。其心安焉」（『孝経正義』に、「其略曰、脱之応功、暴其肌体、朝暮従事、露髪徒足、少而習之、其心安焉」とある。また、『孝経注疏』巻一、孝経注　序校勘記によれば、「脱之応功」は、『文苑英華』・『唐会要』・日本版『孝経』孔伝ではともに「脱衣就功」とし、「暴其肌体」は、『孝経』孔伝では「暴其髪膚」とし、「朝暮従事」は、偽『孝経』孔伝では「朝」を「旦」につくる。「露髪徒足」は、偽『孝経』孔伝では「霑体塗足」に、『文苑英華』では「塗」につくり、『唐会要』では、「跣足」につくる）の二四字は、司馬貞の議に合わせている。

などがあるとし、結局、荻生徂徠の解釈について、「その撰述しようとしているところは、努めて巧みに繕わんとしているが、そのいい加減で煩わしいところは、漢代の註家の簡明な文体ではない。読む者は、自らまさにそれを知る必要がある」(53)（同前）と評価している。

（iii）宋穉圭《ソンチギュ》（一七五九〜一八三八）

宋穉圭も、伊藤維楨が朱子を譏る『語孟字義』を著作していることを知っていた。朝鮮側の儒者のなかにもその説に惑わされている者がいるともいっている。それに対して、李任道（この人物については未詳）がそれを防ぐために著述をなしているが、伊藤維楨の説は妄作であるとし、差謬も多く、遠方の蛮夷の者の著作であるから、妄りに弁じる必要もないと主張していることを紹介している。それを見れば次のようである。

日本人の伊藤維楨は、『語孟字義』を著作した。維楨は、蓋し其の国の業儒の学者である。その説の多くは、朱子を譏って評している。その書が我が国に流到して、或いは見て志を惑わす者がいる。宣城李上舎遠重任道は、著説をなしてこれを弁じている。それ朱子は、孔子後の一人である。日月の照らす所、凡そ血気の有る者は、尊親しない者はいないが、維楨は、乃ちこの妄作有り。固より駭くべきなり。然るにその臆説の類は差謬が多く、遠方の蛮夷の手より出たものであれば妄りに弁じるべきでない。すでに見て、志を惑わす者がいれば、防微（重大なことにならせぬようにする）の道があり、また恝然《けいぜん》とできない者もいる。これは任道の思いである。但しその弁じるべきことは、ただ妄りに朱子を評することにあるだけで、それ以外は、説を費やすことはない。任道が持ちて私に示してから、これを留めること已に久しいので、今将にこれを還そうとするのであるが、遂にこのことを巻末に書き留める。(54)

（『剛斎先生集』巻之六）

（iv）李徳懋《イドンム》（一七四一〜一七九三）

李徳懋は、朱子学を継承する者を正統と扱い、伊藤維楨については、陽明学者であるかのように評価し、荻生徂徠については、朱子を譏る反朱子学者であるとしている。

李徳懋は、伊藤維楨の性善説に関する思想および四情七端論に関心を抱いた模様で、顧炎武と伊藤維楨の所論について言及している。まず性善説に関しては、次のように述べる。

顧亭林は、「人も亦生れながらにして善ならざる者有り。楚の子良が生みし子の越椒（春秋時代の楚の人。生まれたとき、令尹の子文が、父親の子良に、この子は熊と虎の容貌で、豺狼の声なので、殺さなければならない。さもなければ必ず若敖氏を殺すであろうといったが、結局その結果を招いたという故事）の如し。子文が、その必ず若敖氏を滅ぼすべしとしたのは是なり。然るにこれは、千万の一に過ぎない。故に公都子（戦国時代の人。孟子の弟子。『孟子』公孫丑下）が述べた三説（告子は、人間の本性は善もなく、悪でもないという。ある人は、人間の本性は善とすることもでき、悪とすることもできるという。ある人は、人間の本性は、善の人もいれば悪の人もいるという。今、先生は、人間の本性は善だといいます。それならば先に挙げた人は、皆間違っているのでしょうか）にたいして、孟子はその非を排斥せず、ただ「その情の本来は善なるものであるから、私が善であるというのである」といったが、蓋し凡そ人の大いに同じくするところで、その変化を論じるのではない。しかし紂のごとき人は、炮烙刑を作り、盗跖《とうせき》のごときは、日毎に不辜（人）を殺して食べたから、紂と盗跖は、たとえ悪であっても、その本性は全面的に悪で、善は全くなく、またひとかけらの善の種も芽生える時はなかったのだろうか。この言は大いに病んでいる。こうした人は、生まれながらにして性は他の人とは異なり、また五官（耳・首・口・鼻・心）と百骸は、人の同じくするところであるが、生まれた時から不具者もいる。どうして一を以て万を概観することが出来ようか。(55)（『青荘館全書』巻之五四）

また、『童子問』（巻の下　第一章）に記された孟子の性善説について言及し、伊藤維楨が、

孟子の意、本、天下の性、皆善にして悪無しと謂うには非ず。気質の中に就いて、其の善を指して之を言う。気質を離れて其の理を論ずるに非ず。其の所謂善とは、四端（仁義礼智）の心に就いて言う。未発（七情〈喜怒哀楽愛悪欲〉が発動しない）の時、斯の理有るを謂うに非ず。

と論じていることに対し、李徳懋は、

未発の時、果たして是れ空ろで、蕩蕩たる枯木・死灰の境界ならんか。

といい、そして、「すべて気質だけを指して言っている。大いに是れ迂闊」と述べて、疑問を投げかけている。

また伊藤維楨が、

故に曰わく、人の性の善なるや、猶水の下に就くがごとし」（『孟子』告子章句　上）と。夫れ水の下に就く、流行の時に在って見つべきか（『童子問』の原文では、「流行の時在って見つべきときは、則ち人の性の善、亦発動の時に就いて之を言うこと、知るべし」）

と論じるのに対し、李徳懋は、

夫れ水、停蓄の時、自然に流行の理具わる。故に流行の時、礙滞する所無し。亦猶未発の前に、已に皆中節の理具発するがごとし。

と述べる。さらに、伊藤維楨が、

又曰わく、『人の是の四端有るや、猶其の四体有るがごとし』と。言うこころは、四端の心、人人具足して、他に求むることを仮《か》らず、猶四体の其の身に有って、相離れ得ざるがごとし。（中略）天下の衆《おおき》、間或、生まれて目無き者有り。或いは耳聞かざる者有り。或いは四体具わざる者有り。其の四端の心有ること無き者も、（原文には、「猶」あり）亦此のごとし。（原文には「然れども左氏載する所の四凶」）高陽氏（『左氏』文、一八、に昔高陽氏、有八才子）の不才子、子越椒・羊舌氏の類の如き、是のみ。猶人の形有って耳目四体無き者のごとし。然れども人にして耳目四体無き者は、億万中の一、二のみ。人にして四端無き者も、亦億万中の一、二のみ。

と述べている文章に対し、李徳懋は、

天下に四端無きの人有らんや。此れ是の顧・伊の相同じくする処。皆越椒等、生まれて不善を為すを曲護するに由る。形を以て性を論じるは、自ら性を知らざるに帰するなり。

と批評している。そして、

顧亭林、明末博鴻の儒。伊藤氏、日東の道学高士。余、嘗て其の書を読みて、其の人を敬う。其の性を知らざること、謀らずして同じこと此のごとし。余、惜しみて駁正す。（後略）（『青荘館全書』巻之五四）(56)

と述べて、最後の二行で、これまで、明末の顧炎武と日本の伊藤維楨の二人を尊敬してきたが、「性」については理解ができていないと批判している。

荻生徂徠については、徂徠が日本の文章家として筆頭であること、また日本の文人たちから、宗匠として尊敬されていたことも認識していた。もっぱら王元美と李宇鱗を崇敬していたと断定しているが、その文章は燦然として輝き、みるべきものがあると次のように評価している。

日本の文章、物徂徠茂卿が巨擘（親指）たり。而してもっぱら王元美・李宇鱗を尊ぶ。閃爍倏幻にして、時

に見るべき有り。一国の文人、尊んで宗匠となす。趨向に靡然す。死してわずかに十余年。文集百巻有りと言うなり。(57)

(『青荘館全書』巻之五)

(v) 洪大容《ホンデヨン》(一七四二〜一七八三)

洪大容は、元重挙が田舎に帰るというので、詩を詠んでいるが、日本に使節として往来したことと関連したものか、その詩の中で、伊藤維楨と荻生徂徠について触れている。伊藤維楨については、鳳挙した人物として称賛し、徂徠についても鴻儒と讃えているところからすると、実学派学者として名高い洪大容は、二人の学問を高く評価していた。(58)

(vi) 朴斎家《バクチェガ》(一七五〇〜?)

朴斎家は、「日本芳埜図屛風歌」と題する詩のなかで、荻生徂徠に触れていて、簡単ではあるが、つぎのように述べている。

(前略) 幾人も蜻蛉国を解説し、徂徠茂卿は風雅を振るう。(後略)(59)

(『貞蕤閣二集』詩)

(vii) 丁若鏞《チョンヤギョン》(一七六二〜一八三六)

茶山丁若鏞は、詩文集のなかで、日本にたいする警戒心は、もはや必要ないと詠んでいるが、その理由として、伊藤維楨や荻生徂徠・太宰純などの文章や経義を読むと、非常にすぐれた文章であることを知ったからであると強調している。丁若鏞の日本観については、前述の河宇鳳の論文(註2)に詳細に紹介されているので、ここでは省略する。

丁若鏞は、やはり詩のなかで伊藤維楨と荻生徂徠について触れているが、それによれば、日本には名儒が多いが、正学はまだ見たことがない。伊藤は古学を称え、荻生氏はそれを煽動して、その流派は太宰純にまで及んでいる。かたよりは経巻を淫乱し、程朱の学が危うくなっている。(60)

と述べている。同じ詩のなかに詠まれている顧炎武は、陽明学を批判した学者として著名なので、朱子学を正統とするのが、丁若鏞の思想ではなかったかと思われる。そのことは、太宰純について批判しているつぎの文章からも明らかである。

太宰純は、日本の名儒であった。かれが著述した『論語古訓外伝』は、皇侃（南北朝時代の梁の儒学者、三礼・孝経・論語に精通していた。『梁書』巻四八、皇侃伝）の学説を見倣って叙述し、朱子の章句を排斥した。まさに異常で、一時の風気が煙や霧のように広まって、海島のなかにまで波及するとは。皇侃の『論語』に、牢曰（牢曰は、『論語』の子罕に牢曰と言った句節をさす）・憲問（憲問は論語の篇名でもあるが、『論語』憲問の冒頭で、原憲が問うのを憲問と言った句節をさしている）の二文がある。『論語』の七篇全体を、琴牢・原憲の二人の手になるものとしたから、その言の巧みなことは、かくの如くである。その淵源は、蓋し伊藤維楨から出たもので、転々と激しくなって、このように放恣になってしまった。(61)

（『與猶堂全書』第一集）

むすび

朝鮮王朝国家にとって一八世紀は、歴史的にみて大きな転換期であった。壬辰の倭乱と丙子の胡乱を経て荒廃した国土と国家を再編成する必要に迫られたなかにあって、官僚の儒者たちがそれまでの朱子学を忠実に固守しようとしたのに対し、政界から離脱した実学派や山林の儒者たちは、経学研究の深化とともに、自由に経世致用の実学思想を展開して、荒廃した国土と国家の再建に貢献すべく努力した。ときあたかも中国には、西欧のキリスト教や新しい科学技術が伝来して、朝鮮国もその影響を受けたので、実学派儒者たちの研究内容は、経世致用の学風と相俟って、大きな発展を遂げた。そうしたさなかに、日本の文化についても、通信使節や交易などを通じて入手されるようになり、朱子学を国是とする朝鮮国の儒者たちも日本の儒学界や言語にたいする関心を持つようになった。かれらは日本で、特に荻生徂徠と伊藤維楨（仁斎）という新しい学者が出現していることを知り、文章家として絶賛する傍ら、朱子学と比較することによって、賛同し、あるいは反駁するなど、その学風に多大な関心を抱いていたことがわかる。文禄・慶長の役の後、国民の日本にたいする感情が悪化していたなかで、儒者官僚は、感情を露わにするところがみられるが、実学派の儒者たちが毅然として日本の儒学文化を理解しようとしていた姿勢は注目される。

（1）『童子問』巻の中　第四八章に、「予少時嘗て朝鮮の李退溪が輯むる朱子書札を読むに、楊子直が姓字の下に於いて之を註して曰わく、『朱門の叛徒』と。予竊かに之を薄んじて曰わく、『何ぞ見ることの陋しきや。往く者は追わず、来る者は拒まず、古の道なり。奚ぞ叛を以て之に名づくることを為ん。渠は蓋し朱門を私して爾云う』。とみえる。以下『童子問』（伊藤維楨著）の読み下し文は、清水茂校注本（岩波文庫、一九七〇年）を用いた。

（2）このテーマと関連する既発表論文としては、①夫馬進「一七六四年朝鮮通信使と日本荻生徂徠」（『史林』八九巻五号、二〇〇六年）、「朝鮮通信使による日本古学の認識——朝鮮燕行使による清朝漢学の把握を視野に入れて——」（『思想』九八一号、二〇〇六年）、中純夫「丁若鏞の『大学』解釈について——李朝実学者の経書解釈——」（『京都府立大学学術報告』人文・社会、五四号、二〇〇二年）などがあり、韓国では、河宇鳳「朝鮮後期實學과 日本近世古學의 比較研究試論」が韓国一八世紀學會編『一八世紀韓日文化交流의 様相』（太学社、二〇〇七年）に掲載されており、筆者の考察テーマと類似した報告がなされている。同氏には、すでに『朝鮮後期實學者의 日本観研究』（一志社、一九八九年）の著作もあり、その一部は、日本語に訳出されて、『朝鮮実学者のみた近世日本』（ぺりかん社、二〇〇一年）という書名で刊行されている。

（3）韓沽劤『朝鮮後期思想史研究論攷』（一潮閣、一九九六年）所収の「李朝實学의 概念에 대하여」参照。

（4）陽明学については、李能和「朝鮮儒學界之陽明學派」（『青丘學叢』二五号、一九三六年）および高橋亨「朝鮮の陽明学派」（『朝鮮学報』四輯、一九五三年）が本格的研究の嚆矢といえよう。近年の研究書には、金吉煥『韓国陽明学研究』（一志社、一九八一年）、尹南漢『朝鮮時代の陽明学研究』（集文堂、一九八二年）、劉明鍾『性理学と陽明学』（延世大学校出版部、一九九四年）、李鎔奎

『江華学派学人たちの足跡』（修書院、二〇〇七年）などがある。また日本では、近年、中純夫「朝鮮陽明学研究史に関する覚え書き」（『京都府立大学学術報告』人文・社会、五七号、二〇〇五年）および「朝鮮時代の科挙と朱子学」（『京都府立大学学術報告』人文・社会、六〇号、二〇〇八年）などを精力的に発表している。

（5）前掲註（4）高橋論文参照。

（6）『芝峯類説』巻五　儒道部　学問条に、「王世貞謂王守仁爲致良知之説。直指本心。最簡易痛切。乃至欲盡廢學問思辨之功。又曰守仁之語門人云無善無惡者心之體。有善有惡者心之用。知善知惡者良知。爲善去惡者格物。以此爲一切宗旨云。余按守仁推尊象山而力詆朱子。其致良知之説。乃佛家卽心見性。以其簡易。故一時學者多趨之。然得罪於聖學以此。學者不可不詳辨焉」

（7）『芝峯類説』巻五　儒道部　学問条に、「王陽明曰。君子正目而視之。無他見也。傾耳而聽之。無他聞也。如猫捕鼠。如雞覆卵。精神心思。凝聚融結。不復知有其他。然後此志常立。神氣清明。一有私欲。卽便知覺。自然容住不得。余謂陽明此言。極爲嚴切。但帶些禪味。學者不可不知」

（8）『芝峯類説』巻五　儒道部　心学条に、「王陽明曰。此心廓然。與太虚同體。太虚之中。何物不有。而無一物能爲太虚之障礙。凡富貴貧賤得喪愛憎之相値。卽飄風浮靄之往來變化於太虚。而太虚之體。固常廓然礙無也。余謂此言固善。但從佛語中來」

（9）『芝峯類説』巻五　儒道部　格言条に、「父子生於欲者也。君臣生於利者也。余意此言恐有弊。所謂生於欲者。本諸釋氏。而生於利者。是公獨見歟。若謂父子生於欲。則徇情縦欲。其流必至於無親。君臣生於利。則忘恩背義。其弊將至於無君。宜改之曰父子生於理者也。君臣生於義者也」

（10）『芝峯類説』巻五　儒道部　格言条に、「王陽明云。何以止謗。曰無辨。無其事而辨之。是自謗也。有其事而辨之。是增益己之惡而甚人之怒也。余謂此説是矣。然無反己自脩之意。似未盡。魏王昶言止謗莫如自脩者善矣」

（11）『大東野乗』巻之五四所収の『畸翁漫筆』に、「中庸首章、修道之謂敎。訓詁敎若禮樂刑政敎化之屬是也。谿谷以爲未安。至於著説。吾言凡聖賢言語文字。當先尊信以爲依据。如有不安於吾心者。亦當十分研究。期於得其旨義而後已。何可草草以己意斷定。況朱子四書集註。極其精密。非後學所可輕議。谿谷終不首肯」

（12）李丙燾『韓国儒学史』（亜細亜文化社、一九八七年）第一四章　自主的思想の胎動第一節　白湖尹鑴の思想条および第二節　西渓朴世堂の思想条参照。

（13）同右書同条、および尹鑴『白湖全書』巻之三七　雑書大学全篇大旨按説条に、「格物之義、先儒以為窮理之事、而訓為至、今乃以誠敬感通之義」

（14）前掲の註（12）李丙燾著、第一節　3反朱子学的経伝解釈　ii．中庸と大学の独自的文章解釈条参照。

（15）前掲の註（12）李丙燾著、第一節　2．思辨録の著述

ii．中庸について条参照。また尹鑴『白湖全書』巻之三六 雑著「中庸朱子章句補録」条に、「中者不偏之謂、庸者有常之謂、不偏兼乎動静、有常通乎終始、此篇首尾、以天命之性為言而所謂中庸者、所以言天命精微之体也、故以名篇」

(16) 前掲の註(12)李丙燾著、同条および朴世堂『思辨録』二 中庸 第一章に、「程子以爲不易之謂庸、庸者天下之定理、朱子以爲庸、平常也、是不爲怪異、二先生於庸、取義之不同如此、乃若中庸之旨、必有一定之趣。……今按庸、恒也、其曰中庸者、既欲事得其中、尤欲恒持於此而無暫時之或失也」

(17) 洪大容『湛軒書』外集 巻一 杭傳尺牘 與篠飲書に、「陽明之背朱子。大要在於格物致知。朱子謂人心之靈。莫不有知而天下之物。莫不有理。使人卽物窮理。以致其知。陽明則以爲理在吾心。不可外索。惟以致良知爲主。夫良知者。孟子之説也。苟其致之。大人之心。乃赤子之心也。夫誰曰不可」

(18) 『五洲衍文長箋散稿』人事篇 論学類 心性理気条参照。

(19) 前掲註(3)の韓沽劤論考において、朝鮮時代の実学の概念について綿密な研究が進められている。

(20) 朱子は、『礼記』大学の「致知在格物」の意味を、『大学章句』で、「所謂知を致すは物に格《いた》るに在りとは、吾れの知を致さんと欲せば、物について其の理を窮むるに在るを言うなり」（所謂致知在格物者、言欲致吾之知、在即物而窮其理也）と言い、格物は、読書とともに、事物の観察研究を広く含めたので、後に格物格致は、博物学を意味するようになったとされる。

(21) 『論語』述而 第七 二七に、「子曰、蓋有不知而作之者、我無是也、多聞擇其善者縦之、多見識之、知之次也」とある。

(22) 『世宗実録』巻一二三、世宗三一年一月癸卯（二一日）条に、「○司諫院上疏陳時務、……一、設科取士、國之重事、不可不謹、往者、卞季良久典文衡、深見科場之弊、毎以講經之非、切切於獻議、一以製述取士、近年以來、應擧之士、全尙文詞、不務實學、國家患之、復使講經、是亦權時之宜、不得已也。如不得已而爲之、則禁防之法、不可不嚴也」

(23) 『中宗実録』巻四四、中宗一七年四月庚子条にみえる李涌（同知事）の上啓「……前者、雖別試、例以講經、故学者皆崇実学、今則久廃講経、故精於経学者絶無焉、経学者人君治国之道、皆從此出、尤當崇重也」

(24) 李瀷『星湖僿説類選』巻一〇 上 経史篇九 異端門異端条。

(25) 朴趾源『課農小抄』諸家総論条。

(26) 『肅宗実録』補闕正誤、二二（一六九六）年三月一一日条に、「……惟在聖上、懋實學以正士趨、公臧否以平黨議、而若其應之之道、亦不必摧折太甚、惟宜勿之崇長焉」

(27) 『正祖実録』巻一七、八（一七八四）年一月一八日甲辰条に、「○左議政李福源上箚曰、……言必無戯、視必無詐、政教皆推於至誠、文章亦本於實學、敎以誠也」

(28) 『正祖実録』巻一七、八(一七八四)年三月一〇日乙未条に、「○校理李顯靖上疏陳戒。一曰嚴懲討、二曰懋實學、三曰勤修省、四曰急救活、五曰用賢才、六曰崇儉約、優批嘉納」

(29) 金正喜『阮堂全集』巻三、与権彜齋書参照。

(30) 「高橋亨先生講義録」(一九六三年度天理大学「朝鮮思想史」講義)参照。

(31) 『英祖実録』巻八七、三二(一七五六)年三月庚辰(一二日)条に、「○書筵官金元行上書、略曰、目今山林之間、名儒、宿徳、磊落、相望。苟邸下克勵大志、益勉實學、政令・道術、粹然以堯、舜、三代爲法、有以服當世賢士之心、彼一時群彦、孰敢不洋洋動氣、以承休命、而如臣等、直是不足有無耳」

(32) 『高宗実録』巻一一、高宗一一(一八七四)年四月二九日条に、「領議政李裕元曰、帝王求治之要、惟在實學、如求實學、必資於山林宿德」

(33) 『高宗実録』巻一一、高宗一一(一八七四)年四月二九日条に、「領議政李裕元曰、……顧今招延咨訪、非不勤摯、而尙未見殿下實心聘致、誠敬之道、修齊之方、無所日陳於前者、如臣不學蔑識、裒然充位、聖志之奮發、無以導迪、聖工之緝熙、無以贊襄、而今當講帷日開之時、政須邃學鴻儒、得之於林下、俾輔我聲明之治、克臻交修之美矣、已在登選之人、益加旌招、更搜巖穴蘊抱之士、禮以迎之、出入經幄、以任啓沃之責、恐好矣」

(34) 同右史料に、「敎曰、講學之資、實在招延宿德、而鄉既有朝夕啓沃之功、是所賴幸者也、裕元曰、批敎至此、不勝惶悚、臣有何啓沃之可言者乎、敎曰、至于今輔導、無非賴卿之功也」

(35) 同右史料に、「……故經筵官趙秉悳、先朝禮遇之山林也。實學文章爲士林所推重、尙未蒙恩施、甚是缺典。超贈易名、一體擧行何如、允之」

(36) 『蜻蛉國志』李德懋著、巻之六四 一および巻之三三清脾録 二、詩之始条にも関連する記述が若干みられる。蜻蛉国は、日本の古名の一。蜻蛉は、トンボの意味で、『日本書紀』神武三一年条に記述されている。古訓は、秋津。蜻蛉は、蜻蜓ともいう。

(37) 『青莊館全書』巻之五八 盎葉記 五 日本文獻条。

(38) 同上書、同条に、「三河越緝曰。林羅山。只尊朱。山崎先生。亦守程朱法門。其門有尚齋宅先生僕遊宅氏之門。伊藤仁齋。排斥程朱。自爲一家。物徂徠不至與仁齋同。而推尊于鱗、元美爲先覺。服元喬以物氏之門人。亦主此論」

(39) 『青莊館全書』巻之五八 盎葉記 五 日本文獻条に、「我人問山崎闇齋、淺見絅齋、木下順菴、貝原信篤學問高下。泉州諸人曰。山淺二先生。質勝文。木先生。實行文章。冠一世。貝先生惟博耳」

(40) 『青莊館全書』巻之五八 盎葉記 五 日本文獻条。

(41) 『海遊録』申維翰(一六八一～一七五二)著、下 付聞見雑録、一七一九年刊に、「日本與余對坐酬唱者。率多粗疏遁塞。語無倫序」

(42) 同右書、同条に、「林信篤。爲日本第一耆碩。其門徒輩。與余筆談時。皆稱學問之純粹。道義之淵深。我整宇先生一人而已。其爲國人之推宗如此。然余見其狀貌。謹厚有餘。而詩文。則無一可觀」

(43) 前掲の『海遊録』下 付聞見雑録に、「伊藤惟貞者。以學問名於國中。撰集己見。以教國人」

(44) 同右書、同条に、「其説以性理存養之説。爲無益。而只將日用行道之實爲務。其所以著書垂訓者。常曰凡人之孝弟忠信。只是日用切己工夫。學者不當問性理如何。中庸首章率性之訓。乃爲道從性理中出來。非謂行道者。以性理爲工夫也。餘外立論。多畔先儒」

(45) 同右書、同条に、「近世京都人一時爲士之類。或有崇信者。或有譏其穿鑿者。余未見其文集。而每與諸文士酬酌言語之際。有提伊藤家説話。而質其可否。余輒曰。此與荀卿性惡之説。同罪。從其言者。欲求人道於禽獸草木之性乎。諸生或以爲然」

(46) 申維翰著『青泉先生続集』参照。

(47) 『海行摠載』所収、「奉使日本時聞見録」(曺命采、一七〇〇～一七六三) 乾 一七四八年四月二四日条に、「和泉人姓三宅名紹華號蘭陵者。見副房書記柳逅。作筆談。紹華曰。貴國人皆用文公家禮乎。曰。然。不如是則君子斥之矣。今見君。可知爲文學之士。所專治者何書。曰。四書六經也。曰。然則君之爲學。一以程朱爲準的乎。曰。固知爲巨擘。而不能盡力耳。逅曰。巨擘字不當用於程朱矣。紹華卽謝曰。失對。可愧可愧。逅曰。伊藤之學何如。名維貞改註論語。妄以學問自任者也。華曰。卽弊邦豪傑之士。而學非吾徒。故不欲詳之。逅曰。此乃程朱之罪人。而尊能斥之。當爲一賀」

(48) 同右書、「奉使日本時聞見録」乾一七四八年五月二九日条に、「藤原明遠胎書于製述書記。而以中庸一書。謂非子思之書。張皇為辞。文理未成。始知此人即伊藤維貞之怪徒也。是日。明遠来見製述書記。製述等責其誣聖。而各為説擘破之」

(49) 同右書、同条に、「明遠自以為以中庸為非子思之書者。千載後惟明遠一人云。此輩之稍欲自異。必主乖悖之論。多如此。亦不足深責。明遠問我国風俗。書記柳逅以一詩即示之曰。欲識吾邦事。何難説與聴。人皆従古礼。家自誦遺経。衣尚殷時白。山連岱畝青。文明盡在此。方夏遜華名。明遠輩相顧而失色云」

(50) 同右書、「奉使日本時聞見録」聞見総録 総論条に、「富士一岳。卽國中之祖宗名山也。氣之所毓。必有奇傑者生。而以文學詩律翹楚其中者。不過如白石源璵、伊藤惟禎輩、若而人而已。此外雖有某某所稱。俱無足可記。惟舜首坐爲號者。姓藤原名肅。又號惺窩。以播摩細川之人。聰明好文。倡明性理之學。性且峭剛。於人無許可。……且見倭之三寸圖書。以爲朝鮮員外郎姜沆。來客於赤松氏家。見惺窩。大喜曰。朝鮮國三百年以來。未聞有如此人」

(51)『順菴先生文集』(二七巻) 巻之一三　雑著　橡軒随筆　下　戸牖雑録並　付日本学条。
(52)『研経斎全集』外集巻二〇　孝経類　日本古文孝經孔氏傳一巻。附宋本古文孝經一巻条参照。
(53)同右書、同条参照。
(54)『剛斎先生集』(一六巻) 巻之六　跋　書『語孟字義』弁後条。
(55)『青莊館全書』巻之五四　盎葉記　一　顧伊論に、「顧亭林曰。人亦有生而不善者。如楚子良生子越椒。子文知其必滅若敖氏是也。然此千萬中之一耳。故公都子所述之三説。孟子不斥其非。而但曰乃若其情。則可以爲善矣。乃所謂善也。盖凡人之所大同。而不論其變也。若紂爲炮烙之刑。盗跖日殺不辜。肝人之肉。紂跖雖悪。其本性豈全亶純悪。而無一善。亦無一刻善心。或萌之時耶。此言大有病。此則生而性與人殊。亦如五官百骸。人之所同。然亦有生有不具者。豈可以旦而槩萬乎」
(56)同右書、同条。
(57)同右書、巻之五　嬰處雑稿　一に、「日本文章、物徂徠茂卿爲巨擘、而專尚王元美李于鱗、閃爍倏幻、時有可觀、一國文人、尊爲宗匠、靡然趨向、死纔十餘年、有文集百餘巻云矣」
(58)『湛軒書』内集　巻三、南陽洪大容德保著五代孫榮善編後學洪命衍憙校詩　贈元玄川歸田舍　二首。
(59)『貞蕤閣二集』詩　日本芳埜圖屛風歌に、「(前略)幾人解説蜻蛉國徂徠茂卿振風雅」
(60)『與猶堂全書』第一集　詩文集　第二巻　○詩集　古詩二十四首に、「日本多名儒。正學嗟未見。伊藤稱好古。荻氏益鼓煽。流波及信陽。詖淫亂經卷。五穀未始嘗。稗稊種已遍。危哉洛閩脈。雞林亦一線。世運噫如此。中夜獨轉輾。矯矯顧亭林。名炎武獨作明遺民。貫串譚前史。雍容不眩人」
(61)『與猶堂全書』第一集　詩文集　第一四巻　○文集　跋太宰純論語古訓外傳に、「太宰純。日本名儒也。其所著論語古訓外傳。祖述皇侃。詆排朱子章句。異哉一時風氣。如煙冪霧漲。至及海島之中也。以論語有牢曰憲問二文。遂以七篇爲出琴原二子之手。其言之乖巧類如此。其淵源蓋出於伊藤維禎。而轉轉磯激。放肆至此」

ソウルに伝えられた江戸文人の詩文——東アジア学芸共和国への助走——

高橋博巳

一

宝暦・明和の交（一七六三〜四）の通信使行で文化媒介者の役割を果たしたのは、正使書記の成大中（一七三二〜一八〇九）や副使書記の元玄川（一七一九〜九〇）ら文人官僚だった。[1] 彼らが帰国後、友人たちに日本の文人活動を活き活きと伝えたおかげで、李氏朝鮮の北学派と呼ばれることになる思想家たちの文集のなかに、少なからぬ日本の文人への言及がのこされることとなった。一例として洪大容（一七三一〜八三）の「日東藻雅跋」をあげる。

> 斗南の才、鶴台の学、蕉中の文、新川の詩、蒹葭・羽山の画、文淵・大麓・承明の筆、南宮・太室・四明・秋江・魯堂の種種風致は、即ち我邦に論無し。之れを斉魯・江左の間に求むれども、亦た未だ得易からざるなり。況んや諸人は、未だ必らずしも極選為らざれば、則ち其の余は想う可きに足るなり。寧んぞ左海絶域を以て、之れを少なしとせんや。然りと雖も、文風競いて武力振るわず。技巧日に盪《うご》き、鉄剣日に鈍れば、則ち西隣の并びに其の福を受く。厥《そ》の利は博きかな。伊物二氏、宜しく以て吾が韓に尸祝すべし。
>
> （『湛軒書』三）

ここに列挙された「斗南」細合《ほそあい》半斎（一七二七〜一八〇三）や「鶴台」滝弥八（一七〇九〜七三）、また「蕉中」僧大典（一七一九〜一八〇一）、「蒹葭」木村蒹葭堂（一七三六〜一八〇二）、「魯堂」那波魯堂（一七二七〜八九）らは、多少とも近世学芸に関心のある者には既知の人物といえる。しかもおおむね「伊・物二氏」すなわち伊藤仁斎（一六二七〜一七〇五）や荻生徂徠（一六六六〜一七二八）の流れを汲む人々で、大容にとっては海彼の同時代人である。そもそも細合半斎が斗南と号するようになったのは、成大中に「北斗以南の一人」と称されたからだった（大典「跋合麗王韓客唱和巻」、『小雲棲稿』十、寛政八〈一七九六〉年刊本）。蒹葭堂の「画」も定評のあるところであるが、頼春水（一七四六〜一八一六）が伝えているように、

世粛は好事名を著わす。雅《もと》より芸能多し。凡そ、書画篆刻、及び諸機巧、指を染めざる莫し。人最も其の画、及び物産の学を推す。余は則ち其の書を読み、善く要領を得たるを欽す。凡そ舶来の書籍、其の新旧同異、増損出入の類、歴歴暗記し、問いに随いて響応す。（「在津紀事」下、『春水遺稿』別巻二）

というふうな「好事」風流を好む多才な人だったので、周囲に同好の士が大勢集まったのも頷ける。[2] それに春水によれば、蒹葭堂はなにより読み巧者だったという。通信使にとっては、レパートリーの広い読書人が商人だったというのも驚きだった。大典の「蒹葭雅集図序」は後に詳しく見るように、「蒹葭の集は、文を以て同じうするなり」に始まる格調の高いもので、蒹葭堂の「和」と「礼」を重んじる精神が過不足なく述べられている。その結果、交際範囲はついに「異域万里の外」にまで及んだという条は、わけても大容らに感銘をもって受け止められたにちがいない（『小雲棲稿』七）。

しかし「新川」岡田新川（一七三七〜九九）や「承明」福原映山（一七三五〜六八）となると、知名度はかなり落ちる。映山は蒹葭堂ともども篆刻を通信使の一行に贈っているからまだしも（『東華名公印譜』宝暦一四〈一七六四〉年刊）、「文淵」朝比奈玄洲（?〜一七三四）は二次前の己亥（一七一九）年の通信使に応接した尾張藩の右筆で、

その事績は『蓬島遺珠』(享保五〈一七二〇〉年刊)に伝えられているが、今では忘却の彼方に霞んでいる。「大麓」の「筆」にしても同様なので、『長門癸甲問槎』巻三によって「大麓」草場安世について略述しておこう。大麓はいう。

此れより、東行万里、過ぐる所の勝地名区、酷《はなは》だ多くして、其の最なる者は五。因りて七絶五章を賦し、以て諸詞伯の東行を送る。且つ僕幼より書を好む。彫虫の小技、慚愧何をか言わんや。然りと雖も、今幸いに汎愛を蒙り、是を以て其の拙を蔵さず、謾《みだ》りに五体を以て、分書し敢えて厳覧を汚す。若し高和を賜り、及び批評を下されば、幸甚なり。(明和三〈一七六六〉年刊本)

大麓は赤間が関で通信使の応接にあたったさい、一行がこれからたどる「勝地名区」を五か所選んで詩に作り、しかもそれを「五体」の書に書き分けて贈っている。「彫虫」は文章の字句などを飾り立てる小技のことで、ここでは書道を指し、最初の「楷書」にはこう記されている。

其の一　楷書

浪華津口自繁華　　浪華津の口　自ら繁華なり
臨岸楼台十万家　　岸に臨む楼台　十万家
列国舟船送仙使　　列国の舟船　仙使を送り
牙檣錦纜似雲霞　　牙《が》檣《しょう》錦《きん》纜《らん》　雲霞に似る

右大坂城

「仙使」は帝王の使者である通信使。「牙檣錦纜」は象牙の帆柱と、錦のともずな。「雲霞」は舟の飾りの色とりどりの美しさを喩える。これはさながら蕪村(一七一六〜八三)詠の、

高麗舟《こまぶね》のよらで過ゆく霞かな　(『蕪村俳句集』岩波文庫)

の世界である。そうして第二「行書」は「平安城」、第三「草書」は「琵琶湖」、第四「隷書」は「芙蓉峯」すなわち富士山、第五「篆書」は「函嶺」すなわち箱根山と東海道筋の名所が続く。旅の案内と同時に、書の楽しみまでを伝えて心憎いプレゼンテーションといえる。

はたして通信使の一行は敏感に反応した。製述官の南玉（一七二二〜七〇）は「五体書軸評語」にこう記している。

筆は五家を成し、詩は三昧に入る。沈頓清新、婉にして情有り。人をして身《みずか》ら真境を履むが如からしむ。才調喜ぶ可し。更に唐宋の絶句に就いて、唐は其の名色を取り、宋は其の典雅を取って、錦上に花を添うれば、東桑の名家為るに足らん。此れ又た期勉の遠きもの、大麓以て如何と為す。（『長門癸甲問槎』三）

「才調」は文才などの才気。この上さらに唐詩からは「名色」を、宋詩から「典雅」を「期勉」は当てにして勉めることであるが、そうしたことをさらに学べば「東桑の名家」ということができようと南玉はいうのである。

元玄川もまた次のように述べている。

昨日、座間已に大麓の文雅雍容を窺う。今、詞藻璀璨・筆勢矯矯たるを見る。人をして欽尚已まざらしむ。聞く、官は侍読に居ると。従来、存する所、又た詞華上のみに在らざるを見つ可し。（同右）

「雍容」は、ゆったりと落ち着いている様子。「璀璨」は、きらびやかなさま。「矯矯」は、すぐれた志を持って超然としているさま。そうしたことが単に「詞華上」のことではなく、大麓が体現していることを玄川は見逃さずに評価したのである。

成大中もまた絶賛していう。

長門の艸大麓、送行の詩五章を袖贈す。毎章、各おの篆隷草楷半行を以て繕写す。余、既に其の標致雍容を悦び、次に其の詩律翩翩《へんぺん》を観て、末に乃ち筆法の典雅を失驚す。真に海外の鸞鳳・楚南の楩楠《べんなん》なり。（同右）

「標致」は文学的な雰囲気。「失驚」は肝をつぶして驚くこと。「鸞鳳」は英俊の士の喩え。「楩楠」は楠に似た木。

こうした評価は大麓の作品ともどもソウルに持ち帰られ、洪大容の目にも留まったのであろう。大容は日本の文人の学才のみならず「種種風致」までを高く評価し、彼の周辺はもちろんのこと、「斉魯・江左の間」すなわち孔子の生まれた「魯」と孟子の生まれた「斉」と、長江下流の江蘇・浙江省を含む地域にも、同様の例を見出しがたいとさえいうのである。この賛辞が発せられた時期が、一七六五年冬に燕行使に従って入燕し、杭州出身の潘庭筠（一七四二～？）・厳誠（一七三二～六七）・陸飛（一七一九～？）の挙人三人組と意気投合したあとのことならばなおのこと、それ以前とすれば同様の人物を探して清朝の中国に旅立つきっかけになった可能性があり、いずれにしても注目に値する。

加えてそこには「文風競いて武力振るわ」なければ、「西隣」すなわち隣国の朝鮮も同時に「福を受」けることになるだろうという期待もあった。李徳懋は大容の言として、「万暦の年、倭賊大いに東国に入り、神宗皇帝、天下の兵を動かし、天下の財を費やし、七年にして然る後定む。今に到るまで二百年、生民の利を楽しむ、皆な神宗の賜なり」（「天涯知己書」、『青荘館全書』六三）という言葉を伝えている。「神宗」は明の一四代皇帝。

二

そこで改めて、このように必ずしも「極選」ではない人々が、「才学」と「詩文筆画」の代表としてばかりでなく、「種種風致」という曰く言い難い魅力の持ち主として言及された意義は何だろうかと問うてみることにしよう。「才学」も「詩文筆画」も、それがどの程度のものであるかは、書かれたものや作品を見ればおおよそ見当がつく。しかし「風致」だけは、その人自身を知らなければ捉えようがない。洪大容はこれらの人々のエピソードの類を耳にしたのであろう。「風致」を謳われた五人のうち、魯堂は通信使に随行して東海道を往復しているし（『東遊編』明和元〈一七六四〉年刊）、井上四明（一七三〇～一八一九）もまた備前岡山藩儒として牛窓で詩文を唱酬している。そのさいに、四明の文才を見て、従事書記の金仁謙（一七〇七～七二）が藍島で唱酬した亀井南冥（一七四三～一八一四）を紹介すると、藩を越えての交友は難しいという返事に接して、仁謙がいう。

僕と君と、異国の人を以て猶お相結交す。筑州は同じく是れ一寰《いっかん》の内なれば、則ち相交わるに何の害か之れ有らん。

これは今なら当然の反応といえるが、当時の日本ではそうではなかった。すると成大中が重ねていう。

亀井道哉は絶世の奇才なり。僕得て之れと周旋すること、十数日、久しくして益ます忘る能わず。今、足下の藻思風雅なるを看れば、真に元賓に似る者なり。他日、長慶争衡せんに、足下に非ずして誰と与にせん。境外通い難しと云うと雖も、必ず相見の日有らん。吾が言の誣《し》いざるを識る可し。

「元賓」は「長慶争衡」というからには元稹（七七九～八三一）のことであろう。「争衡」は軽重をくらべること。白楽天（七七二～八四六）とともに白氏・元氏『長慶集』があるのに、擬えたわけである。そこで大中は原稿のなかから亀井南冥の詩稿を取り出して四明に見せたところ、「一誦」して「嘆賞の容」をなしたので、大中は満足し「莞爾として」稿を収めたという（以上、『槎客萍水集』乾、都立中央図書館中山文庫所蔵写本）。一人の若い才能をひきたたせて見事な取りなしである。こうして学芸共和国のネットワークは広がってゆくのであるが、その喜びを大中の笑顔が見事に表現している。(3)

また日比野秋江（一七五〇～一八二五）にしても岡田新川門下の儒者として、実際に通信使との接触の機会もあったろう。そういうさいの風雅な振る舞いに目を留めた成大中や元玄川を通じて、情報は洪大容らにもたらされたのである。

ところで洪大容がこう記したとき、「才学」や「詩文筆画」よりも「種種風致」のほうが貴重だという思いが次第に強くなってきたのではなかろうか。というのも、のちに洪大容が北京に相似た文人を求めて赴き、念願叶って厳誠・潘庭筠・陸飛らと知り合ったさい、潘庭筠に「東方の風流佳話、願わくは之れを聞かん」と問われて、

我が東人、大抵鈍滞にして、風流の事は、絶えて伝う可き無し。

と謙遜しつつ、潘庭筠・厳誠の二人に向かって、

弟の二兄に於ける、其の才を愛するに非ざるなり。其の学を取るなり。其の学を取るに非ざるなり。其の心を慕うなり。只だ恨むらくは、言語通ぜず、逢別太だ忙しくして、未だ尽く深奥を叩く能わざることを。
（「乾浄衕《けんじょうとう》筆談」、『湛軒書外集』二）

と述べていたからである。ここで向かい合っているのが、すでに科挙の地方試験に合格した挙人（就中、陸飛は首席、いわゆる「解元」）だったから、いまさら「才」や「学」を問題にする必要もなかったわけであるが、しかしそうであるにしてもなにより「心」を慕うと言い切った点に注目しよう。人格形成にあたって「心」が曲がっていては、いかに「才学」に優れていても詮ないことだからである。想像するに、大容の周囲にはそのような才子が少なくなかったのではあるまいか。

この点については、李徳懋（一七四一〜九三）も李雨邨（調元、一七三四〜一八〇二）宛て書簡に、

凡そ友を取るの道は、先ず其の品を看て、後に其の材を看る。
（『青荘館全書』一九）

と記して、同様の姿勢を示している。「品」は性質や人柄、「材」は才能を指す言葉。朴斉家（一七五〇〜一八〇五）もまた、

嗟乎《ああ》、吾が東三百年、使价《しかい》相接し、一名士を見ずして帰るのみ。今、堪軒先生、一朝天涯知己を結び、風流文墨、其の翩翩を極む。其の人たるも、皆な依依として往日巻中の人なり。
（『貞蕤閣集』四）

というように、燕行使三〇〇年の歴史のなかに、大容と厳誠や潘庭筠らの交流を正当に位置づけて、その画期的

な点を強調している。「使价」は使者。「翩翩」は軽快にひるがえるさまをいうが、ここでは風流なさま。「依依」は懐かしい様子で離れがたいさま。「巻中の人」とは、しかるべき書物のなかに見出されるような立派な人物の意。これが新たなモデルとなって、学芸共和国に命が吹き込まれたのである。

三

李徳懋が編んだ「天涯知己書」は、洪湛軒が清朝の中国に出かけたさいのドキュメントを集成したものであるが、そのなかに突如として蒹葭堂が登場して読者を驚かせる。

日本人は江南に通う。故に明末の古器、及び書画・書籍・薬材、長崎に輻湊す。日本蒹葭堂主人、木世粛、秘書三万巻を蔵す。且つ多く中国の名士と交わる。文雅方に盛んなる、我が国の比す可きに非ざるなり。

（『青荘館全書』六三）

これは蒹葭堂の蔵書情報が朝鮮の知識人の強い関心事だったことを示している（大典「蒹葭堂蔵書序」、『小雲棲稿』七参照）。ことに末尾の「文雅……我が国の比す可きに非ざるなり」の一言は、その心服のほどを伝えて余すところがない。李徳懋はこのほか「清脾録」においても蒹葭堂に言及したあとで、

嗟呼《ああ》、朝鮮の俗、狭陋にして忌諱《きき》多し。文明の化、久しきと謂う可きも、風流文雅は反って日本に遜る。

（『青荘館全書』三二）

と率直に自らのいたらない点を認めて、元玄川の「詩文筆語、皆な貴ぶ可くして、棄つ可からざるなり」という意見に賛成している。「忌諱」は憚るべきこと、禁令。実際に同書巻四の末尾は「蜻蛉国詩選」と題され、そこには草場大麓の「玄川先生を懐かしむ」も収録されている。

春暮天涯思万重　　春暮れて 天涯 思い万重たり

鳥啼花謝寂孤峰　　鳥啼き花謝《しぼ》んで　孤峰寂たり
愁心一夜寄明月　　愁心　一夜　明月に寄す
高照関門澹墨松　　高照す　関門の澹墨松《うすずみのまつ》

ここには、「赤間関、淡墨松有り」という大麓の「自注」までが割注で示されている。このような淡彩で描かれた「愁心」は、徳懋の胸をも静かに打ったにちがいない。起句の「天涯」にちなんで引用を重ねれば、大麓は「南成元三公に呈す」三首の第三で、

釜山浦上白雲端　　釜山浦上　白雲の端
臨海館前赤水寒　　臨海館前　赤水寒し
休道天涯知己少　　道《い》うを休めよ　天涯知己少しと
相逢誰不結金蘭　　相逢いて　誰か金蘭を結ばざらん

（『長門癸甲問槎』三）

と詠んでいる。「釜山浦」に対照させた「臨海館」は古代の穴門館《あなとのむろつみ》が平安時代に改称された外客接待用の施設の名（『日本書紀』一九、欽明天皇二二年、岩波文庫（三））。「赤水」は赤間が関の海。こうしてしかるべき人が出会えば、「金蘭」の交が結ばれざるを得ないというのは、期せずして「学芸共和国」成立のメカニズムを説き明かしている。「金蘭」とは黄金より固く、交わす言葉は蘭よりも香しい交友。この「天涯知己」の考え方はのちに増幅されて、ソウルの地で北学派として大成するだろう。

しかしやはり圧巻は「耳目口心書」の「木弘恭」（蒹葭堂）以下の記述である。

木弘恭、字は世粛。日本、大坂の賈人なり。家は浪華江の上に住す。酒を売り、産を致す。日び佳客を招いて、詩を賦す。書を購うこと、三万巻。一歳の費やす所は数千余金。故を以て筑県より江戸に至る数千余里、士賢不肖と無く、皆な世粛を称す。又た商舶に附し、中華士子の詩数篇を得て、以て其の楣《はり》に懸け、蒹葭堂

を江浜に構う。竺常・浄王・合離・福尚修・葛張・岡元鳳・片猷の徒と、雅集を堂上に作す。甲申の歳、成大中士執の日本に入るや、世粛に請い、雅集図を作らしむ。世粛手ずから諸人を写し、皆な詩を以て軸に書す。竺常は序を作り、以て之れに予《あた》う。竺常は釈なり。深く典故を暁《さと》り、性も又た深沈にして、古人の風有り。浄王は常の徒なり。清楚愛す可し。合離も亦た奇才なり。今、其の詩文を記す。未だ孤陋を脱せずと雖も、遠人の風流、愛す可し。墨蹟皆な瀟洒、画も亦た超脱なり。（『青荘館全書』五二）

とくに「竺常」大典に「古人の風」があったという指摘と、「合離も亦た奇才」として、「遠人」外国人の「風流」を認めたうえで、「墨蹟」「画」ともに「瀟洒・超脱」と高く評価しているのが注目される。

こうして蒹葭堂の紹介に始まり、以下、雅集図に賛詩を寄せた蒹葭堂会の面々の引用が続いているのは、壮観というほかはない。以下適宜、引用しよう。

河曲合離の詩に曰く、

千里郷為水　　千里　郷　水と為す
誰言景似呉　　誰か言う　景　呉に似たりと
殷富家多少　　殷富　家　多少
風流客有無　　風流　客　有りや無しや
只是春晨飲　　只だ是れ　春晨の飲
何如禊会図　　禊会の図と何如んぞや
回舟伝好事　　回舟　好事を伝えよ
人尚在菰蘆　　人は尚お菰蘆に在り

「河曲合離」とは細合半斎の先祖の地が伊勢国河曲郡だったことによる。「禊会図」は陰暦三月三日に不祥を払う酒宴の様子を描いた画。自ら参加した詩会に擬えている。「回舟」は舟を回して帰ること。「好事」は蒹葭堂の風流。「菰蘆」は、まこもと葦。蒹葭と同義。

映山福尚修の詩に曰く、

倶陪風月勝　倶に風月の勝に陪し
賦筆幾為遊　賦筆 幾たびか遊を為す
名境蒹葭古　名境 蒹葭古《ふ》り
小園鳥禽幽　小園 鳥禽幽なり
寒藻偏依水　寒藻 偏に水に依り
芳花半入楼　芳花 半ばは楼に入る
那知金石契　那ぞ知らん 金石の契
瑶琴楽未休　瑶琴の楽 未だ休まず
相逢湖海侶　相逢う 湖海の侶
狂態任吾疎　狂態 吾が疎に任ず
人酔三春酒　人は酔う 三春の酒
家蔵万巻書　家蔵 万巻の書
繞楼山色秀　楼を繞りて 山色秀で
掬水月光虚　水を掬えば 月光虚なり
招隠非難賦　招隠 賦し難きに非ず
幽情本有余　幽情 本と余り有り

「映山福尚修」は福原承明、映山は号、尚修は名で、医を業としながら書画・篆刻に通じていた。「金石の契」は固く結ばれた交わり。「瑶琴」は玉で飾った美しい音色の琴。「湖海の侶」は豪気ある在野の士の意か。「家蔵、万巻の書」がことに注目を引く。

蠹莽《とあん》葛張の詩に曰く、

千秋会友有文章　千秋の会友　文章有り
花圃薬欄旧草堂　花圃薬欄　旧草堂
鑪酒応同司馬売　鑪酒《ろしゅ》　応に司馬の売るに同じかるべし
架書不譲鄴侯蔵　架書　譲らず　鄴侯《ぎょうこう》の蔵
微雲淡路島千点　微雲　淡路　島　千点
疎雨浪華雁数行　疎雨　浪華　雁　数行
湖海溯遊人幾在　湖海溯遊《そゆう》　人幾にんか在る
蒹葭隔浦欹帆檣　蒹葭　浦を隔てて　帆檣　欹《そばだ》つ

「蠹莽葛張」は葛子琴（一七三八～八四）の名で知られた医にして詩人。「鑪酒」は酒場の酒。「司馬」は卓文君と飲み屋商売を始めた司馬相如（前一七九～前一一七）を指す（『史記』五七「司馬相如列伝」）。「鄴侯の蔵」とは鄴県侯だった李泌《りひつ》の蔵書が多かったことを言い、蒹葭堂の蔵書がそれに匹敵するというのである。「溯遊」は川を下ること。

木弘恭の詩に曰く、

小堂掘江曲　小堂　掘江の曲
幾載共相羊　幾載か共に相羊す

投轄常浮白　　投轄　常に浮白
論文日攤黄　　論文　日に雌黄《しおう》
誰知結交地　　誰れか知らん　結交の地
不屑少年場　　屑《いさぎよ》しとせず　少年場
盟社如斯在　　盟社　斯くの如き在り
何愁簡且狂　　何をか愁えん　簡にして且つ狂なるを

「掘江」は蒹葭堂の所在地の堀江。「相羊」は逍遥。「投轄」は主人が客を引き留めること、もと客の車のくさびを抜いて、客を帰らせないようにした故事による。「浮白」は酒を飲み残した者に罰として飲ませる杯。原文「攤黄」を意をもって「雌黄」に改めた。文章を添削すること。「屑しとせず」は自らの信念に照らして許すことができないこと。「少年場」は血気盛んな侠気に富んだ若者が集まるところ。たとえば「珊瑚の鞭を遺却して……章台に楊柳を折る」（崔国輔「長楽少年行」、『唐詩選』）ようなイメージの場所といえばよいだろうか。蒹葭堂はみずからの平生を、

　余、家君ノ余資ニ因テ、毎歳受用スル所三十金ニ過ズ。其他親友ノ相憐ヲ得ガ為ニ、少文雅ニ耽ルコトヲ得タリ。百事倹省ニアラズンバ、豈今日ノ業ヲ成ンヤ。世人余ガ実ヲ知ラズ。豪家ノ徒ニ比ス。余ガ本意ニアラズ。
（『蒹葭堂雑録』一、「日本随筆大成」Ⅰ-14、吉川弘文館）

と述べている。「豪家ノ徒」と比較されるのさえ心外なのに、まして「珊瑚の鞭」を忘れたりするはずはないのである。「簡にして且つ狂」とは、志は大きくても、具体性がともなわないこと、『論語』公冶長篇に、「吾が党の小子、狂簡、斐然として章を成す。これを裁する所以を知らざるなり」とあるのによって、未知数の可能性に賭けたものと解される。

最後に片山北海（一七二三～九〇）の賛詩が引かれているが省略にしたがい、大典執筆の跋に移ろう。

竺常の序に曰く、蒹葭の集は、文を以て同じうするなり。而るに其の人各おの志を異にし、其の道も或いは同じからず。其の能く洽然《こうぜん》として楽しみ、怡然《いぜん》として適せしむる者は、豈に徒だ文を以てするのみならんや。蓋し異なる者は畔《そむ》き易し。世粛能く之れを諧《かな》わすに和を以てす。同じき者は流れ易し。世粛能く之れを斉《ととの》うるに礼を以てす。此れ蒹葭の集まる所以なり。世粛、既に礼にして、且つ和す。故を以て、文儒韻士に締綴し、一郷一国より以て四海に至る。伊《こ》の人を蒹葭の上に揄揚《ゆよう》せざる無し。世粛の交、亦た富まざらんや。迺《すなわ》ち今、朝鮮諸公の東に至るに会するや、世粛が如き者、皆な謁を館中の諸公に執れば、則ち世粛を悦すること、旧相識の如し。其の将に反らんとするに及び、竜淵成公、請いて世粛をして蒹葭雅集図を作らしむ。同社の者、各おの其の末に題して曰く、齎し帰りて以て万里の顔面と為せと尓《しか》云う。嗚呼、成公の心は、夫の身を蒹葭の堂に寘《お》く者と、豈に異なること有らんや。則ち世粛の交は、一郷一国より、以て四海に至るは固よりなり。夫れ今、何を以てか之れを異域万里の外に得たるや。惟うに国家の大賓を待つ、儼然として重しと謂う可きなり。而して其の私覿《してき》の愉愉たるに至りては、顧みて世粛が輩に与えて之れを為さしむ。世粛の礼ありて且つ和すと雖も、苟も国家の与える所に非ざれば、其れ能く是くの如からんや。余も也《ま》た文、其の道に非ず。然れども亦た成公の視を辱《かたじけな》くすること、猶お世粛がごときなり。其の異域万里の交に感じ、内に菀《うつ》として外に著わるること無かる能わざるなり。蒹葭雅集図の後序を作る。日本宝暦十四年甲申五月四日、淡海竺常、浪華の僑居に書す。

軸後に題して曰く、蒹葭堂に集まる者、越後の片孝秩、平安の那波孝敬、平安の合麗王、浪華の福承明、浪華の岡公翼、浪華の葛子琴、淡海の僧太真、伊勢の僧薬樹主人、浪華の木世粛なり。（『青荘館全書』五二）

「洽然」は打ち解けたさま。「怡然」は楽しむさま。「締綴」は交わりを結ぶ。「揄揚」は引き上げ褒める。「私覿」は『論語』郷党篇に「私覿には愉愉如たり」とあるように、使臣には公的な用務のほかに私的な場面もあって、そういうときには楽しそうにする様子をいう。その結果、「異域万里の交」が成立したというこの「跋」を読んで、徳懋たちも感動を共有したにちがいない。成大中宛て書簡に、「蒹葭堂図、及び一百単八図」の借覧を申し出て、「天下の宝」「千古勝絶」と褒めちぎっていることとともに忘れがたいシーンである（同上、巻一六）。

四

柳得恭（一七四八～一八〇七）が李書九（素玩亭、一七五四～一八二五）に書き与えた「日東詩選序」にはこう記されている。

日本は東海中に在り。中国を去ること万里、最も我に近し。攷を其の国の著わす所の『和漢三才図会』の書に取れば、則ち詩書礼楽戦陣の法、以て桑門外道博奕戯具に至るまで、我より之れを得ざる莫し。其の国を顧みるに風俗儇利《けんり》に富み、淫伎巧匠多し。而るに独り詩に工みなること能わず。源氏より政を為し、羈縻《きび》絶えず。関白新たに立てば、必ず来たりて使いを請う。我れ、三品官一人を以て正使に充て、侍従一人、之れに副う。又た一人従事官と為し、文卿《ぶんかん》一人、製述官と為し、往きて之れを聘す。正副使・従事官、各おの書記一人を辟《め》す。材官剣客良医画師吹唱撃毬、凡そ一芸有る者は、悉く幕中に致して、最も書記を重んず。一行皆な属目す。歳癸未、前任長興庫奉事元玄川重挙、是の選に膺《あた》る。（中略）

玄川翁、雅に篤厚にして、喜んで程朱の学を談じ、彼の中、益ます之れを重んじ、必ず老先生と称す。其の能文の士は、率《おおむ》ね医官釈流多し。而して合離・井潜・那波斯曾・冨野義胤・岡田氏兄弟、尤も傑然為り。皆な之れと深く相交わる。其の帰後に及び、薑山《きょうざん》居士、其の海航日記中の贈別詩六十七首を鈔し、名付けて『日東詩選』と曰う。余に属して之れが序を為らしむ。其の詩の高き者は三唐を模擬し、下《ひく》き者は王李に翺翔《こうしょう》し、侏離の音を一洗し、多とするに足る者有り。

（『冷斎集』七）

あるいはこの「薑山居士」すなわち素玩亭、李書九が編集した『日東詩選』も、洪大容が読んだ『日東藻雅』と同じものであったろうか。というのも双方ともに元玄川によって伝えられたものによっているばかりでなく、あげられている日本の文人も概ね重複しているからである。「僄利」は賢いこと。「羈縻」は馬のおもがいと牛の鼻綱、束縛して使役すること。「関白」は徳川将軍家を指す。「翺翔」は思うままに遊び回る意で、玄川が唱酬した日本の詩人たちの作が、上出来な部類は「三唐」に迫り、それほどでないものも「王・李」王世貞・李攀竜ら古文辞派の余波を受けて、ともかく和臭を脱した域に達していたという。「侏離」は異民族の言葉が理解できないさま。

柳得恭は李徳懋とも親しく、「鬼鱟《きこう》歌、懋官に贈る」と題する詩の前書きにこう記している。「懋官」は徳懋の字。

倭漢三才図会に、鬼鱟、或いは鬼面蟹と称す。勇士秦武文《はたのたけぶん》、摂州の兵庫の海に戦死する有り。此の蟹に化す。故に又た武文蟹《たけぶんがに》と名づく。懋官の門徒、諸《これ》を蝦醢《かかい》中に得て、之れを献ず。其の殻は微紅にして、看眼口鼻悉く具わる。蓋し亦た異物なり。

（同右、二）

その詩中には、「青荘道人、之れを得て喜び、客に対して麈を揮い異聞を誇る」という句が見える。「蝦醢」は海老の塩辛。同項目は『和漢三才図会』巻四六に掲出。

五

朴斉家が「戯れに王漁洋の『歳暮、人を懐かしむ』に倣う、六十首」の「小序」に、

余は百に一能無し。楽しみは賢士大夫と遊ぶこと、既に之れと交わり好し。又た終日亹々《びび》として已むること能わざるなり。人頗る其の間日無きを笑う。

（『貞蕤閣集』初集）

と記して詠んだ六〇首のなかには、李徳懋を筆頭に朴趾源（一七三七〜一八〇五）らの師友に続いて、滝鶴台や竺常、木弘恭らが登場する。まず「竺常」すなわち大典について。

春秋辞令至今存　春秋の辞令 今に至りて存す
封建千年姓是源　封建千年 姓は是れ源
一部蕉中鈴木事　一部蕉中 鈴木の事
直追班史駕中原　直ちに班史を追い 中原に駕す

「源」とあるのは徳川家の祖が源義家（一〇三九〜一一〇六）の孫新田義重に遡るとされていることによるか。「鈴木の事」は対馬藩士、鈴木伝蔵による崔天宗殺人事件の顚末を大典が書き記して通信使一行に与えたことをいう（「書鈴木伝蔵事」、『萍遇録』下）。末句は、その文体が前漢の正史『漢書』に迫る名文だという意。

「木弘恭」こと、蒹葭堂にはこう詠まれている。

学半社中開講席　学半社中 講席を開き
蒹葭堂裏盛文儒　蒹葭堂裏 文儒盛んなり
風流何限成書記　風流何ぞ限らん 成書記
万里携来雅集図　万里携え来たる 雅集の図

「学半社」は細合斗南の塾の名前なので、若干の混乱があるものの、承句以下を蒹葭堂主人がもし目にしたならば、会心の笑みを漏らしたにちがいない。「学半」は「学うる《おし》は学ぶの半ばなり」（『礼記』学記）による。転結句は、成大中も風流ではあるが、《雅集の図》を見ると浪華の風流もなかなか大したものだという意。

また「洪監司仁浩に魚卵二種を恵まるるを謝す」の第二は、

周公不識沃沮魚　周公は識らず沃沮《よくそ》の魚

無怪千秋爾雅疎　怪しむ無かれ 千秋 爾雅の疎なるを
苦向倭書尋鱈字　苦《しき》りに倭書に向かいて鱈の字を尋ぬ
合将図説補坤輿　合《まさ》に図説を将《もつ》て坤輿を補うべし　（同上、四集）

「沃沮」は漢の武帝のころ、中国東北部より南下して高句麗が起こるまで朝鮮咸鏡道付近にあったツングース系民族がつくった国。いかに「周公」とて「沃沮の魚」までは知るはずもなく、『爾雅』は漢代以前に成立した字書なので、国字の「鱈」はむろん載っていない。「図説」は『和漢三才図会』あたりを指すのであろうが、そうした「倭書」をレファランスに役立てているというのである。「坤輿」は大地。ちなみに「鱈」は同書巻一五の「倭字」の項に「大口魚の俗字」として載っている。

さらにまた「日本吉野図屏風歌」にも、

徂徠茂卿振風雅　徂徠茂卿 風雅を振るい
淡海蕉中盛蓮社　淡海の蕉中 蓮社を盛んにす　（同上、二集）

という句が見える。斉家は自作の「人を懐かしむ詩、蔣心余に倣《なら》う」に、「余は不才を以て、三たび燕京に入る」と前書きして、紀昀（一七二四～一八〇五）・翁方綱（一七三三～一八一八）・羅聘（一七三三～九九）をはじめ、李雨邨・潘庭筠にいたる錚々たる面々との交友を臨場感溢れる筆致で書き留めているほどのコスモポリタンだった。「蔣心余」は蔣士銓（一七二五～八五）、乾隆二二（一七五七）年の進士。かなわぬことながら、もし徂徠や大典と会っていたならどのような交流が展開したか、興味がある。

六

このように、洪大容に始まり李徳懋・柳得恭・朴斉家にいたるまで、ことごとく会ったこともない人物を友人に数え入れること自体、通念や偏見に囚われない学芸共和国に相応しい振る舞いといえるだろう。親近感は文学や思想の領域にとどまらず、『韓客巾衍集』に収められた李徳懋の詩「素玩亭冬夜小集」に次のような割注が付されているのを見れば、それが生活の場面にまで及んでいたことが知られる。

鍋は笠の如く、肉を焼いて煖炉会を為す。此の俗は日本より来たる。（国士舘大学附属図書館陶軒文庫所蔵本）

「素玩亭」すなわち李書九のところで催された「煖炉会」は日本発の習慣だったというのである。

さらに徳懋の『入燕記』下によれば、朴斉家とともに、潘庭筠のもとに赴き、同座した沈匏尊との会話のなかで、「我が国の焼酒」朝鮮の蒸留酒を飲んだ匏尊が「此の味は日本酒と同じなり」というので、「君、曾て日本酒を飲むや否や」と尋ねると、「粤東《えつとう》の海船、日本酒を帯びて之れを売る。故に之れを嘗《な》む」と答えたという。「粤東」は広東の異称（『青荘館全書』六七）。そういうさいの見聞も与っていたと思われるが、斉家の『北学議』のなかに次のような記述がある。

向者《さきに》、倭の未だ中国に通わざるや、我に款して糸を燕に貿す。我人、媒を以て其の利を得たり。倭、其の甚だしくは利ならざるを知るや、直ちに中国に通じて、後已に異国の交市する者、三十余国に至る。其の人往往にして漢語を善くし、能く天台・雁蕩の奇、天下珍怪の物を説く。中国の古董書画、長崎島に輻輳し、竟に復た我に請わざるなり。癸未の信使の日本に入るや、書記偶たま華墨を索むれば、俄に歙墨《しょうぼく》一担を致す。又た終日行くも、尽く紅氍毹《くゆし》を道に鋪く。明日も復た之くの如し。其の夸矜《こきょう》、此くの如く、人、其の国の富みて且つ強なるを欲せざるは莫し。而して富強になる所以の術は、又た何ぞ其れ人に譲らんや。（進上本、ソウル国立図書館所蔵）

「款」は門をたたいて開門を乞うこと。生糸を朝鮮経由で中国と貿易したことを指す。ところが直接交易したほうが有利と悟った日本は、今や「三十余国」と「交市」互いに市場を形成するにいたった。そして中国語を自由に操り、「天台・雁蕩の奇」浙江省の天台山と雁蕩山までを話題にして、長崎には「中国の古董書画」が集まっているという。事実、「癸未の信使」といえば寛永二〇（一六四三）年に遡るが、「華墨」を要求したところ直ちに「歙墨」一〇〇斤が差し出されたことに驚いたばかりでなく、道路には「紅氍毹」緋毛氈がどこまでも敷いてあるというふうで、その「富強」を見せつけられたというのである。「夸矜」は誇ること。話題はもはや学芸共和国の範囲を越えそうである。ひとまず稿を閉じることにしよう。

（1）拙稿「成大中の肖像——正使書記から中隠へ——」（『金城学院大学論集』人文科学編、五巻一号、二〇〇八年）および「元重挙——特立独行の人——」（同上、六巻二号、二〇一〇年）を参照。

（2）水田紀久『水の中央に在り——木村蒹葭堂研究——』（岩波書店、二〇〇二年）および同氏ほか編の『完本蒹葭堂日記』（藝華書院、二〇〇九年）を参照。

（3）「学芸共和国」の説明として芳賀徹氏の次の記述を参照されたい。

「共和国」を学問や藝術を愛する者の、専門家（Professionals）と愛好家（amateurs）を問わぬ、また社会的身分をも問わぬゆるやかな連合、同志同好の者の集団、と解するならば、それは徳川の日本にも数多く存在した。（「18世紀日本の文藝共和国」

『日本18世紀学会年報』一四号、一九九九年）

〔追記〕小論で使用した韓国文人の著述はすべて『影印標点韓国文集叢刊』（民族文化推進委員会編、ソウル）により、たとえば『湛軒書』は『青城集』とともに第二四八巻（二〇〇〇年）に収録されている。『北学議』からの引用は最近、成均館大学校教授の安大会氏より供与された複写による。小論の論点は極端に絞られているので、もう少し広い見通しは、拙著『東アジアの文芸共和国——通信使・北学派・蒹葭堂——』（新典社新書、二〇〇九年）ならびに拙稿「東アジアの半月弧 浪華・ソウル・北京」（『啓蒙と東アジア』18世紀科研研究会編、二〇一〇年）を御参照いただければ幸いである。

一八世紀〜一九世紀初頭における露・英の接近と近世日本の変容

岩下哲典

はじめに

本稿は、主に一八世紀〜一九世紀初頭におけるロシア船やイギリス船の日本接近とそれがもたらした近世日本の変容、特に幕府や領主階層・蘭学者等の対応と変容を概観するものである。そのさい、まずは近世日本の対外関係をまとめ、さらにロシアの南下状況とその他の西洋諸国の動きなども押さえておく。その上で、ベーリング分遣隊であるシュパンベルク隊の日本接近、ベニョフスキーの警告、ラクスマンの根室来航、英艦プロビデンス号の絵鞆《えとも》来航、露使レザーノフの長崎来航と部下らによる蝦夷地襲撃、英艦フェートン号の長崎港侵入事件、ゴロヴニン一件に関して考察し、最後に幕末までの状況を俯瞰する。総花的な概説であることをあらかじめ断わっておく。ただし、独自の解釈により従来とは異なる叙述も心がけたい。

なお、本稿で用いる年号に関しては、主として日本で生じた事件等の叙述には和年号を用い、参考として適宜、西暦を付す。ロシア本国や船内など外国に関する記述では、グレゴリオ暦を用い、和暦を参考程度に付記する。

一　近世日本の対外関係「いわゆる『鎖国』」について

近世日本の対外関係は、今日「いわゆる『鎖国』」という言葉で表現されている。一時期、「日本的華夷秩序」[1]や「海禁」[2]といった用語が提唱されたが、今日では、「いわゆる『鎖国』」という用語が一般的である。ただし、「鎖国」には、もはや「国を固く閉ざす」という意味はほとんどなく、限定的な対外関係ながら、外国と交流のチャネルを複数有しているという意味が加わり、なかには「開かれた『鎖国』」[3]などといった表現を持つ書籍も見られる。

ところで、「いわゆる『鎖国』」という言葉の持つ内容は、実はかなり複雑な様相を呈していて、実態は多岐にわたる。本稿で用いる「いわゆる『鎖国』」は以下の通りである。

近世の対外関係の眼目、つまり為政者の最大の関心は、体制を揺るがしかねないキリスト教の禁令（慶長一七〈一六一二〉年）であった。そのキリスト教の流入を水際で防ぐには、海外からの人・物・情報の管理・統制を十分に行う必要があった。

そのために、以下の政策（いわゆる「鎖国」政策）が矢継ぎ早にとられたといってよいだろう。すなわち、長崎を直轄地化し、長崎奉行を設置（寛永一〇〈一六三三〉年）した。ついで日本人の海外渡航を禁止（寛永一二年）し、さらにポルトガル船の来航を禁止（寛永一六年）した。またオランダ人を出島に軟禁し、日本人との接触を制限（寛永一八年）した。その結果、幕府直営貿易は長崎に限定し、それも唐（明・清、ほか東南アジア）・蘭（オランダ）のみとした。長崎および長崎港の防衛は、福岡・佐賀・大村藩の軍役として担当させた。一方、対アイヌ民族交易は松前藩（慶長九〈一六〇四〉年～）に、対朝鮮王国応接および交易は対馬藩（慶長一二年～）に、対琉球王国応接および交易は薩摩藩（慶長一四年～、寛永一一〈一六三四〉年～）にそれぞれ担当させた。また、寛永期には、海岸防備と通報システムを全国に張り巡らし、オランダ人には、幕府への忠節の証として、定期的な海外情報たるオランダ風説書を提出させた（寛文元〈一六六一〉年～）。さらに、重大案件に関しては別段風説書を提出させたのである。こうして、実態としての「いわゆる『鎖国』」が成立したのである。

したがって、これら、いわゆる「鎖国」の実態に、日本に接近したロシア船もイギリス船も相当程度に規定ないしは影響を受けていたといえるのである。

以上のことを指摘して、次に一七世紀以降のロシアの南下と西欧諸国の活動に関してまとめておく。

二　ロシアの南下状況と西洋諸国の活動

ロシアが、シベリアに進出しはじめたのは、一五八〇年代にトポリスクに要塞が建設されてからである[4]。一六三二（寛永九）年にはヤクーック要塞が建設され、一六四〇年代には太平洋岸に到達した。その後、清朝と一六八九（元禄二）年にネルチンスク条約を結び、沿海州での中露の勢力範囲が確定した。一六九七（元禄一〇）年には、カムチャツカ半島南部に進出を果たし、一七〇二（元禄一五）年、日本人漂流民デンベエが、ピョートル一世に謁見した。ピョートルは、サンクトペテルブルクに日本語学校を設置するにいたった（後述）。一七一一（正徳元）年には、コサック隊が千島列島シュムシュ島に上陸し、以後千島列島を南下。一七二八（享保一三）年にはベーリング探検隊が、ユーラシア大陸とアメリカ大陸の間に海峡を確認し（後述）、一七四一（寛保元）年には、アラスカやアリューシャン列島が認識された。その間、特にベーリング島においてラッコが「走る宝石」として、その商品価値を見出され、シベリアの毛皮狩猟者や商人が進出してきた。ラッコは、キャフタにおいて、中国商人と取引され、他地域の五倍の高値で取引される、優良商品であった[5]。

ところで、ベーリング探検隊の別働隊シュパンベルクは、千島列島を南下して、一七三八（元文三）年、ウルップ島まで南下した。一七三九年には、仙台から伊豆まで到達している（後述）。一七四二年、さらに南下を試みるも濃霧のため断念した。千島では一七六〇（宝暦一〇）年、カムチャツカから徴税人が派遣され、一七六六～六九（明和三～同六）年にはコサック隊長が、ウルップ島および択捉島のアイヌ民族から徴税を行ったことが確認できる。しかし、一七七〇年には、ロシア商人がウルップ島に上陸し、翌年、択捉島アイヌ民族が、ロシア人を殺害するなどトラブルも起こっている。一七七五（安永四）年にはアンチーピンの探検隊が千島に派遣された。彼はイルクーツクの日本語学校出身で日本に関心をもっていた。ウルップ島で座礁したが、一方、彼の出資者シェリホフは、アリューシャン列島や北米の毛皮事業に精力を注ぎ、また他の出資者ラストチキンは、ウルップに進出、ネモロで松前藩士と接触もし、一七七九年にはアッケシに渡来している（後述）。ところで、ロシア政府は、臣民となった千島列島南部住民のアイヌ民族からは毛皮税を徴収してはならないと布告している。(6)その理由は、①住民を管理する者が私腹を肥やすから、②保護のための軍隊の維持費が膨大で日本の攻撃に耐えられないからとされる。つまり国境付近での性急なロシア化は日本との関係上不利益となるとしたのである。ロシアが、対日関係を重視していたことの証拠とされる。

さて、ロシア以外の西洋諸国の動きを見ておこう。一四九二（明応元）年、スペイン国王の支援を受けたコロンブスが、西インド諸島に到達したことから、スペインのアメリカ大陸進出が始まり、遅れてフランスやイギリスも北米に進出した。特に北米は、イギリスが一七六三（宝暦一三）年のフレンチ・インディアン戦争によってカナダとミシシッピ以東を獲得、スペインからは東フロリダを獲得し、その地歩を確かなものとした。一方、一七六八～七一（明和五～同八）年のキャプテン・クックの第一次探検隊は、タヒチ、ニュージーランド、オーストラリアを経由して西回りの世界周航を達成した。ちょうどこのころベニョフスキーの警告があった（後述）。一七七二～七五（安永元～同四）年のクック第二次探検隊は、南極圏まで南下、ニューカレドニアなどを発見した。

ちょうどそのころ、一七七五年、北アメリカで独立戦争が勃発した。一七七六～七九年の第三次探検隊では、北米太平洋岸を探検し、クック諸島・ハワイ島を見出し、ベーリング海峡から北極圏まで北上したが、クック自身はハワイで先住民に殺害された。

こうしたロシア以外の西洋諸国の活動に対して、ロシアは、一七八五～八八（天明五～同八）年、デンマーク出身のラペールズに探検隊を組織させた。その目的は、①太平洋航路の開拓およびポルトガル・スペイン・イギリスの植民地の調査、②各捕鯨基地の調査、③中国との毛皮貿易の可能性調査、④日本沿岸の調査、⑤対日本貿易の可能性調査であった。その成果は、ラペールズ海峡と宗谷海峡を見出したことである。

ところで、こうした西洋諸国の活動は、いくつかの国際紛争事件を起こしている。たとえば一七八九（寛政元）年のヌートカ湾事件。これは、スペインが、バンクーバー島ヌートカ湾に要塞を建設し、南アメリカからクック湾までの領有を宣言したことが発端であった。その上、イギリス船やアメリカ船を拿捕・接収するにいたった。一七九〇年、イギリスはスペインに抗議し、賠償を要求した。これによりヌートカ湾協定が結ばれ、承認されたスペイン領有地以外は上陸・交易が自由となった。だが、これは新たな領土分割競争を巻き起こしたにすぎなかったとされる。

なお、日本近海では、寛政三（一七九一）年アメリカ船レディ・ワシントン号が、熊野樫野浦に「漂着」した。同年、イギリス船アルゴノート号も、対馬に来航した。これに対して同年、老中は諸大名に異国船警戒の触書を出し、無抵抗の場合は上陸を許可し、幕府に報告すること、抵抗した場合は攻撃し、乗員を逮捕して幕府に報告することを義務づけた。これは、後述する「元文の黒船」のさいの対応とまったく同じである。

一方、蝦夷地の支配者松前藩は、初期の商場知行制から場所請負制に移行していた。安永七（一七七八）年には、南下したロシア商人がアッケシに来航し通商を持ちかけた。これに対して、松前藩は、通商要求を拒絶し、ロシア人に対して国後・択捉に来航することを禁止した。

三　露英の日本接近と幕府・領主階層・蘭学者

(1) シュパンベルクの「元文の黒船」

日露問題の発端ともいえる事件が、デンマーク出身のロシア海軍士官シュパンベルクの探検船の日本接近である。日本では、いわゆる「元文の黒船」と称されている。一八世紀初頭、ロシア帝国ではピョートル一世みずからが、日本に関心をもち、サンクトペテルブルクに日本語学校も作られていた。おりしも、ベーリング（デンマーク出身ロシア海軍士官）率いる探検隊がベーリング海峡を発見するなど成果をあげていた。一七三三（享保一八）年ベーリングは二次探検隊を組織し、一七三九（元文四）年シュパンベルクの別働隊に日本への航路を探らせた。これが、陸奥国気仙沼・牡鹿半島網地島・亘理郡荒浜・安房国天津村・伊豆国下田で目撃されたのである。住民と物々交換まで行った例もあり、後にそれらが長崎出島のオランダ商館に送られて、オランダ人の鑑定によりロシアのものであることが判明した。

いわゆる「鎖国」によって全方位の国際交流は困難だったとはいえ、近世日本が西洋諸国ではオランダ一国と交易による交流のチャネルをもっていたことは、これ以降、日本の歴史にとって相当有利に働くことになる。私見では、近世日本は、オランダが常に仲介することで道を大きく誤ることはなかったといえる。本事例は、日露関係における、その最初の一例であるといえる。

ところで、この事件に先立つこと二二年前、享保二（一七一七）年、幕府は、異国船追捕の処置が良好であると小倉藩主小笠原忠雄を賞詞した。さらに今後、小倉藩は福岡・萩の各藩を指揮して異国船追撃をするようにと、将軍吉宗から直に命じられた(7)。ここからすると異国船に対して追捕することが前例としてあったにもかかわらず、元文四年のいわゆる「元文の黒船」に対しては、これが適用された形跡がない。シュパンベルクの船が、五月下旬から陸奥や安房に出没したことから、幕府は、元文四年六月八日に異国船から異国人が上陸した場合は逮捕して注進せよとの命令を海岸領有の藩主および幕府代官に出している[(8)]。ただし、逃亡しようとした場合は、全員逮捕せずとも、一人か二人でよい、としている。おそらく幕府は、どのような目的で渡来したのかという西洋船渡来の情報を必要としたものと考えられる。このため幕府は、浦賀に来航する日本船に対して徹底的な事情聴取を行った。しかし、新たな西洋船情報は得られず、かつ日本船の負担となって積荷が滞るなど経済上の差し障りが出たのであろう。同年八月には、老中は浦賀奉行に対して、九月からの浦賀渡来の日本船への尋問を停止するよう命じている[(9)]。ただし、「外国の商船その他あやしげなる船」への警戒は怠らないように、発見したらすぐ注進すべきこととも命じている[(10)]。

これらの対応は、当然、いわゆる「鎖国」の維持を前提にしたもので、万が一の警戒と十分な情報収集を主眼にした命令である。おそらく、八代将軍吉宗の主導の許にとられた、当時としては現実的な、すばやい対応策であると評価できる。なお、享保二年の異国船は、シュパンベルクとは異なり、住民との接触などなかったのであろう。もしかしたら、中国や朝鮮の密貿易船であった可能性もある。だとすれば、それらとはあきらかに形状の異なる、西洋船に対しては、さらなる調査のための船員逮捕という対応がなされたことは十分考えられる。将軍吉宗の調査癖[(11)]が末端まで浸透していたことをも示すものだろう。

(2) ベニョフスキーの警告と「赤蝦夷風説考」「海国兵談」

明和八（一七七一）年、偶然にもシベリアから脱獄して、奪ったロシア軍艦で逃亡するハンガリー人ファン・ベニョフスキー（はんべんごろう）が、土佐および阿波国や奄美大島に立ち寄り、長崎のオランダ商館長にあてたドイツ語の手紙を残していった[12]。ベニョフスキーは、ハンガリー人で、ポーランドで反ロシア団体に加入し活動していたが、カムチャツカに流刑処分となっていた。流刑地の長官子息の家庭教師をしていたが、脱獄し、千島列島シムシル島寄港後、土佐国佐喜浜・阿波国日佐和・奄美大島などに寄港し、商館長宛書簡を残して去ったのである。

このベニョフスキーの警告を長崎出島でドイツ語からオランダ語、そして日本語に翻訳すると、①来年以降、ロシアが日本に進攻してくること、②ロシア船三隻が日本沿岸を巡航し、松前以南の地を攻撃すること、③オランダ商館長は、巡視のための船を派遣すべきことなど、ロシアの南下状況とそれへの警告・対応策が書かれていた。この情報に対して、幕府が何らかの対策を立てた形跡はない。商館長が、ロシア進攻の話は聞いたことがないこと、ベニョフスキーは怪しい人間だとしたことから、幕府も無視したのであろう。

しかし情報は、長崎のオランダ通詞などから長崎遊学者などにも伝えられ、これに敏感に反応したのが、仙台藩医工藤成卿（平助）と同藩士の弟林子平である。ほかにも、安永三年～同七年（一七七四～七八）の平沢旭山「瓊浦偶筆」にも記述がある。

工藤成卿は、蘭書からの情報・知識なども交え、天明三（一七八三）年ごろ「赤蝦夷風説考」を著し、林子平は同五年「三国通覧図説」、翌年「海国兵談」を著し、それぞれ警鐘を鳴らした。特に「赤蝦夷風説考」は時の権力者老中田沼意次に献上され、二年後に実際に蝦夷地調査が行われた。すなわち献上の翌天明四年には、蝦夷地見分役が選任され、その翌年実施、報告書が提出された。さらに天明六年には最上徳内の調査、寛政一〇年～同一一年（一七九八～九九）には徳内と近藤重蔵の調査、文化四（一八〇七）年の近藤重蔵の調査、翌年の間宮林蔵と松田伝十郎の調査、同年～翌文化六（一八〇八～〇九）年の間宮林蔵の調査につながった。田沼時代には、積極的な蝦夷地開発と開国・貿易計画が立案されたが、田沼の失脚で立ち消えとなった。また、天明六年の林子平

「海国兵談」は、海防の必要性を説いたが、寛政四（一七九二）年、幕府から人心を惑わす書物とされ、版木ごと没収され、林自身も蟄居に処せられた。まさにベニョフスキーの警告は、日本の対外危機認識を惹起させ、蝦夷地調査を本格化させた点で画期的な事件であった。しかし為政者は、情報や知識を幕府要路以外が保持することを嫌い、厳しく取り締まるという対応をした。国内的にはそれでよかったかもしれないが、それで、異国船が日本近海に接近、出没した時、いかに対応するかという、根本的な問題が解決されたわけではなかったのである。

ところで天明五（一七八五）年の蝦夷地調査では佐藤玄六郎の報告書が興味深い。それによれば、和人地は、熊石から瀬田来《せたらい》まで、七〇か村、七〇〇〇軒で、二万七〇〇〇人が居住している。アイヌ民族は約一〇万人ほどで、松前藩が、アイヌ民族に稲作を許さないのは疑問だとしている。結局、この調査で幕府は、ロシア人の南下を認識し、ベニョフスキー情報に信憑性があると考えるにいたる。つまり、ベニョフスキー情報にのっとった工藤や林の著作の信頼性が向上したことになり、民衆に真実を見せまいとする幕府は情報管理を徹底することになる。

ほかにも、翌年の最上徳内の報告書では、択捉島で三人のロシア人と遭遇したが、退去を命じたとか、ウルップ島をロシアと日本の入会地としたとか書かれている。かくして、勘定奉行松本秀持の五八三万石新田開発計画、非人七万人の入植計画が立案された。しかし、天明六年八月二五日、一〇代将軍家治が急死し、二七日、田沼は老中を解任され、これらの計画が頓挫したことは諸書に既述の通りである。

（3）ラクスマン来航一件と蝦夷地直轄地化

工藤成卿が「赤蝦夷風説考」を献上する一年前の天明二（一七八二）年、伊勢国白子《しろこ》の船頭大黒屋光太夫は、紀州藩米を積んだ神昌丸で江戸に向かい、駿河沖で難破・漂流して、はるかアリューシャン列島のアムチトカ島に漂着した。大黒屋光太夫漂流一件の始まりである。[13] 島のロシア人の援助を受け、一七八七（天明七）年、島を脱出、カムチャツカを経由してイルクーツクに到達し、日本に関心のあった植物学者キリル・ラクスマンに出会った。その支援により一七九一（寛政三）年ペテルブルクに赴き、女帝エカテリーナ二世に謁見し帰国を許可された。光太夫は遣日使節となった、キリルの次男アダム・ラクスマンにともなわれ、寛政四（一七九二）年根室に来航。翌年、幕府に引き取られ、将軍家斉に謁見、ロシア事情を語った。光太夫の記憶は幕府奥医師桂川甫周によって「北槎聞略」等にまとめられ、幕府のロシア知識の深化に大いに貢献した。また、光太夫は、大槻玄沢や鷹見泉石をはじめとする江戸の蘭学者などと交流して江戸蘭学界に裨益すること大であった。

光太夫をともなったラクスマンの根室来航に関して述べておく。ラクスマンは、シベリア総督の通商要望の書簡を持参しており、厳しいシベリア生活にあたって、その食糧・物資の調達を日本で行いたいので通商の交渉を行いたいとの意向を示していた。しかし、時の老中松平定信は、交渉に赴く目付石川忠房に対して、箱館で漂流民の身柄を引き取ること、シベリア総督の書簡は受理せず、やむをえず交渉を行う場合は長崎で行うことを指示したのであった。はたして、ラクスマンは日本側の意向をほぼ受け入れ、交渉のための長崎入港許可書（信牌）を入手した後、長崎には向かわずオホーツクに帰港した。

（4）英艦プロビデンス号の来航と蝦夷地直轄地化と松前藩

その後、寛政八（一七九六）年、イギリス軍艦プロビデンス号が、蝦夷地絵鞆湾、現在の北海道室蘭に来航した。[14] こうして、北方対策・蝦夷地対策が焦眉の問題となった。そこで、幕府は、同一〇年弘前藩と盛岡藩に隔年で松前に出兵することを命じた。一方この年、近藤重蔵が択捉島に「大日本恵登呂府」の標柱を建立した。この蝦夷地調査をもとに翌年には、松前藩から東蝦夷地の上知が行われ、東蝦夷地直轄地化が実現した。あわせて、松前藩には武蔵国久良岐五〇〇〇石が給された。寛政一二年、幕府は択捉島に会所を設置した。また翌年、幕府探検隊は、ウルップ島に「天長地久大日本属島」の標柱を建立したが、享和三（一八〇三）年に箱館奉行は、アイヌのウルップ島渡海を禁止している。すなわち択捉とウルップの間を国境としたのである。こうして幕府は蝦夷地の直轄地化とともに千島列島のロシアとの国境を画定する作業を行っている。そして文化四（一八〇七）年、全蝦夷地を直轄地化する。すなわち西蝦夷地を上地して、全蝦夷地直轄地化が行われ、松前藩は陸奥国梁川九〇〇〇石に移封された。しかし文政四（一八二一）年、全蝦夷地は松前藩に返還された。この時点でロシアとの危機は去ったと認識されたのである。

（5）レザーノフ来航一件と英露同盟論

ラクスマンが持ち帰った長崎入港許可証を持って、日本開国を果たそうとしたのが、ロシア皇帝の侍従長で、ロシア・アメリカン・カンパニー（露米会社）総裁のレザーノフである。レザーノフは、仙台石巻の漂流民津太夫をともない、文化元（一八〇四）年長崎に来航した。[15] 担当した老中土井利厚は、大学頭林述斎などに意見を聴取したため時間がかかり、長崎にレザーノフを半年待たせたあげく、その要求を拒絶した。失意のレザーノフが下した命令により、部下フボストフらが、文化四（一八〇七）年樺太・択捉など蝦夷の各地で略奪行為を働き、日露間は一気に緊張した。後述するように、おりしも長崎では、その直後の文化五年にイギリス軍艦フェートン号の不法入港事件で長崎奉行が引責により切腹し、佐賀藩主が一〇〇日の逼塞となったから、イギリスとロシアが同盟して日本に攻め込んでくるのではないかといった、英露同盟脅威論が生じることとなった。

この情報の出所は長崎出島のオランダ商館であった。オランダ商館は、幕府の西洋事情のチャネルが自分たちにしかないことをよく知っており、定期的な情報提供でもその内容は取捨選択していた。たとえば、フランス革命を初めて伝えたのは寛政六（一七九四）年、革命勃発から五年もたってからであるし、ナポレオン情報に関していえば、弟ルイの情報だけで、ナポレオン・ボナパルトの情報はまったく告知していない[16]。

それでも、幕府は西洋事情に関してオランダ商館長への事情聴取をそのつど行っている。レザーノフ来航やフェートン号事件、フボストフ事件にしても概略はつかんでいた。たとえばレザーノフ来航は、オランダ商館から事前に通告も受けている[17]。このため福岡・佐賀・大村各藩による長崎の防衛は幕府から称賛された。しかし、幕府は、イギリスの日本接近やロシア南下の原因たるヨーロッパの変動、フランス革命の波及とナポレオンによる帝国の出現など、その根本要因を知ることはできず、情報はオランダ商館にコントロールされていたといってよいだろう。

ただしオランダは、日本側からの、もしロシアと戦争になった場合、軍使として敵陣に赴く場合はどのような作法があるか、というようなプラグマティックな質問に対しては、「白旗」を船のへさきに掲げていけばよいと事実をありのままに語っている[18]。この情報は、江戸の林大学頭や外様大名で平戸の前藩主松浦静山にも届いており、相当な広がりのあったことがうかがえる。一九世紀初頭には、支配者層は、西洋の国際慣例をある程度学んでいたことが指摘できる。ついでに述べておくが、日本人が西洋の国際慣例としての「白旗」を知ったのは、ペリー来航の時ではなく、ロシアのレザーノフ来航の時であった。

(6) フェートン号事件と「捨足軽」

文化五年八月一五日（一八〇八年一〇月四日）のこと、イギリス軍艦フェートン号が長崎港に接近していた。オランダ国旗を掲げていたので、長崎奉行所の番船は、出島のオランダ人を連れて、確認のためフェートン号に向かった。オランダ人が乗り込むと、同船は人質として拘束し湾内に進入、偵察活動を行った[19]。また、人質と交換で水や食糧を要求した。翌日、長崎防備担当の佐賀藩の不備により攻撃の不可を悟った長崎奉行松平康英は、要求通り、水・野菜・薪・牛・山羊を供給した。フェートン号は拘束していたオランダ人を解放し、翌々日、悠々と長崎を退去した。

のちのペリーの記録によると、その後、長崎では次のようなことが起こった。

イギリス船が出航してから三〇分後、長崎奉行は自害した。彼は日本の慣習に従って自ら臓腑をえぐり出したのである。任務を怠っていた守備隊の士官たちも彼のあとを追った。通訳たちは江戸に呼び出され、長崎には二度と戻ってこなかった。オランダ人にも彼らの行く末は分からずじまいだった。[20]

長崎奉行松平康英が引責自殺したのである。その遺書には切腹の理由として、一連の措置が、「日本之恥辱」[21]となり「公儀之御威光を穢し」[22]たことをあげている。

フェートン号事件後、担当の佐賀藩は、「油断なる次第、手当もおろそか」[23]「不束」[24]「不調法」[25]だとして、藩主が一〇〇日の逼塞処分になった。もちろん長崎警備はすぐに非番となり、佐賀城下は全戸謹慎のような形となり、藩士は鬢・髯・月代を削らず、服喪の体であったという。寄合・評定所式日もなく、旅行や謡・乱舞・鳴物などは停止、家作修繕や祭礼・市場も禁止された。一方、長崎の海防は強化された。まずは、秘密信号旗による入港手続きがとられ、佐賀藩と福岡藩との連携が強化された[26]。また、語学学習も進み、文化一一（一八一四）年に英語の事典「諳厄利亜《あんげりあ》語林大成」、天保四（一八三三）年には「ヅーフ・ハルマ」がつくられた[27]。

フェートン号事件は、まさに多くの変容を日本に迫ったものといえよう。だが、それだけではなかった。五五年ののちにであるが、この事件をシーボルトが以下のように述べている（一八六一年三月一一日の条、於長崎）。

一八〇八年〔文化五〕ペリュー卿 Lord Pellew が長崎港で二人のオランダ人を捕縛して、かの有名な奇襲作戦に出て、初めは身柄の引渡しを拒んだ。そのとき、当時の町年寄ナカシマ Nakasima は船に乗り込んで、身柄引渡しを要求した。彼は衣裳の下に八〇斤（ポンド）の火薬を隠し持ち、艦長ペリュー卿が身柄引渡しをもし拒んだならば、船内にあって艦長もろとも自爆し、さらに船をも爆破させるつもりでいた（消息筋から）。これが日本人である。(28)

長崎の地役人、町年寄高島茂紀が、自爆の用意をしてフェートン号に乗り込もうとしたことが書かれている。さらに細かく次のようにも記述している。

彼はこの企てを実行するため、彼のゆったりとした衣裳の下に八〇ポンドの火薬と弾丸を隠し持っていた。そして自分の身体に巻きつけたこの火薬箱に、必要とあらば煙管で火がつけられるようにしておいた。(29)

そして、情報の出所を「私はこの話を、この英雄の親戚の者から聞いた(30)」とも述べている。ほかにこの件に類した史料として、当時のオランダ商館長ドゥーフが、

彼（奉行の第一書記――引用者註）は次のように答えた。「船はオランダ人を裏切って捕らえたので、私は最大の友情を表現するために、まったく一人で供も連れずに船に行き、船長にオランダ人を返してほしいと、求めるつもりである。もしこれが断られたら、隠し持った短剣で、まず船長を、ついで私自身を刺すつもりである。(31)

と書き留めていることからも確実な史実であろう。これが、さらに佐賀藩・福岡藩で制度化されたのである。すなわち天保一五（弘化元、一八四四）年オランダ軍艦パレンバン号が長崎に入港したさい、

一、黒田公之手当は万一蘭船之本船江乗込候節ハ、捨足軽と申而八拾人計銘銘焔硝を小樽ニ詰而肌身ニ付ケ居候而本船江乗込候而火を付候用意之由ニ候、鍋島公も同様ニ有之候、いつれニも一番手は被付候覚悟ニ相見え候、威礼手厚分ニ有之候(32)

とあって、すなわち福岡藩では、火薬を小樽に詰めて身につけ、パレンバン号に乗り込む「捨足軽(33)」が八〇人、

いつでも出動態勢にあること、それは、佐賀藩も同様であることが、はっきりと書かれている。おそらく、フェートン号事件において、高島茂紀は、長崎町年寄としての責任感から、火薬を身につけたのだろう。町人である長崎地役人としての自負がそうさせた。一方、長崎奉行松平康英は、無念の切腹をせざるを得なかった。その責任は、当然佐賀や非番だったとはいえ福岡藩も無関係ではなかった。そこで、万が一の場合に長崎を防衛する究極の最終手段として、「捨足軽」を設置したのだと思われる。フェートン号事件は、外交・軍事上、万が一の有事の時は身を挺してことに当たるという密かな気概を日本人に植えつけた。それは最終手段だけに機密事項とされ、ほかに記録が残らなかったと考えられる。

(7) ゴロヴニン事件と天文方の対外認識

幕府直轄下の蝦夷地では、ロシアの襲撃に対して最高度の警戒態勢をとっていたが、北太平洋の測量を命じられて、日本に接近しつつあったディアナ号艦長ゴロヴニンは、そうとは知らず、文化八（一八一一）年、国後島に少人数で上陸したところを幕府側に捕縛され、松前に監禁された[34]。副艦長リゴルドは報復措置として、御用商人高田屋嘉兵衛を捕え、双方の人質交換が成立して、文化一〇年、この一件は決着した。これによりロシア人は約束を守る、よき隣人との印象を幕府に与えたのである。

さらにこの時、ゴロヴニンとともに監禁された一行の中にムール少尉という軍人がいた[35]。監禁された後、文化九年ゴロヴニンらは脱獄を図るが、ムールだけは脱獄しなかった。絵心のあったムールは絵を通して日本人と良好なコミュニケーションをとることができるようになり、日本に帰化して日本政府の外国語通訳として働きたいとの希望を持つにいたったので、ゴロヴニンと同一の行動をとらなかったのである。獄中に残ったムールは、のちに「模烏児獄中上表」と名づけられる、日露関係上のみならず対外関係上重要な史料を作成した。ロシア語でかかれた上表は、ロシア通詞村上貞助らによって日本語に翻訳され、松前奉行を経由して幕府に納められた。

上表の内容は、それを書くにいたった心情、レザーノフの長崎来航、ゴロヴニンの職務・活動、フボストフの蝦夷地襲撃、ゴロヴニンの脱獄事件、ロシア国情、ヨーロッパおよびナポレオン情報などである。いずれも重要な情報であるが、ここでは近世日本にとって重大なナポレオン情報に関して述べておく。実は日本における文献上最初のナポレオン情報は、このムールの獄中上表なのである。これまで、文化一〇年に日本にもたらされたロシア語新聞のナポレオンの記事が最初といわれていたが、同九年のこの上表が、文献上、現在知られる最も古い情報である。つまりオランダ商館が、ナポレオンをひた隠しに隠したため、ナポレオン情報は南の長崎ではなく北の蝦夷地、それも偶然捕縛されたゴロヴニン一行から最初にもたらされたのである。そして、前述のロシア語新聞に、オランダの首都アムステルダムがナポレオンの勅令によりナポレオン帝国の第三の都市になったと書かれていたことから、長崎出島のオランダ商館に真偽の程が問い合わされた。オランダ人の言い訳がふるっている。

そういうこともあるかもしれないが、私は知らない。(36)

こういわれても幕府には確かめるすべはない。やはりチャネルが一つでは限界があったのだ。

だが、幕府天文方はひるんではいなかった。ゴロヴニンがロシアで文化一三（一八一六）年「日本幽囚記」を刊行した。これがオランダ経由で長崎から幕府天文方にもたらされた。文政八（一八二五）年さっそく天文方でオランダ語版を翻訳したところ、「模烏児獄中上表」と相違する箇所がいくつも見つかったのである。ムールは日本にシンパシーをもって上表を書いたが、ゴロヴニンはそうではなかったこともあろう。ムールの方を先に読んでいた天文方は、ヨーロッパでゴロヴニンの本だけが流通するのはよろしくないと考えた。そして、ムール獄中上表の諸写本を収集し、定本を確定して、それをオランダ語で翻訳し、さらには、オランダ商館に依頼してアムステルダム等で出版、ヨーロッパの読者に判断してもらおうと考えていた。この計画は書物奉行兼天文方高橋景保がシーボルト事件で失脚しなければ、実現していたかもしれない。高橋があれほどシーボルトに肩入れしたのは、シーボルトを介してこのことを実現したかったからだろう。高橋の思惑は、もちろんヨーロッパ情報を入手することもあったが、逆に日本発の情報をヨーロッパに発信することもあったのではないかと考えている。

こうしたことは、実はひとり天文方だけではなく、蘭学者たちも考えていたことである。安永三（一七七四）年の「解体新書」訳述も、漢文で書いたのは、日本のみならず漢字文化圏、特に中国において読まれることを想定していたといわれる(37)。幕府医官桂川甫周は、オランダ・アカデミーの会員にも推薦されている(38)。こうなると、もはやいわゆる「鎖国」は、天文方や蘭学者の願いとは相容れないものとなっていく。まさに、対ロシアとの状況が近世日本に変容を迫ったのである。

おわりに――その後の西欧列強の動きと近世日本の終焉――

最後に、これ以降の西洋列強の動きと近世日本の終焉までを概観して本稿を閉じたい。文政七（一八二四）年、常陸や薩摩に上陸してきたイギリス人に対して、水戸藩や薩摩藩が対応した事件により対外危機認識がいやがうえにも高まった。翌年、幕府は沿岸諸藩に対してロシア・イギリスなどの外国船を有無を言わせず一途に打ち払えと命じた。これは、オランダ商館を通じて西洋諸国にも伝達された。この方針に従い天保八（一八三七）年には、幕府は日本人漂流民をともない浦賀に来航したモリソン号に対し砲撃を加えた（薩摩藩も山川沖で砲撃）。同一〇年になると、こうした幕府の対外方針に対して、知識階級から「慎機論」「戊戌夢物語」など幕府批判の声が上がった。幕府はこれを厳しく弾圧した（蛮社の獄）が、同年には早くもアヘン戦争前夜の緊迫した中国情報がオランダによって伝えられた。さらに順次アヘン戦争関連情報は伝えられたが、水野忠邦の情報統制により、実際には情報はそれほど拡散してはいなかった。ただし、琉球を事実上支配していた薩摩藩は、琉球に渡来する中国船によって情報を確実に入手していた。弘化元（一八四四）年にはオランダ国王の開国勧告の親書がもたらされたが、幕府はこれを丁重に謝絶した。まだ、直接的なプレッシャーはかかっていなかったのである。

嘉永五（一八五二）年六月に着任したオランダ商館長が、別段風説書のなかで、長崎奉行にアメリカ海軍のペリー率いる蒸気船艦隊の浦賀来航を伝達した（ペリー来航予告情報）。薩摩藩は、長崎から情報を独自に入手して、避難場所を確保するなど有効な対応策をとった。幕府も、時の老中阿部正弘が危機感を持ち、来るべき日に備えていた。かくして嘉永六年六月ペリーが来日、合衆国大統領親書を手渡し、一年後の再来日を通告して去った。幕府は重い課題を背負った。

ペリーの来日に遅れること一か月。今度は、ロシア使節プチャーチンが、軍艦を率いて長崎に来航した。ペリーの来日情報は一八五二（嘉永五）年に世界を駆け巡っていたから、もともと早くから日本開国を目指していたロシアとしては遅きに失した感があった。それはともかく、外交窓口である長崎に回航せよという幕府の方針を一切考慮しなかったペリーに対して、幕府はよい印象をもちえなかったが、最初から長崎に来航し、奉行の指示にしたがったロシアに対しては、ゴロヴニン事件以来トラブルがなかったこともあいまって、好印象であった。幕府要路では、ロシアは信義の通じる国なので、ロシアと結んでアメリカを牽制するという方針まで取り沙汰されたが、国境問題には明言を避け、通商は困難と強調する方針を確認した。

一方、プチャーチンは幕府の思惑を越えて、ペリーと共同戦線をとるべく長崎を出航し、上海にいたペリーに接触するも、協力を断わられた。その後プチャーチンは、ロシアとイギリス・フランスの戦争（クリミア戦争）が近いことを知って、一二月長崎に舞い戻り、幕府全権との交渉に臨んだ。この時、ロシアは事実上の最恵国待遇を得るにいたった。なお、プチャーチンの動きにあわせるかのように翌年一月、ペリーは予定を早めて浦賀沖に現れ、前年測量していた小柴沖まで江戸湾を遡り、幕府を慌てさせた。交渉の末、三月にはいわゆる日米和親条約（正式タイトルは単に「約条」）を締結して、日本は、アメリカに対して、下田・箱館を開港する、薪水・石炭・食糧などを供与する、必要品の購入を認める、最恵国待遇・外交官の駐在を認めるなどを約束した。これは、当然ロシアにも認められることとなったのである。

三月、三度目の長崎入港を果たしたプチャーチンは、六日後に出航し、沿海州・箱館、そして九月突如として大坂天保山沖に出現した。プチャーチンは京都に近い大坂にあらわれることで幕府に圧力をかけるつもりだったという。幕府の説得により、一〇月に開港間もない下田に入港、翌月交渉が再開された。その結果、一二月に日露通好条約が締結された。本条約は日米和親条約と大差ないが、日露には懸案として国境問題があり、それも条約に盛り込まれた。すなわち、両国国境は択捉島とウルップ島の間とし、樺太は国境を設けず日露雑居とした。また、領事裁判権を認めた条項もあるが、ロシア国内の日本人は日本の法律で裁かれるとされ、片務的な領事裁判権とは異なる、双務的な規定である。日本人がロシアに渡航することも想定したもので画期的である。おそらく、樺太が雑居であることからこうした規定を盛り込んだものといえよう。ここをもってしても、幕府がわざわざ不平等な条約をあえて結んだとする解釈は最早過去のものであろう。ただし、最恵国待遇条項は、日本には認められず片務的である。おそらくこれは、幕府がこれ以上他国とは関係をもちたくないという意識のあらわれと考えることができる。

ついで、日米和親条約で積み残した通商問題を確実に解決するために、ハリスが下田に派遣され、紆余曲折を経て、安政五（一八五八）年六月に日米修好通商条約が締結された。翌月、プチャーチンとの間でも日米条約の趣旨にのっとり日露修好通商条約が締結された。ただし、領事裁判権と最恵国待遇は双務的で、日米条約とは異なっていることは注目されて良い。幕府がロシアを隣国と認めていた証拠である。

ところがその期待を裏切る事件が、文久元（一八六一）年対馬で勃発した。対馬は日本海と東シナ海を二分する、戦略上の拠点である。英・露はともに海軍基地を建設することをもくろんでいたため、二月、ロシア軍艦ポサドニック号が対馬尾崎浦に入港、芋崎を占拠し、対馬藩の意向を無視して海軍基地建設を推し進めようとした。これに対し対馬藩は、幕府に対馬の上地を願い出て、他領に移ろうとする一派と徹底抗戦をはかる一派に分裂、混迷を極めた。そうした中で、住民が射殺されるなど事態は悪化していった。情報収集にやってきた幕府外国奉行小栗忠順も権限外として早々に江戸に引き揚げた。ロシアの動きを懸念したイギリスが軍艦を派遣し、箱館奉行村垣範正とロシア領事ゴシケヴィッチの交渉もあって、七月ポサドニック号は退去した。和親・修好通商条約を結んでも、軍事的プレゼンスのためには不法占拠も辞さない列強のやり方は、折りからの攘夷運動の高揚ともあいまって、日本の行く末に不安を投げかけたことは間違いない。これらが、さらに討幕・大政奉還・王政復古という維新の原動力になったことは疑いのないところである。ロシアは極度に警戒すべき隣人とのイメージが定着し、それが日本の近代国家形成に大きく影響を与えたといえよう。

ロシア船が初めて日本に接近したのは、一八世紀中葉であった。以後、ロシアの南下政策は、ベニョフスキーの警告などで知られ、警醒の書まで出回ることになった。近世日本は、それまでのいわゆる「鎖国」を維持することがすこぶる困難な状況下におかれることとなり、変容を余儀なくされた。一九世紀直前には現実にロシア人がやってきて通商を要求するにいたり、通商がかなわないと見るや襲撃までするロシア人もでた。しかし中には、日本人に捕縛され監禁されながらも日本に帰化したいと考えるロシア人や日本人から信頼に足るロシア人と思われる人物も現れた。アメリカのペリーによって世界史の大きな流れの中に投げ込まれた日本は、ロシアを頼みにしようとしたが、一九世紀後半のロシア軍艦の対馬占拠事件は、それもままならないことを痛感させた。外圧と外交が、国家のあり方そのものをも変えることとなった。

ついでにいえば、その後、幕府は倒れ、明治政府のもとで近代的な日露関係が模索されつつあったが、両国は日露戦争とロシア革命、また第二次世界大戦を経て、継続的に良好な関係が構築されずに来た。戦後六五年となっても隣人たるロシアとは、平和条約も締結されず、十分な信頼関係もない状態だ。今こそ、日露関係の越し方、行く末を、近世の日露の接触からじっくり考える秋《とき》である。

(1・2) 荒野泰典『近世日本と東アジア』(東京大学出版会、一九八八年)参照。なお、最近の成果は荒野泰典ほか編『近世的世界の成熟』日本の対外関係6(吉川弘文館、二〇一〇年)など参照。

(3) 片桐一男『開かれた鎖国』(講談社現代新書、一九九七年)、同『それでも江戸は鎖国だったのか』(吉川弘文館、二〇〇八年)。

(4) 平川新『開国への道』日本の歴史・江戸時代・一九世紀(小学館、二〇〇八年)。以下の記述も同書による。なお、本稿は、同書によるところが大きい。記してお礼申し上げる。

(5) 以下の日露の各事件の文献に関しては、岩下哲典「江戸時代における日露関係史上の主要事件に関する史料について」(竹内誠監修『外国人が見た近世日本』角川学芸出版、二〇〇九年)を参照されたい。

(6) 平川新監修『ロシア史料にみる18〜19世紀の日露関係』第二集(東北大学東北アジア研究センター叢書第二六号、二〇〇七年)。

(7) 『新訂増補国史大系 徳川実記』第八編、有徳院殿御実記(吉川弘文館、一九九九年)、九七頁。なお、近世前期の対外政策に関する最近の研究は、松尾晋一『江戸幕府の対外関係と沿岸警備』(校倉書房、二〇一〇年)、享保期に関しては、大石学『江戸の外交戦略』(角川学芸出版、二〇〇九年)、シュパンベルクに関しては、安部宗男『元文の黒船』(宝文堂出版、一九八九年)を参照。

(8) 『新訂増補国史大系 徳川実紀』第八編、八二六頁。

(9) 同右書、八三一頁。

(10) 同右。なお、秋月俊幸『日本北辺の探検と地図の歴史』(北海道大学図書刊行会、一九九九年)によれば、シュパンベルクらが仙台藩の役人の訪問を受けたのが六月三日なので、五日後の六月八日の発令はいささか早すぎるようにも考えられる。しかし、すでに五月下旬に一般民衆との交流があったことが知られるので、本文のように考えておくことは肯定されるだろう。ただし、本文で述べた八月令は、あきらかにシュパンベルク隊と関係があろう。

(11) 今村英明『オランダ商館日誌と今村英生・今村明生』(ブックコム、二〇〇七年)、同『今村英生伝』(ブックコム、二〇一〇年)など参照。

(12)　渡辺京二『黒船前夜』（洋泉社、二〇一〇年）など参照。

(13)　亀井高孝『大黒屋光太夫』（吉川弘文館、一九六四年）、木崎良平『光太夫とラクスマン』（刀水書房、一九九二年）、生田美智子『大黒屋光太夫の接吻』（平凡社、一九九九年）、山下恒夫『大黒屋光太夫』（岩波書店、二〇〇四年）、生田美智子『外交儀礼から見た幕末日露文化交流史』（ミネルヴァ書房、二〇〇八年）など参照。

(14)　久末進一編著『プロビデンス号北太平洋探検航海記』（室蘭市企画財政部開発課・プロビデンス号建造検討委員会、一九九二年）、岩下哲典「英艦プロビデンス号『北太平洋探検航海記』からみた日本および日本人について」（『明海大学応用言語学研究科紀要』一一号、二〇〇九年）など参照。

(15)　木崎良平『仙台漂民とレザノフ』（刀水書房、一九九七年）、大島幹雄『レザーノフ著　日本滞在日記』（岩波文庫、二〇〇〇年）、松本英治「19世紀はじめの日露関係とオランダ商館」（『開国以前の日露関係』東北大学東北アジア研究センター、二〇〇六年）参照。なお、濱口裕介「レザーノフ来航と若宮丸漂流民に関する文献解題」（『洋学史研究』二三号、二〇〇六年）には、レザーノフ関係文献が解説されていて至便である。また、ロシア・アメリカンカンパニー（露米会社）に関しては、木村直樹「露米会社とイギリス東インド会社」（前掲註1荒野ほか編『近世的世界の成熟』）参照。

(16)　岩下哲典『江戸のナポレオン伝説』（中央公論新社、一九九九年）、同『江戸の海外情報ネットワーク』（吉川弘文館、二〇〇六年）、前掲註(5)拙稿参照。

(17)　松本英治「レザノフ来航予告情報と長崎」（片桐一男編『日蘭交流史　その人・物・情報』思文閣出版、二〇〇二年）。

(18)　前掲註(16)拙著『江戸の海外情報ネットワーク』。

(19)　フェートン号事件に関しては、中野禮四郎編『鍋島直正公伝』第一編（侯爵鍋島家編纂所、一九二〇年）、益田廉吉「英船フェートン号渡来」（『長崎談叢』二輯、一九二八年）、田保橋潔『近代日本外国関係史』（刀江書院、一九三〇年）、小野三平「フェイトン号の航海日誌」（『長崎談叢』二九輯、一九四一年）、片桐一男「フェートン号事件が蘭船の長崎入港手続に及ぼしたる影響」（『法政史学』一九号、一九六七年）、山本美子「近世の長崎の警備について」（『近世の洋学と対外交渉』巌南堂書店、一九七九年）、松井洋子「フェートン号事件の顛末」（『江戸の危機管理』新人物往来社、一九九七年）、前掲註(3)片桐書、宮地正人『幕末維新期の社会的政治史研究』（岩波書店、一九九九年）、宮永孝『日本とイギリス』（山川出版社、二〇〇〇年）、梶原良則「寛政―文化期の長崎警備とフェートン号事件」（『福岡大学人文論叢』三七巻一号、二〇〇五年）、岩下哲典「捨足軽」（『歴史群像』八〇号、二〇〇六年）、梶嶋政司「フェートン号事件と長崎警備」（『九州文化史研究所紀要』五〇号、二〇〇七年）など参照。
(20) オフィス宮崎翻訳・制作『ペリー艦隊日本遠征記』上（万来舎、二〇〇九年）、一一五頁。
(21・22)『通航一覧』第六（清文堂出版、一九六七年）、四四三〜四頁。
(23・24・25) 前掲註(19)『鍋島直正公伝』第一編、一五六頁。
(26) 前掲註(19)片桐論文。
(27) 古賀十二郎『長崎洋学史』上（長崎文献社、一九八三年）。
(28) 石山禎一・牧幸一訳『シーボルト日記』（八坂書房、二〇〇五年）、六一〜六二頁。
(29・30) 同右書、六二頁。
(31) 永積洋子訳『ドゥーフ　日本回想録』（雄松堂出版、二〇〇三年）、一二九頁。
(32)「異国船一件　渡辺」（筆者架蔵）、天保一五（一八四四）年七月条。なお、本書に関しては拙稿「再検討、オランダ軍艦の長崎入津と国王親書受領一件」（前掲註17片桐編書）および拙稿「『捨足軽』と異人切り」（『歴史読本』二〇一〇年七月号、新人物往来社）を参照されたい。
(33) 前掲註(32)岩下論文。
(34) ゴロヴニン事件に関しては、井上満訳『日本幽囚記』上・中・下（岩波文庫、一九七四年）、徳力真太郎訳『日本俘虜実記』上・下（講談社学術文庫、一九九〇・一九八八年）、徳力真太郎訳『ロシア士官の見た徳川日本』（講談社学術文庫、一九九一年）、斉藤智之訳『日本幽囚記』Ⅰ・Ⅱ・Ⅲ（私家版、二〇〇八年）、斉藤智之訳『対日折衝記』（私家版、二〇〇八年）など参照。
(35) ムールおよびその獄中上表に関して現在最も詳細な文献は、前掲註(5)拙稿である。
(36) 前掲註(16)拙著『江戸のナポレオン伝説』六二〜三頁。
(37) 片桐一男訳注『杉田玄白　蘭学事始』（講談社学術文庫、二〇〇〇年）参照。
(38) 戸沢行夫『オランダ流御典医　桂川家の世界』（築地書館、一九九四年）、同『江戸がのぞいた「西洋」』（教育出版、一九九九年）。

◆注に引用した以外の参考文献（編著者五十音順、年表・辞典類・史料集などは紙面の都合で割愛した）

石井　孝『日本開国史』（吉川弘文館、一九七二年）
岩下哲典『予告されていたペリー来航と幕末情報戦争』（洋泉社、二〇〇六年）
同『改訂増補版　幕末日本の情報活動』（雄山閣出版、二〇〇八年）
榎森　進『アイヌ民族の歴史』（草風館、二〇〇七年）
大熊良一『幕末北方関係史考』（近藤出版社、一九九〇年）
片桐一男『阿蘭陀通詞の研究』（吉川弘文館、一九八五年）
木村　汎『日露国境交渉史』（中央公論新社、一九九三年）
郡山良光『幕末日露関係史研究』（国書刊行会、一九八〇年）

田保橋潔『増訂日本近代外国関係史』（刀江書院、一九四三年）
藤田　覚『近世後期政治史と対外関係』（東京大学出版会、二〇〇五年）
真栄平房昭「近世日本における海外情報と琉球の位置」（『思想』七九六号、岩波書店、一九九〇年）
松方冬子『オランダ風説書と近世日本』（東京大学出版会、二〇〇七年）
同『オランダ風説書』（中央公論新社、二〇一〇年）
真鍋重忠『日露関係史』（吉川弘文館、一九七八年）
三谷　博『ペリー来航』（吉川弘文館、二〇〇三年）
明治維新史学会編『明治維新とアジア』（吉川弘文館、二〇〇一年）
山本博文『鎖国と海禁の時代』（校倉書房、一九九五年）

引き継がれた外交儀礼――朝鮮通信使から米国総領事へ――

佐野真由子

はじめに

安政四（一八五七）年一〇月二一日、初代駐日米国総領事タウンセンド・ハリスは江戸城に登り、徳川第一三代将軍家定に拝謁した。

ハリスは、いわゆる幕末の時期、欧米諸国から日本に来航し、開国を要求し、条約交渉をして去るという形をとった第一段階の諸使節とは異なり、本国を代表して日本国内に居住する、駐在官として到来した最初の人物である。その意味で、ペリーが交渉した日米和親条約に基づくこのハリス来日が、単に日米関係の一歩前進を示すのみならず、日本の開国プロセス全体を明確に第二段階に進めるものであったことは指摘するまでもないだろう。

そのハリス来日の外交上の意義を決定づけたのが、冒頭に言及した将軍拝謁である。ここでハリスは、アメリカ出発前に授けられた一八五五年九月一二日付の大統領書簡を、この時点で日本の事実上の元首と考えられていた徳川将軍に奉呈した(1)。その内容は以降の日米交渉に係るハリスの信任状であり、西洋諸国間の国際慣習法に則れば、この行為をもって任国における駐在使節としての身分が公式に担保される(2)。前年、ハリスが下田に到着し、この時点までにすでに一年半も日本国内に居住していたという事実にも増して、安政四年一〇月二一日は、両国の外交関係にとって重大な日であったと言ってよい。

しかし、ハリスもしくは日米外交の端緒に関する研究は、何よりもその後の江戸における日米修好通商条約締結交渉に目が向けられ、このときの将軍拝謁については、知られてはいても、それ自体の重要性が注目されることはほとんどなかった。筆者は近年、少しずつ視角を変えながら、この拝謁ならびに江戸出府の問題に焦点を当ててきたが、その過程で明らかになったのは、これが事実上、西洋国際法に則って日米外交の時計が動き出した瞬間であるのみならず、日本側から見た場合、徳川幕府が維持してきた東アジア域内における別の国際体系に、対米（西洋）関係を連結するという意味を持ったことである。

ハリスの下田到着後、アメリカを代表する使節として江戸に出府し、将軍に拝謁のうえ大統領書簡を提出したいとの要請にどう対処するか、幕府内でその議論に要した一年近い経緯については、別稿で取り上げたのでここでは省略するが[3]、その検討がハリスの希望を容れる方向で決着を見るに際しては、これを日本の国際関係にとって未曾有の事態と捉えるのではなく、過去、歴代の将軍が朝鮮通信使を迎えてきたという事実が、重要な根拠として持ち出されたのであった。理論上にとどまらず、その後、江戸城におけるハリス迎接の日の設えや手順を決定していく過程で、米国総領事出府取調掛の幕臣らが、具体的に過去の「朝鮮信使参向之振合」を参照したことが判明している[4]。

こうした理解の上に立って、本論文ではさらに、ハリス登城の日の儀礼の実際を解き明かすことにより、この日の持つ日本の国際関係史上の意義について考察を深めたい。次節において、当日のハリスの動きを確認したのち、本論文の中心となるのは、このときハリスに対して用意された一連の儀式に、「朝鮮信使参向之振合」を重ね合わせてみる作業である。担当の幕臣たちが現場で戦わせたであろう論争の詳細までは望むべくもないが、結果として定められた式次第を丁寧に比較し、書面に残された検討の記録を追うことから、そのとき彼らが持っていた外交慣例を基礎に、新たな対米関係がどう把握されたのかを、知りうるであろう。そこでは朝鮮通信使に加え、琉球使節その他の先例が縦横に持ち出される。

外交において儀礼は、互いの国家観を体現する型であり、究極的には外交それ自体と言ってよい場面であるにもかかわらず、とくに近代の――別の言い方をすれば、欧米諸国を相手とする――国際関係史研究においては、あくまで「内容以外」の飾りの部分と映るためか、十分な注意が払われてこなかった。その点で、近年、幕末期における日露間の交流を、外交儀礼を通じて考察した生田美智子の研究は、この領域に目を向けた意義あるものと言えよう。(5) 生田は、主に異文化コミュニケーションが記号化された場面として外交儀礼を扱っているが、本稿の視点ではさらに、当時の政策担当官僚らの生々しい対外認識が映し出される現場として、江戸城での将軍拝謁儀式に光を当ててみたい。

一方、近世までの朝鮮や琉球との交流に関しては、狭義の儀式に限らず、関係そのものを一連の礼的秩序の表現として読み解くのはむしろ当然の視点であったとも言えそうである。しかし、その中の具体的な側面として、両国間の国書のあり方や、朝鮮通信使が通過する沿道諸藩の対応などについて研究が進んでいるのに対し、江戸城における儀式そのものを検討対象としたケースは、意外にもきわめて少ない。貴重な例外として、ロナルド・トビの研究が知られ、(6) 同氏はそこから、幕末における対米外交の開始にあたって日本が「既存の依拠すべき外交儀礼の規範をもっていた」(7) ことを喝破しているが、具体的な分析はほぼ江戸時代前期の朝鮮通信使聘礼儀式に限られており、その主眼は、そこに近世的対外関係の確立を見ることにある。本稿では、そうした日本の近世における国際関係から、とくに欧米との接触をきっかけに「幕末」として切り分けられてきた時代への具体的な連結点として、ハリスの登城、将軍拝謁儀礼を取り上げることになる。

なお、将軍拝謁を含め、近世の武家儀礼一般、また、儀礼を含む政治の空間としての江戸城については、深井雅海や平井聖、二木謙一、大友一雄、また渡辺浩などによる研究の蓄積がある。朝鮮やアメリカの使節に向けられた外交上の儀式は、当時、幕府政治にかかわる同じ人間たちによって、これらの研究で徐々に明らかにされてきたような儀礼伝統の中で計画され、実行されたと考えるのが自然であろう。ところが、これまでの儀礼研究は国内の幕藩制秩序との関連を主な軸としたものであって、国際関係とのつながりについては、朝鮮や琉球の使節、オランダ商館長一行の登城が言及されることはあっても、実質的にはほとんど意識されてこなかったように見える。本研究が、こうしたいくつかに分断されてきた研究領域をつなぎながら、新たな欧米との国際関係に直面した政策担当者たちの発想を、より総合的な形で汲み取る試論になればと思う。

一　安政四年一〇月二一日、米国総領事ハリス登城の一日

本節ではまず、ハリス登城の日の一連の動きを、幕府において事前に定められた式次第を基本に、必要に応じて他の史料を用いながら、できるだけわかりやすく再現してみたい。

ハリスはこの前、一〇月一四日（一八五七年一一月三〇日）に、七日間の陸路の旅を経て下田から江戸に到着し、前年に開所したばかりの蕃書調所に宿泊している。蕃書調所は現在の九段南、内堀通りと靖国通りの交差点を臨む、九段会館横の交番の位置にあった(8)。先導役の下田奉行井上清直と配下の役人たちに護衛された、ハリスとその秘書兼通訳ヒュースケンの一行は、午前一〇時ごろ宿舎を出発、江戸城外堀に沿って南下していく。

ハリスは、自分の供廻りは「荷物人足と料理人などを除けば、私が江戸へ入ったときと同じ」であったと記している(9)。ハリスによれば下田出発時の行列は約三五〇人であったというが(10)、出府道中の行列書と道中宿所での聞き書きなどを見合わせると、そのかなりの部分は荷物係であったと考えられ、登城当日は数十人規模と想像する

のが妥当であろう。行列の中で、井上、ハリス、ヒュースケンの三人のほか、出府道中と同じであれば、井上支配の役人のうち上級の者五名が駕籠に乗っている。(11)ハリスは、半マイル（約〇・八キロ）ほど行ったところで堀を渡り、城の内郭に入ったとしており、(12)その距離感を信ずるとすれば、一ツ橋門であろうか。

そこから城内を進んでいよいよ大手門に至ると、ヒュースケンは井上の部下らとともに、門前の下馬所で乗物から降ろされた。(13)これは通例の幕臣の登城においても、ほとんどの者が駕籠や馬から降りなければならない場所である。(14)ハリスはその先、城内をさらに駕籠で運ばれ、大手三之門の下乗橋際で降りた。これらの段取りはすべて、事前に幕府側で作成した当日の次第書に定められており、その記述は基本的にハリス側の当日の記録とも一致するが、先導役の井上の下駕については次第書に記載がない。他方、ハリスの記録によれば、井上はハリスよりも「三百ヤード（約二七〇メートル）ほど手前」で駕籠から降りたという。(15)

大手三之門外の下乗所は、先の大手門を乗輿のまま通過できる身分の者を含め、御三家を除くすべての大名、役人が下駕しなければならない地点とされている。(16)しかし、両門の間で乗物から降りるという設定は通常はなく、井上の下駕地点には謎が残るが、ハリスと幕府側との事前の交渉記録を読み解いていくと、そのヒントが見つかる。「巳十月廿一日、亞墨利加使節登　城御目見御次第書」(17)として残されているものの原形は、九月上旬には策定されていたと考えられ、(18)以降、それをもとに、下田奉行やその部下から、出発前のハリスに種々の説明が行われるが、その段階では、ハリスと井上はともに大手三之門外下乗所で下駕ということになっていた。(19)ところがハリスは、諸外国において使節は乗馬のまま門をくぐり、王宮の入口まで達するのが慣習であるとして、自らを城の玄関まで駕籠で進ませるよう、再検討を要請したのである。

下田奉行が、日本においては大手三之門を乗輿のまま越えられるのは御三家方のみであり、かつ御三家にあっても、その先の中之門では乗物を降りなければならない規則であることを説明すると、ハリスは、玄関までという要求は取り下げたものの、同じ中之門まではと食い下がった。その際、自分はともかく、こののち英、仏等の使節が到来した暁には、その程度の扱いをせねば納得すまいとの理由を持ち出したのである。[20] これに対し、現地の下田奉行限りでは、慣例は動かしがたいとの返答しかなしえなかったが、報告を受けた江戸で格別の取り計らいにより、大手三之門手前の本来の下乗所から「尚八十歩程進ミ、御橋際ニ而、下駕」という妥協案が浮上、ハリス江戸到着後の最終打ち合わせの際に幕府側から提案することになる。ただし、幕臣である井上には特例が許されないため、通常の下乗所で先に降りることとされたのだった。[21]

その提案が実際にどうなされ、ハリスがどう反応したのかは現時点で不明であり、なお後考を要する部分もあるが、二人の下駕場所に差があるのは、この議論の帰結と想定することができるのではないだろうか。なお、下乗所では江戸城の規則により護衛の行列も停止し、その先は主客と限られた従者だけになった。[22]

駕籠から降りたハリスは、そこまで自ら運んできた大統領書簡をヒュースケンに持たせ、[23] 残り「貳町計[24]（約二〇〇メートル）」の距離を徒歩で進んだ。この日のハリスは、「國務省で定めた型による金で縫取りした上衣と、幅広い金線が脚部を縦に通っている青色のズボン、金色の房のついた上反り帽、真珠を柄に嵌めこんだ飾剣」という出で立ちである。ヒュースケンは「海軍の通常服……に海軍の制刀と上反り帽とをつけ」ていた。[25]

江戸城本丸表玄関では、大目付一人、目付一人の計二名が出迎え、日本側の言葉では「一揖之後」、ハリスの記録では「立ち止まり、相面して、お辞儀をした」[26] のち、内部へと客人を案内する。控の間は、本丸表向の玄関から程近い「殿上間」であった。室内には椅子が二脚用意されており、ハリスは部屋の「下段御襖之際北向ニ」、またヒュースケンは「西之方御張附際ニ」掛けるよう促された。国書は台に乗せてハリスの傍らに置かれる。井上もこの場に同席し、[27] ここで薄茶が饗されたようである。[28]

ここからハリスは、謁見式の直接の待合となる「大廣間御車寄之際假扣所」（左図では「實検之間」）に案内され

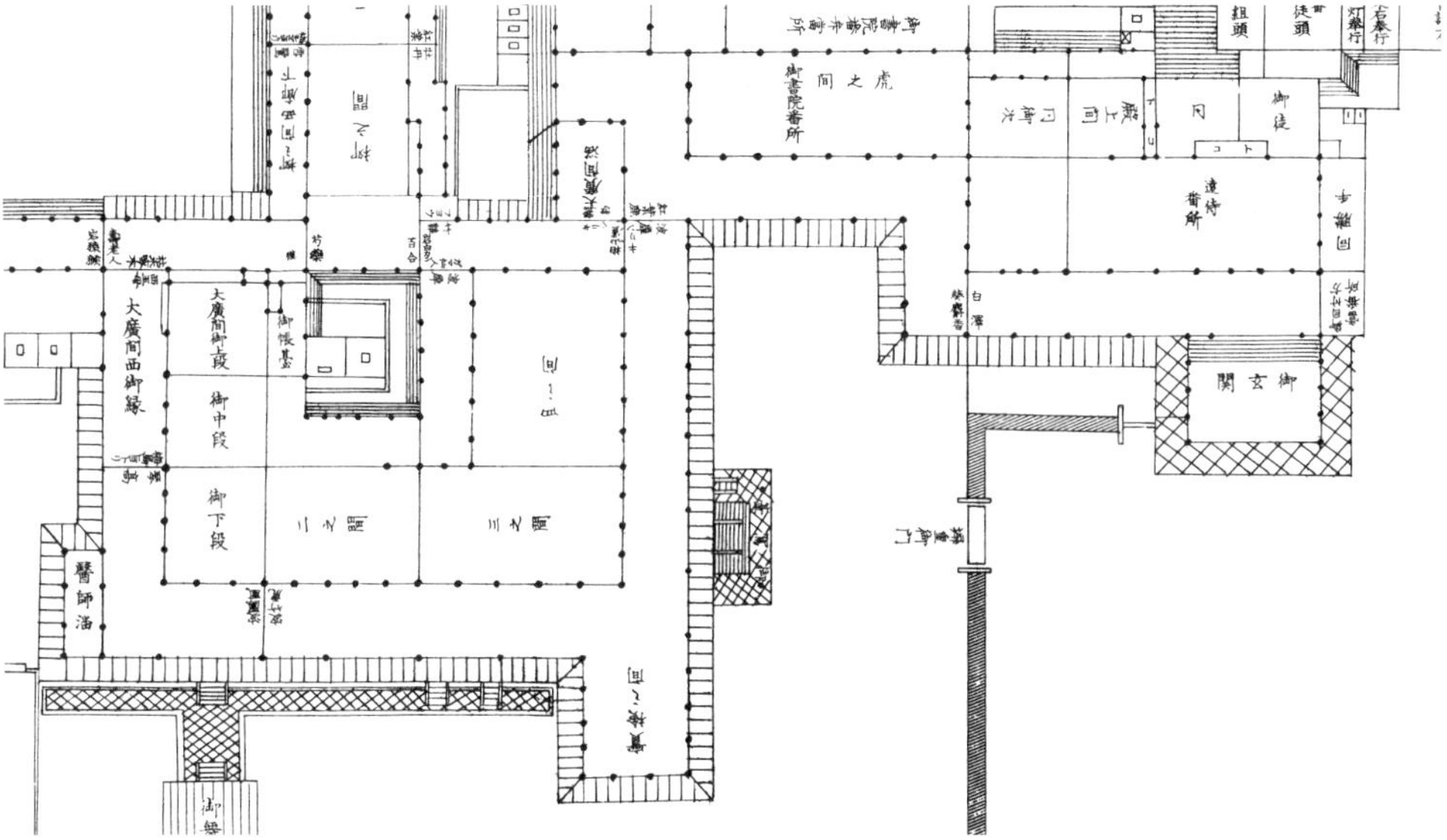

図　江戸城本丸大広間周辺

出典：徳川黎明会編『徳川禮典録』（原書房、1982年、覆刻原本1940年）附図「御本丸表向御座敷繪圖」（部分）

るが[29]、「通りすがりに……三、四百人ばかりの大名と高位の貴人がみな一方に向って、きちんと列坐している[30]」のを目にする。ハリスの位置からこのときに見えたのは、大広間の二之間、三之間（計一二一畳半）であると考えられ、当日、出仕を命じられた大名、幕臣のうち、ここに詰めていたのは、上座から順に「四品以上之御譜代大名」「諸大夫之御譜代大名、同嫡子」「布衣以上之御役人、法印法眼之醫師」という面々である。老中その他、役付きの大名らは、のちに将軍が出御する位置により近い大広間中・下段に控えている[31]。彼らは当日「五半時」（午前九時ごろ）に登城し、まだ実際に儀式が始まるにはだいぶ間のあるこの時点で、決められた位置に整列しているよう命じられていた[32]。

ハリスは「彼らの全部が、殿中で用いる式服を着用していた。それだけ一層、一方に向って眞直ぐに居並んでいるように見えた[33]」と印象を書き残している。その装束については幕府内で、「直垂狩衣大紋布衣着用、法印法眼装束ニ而」[34]との指示がなされていた。これは当日の出仕者がそれぞれの位階に応じ、城中の年中行事の中でも最高位の「年始御礼」に相当する礼服を着用したことを示している。[35]そうした決定がなされた背景に関しては、朝鮮通信使の先例と比較しつつ、本稿の中心課題の一つとして、次節であらためて考察する。

仮控所に移ったところに、この日の準備を担当してきた「御用懸」の幕臣一同がやってきた。[36]「御用懸」とは厳密には、「米国総領事出府取調掛」を任じられていた土岐頼旨（大目付）、筒井政憲（鑓奉行、大目付格）、川路聖謨（勘定奉行）、鵜殿長鋭（目付）、永井尚志（目付）、塚越藤助（勘定吟味役）の六名を指すと考えられるが、[37]実際にはこれに林復齋（大学頭）が加わっていたと想定するのが妥当であろう。[38]ハリスによれば、彼らは「私に對し儀式ばらぬ作法で敬意を表」し、「若干の愉快な会話が……かわされた」という。[39]掛の面々は、この三日前、謁見に先立ってハリスが筆頭老中堀田正睦邸を訪問した折に同席したほか、さらにその三日前、ハリス来着の翌日にも宿舎を訪れており、[40]すでに再会の親しみが感じられる場面である。

幕府側の心づもりでは、このあとハリスに謁見場を下見させ、将軍出御の前に「習禮」つまりリハーサルを行う手順であったが、[41]ハリスはこれを拒んだ。そのために空いた時間は元の殿上間に戻り、再び茶が呈されたという。[42]

さて、予定の「四半時」（午前一一時ごろ）になると、[43]将軍は老中久世廣周の先導で大広間上段に出御。立ったままの姿勢で臨むであろうハリスに下から見上げさせる角度を確保するため、特別に工夫された七枚重ねの畳の上に、曲彔《きょくろく》を置いて座った。将軍の服装は、立烏帽子に小直衣である。小姓が太刀を持ち、後方に御側衆が控える。[44]大広間中段西の縁頬には若年寄衆、その後ろに当日お役目のない御側衆、下段西の縁頬には高家の面々、下段東側には老中が列座していたが、さらに将軍出御のとき、直前まで黒書院で御目見に預かっていた溜詰大名らが下段西側、つまり高家の前面に入ってきて着座する。なお、この大広間上・中・下段は計九二畳の空間である。下段と二之間の間は襖で区切られており、依然として二之間、三之間に整列して端座したままの大名、幕臣たちから、将軍のいる空間は見えない。その襖を南側に延長した線上の板縁には、先にハリスと会話を交わした米国総領事出府取調掛の大目付、目付らがいて、中の動きに目を配っている。襖際の角には奏者番が控えている(45)。

準備が整うと、下段東側老中席にいる筆頭老中堀田正睦から奏者番へ、大目付へ、さらに後方で待つ下田奉行井上へと会釈で合図が送られ、いよいよ謁見への動きが始まる。井上に先導されたハリスの後に大統領書簡を携えたヒュースケンが従い、三之間、二之間の前の廊下を通って、大広間下段の入口に達する。奏者番はこのとき、膝行して畳二畳分、大広間下段に入り込んでいる。井上は大目付の控える敷居際で止まり、床上に着座。ハリスが畳二畳分、室内に歩を進めてお辞儀をすると、奏者番が「アメリカ大統領使節」と呼び上げる。ヒュースケンは下段下の板縁で待つ。

ハリスはさらに二畳進んで礼、次に三畳進んで礼をし、大統領からの口上を述べる。終わって一礼すると、将軍から短い答礼があった。次に、ヒュースケンが三拝しながら前進し、ハリスに書簡を渡して退く。堀田が出てそれをハリスから受け取り、座に戻ると自身の上座に準備されている台の上に乗せた。これに対して将軍が会釈で答え、ハリスは入室したときと同様に三畳、二畳と下がってはお辞儀を繰り返し、退室した(46)。以上が謁見の式である。先にハリスが習礼を拒んだことに触れたが、以上の作法はむろん、下乗所のくだりでも触れたように、ハリスの下田出発以前に幕府で入念に検討され、下田奉行を通じてハリス自身とも打ち合わされていた。

興味深いのは、ハリスが右のように二畳、二畳、三畳と進み、その都度お辞儀をしつつ七畳目に至っているのに対し、実は当初、幕府のほうでは、二畳目から一度に七畳目まで進む形を考えていたことである。打ち合わせの際、ハリスのほうから、諸国ではこうした儀式において、最終的な位置に進むまでに計三拝するのが通例であるから、提案のままでは礼の数が少なすぎると言い、二畳と七畳の間の四畳目で一度止まり、もう一礼入れることを希望したのだった[47]。これを見る限り、ハリスが必ずしも、つねに幕府の提案より高い扱いを求め、謙ることを拒絶したわけではなく、西洋側の礼式に沿って自分のほうがより丁寧に振る舞うべきと考えられる場合には、あえてそれを申し出るという姿勢でいたことがわかる。逆に幕府側もまた、ここは相手が低く出ようという場面ではあるにせよ、西洋風の方式に耳を傾け、適宜採り入れる余地を持っていたのである。この折の日米のやり取りの一こまとして、紹介しておきたい。

さて、ハリスとヒュースケンは下田奉行や出府取調掛の大目付、目付らに案内されて、先刻の仮控所に戻ったが、この間に大広間では、国書が堀田老中から若年寄へ、奥祐筆へと順に渡されていき、一方、下段と二之間の間の襖が明け渡されて、将軍がその敷居際に立ち、二之間、三之間に列座の大名、幕臣らが一斉に御目見に預かった[48]。これは将軍宣下や年頭の儀式において行われる立礼と同じである[49]。将軍はこれを済ませると退去し、黒書院で老中らの機嫌伺を受ける[50]。

ハリスは殿上間に戻って茶のもてなしを受けたのち、あらためて二之間に案内された。大勢居並んでいた大名らはすでにいなくなっており、堀田を筆頭とする老中たち、若年寄衆、奏者番が出て、出府取調掛の面々同席のもと、挨拶が交わされるとともに、将軍よりの下賜品を堀田から授与された。このとき、堀田から饗応の申し出もなされたが、ハリスは将軍かその代理の者が同席しない食事は自国の礼儀に適わないとしてそれを断り、膳部は後刻宿舎に運ばれることになる[51]。しかし、そのこともやはり事前に打ち合わされていたのであって、当日のやり取りは形式的に行われたものであろう。

その後、再び殿上間に引き揚げるハリス、ヒュースケンと、老中らは四之間の廊下で会釈を交わし、殿上間には米国総領事出府取調掛一同が最後の挨拶に訪れた。玄関では朝の到着時と同様、大目付と目付が見送り、帰路

もまた下田奉行が先導、同じ道を通って蕃書調所に戻ったのである。(52)

宿舎にはほどなく三汁十菜の料理が届けられた。(53) ハリスは体調が思わしくなく、一口も食べることができなかったというが、それでも、その膳部が「日本式の料理法によって、たいへん美しかった」こと、とくに「膳の中心装飾が麗しく盛られてい」て、「長寿の象徴である小形の樅の木と、亀と鶴が、歓迎と尊敬のしるしをもって一際美しく飾りつけられていた」ことを書き残している。(54)

のみならず、おそらく二時間程度であったと思われる江戸城滞在中、ハリスの目は建物の構造や室内のさまざまな装飾、人々の様子を細かに観察している。日記に残されたその記述は、これに先立つ時代、オランダ商館長に随行したケンペルやシーボルトの名高い江戸参府旅行記以上に、まことに生き生きとした楽しい読み物であるだけでなく、城の復元資料として専門家の役に立つ部分もあるのではないかとさえ思われる。そうした風景を含めた当日の再現に紙数を割きたい誘惑にかられるが、儀礼の具体的手順を追う本稿では、断念せざるをえまい。

二　「朝鮮信使参向之振合」から——宝暦度通信使を中心に——

さて、ハリス迎接の準備にあたって、「朝鮮信使参向之振合」が参照されたことはすでに述べた。本節では、前節で確認したハリスの一連の動きに、宝暦一四（一七六四）年二月二七日における朝鮮通信使の江戸登城、将軍拝謁の模様を、実際に重ね合わせてみることにしたい。(55)

宝暦一四年の通信使は、第一〇代将軍家治の襲職を祝う使節である。その次、文化八（一八一一）年に来訪した第一一代家斉襲職慶賀の通信使は、周知のとおり対馬で応接がなされたいわゆる易地聘礼のケースであり、これ以降、信使来聘の計画が実現することはなかったのであるから、宝暦度の信使は、将軍自らが江戸城に迎えた最後の朝鮮使節であった。

ハリス出府の準備にあたる幕臣らが「朝鮮信使参向之振合」を引き合いに出す際、文化度を含め過去一二回の信使来聘のうち、どの回のことを指しているのかは必ずしも明確ではない。しかし、各回の信使迎接準備にあたっては、前回の例を参照するのがまず自然と考えられるのに加え、明暦三（一六五七）年に江戸を襲った明暦の大火により、明暦度通信使（明暦元年・一六五五年）以前の幕府保管資料は多く焼失したとされていることからも[56]、ハリスの段階であえてそれ以前の例を考究するとは考えにくい。

明暦度の次は天和度通信使（天和二年・一六八二年）であるが、それに続く、新井白石が取り仕切った正徳度通信使（正徳元年・一七一一年）の迎接例は、よく知られているように、主に白石自身の朝鮮観が要因となって種々の側面で朝鮮側との軋轢をきたし、当時からすでに踏襲を避けるべき特例と受け止められていた。次の享保度通信使の際には、正徳度を飛ばして前々回の「天和度に准」ずることになり、それが「以降例となる」とされている[57]。実際、次の延享度（延享五年・一七四八年）も「享保之格を以……天和之格に准」じて執り行い、さらに、続く宝暦度通信使を迎えるにあたっては、「諸事延享之度之通り」とされたことが記録されている[58]。

したがって、安政四（一八五七）年のハリス迎接の段階で一般的に「朝鮮信使参向之振合」と言う場合、まずは、江戸城での実例という意味合いにおいて直近のケースである宝暦度通信使の資料を紐解いたものと考え、それ自体が順次前例に倣って成立したものであることを前提に、本稿の分析対象として問題ないのではなかろうか。

一方、ハリスの時期により近い文化度通信使の場合、聘礼は対馬国府の宗氏藩邸で行われたが、客館からの使節の到着の仕方、主人側の出迎え方に始まり、江戸城での儀式の慣例に沿って細かな手順を整えたことが記録からわかる。また、藩邸はこのために大増改築を施したという[59]。しかし、その場に将軍その人がいたわけではなく、主人側筆頭は二名の上使（小笠原忠徳ならびに脇坂安董）であって、将軍の名代といえども、儀式の場における使節との位置関係などは江戸城歴代のケースと明確に異なっている[60]。これを見る限り、時期的に直近の事例とはいえ、ハリスの謁見式を準備するにあたってこの易地聘礼を基準にしたとは考えにくい。やはり宝暦度を振り返ったと想定するのが妥当であろう[61]。

ちなみに、安政四年時点の検討の中で、朝鮮通信使の先例に触れている諸場面のうち、いずれか特定の回を明確に取り上げている文書は、現在までに筆者が確認しえたものとしては同年八月六日付の老中達一点である。「亞墨利加官吏出府之儀取扱之面々」に対し、将軍からハリスへの下賜品を検討するよう命じる書面に、別紙として宝暦度通信使のときの記録が添えられている[62]。

なお、この文書には宝暦度朝鮮通信使の例に加え、琉球使節へ、ロシア使節プチャーチンへ、アメリカ大統領へ（安政元年ペリー来航時）、オランダ国王へ（安政二年オランダからの蒸気船献呈時）の贈り物の記録が付されている。これほど網羅的に資料が揃えられている例は他に見当たらないものの、以下の分析からも明らかになるように、ハリス登城の先例とされたのは、朝鮮通信使のみではない。さらに、こうした対外関係事例の範疇にとどまるわけですらない。「朝鮮信使参向之振合」を主調としつつ、必要に応じて、およそ徳川幕府が経験してきた儀式に関する知識、見識を総動員し、安政四年一〇月二一日への準備が進められていったのである。

以下、前節で見たハリスの動きをたどり直すようにしながら、順次、宝暦度朝鮮通信使の登城、将軍拝謁儀式の進行と重ね合わせ、引き合いに出された他の先例とも併せて、確認、比較を試みていきたい。

（1）　宿館出発から城内控の間まで

宝暦の朝鮮通信使一行は宿館の浅草東本願寺から、対馬藩主宗義暢の先導、その家来衆ならびに、このとき江戸での信使接伴役を命じられていた伊予大洲藩主加藤泰武の家来衆からなる行列の随従で、江戸城に向かった[63]。

朝鮮通信使一行の標準的な構成は、正使・副使・従事官の三使を筆頭に、上上官（三使の通訳）三名、上判事（倭学、漢学の教官）三名、学士（文書起草者）一名、以下、上官（医師、画員など）、次官（馬上才、楽師など）、中官（陪小童、鼓手など）、下官（船夫等）に至る計数百名とされる。(64) 回ごとに多少の変動があるが、『朝鮮人来朝之記』（明和元年・内閣文庫所蔵）によれば、宝暦度通信使は総勢四七〇名の一行であった。この中には江戸出府の途上、大坂に係留する船に残る人員もあり、すべてが登城に加わるわけではないが、いずれにせよ規模の面では、米国総領事の行列はこれと比ぶべくもない。

さて、行列が内郭に入り、大手門前の下馬所に達すると、筆頭の三使および上上官以外は徒歩になる。ここは、ハリス登城のとき、秘書兼通訳であり、ハリス自身の唯一の従者であるヒュースケンが乗物を降りたところであった。続いて、この先の大手三之門外、下乗橋際で上上官が下馬。ハリスの際のこの地点をめぐる取り計らいについては、すでに詳しく述べた。ハリスは通常の「下乗橋際」からさらに橋際に詰めきったところまで乗り物で運ばれたものと想定されるが、この上上官三名についてとくにそのような配慮が必要とされた形跡はないので、本来の下乗場所で降りたと考えられる。が、そもそも彼らは三使の通訳であり、ハリスにとってのヒュースケンにあたると言ってよい。江戸城の規則において、ここが御三家以外のすべての大名が下輿しなければならない場所であったのは事実だが、この比較によって、アメリカ大統領使節たるハリスの扱いが、必ずしも十分に高くはなかったことが明らかになる。

朝鮮の三使は、御三家の登城と同様、中之門まで乗物で運ばれた。朝鮮国王から将軍宛の国書は、下乗橋で乗り物を降りたハリスからヒュースケンが受け取って運んだのと同様、中之門から上上官が運び、殿中に持ち込む。中之門では、接伴役の加藤と大目付一名、接伴僧二名が待ち受け、乗物を降りた三使と互いに一揖ののち、本丸表玄関まで先導する。玄関で待つのは、寺社奉行四人、大目付三人である。玄関で大目付一人、目付一人が迎えるだけであったハリスのケースとは、その手厚さにおいてここでも大きな違いがあることがわかる。

玄関でも互いに一揖ののち、三使が案内されたのは、ハリスの場合と同じ殿上間である。「三使は殿上之間御下段御襖際北向に着座、上上官は同所西之張附之際に罷在」との様子も、椅子の有無を除けば、ハリス、ヒュースケンの配置とぴたりと重なる。案内役の宗義暢も、ハリスの際の井上清直と同様、ここに同席した。[65]

(2) 城内着服の儀

ここで、城内で朝鮮信使を待ち受ける大名、幕臣らの様子に目を転じよう。すでに玄関などに迎えに出た者たちを含め、「登城之衆、装束に而可致出仕候」との指示がなされていたが[66]、具体的には「出仕之諸大夫以上衣冠襲を着太刀帯之布衣之輩布衣着之」という内容であった[67]。さて、諸大夫以上の者が衣冠を着するとは、勅旨を迎えて執り行う将軍宣下の儀を頂点とした、幕府における「至大至重の礼典」[68]の際の服装を意味する。これは、朝鮮通信使の迎接が、幕府の恒例の年中行事の中では最高位とされた「年始御礼」を上回る、特例的な盛典であることを示している。

ハリスの際の「直垂狩衣大紋布衣着用」という服装指示が、まさに年始御礼における大名、幕臣の位階に応じた装束に該当することは、前節でも述べた。より正確には、年始御礼の中でもとくに重要な元日および正月二日の装束であり、四位で侍従以上の者が直垂、四位で侍従の官位を受けていない者（四品）が狩衣、五位（諸大夫）が大紋、それに次ぐ六位相当の者は布衣を着用する[69]。いずれにせよ、ここでも、朝鮮と米国の使節の迎接には、明確な差が設けられていたことになる。

実は、ハリスを城に迎えるにあたっての列席者の服装については、それ以前、ハリスの江戸出府の可否自体が決するか決しないかの時期から長い議論があり、その過程で、もともと出府に消極的であった勘定所系の役人らからは、「長袴」でよいとの提案がなされたこともあった。これは、五節句など城中の比較的軽い年中行事に用いる長上下を指していると考えられるが、先例として、琉球王の代替り御礼のために登城する使節、つまり琉球謝恩使の拝謁儀式で、幕府側は長袴を用いていること、さらに、文化度の朝鮮通信使や、ごく近年の事例であるロシア使節プチャーチン応接においても、奉行や目付などの役人は長袴であったことが挙げられている(70)。ただし実際には、対馬での文化度通信使聘礼に際しては、将軍の名代である両上使が衣冠、下位の役人も「布衣」「假布衣」「素袍」までのいずれかを着用した(71)。また、長崎でのプチャーチン応接の折には、全権の二名が狩衣、他も最下位が布衣であり(72)、本状提出者に対露全権の一人であった勘定奉行川路聖謨が含まれているにもかかわらず、内容は事実に反する。

他方、ハリスの下田到着以来、身近で応接してきた下田奉行は、必ずしも服装に限らず、このたびの登城・拝謁に関する一般的な問題として、次のような意見を提出していた。

……元來朝鮮者漢土附屬之小國、就中慶長征討之後、御國威ニ服し、信使をも差越候哉ニ而、乍恐御起原、方今亞國等江御接待之趣とハ相違いたし居候處、右信使御取扱より盡く御手輕相成候ハヽ、追而亞國其外ニも、朝鮮之御取扱方傳聞いたし候節ニ至り、何樣苦情可申出も難計、詰り御手重ニ御取扱有之候を、追々御省略被遊候者、子細無之、彼之苦情等ニ寄、御手輕之御処置御手重ニ相變し候者、實以御國威ニも拘り、不容易筋と奉存候……(73)

引用冒頭部にある慶長の役への言及については別途の考察を必要としようが、ここではそうした経緯のある朝鮮の場合と比較して、欧米諸国との交際の始まりを重く見、朝鮮への歴代の丁重な扱いがのちのちアメリカ等に聞こえた場合の不都合を予測し、むしろ「朝鮮信使等之振合ニ不拘(74)」ハリスを礼遇することが提案されている。

これに対し、一貫して「先者朝鮮人登　城之振合ニ寄取調候ハヽ、凡之目當も有之候(75)」「凡朝鮮使之御振合ニ而、少々之替りハ候得共、大抵同様之振合ニ有之候(76)」といった主張を続けているのが、この時期、対外関係担当官僚の中でも長老格であった筒井政憲である。そもそも幕府においてハリス出府をめぐり議論百出する中、歴代の朝鮮信使来聘の事実をもって、アメリカとの新たな関係構築を可とする論理を導き出したのがこの筒井であったことは、別稿で詳しく論じた(77)。また筒井は前出の川路とともに、いま一人の対プチャーチン全権を務めた人物でもある。

さて、これら三様の意見が並存していたのは、ハリスの出府希望を受け入れることが幕府内部で決し、具体的な迎接準備が始まりながら、いまだハリス自身にはその決定が知らされていなかった安政四年七月の段階であった。それに対して八月一日に至り、老中より米国総領事出府取調掛の面々へ、「着服之儀、定而品々議論も可有之候得共、朝鮮之信使琉球人参府等之振合も有之」との認識に基づき、今回は「其上外國江被對候儀」であることをも踏まえ、「早々取調可被申聞候事」との指示があらためて下されることになるが、そこに、検討の際の条件とも言える事柄が二点付されている。

その一つに、「上下一様ニ而、尊卑之差別不相分様ニ而も如何ニ有之」という。出仕者がみな同じような服装をして、身分秩序が判然としないのは望ましくないというのである。ここからのみではその理由は明確でないが、次に取り上げる、これに答えた出府取調掛の上申と併せ読むと、身分秩序を表現しうる服制が整備されていることが、いわば文明化された社会の証と考えられていたことがわかる。いずれにせよ、この老中の見解によってまず「長袴」案は退けられたことになる。

いま一つは、「御大禮事同様ニ相成候而者、又　御國内江之響合も如何可有之哉」との懸念である。この時点で、まさに「御大禮」にあたる朝鮮通信使登城時と同等の装束は、選択肢から外れたと言えるだろう。その理由は右にあるとおり「御國内江之響合」であり、幕府内でなんとかハリス登城容認の方向がまとまったとはいえ、朝廷、諸大名を含む国内各方面が一致賛同するとは到底考えられないこの儀式を、あまり盛大に行って批判を買うことを避けたい意向が、幕閣の間に存在したことが読み取れる。幕府上層部はこの二点を述べたうえで、ハリスの「御取扱之程合も、是等より相極可申」と指示したのであった。[78]

これを受けて、前出の川路や筒井を含む取調掛一同は老中に対し、検討結果を提出する。その冒頭、今後はアメリカのみならず、欧米各国を同様に遇していく必要も生じようとの現実認識から、できるだけ簡便に「長袴歟半上下」で応接するという考え方もあった旨をあらためて述べたうえで、指示に従い、さらに考究を重ねた結果が答申される。そこでは右の老中意見に呼応して、欧米諸国にも服飾で身分の上下を明らかにする仕組みがあると聞いていると言い、ゆえに、もしそれが判然としない服装で対応した場合、登城した使節が城中の様子を風聞書等で諸外国に知らせれば、この「衣冠文物之皇國」が「蠻夷小醜之國々と一様」に見なされるような事態をも招きかねないと危惧する。仮にそうなれば、「一時之御畧禮萬代迄之御瑕瑾」ともなろうと、議論が展開されていく。

また、プチャーチン応接の際の服装についても認識が修正され、加えて寛政年間のラクスマン箱館来航時、応接者が衣冠を用いたことにも触れ、あまりに手軽な服装で対応しては、それらの折との相違も今後、必ず相手方の気づくところとなろうという。ひいては「朝廷之御章服ニ無之候而も、御武門御相當之御禮服者御用ひ相成候方、國威を被示、事体相當可仕哉」との結論が導かれるのである。[79]「朝廷之御章服」とは、朝鮮信使や勅旨の迎接に用いられてきた衣冠襲のことにほかならない。全体として一定以上の正装を志向しながらも、この最高礼服を外しているのは、先の老中の意向を踏まえたものと考えられる。

さらに同じ文中で、そもそも将軍代替わりという「廉立候禮事」に際して来聘する朝鮮信使に対し、ハリスは「國書持參初而參上と申迄」との比較の観点が示されていることを紹介しておきたい。ここではむしろ、新藩主やその世子が自らの地位を安定させるために、将軍への「はじめての御目見」を経なければならないという、[80]幕藩制下の慣例が想起されているようであり、相手国側の外交使節の新規着任という契機よりも、あくまで将軍を中心とした幕府側の契機の有無を重要視する、幕臣たちのおそらくは無意識の意識が垣間見られる。徳川幕府による国際儀礼を、より一般的な武家儀礼、とくに江戸城殿中儀礼の伝統と関係づけて理解しなければならないことの一つの現れと言えよう。

最終的に、「御武門」の服制の中で「御相當之御禮服」たる「直垂狩衣大紋布衣素袍」の着用が提案されることになる。先述のように、これは城内の元日の装束と同等であり、武門の礼服としては最高位ということになるが、とくにこの場合、位階ごとに身につけるべき衣服が異なり、「上下尊卑之差別」が明確であることが目的に適うと判断された。また、この結論を先に立てつつ、同様の装束で対応した拠るべき先例として、二種類の琉球使節のうち、幕府側が長袴で対応する琉球王代替わりの謝恩使ではなく、徳川将軍の代替わりを祝って登城する慶賀使のケースが引き合いに出された(81)。この提案がそのまま最終決定として採用されたことは、すでに前節で確認したとおりである(82)。

(3) 拝謁式

城内で待つ人々の装束が明らかになったところで、儀式を先に進めなくてはならない。宝暦度朝鮮通信使から代替わりの祝賀を受ける将軍家治は、巳之中刻（午前一一時ごろ）、老中松平康福の先導で大広間上段に出御。この場合はむろん、ハリスの際のように畳を七枚重ねた上に曲彔を乗せるようなことはなく、「御座畳」に「大御茵《しとね》」を敷いて着座した(83)。ただし、畳を重ねて相手を上から見下ろす方式はハリスのときに初めて考え出されたものではなく、琉球使節の謁見の際、畳を三枚重ねる習慣があったのをもとに、より高くということから決定されたのである(84)。なお、ハリスの儀式に関して、座敷内のその他の設えについては、「都而朝鮮人登　城之節の振合を以」って準備するようにとの指示が、老中から担当の作事奉行、小普請奉行に向けて出されていた[85]。

大広間の準備ができると、三使の待つ殿上間には、寺社奉行四名、大目付四名、接伴僧二名がやってきて、三使を「松之間」に案内したとある[86]。周知のとおり江戸城はたびたびの火災によって再建が繰り返されたが[87]、宝暦度通信使が登ったのはいわゆる「万治度造営」の本丸御殿であり、このとき「松之間」と呼ばれていた空間は、ハリスが訪れた「弘化度造営」御殿の大広間では「二之間」にあたる[88]。

なお、ハリスのときにあった習礼をめぐる問題はここでは発生しない。列席者注視のもとで客側が習礼を要求される場面は、シーボルトの『江戸参府紀行』に登場するが[89]、オランダ商館長の登城の際に行われてきた習慣と考えられる。朝鮮通信使迎接に際しては、儀式の日に先立って宗氏を中心に日本側出仕者の習礼が事細かに行われ、これを将軍自身が上覧する慣例となっていたことが記録から知れる[90]。

ここから全体を取り仕切るのは、朝鮮信使来聘御用掛の老中松平武元である。松平は松之間板縁から大広間下段に出て中の様子を確認したのち、儀式の開始を三使の近くにいる宗義暢に合図。以下、掛から掛への伝達過程の詳細は省略するが、いよいよ三使が登場すると、大広間中段に進み、中段の下から二畳目で横に並んで将軍に拝謁、松之間に下がった[91]。

深井雅海の整理によれば、江戸城大広間での各種儀式において、大名が下段でなく中段まで上がって将軍に拝謁するという設定は存在しない。逆にそのランクを超える者は、大広間ではなく白書院もしくは黒書院での拝謁となり、それに該当するのは、大廊下席、つまり御三家および加賀前田氏、越前松平氏等の特権的な大名と、最も強力な政治的影響力を持つ溜詰大名らのみである[92]。朝鮮使節の拝謁位置はきわめて異例であるが、先に見た、城郭内での下乗場所の問題と併せ、その高い格付けを示すものと言えよう。ハリスの拝謁位置は前節で確認したとおり、下段下から七畳目であった。なお、琉球使節は、下から四畳目が定位置であったと考えられる[93]。

さてここから、三使が王の名代でなく、自らの立場で将軍に拝謁する「自分御禮」に移行する。この場合、あらためて将軍の御前に出た三使の位置は、下段の上から五畳目と定められていた(94)。下段は縦が九畳分あることから(95)、これは下からも五畳目にあたる。

すでに見たように、ハリスの儀式では、大統領名代としての謁見ののちに、自分自身の立場で拝謁するという場面はなかった。しかしこれには、幕府側では慣習に従って計画したものが、事前の下田奉行を通じた打ち合わせの中で、ハリスの反対により取り消されたという経緯がある。日本側の感覚では、将軍や藩主の上使を仰せつかった者が、まったく主君になり代わって振舞ったあと、自分自身の地位に引き下がって挨拶をしなおすといった対面のあり方が存在し、朝鮮、琉球の使節の際にもそれを行ってきたことから、当然の申し出であったのだろう。が、ハリスは、儀式とは別の日にあらためて私的に招きを受け、挨拶に伺うということは考えられても、同じ儀式の中で異なる立場から二度拝謁するなど、世界中探してもありえないと言ったわけである。

なお、このときのハリスの発言について、下田奉行所の記録では、「自分之拜禮者、素より不表立義」、つまり使節が自分個人の立場に立ち返ることがあるとすれば、あくまで非公式の場面である、と述べたものと解釈している(96)。ところが、ハリス自身は日記に、「もし将軍が私を私的に引見しようと欲するなら、私は悦んで将軍の面前に出ようが、その時でも常に私の公的な資格においてでなければならぬ」ことを日本側に主張したと記しており、両者の感覚はなおもずれていたことがわかる。ハリスにとって、「大統領から私に授けられた全権大使の性格は私から剥離することのできぬもの」だったのであり(97)、このことは、外交官の身体をめぐる西洋国際法上の理解のあり方を(98)、わかりやすい形で示していると言えよう。

「自分之御禮」については下段下から二畳目という低い位置を提示されたこともあり(99)、そのような場面を設けようとした日本側の提案をハリスは、「私を犠牲にして彼らに光栄あらしめようとする、けちな術策」と受け取った。結果として彼は、本稿に取り上げてきたいくつかの論点の中でも、自分が経験した最大の問題としてこの件を記憶しているのである。[100]

こうして自身の拝謁までが終わると、朝鮮通信使の儀式においては、将軍から御酒が供され、さらに、将軍入御ののち、御三家の相伴で大広間での饗応となる。ハリスの場合、賜杯の式はなく、また、饗応は断って膳部を宿館に届けさせたことは、すでに見たとおりである。城内儀礼の一部としては実現しなかったものの、このことをめぐるハリスと幕府側との議論や、ハリスのために実際に準備された食膳の内容が詳細な考察に値することは言うまでもなく、とくに、これに関して対外関係の範疇を越える先例参照がなされた経過はきわめて興味深い。しかしながら、十分な紹介には相当な紙数を要するため、この領域については別稿を準備することとして、ここでいったん宝暦度通信使の儀式に幕を引くことにする。

なお、ハリスに対しては、将軍からの被下物の披露が当日の一連の流れの中で行われたが、朝鮮通信使の場合、拝謁の日にはその段取りが含まれていない。約一〇日後の江戸出立の際、「御暇」の儀式にあたって、上使が宿館に届けるのである。[101]ハリスの折には、登城・拝謁という目的を遂げたうえは速やかに下田に引き取ってほしいとの考え方が、事前に幕府側関係者の間で一致しており、[102]その意味で、あらためて御暇の式を設けるまでもなく、当日の式次第にすべてを盛り込んだとも想像される。現実には、そのまま日米修好通商条約交渉に突入する長い江戸滞在となることを後世のわれわれは知っているが、それはまた別の論題である。

おわりに

安政四（一八五七）年一〇月二一日に江戸城で挙行された米国総領事将軍拝謁儀式を、宝暦度朝鮮通信使の事例を中心に、現場の幕臣たちが準備のために参照した徳川幕府の儀礼伝統と、重ね合わせる作業を行ってきた。

初めに一通りハリス登城当日の動きを確認した第一節と合わせ、読者には結果として、その日の式の模様を二度繰り返してたどるのを強いたことになるから、ここで再びまとめ直す弊は避けたいと思う。

重ね合わせる作業とは言っても、その全貌を遺漏なく網羅しようとすれば、到底本稿の範囲に収まるものではない。削ぎ落とさざるをえなかった要素はあまりに多く、その意味で本稿は文字通りの試論ではあるが、幕末期の日本の対外関係を捉え直していくうえで、外交使節の将軍拝謁儀礼という場面を選び、当時の幕府における一連の先例参照の実態を検証するという作業に一定の意義があることは、確認することができたと考えている。

最も強い印象を受けるのは、欧米との国交開始を眼前にした幕府において、使節の将軍拝謁式の準備といった、象徴的であるとともにきわめて具体的、実務的な業務を遂行するにあたり、過去のさまざまな儀式の経験が、ごく当然のこととして持ち出され、参照されているという事実それ自体である。これはそのことだけで、当時の幕臣らが、ハリス迎接ないし、その先にある西洋諸国との交際について、むろん「新規之御禮典」[103]という意識を持ちつつも、それまでの経験の蓄積が役に立たないような未曾有の事態とはけっして受け止めていなかったということの、重要な証となるのではないだろうか。

先例参照の基本ラインが、第一義的に、徳川政権の対等外交の相手国たる朝鮮の事例であったこと、ただしその範囲のみにとどまるのではなく、必要に応じて琉球使節の迎接、また、ロシアやオランダとの交際、さらに、対外関係とは無縁の殿中儀礼までが念頭に置かれていたことは、第二節で見てきたとおりである。そうした諸儀礼のそれぞれが、かつて「新規之御禮典」であり、徐々に格式を整えてきたように、ハリス、続いて他の西洋諸国を迎えることもまた、当時の幕府においては、あくまでそれら諸慣例の上に加えられる、一つの新たなパターンの構築を要請する事情として捉えられたのではないだろうか。またそうした捉え方が、特段の決意によるのではなく、現場において、ごく当たり前の思考回路の中でなされていたことを重視したい。

さて、先例を検討した結果、全体として、米国使節の迎接は、朝鮮の場合よりも格下に位置づけられるものとなった。その決定過程には、前節の服飾関連部分で紹介したように、両国の格そのものを比較しようとする場面もあったが、先例参照はつねに国単位のパッケージでなされたのではなく、儀礼の個々の要素について、相手への見栄えなどを含めた現実的な必要性を踏まえて進められていったのだった。そのことを考慮すれば、最終的な姿が必ずしも、日本にとっての米国の重要性が朝鮮よりも劣る、といった見識のみを表現しているとは言えないように思われる。

むしろ、一連の議論の中で主に勘定奉行系役人が主張し、米国総領事出府取調掛の意見としても掬い取られていたように、そこには、ハリスを皮切りに、以降、欧米諸国との付き合いが加速化していくとの現実認識が、大きく働いていたと理解することができる。すでにハリスが、日本国内に常勤する駐在官として登場していることを考えれば、予想される諸外国使節の迎接は、朝鮮通信使の場合のような間遠なものではありえない。したがって大礼としてではなく、より常態に近い形で対応可能なレベルの儀礼を、まさに一つの新たなパターンとして設定しておかなければならなかったのである。

同時に、格の問題に関して、いま一度指摘しておきたいのは、やはり服飾の議論の場面で触れた、外国使節の到来が徳川将軍の代替わりという契機によるのか否かという観点である。朝鮮通信使の来聘目的が将軍代替わりという「簾立候禮事」であるのに対し、このたびの米国使節は「國書持參初而參上と申迄」であるという幕閣の見方を紹介したが、ここには、いずれ西洋の外交慣例に従うことを余儀なくされる以前の幕府ないし日本において、やはりごく当たり前に、自らの統治秩序の中に対外関係を取り込み、解釈しようとする姿勢が明確に表れている。

後世から見ればむろん一定の偏狭さを感じざるをえないこうした視点が、しかしそれのみ先行するのではなく、先に見た対欧米外交の加速度的展開に関する現実認識と共存し、相俟ってハリスへの対応を決定づけていったことは、この時期の幕府を考えるうえで興味深い。しかも結果として、儀礼を簡素化するという方向は必ずしも選択されず、ハリスに与える印象、さらには、ハリスを通じて情報が全世界に伝わることを強く意識し、一定以上の盛大さを持った儀式が挙行されたのである。自らの従来の世界観に疑いなく立脚しつつ、それでいて、あるいは、それだからこそ、自らを取り囲む世界の急速な拡大を十分に感じ取っているこのありようには、この時期の幕府に対する後世のイメージのごとく、欧米の到来に取り乱す様子よりは、地に足のついた政策担当者たちの姿が見出される。

ここで再度強調したいのは、それが必ずしも特別の賞賛に値するということではなく、徳川幕府の政策の前線に立って経験を積んできた彼らにとって、至極当然の認識であり、行動であったということである。時代ごとに色分けされた年表に従って当時を振り返ることをやめ、そのとき現場にあった彼らの視点を得るとき、そこには、他に選択の余地などありようのない形で日々の連続性の中に生きる人間たちが立ち現れる。その意味で、彼らが開始した日本の対欧米外交は、本稿で主に宝暦度朝鮮通信使を取り上げながら振り返った、近世日本の国際関係の続きにほかならない。また、ハリスという、やはり一人の人間を、江戸城という儀礼空間に迎え入れ、二様の外交慣例がここで折り合いをなしたことを考えるとき、ごく具体的に、この安政四（一八五七）年一〇月二一日という日に挙行された儀式は、そうした連続性の中でこそ胚胎しえた歴史の転回点として、注目に値すると言えるだろう。

この国を当然に「衣冠文物之皇國」、要は文化立国と称する当時の政策担当者らの姿と引き比べ、現今の状況を嘆くのはまた別の機会に譲るとしても、困難な時局の中で、そうした文化的洗練についての自信が彼らを自らの足で立たせているのは、間違いないように思われる。ハリス迎接儀式は、そのような認識と態度とを形にした場面とも見ることができよう。本稿冒頭に述べたとおり、これまで、外交史において儀礼の研究は十分に行われてきておらず、また、儀礼研究において外交にかかわる場面は十分に取り上げられてこなかった。単にその空隙を埋めるのみならず、対外関係の水際に立たされて、文化の角度から自国の国柄を誇ろうとする幕臣らの仕事を論じようとするとき、外交儀礼は尽きせぬ論点の宝庫と言えそうである。本稿で論じきれなかった諸要素を含め、さらに考察を深めていきたい。

（1）東京大學史料編纂所編『大日本古文書　幕末外国関係文書之十八』（東京大學出版會、一九八五年、覆刻原本一九二五年）、第二〇号参照。

（2）寺澤一・山本草二・広部和也編『標準　国際法』（青林書院、一九八九年）、三二七～三三五頁参照。なお、この時点におけるハリスの肩書きは総領事であり、二年後、正式に外交上の身分たる公使に任命され、あらためてその信任状を提出することになる経緯は、当時のアメリカ本国ないし西洋諸国の外交制度との関連において別に論じられなければならない。が、ここで、唯一の駐日アメリカ全権代表たるハリスを事実上の外交使節と位置づけることには過誤がないと考えられる。

（3）拙稿「幕臣筒井政憲における徳川の外交――米国総領事出府問題への対応を中心に――」（『日本研究』三九集、二〇〇九年）、三三～四五頁参照。

（4）拙稿「幕末の対欧米外交を準備した朝鮮通信使――各国外交官による江戸行の問題を中心に――」（劉建輝編『前近代における東アジア三国の文化交流と表象――朝鮮通信使と燕行使を中心に――』国際日本文化研究センター、二〇一一年）、一九三～一九九頁参照。

（5）生田美智子『外交儀礼から見た幕末日露文化交流史――描かれた相互イメージ・表象』（ミネルヴァ書房、二〇〇八年）。

（6）トビ、ロナルド著、速水融・永積洋子・川勝平太訳『近世日本の国家形成と外交』（創文社、一九九〇年）。また、ポルトガル、オランダを対象とした近世初期の儀礼を取り上げたものとして、永積洋子『近世初期の外交』（創文社、一九九〇年）がある。

（7）前掲註（6）、トビ、一七八～一七九頁。

（8）現在、都の史跡として「蕃書調所跡」の碑が立っている。

（9）坂田精一訳『ハリス日本滞在記（下）』（岩波書店、一九五四年）、五九および六八頁。

（10）前掲註（9）、八頁。

(11) 前掲註(1)、第六一号。
(12) *The complete journal of Townsend Harris: First American Consul and Minister to Japan*, Rev. ed., Rutland, Vermont, and Tokyo: Charles E. Tuttle Company, 1959, p.468. なお、前掲註(9)、六八頁におけるこの部分の和訳には誤りがある。
(13) 東京大學史料編纂所編『大日本古文書 幕末外国関係文書之十七』(東京大學出版會、一九八五年、覆刻原本一九二〇年)、第二〇九号。
(14) 深井雅海『江戸城――本丸御殿と幕府政治――』(中央公論新社、二〇〇八年)、一二一～一二三頁参照。
(15) 前掲註(1)、第三五号、ならびに、前掲註(9)、六八～六九頁。
(16) 竹内誠編『徳川幕府事典』(東京堂出版、二〇〇三年)、七四～七五頁参照。
(17) 前掲註(1)、第三五号。
(18) 前掲註(13)、第一九九号。
(19) 「次第書」完成以前の幕府内の議論では、ハリスを大手門内の百人番所で下駕させる案もあったが、ここではその詳細は省略する。前掲註(13)、第五号参照。
(20) 前掲註(13)、第二〇九号。
(21) 前掲註(13)、第二一九号。
(22) 前掲註(9)、六九頁。また、前掲註(14)、一二一～一二三頁参照。
(23) 前掲註(9)、六九頁。
(24) 前掲註(13)、第二〇九号。
(25) 前掲註(9)、六八頁。
(26) 前掲註(1)、第三五号、ならびに、前掲註(9)、六九頁。
(27) 前掲註(1)、第三五号。
(28) 前掲註(9)、六九頁。同六一頁と併せて参照のこと。
(29) 前掲註(1)、第三五号。
(30) 前掲註(9)、七一頁。
(31) 前掲註(1)、第三五号。
(32) 前掲註(1)、第二三号。
(33) 前掲註(9)、七一頁。
(34) 前掲註(13)、第二〇五号。
(35) 前掲註(14)、三二～三三頁参照。
(36) 前掲註(1)、第三五号。
(37) 『續徳川實記 第三篇』(新訂増補國史大系 第五十巻、吉川弘文館、一九六六年)、四〇七頁。
(38) ハリスの出府が幕府内で実質的に決定した際、林は老中の指名により、他の六名とともに米国総領事出府取調掛となるべきメンバーに名を連ねていたが(東京大學史料編纂所編『大日本古文書 幕末外国関係文書之十六』東京大學出版會、一九八五年、覆刻原本一九二三年、第一九〇号、また、前掲註37、三八七頁参照)、その後の記録を追う限り、正式には発令されなかったと見られる(前掲註13、第二六号をも併せて参照のこと)。しかし、ハリス側の記録からは、ハリス江戸到着後に掛の面々が宿館を訪ねる場面などを含め、林がこのグループにごく自然な形で加わっていることが読み取れる（前掲註9、四二～四七頁）。

(39) 前掲註(9)、七一頁。

(40) 前掲註(9)、六一～六四頁。

(41) 前掲註(1)、第二三号。

(42) 前掲註(9)、七三頁。

(43) ハリスが宿舎を出発したとする「午前一〇時ごろ」から、将軍出御が記録される「四半時」まで、一時間で以上のすべてが進行したとすることには、感覚的には疑問が残る。計時法のずれなども含め、少々長めの時間を想定してもよいだろう。なお、ヒュースケンは出発を「朝九時」と記している（青木枝朗訳『ヒュースケン日本日記』岩波書店、一九八九年、二一五頁）。

(44) 前掲註(37)、四三一頁。

(45) 前掲註(1)、第三五号、ならびに、「亜墨利加使節御目見之節絵図」（丹後田辺藩主牧野家文書、江戸東京博物館所蔵）。

(46) 前掲註(1)、第三五号、ならびに、前掲註(9)、七三～七八頁。

(47) 前掲註(13)、第二〇九号。

(48) 前掲註(1)、第三五号。

(49) 前掲註(16)、七九～八〇頁参照。

(50) 前掲註(1)、第三五号。

(51) 前掲註(1)、第三五号。ならびに、前掲註(9)、七九頁。

(52) 前掲註(1)、第三五号、ならびに、前掲註(9)、七九～八〇頁。

(53) 前掲註(1)、一九四頁。

(54) 前掲註(9)、八一頁。

(55) これを「明和元年」の通信使とする記録も多いが、改元が行われたのは信使来聘が終了したのちの六月であることから（早川純三郎編『通航一覧第三』國書刊行会、一九一三年、一九四頁、二四三頁参照）、本稿では「宝暦一四年」の通信使とする。

(56) 高正晴子『朝鮮通信使の饗応』（明石書店、二〇〇一年）、七二～七三頁参照。

(57) 早川純三郎編『通航一覧第二』（國書刊行会、一九一二年）、四二五頁。

(58) 前掲註(57)、五四頁など。

(59) 仲尾宏『朝鮮通信使と徳川幕府』（明石書店、一九九七年）、二九三頁。

(60) 早川純三郎編『通航一覧第三』（國書刊行会、一九一三年）、五八三～五九四頁参照。

(61) 弘化年間、最終的に実現することのなかった第一二代将軍家慶襲職慶賀の通信使を大坂城に迎える計画が進んでいた際には、宝暦度と文化度、双方の記録を見合わせながら下準備が行われつつあったことを、池内敏が突き止めている（池内「朝鮮通信使大坂易地聘礼計画をめぐって」『日本史研究』三三六号、一九九〇年、六一～

六三頁）。従来の江戸城に近い環境での儀式になること、一方で、文化度同様、やはり将軍自身ではなく上使による迎接になることから、妥当な折衷様式が模索されたと考えられよう。

(62) 前掲註(13)、第八二号。
(63) 前掲註(57)、五七三頁。
(64) 『増正交隣志』による整理として知られる。より詳しくは、辛基秀『新版　朝鮮通信使往来――江戸時代二六〇年の平和と友好――』（明石書店、二〇〇二年）、三二～三三頁を参照。
(65) 前掲註(57)、五七三頁。
(66) 前掲註(57)、四四七頁。
(67) 『朝鮮人来朝之記』明和元年（内閣文庫所蔵）。
(68) 市川正一『徳川盛世録』（平凡社、一九八九年）、二四頁。
(69) 前掲註(14)、二六～三三頁、また、大石学編『江戸幕府大事典』（吉川弘文館、二〇〇九年）、八五七～八五八頁参照。
(70) 前掲註(13)、第四九号。
(71) 前掲註(57)、五八四～五八五頁。
(72) 東京大學史料編纂所編『大日本古文書　幕末外国関係文書之三』（東京大學出版會、一九八四年、覆刻原本一九一一年）、第一三号。なお、嘉永六（一八五三）年の長崎に続き、翌年下田に来航したプチャーチンと日露和親条約が締結された際には、ディアナ号沈没で知られる安政大地震を経ての儀式という特殊事情により、礼装が省かれたという（前掲註5、一五六頁参照）。
(73) 前掲註(13)、第五号。
(74) 前掲註(13)、第五号。
(75) 前掲註(13)、第二八号。
(76) 前掲註(13)、第四八号。
(77) 前掲註(3)、三七～四五頁参照。
(78) 前掲註(13)、第六八号。
(79) 前掲註(13)、第七三号。
(80) 大友一雄「幕藩関係にみる武家儀礼」（『儀礼文化』二六号、一九九九年）、四四～四八頁参照。
(81) 前掲註(13)、第七三号。
(82) 本来、ここで併せて将軍自身の服装を見ておくべきであるが、本稿では紙数の関係で割愛せざるをえない。あらためて論述の機会を持ちたいと考えている。また、一方の朝鮮通信使側の衣装については筆者が扱い得ないところであるが、鄭銀志の論考「江戸時代における朝鮮通信使の服飾」（『服飾文化学会誌』四巻一号、二〇〇三年、一五～二九頁）を参照されたい。
(83) 前掲註(57)、五七三頁。
(84) 前掲註(13)、第九九号。
(85) 前掲註(13)、第一一二号。
(86) 前掲註(57)、五七四頁。
(87) 村井益男編『日本名城集成　江戸城』（小学館、一九八六年）、九八頁、一〇六頁参照。

(88) 長門萩藩八代藩主毛利重就（宝暦元〔一七五一〕年四月から天明二〔一七八二〕年八月在任）が記したとされる「御自身御作廻之記」に収められた「朝鮮人御礼之節大広間之図」（深井雅海編『江戸時代武家行事儀礼図譜第七巻（諸大名江戸城殿席図(三)）』東洋書林、二〇〇二年、二五五～二五六頁）によって「松之間」の位置が確認できる。
(89) 斎藤信訳『江戸参府紀行』（平凡社、一九六七年）、一九九～二〇〇頁。
(90) 前掲註(57)、四二九～四三二頁。
(91) 前掲註(57)、五七二～五七五頁。
(92) 前掲註(14)、二二一～四一頁。また、笠谷和比古『近世武家社会の政治構造』（吉川弘文館、一九九三年）、一五四～一五五頁参照。
(93) 徳川黎明会編『徳川禮典録(下)』（原書房、一九八二年、覆刻原本一九四〇年）、三〇九頁、三三二頁参照。
(94) 前掲註(57)、五七五頁。
(95) 深井雅海編『江戸時代武家行事儀礼図譜』（全八巻、東洋書林、二〇〇一～二年）所載の各種図面を参照。
(96) 前掲註(13)、第二〇九号。
(97) 坂田精一訳『ハリス日本滞在記(中)』（岩波書店、一九五四年）、三二三頁。
(98) 前掲註(2)、三三一～三三五頁参照。
(99) 前掲註(13)、第二〇九号。
(100) 前掲註(97)、三二三頁。
(101) 前掲註(60)、一九三頁。
(102) 前掲註(13)、第一一一号、第一六二号など。
(103) 前掲註(13)、第九九号。

〔追記〕本稿は、以下の支援によって可能になった研究成果の一部である。
・平成二一～二二年度　科学研究費補助金（若手研究B）「徳川外交の連続性──『近世』から『幕末』へ、幕臣筒井政憲に見る経験の蓄積に着目して──」
・平成二一年度　静岡文化芸術大学文化政策学部長特別研究費「江戸時代における外交使節の登城・将軍拝謁をめぐる文化史的考察」

日文研共同研究「一八世紀日本の文化状況と国際環境」◆共同研究会開催一覧

研究代表　笠谷和比古
研究幹事　Ｆ・クレインス

〔二〇〇七年〕

第一回

四月六日(金)
一八世紀日本をめぐる研究課題とその意義
―共同研究会の趣旨説明―　笠谷和比古
共同研究会運営方針の検討Ⅰ　全　員

四月七日(土)
共同研究会運営方針の検討Ⅱ　全　員
本年度共同研究会の年間プログラムの作成

第二回

六月二二日(金)
天明期の通詞蘭学　松田　清
現代日本人にひそむ一八世紀の身体　栗山茂久

六月二三日(土)
近世中期住友家の経営　脇田　修
一八世紀後半の旅日記は我々に何を教えてくれるか　H・プルチョウ

第三回

八月二五日(土)
科学と形而上学の合体と離反　松山壽一
―ニュートン力学の場合―
一八世紀朝鮮の実学の概念について　平木　實
一八世紀の法文化　谷口　昭
―法化社会の到来(先例から判例集・法典へ)―

第四回

一〇月二六日(金)
幕府天文方と陰陽道　林　淳
一八世紀日本における modern mind(近代的意識)の発動　芳賀　徹
世界自然遺産・白神(しらかみ)山地の一八世紀　長谷川成一

一〇月二七日(土)
一八世紀日本における民衆教育と読書　横田冬彦
一八世紀の天皇即位と大嘗会　森田登代子
一八世紀フランス・日本の文化相対主義
―比較思想の観点か―　上垣外憲一

第五回

一二月七日(金)
一八世紀の天皇即位と大嘗会　森田登代子
江戸後期における徂徠学の影響　平石直昭

一二月八日(土)
一八世紀日本の武道　魚住孝至
一八世紀の琉球と中国　真栄平房昭
一八世紀の海外情報と蘭学者　岩下哲典

〔二〇〇八年〕

第六回

二月八日(土)
近世日本における雅楽と楽の展開　武内恵美子
一八世紀日本の読書空間　前田勉
一八世紀日本における天文学　和田光俊

第七回

四月二六日(土)
一八世紀における西洋の医学と日本の医学　F・クレインス
近世日本の海外情報と琉球　真栄平房昭
安藤昌益とシェリング
—「医」の思想をめぐって—　松山壽一

第八回

六月二七日(金)
一八世紀のいけばな
—『雨中の伽』を中心に—　小林善帆
江戸幕府の武芸奨励と昇進制度
—徳川吉宗の事例をめぐって—　横山輝樹

六月二八日(土)
蕪村と秋成—新しい感受性の生成—　芳賀徹
初期の歌舞伎と沖縄の組踊り　武井協三
メディア世界の秩序化と逸脱
—その一　享保の書籍統制令とその影響—　藤實久美子

第九回

八月二二日(金)
忠臣蔵におけるホモ・ソーシャル
—その近代への継承—　佐伯順子
一八世紀における新興商人の活動の軌跡
—津軽領・足羽次郎三郎の活躍と凋落—　長谷川成一

八月二三日(土)
徂徠の『政談』と『太平策』　平石直昭
冨士講と吉宗院　上垣外憲一
歌舞伎衣装における海外情報の受容
—小忌衣・馬兼付四天・厚司にみる—　森田登代子

第一〇回

一〇月二四日(金)
一八世紀朝鮮の儒者がみた日本の儒学
—朝鮮時代の儒学を理解する一環として—　平木實
一八世紀日本の裁判
—法化社会の熟成—　谷口昭

一〇月二五日(土)
日本における西洋天文学の受容　和田光俊
本多利明の経済思想　宮田純
古川古松軒と啓蒙　H・プルチョウ

第一一回
一二月五日（金）
国学と蘭学の成立　前田勉
木村蒹葭堂とその時代　脇田修
一二月六日（土）
近世日本漢詩史の十八世紀
—擬古詩再考—　宮崎修多
米国使節江戸出府論争と朝鮮通信使
—筒井政憲の場合—　佐野真由子
〔二〇〇九年〕
第一二回
二月二七日（金）
比較史的視点からみた日本の農村家族　平井晶子
享保〜明和頃の文学的状況　宮崎修多
二月二八日（土）
江戸が受容した西洋
—江漢のコーヒー・ミルと山陽のワイングラス—　高橋博巳
一八世紀の琉球貿易　真栄平房昭
森幸安の地図作製活動
—享保から宝暦にかけて—　辻垣晃一
第一三回
四月三日（金）
一八世紀の藩政改革と昇進制度
—身分主義と能力主義の相剋—　笠谷和比古
江戸初期・中期における長州藩の大砲技術　郡司健
四月四日（土）
一八世紀日本における武芸と武士道　魚住孝至
第一四回
六月一九日（金）
曹寅「日本灯詞」について　唐権
一八世紀における西洋生理学の受容　F・クレインス
六月二〇日（土）
近世日本数学史　小林龍彦
泉屋住友の経営　脇田修
書籍統制と本屋仲間
—仲間の自立的側面—　藤實久美子
第一五回
八月二〇日（木）
元禄享保期における〈死〉の問題（遺言）と書物知　横田冬彦
一八世紀紀行に描かれているアイヌ民俗
—異民俗描写に見られる啓蒙—　H・プルチョウ
八月二一日（金）
日本の家印・屋号について
—新潟県村上市小俣村落の事例を中心に—　金ボンス
近松の作品に見られる「対異国」　原道生
名所絵と景観保全　長谷川成一

―一八世紀出羽国象潟―

第一六回

一〇月一六日(金)

楽の思想と雅楽の動向に関する考察　武内恵美子

一八世紀における法社会の諸相　谷口　昭

一〇月一七日(土)

一八世紀朝鮮における「虎」害の状況とその対策　平木　實

男色と一八世紀の日本　佐伯順子

近世日本における西洋的国際慣習の受容

―白旗をめぐる諸問題―　岩下哲典

第一七回

一二月四日(金)

一八世紀における大嘗会　森田登代子

訓読と翻訳

―太宰春台『倭読要領』を中心に―　竹村英二

一二月五日(土)

国学と蘭学の関係　前田　勉

近世の中国、朝鮮、日本における天文と暦　和田光俊

杉田玄白とその周辺　芳賀　徹

第一八回　―合宿―

三月七日(日)午後二時～同八日(月)午後五時

開催場所：兵庫県豊岡市、城崎・東山荘

現地調査：三月八日午後(出石城、仙石屋敷ほか)

執筆者紹介（収録順）

笠谷和比古（かさや・かずひこ）
1949年生．京都大学大学院文学研究科博士課程修了(国史学)．国際日本文化研究センター教授．『近世武家社会の政治構造』（吉川弘文館，1993年）『近世武家文書の研究』（法政大学出版局，1998年）『江戸御留守居役』（吉川弘文館，2000年）『関ヶ原合戦と近世の国制』（思文閣出版，2000年）．

宮 崎 修 多（みやざき・しゅうた）
1959年生．九州大学大学院博士課程修了(国語国文学専攻)．成城大学文芸学部教授．
『新日本古典文学大系明治編　漢詩文集』（校注，岩波書店，2004年）『同前　漢文小説集』（校注，岩波書店，2005年）『学海日録』全12巻（共編，岩波書店，1990〜93年）．

竹 村 英 二（たけむら　えいじ）
ロンドン大学東洋アフリカ研究院大学院修了．オックスフォード大学 SCR メンバー．国士舘大学21世紀アジア学部教授・早稲田大学政治経済学術院特別研究所員．
The perception of work in Tokugawa Japan: A study of Ishida Baigan and Ninomiya Sontoku（UPA, Lanham, Oxford, 1997)『幕末期武士／士族の思想と行為――武人性と儒学の相性的素養とその転回――』（御茶の水書房，2008年）「『論語知言』における権、道義と業務――幕末考証学の一類型――」（『東洋文化』復刊第100号，2008年）．

前 田　 勉（まえだ　つとむ）
1956年生．東北大学大学院文学研究科博士後期課程修了．愛知教育大学教育学部教授．博士(文学)．
『近世神道と国学』（ぺりかん社，2002年）『兵学と朱子学・蘭学・国学』（平凡社選書，2006年）『江戸後期の思想空間』（ぺりかん社，2009年）．

Frederik Cryns（クレインス，フレデリック）
1970年ベルギー生．京都大学人間・環境学博士課程修了．人間・環境学博士(京都大学)．国際日本文化研究センター研究部准教授．
『江戸時代における機械論的身体観の受容』（臨川書店，2006年）『杏雨書屋洋書目録』（共著，(財)武田科学振興財団，2006年）『十七世紀のオランダ人が見た日本』（臨川書店，2010年）．

松 山 壽 一（まつやま　じゅいち）
1948年生．立命館大学大学院文学研究科博士課程(西洋哲学専攻)修了．大阪学院大学教授．
『ドイツ自然哲学と近代科学』（北樹出版，1992年，増補改訂版1997年）『科学・芸術・神話』（晃洋書房，1994年，増補改訂版1997年）『ニュートンとカント』（晃洋書房，1997年，増補改訂版2004年）．

和 田 光 俊（わだ　みつとし）
1960年生．神戸大学大学院理学研究科修士課程修了．独立行政法人科学技術振興機構職員．
『東京帝国大学神道研究室旧蔵書　目録および解説』（共著，東京堂出版，1996年）「薄太仲『天地開闢國土經營次第之圖』」（共著，『日本女子大学紀要　文学部』49号，1999年．磯前順一・小倉慈司編『近世朝廷と垂加神道――正親町家旧蔵書の思想史的研究――』ぺりかん社，2005年所収）「渋川春海年譜」（共著，『神道宗教』184・185号，2002年）．

小林龍彦（こばやし　たつひこ）
1947年生．法政大学第二文学部卒業．前橋工科大学教授．学位博士(学術)．
『和算家の生涯と業績』（共著，多賀出版，1985年）『幕末の偉大なる数学者――その生涯と業績――』（多賀出版，1989年）『関孝和論序説』（岩波書店，2008年）．

長谷川成一（はせがわ　せいいち）
1949年生．東京大学大学院人文科学研究科修士課程修了(国史学専攻)．弘前大学人文学部教授．
『近世国家と東北大名』（吉川弘文館，1998年）『日本歴史叢書63　弘前藩』（吉川弘文館，2004年）『北奥羽の大名と民衆』（清文堂出版，2008年）．

平井晶子（ひらい　しょうこ）
総合研究大学院大学文化科学研究科修了．博士(学術)．神戸大学大学院人文学研究科准教授．
『徳川日本のライフコース』（共著，ミネルヴァ書房，2006年）『日本の家族とライフコース』（ミネルヴァ書房，2008年）『歴史人口学と比較家族史』（共著，ミネルヴァ書房，2009年）．

藤實久美子（ふじざね　くみこ）
学習院大学大学院人文科学研究科史学専攻博士後期課程修了．ノートルダム清心女子大学文学部現代社会学科准教授．博士(史学)．
『武鑑出版と近世社会』（東洋書林，1999年）『近世書籍文化論――史料論的アプローチ――』（吉川弘文館，2006年）『江戸の武家名鑑――武鑑と出版競争――』（吉川弘文館，2008年）．

Herbert Plutchow（プルチョウ，ヘルベルト）
1939年スイス生．パリ大学東洋語学校卒業．カリフォルニア大学ロサンゼルス校(UCLA)名誉教授．2010年逝去．
『ニッポン通の眼――異文化交流の四世紀――』（淡交社，1999年）『江戸の旅日記――徳川啓蒙期の博物学者たち――』（集英社新書，2005年）『茶道と天下統一――ニッポンの政治文化と茶の湯――』（篠田綾子訳，日本経済新聞出版社，2010年）．

武内恵美子（たけのうち　えみこ）
1970年生．総合研究大学院大学文化科学研究科修了(日本文化研究・音楽学)．秋田大学教育文化学部准教授．
『歌舞伎囃子方の楽師論的研究――近世上方を中心として――』（和泉書院，2006年）「『楽家録』をめぐる文化環境」（神野藤昭夫・多忠輝監修『越境する雅楽文化』書肆フローラ，2009年）．

小林善帆（こばやし　よしほ）
博士(学術・立命館大学)．京都女子大学・吉備国際大学非常勤講師．
『「花」の成立と展開』（和泉書院，2007年）「植民地台湾の高等女学校と礼儀作法空間」（『民族藝術』25号，2009年）「植民地台湾の女学校といけ花・茶の湯」（『藝能史研究』189号，2010年）．

森田登代子（もりた　とよこ）
武庫川女子大学家政学研究科博士後期課程修了(家政学博士)．桃山学院大学非常勤講師．
『近世商家の儀礼と贈答』(岩田書院，2001年)「歌舞伎衣装にみられる歴史的・社会的事象の受容——「馬簾つき四天」「小忌衣」「蝦夷錦」「厚司」を事例として——」(『日本研究』40集，2009年)「チベット仏教寺院における文様東漸の一側面」(『民族藝術』26号，2010年)．

魚 住 孝 至（うおずみ　たかし）
1953年生．東京大学大学院人文科学研究科博士課程修了．博士(文学)．国際武道大学教授．
『宮本武蔵——日本人の道——』(ぺりかん社，2002年)『宮本武蔵——「兵法の道」を生きる——』(岩波新書，2008年)『諸家評定——戦国武士の「武士道」——』(編著，新人物往来社，2007年)．

郡 司　　健（ぐんじ　たけし）
1947年生．兵庫県立神戸商科大学大学院経営学研究科修士課程修了．大阪学院大学企業情報学部教授，大学院商学研究科長．経営学博士．
『連結会計制度論——ドイツ連結会計報告の国際化対応——』(中央経済社，2000年)『国際シンポジウム報告書　海を渡った長州砲——長州ファイブも学んだロンドンからの便り——』(編著，ダイテック，2007年)『海を渡った長州砲——ロンドンの大砲、萩へ帰る——』(シリーズ萩ものがたり19，萩市，2008年)．

武 井 協 三（たけい　きょうぞう）
1946年生．早稲田大学大学院文学研究科演劇専攻修士課程修了．国文学研究資料館・総合研究大学院大学 教授．文学博士．
『江戸歌舞伎と女たち』(角川選書，2003年)『若衆歌舞伎・野郎歌舞伎の研究』(八木書店，2000年)江戸人物読本『近松門左衛門』(ぺりかん社，1991年)．

真栄平房昭（まえひら　ふさあき）
1956年生．九州大学大学院文学研究科博士課程修了(琉球・東アジア海域史)．神戸女学院大学教授．
『近世日本の海外情報』(共編著，岩田書院，1997年)『近世地域史フォーラム１　列島史の南と北』(共編著，吉川弘文館，2006年)「16～17世紀における琉球海域と幕藩制支配」(『日本史研究』500号，2004年)．

平 木　　實（ひらき　まこと）
1938年生．ソウル大学校大学院史学科国史学専攻博士課程修了．文学博士(韓国ソウル大学校)．国際日本文化研究センター共同研究員ほか．
『朝鮮後期奴婢制研究』(韓国知識産業社，1982年)『朝鮮社会文化史研究』(国書刊行会，1987年)『朝鮮社会文化史研究Ⅱ』(阿吽社，2001年)．

高 橋 博 巳（たかはし　ひろみ）
東北大学大学院博士課程修了．金城学院大学文学部教授．文学修士．
『京都藝苑のネットワーク』(ぺりかん社，1988年)『江戸のバロック』(ぺりかん社，1991年)『画家の旅、詩人の夢』(ぺりかん社，2005年)．

岩 下 哲 典（いわした　てつのり）
1962年生．青山学院大学大学院文学研究科博士後期課程修了．博士（歴史学）．明海大学ホスピタリティ・ツーリズム学部教授（大学院応用言語学研究科教授兼担）．
『江戸の海外情報ネットワーク』（吉川弘文館，2006年）『予告されていたペリー来航と幕末情報戦争』（洋泉社，2006年）『改訂増補版　幕末日本の情報活動』（雄山閣出版，2008年）．

佐野真由子（さの　まゆこ）
1969年生．ケンブリッジ大学修士（MPhil）課程修了（国際関係論専攻）．国際日本文化研究センター准教授．
『オールコックの江戸――初代英国公使が見た幕末日本――』（中央公論新社，2003年）「幕臣筒井政憲における徳川の外交――米国総領事出府問題への対応を中心に――」（『日本研究』39集，2009年）「坂本龍馬と開明派幕臣の系譜――受け継がれた徳川的教養――」（岩下哲典・小美濃清明編『龍馬の世界認識』藤原書店，2010年）．

一八世紀日本《じゅうはっせいきにほん》の文化状況《ぶんかじょうきょう》と国際環境《こくさいかんきょう》

2011（平成23）年8月1日発行

定価：本体8,500円（税別）

編　者　笠谷和比古

発行者　田中周二

発行所　株式会社　思文閣出版

〒605-0089 京都市東山区元町355

電話 075-751-1781（代表）

印　刷
製　本　亜細亜印刷株式会社

ISBN978-4-7842-1580-5　C3021

公家と武家シリーズ［全５冊］

国際日本文化研究センターで行われた公家（貴族）と武家に焦点を合わせた共同研究の成果シリーズ。武士層が成長した地域と、文官支配が優越した地域との差異に着目。前近代社会における支配エリートであったそれらの身分や職能のもつ意味、その秩序の形式、社会的役割といったものを多角的に検討した論集。

Ⅰ　その比較文明史的考察
村井康彦 編　ISBN4-7842-0891-7　▶Ａ５判・444頁／定価 8,190円

Ⅱ「家」の比較文明史的考察
笠谷和比古 編　ISBN4-7842-1019-9　▶Ａ５判・530頁／定価 9,870円

Ⅲ　王権と儀礼の比較文明史的考察
笠谷和比古 編　ISBN4-7842-1322-8　▶Ａ５判・458頁／定価 8,190円

Ⅳ　官僚制と封建制の比較文明史的考察
笠谷和比古 編　ISBN978-4-7842-1389-4　▶Ａ５判・544頁／定価 8,925円

国際シンポジウム 公家と武家の比較文明史
笠谷和比古 編　ISBN4-7842-1256-6　▶Ａ５判・490頁／定価 8,400円

武士と騎士　日欧比較中近世史の研究　　小島道裕編

人間文化研究機構連携研究「武士関係資料の総合化」の一環として、日仏で行われた国際シンポジウムの成果。具体的な資料に基づき、多様な側面から武士と騎士をとりあげた論考19本を収録。

▶Ａ５判・512頁／定価9,450円　ISBN978-4-7842-1507-2

東アジアの本草と博物学の世界［全２冊］　　山田慶兒編

国際日本文化研究センターで行われた共同研究の成果。

【上巻】本草における分類の思想／幕府典薬頭の手記に見える本草／秘伝花鏡小考／江戸時代動物図譜における転写　ほか

【下巻】徳川吉宗の享保改革と本草／享保改革期の朝鮮薬材調査／イスラム圏の香料薬種商／小野蘭山本草講義本編年攷　ほか

上巻▶Ａ５判・364頁／定価 7,875円　ISBN4-7842-0883-6
下巻▶Ａ５判・376頁／定価 7,875円　ISBN4-7842-0885-2

王権と都市　　今谷明編

国際日本文化研究センターでの研究の集大成として、編者が壮大な展望のもと組織した共同研究「王権と都市に関する比較史的研究」の成果。日本、アジア・イスラーム、ヨーロッパの3領域から11篇の論文を収め、各時代・各地域での都市史のあり方を相互に比較検討し、「都市とは何か」という命題の解明に挑んだ一書。

▶Ａ５判・372頁／定価7,140円　ISBN978-4-7842-1396-2

（表示定価は５％税込）